Der „Studienkurs Politikwissenschaft"
wird herausgegeben von

Prof. Dr. Winand Gellner, Universität Passau

STUDIENKURS POLITIKWISSENSCHAFT

Prof. Dr. Winand Gellner, Universität Passau
Armin Glatzmeier, MA., Universität Passau

Macht und Gegenmacht

Einführung in die Regierungslehre

Bibliografische Information Der Deutschen Bibliothek

Die Deutsche Bibliothek verzeichnet diese Publikation in
der Deutschen Nationalbibliografie; detaillierte bibliografische
Daten sind im Internet über http://dnb.ddb.de abrufbar.

ISBN 3-8329-0964-8

1. Auflage 2004
© Nomos Verlagsgesellschaft, Baden-Baden 2004. Printed in
Germany. Alle Rechte, auch die des Nachdrucks von Auszügen,
der fotomechanischen Wiedergabe und der Übersetzung,
vorbehalten. Gedruckt auf alterungsbeständigem Papier.

Vorwort zum Studienkurs Politikwissenschaft

Die Vielfalt politikwissenschaftlicher Studiengänge stellt für die akademische Lehre eine große Herausforderung dar. Neben die klassischen Magister- und Diplomstudiengänge treten zunehmend BA- und MA-Studiengänge, die die politikwissenschaftliche Lehre grundlegend zu verändern beginnen. Die Dozenten stehen vor dem Problem, dass in sehr kurzer Zeit hochgradig standarisierter politikwissenschaftlicher Stoff vermittelt werden muss, der in das sich immer stärker durchsetzende Klausurformat passt. Dazu tritt die Integration der Politikwissenschaft in immer mehr interdisziplinäre Studiengänge. Ob man es will oder nicht, dadurch wird der Druck immer stärker zunehmen, politikwissenschaftliches Wissen in neuen Formen bereitzustellen. Damit entsteht ein verstärktes Bedürfnis nach lehrbuchartiger Literatur, die aber selbstverständlich wissenschaftlichen Ansprüchen genügen muss. Der *Studienkurs Politikwissenschaft* ist das Ergebnis von Überlegungen, diese Herauforderung anzunehmen und erfolgreich zu bewältigen. Die Autorinnen und Autoren der Studienkurse sind profunde Kenner ihres jeweiligen Sachgebietes und bieten damit die Gewähr, dass mit der Vermittlung studienrelevanten Materials auch hohe wissenschaftliche Reputation verknüpft ist.

Alle Bände enthalten *erstens* grundlegende Informationen zu den spezifischen politikwissenschaftlichen Teilbereichen, *zweitens* darauf abgestimmte kommentierte Literaturhinweise und *drittens* Verständnisfragen. *Viertens* werden diese grundlegenden Informationen ergänzt durch in der Lehre einsetzbares Material (historische Quellen, Schaubilder oder multimediale Hilfsmittel). Ein besonderes Kennzeichen der Einführungsreihe ist die allfällige und schnelle Aktualisierung. Dabei bietet die Verknüpfung mit dem zwischenzeitlich fest etablierten politikwissenschaftlichen Online-Portal http://www.politik-im-netz.com/ ein hervorragendes Koordinierungs- und Aktualisierungsinstrument. Bei PIN werden die Basistexte sowie die Literaturhinweise regelmäßig aktualisiert und fortwährend aktualisierte und kommentierte Linkdatenbanken zu den verschiedenen Themenbereichen angeboten. Ferner werden die in den gedruckten Studienkursen aufgeworfenen Prüfungsfragen regelmäßig online aktualisiert und den Dozenten verfügbar gemacht. Die Studienkurse sind also so angelegt, dass sie direkt in der Lehre einsetzbar sind. Das Konzept des Studienkurses sowie die Einhaltung der einheitlichen Formate und Standards wird vom Herausgeber sowie der PIN-Redaktion gewährleistet.

Der Studienkurs ist auf insgesamt 17 Bände angelegt. Die Bände verteilen sich auf die drei klassischen Teilgebiete der Politikwissenschaft.

Für die *Politische Theorie und Ideengeschichte* wird es drei Studienkurse geben, die sich zum einen der *Klassischen politischen Theorie* und der *Modernen politischen Theorie* sowie zum anderen den *Politischen Ideen als Ideenkreisen* widmen.

Die *Vergleichende Regierungslehre* wird durch insgesamt sieben Bände repräsentiert, die sich im Einzelnen zunächst den *Grundbegriffen, Ansätzen und Methoden der Politikwissenschaft* annehmen, der horizontalen *Gewaltenteilung*, dem *Föderalismus* und dem *Parlamentarismus*. Neben der polity beschäftigen sich weitere Studienkurse mit politics-Themen, wie *Parteien und Wahlen, Interessengruppen* und *Medien*.

Die Internationale Politik schließlich wird neben dem Band zur Weltpolitik zunächst durch die area-orientierten Themen Außenpolitik, Europäische Union und Lateinamerika vertreten. Dazu kommen systematische Auseinandersetzungen mit der Internationalen Politischen Ökonomie, den Internationalen Konflikten und Konflikttheorien sowie schließlich der Sicherheitspolitik.

Wir sind fest davon überzeugt, dass die Arbeit unserer Autoren für sich selbst sprechen wird und dass der Studienkurs insgesamt zu einer großen Bereicherung der wissenschaftlichen Lehrbuchliteratur führen wird.

Prof. Dr. Winand Gellner
Passau und Zürich, im Juli 2004

Inhaltsverzeichnis

Vorwort zum Studienkurs Politikwissenschaft   5

Inhaltsverzeichnis   7

Vorwort   15

A. Grundlegung und Ausblick   17

    1. Politikwissenschaft als Geistes- und Sozialwissenschaft   17
    2. Staatsverständnis im Wandel   18
    3. Repräsentation und Demokratie   20
    4. Macht, Herrschaft und legitime Ordnung   23
    5. Staat und Verfassung – zwischen Gewaltentrennung
       und Gewaltenverschränkung   29
       5.1. Das parlamentarische Modell   31
       5.2. Präsidentielle Systeme   34
    6. Der intermediäre Bereich   36
       6.1. Politische Parteien   36
       6.2. Interessengruppen   36
       6.3. Öffentliche Meinung und Medien   37
    7. Handlungsmuster   38
       7.1. Wahlen und Wahlverhalten   38
       7.2. Politische Kultur   39
    Fragen   40
    Bibliographie   40

**B. Die Gewaltenteilung in der politischen Theorie –
Entwicklungslinien**   41

    Bibliographie   60

C. Grundkonzepte der Politikwissenschaft   63

    1. Vergleich politischer Ordnungen   63
    2. Der Vergleich als Methode der Politikwissenschaft   66

2.1.	Vergleichende Regierungslehre		67
	2.1.1.	Entwicklungslinie	67
	2.1.2.	Erkenntnisinteresse	69
	2.1.2.1.	Vergleich politischer Ordnungen	69
	2.1.2.2.	Gewaltenteilung in politischen Systemen	71
	2.1.2.3.	Grundmodelle demokratischer Ordnungen	77
	2.1.2.3.1.	Parlamentarisches und präsidentielles Regierungssystem nach Winfried Steffani	77
	2.1.2.3.2.	Das semi-präsidentielle System – ein eigener Typus?	86
	2.1.2.3.3.	Die Direktorialverfassung	89
	2.1.2.4.	Typologisierung von Herrschaftstypen	90
	2.1.2.4.1.	Grundmodelle politischer Ordnungen nach Hättich	93
	2.1.2.4.2.	Totalitäre Diktaturen nach Carl Joachim Friedrich und Zbigniew Brzezinski	100
	2.1.3.	Von der Regierungslehre zur vergleichenden Systemforschung	104
2.2.	Vergleichende Systemlehre		106
	2.2.1.	Das politische System nach Gabriel A. Almond und Bingham Powell	106
	2.2.2.	Das System – Definition und Abgrenzung	109
	2.2.3.	Psychologische Dimension des politischen Systems – Politische Kultur	116
	2.2.4.	Inputs und Outputs im politischen System	117
	2.2.4.1.	Demands	118
	2.2.4.2.	Supports	119
	2.2.4.3.	Outputs	120
	2.2.5.	Funktionsebenen des politischen Systems	120
	2.2.6.	Veränderungen im politischen System	124
	2.2.7.	Kritik am Konzept des politischen Systems	125
Fragen			128
Bibliographie			128

**D. Akteure auf der Ebene der klassischen Gewaltentrias –
Exekutive, Legislative, Judikative**   131

1. Klassische Gewaltenteilung   131
   1.1. Ständische und funktionale Gewaltenteilung   131
   1.2. Parlamentarische und präsidentielle Demokratie –
        Grundtypen der Machtbalancierung   135
2. Exekutive   136
   2.1. Grundsätze der Organisation der Regierung   136
   2.2. Funktionen der Regierung   138
   2.3. Regierung als Handlungsstruktur   140
        2.3.1. Regierung im parlamentarischen Typ   140
        2.3.2. Der Regierungschef im parlamentarischen Typ   142
        2.3.3. Ressourcen des Regierungschefs in
            Großbritannien und Deutschland   144
        2.3.4. Die Stellung des Regierungschefs im
            präsidentiellen Typ   147
            2.3.4.1.   Präsident und Gesetzgebung   149
            2.3.4.2.   Chef der Exekutive   150
            2.3.4.3.   Divided Government   152
        2.3.5. Die Regierung im semi-präsidentiellen System   152
   2.4. Das Kabinett als Kollektivakteur – Binnenstruktur
        der Regierung   157
   2.5. Verwaltung   165
        2.5.1. Regierung und Verwaltung   167
        2.5.2. Die Organisation von Bürokratien   169
            2.5.2.1.   Externe Organisation   169
            2.5.2.2.   Interne Organisation   170
        2.5.3. Verwaltung und Gewaltenteilung   172
3. Legislative   172
   3.1. Definition   174
   3.2. Parlamentstypen   175
        3.2.1. Unicameralismus – Bicameralismus   176
        3.2.2. Arbeitsparlament – Redeparlament   178
   3.3. Parlamentsfunktionen   180
        3.3.1. Artikulation und Repräsentation   180
        3.3.2. Willensbildung und Kommunikation   181
        3.3.3. Wahl und Kreation   183
        3.3.4. Gesetzgebung   183

3.3.5.	Kontrolle und Kritik der Regierung	184
	3.3.5.1. Großbritannien	186
	3.3.5.2. Bundesrepublik Deutschland	188
	3.3.5.3. USA	190
3.4.	Das Verhältnis zwischen Legislative und Exekutive	191
	3.4.1. Präsidentieller Typ	191
	3.4.2. Parlamentarischer Typ	191
3.5.	Das Parlament als Handlungsstruktur	191
	3.5.1. Abgeordnete	191
	3.5.2. Fraktionen	193
	3.5.3. Regierungsmehrheit – Opposition	194
	3.5.4. Ausschüsse	196
3.6.	Zweite Kammern	199

4.	Judikative	201
4.1.	Verfassungsgericht – Hüter der Verfassung?	201
4.2.	Typologische Merkmale von Verfassungsgerichten	209
	4.2.1. Das Bundesverfassungsgericht	209
	4.2.2. Der Supreme Court	214
	4.2.3. Andere Verfassungsgerichtsbarkeiten	216
4.3.	Vorschlag zur typologischen Einordnung	218
Fragen		220
Bibliographie		220

E. Vertikale Gewaltenteilung – Föderalismus vs. Zentralismus 225

1.	Vertikale Gewaltenteilung	225
1.1.	Vorbemerkungen	225
1.2.	Die Federalist Papers	227
2.	Grundmodelle staatlicher Organisation	230
2.1.	Einheitsstaat	230
2.2.	Bundesstaat und Staatenbund	231
	2.2.1. Abgrenzung zwischen Bundesstaat und Zentralstaat	231
	2.2.2. Integrationsleistung	232
	2.2.3. Föderalismusmodelle	232
3.	Länderbeispiele	235
3.1.	Bundesrepublik Deutschland	235
3.2.	USA	237
3.3.	Großbritannien	238

3.4.	Frankreich	241
4.	Ausblick	244
	Fragen	247
	Bibliographie	247

F. Akteure des intermediären Bereichs – Interessengruppen, Parteien, Medien 249

1. Einzelinteressen vs. Gemeinwohl – theoretische Vorüberlegungen 249
2. Interessengruppen 254
   2.1. Terminologie 254
   2.2. Organisierte Interessen und politische Ordnung 255
   2.3. Typologische Merkmale 256
   2.4. Funktionen von Interessengruppen 264
      2.4.1. Politische Funktionen der Interessengruppen 264
         2.4.1.1. Interessenartikulation 266
         2.4.1.2. Interessenaggregation 267
         2.4.1.3. Interessenselektion 269
         2.4.1.4. Politische Integration 271
         2.4.1.5. Legitimation 275
      2.4.2. Innenaktivitäten 276
      2.4.3. Außenaktivitäten 277
      2.4.4. Probleme der Organisation 280
3. Politische Parteien 284
   3.1. Parteien als Ausdruck gesellschaftlicher Konflikte 286
   3.2. Typologische Merkmale politischer Parteien 287
      3.2.1. Gesellschaftspolitische Grundmodelle – Ideologische Hauptströmungen 288
      3.2.2. Verschiedene Interessen 291
      3.2.3. Verschiedene Milieus 292
      3.2.4. Entwicklungstypologien 293
      3.2.5. Organisationsgrad 295
      3.2.6. Stellung zum politischen System 295
   3.3. Funktionen 296
      3.3.1. Eine Annäherung 296
      3.3.2. Parteifunktionen in der Parteienforschung 297
      3.3.3. Die Funktionen politischer Parteien 299
         3.3.3.1. Partizipation 301

3.3.3.2.	Transmission	301
3.3.3.3.	Selektion	302
3.3.3.4.	Integration	303
3.3.3.5.	Sozialisation	304
3.3.3.6.	Selbstregulation	304
3.3.3.7.	Legitimation	305

3.4. Partei – eine Begriffsbestimmung 306
4. Ideenagenturen als intermediäre Institutionen 308
    4.1. Ideenagenturen im politischen Prozess 313
    4.2. Amerikanisierte Ideenmärkte 318
5. Medien 319
    5.1. Politik und Medien 319
        5.1.1. Medienordnungstypologien 322
        5.1.2. Internet und Öffentlichkeit 325
        5.1.3. Medien und Politische Kultur 332
    5.2. Medienfunktionen 340
    5.3. Wie Nachrichten entstehen 341
        5.3.1. Das Ereignis 342
        5.3.2. Die Öffentlichkeit 342
        5.3.3. Mediale Selektions- und Transformations-
                kriterien 344
    5.4. Medien und Politik 346
        5.4.1. Die Agenda 348
        5.4.2. Meinungsmacht 349
        5.4.3. Politik und Medien aus paradigmatischer Sicht 354
6. Parteien, Interessengruppen und Medien in der Diktatur 357
Fragen 360
Bibliographie 361

G. Handlungsmuster 367

1. Vorbemerkung 367
2. Der Pluralismus 370
3. Der Korporatismus 372
4. Grundmodelle demokratischer Ordnungen 375
    4.1. Konkurrenzdemokratie vs. Konkordanzdemokratie 375
    4.2. Mehrheits- und Konsensusdemokratie nach Lijphart 376
5. Demokratie und Eliten 380
    5.1. Elitenbegriffe 382

	5.2.	Eliten und Politik	383
6.	Wahlen und Wahlverhalten		386
	6.1.	Wahlsysteme	389
		6.1.1. Mehrheitswahlsystem	390
		6.1.2. Verhältniswahlsystem	395
	6.2.	Wahlsysteme und Parteiensysteme	400
	6.3.	Wähler und Wahlverhalten	404
7.	Politische Kultur		411
	7.1.	Politische Kultur nach Gabriel Almond und Sidney Verba	411
	7.2.	Politische Kultur nach Karl Rohe	414
	7.3.	Das Konzept der Politischen Kultur in der Anwendung	416
Fragen			427
Bibliographie			428

Vorwort

Macht und Gegenmacht – unter diesen Schlagworten lässt sich der Gedanke der Gewaltenteilung fassen. Ein alter Gedanke, der bereits in der antiken Mischverfassung bei Aristoteles zum Ausdruck kommt, aber erst viel später, im ausgehenden 18. Jahrhundert in den Vereinigten Staaten seine verfassungsmäßige Umsetzung findet. James Madison beschreibt im berühmten 51. Artikel der *Federalist Papers*, wie die Verfassung vor einer Machtkonzentration geschützt werden kann:

> „Der beste Schutz vor einer allmählichen Konzentration der verschiedenen Kompetenzen bei derselben Gewalt besteht aber darin, den Amtsinhabern jeder der Gewalten die notwendigen verfassungsmäßigen Mittel und persönlichen Motive zu geben, Übergriffe der anderen abzuwehren. Dabei müssen, wie in anderen Fällen auch, die Vorkehrungen zur Verteidigung der voraussichtlichen Stärke eines möglichen Angriffs entsprechen. Machtstreben muss dem Machtstreben entgegenwirken [ambition must be made to counteract ambition]".
>
> James Madison, Federalist Papers, Artikel 51.

In den modernen westlichen Demokratien ist der Gedanke der Machtbalancierung selbstverständlich, doch war er gerade in Europa und besonders in Deutschland lange Zeit umstritten. In der französischen und in der deutschen Staatstheorie wurden Einzelinteressen als staatsfeindlich und staatszersetzend empfunden. Eine Einstellung, die auch in der Bevölkerung verwurzelt war und in der Weimarer Republik zum Scheitern der Demokratie beitrug. Das nationalsozialistische Gegenstück zum pluralistischen, demokratisch-gewaltenteiligen Staat war ein monistisches, totalitäres Regime:

> „An die Stelle eines Systems der gegenseitigen Kontrolle einander die Waage haltender Kräfte, die eifersüchtig auf ihr Gleichgewicht bedacht waren,
> an die Stelle eines Systems, das infolge dieses eifersüchtigen Aufeinanderschauens und damit Einanderaufhebens der verschiedenen Kräfte zu einer allgemeinen Kraftlosigkeit wurde,
> an die Stelle eines Systems der Mehrheit, d.h. der Anonymität der Verantwortlichkeit, also Verantwortungslosigkeit,
> an die Stelle eines Redens in allgemeinen Phrasen,
> trat ein System der verantwortungsfrohen Führung und freudig verantwortungsbewussten Gefolgschaft,

trat ein System der Vertrauung voll und allein verantwortlicher Persönlichkeiten
mit Aufgaben,
trat ein System der Taten".

Roland Freisler, Neues Reich – Neues Recht, Jahrbuch des
Deutschen Rechts, Berlin: Franz Vahlen, 1934, S. IX.

Macht und Gegenmacht sind also die Grundpfeiler demokratisch pluralistischer Gesellschaften. Diese Idee wurde der Leitgedanke der vorliegenden
Einführung in die Vergleichende Politikwissenschaft. Aus diesem Grund
war bereits bei der Konzeption des Buches klar, dass ein starker Bezug zur
politischen Theorie hergestellt werden musste, wenn die heutige politische
Realität nicht geschichtslos bleiben sollte.

Damit hat der vorliegende Band, so denken wir, seine eigene Berechtigung neben den vielen anderen Einführungswerken in die Politikwissenschaft. Es war unser Anliegen, die Politikwissenschaft als moderne Wissenschaft zu präsentieren, sie aber auch als traditionsreiche Disziplin
erfahrbar zu machen. Denn wie in fast allen anderen Fachrichtungen
beginnt auch die Wissenschaft von der Politik erst dann lebendig zu werden, wenn man ihren Entwicklungslinien, ihren Gedankensprüngen und
Gegenkonzepten folgt. Unsere Arbeit war daher geprägt durch die Lektüre
der Klassiker – Platon, Aristoteles, Machiavelli, Thomas Hobbes, John
Locke, Montesquieu, Jean-Jacques Rousseau und Alexander Hamilton,
James Madison und John Jay.

Auf der anderen Seite sollte ein anwendungsorientiertes Werk entstehen,
das mit den grundlegenden Konzepten, Typologien und Modellen der Politikwissenschaft vertraut macht, diese erläutert und exemplarisch erklärt.
Diese Brücke zu schlagen ist jedoch nicht unser Verdienst. Dieser gebührt
den amerikanischen Verfassungsvätern, die die Vision der Demokratie
erstmals in der Geschichte für einen Großflächenstaat zur Realität machten. Aus diesem Grund sind sie der ideale Verknüpfungspunkt zwischen
Ideengeschichte und Verfassungswirklichkeit.

Für die Unterstützung bei der Fertigstellung des Manuskripts danken wir
Sandra Petruschka, die an der technischen Realisierung beteiligt war,
Christian Wiegrebe und Kathrin Haimerl, die das Skript weitgehend von
Tippfehlern befreit und auch sonst so manches Detail beigesteuert haben,
und nicht zuletzt Gerd Strohmeier für seinen Beitrag und die tatkräftige
Hilfe.

Prof. Dr. Winand Gellner, Armin Glatzmeier M.A.
Passau und Zürich, im September 2004

A. Grundlegung und Ausblick

1. Politikwissenschaft als Geistes- und Sozialwissenschaft

Die Wissenschaft von der Politik ist weich. Als solche unterscheidet sie sich fundamental von den Naturwissenschaften, die zumindest den Anspruch erheben, dass ihr Gegenstand exakt darstellbar und vor allem messbar sei. Manchmal wird daher auch behauptet, die Politikwissenschaft sei eine Art Sekundärwissenschaft, die sich gelegentlich und dann vor allem, wenn es in die entsprechende Ideologie passe, der vermeintlich harten Befunde der Soziologen, Ökonomen oder Rechtswissenschaftler bediene. Dem lässt sich entgegenhalten, dass die Politikwissenschaft die einzige Wissenschaft ist, die in viel umfassenderen Konstellationen danach fragt, wer über Macht verfügt und wer nicht, welche Interessen dahinter stehen und welche Werte wiederum diesen Interessen zugrunde liegen. Dabei rücken neben die Institutionen, die die jeweilige Machtkonstellation prägen, auch die Personen ins Blickfeld, die diese Macht in den entsprechenden Institutionen ausüben. Beide Komponenten sind konstitutiv für eine Politikwissenschaft, die sich nicht auf empirische Erbsenzählerei beschränkt und andererseits über bloße Beschreibung hinausgeht.

Das beschreibende Verstehen, auch als *thick description* bezeichnet, versucht, einen Mittelweg zwischen beiden methodischen Ansätzen zu finden. In diesem Sinne stellt das Folgende einen Versuch dar, die Skylla des pseudo-exakten Empirismus einerseits und der bloß wertenden Beschreibung andererseits zu umgehen. Methodisch ist dabei die Anknüpfung an traditionelle Politik- und Gewaltenteilungslehren geboten. So wie Aristoteles von der konkreten Erscheinung der Dinge ausging, sind auch hier spezifische Arrangements von Institutionen in jeweils spezifischen historischen Konstellationen der Ausgangspunkt. Damit aber nicht genug. Die durchaus wertende Interpretation dieser politischen Dinge und im Besonderen die Unterscheidung im Rahmen des Vergleichs sind erkenntnisleitend.

Es macht durchaus Sinn, in diesem Verständnis tatsächlich mit Aristoteles zu beginnen, dessen Gewaltenteilungslehre von uns an späterem Ort aufgegriffen wird (s. Kapitel B und C). Bedeutsam ist am Politikverständnis der klassischen Antike, dass nur das als Politik gilt, was sich in der Öffentlichkeit repräsentiert.

Im Unterschied zur Ökonomie fragt die Politikwissenschaft grundsätzlich nach Prozessen, die öffentlich sind. Selbstverständlich sind dabei die Strukturen dieses Raums, also die Institutionen und die Personen, die sich in diesem Raum betätigen, ebenfalls Gegenstand unseres Interesses. Die Öffentlichkeit ist differenziert zu betrachten. Zunächst einmal steht das Konzept Öffentlichkeit für die Gesellschaft schlechthin, soweit sie sich überhaupt politisch betätigt und sich nicht wie die *Idiotes* der griechischen *polis* nur im Privaten aufhält. Im Rahmen dieser Gesellschaft lässt sich der Teilbereich ausdifferenzieren, in dem die eigentlichen politischen Entscheidungen fallen. Alle Kräfte, die als ihren Ansprechpartner den Staat im Auge haben, gehören dazu. Das sind im engeren Sinne die politischen Parteien, die Interessengruppen, die Medien, aber auch die Wähler im ganz Allgemeinen.

2. Staatsverständnis im Wandel

Der Staat ist die Arena und damit verkörpert er das gesamte *ensemble* von Institutionen, in dem politische Entscheidungen von politischen Akteuren gefällt werden. Regierungen und die Instanzen, die deren Entscheidungen ausführen, die Bürokratien sowie spezialisierte Agenturen wie das Militär und die Polizei gehören genauso dazu, wie der Gesetzgeber sowie die richterliche Gewalt. Moderne politikwissenschaftliche Überlegungen stellen darauf ab, dass selbst dieses Verständnis des Staates noch einmal enger zu fassen ist und haben hierfür den Begriff des Regierens, verstanden als *governance* entwickelt. Unter dem Stichwort des guten Regierens, der *good governance*, wird damit allerdings an sehr alte Vorstellungen angeknüpft, die im Besonderen von politikwissenschaftlichen Autoritäten wie Dolf Sternberger oder Wilhelm Hennis geprägt wurden. Diese Autoren hatten wiederum in ihrem Politikverständnis ganz explizit die klassische Antike im Auge. Insofern also soll für das Folgende gelten, dass der Blick auf das *gute Regieren* gerichtet wird, und dies im Besonderen insoweit, als es um die Verteilung und Ausübung von Macht durch politische Institutionen und Personen geht. Gutes Regieren lässt sich dadurch charakterisieren, dass die Macht zwischen den unterschiedlichen Trägern einerseits geteilt und andererseits gemeinsam ausgeübt wird. Ein Aspekt, den bereits Aristoteles thematisiert: Gewaltenteilungslehren sind damit nahezu so alt wie die Idee der Demokratie selbst. Absolutistische Regime oder gar totalitäre in ihrer modernen Spielart haben keinen Bedarf für Lehren dieser Art. Die analysierende Beschreibung dieser institutionellen Rahmenbedingungen und der hierin ablaufenden Prozesse wäre indes unvollständig, wenn man sie nur theoretisch fasste. Beschränkte man den Gegenstandsbereich von Politik auf die gerade genannten Umstände, wäre er gewissermaßen geschichtslos, geographielos und kulturlos. Politik findet aber immer innerhalb eines spezifischen Umfeldes statt, das den Prozess nachhaltig prägt. Dies gilt nicht nur für fundamentale Unterschiede, wie sie sich beispielsweise für die moderne westliche Demokratie einerseits und die orientalischen bzw. *in extremis* die fundamentalistischen Ordnungen darstellen. Auch zwischen den von einem gemeinsamen abendländischen, christlich-jüdischen Staats- und Freiheitsverständnis geprägten Demokratien, finden sich gravierende Unterschiede, die durch unterschiedliche geschichtliche, geographische und politisch-kulturelle Determinanten geprägt sind.

Politik findet also immer in einem konkreten, spezifischen Kontext statt. Dieser Kontext ist zunächst der *Staat*, der im Sinne einer Einheit das Herrschaftsgefüge einer politischen Ordnung beschreibt. Nimmt man einige gängige Definitionen zur Hand, stellt sich als Konsens nach wie vor die durch die Montevideo-Konvention von der Staatsrechtslehre formulierte Lehre von der Trinität des Staatsverständnisses ein. Danach versteht sich der Staat als eine politische Einheit innerhalb eines jeweils gegebenen Territoriums. Seine politische Organisation ermöglicht Ordnung und auch Herrschaft durch Gesetze und – falls nötig – durch Gewalt über die jeweilige Bevölkerung. Damit sind die Begriffe des Staatsvolks, des Staatsgebietes und der Staatsgewalt umschrieben.

Qualifizierende Merkmale eines solchen Staates sind darüber hinaus die innere und äußere *Souveränität*. Diese Lehre von der Souveränität der Staaten geht auf Jean Bodin (1529-1596) zurück, der mit diesem Konzept den Machtanspruch der absoluten Monarchie legitimieren wollte. Im modernen Verständnis wird die *innere* Souveränität allein durch die gesetzgebende Gewalt zum Ausdruck gebracht. Damit ist im Besonderen das Recht gemeint, Steuern zu erheben. Die *äußere* Souveränität besteht in der internationalen, völkerrechtlich abgestützten Anerkennung der Legitimität eines Staates, also seiner inneren Souveränität. In modernen Demokratien ist diese Souveränität letztlich abhängig vom Volk selbst. Das Volk (wie es das Grundgesetz im Artikel 20 für Deutschland formuliert) ist souverän und diese Volkssouveränität ist insoweit als konkurrierendes Konzept zur Staatssouveränität zu sehen. Die Staatssouveränität lässt sich indes nicht nur für absolutistische Ordnungen festhalten, sie findet sich gegenüber der Volkssouveränität gleichfalls ausgedrückt in Notsituationen, in denen aus

Gründen der Staatsraison das Volk jedenfalls nicht souverän handeln darf oder kann.

3. Repräsentation und Demokratie

Hier scheint bereits ein Problem des gesamten gewaltenteilenden Staates auf: Das grundsätzliche Spannungsverhältnis zwischen eher *repräsentativer* und *stärker plebiszitär* angelegter Demokratie. Denn es ist offensichtlich, dass plebiszitär geprägte Ordnungen selbstverständlich auch über politische Machtträger verfügen müssen. Dies können Regierungen oder auch Parteien sein, die vorgeben, den exakten Volkeswillen in monistischem Sinne umzusetzen. Das von Jean-Jacques Rousseau (1712-1778) geprägte Demokratieverständnis der *volonté générale*, die von einem *législateur* zum Ausdruck gebracht wird, ist Pate dieses Konzepts, das in einem naturwüchsigem Spannungsverhältnis zum Konzept der Volkssouveränität im Sinne eines repräsentativen Regierens auf Zeit besteht. Für letzteres ist die Abgabe der Souveränitätsrechte für einen bestimmten Zeitraum konstitutiv, in dem die Regierenden gleichsam stellvertretend Entscheidungen fällen.

Politische Gewaltenteilung kreist im Verständnis der modernen Demokratietheorie im eigentlichen um drei Begriffe, die im Folgenden kurz skizziert werden sollen.

Zunächst geht es konkret um die *Macht,* die latent in allen Ordnungen, selbstverständlich auch in politischen, vorhanden und oftmals sehr komplex und diffus verteilt, verdeckt aber auch versteckt ist. Wer hat tatsächlich die Macht im Staat? Ist es der Kanzler, ist es der Koalitionspartner? Ist es der Präsident oder ist es das Volk? Vielleicht sogar die Kanzlergattin? Was also konstituiert Macht und wer hat sie? Dies sind höchst komplexe, ständig im Wandel begriffene Dimensionen. Der Begriff der Macht kommt zunächst einmal vom Lateinischen *posse* und heißt damit „können, machen". Erkennbar steckt der Begriff noch rudimentär im englischen „power". Macht heißt also, in der Lage zu sein, etwas zu können, etwas zu erreichen. Die Mittel hierzu sind vergleichsweise einfach. Auf der einen Seite stehen die freiwilligen Mittel, zu denen eine Vielfalt von Ausprägungen gehört (vom Einfluss des Geldes bis zum Einfluss von Medienpräsenz) und auf der anderen Seite der faktische Zwang. Einfluss ist dann vorhanden, wenn jemand in der Lage ist, einen anderen zu überzeugen oder auch zu überreden. Dieser jemand tut dann etwas und zwar freiwillig. Demgegenüber steht der Zwang, der in welcher Form auch immer letztlich eine gewaltsame Machtausübung impliziert.

Der Begriff der *Herrschaft* ist mit der Legitimation von Macht verknüpft. Wenn also Macht durch politische Institutionen ausgeübt wird, spricht man typischerweise von Herrschaft. Das legitime Recht, zu regieren ist in eigentlichem Sinne Herrschaft, wenn damit gemeint ist, dass man *bestimmen*, dass man *entscheiden* kann. Insoweit besteht der Unterschied zum Konzept der Macht darin, dass Herrschaft auf den institutionellen Aspekt und damit im Besonderen auf das Arrangement der Gewalten abstellt. Herrschaft ist dann vorhanden, wenn Untergebene das Recht der Vorgesetzten *anerkennen*, Befehle zu geben. Alle Regierungen im demokratischen Sinne werden danach streben, diese Herrschaft zu legitimieren.

Damit sind wir beim letzten Begriff, dem der *Legitimität*. Nach Max Weber handelt es sich bei der Legitimität um die Anerkennung des Rechts, Macht auszuüben. Für ihn kommen dabei nur drei Quellen in Frage. Neben der *Tradition*, die typisch ist für vorindustrielle Gesellschaften, wo sie in der Regel vererbt wird, nennt Weber das *Charisma* als Grundlage legitimer Herrschaft. Damit ist die anerkannte Außergewöhnlichkeit eines Herrschers gemeint, dem man freiwillig folgt. Dieses Charisma mag religiös, kriegerisch oder auch moralisch begründet sein und kann von so unterschiedlichen geschichtlichen Figuren wie Jesus Christus, Gandhi oder in der geradezu dämonischen Variante auch von Adolf Hitler beansprucht werden. Während traditionale Herrschaft häufig als Grundlage der Monarchie zu gelten hat, finden sich charismatische Führer in der Regel als Träger revolutionärer Gesellschaften. Bekanntlich aber kann Charisma verblassen, bzw. routinisiert werden, so dass auch aus charismatischen, wie auch traditionalen Herrschaften schließlich bürokratische Herrschaften entstehen können. Damit ist die letzte Form legitimer Herrschaft angesprochen, die *legal-rationale Form*. Sie basiert letztlich auf Regeln, Ämtern und Mechanismen des Herrschaftsapparates und ist nicht auf einen individuellen Amtsinhaber abgestellt. Damit ist indes noch nichts darüber gesagt, ob diese Regeln tatsächlich demokratisch sind oder gar einer *good governance* entsprechen.

Vor diesem Hintergrund rückt nun als zentrale Fragestellung in den Vordergrund, wie Macht und Herrschaft typischerweise in einem Staat verteilt sind. Dabei gibt es in der modernen Demokratietheorie drei voneinander klar unterscheidbare, gegensätzliche Konzepte der *Machtverteilung*, die sich idealtypischerweise mit den Begriffen der monistischen Herrschaft, der Elitenherrschaft und der pluralistischen Herrschaft kennzeichnen lassen.

Monistische Theorien, als deren Urheber Platon zu gelten hat, dessen Gedankengut später im Gesellschaftsvertrag von Jean-Jacques Rousseau aufgegriffen wurde, rücken ein zentrales Konsensmodell in den Mittelpunkt der Demokratietheorie. Danach kann das Gemeinwohl im Sinne einer Abstraktion der Einzelwillen durch einen gemeinsamen Willen zum Ausdruck gebracht werden. Dieser gemeinsame Wille, die *volonté générale*, repräsentiert *ex ante* den anzustrebenden Staatszweck. Was sich bei Platon als zwangsläufiges Ergebnis der Herrschaft der Weisen ergibt, soll im Modell Rousseaus nach dem Muster der Aufklärung durch Erziehung geleistet werden. Diese Erziehung zur Vernunft hat in der Geschichte der Demokratie immer einen großen Anklang gefunden, wenngleich die tatsächlichen, empirischen Befunde zwiespältig ausfallen. Der Monismus, der in den Identitätsvorstellungen der französischen Revolution für breitenwirksame Rezeption sorgte, repräsentiert das vorherrschende Demokratieideal vor allem Frankreichs, in etatistischer Prägung dann später auch im preußischen Idealstaat Hegels sowie in den Überlegungen eines Carl Schmitt oder später des Nationalsozialismus. Die Problematik ist offenkundig und Autoren wie Jacob L. Talmon haben zwingend dargelegt, wie diese identitären Vorstellungen von Demokratie in totalitäre Muster umschlagen können.

Die *Elitentheoretiker* gehen von einem durchaus vergleichbaren, allerdings realistischen Muster aus. Auch sie nehmen an, dass Herrschaft zunächst durch eine Elite ausgeübt werden muss. Diese Elite aber, die zunächst nicht im Sinne einer dauerhaften Konstellation zu verstehen ist und daher abgelöst werden kann, kann sich positional verfestigen, da sie – im Sinne einer Auswahl der Besten – dazu auserwählt ist, Herrschaft auszuüben. Robert Michels hat sehr frühzeitig auf die Problematik hingewiesen, wonach sich diese Eliten verfestigen und damit oligarchisieren können. Der Amerikaner C. Wright Mills hat eine der moderneren Varianten der Elitenherrschaft in Demokratien entwickelt, wonach er das Konzept der Machtelite (*power elite*), im Besonderen in der USA realisiert fand. Diese Theorie besagt, dass die gewählten Repräsentanten ihre Macht zunehmend an Interessengruppen, Bürokratien und im Besonderen das Militär verloren hätten. Damit ist er in gewisser Weise ein Vorläufer der späteren Korporatismustheorie. Robert A. Dahl hat, auf der Grundlage elitendemokratischer Vorstellungen, sein Konzept der *Polyarchie* entwickelt, das ebenfalls davon ausgeht, dass Eliten naturgemäß zur Herrschaft drängen. Allerdings sieht er aufgrund der Vielfalt dieser verschiedenen Eliten durchaus eine grundsätzliche Kompatibilität von Elitenherrschaft und Demokratie, wenn die Integration der Bürger durch (1) Liberalisierung bzw. öffentliche Diskussion oder (2) Partizipationsmöglichkeiten gegeben ist.

Die Theorie der *pluralistischen Demokratie* entwickelte sich als Reaktion auf die vergleichsweise naiven Demokratievorstellungen, die in der französischen Revolution so wirkungsmächtig wurden, dem Konzept einer Identität von Herrschern und Beherrschten, die vulgärerweise mit einer Herrschaft des Volkes gleichgesetzt wird. Der Pluralismus, wie er in der Moderne erstmals in den *Federalist Papers* formuliert wurde, geht im Gegensatz zu dem utopistischen rousseauistischen Modell und dem extremen Realismus der Elitisten von einem vergleichsweise schlichten Konkurrenzmodell aus. Nach diesem Modell, das zwischen Elitentheorie und radikaler Demokratie steht, gibt es zwar keine direkt herrschende Elite, genauso wenig aber könnten alle regieren. Eine Vielzahl von Minoritäten, vertreten in der Regel durch Interessengruppen, regierten insoweit, als sich das Gemeinwohl erst durch den Widerstreit der verschiedensten Interessen ergibt. Dieses faktische Marktmodell sieht demnach eine Regierung der vielen vor, gegenüber einer der wenigen oder aller. Die wichtigsten Vertreter dieser demokratietheoretischen Mehrheitsrichtung finden sich wenig überraschend, hauptsächlich in der amerikanischen Politikwissenschaft.

Vor diesem Hintergrund lässt sich eine weitere Differenzierung zwischen repräsentativen und plebiszitären Elementen verdeutlichen: Je mehr repräsentative Elemente eine Verfassung besitzt, um so mehr wird sie sich einer Elitenherrschaft annähern und je mehr plebiszitäre Elemente sie aufweist, um so mehr wird sie dem Konzept der identitären Volksherrschaft ähneln. Entscheidend ist dabei die Mischung der Machtverhältnisse. Ein Gedanke, der u.a. bereits in den antiken Vorstellungen über die *Mischverfassung* vorhanden war.

4. Macht, Herrschaft und legitime Ordnung

Das beherrschende Thema in der vergleichenden Politikwissenschaft ist die Frage, wie Macht und Herrschaft organisiert sein sollen, damit legitime Ordnungen auf Dauer bestehen können. Traditionellerweise nennt man den Teilbereich der Wissenschaft, der sich um diese Sachverhalte bemüht, Herrschafts- oder Staatsformenlehre. Mittels typologisierender und klassifizierender Vergleichsmethoden hat man sich schon in der klassischen Lehre von der Politik mit diesen Gegenständen beschäftigt. Die in der

Folge entstandenen modernen Gewaltenteilungsmodelle greifen mehr oder weniger stark auf diese Beiträge zurück. Zunächst einmal ist für die entsprechenden Modelle entscheidend, dass sie nach jeweils einem spezifischen Kriterium geordnet sind. Dies kann die *Zahl* der Regierenden sein, ihre *Legitimität* bzw. auch das *Entscheidungsverfahren*.

Die klassische Gewaltenteilungslehre wird von *Platon* und *Aristoteles* begründet, die beide in ihren Überlegungen zwar den gleichen Ausgangspunkt nehmen, in der Analyse hingegen fundamental unterschiedliche methodische Wege beschreiten, die auch ein Urteil über ihre jeweiligen Modelle zulassen.

Gemeinsamer Ausgangspunkt ist der griechische Stadtstaat und die Gemeinwohlorientierung als Staatsidee. Insoweit also ist bei beiden von vornherein eine spezifische, normative Idee vorhanden, die darüber hinaus von einer kleinen Elite repräsentiert wird. Denn bekanntlich hatten in der athenischen Antike nur wenige Bürger politische Rechte; Sklaven oder Frauen waren selbstverständlich von diesen ausgeschlossen. Damit aber sind die Gemeinsamkeiten der beiden im Hinblick auf ihre Staatsmodelle bereits erschöpft. Die fundamentalen Unterschiede ihrer Herangehensweise sind bis heute prototypisch für die verschiedenen Ansätze zur Beantwortung der Frage nach der Staatsordnung.

Platon (428-348) geht vom Wissen als der zentralen Tugend im Staate aus. Wissen ist der Grundstein der staatlichen Ordnung und aus diesem Grund soll die Regierung des Staates den Weisen überlassen werden, einer zwangsläufig geringen Zahl weniger Inhaber des vollkommenen Wissens. Die Herrschaft dieser Philosophenkönige ist die beste Form staatlicher Ordnung. Insoweit gewinnt für Platon die Erziehung durch diese und zu diesen Philosophen eine besondere Bedeutung. Deren rationale Herrschaft braucht keine weiteren Gesetze, d.h. jedes Mitglied der Gesellschaft funktioniert nach Plan. Heirat und Eigentum sind unerwünscht. Die Kindererziehung obliegt dem Staat, Meinungsfreiheit ist unnötig, da ja ein politischer Idealzustand herrscht. Dies ist eine normative und in der Methode deduktive Herangehensweise, die sich von derjenigen des Aristoteles ganz grundsätzlich unterscheidet.

Aristoteles (384-322) stellt sich nämlich die Frage, welche Staaten tatsächlich die stabilsten Ordnungen hervorgebracht haben. Dazu untersucht er induktiv, d.h. mittels empirischer Methoden, insgesamt 158 Stadtstaatsstaaten im Hinblick auf die sozio-ökonomischen Rahmenbedingungen, ihre Herrschaftsorganisation (elitär oder plebiszitär) und fragt dabei vor allem nach der Zahl der Herrschenden. Hieraus entwickelt er seine klassische

Gewaltenteilungslehre, die zwischen der Zahl der Herrschenden trennt (s. Kapitel B). Aristoteles kommt zu dem Ergebnis, dass die gemischten Ordnungen die stabilsten sind. Dabei stellt er auf die Mischung aus Oligarchie und Demokratie ab, die durch eine zahlenmäßig vergleichsweise starke Mittelklasse repräsentiert wird und sowohl die Ober-, als auch die Unterschicht ökonomisch übertrifft. Grundvoraussetzungen dieses gemischten Modells ist, anders als bei Platon, die grundsätzliche Befähigung jedes Bürgers zum politischen Wesen (*zôon politikón*). Die Teilnahme am politischen Prozess ist nötig, denn nur so kann sich der Mensch moralisch vervollkommnen. Die Rechtfertigung, also die Legitimität des Staates wird durch den gerechten politischen *Prozess* erreicht, nicht durch eine *Idee*. Dem entspricht später die Vorstellung des Pluralismus, wonach Gerechtigkeit durch Verfahren entsteht.

Soweit im Grundsatz die Überlegungen von Aristoteles und Platon, die in der Folge paradigmatisch für die Herangehensweise an die Staatsformenlehre stehen: Zum einen die Vorstellung, dass man aus einer gerechten Idee eine staatliche Ordnung gewissermaßen mit wissenschaftlicher Zwangsläufigkeit ableiten kann. Auf der anderen Seite die Annahme, dass das Eingeständnis in die empirische Realität dazu beitragen kann, die Wirklichkeit prozesshaft einer Zielvorstellung anzunähern, ohne aber, dass eine solche Entwicklung aufgrund einer Idee, also *ideologisch*, zwangsläufig wäre.

Nach dem Ende der griechischen Demokratie beginnt mit dem Aufstieg Roms zur Weltmacht auch der Aufstieg eines universalistischen Naturrechts als höchste Legitimation politischer Herrschaft. Eine der wichtigsten Vermittlungspositionen in dieser Entwicklung nimmt Marcus Tullius *Cicero* (106-43) ein. Diese Entwicklung markiert zunächst auch das Ende der vergleichenden Politikwissenschaft. Damit ist gemeint, dass in der Folgezeit der politische Gegenstand verschwindet, denn die Reiche, die nun bestehen bzw. gegründet werden, legitimieren ihre Herrschaft auf einer universalistischen Basis. Unabhängig von der Herrschaftsform – Cicero selbst bevorzugt wie Aristoteles eine gemischte Verfassung, d.h. die Republik – war Herrschaft nur legitimierbar durch den Einklang mit natürlichen, gewissermaßen göttlich sanktionierten Rechten. Philosophisch im Stoizismus wurzelnd, besagt diese Lehre, dass es nur ein einziges Gesetz gibt, ein universelles Recht also, das für alle bindend ist, auf dem jede weitere Entscheidung basiert: diese natürliche Ordnung des Staates besteht für Cicero in der legitimen Weltherrschaft Roms, denn dem universellen Recht entspricht der universelle Staat. Mit dieser Begründung war die Weltmacht

Rom hervorragend zu rechtfertigen. Die Grundlage von Ciceros Naturrechtkonzept ist allerdings die Vernunft, d.h. die prinzipielle Einsehbarkeit und Nachvollziehbarkeit von politischen Grundregeln und -prozessen. Insofern ist das Naturrecht ein gemeinsamer Besitz aller Bürger, dessen regelhafte Gestaltung an die Herrschenden abgegeben wird.

Es ist offensichtlich, dass die auf den Untergang Roms folgende Weltherrschaft des Christentums auf einem vergleichbaren Konzept beruht: Die Idee, dass universelle Herrschaft die einzige legitime Regierungsform ist, durchzieht die kirchlichen Herrschaftslehren. Man ersetzt allerdings den Begriff der Natur durch den Begriff Gott. In diesem Konzept lässt sich Gerechtigkeit durch den unabdingbaren Gehorsam zur römisch-katholischen Kirche, vor allem zu ihrem universellem göttlichen Recht erreichen. *Augustinus*, *Thomas von Aquin* und andere mittelalterliche Theoretiker haben entsprechende Herrschaftsbegründungen des Gottesstaates formuliert. Diese letztlich naturrechtlich begründeten bzw. inspirierten Vorstellungen gipfeln schließlich im europäischen Absolutismus, in dem sich die Herrscher ebenfalls auf eine universelle Legitimation stützen. Man könnte demnach durchaus sagen, dass bis etwa gegen Ende des 18. Jahrhunderts in der ein oder anderen Form das Naturrecht oder andere universalistische Prinzipien die zentralen Legitimationsgrundlagen der Herrschaft waren, bevor diese von den liberalen Konzepten, im Besonderen der individualistischen Vertragstheorie, abgelöst wurden.

Allerdings gibt es eine gewichtige Ausnahme: von etwa Mitte des 14. Jahrhunderts bis zum Ende des 16. Jahrhunderts findet eine Wiederbelebung der antiken Herrschaftsvorstellungen, insbesondere der Vorstellungen des Aristoteles statt – die *Renaissance*. Ausgangspunkt des Renaissancedenkens war die Herausbildung der oberitalienischen Stadtstaaten, die sich als legitime Nachfahren der antiken Polis sahen, ein Gedanke, der sich hier zu formieren beginnt und später die Vorstellung vom Nationalstaat inspirierte. *Niccolò Machiavelli* (1469-1527) ist ein typischer Vertreter seiner Epoche. Ideengeschichtlich gesehen, tritt er das Erbe des Aristoteles an und überträgt dieses auf seine Zeit: Er vergleicht Stadtstaaten und Herrscher. Damit ist nicht nur das Denken der klassischen Antike wiederbelebt, sondern auch tatsächlich die vergleichende Politikwissenschaft – zumindest für kurze Zeit. Doch lassen sich die Auswirkungen dieser Wiederentdeckung der Antike über *James Harrington* bis hin zum Denken der amerikanischen Verfassungsväter finden. Das Ergebnis des empirisch vorgehenden, realistischen Machiavelli lässt sich zusammengefasst folgendermaßen skizzieren:

(1) Politik erschließt sich dem Betrachter nur durch tatsächlich klare empirische Forschung.

(2) Die Stabilität von Herrschaft entsteht dann, wenn sie im Rahmen einer Republik als Mischverfassung auftritt.

(3) Grundlage dieses stabilen Systems sind die persönliche Tapferkeit und Tugend (*virtù*) und gute Gesetze.

Die Anklänge an Aristoteles und auch Cicero in diesen Punkten sind unverkennbar. Dieses sogenannte *machiavellian moment* sollte später in den Konzepten der amerikanischen Verfassungsväter noch eine große Rolle spielen: man las tatsächlich Machiavelli und entwickelte die Idee der gemischten Verfassung, die auf der Balance von unterschiedlichen Gewalten gegründet war. Die Modernität, bzw. Klassizität Machiavellis bestand genau darin, dass er sich – entgegen der herrschenden Naturrechtslehre – auf die Realität bezog und universalistische Staatskonzepte strikt ablehne. Staaten basieren nicht auf Ideen, so Machiavelli, sondern auf den Bürgern selbst, die Politik treiben. Es dauert indes – wie bereits erwähnt – bis zum Ende des 18. Jahrhunderts, bis diese Ideen auch tatsächlich realisiert werden. Bis dahin verstehen es die Mächtigen vortrefflich, die für sie außerordentlich gefährlichen Gedanken Machiavellis zum Teil gewaltsam zu unterdrücken und den Florentiner als diabolischen Autor des *Fürsten* zu brandmarken; einer Gelegenheits- und Bewerbungsschrift, die sie selbst allerdings alle unter ihren Kopfkissen versteckten.

Weitere Politikwissenschaftler in dieser Genealogie sind Thomas Hobbes (1588-1679), John Locke (1632-1704) und der Baron de Montesquieu (1689-1755), die alle – trotz unterschiedlicher Akzente – für die Entwicklung des analytischen politikwissenschaftlichen Denkens über Staaten und Staatsformen entscheidend wurden.

Thomas Hobbes bricht, wie Machiavelli, mit der Vorstellung, dass es eine naturrechtlich begründete, quasi – natürliche Staatsordnung gebe, der man sich zwangsläufig zu unterwerfen habe: der Staat hat Aufgaben zu erfüllen und im Falle der Hobbes'schen Theorie vor allem Ordnung herzustellen und Schutz vor Anarchie zu bieten. Der dadurch legitimierte Leviathan hat somit eine konkrete Aufgabe, die ihm von den zunächst grundsätzlich freien Bürgern übertragen wird. Es ist diese Aufgabe, die den Staat legitimiert und keine spezifische Idee, weder religiöser noch weltlicher Natur. In dieser modernen Perspektive ist ihm John Locke verwandt, der gleichfalls alle Vorstellungen ablehnt, die auf eine gewissermaßen natürliche Ordnung abstellen. Der Staat entsteht vor dem Hintergrund eines gedachten, fiktionalen Vertrages zwischen den Individuen. Mit ihm verknüpft ist der Beginn der liberalen Staatstheorie. Denn während Hobbes den Staat noch vor allem als autoritäre Instanz sieht, will Locke ihn nur noch als Ordnungsmacht sehen. Der Staat setzt Regeln fest und bietet Schutz, hält sich aber ansonsten aus dem Leben seiner Bürger heraus, denn: Die persönliche Freiheit ist unverzichtbar und nur so findet der Mensch seine Erfüllung. Persönliche Freiheit ist untrennbar verknüpft mit dem Schutz des Privateigentums und der liberale Staat hat die vorrangige Aufgabe, Eigentum seiner Bürger zu schützen. Wenn man so will, ist also Hobbes der Theoretiker der liberalen Staatsidee, während Locke dieser eine konkrete Form, ihre moderne Form gibt. Die Kennzeichen des liberalen Staates sind: Gewaltenteilung, Gewaltenkontrolle und Gewaltenverschränkung sowie ein repräsentatives System. Damit sind die Ideen des Aristoteles faktisch in die Moderne übertragen, sie finden sich zunächst umgesetzt im politischen System der USA, in rudimentärer Form auch in England.

Das Beispiel England hat auch Charles-Louis de Montesquieu vor Augen, dessen Gewaltenteilungslehre allgemein bekannt, aber weit weniger originell ist, als gemeinhin angenommen. Er glaubt in England ein System beobachten zu können, in dem die Staatsgewalten in Exekutive, Legislative und in Judikative getrennt sind. Dies war aber nur in einem vergleichsweise kurzen – eben seinem – Beobachtungszeitraum der Fall. Viel typischer für das englische Modell war die Einheit zwischen Exekutive und Legislative, also die Gegenüberstellung von Regierungsmehrheit und Opposition, die bis heute typisch für parlamentarische Regierungsmodelle ist. Montesquieus Fehleinschätzung hat weitreichende Wirkungen: Die amerikanischen Verfassungsväter übernehmen die Gewaltenteilungslehre des Montesquieu in radikaler Form und setzen sie exakt um. Das Ergebnis ist ein präsidentielles Modell, dessen Leitideen die Herrschaft auf Zeit sowie die Begrenzung der Herrschaft durch Macht und Gegenmacht sind. Als Begriff hat sich hierfür derjenige des *limited governments* eingebürgert. Die Genealogie der Gewaltenteilungslehre ist insoweit abgeschlossen: ihre Traditionskette reicht von Aristoteles über Machiavelli zu den Vertragstheoretikern.

Aber auch das Universalistische, das Naturrechtskonzept überlebte: die Idee, dass es *richtige* Herrschaft gibt, der man sich zu unterwerfen hat, und zwar freiwillig – so wenigstens die Theorie. Protagonist dieses Staatsrechtsdenkens ist *Jean-Jacques Rousseau* (1712-1778): Anknüpfend an Platon geht er von der Notwendigkeit aus, dass die Menschen zum Guten erzogen werden müssen. Ursprünglich, d.h. im Naturzustand, ist der

Mensch zwar gut, aber Eigentum *verdirbt* ihn. Die Entstehung des Privateigentums wird zum Sündenfall, der den paradiesischen Naturzustand beendet. Der Gegensatz zu John Locke könnte nicht größer sein. Nach Verlassen des idyllischen Naturzustandes, in dem gar der Löwe mit dem Schaf friedlich zusammenlebt, sollten die Menschen einen Vertrag schließen und sich freiwillig der *volonté générale* unterwerfen, einem Gemeinwillen, der mehr ist als nur die Summe der Einzelwillen (*volonté de tous*). Um diesen Gemeinwillen zu erkennen, bedarf es allerdings, wie bei Platon, großer Weisheit. Und so erlebt Platons Erziehungsdiktatur durch die Philosophenkönige bei Rousseau eine spezifische Renaissance. Eine verstehende, wissende Elite sollte für alle regieren. Die zentrale Überzeugung dieses Denkens ist also: vernünftige Herrschaft ist möglich. Damit wird der Staat zur Besserungsanstalt und am Ende steht – als Utopie – die Rückgewinnung des Urzustandes, in dem alle Menschen gleich waren – der Mensch findet gewissermaßen zu sich selbst zurück. Aber er muss dazu angeleitet werden. Der Schritt zu autoritärem, selbst totalitärem Staatsdenken ist damit naheliegend und von Jacob L. Talmon analysiert worden. Tatsächlich stimmen die Strukturen des marxistischen, aber auch des hegelianischen Staatsdenkens hiermit überein: man darf die Menschen nicht sich selbst überlassen, sie müssen erzogen, angeleitet werden. Genau das Gegenteil also von liberalen Überzeugungen, wonach die Menschen selbst über sich bestimmen sollten und Herrschaft immer nur auf begrenzte Zeit durch Wahlen vergeben wird. Dies beiden Pole: Pluralismus und Monismus, Gewaltenteilung und autoritärer bzw. totalitärer Staat kennzeichnen die konkurrierenden Grundvorstellungen über *gute Politik*.

5. Staat und Verfassung – zwischen Gewaltentrennung und Gewaltenverschränkung

Die Gestaltung demokratischer Staatsformen vollzieht sich in einem Spannungsfeld unterschiedlicher, teils konkurrierender Vorstellungen. Dies sind zum einen die bereits genannten Modelle des Parlamentarismus bzw. des Präsidentialismus und zum anderen die Optionen eines stärker pluralistischen bzw. eines stärker elitär-ausgerichteten Staatsverständnisses, die engstens mit der Entscheidung für repräsentative und plebiszitäre sowie konkurrenz- und konkordanzorientierte Modelle verbunden sind.

Nach dem jeweiligen Demokratieverständnis wird die Frage, wie die jeweiligen politischen Institutionen gestaltet werden, unterschiedlich beantwortet. Grundlegend sind dabei die jeweiligen Verfassungen, die diesen Bereich der institutionellen Ordnung, als Bestandteil der *polity*, normieren.

Alle Staaten verfügen über mehr oder weniger feste Regelwerke, in denen die Beziehungen zwischen Staat und Volk festgelegt sind. Legitimes Regieren setzt das Vorhandensein einer Verfassung voraus, in der zumeist normative Richtlinien und praktische Regelungen verknüpft sind. Die Verfassung der Bundesrepublik Deutschland aus dem Jahre 1949 verfügt beispielsweise über einen Grundrechtskatalog, in dem die Rechte der Bürger gegenüber dem Staat festgehalten sind und erst im Anschluss daran sind die konkreten Herrschafts- und Regierungsmodalitäten festgelegt. Im Gegensatz dazu findet sich in der amerikanischen Verfassung aus dem Jahre 1787 zunächst keinerlei Normatives, sondern lediglich eine enumerative Auflistung der Kompetenzen der drei Gewalten. Erst als Zusatz wurde mit den ersten zehn Ergänzungsartikeln, die später als *bill of rights* bekannt wurden, im Jahr 1791 ein Grundrechtskatalog aufgenommen. Dies geschah auf Bitten der eher armen und verschuldeten Staaten, die ihre Minderheitenrechte gegenüber den starken Gläubigerstaaten schriftlich fixiert sehen wollten, da sie ansonsten die Verfassung nicht angenommen hätten. Überhaupt kein schriftliches Dokument – im Sinne eines kohärenten Verfassungstextes – findet sich schließlich in England. Und dennoch spricht man hier von einer Verfassung. Sie besteht in diesem Falle aus dem überlieferten Gewohnheitsrecht (dem *common law*), dem gesetzten, positiven Recht (*statute law*) und den Konventionen des politischen Lebens, den Gewohnheiten des Herzens, wie sie im anderen Kontext von Alexis de Tocqueville bezeichnet wurden. Als Beispiel sei hier nur am Rande erwähnt, dass aufgrund dieser letztlich sehr prekären Verfassungssituation das Parlament jederzeit beschließen könnte, sich aufzulösen. Die absolute Parlamentssouveränität als solche gibt ihm hierzu die Möglichkeit.

Unter systematischem Aspekt lassen sich daher die drei folgenden Verfassungstypen unterscheiden:

(1) eine Verfassung als lockerer Rahmen, der offen und interpretierbar, damit gleichzeitig aber durchaus umstritten sein kann (USA);

(2) eine Verfassung als detailliertes Regelwerk, das vergleichsweise wenig Spielraum für Veränderungen lässt (Bundesrepublik Deutschland) sowie

(3) eine Verfassung als Dokument für ein gemeinsames Traditionsgut, mit mehr oder weniger klar fixierten schriftlichen Dokumenten (Großbritannien, aber auch bislang noch die Europäische Union).

Es versteht sich daher, dass in den beiden erstgenannten Fällen auch Verfassungsgerichtsbarkeiten vorhanden sind, die ganz entscheidend an der Interpretation der Texte beteiligt sind, während eine entsprechende Institution z.B. in England fehlt. Eine Verfassungsänderung ist hier durch schlichtes Gesetz bzw. Konvention zu leisten.

Verfassungen, die als Ausdruck des Selbstverständnisses eines Gemeinwesens gelten können, vollbringen spezifische Leistungen. Zunächst drücken sie die Ideologie und Philosophie des jeweiligen *Staatsvolks* aus und dies nicht selten in Form einer Präambel. Zweitens dienen Verfassungen aber auch als Grundgesetz eines spezifischen Regimes, im Besonderen als Garantie für die *Grundrechte*. Drittens haben Verfassungen die Aufgabe, den organisatorischen Rahmen für die Staatstätigkeit festzulegen. Es wird meist detailliert verfügt, welche Gewalt welche Aufgaben zu erfüllen hat, bzw. welche Grenzen sie findet. Hierfür hat sich der Begriff der *horizontalen Gewaltenteilung* eingebürgert. Viertens definieren Verfassungen die jeweiligen Ebenen des Staates, also die *vertikale Gewaltenteilung*, Fünftens schließlich treffen Verfassungen Vorsorge für den Fall, dass sie ergänzt werden sollen oder müssen. Denn es ist klar, dass Verfassungen – so sie dauerhaft sein mögen – weitergeschrieben werden müssen.

Verfassungswandel und die Fortschreibung der Verfassung sind schwierige Prozesse, weshalb man durchaus die Meinung vertreten kann, dass Rahmenverfassungen, wie diejenige der USA, aufgrund ihrer Interpretationsfähigkeit und die damit ermöglichte Dynamisierung des politischen Lebens durchaus Vorteile vor einem allzu engen Gerüst haben. Allerdings muss an dieser Stelle auch angemerkt werden, dass der Verfassungswandel in einem solch offenem Rahmen nicht notwendigerweise schnell stattfinden muss, wie die Frage der Gleichstellung von Minoritäten, etwa der farbigen Bevölkerung, zeigt, die erst in der zweiten Hälfte des 20. Jahrhunderts wesentliche Fortschritte gemacht hat. Dies verdeutlicht, dass Verfassungen nichts anderes als dominante oder erwünschte gesellschaftliche Wertvorstellungen dokumentieren. Sie geben aber auch Auskunft über die jeweilige politische Ordnung. Dabei können zwei Grundtypen voneinander unterschieden werden.

5.1. Das parlamentarische Modell

Die Zahl parlamentarischer Regierungsordnungen ist geringer als man glauben würde. Nur etwa 1/3 aller Staaten der Welt verfügt über ein Parlament mit Ministerpräsident und Kabinett, die von Mehrheitspartei oder

Koalition abhängig sind. Als Beispiel, auf das später ausführlich zurückzugehen sein wird, soll hier Westminster genannt sein (s. Kapitel D). Die Autorität der Regierung beruht auf ihrer Mehrheit im Parlament. Das nominelle Staatsoberhaupt, „die Krone", handelt in der Regel nur auf Anweisung der Regierung. Konkret heißt dies, dass der Ministerpräsident (*Prime Minister*) zwar ohne Wahl ernannt wird, doch hat sich konventionell eingebürgert, dass immer der Parteiführer der Mehrheitsfraktion berufen wird. Dieser sucht sich seine Minister, d.h. seinen Beirat – das *Kabinett* – aus seinen Gefolgsleuten im Parlament aus. Quereinsteiger, also Personen ohne Parteibuch und Parlamentsmandat, werden dabei nur in Ausnahmefällen hinzugezogen, dann allerdings, so lautet die britische Verfassungskonvention, erwartet man, dass sich der von außen ernannte Minister so schnell wie möglich ins Parlament wählen lässt. Anders als in anderen parlamentarischen Modellen wie beispielsweise dem der Bundesrepublik, sind nicht alle englischen Minister zwangsläufig Mitglieder des Kabinetts. Nur etwa 1/3 von ihnen nimmt an den regelmäßigen Kabinettssitzungen teil. Die anderen sind eher als Vorsteher eines Ministeriums zu verstehen. Der Premierminister ist erster unter gleichen, also primus inter pares. Dies ist jedoch insofern eine Fiktion, als er derjenige ist, der die Minister aufnimmt oder entlässt, der die Richtlinienkompetenz besitzt und der als Parteiführer zumeist auch die Mehrheitsfraktion im Parlament dominiert. Für diese dominante Position hat man auch den Begriff des *prime ministerial government*, mutatis mutandis also im deutschen Fall der Kanzlerdemokratie bzw. des *Kanzlerprinzips* geprägt, das die exponierte Rolle des Regierungsvorsitzenden betont. Davon abzugrenzen ist das sogenannte *Kabinettsprinzip*, wonach die Regierung (verstanden als Einheit der Minister im Kabinett) geschlossen der Opposition im Parlament und der Öffentlichkeit gegenübertritt. Diese Kabinettssolidarität erfordert nicht zwangsläufig Einigkeit nach *innen* (Mehrheitsentscheidungen im Kabinett), bedeutet aber doch, dass Kabinettsbeschlüsse nach *außen* solidarisch mit vertreten werden. Des Weiteren gibt es eine direkte Verantwortlichkeit der Minister gegenüber ihrem eigenen Ministerium, die in der Regel als *Ressort*- oder *Ministerprinzip* bezeichnet wird. Dies bedeutet, dass zunächst die Minister die jeweilige Politik ihres Hauses zu vertreten haben – im Kabinett und im Parlament. Es ist völlig klar, dass das Kabinettsprinzip dem Ressortprinzip übergeordnet ist, und dass letztlich wiederum die Richtlinienkompetenz die beiden anderen Grundsätze überragt.

Nehmen wir als Beispiel einen konkreten Gesetzentwurf. Dessen Weg beginnt üblicherweise zunächst auf Deutschland bezogen im Kanzleramt, bzw. generell der Regierungszentrale und stellt die Umsetzung eines konkreten Gesetzesvorhabens aus der Regierungserklärung, bzw. einer Koalitionsvereinbarung dar. Diese Zentrale benennt ein federführendes Ressort, das dann wiederum eine entsprechende Gesetzesvorlage erstellt. Diese Vorlage wird auf den einzelnen Ebenen des Ministeriums beraten und schließlich dem Minister zugeleitet. Der Minister bringt den Entwurf im Kabinett ein und alle anderen Ressorts nehmen dazu Stellung. Nachdem die einzelnen Stellungnahmen im Kabinett besprochen und abgearbeitet wurden, wird entweder ein Kabinettsbeschluss herbeigeführt, der dann seinen weiteren Weg der parlamentarischen Beratung geht, oder aber dieser Entwurf eines Ministeriums wird nicht beschlossen und an das Ministerium zurückverwiesen, um einen neuen Entwurf zu erarbeiten.

Das Parlament ist die Kammer, in der bei normalem Gesetzgebungsverlauf Beschlüsse des Kabinetts beraten werden. Im parlamentarischen System wird die Gesetzesvorlage hier, nach eventuellen Ergänzungen in den entsprechenden Ausschüssen, durch die Regierungsmehrheit verabschiedet. Ihr Gegenspieler, die Opposition, verfügt in der Regel nicht über die Möglichkeit, eine Mehrheit gegen einen solchen Beschluss zu organisieren. Regierungsmehrheit und Opposition haben sich im Parlament als Fraktionen gruppiert. Dies sind die parlamentarischen Gegenstücke zum Kabinett, d.h. auch hier diskutieren, streiten und beschließen die Abgeordneten hinter verschlossenen Türen und vertreten den gemeinsamen Beschluss im Parlament. Nur Parteirebellen werden sich einem Fraktionsbeschluss widersetzen. Die Fraktionsgeschäftsführer sind diejenigen, die auf Einhaltung der Fraktionsbeschlüsse achten, im englischen Westminster-Modell werden sie als *whips* bezeichnet, als Einpeitscher, die die Abgeordneten durch verschiedene, gestufte Sanktionsinstrumente disziplinieren können.

Zusammenfassend kann man also als Kern bzw. Eckstein des parlamentarischen Systems die Tatsache ansehen, dass die Regierung solange regiert, solange sie eine Mehrheit im Parlament hat. Die Regierungszeit ist nur begrenzt durch die nächste Wahl bzw. den Verlust der parlamentarischen Mehrheit. Exekutive und Legislative gehören insoweit zusammen. Ganz im Gegensatz zum präsidentiellen System, wo beide getrennt sind und durchaus gegeneinander arbeiten können, ohne dass der Präsident einerseits oder das Parlament andererseits in grundsätzliche Existenznöte kämen.

5.2. Präsidentielle Systeme

Dem gerade skizzierten Westminster-Modell des Parlamentarismus entspricht für den Präsidentialismus das politische Regierungssystem der USA. Der Präsident wird hier von einem Wahlmännergremium gewählt, das seinerseits bei nationalen Wahlen (in jeweiligen Wahlkreisen) bestimmt wurde. Es sind die Repräsentanten der jeweiligen Stimmenmehrheit. Diese Wahlmänner sollten den Präsidenten ursprünglich unabhängig vom Wählerwillen bestimmen. Ein Umstand, der bereits auf das streng repräsentative System der Vereinigten Staaten hinweist. Konkret sieht die Besetzung des Wahlmännerkollegs so aus, dass jeder Staat genau so viele Wahlmänner (bzw. selbstverständlich auch Frauen) entsendet, wie es der Summe seiner Sitze im Repräsentantenhaus und im Senat entspricht. Da die Stimmabgabe einheitlich erfolgt und das Votum eines jeden einzelnen Wahlmannes entweder per Gesetz oder Konvention bindend ist, verfügt der Kandidat, der die Mehrheit der abgegebenen Stimmen in einem Staat erhält, über alle Wahlmännerstimmen dieses Staates. Diese Wahlmänner, bei denen es sich tatsächlich um Funktionäre der jeweiligen Parteien handelt, wählen dann im Repräsentantenhaus den Präsidenten. Dabei stimmen sie für den Kandidaten, für den sie sich vor der jeweiligen Wahl ausgesprochen haben.

Sobald der Präsident im Amt ist, wählt er seine Regierung. Hierbei gilt eine strikte *Inkompatibilität*, was bedeutet, dass die Abgeordneten ihr Mandat verlieren, so bald sie in die Regierung wechseln. Ihre Ernennung bedarf der Zustimmung des Senats. Im Gegensatz zum parlamentarischen System bilden sie kein eigentliches Kabinett, denn nur die wichtigsten Minister gehören zum engeren Kreis des Präsidenten. Daher gibt es kein spezifisches Ressort- oder Kabinettsprinzip wie im parlamentarischen Modell. Der Präsident kann weder abgewählt werden, noch kann er den Kongress auflösen. Im gesamten politischen Prozess sind Präsident und Parlament einerseits getrennt, andererseits aber aufeinander angewiesen. Dieses Prinzip der sogenannten *checks and balances* gilt als grundlegend für das präsidentielle System. Die Gesetzgebung liegt ausschließlich beim Kongress. Der Präsident muss die Gesetze jedoch unterschreiben und kann sein Veto einlegen, falls er mit diesen inhaltlich nicht übereinstimmt. Dem Kongress bleibt dann die Möglichkeit, mit einer 2/3-Mehrheit in beiden Häusern das Veto des Präsidenten zurückzuweisen und damit das Gesetz sogar gegen den Willen des Präsidenten durchzusetzen. Auch hier soll der konkrete

Weg eines Gesetzgebungsverfahrens zur Verdeutlichung kurz skizziert werden.

Üblicherweise wird ein Gesetz entweder von einem Angehörigen der Legislative, also einem Abgeordneten des Kongresses, je nach Zuständigkeit in einer der beiden Kammern eingebracht. Oder aber, was mittlerweile immer mehr zur Regel wird, der Präsident 'bringt ein Gesetz ein'. Dazu ist er zwar nach der Verfassung nicht befugt, doch selbstverständlich wird sich in der Verfassungsrealität immer ein Politiker im Parlament finden, der die Agenda des Präsidenten vertritt und ein entsprechendes Gesetz vorschlägt. Diese sogenannte *bill* wird dann im Senat und im Repräsentantenhaus diskutiert und in den einzelnen Ausschüssen beraten. Beide Häuser arbeiten parallel an den Gesetzentwürfen und erstellen jeweils eigene Vorlagen, über die jedes Haus getrennt abstimmt. Nachdem diese beiden Gesetzesvorlagen beschlossen wurden, versucht man im Vermittlungsausschuss einen einheitlichen Gesetzentwurf zu formulieren, über den wiederum beide Häuser positiv abstimmen müssen. Sofern dies der Fall ist, wird das Gesetz dem Präsidenten zur Unterschrift vorgelegt. Legt dieser kein Veto ein, so wird aus der *bill* ein *act*, ein konkretes Gesetz.

Präsidentielle Systeme sind demnach zumeist hoch fragmentiert, d.h. sie haben eine deutlich ausgeprägte *separation of powers*. Kohärente Politik ist in einem solchen Rahmen schwer möglich, sie ist abhängig von der Stärke des Präsidenten, aber auch den Mehrheiten im Parlament. Doch selbst bei eindeutigen Mehrheitsverhältnissen macht die fehlende Parteidisziplin es schwer, einheitliche Politik um- und durchzusetzen. Gewaltenkonzentration wird also durch Gewaltenfragmentierung grundsätzlich erschwert.

Soweit eine erste Skizze zu den beiden grundlegenden Modellen, deren Vor- und Nachteile sich anhand zweier zentraler Aspekte zusammenfassen lassen. Im parlamentarischen System sind die Macht, und damit die politischen Gewalten weitestgehend konzentriert. Dieses System ermöglicht also durchweg eine starke Regierungsfähigkeit, soweit klare Mehrheiten bzw. stabile Koalitionen vorliegen. Voraussetzung für das Funktionieren eines solchen Modells sind verantwortliche Parteien, die die Regierungen bzw. die Opposition tragen. Im Gegensatz dazu ist die Macht im präsidentiellen System stark fragmentiert. Die Parteien sind daher im Sinne einer Unterstützung für die Regierung weitestgehend marginalisiert. Häufig kommt es in diesen Modellen zur Blockade der Gewalten, da Gewaltenteilung und Gewaltenverschränkung miteinander konkurrieren.

6. Der intermediäre Bereich

Doch steht nicht nur die institutionelle Seite politischer Ordnungen im Zentrum politikwissenschaftlicher Untersuchungen, denn der staatliche Bereich ist vielfach mit dem gesellschaftlichen verbunden. Dies ist nicht zuletzt deshalb notwendig, weil der Staat mit den gesellschaftlichen Steuerungsaufgaben betraut ist. Insofern muss er sich als demokratischer Staat mit den Wünschen und Forderungen seiner Gesellschaft befassen. Im Bereich zwischen Staat und Gesellschaft haben sich daher Interessenvertretungsagenturen im Sinne intermediärer Institutionen eingerichtet: Im Besonderen die Parteien, Interessengruppen und Medien.

6.1. Politische Parteien

Parteien sind – je nach Betrachtungsweise – ein eher junges oder auch sehr altes Phänomen. Bereits in der Antike gibt es die sogenannten Parteiungen, die als Gefolgschaftsorganisationen einzelner Politiker und Herrscher zu verstehen sind. Schon zu dieser Zeit wurde auf die negativen Implikationen des Parteiwesens hingewiesen, die gewissermaßen als Spalter des Gemeinwohls wahrgenommen wurden. Historisch gesehen entsteht das moderne Parteiwesen in England. Die konservative Partei formiert sich dabei aus dem Parlament heraus. Das heißt, die Parlamentsfraktion sieht durch die Erweiterung des Wahlrechts im 19. Jahrhundert die Notwendigkeit, eine Organisation außerhalb des Parlaments zu gründen, die die Fraktion unterstützen soll. Etwa zur gleichen Zeit vollzieht sich in den USA die Entstehung der ersten modernen Massenparteien durch die sogenannte Jacksonian-Revolution, während der der damalige Präsident Andrew Jackson seine Gefolgschaft parteimäßig organisierte. Moderne Parteien entstanden also zunächst als persönliche Gefolgschaftsparteien (zunächst aristokratisch, dann bürgerlich) und entwickelten sich zu Honoratiorenparteien, die schließlich durch moderne Massenparteien (mit bürokratischem Apparat) abgelöst werden. Allen diesen genannten Typen ist gemeinsam, dass ihre funktionale Bedeutung in ihrer Stellung als Glied zwischen Staat und Gesellschaft liegt.

6.2. Interessengruppen

Interessengruppen nehmen die Vermittlungsaufgabe zwischen Gesellschaft und Staat vielleicht noch stärker wahr als die Parteien. Sie sind

Organisationen, die weder zur Regierung gehören, noch eine Partei darstellen, die aber Politik nach Maßgabe der spezifischen Interessen ihrer Mitglieder beeinflussen wollen. Dazu bedienen sie sich im Wesentlichen fünf verschiedener Wege:

- Zum einen versuchen sie, die Regierung sowie die Öffentliche Meinung zu beeinflussen. Dies geschieht durch legitime Information, aber auch durch entsprechende Desinformation und Manipulation;
- ein weiterer Weg zur Umsetzung der Ziele besteht in der Unterstützung des Wahlkampfs von Parteien, die bei der Verfolgung dieser Ziele dienlich sein könnten;
- weiteres wesentliches Einflussmittel sind gerichtliche Klagen sowie
- Demonstrationen und Streiks;
- Schließlich darf nicht vergessen werden, dass direkte materielle Unterstützung durch Spenden bis hin zur Korruption verbreitete Methoden der Interessenvertretung sind.

Ähnlich wie bei den Parteien handelt es sich bei den Interessengruppen um eine politische Akteursgruppe, die in der Demokratietheorie immer zwiespältig betrachtet wurde. Vielleicht am deutlichsten hat James Madison im 10. Artikel der *Federalist Papers* zum Ausdruck gebracht, worin das Problem der Interessengruppen liegt: In ihrer Tendenz zur Tyrannei der Mehrheit, in der sich mehrheitsfähige Einzelinteressen über das Gemeinwohl stellen. Dennoch führt nach Madisons Meinung kein Weg an gesellschaftlichen Partikularinteressen vorbei. Die Demokratie hat auf diese Herausforderung des Pluralismus auf verschiedene Weise reagiert, wie in Kapitel G zu sehen sein wird.

6.3. Öffentliche Meinung und Medien

Das Verhältnis zwischen Politik und Kommunikationsmedien bildet eine wesentliche Grundbeziehung jeder politischen Ordnung. Doch handelt es sich auch dabei nicht um einen neuentdeckten Zusammenhang. Der fundamentale Wirkzusammenhang zwischen diesen beiden Bereichen wird unter anderem in den theoretischen Überlegungen zum Stellenwert der *Öffentlichen Meinung*, die zwar erst im 18. Jahrhundert ihre begriffliche Benennung erfährt, deren Wesensgehalt sich aber bis in die griechische Antike zurückverfolgen lässt. Ausgangspunkt dieser Theorien war die Überzeugung, dass es den Bürgern in einem repräsentativen Verfassungsstaat möglich sein sollte, am politischen Prozess teilzunehmen. Ihr volles Gewicht erlangt die Öffentliche Meinung jedoch erst in den sich demokratisierenden Staatswesen und spätestens seit dem 17./18. Jahrhundert kommt ihr besondere Bedeutung zu. Nach einem ideologischen Höhepunkt im bürgerlichen Zeitalter des 19. Jahrhunderts wird die Öffentliche Meinung jedoch zwischenzeitlich in ihrem politischen Stellenwert differenziert betrachtet. Annahmen über die Bedeutung und Auswirkung der Medien und der Öffentlichen Meinung, vor allem im politischen Willensbildungsprozess, haben nicht zuletzt angesichts der neuen technischen Möglichkeiten zur Vervielfältigung Öffentlicher Meinungen auch im Internet dazu geführt, dass Ordnung und Inhalte der Massenkommunikation zunehmend in das Blickfeld der politischen Auseinandersetzung geraten sind.

7. Handlungsmuster

Damit nun aber staatliche und gesellschaftliche Akteure interagieren können, benötigen sie Spielregeln. Politische Ordnungen weisen spezifische Handlungsstrukturen, Entscheidungsregeln und entsprechende Handlungsmuster auf. Man möchte meinen, dass es wenigstens in Demokratien relativ einheitliche Entscheidungsmuster gibt: Ist nicht die Meinung der Mehrheit das Maß demokratischen Entscheidens? Tatsächlich ist der *Majorz* in vielen Staaten als Entscheidungsregel anzutreffen. Andere entscheiden nach dem Verhältnis bzw. unter einer größtmöglichen Beteiligung aller relevanter Gruppen, nach dem *Proporz*. Diese beiden Entscheidungsregeln prägen ganz wesentlich das Wahlsystem der jeweiligen Ordnung. Zudem entscheidet sich an ihnen, ob die pluralistische Meinungskonkurrenz konfrontativ oder konsensual gelöst wird. Dies ist allerdings nur die Oberfläche dieser Handlungsmuster. Sie selbst gründen tiefer, im gesamtgesellschaftlichen Konsens, das heißt in den gemeinsamen Grundvorstellungen über das Politische – der Politischen Kultur. Mit der Frage, wie politische und gesellschaftliche Strukturen, Kollektiv- und Individualakteure zu einander in Beziehung stehen, befasst sich das Kapitel G.

7.1. Wahlen und Wahlverhalten

Die Haupteinflussmöglichkeit der Bürger besteht in der Teilnahme an Wahlen, wenigstens in solchen politischen Ordnungen, in denen das Wahlergebnis eine korrespondierende Reaktion auf politischer Ebene nach sich zieht. Regelmäßig gilt dies in Demokratien. Die Wahl ist die *demokratische* Methode, das Personal in Vertretungsorganen oder Führungspositionen zu bestimmen. Doch gab und gibt es auch in anderen Ordnungsmodellen Wahlen, wie etwa die Volkskammerwahlen in der DDR. Auswirkungen auf die Personalzusammensetzung der politischen Führung sind damit keine notwendige Bedingung des Wahlgangs. Im Hinblick auf die Vergabe von Ämtern ist die Wahl aus wertneutraler Sicht nur eine Technik zur Bildung von Körperschaften und zur Vergabe von Führungspositionen. Der Begriff der Wahl, ihre Bedeutung und letztlich auch ihre Funktionen variieren demnach in Abhängigkeit der zugrundeliegenden Ordnung. In Demokratien, in denen *kompetitive* Wahlen stattfinden, orientiert sich das Wahlsystem entweder am Prinzip des *Majorz* oder dem des *Proporz*.

Wahlen haben unmittelbaren Einfluss auf die Kreation politischer Eliten. Sie entscheiden also über die Entscheidungsträger. Warum aber entscheidet sich der Wähler für einen speziellen Kandidaten? Ansätze zum Wahlverhalten versuchten und versuchen, die entscheidenden Aspekte zu ergründen. Dabei stand zunächst *das* Wahlverhalten im Zentrum, mittlerweile rückte das Individuum in den Mittelpunkt, denn Wahlverhalten erscheint zunehmend als eine höchst individuelle Disposition des Einzelnen.

7.2. Politische Kultur

Wie innerhalb einer Gesellschaft entschieden wird, welche Rolle die Bürger einnehmen, welche gesellschaftlichen Grundvorstellungen als politische Ziele propagiert werden und in welchem Rahmen dies erfolgt, all dies sind Beispiele für Fragen, die ganz wesentlich mit der spezifischen Politischen Kultur eines Landes zusammenhängen. Die Politische Kultur bezeichnet kurzgefasst die Art und Weise, wie die Bevölkerung den Staat und ihre eigene Rolle im Staat wahrnimmt.

Handelt es sich dabei aber um Einstellungen, die auf irgendeine Art und Weise gemessen werden können? Gabriel A. Almond und Sidney Verba haben diese Frage bejaht und in den 1960er-Jahren ihr Konzept der *Civic Culture* vorgestellt, in dem sie drei Grundtypen Politischer Kultur beschreiben. Karl Rohe verneinte die Frage, wenigstens zum Teil. Aufbauend auf den Arbeiten Almonds und Verbas, entwickelte er aus seiner Kritik ein weitergefasstes Konzept Politischer Kultur, das in den messbaren Einstellungen nur einen Teil der Politischen Kultur sieht. Rohe beschreibt Politische Kultur als Soziokultur, in der die undiskutierten Selbstverständlichkeiten einer Gesellschaft ruhen, und Deutungskultur, auf deren Ebene strittige Themen diskutiert, Probleme erörtert werden. Der Bereich der Politischen Kultur zeigt recht deutlich, in welchem Spannungsfeld zwischen empirisch-messbaren Größen und latent deduktiv-ableitbaren Schlüssen die Politikwissenschaft positioniert ist.

 Fragen

- Welche Formen der Legitimität unterscheidet Max Weber?
- Was ist grundlegend für monistische Theorien und worin unterscheiden sie sich vom Pluralismus?
- Welche methodischen Ansätze vertreten Platon und Aristoteles?
- Welche Prinzipien prägen die Arbeit des Kabinetts im parlamentarischen Modell?
- Was ist das *machiavellian moment*?

 Bibliographie

John C.Donavan/Richard E. Morgan/Christian P. Potholm: *People, Power and Politics. An Introduction to Political Science*, Lanham Rowman and Littlefield, 1993.

Marcus E. Ethridge/Howard Handelman: *Politics in a changing World. A complete Introduction to Political Science*, New York: St. Martin's Press, 1994.

Rod Hague/Martin Harrop/Shaun Breslin: *Political Science. A comparative Introduction*, New York: St. Martin's Press, 1998.

Robert J.Jackson/Doreen Jackson: *Contemporary Government and Politics. Democracy and Authoritarianism*, Toronto: Prentice Hall Canada Inc., 1993.

Thomas Magstadt/Peter M. Schotten: *Understanding Politics. Ideas, Institutions and Issues*, New York: St. Martin's, 1999.

Gregory S. Mahler: *Comparative Politics. An Institutional and Cross-Nation Approach*, Englewood Cliffs: Prentice Hall, 1995.

B. Die Gewaltenteilung in der politischen Theorie – Entwicklungslinien

Ideengeschichtlicher Überblick über die Entwicklung der Gewaltenteilung[1]

Gerd Strohmeier

Auch wenn bereits Platon die lykurgische Mischverfassung aufgrund des dort erzielten Gleichgewichts der politischen Kräfte bewundert hat, ist es üblich, die (entwickelte) Gewaltenteilungslehre bzw. die ihr vorangegangene Lehre von der Mischverfassung auf *Aristoteles* zurückzuführen.[2] Aristoteles macht deutlich, dass sowohl die Herrschaft eines Einzelnen als auch die von wenigen als auch die von vielen gut sein kann: „Wenn nun der eine oder die einigen oder die vielen im Hinblick auf das Gemeinwohl regieren, dann sind dies notwendigerweise richtige Staatsformen, verfehlte aber jene, wo nur der eigene Nutzen des einen, der einigen oder der vielen bezweckt wird".[3] Folglich unterscheidet Aristoteles – im Rahmen seiner in der „ersten Staatsformenlehre" entwickelten idealtypischen Betrachtung – anhand der Anzahl der Herrschenden und dem Zweck der Herrschaft drei gute Staatsformen – Monarchie, Aristokratie und Politie – sowie drei entartete Staatsformen – Tyrannis, Oligarchie und Demokratie, wobei er die Tyrannis für die schlimmste, die Oligarchie für die zweitschlimmste und somit die Demokratie für die erträglichste Entartung hält.[4] Während in den guten Staatsverfassungen zum allgemeinen Nutzen regiert werde, sei die Tyrannis „eine Alleinherrschaft zum Nutzen des Herrschers, die Oligarchie eine Herrschaft zum Nutzen der Reichen und die Demokratie eine solche zum Nutzen der Armen".[5] Folglich spielt bei der Unter-

---

1 Abdruck aus: Gerd Strohmeier: *Vetospieler – Garanten des Gemeinwohls und Ursachen des Reformstaus*, Habilschrift, eingereicht an der Philosophischen Fakultät der Universität Passau am 1. April 2004.
2 Vgl. Themistokles Tsatsos: *Zur Geschichte und Kritik der Lehre von der Gewaltenteilung*, Heidelberg: Winter, 1968, S. 12f.
3 Aristoteles, in: Olof Gigon (Hrsg.): *Politik*, 8. Auflage, München: dtv, 1998, III 7 1279a.
4 Vgl. ebd., IV 2 1289a.
5 Ebd., III 7 1279a.

scheidung der Verfassungstypen nicht nur die Anzahl der Herrschenden, sondern auch deren Besitzverhältnisse eine spezifische Rolle. Ferner hat Aristoteles – im Rahmen seiner in der „zweiten Staatsformenlehre" entwickelten empirisch-analytischen Betrachtung – „die Vielfalt der realen Staatsformen einschließlich der Mischverfassungen erkundet, typologisiert, auf Entstehungsbedingungen sowie Funktionsvoraussetzungen befragt und bewertet".[6] Aristoteles' vergleichende Analyse real existierender Staatsformen zeigt, dass diese von den idealtypisch beschriebenen guten Staatsverfassungen mehr oder weniger stark abweichen. Schließlich unterscheidet er diverse Formen der Oligarchie und der Demokratie.[7] Als relativ beste Staatsverfassung empfiehlt er eine Mischung aus den jeweils mildesten Form der Demokratie und der Oligarchie, die er (ebenfalls) Politie nennt: „Denn nur die Mischung wird den Reichen und Armen, dem Reichtum und der Freiheit gerecht".[8] Nach Aristoteles ist eine Verfassung umso dauerhafter, je besser sie gemischt ist, weil die Mischung die verschiedenen Kräfte im Gleichgewicht hält: „Niemals werden die einen den anderen dienen wollen, und sie werden auch niemals eine Verfassung finden (falls sie eine solche suchen), die den Interessen beider Teile besser gerecht würde als eben diese. Denn untereinander abwechselnd herrschen werden sie nicht wollen wegen des gegenseitigen Misstrauens. Am zuverlässigsten ist aber immer der Schiedsrichter, und dieser steht in der Mitte".[9] Die relativ beste Staatsverfassung liegt für Aristoteles folglich in der Mitte, wo sie von einem zahlenmäßig starken Mittelstand gestützt werden kann und „gefährliche Neigungen beider Regime abgeflacht oder neutralisiert"[10] bzw. Revolutionen, Aufstände und Streitigkeiten verhindert werden können: „Denn sowohl aus der radikalsten Demokratie wie aus der Oligarchie entsteht die Tyrannis, aus der Mitte aber und dem ihr Nahestehenden viel seltener".[11] Schließlich existieren nach Aristoteles diverse Motive – der Wunsch nach mehr Gleichheit (der Schlechtergestellten), der Wunsch nach mehr Ungleichheit (der Bessergestellten) sowie Gewinn und Ehre –, die zu Aufständen und Veränderungen von Verfassungen führen

6   Manfred G. Schmidt: *Demokratietheorien: eine Einführung*, 3. Auflage, Opladen: Leske + Budrich, 2000, S. 38.
7   Vgl. Aristoteles, in: Olof Gigon (Hrsg.): *Politik*, 8. Auflage, München: dtv, 1998, IV 4 1291a ff.
8   Ebd., IV 8 1293b.
9   Ebd., IV 12 1297a.
10   Manfred G. Schmidt: *Demokratietheorien: eine Einführung*, 3. Auflage, Opladen: Leske + Budrich, 2000, S41.
11   Aristoteles, in: Olof Gigon (Hrsg.): *Politik*, 8. Auflage, München: dtv, 1998, IV 11 1296a.

können[12] – sofern diese nicht entsprechend gemischt und auf die den Extremen überlegene Mitte gebaut sind.[13] Das von Aristoteles vertretene Konzept der Mischverfassung impliziert den Gedanken der Aufteilung der Staatsgewalt auf verschiedene Teilgewalten, die sich gegenseitig am Machtmissbrauch hindern, sowie ein Menschenbild, das diesen Machtmissbrauch zumindest nicht ausschließt. So gibt er z.b. der „Zügellosigkeit der Volksführer"[14] die Schuld am Verfall der Demokratie. Darüber hinaus klingt bei Aristoteles auch die Aufteilung der Staatsgewalt in eine exekutive, legislative und judikative Befugnis an. Schließlich unterscheidet er zwischen drei Teilen einer jeden Verfassung, die im Kern diesen Staatsgewalten entsprechen: „Von diesen dreien ist das eine die über die öffentlichen Dinge beratende Instanz, das zweite die Beamten (. . .), das dritte ist die Rechtsprechung".[15] Zwar hat er nicht deutlich gemacht, „dass für diese drei Gruppen von Gewalten notwendigerweise in jeder Staatsordnung drei getrennte Organe vorgesehen sind oder vorgesehen sein sollten"[16], jedoch in einem anderen Zusammenhang betont, dass es fehlerhaft sei, dass einer mehrere Ämter bekleide.[17]

Niccolò Machiavelli, der oftmals nur mit seiner Schrift „Il Principe" assoziiert wird, lässt sich mit gutem Recht in die Reihe der politischen Denker einreihen, die den Gedanken der Gewaltenteilung tradiert haben. Sicherlich haben politische Denker weit vor Machiavelli gute und entartete Staatsverfassungen unterschieden bzw. einen Staatsformenzyklus entwickelt und auf dieser Grundlage eine Mischverfassung gefordert. Doch niemand hat den Kerngehalt dieses Gedankengangs so klar und bestechend zusammengefasst wie Machiavelli in den Discorsi. Machiavelli beschreibt einen Staatsformenzyklus, an dessen Anfang eine gute Alleinherrschaft steht: Die Menschen schlossen sich zusammen und machten, um sich besser verteidigen zu können, den „Stärksten und Beherztesten"[18] bzw. später – nachdem sich in dieser Staatsform Gesetze sowie ein Gerechtigkeitsverständnis herausgebildet hatten – den „Verständigsten und Gerechtesten"[19] zu ihrem Führer. Nachdem man aber dazu übergegangen war, das Ober-

12 Vgl. ebd., V 1 1302a.
13 Vgl. ebd., IV 11 1295b.
14 Ebd., V 5 1304a.
15 Ebd., IV 14 1298a.
16 Themistokles Tsatsos: *Zur Geschichte und Kritik der Lehre von der Gewaltenteilung*, Heidelberg: Winter, 1968, S. 15.
17 Vgl. ebd., S. 18.
18 Niccolò Machiavelli: *Der Fürst*, in: Rudolf Zorn (Hrsg.), Stuttgart: Kröner, 1977, S. 13.
19 Ebd., S. 13.

haupt nicht mehr zu wählen, sondern durch Erbfolge zu bestimmen, „begannen die Erben sofort zu entarten, dachten nicht mehr an die wirkungsvollen Maßnahmen ihrer Vorfahren und glaubten, die Herrscher hätten nichts weiter zu tun, als die anderen an Prunk, Zügellosigkeit und jeder Art von Lüsten zu übertreffen".[20] Daraus resultierte der Hass des Volks, aus diesem die Furcht des jeweiligen Herrschers, aus dieser Gewalttaten des Herrschers und aus diesen letztlich eine Tyrannis. Aufgrund der Entartung der Alleinherrschaft zur Tyrannis und deren Unerträglichkeit kam es zum (ersten) Umsturz, der von denen unternommen wurde, „die durch Großmut, Hochherzigkeit, Reichtum und Vornehmheit die anderen übertrafen"[21] und das Volk hinter sich einen konnten. Nach dem Umsturz bildeten sie aus ihrer Mitte eine Regierung (eine Aristokratie) „und leiteten eingedenk der vergangenen Tyrannei anfangs den Staat entsprechend den von ihnen gegebenen Gesetzen, ordneten ihren eigenen Vorteil dem Gemeinwohl unter, verwalteten und hielten die privaten und öffentlichen Angelegenheiten mit größter Sorgfalt auseinander".[22] Doch auch diese Aristokratie entartete mit der nachfolgenden Generation: als die Regierung auf ihre Söhne überging, „die den Wechsel des Glücks nicht kannten und nie das Unglück erfahren hatten. Sie wollten sich mit der bürgerlichen Gleichheit nicht zufrieden geben, sondern ergaben sich der Habsucht, dem Ehrgeiz und dem Gelüst nach Weibern; so machten sie aus der Herrschaft der Vornehmen eine Herrschaft der Wenigen, ohne irgendwelche Rücksicht auf das Allgemeinwohl".[23] Aufgrund der Entartung der anfänglichen Aristokratie zur Oligarchie und deren Unerträglichkeit kam es zum (zweiten) Umsturz, indem sich einer erhob und mit Hilfe des Volks die Herrschaft der wenigen beseitigte. Da die Missherrschaft des Einzelnen und der wenigen dem Volk in Erinnerung geblieben waren, ging man anschließend zur Volksherrschaft über. Doch auch diese hielt höchstens so lange, „bis die Generation, die sie eingeführt hatte, ausgestorben war. Bald kam es zur Zügellosigkeit, in der man weder Privatleute noch Amtspersonen fürchtete. Da jeder nach seiner Art lebte, fügte man sich täglich tausend Ungerechtigkeiten zu".[24] Aufgrund der Entartung der Demokratie zur Anarchie und deren Unerträglichkeit kam es zum (dritten) Umsturz, der diese Anarchie durch eine neue Alleinherrschaft beseitigte, wodurch sich der Kreislauf der

20 Ebd.
21 Ebd., S. 14.
22 Ebd.
23 Ebd.
24 Ebd., S. 14f.

Staatsverfassungen schloss – und von Neuem begann: „So kam man dann notgedrungen entweder unter den Einfluss eines redlichen Mannes oder, um der Anarchie zu entgehen, wieder auf die Herrschaft eines Fürsten zurück und von dieser nach und nach in gleicher Weise und aus denselben Gründen wieder zur Anarchie".[25] Nach Machiavelli, der – wie Aristoteles – drei gute und drei entartete Staatsverfassungen unterscheidet, sind alle diese Staatsformen verderblich: „die drei guten wegen ihrer Kurzlebigkeit und die drei anderen wegen ihrer Schlechtigkeit".[26] Bei Machiavelli wird deutlich, dass die guten Staatsformen entarten, weil eine Generation, die die Erfahrung mit einer entarteten Staatsform nicht gemacht hat, die daraus resultierenden Ziele einer guten Staatsform nicht zu schätzen weiß und sich deshalb leicht von der Staatsmacht verführen lässt bzw. sich ihren egoistischen Bedürfnissen hingibt. Folglich entwickelt er ein äußerst skeptisches Menschenbild, das er seinen verfassungspolitischen Überlegungen zugrunde legt: „Alle, die über Politik schrieben, beweisen es, und die Geschichte belegt es durch viele Beispiele, dass der, welcher einem Staatswesen Verfassung und Gesetze gibt, davon ausgehen muss, dass alle Menschen schlecht sind und dass sie stets ihren bösen Neigungen folgen, sobald sie Gelegenheit dazu haben".[27] Machiavelli geht folglich nicht davon aus, dass alle Menschen grundsätzlich schlecht sind, jedoch zumindest zum Schlechten veranlagt bzw. verführbar sind. Deshalb schlägt er vor, bei verfassungspolitischen Weichenstellungen zur Sicherheit davon auszugehen, dass alle Menschen schlecht sind. Unter dieser Prämisse bildet für Machiavelli eine Mischverfassung die beste Verfassung: „In Erkenntnis dieser Mängel haben weise Gesetzgeber jede der drei guten Regierungsformen für sich allein vermieden und eine aus allen dreien zusammengesetzte gewählt. Diese hielten sie für fester und dauerhafter, da sich Fürst, Adel und Volk, in ein- und demselben Staat zur Regierung vereinigt, gegenseitig überwachen".[28]

John Locke ist unter den drei „klassischen" Vertragstheoretikern der einzige, der sich gegen eine Gewaltenmonopolisierung bzw. für eine Gewaltenteilung ausspricht. Er, der leidenschaftlich gegen die absolute Monarchie auf der Legitimationsgrundlage des Gottesgnadentums streitet, lehnt – im Gegensatz zu Thomas Hobbes – auch die absolute Monarchie auf jeder anderen Legitimationsgrundlage ab, da es seiner Meinung nach falsch ist,

25 Ebd., S. 15.
26 Ebd.
27 Ebd., S. 17.
28 Ebd., S. 15.

zu glauben, die „absolute Gewalt reinige der Menschen Blut und ändere etwas an der Niedrigkeit der menschlichen Natur".[29] Schließlich stünden die Natur des Menschen und die fehlende Machtkontrolle einer Herrschaft zugunsten des gemeinen Wohls entgegen: „Es mag nun zu Anfang (. . .) irgendeinen guten und vortrefflichen Mann gegeben haben (. . .), so dass sie durch stillschweigendes Übereinkommen die oberste Leitung zusammen mit der Entscheidungsbefugnis über ihre Streitigkeiten in seine Hände legten, und zwar ohne eine andere Bürgschaft als ihre Überzeugung von seiner Geradheit und Weisheit. Die Zeit aber verlieh jenen Bräuchen (. . .) Autorität und machte sie (. . .) sogar heilig. Sie ließ Nachfolger von anderem Schlage auftreten, so dass das Volk unter einer solchen Regierung sein Eigentum nicht mehr wie damals für sicher hielt".[30] Entscheidend ist für Locke eine Gewaltenteilung zwischen Legislative und Exekutive. Dabei stellt für ihn die Legislative die höchste Gewalt des Staats dar. Alle weiteren Gewalten seien von ihr abzuleiten und ihr unterzuordnen. So sei die Legislative in der Lage, die Vollziehung der Gesetze in andere Hände (die der Exekutive) zu legen und wieder zurückzunehmen. Die Legislative soll nach Locke vom Volk abberufen werden können und in wohlgeordneten Staatswesen in den Händen von mehreren liegen, die selbst den von ihnen verabschiedeten Gesetzen unterworfen sind. Die Exekutive muss nach Locke dauernd im Amt sein und darauf achten, dass die Gesetze vollzogen werden. Eigentlich unterscheidet Locke sogar vier Gewalten. Allerdings ordnet er zwei dieser vier Gewalten, nämlich die Föderative und die Prärogative, der Exekutive zu. Die Föderative stellt für Locke die außenpolitische Gewalt dar: die Gewalt, die für Krieg und Frieden sowie für Bündnisse und Abmachungen mit Personen und Gemeinschaften außerhalb des Staatswesens zuständig ist. Entscheidend sei, dass sie kaum durch vorab gefasste Gesetze – und somit durch die Legislative – geleitet werden könne.[31] Die Prärogative stellt für Locke die Notstandsgewalt dar: die Gewalt, die bei unvorhergesehenen und ungewissen Ereignissen, die nicht durch Gesetze geregelt werden können – nach eigenem Ermessen, auch gegen das Gesetz – für das öffentliche Wohl zu sorgen hat.[32] Die Notwendigkeit der skizzierten Gewaltenteilung, insbesondere zwischen der Legislative und der Exekutive, begründet Locke ebenfalls mit der menschlichen

---

29 John Locke: *Über die Regierung, The Second Treatise of Government*, in: Peter C. Mayer-Tasch (Hrsg.), Stuttgart: Reclam, 1999, S. 69.
30 Ebd., S. 71f.
31 Vgl. ebd., S. 112.
32 Ebd., S. 101ff.

Natur: „Bei der Schwäche der menschlichen Natur, die stets bereit ist, nach der Macht zu greifen, dürfte es (. . .) eine zu große Versuchung darstellen, wenn dieselben Personen, die die Macht haben, Gesetze zu geben, auch die Macht in der Hand hätten, sie zu vollstrecken".[33]

Charles de Montesquieu, der vielzitierte „Apostel der Gewaltenteilung", hat letztlich die Gedankengänge der Vertreter der Mischverfassung bzw. Lockes weiterentwickelt und mit der Realisierung von Freiheit und Sicherheit begründet. Sein Leitbild ist die gemäßigte Monarchie, d.h. die „aristokratisch und demokratisch temperierte Monarchie auf Gewaltenverteilungsbasis"[34], die er in dem berühmten „England-Kapitel" seines Buches „De l'esprit des lois" erörtert. Darin werden – am Beispiel idealisierter und beschönigter Verhältnisse in England[35] – Formen der Gewaltenverteilung und Gewaltenbalance beschrieben. Grundsätzlich differenziert Montesquieu zwischen drei Staatsfunktionen – Legislative, Exekutive und Judikative. Er geht dabei über die Gewaltenteilungslehre von Locke hinaus, indem er die Judikative eindeutig neben Legislative und Exekutive benennt, wenngleich er es für notwendig hält, diese – insbesondere weil sie gegen Einzelpersonen angewendet wird – so gut wie möglich zu minimieren[36]: „Richterliche Befugnis darf nicht einem unabsetzbaren Senat verliehen werden, vielmehr muss sie von Personen ausgeübt werden, die nach einer vom Gesetz vorgeschriebenen Weise zu gewissen Zeiten im Jahr aus dem Volkskörper ausgesucht werden. Sie sollen ein Tribunal bilden, das nur so lange besteht, wie die Notwendigkeit es verlangt. In dieser Form wird die Gerichtsbefugnis, so gefürchtet sie unter den Menschen ist, sozusagen unsichtbar und nichtig, da sie weder mit einem bestimmten Stand noch einem bestimmten Beruf verbunden ist".[37] Letztlich wünscht sich Montesquieu Richter, die ausschließlich als mechanische Vollstrecker des Gesetzes fungieren: als „Mund, der den Wortlaut des Gesetzes spricht, Wesen ohne Seele gleichsam, die weder die Stärke noch die Strenge des Gesetzes mäßigen können".[38] Die Unterscheidung zwischen Legislative, Exekutive und Judikative ist aufgrund der wegweisenden Vorarbeiten von Aristoteles und Locke keineswegs so „originell" wie oft angenommen.

---

33 Ebd., S. 111.
34 Manfred G. Schmidt: *Demokratietheorien: eine Einführung*, 3. Auflage, Opladen: Leske + Budrich, 2000, S. 81.
35 Vgl. ebd., S. 88.
36 Vgl. Charles de Montesquieu: *Vom Geist der Gesetze*, in: Kurt Weigand (Hrsg.), Ditzingen: Reclam, 2001, S. 218ff.
37 Ebd., S. 218.
38 Ebd., S. 225.

Interessant ist jedoch die Verquickung, die Montesquieu zwischen diesen Staatsfunktionen und den gesellschaftlichen Kräften sowie den ihnen zugewiesenen Staatsorganen vornimmt. Grundsätzlich unterscheidet Montesquieu drei gesellschaftliche Kräfte: Krone, Adel und Besitzbürgertum. Jedem Stand weist er verschiedene Staatsorgane zu. So unterscheidet er zwischen einer Volkskammer, einer Adelskammer, einem Volksgericht, einem Adelsgericht (als Ausschuss der Adelskammer), den Monarchen und dessen Minister. Diese Staatsorgane beteiligt er an den Staatsfunktionen. Die Exekutive sieht Montesquieu in den Händen des Monarchen, „weil in diesem Zweig der Regierung fast durchweg unverzügliches Handeln vonnöten ist, das besser von einem als von mehreren besorgt wird".[39] Die Legislative sieht Montesquieu sowohl der gewählten Volkskörperschaft als auch der durch Erbfolge besetzten Adelskörperschaft anvertraut. Diese Differenzierung scheint Montesquieu mit Blick auf den Minderheitenschutz der Adligen unabdingbar: „Stets gibt es im Staat Leute, die durch Geburt, Reichtum oder Auszeichnungen hervorragen. Wenn sie aber mit dem Volk vermengt würden und wie die andern bloß eine Stimme besäßen, so würde die gemeinsame Freiheit für sie Sklaverei bedeuten. Sie hätten keinerlei Interesse an der Verteidigung der Freiheit, denn die meisten Beschlüsse würden zu ihren Ungunsten gefasst. Ihre Teilnahme an der Gesetzgebung muss daher ihrer anderweitigen Vorrangstellung innerhalb des Staates angemessen sein. Dies trifft zu, wenn sie eine Körperschaft bilden, die das Recht hat, Unternehmungen des Volkes auszusetzen, genauso wie das Volk das Recht hat, die ihrigen auszusetzen".[40] Gleichzeitig mahnt Montesquieu jedoch auch vor einem zu großen Einfluss der Adelskörperschaft: „Indes könnte eine erbliche Gewalt versucht sein, ihren Sonderinteressen zu folgen und darüber die Interessen des Volkes zu vergessen. Daher muss dafür gesorgt werden, dass sie in Dingen, bei denen sie an der Korruption höchstlich interessiert ist, wie etwa bei Gesetzen zur Steuererhebung, lediglich durch ihr Verhinderungsrecht, nicht aber durch ihr Entscheidungsrecht an der Gesetzgebung teilhat".[41] Aus dem gleichen Grund, weshalb er eine Trennung von Adels- und Volkskammer empfiehlt, befürwortet Montesquieu auch eine Trennung von Volks- und Adelsgericht, das bei Montesquieu einen Teil der Adelskammer bildet: „Daher ist es nötig, dass die Adligen vor den aus Adligen zusammengesetzten Zweig der legislativen Körperschaft zitiert werden statt vor die ordentlichen Gerichte der

39 Ebd., S. 222.
40 Ebd., S. 221.
41 Ebd., S. 222.

Nation".[42] Folglich werden bei Montesquieu die Staatsorgane auf einer sozialen Basis getrennt und an den verschiedenen Staatsfunktionen beteiligt. Dabei werden zwei Staatsfunktionen, Legislative und Judikative, mehreren Staatsorganen anvertraut. Indem die Legislative zwei Staatsorganen zugeteilt wird, entsteht eine Gewaltenverschränkung innerhalb der Legislative. Darüber hinaus verschränkt Montesquieu zwei Staatsfunktionen, Exekutive und Legislative. So räumt er der Exekutive – und damit dem Monarchen – ein Vetorecht gegenüber der Legislative ein: „Wenn die exekutive Befugnis nicht das Recht besäße, die Unternehmungen der legislativen Körperschaft aufzuhalten, wäre diese Letztere despotisch".[43] Allerdings gesteht Montesquieu der Exekutive nur ein Verhinderungsrecht, kein Entscheidungsrecht im Rahmen der Gesetzgebung zu. Letzteres würde nach Montesquieu nur zur Aufhebung der Freiheit führen. Der Legislative gewährt Montesquieu indessen das „Recht zur Prüfung der Art und Weise, in der die von ihr verabschiedeten Gesetze durchgeführt worden sind".[44] Dabei wird deutlich, dass Montesquieu nicht nur ein Gewaltentrennungs-, sondern auch ein Gewaltenverschränkungsmodell vorlegt: „Die legislative Körperschaft setzt sich aus zwei Teilen zusammen. Durch ihr wechselseitiges Verhinderungsrecht wird der eine den andern an die Kette legen. Beide zusammen werden durch die exekutive Befugnis gefesselt, die ihrerseits von der Legislative gefesselt wird. Eigentlich müssten diese drei Befugnisse einen Stillstand oder eine Bewegungslosigkeit herbeiführen. Doch durch den notwendigen Fortgang der Dinge müssen sie notgedrungen fortschreiten und sind daher gezwungen, in gleichem Schritt zu marschieren".[45] Allerdings zeigt sich diese ausgeprägte Gewaltenverschränkung bei Montesquieu nur vor dem Hintergrund der Gesetzgebung: „Die Befugnisse (im Sinne von facultés) in Montesquieus Gewaltenverteilungslehre – 18 an der Zahl – sind teils ausschließlich nur einem Organ anvertraut, teils zwei konkurrierenden Staatsorganen. Nur die Befugnis, den Erlass von Gesetzen zu verhindern oder zu genehmigen, ist auf drei Organe verteilt, auf die Volkskammer, die Adelskammer und den Monarchen".[46] Die (intendierte) Kombination aus institutioneller Trennung und funktionaler Verschränkung der Staatsgewalt ist für Montesquieu notwendig, um die Freiheit des

---

42 Ebd., S. 225.
43 Ebd., S. 224.
44 Ebd.
45 Ebd., S. 227.
46 Manfred G. Schmidt: *Demokratietheorien: eine Einführung*, 3. Auflage, Opladen: Leske + Budrich, 2000, S. 86.

Einzelnen zu realisieren: „Sobald in ein und derselben Person oder derselben Beamtenschaft die legislative Befugnis mit der exekutiven verbunden ist, gibt es keine Freiheit (. . .). Freiheit gibt es auch nicht, wenn die richterliche Befugnis nicht von der legislativen und von der exekutiven Befugnis geschieden wird".[47] Montesquieu geht folglich davon aus, dass ungeteilte Staatsgewalt stets missbraucht und dadurch Freiheit eingeschränkt wird. Montesquieus Modell gleicht weniger dem Gewaltenteilungsmodell parlamentarischer Regierungssysteme, sondern vielmehr dem Gewaltenteilungsmodell präsidentieller Regierungssysteme[48], das Richard Neustadt treffend als „separate institutions sharing powers" charakterisiert hat.[49]

Der Gedanke der Mischverfassung bzw. der Gewaltenteilung emigrierte von Europa in die sich gründenden Vereinigten Staaten und fand dort Eingang in die Federalist Papers. In den Federalist Papers lässt sich der Gedanke des „limited government", der durch „separations of powers" und „checks and balances" gezügelten Bundesregierung, vornehmlich bei James Madison finden. Madison leitet die Notwendigkeit der Gewaltenteilung aus dem Übel von – aus der menschlichen Natur bzw. der ungleichen Verteilung von Eigentum resultierenden – Parteiungen ab. Darunter versteht er „eine Anzahl von Bürgern (. . .), die von gemeinsamen Leidenschaften oder Interessen getrieben und geeint sind, welche im Gegensatz zu den Rechten anderer Bürger oder den ständigen Gesamtinteressen der Gemeinschaft stehen".[50] Für Madison gibt es zwei Möglichkeiten, Parteiungen entgegenzuwirken: die Beseitigung ihrer Ursachen oder die Kontrolle ihrer Wirkungen. Die Beseitigung der Ursachen der Parteiungen – wozu entweder die Freiheit aufgehoben werden müsste oder jedem Bürger die gleiche Meinung sowie die gleichen Leidenschaften und Interessen vorgeschrieben werden müssten – kommen für Madison nicht in Frage. Die Aufhebung der Freiheit sei als Heilmittel gegen Parteiungen schlimmer als die Krankheit der Parteiungen und daher unklug. Die Vereinheitlichung der Interessen sei undurchführbar: „Solange der menschliche Verstand fehlbar bleibt und der Mensch die Freiheit hat, ihn zu gebrauchen, solange wird es

---

47 Charles de Montesquieu: *Vom Geist der Gesetze*, in: Kurt Weigand (Hrsg.), Ditzingen: Reclam, 2001, S. 216f.
48 Vgl. Jürgen Hartmann: *Westliche Regierungssysteme, Parlamentarismus, präsidentielles und semi-präsidentielles Regierungssystem*, Opladen: Leske + Budrich, 2000, S. 31.
49 Vgl. Richard E. Neustadt: *Presidential Power, The Politics of Leadership*, New York: Wiley, 1960.
50 James Madison: Federalist Nr. 10, in: Barbara Zehnpfennig (Hrsg.): *Die Federalist Papers*, Darmstadt: Wissenschaftliche Buchgesellschaft, 1993, S. 94.

auch unterschiedliche Meinungen geben. Und solange sein Verstand mit seiner Eigenliebe verbunden ist, werden seine Meinungen und Leidenschaften sich wechselseitig beeinflussen. Erstere werden die Ziele vorgeben, denen Letztere sich anschließen".[51] Ferner stünden die unterschiedlichen Fähigkeiten der Menschen und die daraus resultierenden Eigentumsrechte gegen eine Vereinheitlichung der Interessen. Als Heilmittel gegen Parteiungen bleibe schließlich nur die Kontrolle ihrer Wirkungen: „entweder muss verhindert werden, dass dieselben Leidenschaften oder Interessen zugleich bei einer Mehrheit entstehen, oder der von solch gemeinsamen Antrieben beherrschten Mehrheit muss es durch ihre große Zahl und die geografische Lage unmöglich gemacht werden, zu einer Einigung zu kommen und ihre Unterdrückungsabsichten in die Tat umzusetzen".[52] Dies gewährleistet nach Madison eine große Republik, d.h. eine Regierungsform mit Repräsentativsystem, in der – im Gegensatz zur „reinen" Demokratie – die Regierungsverantwortung auf eine kleine Anzahl von Bürgern durch Wahl übertragen wird und die deshalb auch in größeren Gebieten mit einer größeren Anzahl von Bürgern existieren kann. Von dem Repräsentativsystem erhofft sich Madison, dass „die wahren Interessen des Landes"[53] am besten erkannt und nicht „kurzfristigen oder parteiischen Rücksichten"[54] geopfert werden. Von der Größe der Republik erhofft er sich, dass eine größere Parteienvielfalt entsteht und damit gleichzeitig verhindert wird, dass eine Partei die Mehrheit erringt und ihre Unterdrückungsabsichten ausführt: „Je kleiner eine Gemeinschaft ist, umso geringer wird wahrscheinlich die Zahl der Parteien und Interessengruppen sein, aus denen sie sich zusammensetzt. Je geringer die Zahl der Parteien und Interessengruppen, um so eher wird eine Partei die Mehrheit erringen. Und je kleiner die Zahl der Individuen, die eine Mehrheit bilden, und je kleiner der Bereich, innerhalb dessen sie operieren, um so leichter werden sie zu einer Einigung gelangen und ihre Unterdrückungsabsichten ausführen können".[55] Schließlich steigt nach Madison mit der Vielfalt der Parteien die Sicherheit vor der Dominanz bzw. Machtmonopolisierung einer Partei. Für eine große Republik mit Repräsentativverfassung sprechen folglich „die aufgeklärte Sicht und charakterliche Stärke"[56] der Volksvertreter, die Sicherheit, „die eine

---

51 Ebd., S. 94f..
52 Ebd., S. 97.
53 Ebd., S. 98.
54 Ebd.
55 Ebd., S. 99.
56 Ebd.

größere Vielfalt von Parteien gegen die Dominanz einer bietet"[57], und der Vorteil, dass sich „einer ungerechten und interessengeleiteten Mehrheit größere Hindernisse entgegenstellen".[58] Je mehr Interessen miteinander konkurrieren und je weniger die Möglichkeit besteht, dass sich diese zu einer Mehrheit vereinigen, je größer und fragmentarisierter die Gesellschaft also ist, desto größer ist nach Madison die Chance, Machtmissbrauch zu verhindern und die Freiheit des Einzelnen zu sichern. Die Grundlage für die Erhaltung der Freiheit ist nach Madison die Trennung der Regierungsgewalten. So müsse z.b. die Legislative, da sie in einer republikanischen Regierung notwendig die Vorherrschaft habe, in verschiedene Zweige aufgeteilt werden. Beide Zweige der Legislative sollten nach Madison durch verschiedene Wahlmodi und verschiedene Regeln für ihre Tätigkeit so wenig wie möglich, d.h. wie es die gemeinsamen Aufgaben und die Abhängigkeit von der Gesellschaft zulassen, miteinander verbunden sein. Die Grundlage für die Trennung der Regierungsgewalten sei, dass jeder Regierungszweig seinen eigenen Willen haben könne. Die Grundlage dafür bestehe wiederum darin, dass jeder Regierungszweig so eingerichtet sei, „dass seine Mitglieder bei der Ernennung der Mitglieder der anderen Zweige so wenig beteiligt sind wie möglich".[59] In letzter Konsequenz würde dies bedeuten, dass „alle Ernennungen für die höchsten Ämter von Exekutive, Legislative und Judikative sich aus derselben Autoritätsquelle herleiten, dem Volk, und zwar über Kanäle, die keine wie auch immer geartete Verbindung miteinander haben".[60] Dieses Prinzip lasse sich jedoch nicht strikt einhalten. Insbesondere bei der Bildung der Judikative sei es nicht zweckmäßig, darauf zu bestehen: „Erstens: Da es für ihre Mitglieder wichtig ist, dass sie über besondere Qualifikationen verfügen, sollte die erste Überlegung dem Wahlmodus gelten, der diese Qualifikation am besten sichert. Zweitens: Weil die Ämter in diesem Regierungszweig auf Lebenszeit vergeben werden, muss bald jedes Gefühl der Abhängigkeit von der Autorität, durch die das Amt übertragen worden ist, verloren gehen".[61] Das einzige Mittel zur Erhaltung der Gewaltentrennung besteht für Madison darin, den inneren Aufbau der Regierung so zu gestalten, „dass ihre verschiedenen Bestandteile aufgrund ihrer wechselseitigen Beziehungen

---

57   Ebd.
58   Ebd., S. 100.
59   James Madison: Federalist Nr. 51, in: Barbara Zehnpfennig (Hrsg.): *Die Federalist Papers*, Darmstadt: Wissenschaftliche Buchgesellschaft, 1993, S. 319.
60   Ebd.
61   Ebd.

selbst das Mittel bilden, um sich gegenseitig an dem ihnen zukommenden Platz zu halten".[62] Das Mittel zur Sicherung der Gewaltentrennung bzw. der „separation of powers" ist nach Madison folglich die Gewaltenverschränkung bzw. ein System aus „checks and balances". Nach Madison ist es erforderlich, den Amtsinhabern in jedem Regierungszweig sowohl die nötigen verfassungsmäßigen Mittel als auch persönlichen Motive zu verleihen, um möglichen Übergriffen anderer Widerstand leisten zu können: „Man muss dafür sorgen, dass Ehrgeiz dem Ehrgeiz entgegenwirkt. Das persönliche Interesse des Einzelnen muss mit den verfassungsmäßigen Rechten seines Amtes verbunden sein".[63] Ferner stellt für Madison neben der horizontalen Gewaltenteilung die vertikale Gewaltenteilung einen wesentlichen Sicherungsmechanismus gegen Machtmissbrauch dar: „In der zusammengesetzten Republik von Amerika ist die vom Volk übertragene Macht zunächst zwischen zwei separaten Regierungen aufgeteilt, und dann ist der jeder von ihnen zugeteilte Anteil noch einmal auf separate Gewalten aufgeteilt. So erwächst den Rechten des Volkes eine doppelte Sicherheit. Die verschiedenen Regierungen kontrollieren sich wechselseitig, und zugleich wird jede von ihnen durch sich selbst kontrolliert".[64] Darüber hinaus betont Madison die Notwendigkeit einer pluralistischen Gesellschaft. Mit Blick auf die Gesellschaft stellt Madison fest, dass unterschiedliche Gesellschaftsschichten notwendig unterschiedliche Interessen aufweisen, jedoch eine Mehrheit durch ein gemeinsames Interesse geeint werden kann, wodurch die Rechte der Minderheit nicht gesichert bzw. gefährdet sind. Diesem Übel sei mit zwei Methoden beizukommen: „die eine ist, einen Willen in der Gemeinschaft zu schaffen, der unabhängig ist von der Mehrheit, das heißt von der Gesellschaft selbst; die andere ist, in die Gesellschaft so viele unterschiedliche Arten von Bürgern aufzunehmen, dass ein ungerechter Zusammenschluss einer Mehrheit sehr unwahrscheinlich, wenn nicht undurchführbar wird".[65] Während die erste Methode für Regierungen, deren Autorität entweder auf Erbfolge oder Selbsternennung beruhe, maßgeblich sei und bestenfalls eine stets gefährdete Sicherheit biete, finde die zweite Methode in der föderativen Republik der Vereinigten Staaten Anwendung: „Während sich hier alle Autorität von der Gesellschaft ableitet und von ihr abhängig ist, ist die Gesellschaft selbst in so viele Teile, Interessen und Schichten von Bürgern aufgesplittert, dass

62 Ebd.
63 Ebd.
64 Ebd., S. 321.
65 Ebd., S. 321f.

den Rechten Einzelner oder der Minderheit nur wenig Gefahr von Interessenzusammenschlüssen der Mehrheit droht".[66] Je größer und je fragmentarisierter die Gesellschaft ist, desto größer ist nach Madison die Sicherung gegen Machtmissbrauch. Aufgrund der großen Vielfalt der Interessen sieht Madison in den Vereinigten Staaten eine hinreichende Sicherung gegen Machtmissbrauch gegeben: „In der Republik der Vereinigten Staaten mit ihrer großen Ausdehnung und ihrer enormen Vielfalt von Interessen, Parteien und religiösen Sekten könnte es kaum zu einer Koalition von einer Mehrheit der Gesamtgesellschaft kommen, die irgendwelche anderen Prinzipien zur Grundlage hätte als die der Gerechtigkeit und des Gemeinwohls".[67] Madison begründet die Notwendigkeit der Gewaltenteilung explizit mit der menschlichen Natur: „Es mag ein Ausdruck des Mangels der menschlichen Natur sein, dass solche Kniffe notwendig sein sollen, um den Missbrauch der Regierungsgewalt in Schranken zu halten. Aber was ist die Tatsache, dass Menschen eine Regierung brauchen, selbst anderes als der deutlichste Ausdruck des Mangels der menschlichen Natur? Wenn die Menschen Engel wären, wäre keine Regierung notwendig".[68] Doch auch für Madison bedeutet dies nicht, dass alle Menschen schlecht sind. Für ihn steht jedoch fest: „Treffen Antrieb und Gelegenheit ungehindert zusammen, dann sind bekanntlich weder moralische noch religiöse Motive verlässliche Kontrollinstanzen".[69] Deshalb müsse dafür gesorgt werden, dass jeder jeden kontrolliert: die Regierten die Regierung, die Regierung die Regierten und die Regierung sich selbst: „Die Abhängigkeit vom Volk stellt ohne Zweifel die wichtigste Kontrolle der Regierung dar. Aber die Erfahrung hat die Menschheit gelehrt, dass zusätzliche Vorsichtsmaßnahmen erforderlich sind".[70] Die Kontrolle der Legislative durch die Judikative bzw. die Normenkontrolle durch die Gerichtsbarkeit wird in den Federalist Papers von Alexander Hamilton gerechtfertigt. Hamilton weist der Judikative die Pflicht zu, „alle Beschlüsse, die dem manifesten Inhalt der Verfassung zuwiderlaufen, für null und nichtig zu erklären".[71] Er weist deutlich auf die Höherrangigkeit des Verfassungsrechts gegenüber dem

---

66 Ebd., S. 322.
67 Ebd., S. 323.
68 Ebd., S. 320.
69 James Madison: Federalist Nr. 10, in: Barbara Zehnpfennig (Hrsg.): *Die Federalist Papers*, Darmstadt: Wissenschaftliche Buchgesellschaft, 1993, S. 97.
70 James Madison: Federalist Nr. 51, in: Barbara Zehnpfennig (Hrsg.): *Die Federalist Papers*, Darmstadt: Wissenschaftliche Buchgesellschaft, 1993, S. 320.
71 Alexander Hamilton: Federalist Nr. 78, in: Barbara Zehnpfennig (Hrsg.): *Die Federalist Papers*, Darmstadt: Wissenschaftliche Buchgesellschaft, 1993, S. 457.

einfachen Recht hin, indem er feststellt, dass, „wenn der in ihren Gesetzen zum Ausdruck gebrachte Wille der Legislative im Widerspruch zu dem in der Verfassung zum Ausdruck gebrachten Willen des Volkes steht, die Richter sich eher von Letzterem als von Ersterem leiten lassen sollten. Sie sollten sich in ihren Entscheidungen eher an die fundamentalen Gesetze halten als an jene, die nicht fundamental sind".[72] Dabei nimmt Hamilton letztlich „einen Gedanken vorweg, der erst seit der Rechtsprechung des Supreme Court unter Chefrichter John Marshall im Jahr 1803 Verbindlichkeit für die Verfassungspraxis gewinnen sollte".[73]

Alexis de Tocqueville fordert gewaltenteilende Strukturen aufgrund der Gefahr, die von jeder Form von Allmacht ausgeht. Zwar hält Tocqueville eine gemischte Regierung für ein „Hirngespinst", da in jedem Staat ein Prinzip dominiere. Allerdings setzt er sich grundsätzlich für eine Form der Gewaltenteilung ein, um Allmachten zu begrenzen: „Ich bin der Meinung, dass man an irgendeiner Stelle immer eine staatliche Gewalt einsetzen muss, die allen anderen übergeordnet ist, aber ich sehe darin eine Gefahr für die Freiheit, wenn diese Gewalt auf kein Hindernis stößt, das ihren Gang aufhalten und ihr Zeit geben kann, sich selbst zu mäßigen".[74] Für Tocqueville ist jede Form von Allmacht schlecht, auch die Allmacht einer demokratischen Mehrheit: „Ich halte die Allmacht für in sich schlecht und gefährlich. Ihre Ausübung scheint mir die Kräfte jedes Menschen zu übersteigen; und nur Gott kann, soweit ich sehe, gefahrlos allmächtig sein, da seine Weisheit und seine Gerechtigkeit jederzeit ebenso groß sind wie seine Macht (. . .). Sobald ich daher sehe, dass man das Recht und die Möglichkeit, schlechthin alles zu tun, irgendeiner Macht zugesteht, man mag sie nun Volk oder König, Demokratie oder Aristokratie nennen, man mag sie in einer Monarchie oder in einer Republik ausüben, sobald ich das sehe, sage ich: Das ist der Keim zur Tyrannei, und ich werde versuchen, unter anderen Gesetzen zu leben".[75] Besonders deutlich hat Tocqueville auf die Gefahren der Allmacht einer demokratischen Mehrheit hingewiesen. Diese stellt für ihn etwas Unheilvolles und Gefährliches dar, wie er am Beispiel der Vereinigten Staaten deutlich macht: „In Amerika besitzt die gesetzgebende Gewalt eine unumschränkte Macht. Sie kann sich rasch und

72 Ebd., S. 458.
73 Jürgen Hartmann: *Westliche Regierungssysteme, Parlamentarismus, präsidentielles und semi-präsidentielles Regierungssystem*, Opladen: Leske + Budrich, 2000, S. 34.
74 Alexis de Tocqueville: *Über die Demokratie in Amerika*, in: Jacob D. Mayer (Hrsg.), Stuttgart: Reclam, 1997, S. 147.
75 Ebd., S. 147.

ohne Widerstand jedem ihrer Wünsche überlassen, und sie wird jährlich mit neuen Repräsentanten des Volkes besetzt. Man hat also genau die Kombination gewählt, die die demokratische Unbeständigkeit am meisten begünstigt und die es der Demokratie gestattet, ihren wechselnden Willen bei den wichtigsten Entscheidungen durchzusetzen".[76] Die Gefahr des Machtmissbrauchs durch die Mehrheit und die daraus resultierende Bedrohung für die wahre Freiheit und geistige Unabhängigkeit seien ständig präsent: „Was ich der demokratischen Regierung, wie man sie in den Vereinigten Staaten organisiert hat, am meisten zum Vorwurf mache, ist nicht ihre Schwäche (. . .), sondern im Gegenteil ihre unwiderstehliche Kraft".[77] Komme es nicht zum Machtmissbrauch, sei es nur Zufall. Schließlich kenne er kein Land, in dem im Allgemeinen weniger geistige Unabhängigkeit und weniger wahre Freiheit herrsche als in den Vereinigten Staaten. Aufgrund der Allmacht der Mehrheit bestehe in den Vereinigten Staaten sogar die Gefahr, dass die Freiheit ganz verschwinde: „Wenn in Amerika die Freiheit jemals verloren geht, so wird man der Allmacht der Mehrheit die Schuld daran geben müssen, da sie die Minderheiten zur Verzweiflung gebracht und gezwungen haben wird, ihre Zuflucht zur äußeren Gewalt zu nehmen. Dann wird, aber nur als Folge des Despotismus, Anarchie eintreten".[78] Tocqueville fordert deshalb eine gemäßigte Demokratie, d.h. Sicherungsmechanismen gegen die Tyrannei in der Demokratie: „Stellen wir uns dagegen eine gesetzgebende Gewalt vor, die die Mehrheit repräsentiert, ohne notwendig der Sklave von deren Leidenschaften zu sein; eine ausführende Gewalt, die eine angemessene Macht besitzt, und eine richterliche Gewalt, die von den anderen beiden Gewalten unabhängig ist; auch dann haben wir eine Demokratie, aber für die Tyrannei wird es kaum noch Chancen geben".[79] Am Beispiel der Vereinigten Staaten zeigt Tocqueville Möglichkeiten auf, die Allmacht der Mehrheit zu verringern und zu verlangsamen. Als Gegentendenzen zur Mehrheitstyrannei begreift Tocqueville neben politisch-institutionellen Sicherungen auch gesellschaftlich-kulturelle Faktoren.[80] Ein wesentliches Gegengewicht zur Tyrannei der Mehrheit bildet für Tocqueville die Verwaltungsdezentralisation als Ausfluss der bundesstaatlichen Form, „die der Union erlaubt, sich der Macht einer gro-

---

76 Ebd., S. 142f.
77 Ebd., S. 147.
78 Ebd., S. 158.
79 Ebd., S. 149.
80 Vgl. Manfred G. Schmidt: *Demokratietheorien: eine Einführung*, 3. Auflage, Opladen: Leske + Budrich, 2000, S. 140.

ßen und der Sicherheit einer kleinen Republik zu erfreuen".[81] In den Vereinigten Staaten sei allerdings nur die Regierungszentralisation, jedoch nicht die Verwaltungszentralisation verwirklicht. Ein weiteres wesentliches Gegengewicht zur Tyrannei der Mehrheit bilden für Tocqueville sich selbstverwaltende Gemeindeeinrichtungen, „die dadurch, dass die kommunalen Institutionen den Despotismus der Mehrheit mäßigen, zugleich dem Volk den Sinn für Freiheit und die Kunst des Freiseins beibringen".[82] Als das „mächtigste Bollwerk" gegen die Ausschreitungen der Demokratie betrachtet Tocqueville jedoch den Einfluss der Juristenschaft als aristokratisches Element in der Demokratie. Schließlich liebt die Juristenschaft nach Tocqueville die Demokratie, „ohne deren Neigungen zu teilen und Schwächen nachzuahmen".[83] Tocqueville stellt damit die rechtsprechende Gewalt dem ungebildeten Mehrheitswillen als kompetentes Korrektiv gegenüber: „Insoweit ist das Prinzip der Mäßigung und des geschulten Urteils vor allem auf Seiten der rechtsprechenden Gewalt zu finden. Von dort dringt der Rechtsgeist in die Legislative und das Volk vor und verlangsamt den Gang der Mehrheit".[84]

John Stuart Mill, der Tocquevilles Werk über die Demokratie in Amerika bestens kennt, teilt dessen Angst vor der Allmacht der Mehrheit. Deshalb befürwortet er zahlreiche Einschränkungen des Demokratieprinzips sowie Gegengewichte zur Herrschaft einer numerischen Mehrheit.[85] Mill zeigt zwei Hauptkategorien von Gefahren auf, die der Repräsentativverfassung – welche er grundsätzlich in der ein oder anderen Art als „Ideal der besten Regierungsform"[86] betrachtet – genauso wie allen anderen Regierungen drohen: „die geistige Unzulänglichkeit der maßgebenden Körperschaft" und „die Gefahr, dass dieselbe unter dem Einfluss von Interessen steht, welche mit der allgemeinen Wohlfahrt des Gemeinwesens nicht identisch sind".[87] So sei es beispielsweise möglich, dass die herrschende Macht der numerischen Mehrheit unter dem Einfluss von Klasseninteressen stehe und dadurch keine unparteiische Rücksicht auf die Interessen aller nehme. Deshalb sei es wünschenswert, „dass keine Klasse und keine Verbindung von

---

81 Alexis de Tocqueville: *Über die Demokratie in Amerika*, in: Jacob D. Mayer (Hrsg.), Stuttgart: Reclam, 1997, S. 182.
82 Ebd.
83 Ebd., S. 166.
84 Manfred G. Schmidt: *Demokratietheorien: eine Einführung*, 3. Auflage, Opladen: Leske + Budrich, 2000, S. 140.
85 Vgl. ebd., S. 148ff.
86 John Stuart Mill: *Betrachtungen über die Repräsentativ-Regierung, Gesammelte Werke*, Band 8, Aalen: Scientia Verlag, 1968, S. 32.
87 Ebd., S. 80.

Klassen (. . .) in die Lage kommen könnte, einen überwiegenden Regierungseinfluss zu üben".[88] Infolgedessen empfiehlt Mill u.a. ein parlamentarisches Klassengleichgewicht zwischen den beiden großen sozialen Klassen, Kapital und Arbeit, so dass jede Klasse zur Erlangung der Parlamentsmehrheit auf die Unterstützung einer anderen angewiesen ist. Grundsätzlich fordert Mill die Bekämpfung der „falschen Demokratie", der Demokratie der Privilegien sowie der Nachteile für Minderheiten, und die Unterstützung der „wahren Demokratie", der Demokratie der angemessenen Minderheitenvertretung. Dazu schlägt er die Einführung eines Verhältniswahlsystems vor. Dieses solle neben einem parlamentarischen Klassengleichgewicht auch dafür sorgen, dass die Minderheit der Gebildeten neben der Mehrheit der Ungebildeten repräsentiert werde: „dass wenigstens einige der ersten Geister des Landes unter allen Umständen einen Sitz im Parlament finden werden, wenn auch der ganze Rest aus Durchschnittsmenschen besteht, so wird sich der Einfluss dieser leitenden Geister sicherlich bei den allgemeinen Beratungen stets fühlbar machen, selbst wenn man weiß, dass ihre Ansichten und Gefühle in vielfacher Beziehung im Gegensatz zur Volksstimmung stehen. Ich kann mir keinen Weg denken, der eine gewissere Aussicht böte, dieses Resultat zu erreichen, als Mr. Hare's Vorschlag".[89]

Der Gedanke der Gewaltenteilung – dies sollte die obige Auswahl an Konzepten deutlich gemacht haben – hat eine lange Tradition und ist von einer Vielzahl von politischen Denkern propagiert worden. Er hat letztlich viele Ausprägungen, jedoch nur ein Motiv: die Angst vor den negativen Folgen einer zu starken Machtkonzentration. Mit großer und sicherlich zunehmender Präzision haben die oben aufgeführten Autoren die Bedeutung und die Technik der Aufteilung der Staatsgewalt herausgearbeitet. Den verschiedenen Ansätzen liegt im Kern jedoch immer die gleiche Formel zugrunde: Staatsgewalt muss geteilt werden, da sie sonst missbraucht wird, da sie eine verführerische Wirkung auf grundsätzlich verführbare bzw. egoistische – d.h. nicht am Gemeinwohl orientierte – Menschen hat.

Natürlich ist der Gedanke der Gewaltenteilung in „moderneren" Schriften entsprechend gewürdigt und ausgebaut worden. So hat beispielsweise Winfried Steffani auf die Bedeutung einer umfassenden Gewaltenteilung hingewiesen: „Die notwendige politische Voraussetzung einer freiheitlichen Lebensgestaltung ist ein Regierungssystem, in dem Gewaltenteilung

---

88 Ebd., S. 93.
89 Ebd., S. 107f.

im umfassenden Sinne praktiziert wird".[90] Dabei grenzt er Gewaltentei-lung im weiteren Sinne von Gewaltenteilung im engeren Sinne ab. Letztere umfasse im Kern die horizontale Gewaltenteilung. Die Gewaltenteilung im weiteren Sinne bezeichne „die institutionelle Sicherung rechtstaatlicher Verbindlichkeit der Normen (primär: die Garantie unveräußerlicher Grund-rechte) vermittels machtbeschränkender Aufgliederung und wechselseiti-ger Kontrollen wesentlicher Letztinstanzen sowie Aktivierung der Gesamt-bürgerschaft, um einen soweit als irgend möglich bewusst vollzogenen, dauerhaften Integrationsprozess zur freiheitssichernden Ganzheit hin zu erwirken".[91] Steffani unterscheidet insgesamt sechs Formen der Gewalten-teilung im weiteren Sinne: die horizontale bzw. staatsrechtliche, die tempo-rale, die vertikale bzw. föderative, die konstitutionelle, die dezisive und die soziale Gewaltenteilung. Die horizontale Gewaltenteilung bzw. die Gewal-tenteilung im engeren Sinne definiert er als die Aufteilung der Staatsgewalt auf verschiedene sich gegenseitig kontrollierende und hemmende staat-liche Institutionen; klassisch: Legislative, Exekutive und Judikative. Die temporale Gewaltenteilung bezeichnet Steffani als die Vergabe von Ämtern auf Zeit (mit regelmäßig wiederkehrenden Wahlen und einer realen Chance auf einen Machtwechsel). Die vertikale Gewaltenteilung impliziere die Aufteilung der Staatsgewalt auf verschiedene Ebenen staatsrechtlicher Organisation (in einer föderalen Ordnung, im Idealfall nach dem Subsidia-ritätsprinzip). Die konstitutionelle Gewaltenteilung stehe für die Differen-zierung zwischen gesetzgebender, verfassungsgebender, verfassungsän-dernder und verfassungsinterpretierender Gewalt sowie auch für die Diffe-renzierung zwischen verschiedenen Rechtsebenen (Verfassung, Gesetze, Verordnungen). Die dezisive Gewaltenteilung betrachtet Steffani „als das Herzstück der politologischen Gewaltenteilungslehre"[92] und als Ausdruck des Pluralismus, d.h. als Aufteilung der Macht an der politischen Willens-bildung auf eine Vielzahl von staatlichen und nicht-staatlichen (gesell-schaftlichen) Akteuren. Die soziale Gewaltenteilung garantiere den Zugang zu politischen Ämtern unabhängig von sozialen Schranken.[93]

Die klassischen Ziele der Gewaltenteilung bestehen – wie bereits oben aus verschiedenen Perspektiven dargelegt – in der Förderung der Stabilität des politischen Systems, in der Sicherung der Freiheit des Einzelnen sowie

---

90 Winfried Steffani: *Parlamentarische und präsidentielle Demokratie, Strukturelle Aspekte westlicher Demokratien*, Opladen: Westdeutscher Verlag, 1979, S. 11.
91 Ebd., S. 11.
92 Ebd., S. 30.
93 Vgl. Ebd., S. 20ff.

eines Minimalkonsenses in der Gesellschaft (Grundrechte etc.) und in einer generellen Abwehr des Missbrauchs staatlicher Gewalt.[94] Ein Missbrauch staatlicher Gewalt kann – wie insbesondere Tocqueville und Mill deutlich machen – auch in Demokratien erfolgen: durch die Verfolgung von Sonderinteressen zu Lasten des Gemeinwohls. Infolgedessen dient Gewaltenteilung im Rahmen einer demokratischen Ordnung als ein Mittel zur Realisierung des Gemeinwohls bzw. des dafür erforderlichen Konsenses. Schließlich bietet ein größtmöglicher Grad an Konsens die größtmögliche Sicherheit gegen die Durchsetzung von Sonderinteressen zu Lasten des Gemeinwohls.

 Bibliographie

Aristoteles, in: Olof Gigon (Hrsg.): *Politik*, 8. Auflage, München: dtv, 1998.
Alexander Hamilton: Federalist Nr. 78, in: Barbara Zehnpfennig (Hrsg.): *Die Federalist Papers*, Darmstadt: Wissenschaftliche Buchgesellschaft, 1993.
Jürgen Hartmann: *Westliche Regierungssysteme, Parlamentarismus, präsidentielles und semi-präsidentielles Regierungssystem*, Opladen: Leske + Budrich, 2000.
John Locke: *Über die Regierung, The Second Treatise of Government*, in: Peter C. Mayer-Tasch (Hrsg.), Stuttgart: Reclam, 1999.
Niccolò Machiavelli: *Der Fürst*, in: Rudolf Zorn (Hrsg.), Stuttgart: Kröner, 1977.
James Madison: Federalist Nr. 10, in: Barbara Zehnpfennig (Hrsg.): *Die Federalist Papers*, Darmstadt: Wissenschaftliche Buchgesellschaft, 1993.
James Madison: Federalist Nr. 51, in: Barbara Zehnpfennig (Hrsg.): *Die Federalist Papers*, Darmstadt: Wissenschaftliche Buchgesellschaft, 1993.
John Stuart Mill: *Betrachtungen über die Repräsentativ-Regierung, Gesammelte Werke*, Band 8, Aalen: Scientia Verlag, 1968.
Charles de Montesquieu: *Vom Geist der Gesetze*, in: Kurt Weigand (Hrsg.), Ditzingen: Reclam, 2001.
Richard E. Neustadt: *Presidential Power, The Politics of Leadership*, New York: Wiley, 1960.
Manfred G. Schmidt: *Demokratietheorien: eine Einführung*, 3. Auflage, Opladen: Leske + Budrich, 2000.
Thomas Schodder: Föderative Gewaltenteilung in der Bundesrepublik Deutschland, Frankfurt/Main: Lang, 1989.
Winfried Steffani: *Parlamentarische und präsidentielle Demokratie, Strukturelle Aspekte westlicher Demokratien*, Opladen: Westdeutscher Verlag, 1979.

---

94 Vgl. auch: Thomas Schodder: *Föderative Gewaltenteilung in der Bundesrepublik Deutschland*, Frankfurt/Main: Lang, 1989, S. 3.

Alexis de Tocqueville: *Über die Demokratie in Amerika*, in: Jacob D. Mayer (Hrsg.), Stuttgart: Reclam, 1997.

Themistokles Tsatsos: *Zur Geschichte und Kritik der Lehre von der Gewaltenteilung*, Heidelberg: Winter, 1968.

C. Grundkonzepte der Politikwissenschaft

1. Vergleich politischer Ordnungen

Der Vergleich ist eine der ältesten sozialwissenschaftlichen Methoden. Bereits Aristoteles stützte seine Verfallsreihe der politischen Ordnungen auf die Analyse verschiedener Staatswesen seiner Epoche, bei der er 158 Verfassungen berücksichtigte.[1] Der Untersuchung legt er eine damals übliche Typologie zugrunde, in der die Herrschaftsformen nach der Anzahl der Herrschenden unterteilt werden. Als zweite Variable kommt die moralische Unterscheidung der Systeme in ‚gute' und ‚schlechte' hinzu, anhand derer die Legitimation der Herrschaft bestimmt werden kann. Es ergibt sich somit folgendes Untersuchungsraster:[2]

Tab. 1: Herrschaftsformen bei Aristoteles. Eigene Darstellung nach Aristoteles: Politik.

	Einer herrscht	*Mehrere herrschen*	*Viele/Alle herrschen*
‚Gute' Verfassung (legitime Herrschaft)	Monarchie	Aristokratie	Politie
‚Schlechte' Verfassung (illegitime Herrschaft)	Tyrannis	Oligarchie	„Demokratie"

Bereits in diesen frühen Ansätzen der systematisch vergleichenden Wissenschaft, die die empirische Methode begründeten, wird die grundlegende Arbeitsweise deutlich: Um politische Ordnungen besser verstehen und einordnen zu können, ist es notwendig, Begriffe zu definieren, Variablen zu bilden und generalisierte Kriterien festzulegen, anhand derer die Untersuchung einer spezifischen Fragestellung möglich ist.

---

[1] Vgl. Dirk Berg-Schlosser/Ferdinand Müller-Rommel: Entwicklung und Stellenwert der Vergleichenden Politikwissenschaft, in: Dirk Berg-Schlosser/Ferdinand Müller-Rommel (Hrsg.): *Vergleichende Politikwissenschaft*, Opladen: Leske + Budrich, 1991, S. 9ff.

[2] Die hier im Bezug auf Aristoteles dargestellten Vorgehensweisen sind keine Interpretation oder Erklärung der aristotelischen Verfallsreihe politischer Ordnungen. Sie dienen ausschließliche der Erläuterung grundsätzlicher politikwissenschaftlicher Vorgehensweisen.

Die Frage, die Aristoteles klären wollte, war: *Welche Staatsform gewähr-leistet bei größtmöglicher Stabilität das bestmögliche Zusammenleben der Menschen?* Zweierlei stand für ihn fest: (1) Der Mensch ist als *zôon politi-kón* von Natur aus auf die Staatenbildung ausgerichtet. (2) Der Staat kann nicht Selbstzweck sein, sondern folgt – entsprechend seiner Grundan-nahme von der *Teleologie*[3] *der Dinge* – einer eigenen Bestimmung.

Aus seinem subjektiven Erfahrungsbereich heraus erkannte Aristoteles, dass verschiedene Modelle für das geregelte Zusammenleben der Men-schen existieren und dass diese einander häufig abwechseln. Daraus schloss er, dass diese Ordnungen mehr oder weniger von ihrem Ziel, der Herstellung des Gemeinwohls, abweichen.[4] Damit verfehlten sie das Krite-rium der Stabilität, eine der zentralen Forderungen, die Aristoteles an eine ideale politische Ordnung knüpfte: Denn sie sind von der Tugend und dem rechten Maß abgewichen. Sein Anliegen war es also, im Anschluss an die Untersuchung der Staatsformen eine Empfehlung auszusprechen, wie es möglich wäre, eine gesellschaftliche Ordnung, die *Politie*, zu schaffen, die gleichzeitig Stabilität und Gemeinwohl herzustellen vermag.

Die beiden Variablen A = *Anzahl der Herrschenden* und B = *ethische Qualität der Herrschaft/Legitimation*, die Aristoteles für seine Typologie benutzt, sind voneinander unabhängig. B hängt vielmehr davon ab, ob die Herrschenden ihren Tugenden folgen oder ihren Leidenschaften nachge-ben. Die Qualität und Legitimation der Herrschaft erschließt sich somit erst aus der Operationalisierung der Variablen B, da die abstrakten Begriffe *gut* und *schlecht* in dieser Form nicht messbar sind.[5]

Auch die Grundstruktur des aristotelischen Vorgehens mag sich an fol-gendem Grundmuster orientiert haben:

(1) Beobachtung und Beschreibung

Die Untersuchung beschränkt sich auf die Beobachtung eines einzi-gen Untersuchungsgegenstandes und versucht, alle relevanten und aussagekräftigen Variablen des Fallbeispiels zu berücksichtigen. Das Erkenntnisinteresse zielt darauf ab, „die spezifischen Charakte-ristika des Falles zu beleuchten".[6]

---

3   telos (gr.): Das Ziel; Teleologie bedeutet dann das Ausgerichtet sein auf die Erfül-lung eines Ziels hin.
4   Vgl. Jürgen Bellers/Rüdiger Kipke: *Einführung in die Politikwissenschaft*, München: Oldenbourg, 1999, S. 107f.
5   Vgl. Helmut Kromrey: *Empirische Sozialforschung*, Opladen: UTB, 2000, S. 112.
6   Vgl. Frank H. Aarebrot/Pal H. Bakka: Die Vergleichende Methode in der Politikwis-senschaft, in: Dirk Berg-Schlosser/Ferdinand Müller-Rommel (Hrsg.): *Verglei-chende Politikwissenschaft*, Opladen: Leske + Budrich, 1991, S. 46.

Dies ist der Fall, wenn Aristoteles eine konkrete Verfassung – etwa die attische Demokratie – danach beurteilt, wie viele Menschen dort die politische Macht ausüben und welche Qualität diese Herrschaft besitzt, also welcher Seelenteil bei den Herrschenden dominiert.

(2) Klassifikation
Auf der Basis von Beschreibungen lassen sich Klassifikationen vornehmen. Dabei werden alle relevanten Fallbeispiele im Hinblick auf eine spezifische Variable untersucht. Ziel dabei ist es, Standardfälle von Extremfällen zu unterscheiden. Dadurch lassen sich empirisch abgesicherte Erkenntnisse über die möglichen Ausprägungen von Variablen erzielen.

Aristoteles müsste dazu aus seinen 158 Verfassungsanalysen etwa die herausgreifen, bei denen es sich um Einpersonen-Herrschaften handelt. Diese Auswahl würde dann z.b. darauf hin untersucht werden, welche Herrschaftsqualität sie aufweisen. Das Ergebnis könnte folgendermaßen aussehen:

Extremtyp I: In der Tyrannis dient die Herrschaft allein den egoistischen Interessen eines Despoten, der dem Gemeinwohl i.d.R. indifferent gegenübersteht, solange dieses nicht mit seinen eigenen Interessen kollidiert. Das Gemeinwohl ist hier also sehr gering.

Extremtyp II: In der Monarchie stellt sich der Herrscher in den Dienst des Gemeinwohls und verpflichtet sich den Interessen seines Volkes, weil er diesen Auftrag – aufgrund moralischer, metaphysischer oder vertraglicher Verpflichtung – als Legitimationsbasis anerkennt. Das Gemeinwohl ist in dieser politischen Ordnung stark ausgeprägt.

Zwischen diesen beiden (Ideal-)Typen spannt sich ein weites Feld von Realtypen auf (s. Abb. 1):

Abb. 1:   Realtyp und Idealtyp. Eigene Darstellung.

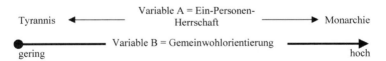

(3) Vergleich
Eine optimale Anzahl von Fallbeispielen wird unter ausgewählten Aspekten verglichen. Die Auswahl der Fallbeispiele und der Variab-

len erfolgt anhand methodisch begründbarer Kriterien und ist durch den theoretischen Ausgangspunkt der Untersuchung vorbestimmt. *Aristoteles müsste also eine möglichst große (optimale) Anzahl von Verfassungen einander gegenüberstellen, um hinreichend valide, d.h. gültige, Ergebnisse hinsichtlich des Zusammenhangs zwischen Herrschaftsform, der Ursache ihres Verfalls und dem Maß des verwirklichten Gemeinwohls zu erhalten.*

Beobachtung und Beschreibung, Klassifikation und Vergleich sind die drei Darstellungsformen empirischer Befunde, die üblicherweise unterschieden werden.[7] Zusätzlich lassen sich bereits hier einige grundsätzliche Begriffe der empirischen Arbeitsweise ebenso darstellen wie die grundsätzliche Anlage eines vollständigen Forschungsprozesses.

2. Der Vergleich als Methode der Politikwissenschaft

Die *vergleichende Regierungslehre* und die *vergleichende politische Systemforschung* sind an die im angelsächsischen Raum üblichen Begriffe *comparative government* und *comparative politics* angelehnt.[8] Das Eingangsbeispiel zeigt, dass das ältere der beiden Konzepte – die vergleichende Regierungslehre – seine Wurzeln bereits in der Antike hat. Ausgangspunkt des Ansatzes ist zunächst die Kategorisierung einzelner Verfassungen bzw. politischer Ordnungen. Auf diesem Aspekt soll daher auch der Schwerpunkt der folgenden Darstellung liegen. Die Möglichkeiten der vergleichenden Forschung werden an entsprechender Stelle thematisiert.

Während sich die vergleichende Regierungslehre auf die politische Ordnung eines Staatswesens konzentriert, reicht die vergleichende Systemlehre weiter. Sie beschreibt die Einordnung des politischen Systems als zentrales politisches Entscheidungssystem (ZPES) mit den Vermittlungsagenturen des intermediären Bereichs in seinen systemischen Kontext. Das ZPES wird also als Subsystem verstanden, das mit anderen (Sub-)Systemen, etwa dem gesellschaftlichen, kommuniziert und in vielfältiger Beziehung steht. Die Kommunikationsleistung wird in erster Linie durch die Vermittlungsagenturen des intermediären Bereichs erbracht (vgl. Abb. 12). Der Übergang zur vergleichenden politischen Systemforschung markiert die Wende

---

7   Ebd.
8   Jürgen Hartmann: Vergleichende Regierungslehre und vergleichende Systemforschung, in: Dirk Berg-Schlosser/Ferdinand Müller-Rommel (Hrsg.): *Vergleichende Politikwissenschaft*, Opladen: Leske + Budrich, 1991, S. 25.

von der Betrachtung der Institutionen einer politischen Ordnung hin zur politischen Soziologie.[9] Dieser Wandel erfolgte v.a. vor dem Hintergrund der Entwicklung der post-stalinistischen UdSSR sowie der post-kolonialen Entwicklung in den sich auflösenden europäischen Kolonialreichen, da die bisherige Forschungsausrichtung den Zugang zu diesen Systemen nur bedingt ermöglichte. Aus diesem Grund wurden besonders in den 1960er- und 1970er-Jahren des 20. Jahrhunderts verschiedene Systemmodelle, unter anderem von Gabriel A. Almond oder David Easton, vorgelegt, die die „Aufmerksamkeit auf den gesamten Bereich politischer Handlungsweisen innerhalb einer Gesellschaft lenk[en], ohne Rücksicht darauf, wo sie in der Gesellschaft lokalisiert sind".[10] So gesehen ist die vergleichende politische Systemforschung die Fortsetzung der vergleichenden Regierungslehre vor dem Hintergrund einer modernisierten politischen Transformation. Die in die Systemlehre gesetzten Hoffnungen einer allumfassenden Erklärung politischer Phänomene wurden jedoch nicht erfüllt.

2.1. Vergleichende Regierungslehre

2.1.1. Entwicklungslinie

Der Vergleich als Methode der Politikwissenschaft kann also auf eine lange Tradition zurückblicken. Dass er kontinuierlich, auch zur Lösung pragmatischer politischer Fragen, wie der amerikanischen Verfassungsdebatte, herangezogen wurde, belegen unter anderem die *Federalist Papers* sowie die Schriften von Niccolò Machiavelli, Montesquieu und Alexis de Tocqueville. Diese Beispiele machen deutlich, dass es der vergleichenden Regierungslehre vor allem darum geht, die verfassungsmäßige Ordnung zu ergründen und im Vergleich bestehender Ordnungen nach allgemeinen Funktionsmechanismen zu suchen. Diese werden häufig in einem Begründungszusammenhang genutzt, um Verbesserungsvorschläge vorzulegen. Schon Aristoteles ging es darum, die Mechanismen einer stabilen politischen Ordnung mit größtmöglicher Legitimation zu finden. Auch Machiavelli beschäftigt in seinen Schriften die zentrale Frage, wie Herrschaft stabilisiert werden kann. Dabei widmet er sich in den *Discorsi* der republika-

---

9 Ebd., S. 30
10 Gabriel A. Almond/G. Bingham Powell: Vergleichende Politikwissenschaft ein Überblick, in: Theo Stammen (Hrsg.): *Vergleichende Regierungslehre. Beiträge zur theoretischen Grundlegung und exemplarische Einzelstudien*, Darmstadt: Wissenschaftliche Buchgesellschaft, S. 133.

nischen Herrschaftsform, im *Principe* greift er die Fürstenherrschaft auf. Für Montesquieu rückt die Frage in den Mittelpunkt, wie eine politische Ordnung angelegt sein muss, damit sie ein größtmögliches Maß an individueller Freiheit sichern kann. Diese möchte er im zentralen sechsten Kapitel des elften Buches seines Hauptwerks *Vom Geist der Gesetze* mithilfe einer Analyse der englischen Verfassung beantworten.[11] Ein sehr viel pragmatischeres Anliegen verfolgen Alexander Hamilton, James Madison und John Jay, die Autoren der *Federalist Papers*: Zwischen Oktober 1787 und Mai 1788 wollen sie den Entwurf der neuen amerikanischen Verfassung nicht nur gegen die Kritik ihrer Gegner verteidigen, sondern die Bürger dazu bewegen, für diese zu stimmen.[12] In 85 Zeitungsartikeln nehmen sie Bezug auf historische Beispiele und politische Denker, um zu zeigen, dass die von ihnen mitentwickelte Verfassung eine stabile Demokratie und ein Höchstmaß an Freiheitsrechten, innere Sicherheit und Geschlossenheit bei gleichzeitiger Selbständigkeit der Einzelstaaten zu verwirklichen vermag.

In der jüngeren Entwicklung des Faches beschäftigen sich unter anderem Carl Joachim Friedrich, Herman Finer und Karl Loewenstein damit, „die tatsächliche Praxis und die wirkliche Dynamik der Verfassung im modernen – und ebenso im geschichtlichen – Staat"[13] zu beobachten und Verfassungslehren zu erarbeiten. Nach Ende des 2. Weltkrieges verschiebt sich das Interesse zunächst dahin, Erklärungsansätze für den Zusammenbruch der Weimarer Republik und das nationalsozialistische Regime des Dritten Reichs zu finden. Vor allem Hannah Arendt sowie Carl Joachim Friedrich/ Zbigniew Brzezinski legen ihre Arbeiten zu den totalitären Regimen vor. Manfred Hättich entwickelt Ende der 60er-Jahre eine Theorie der politischen Ordnung, in der er eine Typologie bildet, die bis heute gute Ergebnisse bei der ersten Annäherung an politische Systeme, v.a. auch an solche im Transformationsprozess, liefert.

---

11 Dass diese Analyse Montesquieu den Vorwurf einbrachte, er habe die englische Verfassung sehr positiv ausgelegt bzw. im eigenen Sinne interpretiert, tut hier nichts zur Sache.

12 Angela Adams/Willi Paul Adams (Hrsg.): *Hamilton/Madison/Jay. Die Federalist-Artikel*, Paderborn: Schöningh, 1994, S. XXVIIf.

13 Karl Loewenstein: *Verfassungslehre*, Tübingen: Mohr Siebeck, 1959, S. IV.

2.1.2. Erkenntnisinteresse

2.1.2.1. Vergleich politischer Ordnungen

Bereits aus der Bezeichnung und der Entstehung heraus wird deutlich, dass das ureigenste Interesse der vergleichenden Regierungslehre im *Vergleich politischer Ordnungen* besteht, vor allem hinsichtlich ihrer Herrschaftsformen und -praktiken – und dies „in doppelter Absicht".[14] (1) Zum einen sollen systematische Erkenntnisse über die Regierung verschiedener Länder gewonnen werden (empirisch-analytische Schule). (2) Zum anderen sollen aus diesem Wissen – wie z.B. bei Aristoteles und den Autoren der *Federalist Papers* – Schlüsse gezogen werden: Dies kann sich um grundsätzliche Fragen handeln, z.B. wie eine stabile politische Ordnung konstruiert sein soll, die den Prämissen der Verfassungsväter entspricht (normativ-ontologische Schule) oder um die Verbesserung der Leistungs- oder Steuerungsfähigkeit eines konkreten politischen Systems.

Die vergleichende Regierungslehre definiert das politische System als „die Gesamtheit aller politischen Einrichtungen und Verfahren, die am Zustandekommen und an der Durchführung politischer Entscheidungen beteiligt sind", darunter auch solche, die nicht unmittelbar zum institutionalisierten Bereich gehören, wie Parteien, Verbände oder Medien.[15] Das Erkenntnisinteresse beschränkt sich demnach auf Strukturen (polity) und Prozesse (politics). Der Bereich des Entscheidungshandelns bzw. der konkreten Ergebnisse (policy) des politischen Prozesses bleibt hingegen weitgehend ausgeklammert.[16]

Eine Einschränkung findet die Methode der vergleichenden Regierungslehre dort, wo sie auf instabile Ordnungen trifft, über die auch im Vergleich keine präzisen, eindeutigen Erkenntnisse gewonnen werden können. Methodisch stößt diese Vorgehensweise dort an ihre Grenzen, wo nur wenige Fälle zum Vergleich herangezogen werden oder nur eine geringe Anzahl von Variablen zur Untersuchung genutzt werden können. Zudem ist die Vergleichbarkeit der verfügbaren Fälle oft nur beschränkt gegeben.[17]

---

14 Jürgen Hartmann: Vergleichende Regierungslehre und vergleichende Systemforschung, in: Dirk Berg-Schlosser/Ferdinand Müller-Rommel (Hrsg.): *Vergleichende Politikwissenschaft*, Opladen: Leske + Budrich, 1991, S. 26.
15 Ebd.
16 Zu den Begriffen polity, politics, policy s. Gert Krell: *Weltbilder und Weltordnung. Eine Einführung in die Theorie der Internationalen Beziehungen*, Baden-Baden: Nomos, 2003, S. 24f.
17 Vgl. Dirk Berg-Schlosser/Theo Stammen: *Einführung in die Politikwissenschaft*, München: C.H. Beck, 2003, S. 129f.

Um valide Aussagen zu erzielen, ist es daher oft sinnvoll, die Menge der Fälle des Vergleiches zu erweitern. Dies kann grundsätzlich auf zwei Arten geschehen: Entweder, indem historische Fälle oder Beispiele aus anderen Regionen (möglichst viele Systeme) oder anderen Ebenen (z.b. föderale Einheiten) hinzugenommen werden. Andererseits kann es auch sinnvoll sein, die Untersuchungsgruppe auf vergleichbare Fälle zu reduzieren. Gerade solche Systeme, die einander sehr ähnlich sind, lassen sich dann anhand divergierender Variablen präziser auf ihre Unterschiede hin untersuchen. An dieser Stelle sei als Beispiel nur der Vergleich grundsätzlich ähnlicher Typen wie der zweier parlamentarischer Regierungssysteme genannt: Bei einem Vergleich der Systeme Deutschlands und Großbritanniens ist es wenig sinnvoll, das Konzept präsidentieller und parlamentarischer Demokratien nach Winfried Steffani anzuwenden, da dieses hier zu wenig aussagekräftigen Ergebnissen führt; brauchbare Erkenntnisse über die verschiedene Funktionsweise liefert aber der Vergleich der verschiedenen Parlamentstypen (Arbeits- vs. Redeparlament), der unterschiedliche Aufbau und Umfang der Judikative oder die Unterschiede in Wahlsystem und Parteienlandschaft.

Auch eine Verringerung der zu prüfenden Variablen kann sinnvoll sein, da eine solche Vergröberung des Analyserasters oft zu einer Verbreiterung der Basis der möglichen Fälle führt. Eine noch stärkere Beschränkung auf einzelne Schlüssel-Variablen schließlich führt dazu, dass zwar nur Aussagen über Teilbereiche politischer Systeme, wie z.B. das Wahlsystem, die Medienstruktur etc., möglich sind, diese aber umso deutlicher hervortreten. Es liegt also am grundsätzlichen Forschungsinteresse, wie die Anzahl der untersuchten Fälle und Untersuchungskategorien gewählt werden muss. Als grundsätzlicher Zusammenhang lässt sich dabei in jedem Fall festhalten, dass die Anzahl der möglichen Fälle mit steigender Anzahl der zu prüfenden Variablen abnimmt (Abb. 2).

Ist die Menge der zu untersuchenden Fälle gleich eins und erfolgt die Untersuchung mit einer möglichst großen Anzahl an einzelnen Variablen, dann nähert sich dieser Typus der Fallstudie (*case study*) an. Verbreitert sich die Menge der zu untersuchenden Fälle hingegen auf ein Maximum und reduziert sich die Anzahl der Variablen gleichzeitig auf eine einzige Schlüssel-Variable, so lassen sich detaillierte Aussagen über einzelne Strukturen treffen (Abb. 3).

Abb. 2: Die Aussagekraft einer vergleichenden Studie steigt mit der Anzahl der untersuchten Fälle bzw. Variablen. Eine Maximierung beider Faktoren ist jedoch nur bedingt möglich. Schematisches Modell. Eigene Darstellung.

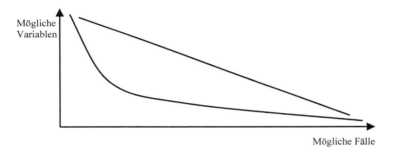

Abb. 3: Von der Fallstudie zum Strukturvergleich. Eigene Darstellung.

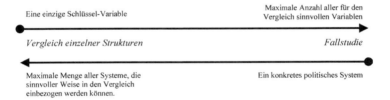

2.1.2.2. Gewaltenteilung in politischen Systemen

Weiterhin beschäftigt sich die vergleichende Regierungslehre mit der Frage nach der *Gewaltenteilung in politischen Systemen*. Diese Frage taucht streng genommen erst in den westlichen Demokratien auf, lässt sich jedoch auch sinnvoll für Systeme in Transformation stellen. Selbst bei autoritären und totalitären Systemen kann sie zum Teil erkenntnisleitend sein, wenngleich üblicherweise der Gedanke der Gewaltenteilung an pluralistische – also i.d.R. demokratische Systeme geknüpft wird.[18]

---

18 Dies erklärt sich daraus, dass der demokratische Rechtsstaat nur dann dauerhaft denkbar ist, wenn er gewisse Mechanismen entwickelt, die einem Machtmissbrauch im Wege stehen. Wird politische Macht auf verschiedene Institutionen verteilt und

Zu ihrer Beantwortung legten u.a. Karl Loewenstein[19] und Winfried Steffani[20] entsprechende Modelle vor. Loewenstein beschränkt sich auf die Aspekte horizontaler und vertikaler Machtverteilung. Horizontale Gewaltenteilung bezeichnet die klassische Gewaltenteilung zwischen Exekutive, Legislative und Judikative.[21] Die vertikale Gewaltenteilung beschreibt das Verhältnis zwischen Bürger und Staat sowie zwischen Zentrum und Peripherie.[22] Steffani dagegen entwickelte einen umfangreichen „politologischen Gewaltenteilungsbegriff", der weitere Punkte beinhaltet *(InfoBox: Die Gewaltenteilungslehre von Winfried Steffani)*. Sein Konzept unterscheidet zwischen:

(1) staatsrechtlicher (= horizontaler) Gewaltenteilung – Legislative, Exekutive, Judikative;

(2) temporaler Gewaltenteilung – die turnusmäßige Möglichkeit zur Neubesetzung politischer Ämter durch zeitlich begrenzte Mandatsvergabe;

(3) föderativer (= vertikaler) Gewaltenteilung – Verhältnis zwischen den territorialen Gliederungseinheiten des Systems;

diese Verteilung abgesichert, dann ist dies ein wirksames Mittel, um den Missbrauch der delegierten Macht zu verhindern. Die Frage nach der Gewaltenteilung stellt sich also erst aus dem Verständnis heraus, dass politische Macht vom Volk abgeleitet ist bzw. delegiert wird (s. u.a. Locke, Montesquieu, Hamilton/Madison/Jay), und dass demnach auch möglichst alle relevanten Interessen im Staate an der Willensbildung beteiligt werden..

19 Vgl. Karl Loewenstein: *Verfassungslehre*, Tübingen: Mohr Siebeck, 1959.

20 Winfried Steffani: Gewaltenteilung im demokratisch-pluralistischen Rechtsstaat, in: PVS 3 (1962), S. 256-282.

21 In seiner Verfassungslehre schlägt Loewenstein eigentlich eine „neue Dreiteilung" (Loewenstein 1959: 39f.) vor. Doch die Begriffe *policy determination* (Gestaltungs- und Grundentscheidung), *policy execution* (Durchführung diese Grundentscheidungen) und *policy control* (politische Kontrolle) bezeichnen letztlich nichts anderes als die klassischen Gewalten. Sie verweisen allerdings auf den interessanten Aspekt, dass sich in komplexen modernen Ordnungen diese Zuordnungen nicht eineindeutig aufrechterhalten lassen. Die Gewalten sind hier nicht sosehr getrennt, als vielmehr verschränkt. Das heißt unter anderem, dass politische Gestaltung nicht nur von der Legislative, sondern auch von anderen Gewalten wahrgenommen werden kann, oder dass Kontrolle nicht immer ausschließlich durch die Judikative erfolgt. Mit diesem Vorschlag weist Loewenstein zurecht darauf hin, dass die Allokation der Befugnisse nicht immer eineindeutig bei den klassisch unterschiedenen Gewalten liegen muss, sondern dass auch andere Akteure (bedingt) diese Rollen wahrnehmen können – ein entscheidender Aspekt, der komplexen modernen Systemen gerecht wird und der sich etwa auch in George Tsebelis Theorie der Vetospieler wiederfinden lässt. Steffani schließlich weist darauf hin, dass bei den meisten theoretischen Überlegungen zur Gewaltenteilungsproblematik keine starre Gewaltentrennung intendiert war, sondern das Ziel – die Sicherung bürgerlicher Freiheitsrechte – deutlich im Vordergrund stand.

22 Also: Bund und Gliedstaaten/Länder bzw. Zentralregierung und Regionen.

(4) dezisiver Gewaltenteilung – institutionalisierte Möglichkeiten zur politischen Teilhabe;

(5) konstitutioneller Gewaltenteilung – Normenhierarchie und Aufteilung der Kompetenz zur Verfassungsgebung, Verfassungsänderung und Verfassungsinterpretation – und

(6) sozialer Gewaltenteilung – Chance für alle gesellschaftlichen Gruppen zur Teilnahme an der staatlichen Willensbildung.

Bereits mit diesem weitgefassten Gewaltenteilungsmodell lassen sich umfangreiche Vergleiche politischer Ordnungen durchführen, die auch in ihren einzelnen Unterkategorien ergiebig sein können. Zu nennen wäre hier beispielsweise der Vergleich verschiedener Verfassungsgerichte, die Umsetzung föderaler Gewaltenteilung oder die Frage nach der Ausgestaltung der horizontalen Gewaltenteilung in verschiedenen Systemen.

Die Gewaltenteilungslehre von Winfried Steffani

Ausgehend von einem weiten Gewaltenteilungsbegriff beschreibt Winfried Steffani die Gewaltenteilung zunächst als

„ein Grundprinzip politischer Herrschaftsgestaltung, nämlich: die institutionelle Sicherung rechtsstaatlicher Verbindlichkeit der Normen (primär: die Garantie unveräußerlicher Grundrechte) vermittels machtbeschränkender Aufgliederung und wechselseitiger Kontrollen wesentlicher Letztinstanzen sowie Aktivierung der Gesamtbürgerschaft, um einen soweit als irgend möglich bewusst vollzogenen, dauernden Integrationsprozess zur freiheitssichernden Ganzheit hin zu erwirken. Der G. liegt folglich ein doppelter Aspekt zugrunde: Einmal Kompetenzaufgliederung und Machtkontrolle (womit ein desintegrierendes Moment verbunden ist) und zum anderen Gemeinschaftsaktivierung zur Ganzheit hin (womit das Bestreben bewusst vollzogener Integration betont wird)". (Steffani 1969: 316)

Das Prinzip der G. ist demnach nicht nur ein Aspekt des politischen Subsystems, sondern ragt darüber hinaus in den gesellschaftlichen Bereich hinein. Mit diesem Gedanken bezieht sich Steffani explizit auf die Schriften des Staatsrechtlers Max Imboden, der auf diese ‚psychologische Deutung' hingewiesen hatte (Steffani 1969: 317f.). Erst die Verankerung von Pluralismus und G. im Bewusstsein der Bevölkerung können dafür Sorge tragen, dass institutionell begründete G., die durch (Verfassungs-)Normen fixiert ist, funktionsfähig und stabil bleibt.

Steffanis Modell einer „politologischen Gewaltenteilungslehre" beinhaltet in seiner Fassung von 1962 fünf „fundamentale Teilungslehren":

„1. Die staatsrechtliche („horizontale") Teilungslehre,
2. die temporale Teilungslehre,
3. die föderative („vertikale") Teilungslehre,
4. die dezisive Teilungslehre und
5. die soziale Teilungslehre". (Steffani 1969: 328f.)

Später wurde das Modell um

(6.) die konstitutionelle G. (vgl. Steffani 1997: 20) ergänzt.

1. Staatsrechtliche Gewaltenteilung

„Die staatsrechtliche Teilungslehre knüpft an die Grundelemente der klassischen (Montesquieu'schen) Gewaltenteilungslehre an". Aus rechtlicher Sicht gelangt man zu drei „grundlegende[n] Hauptfunktionen": (1) Rechtsetzung, (2) nicht-streitige Rechtsanwendung sowie (3) streitige Rechtsanwendung.

Rechtsetzung und nichtstreitige Rechtsanwendung sind bereits begrifflich als Funktionen politischer Gestaltung der *Legislative* Rechtsetzung) und der *Exekutive* (Rechtsanwendung) zugeordnet. Je nach Ausgestaltung der politischen Ordnung lassen sich bereits hier einige Unterschiede zwischen parlamentarischer und präsidentieller Ordnung erkennen. Während in parlamentarischen Systemen Regierung und Parlament funktional verzahnt sind, stehen sich beide in präsidentiellen Systemen idealtypischerweise unabhängig gegenüber. Aus dem Bereich der streitigen Rechtsanwendung ergibt sich die Forderung nach einer *Judikative*, die den Bereich der Rechtsanwendung kontrolliert. An dieser Stelle sei nur kurz auf die Problematik der Verfassungsgerichtsbarkeit hingewiesen, die dann, wenn sie mit einem Normenkontrollrecht ausgestattet ist, in den Bereich der Legislative eingreifen kann.

(Die Rechtsetzung beinhaltet ein Doppeltes, zum einen die Planung (Zielsetzung usw.) zum anderen die Zustimmung (die eigentliche Beschlussfassung). Planung umfasst dann aber jede Instanz, die mit einem Gesetzesinitiativrecht ausgestattet ist wie die deutsche Bundesregierung, da diese Akteure ein Gesetzgebungsverfahren mit der von ihnen intendierten Richtung in Gang setzen können. Die Beschlussfassung findet – wenigstens in den westlichen Demokratien – regelmäßig in den Parlamenten statt.

2. Temporale Gewaltenteilungslehre

Die temporale G. beschreibt den Umstand, dass politische Ämter in westlichen Demokratien auf Zeit vergeben werden. Dass diese Vergabe nach feststehenden Regeln erfolgt, ist schon aufgrund des zugrundeliegenden Rechtsstaatsverständnisses selbstverständlich. „Die zentrale Rolle[, die] dem Zeitproblem zukommt, wird schon in der provozierenden Kurzformel ersichtlich, die Friedrich Meinecke für das Verfassungskonzept des modernen Staates prägte: „temporäre Vertrauensdiktatur" – wir würden heute eher „temporäre Vertrauensautokratie" sagen" (Steffani 1969: 338). Denn erst die befristete Vergabe von Ämtern macht einen politischen Wechsel letztlich möglich und verhindert dadurch, dass die Vertrauensdiktatur in die tatsächliche Diktatur umschlägt.

3. Föderative („vertikale") Gewaltenteilung

Die föderative Teilungslehre betrachtet das System unter dem Aspekt der Interdependenzen seiner territorialen Handlungseinheiten. Bereits Montesquieu aber auch die Autoren der *Federalist Papers* haben darauf verwiesen, dass die demokratische Absicherung bürgerlicher Rechte v.a. in kleinen Territorien verwirklicht werden kann, während der Bund die Absicherung nach außen besonders wirksam gewährleistet. Es bietet sich daher gerade für Großflächenstaaten eine föderale Struktur an, in der die Kompetenzen häufig nach dem *Subsidiaritätsprinzip* verteilt sind. Doch der Aspekt der föderativen G. kommt nicht nur in Staaten zum Tragen, die in ihrem Aufbau dem kooperativen oder dualen Föderalismus folgen, vielmehr werden auch in zentralistischen Staaten Aufgaben häufig an Regionen delegiert bzw. lassen sich dort Dezentralisierungsprozesse beobachten, wie der Devolutionsprozess in Großbritannien zeigt. Die Betrachtung der vertikalen Allokation politischer Macht und Zuständigkeit endet jedoch nicht an der jeweiligen Landesgrenze, sondern kann, je nach Forschungsinteresse, auch supranationale oder intergouvernementale Strukturen erfassen, in die ein System eingebettet ist – also Mitgliedschaften in NATO, EU, NAFTA usw.

4. Dezisive Gewaltenteilung

Nach Steffani bildet die dezisive Teilungslehre das „Herzstück der politologischen Gewaltenteilungslehre" (Steffani 1969: 343), da sie das „pluralistische Gruppengeflecht in all seinen politischen Gestaltungsformen und Wirksamkeiten mit den staatsrechtlich fixierbaren Kompetenzbereichen in Beziehung setzt. Dabei unterscheidet Steffani fünf Entscheidungsebenen: (1) Regierung, (2) Parlament, (3) Parteien, (4) Interessengruppen und (5) die Öffentliche Meinung. Dieser Gedanke stellt die zentrale Bedeutung in Rechnung, die der pluralistische Wettstreit der Meinungen für rechtsstaatliche Demokratien hat. Dem liegt die Vorstellung zugrunde, dass sich das Gemeinwohl weder a priori festlegen lässt, noch aus dem gemeinsamen Willen aller herleitet, sondern im Kräftespiel konkurrierender Meinungen gemäß der aktuellen Interessenslage entsteht. G. setzt demnach auch voraus, dass Strukturen vorhanden sind, die es ermöglichen, Interessen in diesen Prozess einzubringen. Eine solche Integrationsleistung erbringen die oben genannten Entscheidungsebenen.

5. Soziale Gewaltenteilung

Auch eine soziale G. berücksichtigt das Konzept Steffanis. Der Gedanke klingt bereits bei der dezisiven G. an. Denn eine moderne, gewaltenteilige politische Ordnung muss die verschiedenen gesellschaftlichen Klassen berücksichtigen, die sich unter ihr sammeln. Von daher müssen nicht nur alle Interessen der verschiedenen Gruppen die Chance haben, politisches Gehör zu finden, vielmehr ist es notwendig, dass die (politischen) Ämter des Systems so wenig Zugangsbeschränkungen aufweisen wie nötig, damit keine gesellschaftlichen Gruppen von der Teilhabe ausgeschlossen werden. Dieser Gedanke findet sich bereits in den Konzepten der Mischverfassung von Aristoteles (vgl. Aristoteles: *Politik*, Buch IV, 1295b 35) bis hin zu Machiavelli wieder, denn es geht hier letztendlich um die gegenseitige Kontrolle unterschiedlicher Klassen und deren Beteiligung am politischen Prozess. Nur am Rande sei hier erwähnt, dass Aristoteles bereits die ‚klassische' Drei-Teilung der Gewalten in Exekutive, Legislative und Judikative im vierten Buch der *Politik* vorwegnimmt. Auch das Gewaltenteilungskonzept von Montesquieu basiert im Kern auf einer ständischen G. zwischen Volk, Adel und Monarchen (vgl. Montesquieu: *Vom Geist der Gesetze*, Buch 11, Kap. 6). Mit den *Federalist Papers* wird erstmals ein konkreter Verfassungsentwurf diskutiert, der dezidiert davon ausgeht, dass sich der Gedanke des Gemeinwohls nur unter Beteiligung der *factions*, also der Parteiungen bzw. Partikularinteressen, verwirklichen lässt (vgl. Hamilton/Madison/Jay: *Die Federalist-Artikel*, Artikel Nr. 10).

6. Konstitutionelle Gewaltenteilung

Die konstitutionelle G. bezeichnet ein Zweifaches: (1) Zunächst setzt sie eine Hierarchie der Normen voraus. Dies bedeutet nichts anderes, als dass Verfassungsrecht vor einfachem Gesetz gilt, einfaches Gesetz vor Verordnung, Verordnung vor Verwaltungsvorschrift usw. – anders gefasst: das höherrangige Recht hat immer Vorrang vor dem nachrangigen. (2) Es besteht eine institutionelle Trennung von Verfassungsgebung, Verfassungsänderung und Verfassungsinterpretation. Diese Aufgaben obliegen also nicht dem einfachen Gesetzgeber. In der Bundesrepublik ist bei Verfassungsänderungen gem. Art. 79 II GG eine 2/3 Mehrheit in Bundestag *und* Bundesrat notwendig. Die verfassungsgebende Gewalt liegt gem. Art. 146 GG beim Volk und über die letztverbindliche Auslegung des Grundgesetzes wacht das Bundesverfassungsgericht (vgl. Art. 93 GG und Art. 100 GG).

Winfried Steffani: Gewaltenteilung im demokratisch-pluralistischen Rechtsstaat, in: PVS 3 (1962), S. 256-282, nachgedruckt in: Heinz Rausch (Hrsg.): Zur heutigen Problematik der Gewaltentrennung, Darmstadt: Wissenschaftliche Buchgesellschaft, 1969, S. 313-352.

Winfried Steffani: Parlamentarische und präsidentielle Demokratie. Strukturelle Aspekte westlicher Demokratien, Opladen: Westdeutscher Verlag, 1979, S. 9-36.

2.1.2.3. Grundmodelle demokratischer Ordnungen

2.1.2.3.1. Parlamentarisches und präsidentielles Regierungssystem nach Winfried Steffani

Die Frage nach der Gewaltenteilung mündet in die *Unterscheidung parlamentarischer und präsidentieller Regierungssysteme*, wenn sich der Fokus auf das Verhältnis von Exekutive und Legislative richtet. Auch diese Differenzierung fällt in den Kernbereich der vergleichenden Regierungslehre.[23] Mit diesen beiden Systemtypen stehen sich zwei Idealtypen gegenüber, die ihre realtypische Ausprägung im parlamentarischen System Großbritanniens und der präsidentiellen Ordnung der USA finden. Warum dies eine Folge der zugrundeliegenden Vorstellung des Gewaltenteilungsaspektes ist, soll im Folgenden geklärt werden.

Ausgehend vom Konzept der Gewaltenteilung lassen sich zwei unterschiedliche Systemkonstruktionen ausmachen: (1) Das strenger an der Vorstellung von einer Trennung der Gewalten orientierte präsidentielle System, das Legislative und Exekutive als wechselseitig (weitgehend) unabhängige Bereiche konstituiert. Und (2) das parlamentarische Regierungssystem, in dem die Exekutive aus der Legislative – genauer der Parlamentsmehrheit – hervorgeht und daher auch gegenüber dem Parlament verantwortlich ist. Dieses Modell folgt stärker dem Gedanken einer Gewaltenverschränkung. Eine tabellarische Gegenüberstellung beider Modelle findet sich an anderer Stelle unter D.1.2.

Der Aspekt zeigt sich bereits in der *Legitimationskette*, die zur Bestellung der Regierung führt: Während der Präsident im präsidentiellen System – etwa der USA – direkt vom Volk gewählt wird[24], geht die Regierung im parlamentarischen System aus dem Parlament hervor; in der Bundesrepublik geschieht dies gem. Art. 63 GG (Bundeskanzler) bzw. Art. 64 GG (Bundesminister). Es fällt auf, dass der Bundespräsident bei seinem Vorschlag für das Kanzleramt rechtlich an keinerlei Vorgaben gebunden ist. Theoretisch könnte er also jede ihm beliebige Person für das Amt vorschla-

---

23 Jürgen Hartmann: Vergleichende Regierungslehre und vergleichende Systemforschung, in: Dirk Berg-Schlosser/Ferdinand Müller-Rommel (Hrsg.): *Vergleichende Politikwissenschaft*, Opladen: Leske + Budrich, 1991, S. 28.

24 Streng genommen erfolgt die Wahl über Wahlmänner, da diese aber per Gesetz oder Konvention an ein bestimmtes Votum gebunden sind, kann von einer direkten Wahl gesprochen werden. Vgl. Hartmut Wasser: Parteien und Wahlen, in: Willi Paul Adams/Peter Lösche (Hrsg.): *Länderbericht USA*, Bonn: BpB, 1998, S. 305-339 [328].

gen, d.h. auch einen Kandidaten, der nicht dem Parlament oder einer Partei angehört.[25] Gleiches gilt für den Bundeskanzler bei der Ernennung seiner Minister.[26] In der Praxis zeigt sich freilich, dass diese Freiheit meist ungenutzt bleibt, so gehörten alle bisherigen Bundeskanzler dem Parlament an und auch bei der Bestellung der Minister ist die Berufung externer Fachleute die Ausnahme: zwischen 1. und 15. Legislaturperiode gab es bislang lediglich drei parteilose Minister, die dem Kabinett angehörten.

Eine *Inkompatibilität von Regierungsamt und Mandat* ist im parlamentarischen System der Bundesrepublik Deutschland also zwar nicht ausgeschlossen, aber auch nicht zwingend vorgesehen. Sie ergibt sich aus dem Umstand, dass die Regierung auf die permanente Unterstützung der eigenen Parlamentsmehrheit angewiesen ist. Im ebenfalls parlamentarischen System Großbritanniens ist die Kompatibilität zwangsläufig gegeben, denn das Amt des Premierministers fällt dort automatisch an den Parteichef der stimmstärksten Fraktion im Unterhaus.[27] Aber auch ein Inkompatibilitätsgebot kann im parlamentarischen System verankert sein, so legt Art. 57 der Niederländischen Verfassung fest, dass „[e]in Mitglied der Generalstaaten [. . .] nicht gleichzeitig Minister, Staatssekretär, [. . .]" sein kann. Regierungsamt und Parlamentsmandat sind im parlamentarischen Regierungssystem also obligatorisch bzw. fakultativ kompatibel oder inkompatibel. Im präsidentiellen Regierungssystem hingegen ist eine strenge Inkompatibilität gefordert, wenngleich auch hier Ausnahmen möglich sind: So ist der US-amerikanische Vizepräsident gleichzeitig Vorsitzender des Senats[28] und damit ebenfalls Mitglied von Exekutive und Legislative.

Die *Abhängigkeit der Regierung vom Parlament* wurde bereits am Rande thematisiert. Sie ist nach Ansicht Winfried Steffanis das wesentliche Kriterium zur Unterscheidung der beiden Systemtypen.[29] Dieser Aspekt hängt eng mit der Legitimationskette zusammen, die zur Kreation der Exekutive führt:

---

25 Vgl. Reinhard Bergmann: Artikel 63, in: Karl-Heinz Seifert/Dieter Hömig: *Grundgesetz für die Bundesrepublik Deutschland. Taschenkommentar*, Baden-Baden: Nomos, 1999, S. 392 Rn. 2.

26 Vgl. Reinhard Bergmann: Artikel 64, in: Karl-Heinz Seifert/Dieter Hömig: *Grundgesetz für die Bundesrepublik Deutschland. Taschenkommentar*, Baden-Baden: Nomos, 1999, S. 394 Rn. 1.

27 Vgl. Hiltrud Naßmacher: *Politikwissenschaft*, München: Oldenbourg, 1998, S. 161.

28 Vgl. Hartmut Wasser: Amerikanische Präsidialdemokratie, in: *Informationen zur politischen Bildung*, Bonn: BpB, 1997, S. 4.

29 Vgl. Winfried Steffani: Zur Unterscheidung parlamentarischer und präsidentieller Regierungssysteme, in: ZParl 3/83, S. 390-401 [391f.].

„Im präsidentiellen System stehen sich Regierung und Parlament in relativer Unabhängigkeit gegenüber, die Amtsdauer der Regierung bzw. des Regierungschefs (Präsident) ist in der Verfassung verbindlich festgelegt, und die Parlamentsmehrheit kann die Regierung bzw. den Regierungschef nicht aus politischen Gründen abberufen.

In einem parlamentarischen System ist die Regierung demgegenüber in ihrer Amtsdauer und Amtsführung grundsätzlich vom Vertrauen der Parlamentsmehrheit abhängig, die über das Recht der Abberufung aus politischen Gründen (Misstrauensvotum) verfügt und deren Fraktionen durch Fraktions- und Koalitionsdisziplin für die Stabilität der Regierung Sorge zu tragen haben".[30]

Der US-Kongress kann also den Präsidenten nicht aus politischen Gründen entlassen – etwa weil eine Mehrzahl der Abgeordneten oder Senatoren mit dem Politikstil oder Regierungsentscheidungen in einzelnen Politikbereichen unzufrieden ist. Die einzige Möglichkeit den Regierungschef aus dem Amt zu entfernen, bietet das *impeachment*, das Amtsenthebungsverfahren, das auch gegen Bundesrichter und einfache Mitglieder der Exekutive angewandt werden kann.[31] Dieses kann theoretisch auch als politisches Kampfmittel eingesetzt werden, allerdings tragen zwei Gründe zu einer zurückhaltenden Anwendung bei: (1) Die Erfordernis einer doppelten – teilweise qualifizierten – Mehrheit. Das Verfahren wird vom Repräsentantenhaus mit einfacher Mehrheit eingeleitet, eine Verurteilung erfolgt durch den Senat mit einer 2/3 Mehrheit der anwesenden Senatoren. (2) Das hohe Ansehen des Verfahrens. Daher wird das *impeachment* nur selten und bei gravierenden Fällen – etwa bei strafrechtlich relevanten Verfehlungen – angewandt. Allerdings ist das *impeachment* des Art. 2 Abschnitt 4 der amerikanischen Verfassung nicht auf Gesetzesverstöße beschränkt: „*The President, Vice President and all civil Officers of the United States, shall be removed from Office on Impeachment for, and Conviction of, Treason, Bribery, or other high Crimes and Misdemeanors*". Somit ist ein Amtsenthebungsverfahren grundsätzlich auch bei sonstigen Verfehlungen – wie im Falle Bill Clintons – möglich.

In parlamentarischen Regierungssystemen dagegen ist es relativ einfach, den Regierungschef und damit das gesamte Kabinett oder z.T. auch einzelne Minister aus ihren Ämtern zu entfernen. In der Bundesrepublik Deutschland kann der Bundestag dem Kanzler gem. Art. 67 I GG das Misstrauen aussprechen und dadurch die amtierende Regierung entmachten – allerdings

---

30 Ebd.
31 Vgl. Kurt L. Shell: Das politische System, in: Willi Paul Adams/Peter Lösche (Hrsg.): *Länderbericht USA*, Bonn: BpB, 1998, S. 207-248 [230].

nicht, ohne gleichzeitig einen Nachfolger zu wählen (= *Konstruktives Misstrauensvotum*). Ein Misstrauensvotum gegen einzelne Minister sieht das Grundgesetz nicht vor, da die Ressortvergabe ebenso wie das Vorschlagsrecht für die Besetzung der Ressorts in den Zuständigkeitsbereich des Bundeskanzlers fällt. In der Praxis kann das Parlament den Rücktritt eines einzelnen Minister oder seine Entlassung erwirken, indem es wirksamen Gebrauch von seiner Kritik- und Kontrollfunktion macht. Eine andere Konstruktion war in der Weimarer Reichsverfassung (WRV) von 1919 verwirklicht: Gemäß Art. 54 WRV hatte der Reichstag mit seiner Mehrheit die Befugnis, sowohl den Reichskanzler als auch einzelne Minister aus dem Amt zu entlassen, ohne einen Nachfolger zu bestimmen. Dies führte zu einer hohen Labilität der Regierungen der Weimarer Demokratie und trug wesentlich zur Destabilisierung des Systems bei. Daher entschieden sich die Väter des Grundgesetzes für ein beschränktes Misstrauensrecht der Legislative. In Großbritannien ist das Amt des Primeminister an das des Parteivorsitzenden der Mehrheitsfraktion gekoppelt. So besteht die Möglichkeit, den Regierungschef im Zuge einer innerparteilichen Machtverschiebung zu ersetzen. Auf diese Weise verlor u.a. die ‚eiserne Lady' Margaret Thatcher 1990 den Parteivorsitz und damit auch den Posten als Regierungschef(in) an ihren Parteikollegen John Major.

In engem Zusammenhang mit dieser Abhängigkeit der Regierung vom Parlament steht das *Recht der Regierung, das Parlament aufzulösen*. Bei Mehrkammerparlamenten bezieht sich dieses Recht i.d.R. allein auf diejenige Kammer, von der die Regierung abhängig ist. In parlamentarischen Regierungssystemen ist diese Möglichkeit gegeben. Es zeigen sich auch hier verschiedene Ausgestaltungsmöglichkeiten: In Großbritannien ist das Recht des Primeminister, eine Parlamentsauflösung herbeizuführen und Neuwahlen anzusetzen, weitgehend unbeschränkt.[32] In der Bundesrepublik Deutschland ist es an die Vertrauensfrage des Art. 68 GG geknüpft. Demnach kann der Bundeskanzler eine Parlamentsauflösung nur dann erwirken, wenn ihm die Mehrheit des Bundestages das Vertrauen nicht ausspricht. Durch die Koppelung der Vertrauensfrage an politische Abstimmungen[33] – etwa die deutsche Beteiligung an der Militärintervention in Afghanistan im November 2001 – besitzt der Bundeskanzler ein starkes disziplinarisches

---

32 Vgl. Emil Hübner/Ursula Münch: *Das politische System Großbritanniens*, München: Beck, 1998, S. 120f.
33 Die Möglichkeit der Verbindung von Vertrauensfrage und Sachentscheidung wurde vom Bundesverfassungsgericht bereits im Urteil zur Parlamentsauflösung (BVerfGE 62, 1 [74]) im Jahr 1983 festgestellt.

Werkzeug, mit dem er sowohl die eigene Fraktion als auch den Koalitionspartner in strittigen Fragen hinter sich vereinen kann *(InfoBox: Vertrauensfrage und Parlamentsauflösung)*. In diesem Zusammenhang wird häufig das Problem der Fraktionsdisziplin thematisiert, die für die Funktionsfähigkeit der Regierung in parlamentarischen Systemen unerlässlich ist und sich bei Mehrparteienregierungen (Koalitionsregierungen) auch als Koalitionsdisziplin auf den Regierungspartner auswirkt.

Ein weiterer Unterschied zwischen den beiden Typen von Regierungssystemen besteht in der *Struktur der Exekutive*: Diese ist in präsidentiellen Systemen *geschlossen*. Die beiden Funktionen *Regierungschef* und *Staatsoberhaupt* sind im Amt des Präsidenten gebündelt. In parlamentarischen Systemen sind beide Funktionen personell aufgeteilt: Das Staatsoberhaupt, der Monarch oder Präsident, übernimmt v.a. repräsentative Aufgaben, während der Regierungschef, der Kanzler oder Premierminister, die tatsächliche Regierungsmacht ausübt.[34] Die konkrete Ausgestaltung der Ämter in der Verfassungsrealität verschiedener politischer Ordnungen weist zum Teil sehr deutliche Unterschiede und Besonderheiten auf. Als Beispiel aus dem System der Bundesrepublik Deutschland kann dazu der Bundespräsident angeführt werden, der im Gesetzgebungsverfahren ein formelles und materielles[35] Prüfungsrecht besitzt. Der Bundespräsident hat das Recht, die Ausfertigung nach Art. 82 GG zu verweigern, wenn er berechtigte Zweifel daran hat, dass ein Gesetz formell und materiell mit der Verfassung in Einklang steht.[36] Hier reicht das Amt weit über eine repräsentative oder gar staatsnotarielle Funktion hinaus.

Ein weiteres Unterscheidungskriterium ist das *Gesetzesinitiativrecht der Regierung*. In parlamentarischen Regierungssystemen ist ein solches regelmäßig gegeben; diese materielle Verschränkung von Exekutive und Legislative bildet gleichsam eine inhaltliche Analogie zur formellen Verschränkung von Exekutive und Legislative, die darin besteht, dass die Regierung aus dem Parlament hervorgeht. So steht auch in der Bundesrepublik Deutschland der Bundesregierung kraft Art. 76 Abs. 1 GG das Recht zu, Gesetzesanträge im Parlament einzubringen. Hingegen fixiert Art. 1 Abschnitt 1 der amerikanischen Verfassung, dass „[a]lle durch diese Ver-

---

34 Vgl. Emil Hübner: *Parlament und Regierung*, München: Bayerische Landeszentrale für politische Bildungsarbeit, 1995, S. 16.

35 Das materielle Prüfungsrecht war juristisch umstritten und wird heute nach herrschender Lehre anerkannt.

36 Vgl. Dieter Hömig: Artikel 82, in: Karl-Heinz Seifert/Dieter Hömig: *Grundgesetz für die Bundesrepublik Deutschland. Taschenkommentar*, Baden-Baden: Nomos, 1999, S. 470 Rn. 2.

fassung verliehenen gesetzgeberischen Kompetenzen" dem Kongress übertragen werden, der aus dem Senat und dem Repräsentantenhaus besteht. Im
weiteren Verlauf des Artikels, u.a. in Abschnitt 7, wird beiden Häusern ein
Gesetzesinitiativrecht zugebilligt, wobei alle „Gesetzesvorlagen zur Auf-
bringung von Haushaltsmitteln", also Steuergesetze, allein vom Repräsentantenhaus eingebracht werden können. Ein Gesetzesinitiativrecht des Präsidenten ist nicht vorgesehen. Jedoch besitzt auch der Präsident in der Verfassungswirklichkeit Mittel, Gesetzesinitiativen einzubringen. Und zwar,
indem er nahestehende Abgeordnete oder Senatoren veranlasst, dies an seiner Stelle zu tun, so dass man von einem informellen Gesetzesinitiativrecht
des US-Präsidenten sprechen kann.[37]

Abschließend ist das *Vetorecht der Exekutive* zu nennen, das meist im
Zusammenhang mit dem Initiativrecht (als dessen negatives Pendant) thematisiert wird. Ein solches besteht in der Regel in präsidentiellen Regierungssystemen, weil der Präsident in hohem Maße von der gesetzgeberischen Tätigkeit des Kongress abhängig ist und offiziell laut Verfassung
keine andere Möglichkeit besitzt, gestaltend in den Gesetzgebungsprozess
einzugreifen. Bereits die Verfasser der *Federalist Papers* weisen darauf hin,
dass ein solches Vetorecht recht verschieden ausgestaltet sein kann: In
Artikel 69 legt Hamilton dar, dass der US-Präsident nur ein beschränktes,
sogenanntes suspensives Vetorecht besitzen soll. Das bedeutet, er kann
Gesetze an die jeweils initiierende Kammer zurückweisen, damit diese neu
beraten werden. Stimmt nach erneuter Beratung eine 2/3 Mehrheit in jeder
der beiden Kammern für das Gesetz, so ist das Veto des Präsidenten überstimmt (s. Art. 1, Abschnitt 7 US-Verfassung). Neben einem solchen,
lediglich aufschiebenden Veto, hat der US-Präsident in der Zeit kurz vor
Ende einer Sitzungsperiode des Kongresses die Möglichkeit eines *pocket
veto.* Laut Art. 1 Abschnitt 7 der Verfassung ist der Präsident grundsätzlich
verpflichtet, ein Gesetz innerhalb von zehn Tagen – Sonntage ausgenom-
men – entweder unterschrieben oder mit einer Stellungnahme zu seinen
Einwänden an den Kongress zurück zu geben. Andernfalls tritt es auch
ohne die Unterschrift nach Ablauf der Frist in Kraft, es sei denn, der Kongress vertagt sich. Verweigert nun der Präsident seine Unterschrift über die
Sitzungsperiode hinaus, dann verfällt das Gesetz und müsste erneut verhandelt und beschlossen werden.[38] Das Vetorecht in präsidentiellen Syste-

---

37 Vgl. Emil Hübner: *Parlament und Regierung*, München: Bayerische Landeszentrale
für politische Bildungsarbeit, 1995, S. 16.
38 Vgl. Kurt L. Shell: Das politische System, in: Willi Paul Adams/Peter Lösche
(Hrsg.): *Länderbericht USA*, Bonn: BpB, 1998, S. 207-248 [235].

men ist also zwischen aufschiebendem und aufhebendem Einspruch angesiedelt. In parlamentarischen Systemen ist ein solches Vetorecht aufgrund
der Funktionslogik in der Regel nicht vorgesehen, denn Gesetze werden
dort – etwa im Bundestag – mit der Regierungsmehrheit verabschiedet.
Allerdings verweist Hübner zurecht darauf, dass in vielen parlamentarischen Systemen ein absolutes Vetorecht der Exekutive gegen Ausgabenge-
setze besteht. So kann der deutsche Finanzminister gem. Art. 112 GG
„[ü]berplanmäßige und außerplanmäßige Ausgaben" verhindern, indem er
seine Zustimmung verweigert.

Vertrauensfrage und Parlamentsauflösung

Sachverhalt
Im Herbst 1982 zerbrach die von Helmut Schmidt (SPD) geführte sozial-liberale
Koalition, da die FDP die bisherige Regierung nicht weiter mittrug. Am 1. Oktober 1982 wählte diese zusammen mit den Stimmen von CDU/CSU im Zuge eines
konstruktiven Misstrauensvotums (Art. 67 I GG) Helmut Kohl (CDU) zum Nachfolger. Der erste Versuch eines Misstrauensvotums nach der Gründung der Bundesrepublik war 1972 erfolglos geblieben; Rainer Barzel (CDU) scheiterte
damals knapp an der erforderlichen absoluten Mehrheit und damit an der Ablö-
sung Willy Brandts (SPD).
Am 13. Oktober 1982 kündigte der neue Bundeskanzler Helmut Kohl in seiner
Regierungserklärung an, die neue Koalition habe vereinbart, dass bereits im März
1983 Neuwahlen abgehalten werden sollen. Um dies zu ermöglichen, stellte Kohl
am 17. Dezember 1982 die Vertrauensfrage. Wie vorab vereinbart enthielten sich
die Mitglieder der neuen Regierungskoalition mehrheitlich der Stimme. Helmut
Kohl erhielt daher nicht die erforderliche Mehrheit und beantragte bei Karl
Carstens, dem damaligen Bundespräsidenten, die Auflösung des Bundestages
sowie die Festsetzung von Neuwahlen. Der Umstand, dass sich Bundespräsident
Carstens am 7. Januar 1983 an die Öffentlichkeit wandte, um zu begründen,
warum er dem Ersuchen des Bundeskanzlers nachgekommen war, deutet darauf
hin, dass das Instrument der Vertrauensfrage hier in einem Zusammenhang
genutzt worden war, der zumindest erklärungsbedürftig ist. Carstens stellte bei
seiner Erklärung darauf ab, dass die formellen Kriterien der Auflösung erfüllt
waren und dass materiell insofern keine Zweifel an der Zulässigkeit bestanden
haben, als ihm Abgeordnete der neuen Koalition glaubhaft versichert hatten, sie
würden die neue Regierung nicht ohne Neuwahlen für die restliche Dauer der
Legislaturperiode unterstützen. Carstens kam zu dem Schluss, dass die neue
Regierung daher in ihrem Bestand tatsächlich gefährdet war (vgl. Bulletin des
Presse- und Informationsamtes der Bundesregierung Nr. 3/1983 vom 10. Januar
1983, S. 18).

Die Frage

War die Nutzung der Vertrauensfrage in diesem Zusammenhang zulässig und die vereinbarte Bundestagsauflösung legitim?

Die Antwort des BVerfG (BVerfGE 62, 1)

Zunächst stellte das BVerfG fest, dass Art. 68 GG aufgrund seiner Systematik und seiner Stellung im Verfassungskontext vornehmlich darauf abzielt, „während der laufenden Legislaturperiode eines Bundestages einem amtierenden Bundeskanzler zu ermöglichen, ausreichende parlamentarische Unterstützung zu gewinnen oder zu festigen". Das BVerfG trägt mit dieser Auffassung der Funktionslogik des parlamentarischen Regierungssystems Rechnung, nach der die Regierung auf die dauerhafte Unterstützung einer eigenen parlamentarischen Mehrheit angewiesen ist. Ziel des Art. 68 GG ist nach Auffassung des Gerichts, dass eine vorschnelle Auflösung des Bundestages verhindert und damit die politische Stabilität im Verhältnis von Bundeskanzler und Bundestag wiederhergestellt wird. Allerdings verwiesen die Richter, darauf, dass der Bundeskanzler eine „Einschätzungs- und Beurteilungskompetenz" hinsichtlich der Frage besitzt, ob er sich des parlamentarischen Vertrauens sicher sein kann – hat er daran Zweifel, so kann er die Vertrauensfrage stellen. Als zweites Korrektiv kann der Bundespräsident in diesem Fall eingreifen, da es in seinem Ermessen liegt, der Bitte des Bundeskanzlers zu entsprechen und das Parlament aufzulösen oder aber diese Auflösung abzulehnen. In der Sache schloss das Gericht, dass Helmut Kohl aufgrund der Begleitumstände des Koalitionswechsels der FDP berechtigte Zweifel daran haben konnte, ob er das Vertrauen des Bundestages besaß. Allerdings zeigte das BVerfG in der Entscheidung klare Grenzen der Anwendbarkeit des Art. 68 GG auf: Nicht zulässig ist eine vereinbarte Bundestagsauflösung allein mit dem Ziel, einen vorgezogenen Wahltermin herbeizuführen. Dies wäre dann der Fall, wenn die Regierungsfraktion(en) einmütig vereinbaren, das Vertrauen zu verweigern, obwohl sie eine Fortsetzung der Regierung an sich nicht in Frage stellen. Unzulässig ist eine solche vereinbarte Bundestagsauflösung auch, wenn eine neue Regierung, die durch ein Misstrauensvotum ins Amt gekommen ist, Neuwahlen anstrebt, um eine durch den Urnengang „vermittelte Legitimität" zu erlangen. Das BVerfG stellt hierzu zurecht fest, dass die Regierung im parlamentarischen Regierungssystem keine direkte Legitimität besitzt, sondern indirekt durch den Bundestag ins Amt berufen wird. Auch eine Regierung, die mittels eines Misstrauensvotum ins Amt gelangt, ist somit gleichwertig durch das Parlament beauftragt und weist kein Legitimationsdefizit auf. Es steht der neuen Regierung daher nicht offen, Neuwahlen mit dem Ziel einer ‚direkteren' Legitimation anzustreben.

Hier setzte die Kritik am Urteil des BVerfG an, denn viele Autoren sahen – v.a. aufgrund der Ankündigung, dass die neue Bundesregierung Neuwahlen herbeiführen wollte, um eine christlich-liberale Regierung zu bilden – verwirklicht, was das Gericht als Missbrauch der Vertrauensfrage beschrieben hatte. Auch die Sondervoten zum Urteil zeigen das Problem: So konnte Richter Rinck dem Urteil des Senates nicht zustimmen, sondern stellte abweichend fest, dass „[s]chon der Wortlaut des Art. 68 GG [. . .] aus[schließt], dass ein Bundeskanzler, der ersichtlich das Vertrauen der Mehrheit des Bundestages hat, nach dieser Norm die Auflösung des Bundestages anstrebt, einleitet und erreicht" (BVerfGE 62,70ff.). Noch weiter als sein Kollege ging Richter Rottmann mit der Auffassung, das Verfahren des Art. 68 GG stehe nur dem Minderheitskanzler zu (vgl. BVerfGE 62,108ff.), also einem Kanzler, der die Regierungsgeschäfte dauerhaft ohne eigene Mehrheit führen muss.

Mit Blick auf die politische Realität zeigt das Ergebnis der vorgezogenen Bundestagswahl vom 6. März 1983 folgendes Bild:

	SPD	CDU	CSU	FDP	Grüne
1980	42,9% (228)	34,2% (185)	10,3% (52)	10.6% (54)	n.
1983	38,2% (202)	38,2% (202)	10,6% (53)	7,6% (53)	5,6% (28)

Quelle: Bundeswahlleiter. Ergebnisse der Bundestagswahlen 1980 und 1983. Ergebnisse in Prozent (Mandate).

Die christlich-liberale Koalition hielt vor der Wahl 291 Parlamentssitze. Durch den massiven Einbruch der FDP, die vom Wähler für den Regierungswechsel bestraft wurde, verliert die neue Koalition durch das Manöver ein Mandat, obgleich die CDU deutlich an Stimmen gewinnen konnte. Die SPD büßte an Stimmen ein: Grund hierfür waren die innerparteilichen Spannung zwischen Bundeskanzler Helmut Schmidt und dem Parteivorsitzenden Willy Brandt, die auch nach außen immer deutlicher sichtbar wurden. Die Grünen schafften erstmals den Sprung in den deutschen Bundestag. Hatte die christlich-liberale Koalition also eine breitere legitimatorische Basis erlangen wollen, so hat sie diese durch das Wahlergebnis nicht erhalten. Gerade eine Regierungsbeteiligung der FDP erscheint aus legitimatorischen Gesichtspunkten mehr als fragwürdig, denn 1,32 Millionen Wähler – also fast 1/3 der Wähler aus dem Jahr 1980 – hatten den Liberalen das Vertrauen entzogen (Wahlergebnisse FDP in Stimmen: 1980: 4.030.999; 1983: 2.706.942).

Urteil des Bundesverfassungsgerichts zur Auflösung des Bundestages: BVerfGE 62, 1

Wolf-Rüdiger Schenke: Die verfassungswidrige Bundestagsauflösung, in: NJW 1982, S. 2521ff.

Günter Püttner: Vorzeitige Neuwahlen – ein ungelöstes Reformproblem, in: NJW 1983, S. 15f.; Helmuth Liesegang/Wolf-Rüdiger Schenke: Zur verfassungsrechtlichen Problematik der Bundestagauflösung, in: NJW 1983, S. 147ff. *(Hierbei handelt es sich um zwei Beiträge aus der damaligen Diskussion, die beide Standpunkte darlegen)*

Hans-Peter Schneider: Sibyllinisch oder salomonisch? – Das Urteil des Bundesverfassungsgerichts zur Parlamentsauflösung, in: NJW 1983, S. 1529f.;

Meinhard Schröder: Parlamentsauflösung bei gesicherten Mehrheitsverhältnissen?, in: JZ 1982, S. 786ff.

Bereits 1973: Hans-Peter Schneider: Die vereinbarte Bundestagsauflösung, in: JZ 1973, S. 652ff.

2.1.2.3.2. Das semi-präsidentielle System – ein eigener Typus?

Während Winfried Steffani mit seinem zentralen Kriterium der Abberufbarkeit der Regierung durch das Parlament nur zwei grundsätzliche Typen unterscheidet – nämlich parlamentarisches und präsidentielles Regierungssystem – stellt sich angesichts der Besonderheiten etwa des politischen Systems der V. Republik Frankreichs oder auch der Weimarer Reichsverfassung die Frage, ob diese nicht als eigenständiger Typ betrachtet werden sollten. Maurice Duverger[39] vertritt eine solche Position. Er charakterisiert politische Ordnungen dann als semi-präsidentiell, wenn in ihnen

(1) der Staatspräsident direkt bzw. durch Wahlmänner gewählt wird und mit wesentlichen eigenen Rechten ausgestattet, er also ein politischer Machtfaktor ist, die Exekutive aber wie im parlamentarischen System auf zwei Personen aufgeteilt ist;

(2) der Staatspräsident den Regierungschef in eigener Verantwortung ernennt, die Regierung jedoch in doppelter Verantwortung steht, weil sie vom Parlament absetzbar ist;

(3) das Parlament regelmäßig nur durch ein Zusammenspiel von Regierung(-schef) und Präsident aufgelöst werden kann.

---

39 Maurice Duverger (Hrsg.): *Les régiemes présidentielles*, Paris: PUF, 1986.

Außerdem kann supplementär

(4) ein Gesetzesinitiativrecht der Exekutive hinzutreten (Regelfall, aber nicht notwendig);

(5) Gleiches gilt für ein Inkompatibilitätsgebot – In Frankreich und Portugal etwa sind Regierungsamt und Mandat nicht vereinbar, in Finnland und nach der Weimarer Reichsverfassung hingegen schon.[40]

Seit dem Zerfall der ehemaligen UdSSR kommt diesem Typ besondere Aufmerksamkeit zu, da viele ehemalige Ostblockstaten sich nach diesem Muster neu konstituiert haben. Duverger nimmt bei der Einordnung politischer Systeme starken Bezug auf die Verfassungsrealität: Die an sich semipräsidentiellen Systeme Österreichs und Irlands klassifiziert er aufgrund des faktisch geringen politischen Einflusses des Präsidenten als nur scheinbar semi-präsidentiell – sie tendieren in ihrer Verfassungswirklichkeit vielmehr in Richtung eines parlamentarischen Regierungssystems. Dies spricht für die Sichtweise Winfried Steffanis, den semi-präsidentiellen Typ nicht als eigenständig zu betrachten, sondern diese Verfassungen als parlamentarische Systeme mit Präsidialdominanz einzuordnen.[41]

Auf der Gegenseite steht das Argument, dass die politischen Ordnungen der Bundesrepublik Deutschland und der V. Republik Frankreichs so weit von einander abweichen, dass sie offenkundig nicht nur Ausgestaltungsvarianten ein und desselben Typs sind, sondern als eigenständige Ordnungsansätze beschrieben werden sollten.[42] Tatsächlich tendieren semi-präsidentielle Systeme in ihrer Verfassungsrealität häufig zu einer deutlich ausgebauten Machtposition des Präsidenten, so dass sie teils Züge aufweisen, die über eine Präsidialdominanz hinausreichen *(InfoBox: Besonderheit semipräsidentieller Systeme)*, eine Einordnung als Subtyp des parlamentarischen Regierungssystems würde diesen daher aufweichen, so dass er an klaren Umrissen verlieren würde. Das Bestreben Steffanis, einen grundlegenden Zusammenhang als Unterscheidungskriterium festzulegen, wird dann unpraktikabel, wenn sich eine allzu große Menge an politischen Ordnungen darunter zusammenfassen lässt, da die Typologie damit an Ord-

---

40 Vgl. Emil Hübner: *Parlament und Regierung*, München: Bayerische Landeszentrale für politische Bildungsarbeit, 1995, S. 18.

41 Vgl. Winfried Steffani: Zur Unterscheidung parlamentarischer und präsidentieller Regierungssysteme, in: ZParl 3/83, S. 390-401 [394f.].

42 Vgl. Emil Hübner: *Parlament und Regierung*, München: Bayerische Landeszentrale für politische Bildungsarbeit, 1995, S. 17.

nungs- und Aussagekraft einbüßt. Daher soll im weiteren Verlauf das semi-präsidentielle System als eigenständiger Typ verstanden werden.

Besonderheit semi-präsidentieller Systeme

Aufgrund besserer Differenzierbarkeit sollten semi-präsidentielle Regierungssysteme als eigenständiger Typus beschrieben werden. Maurice Duverger weist besonders auf die Verfassungsrealität politischer Systeme hin und unterscheidet zwischen tatsächlichen und nur scheinbaren semi-präsidentiellen Systemen. In die zweite Kategorie fallen aufgrund der faktisch schwachen Stellung des Präsidenten (der allerdings über eine direkte Legitimation verfügt) Österreich, Island und Irland. Der österreichische Politikwissenschaftler Anton Pelinka zählt Österreich dennoch zu den gemischten Typen und stellt den „Rollenverzicht" des österreichischen Bundespräsidenten auf eine Stufe mit der Situation einer *cohabitation* in Frankreich. Eine solche liegt vor, wenn Präsident und Regierungschef unterschiedlichen Parteien angehören – in der Praxis war dies zwischen 1986-88 sowie zwischen 1993 und 1995 unter Françoise Mitterand und zwischen 1995 und 2003 unter Jacques Chirac der Fall.

Interessant ist die Situation der *cohabitation* deshalb, weil es aufgrund unterschiedlicher parteipolitischer Vorstellungen zu einer Pattsituation zwischen dem Präsidenten und der Parlamentsmehrheit kommen kann. Diese wird entweder dadurch aufgelöst, dass sich der Präsident selbst beschränkt – also auf seine Rolle verzichtet –, oder das Parlament (und der Regierungschef) eine schwache Position einnehmen.

Gehört der Präsident derselben Partei an, die auch die Parlamentsmehrheit stellt, so agiert die Volksvertretung regelmäßig als verlängerter Arm des Präsidenten. Einen Extremfall markiert hier sicher der Deutsche Reichstag, der 1933 seine Selbstentmachtung auf Betreiben der Nationalsozialisten, ganz im Sinne Hitlers, vollzog. Hier zeigt sich, dass der Kompetenzbereich des Präsidenten im Extremfall semi-parlamentarischer Systeme weit über den des Chefs der Exekutive im präsidentiellen System hinaus reicht.

(1) Führt der Präsident die Exekutive ohne eine parlamentarische Mehrheit zusammen mit einem oppositionellen Regierungschef, dann reduziert sich sein politischer Handlungsspielraum in der Verfassungswirklichkeit teils auf rein repräsentative Aufgaben. Aus diesem Grund stützt sich Duverger bei der Klassifizierung semi-präsidentieller Systeme auf die Verfassungspraxis. Potentiell aber bleibt die Möglichkeit einer starken Präsidentschaft gewahrt, so dass Pelinka mit einigem Recht das System Österreichs als Mischtyp einordnet. Diese Position erlaubt eine gewisse Annäherung der Positionen von Steffani und Duverger. Denn für Pelinka steht ebenso wie für Steffani das Moment der normativen Grundlage im Mittelpunkt – für Steffani besteht die Frage darin, ob die Absetzung der Regierung durch das Parlament faktisch möglich ist; für Pelinka lautet es, ob ein politisches System qua seines Normenkontexts den beschriebenen Chamäleoncharakter besitzt, oder ob die Kompetenzverteilung zwischen Präsidenten und Regierungschef eineindeutig geregelt ist. Für Duverger hingegen steht das Faktum der Verfassungswirklichkeit im Mittelpunkt.

> Maurice Duverger: Le concept de régime semi-présidentielle, in: Maurice Duverger (ed.): *Le concept de régime semi-présidentielle*, Paris: PUF, 1986, S. 7ff..
> Anton Pelinka: *Grundzüge der Politikwissenschaft*, Wien: Bohlau, 2000.
> Emil Hübner: *Parlament und Regierung*, München: Bayerische Landeszentrale für politische Bildungsarbeit, 1995, S. 18ff.

2.1.2.3.3. Die Direktorialverfassung

Weicht man von der Auffassung ab, politische Ordnungen ließen sich hinreichend durch die Unterscheidung zwischen parlamentarischem und präsidentiellem Grundmodell beschreiben, dann muss auch – trotz seiner geringen Verbreitung – das Modell der Direktorialverfassung angesprochen werden. Dieses existiert zwar faktisch allein in der Schweiz, spielt aber v.a. hinsichtlich der Diskussion um eine Einführung direkt-demokratischer Elemente immer wieder eine Rolle. Daneben ist die Einbeziehung aller politisch relevanten Kräfte ein besonderes, eigenständiges Charakteristikum. Das System der Schweiz lässt sich wie folgt beschreiben:

(1) Das Schweizer Parlament wählt die Regierung, kann diese aber in der laufenden Legislaturperiode nicht aus dem Amt entfernen;

(2) die Regierung kann ihrerseits das Parlament nicht auflösen;

(3) Regierungsamt und Parlamentsmandat sind nicht kompatibel;

(4) die Regierung verfügt über ein Gesetzesinitiativrecht und

(5) die Regierung arbeitet als Kollegialorgan, in dem das Amt des Staatspräsidenten nach dem Rotationsprinzip für je ein Jahr vergeben wird. Der oder die jeweilige Präsident(in) verwaltet das Amt zusätzlich zum jeweils regulären Aufgabenbereich. Die Zusammensetzung der Regierung erfolgt nach der sog. Zauberformel.

Nach dem Hauptkriterium Steffanis wäre das Schweizer Regierungssystem demnach (s.o.) als präsidentielles System einzustufen. Dies hat mit der Verfassungswirklichkeit schon allein insofern nichts zu tun, als Volk und Parlament die Vorschläge der Regierung jederzeit ablehnen können. Aufgrund der Besonderheiten des Systems zeigt sich auch hier, dass eine zu starre Anwendung den Typ des präsidentiellen Regierungssystems eher unkonturierter erscheinen ließe, so dass im folgenden vier eigenständige Ausprägungen politischer Ordnungen zugrunde gelegt werden[43]:

---

43 Für eine feinere Differenzierung sprechen sich u.a. von Beyme, Hübner, Pelinka u.a. aus. Vgl. auch: Hiltrud Naßmacher: *Politikwissenschaft*, München, Wien: Oldenbourg, 1998, S. 171ff.

(1) parlamentarische Ordnungen;
(2) präsidentielle Ordnungen;
(3) semi-präsidentielle Ordnungen und
(4) direktorial verfasste Ordnungen.

2.1.2.4. Typologisierung von Herrschaftstypen

Ein weiterer Teilbereich der vergleichenden Regierungslehre ist der *Vergleich von Herrschaftsformen*, im Besonderen die Arbeiten zur Typologisierung totalitärer Herrschaftssysteme. Bereits in den frühen Werken politischer Wissenschaft – etwa bei Platon oder Aristoteles – standen Herrschaftsformen im Zentrum des Erkenntnis- bzw. Forschungsinteresses. Schon in der Antike wurden beispielsweise Diktaturen klassifiziert. Unter diesen galt die Tyrannis den Denkern als schlimmste Form, da in ihr alle politische Gewalt in der Hand eines Einzelnen konzentriert und seiner Willkür unterstellt ist. Dies beschreibt etwa Aristoteles im fünften Kapitel der *Politik*[44] und verweist dabei auf einen Zusammenhang, der vor dem Hintergrund der Diskussion über einen zunehmenden Populismus des Politischen hoch aktuell erscheint: Aristoteles stellt fest, dass „fast alle Tyrannen [. . .] ursprünglich Volksführer gewesen [sind], denen man sich anvertraute, weil sie die Angesehenen bekämpften"[45] *(InfoBox: Der Begriff der Tyrannis nach Aristoteles)*.

Im 20. Jahrhundert entstanden die Arbeiten der Totalitarismusforscher unter dem Eindruck des Zusammenbruchs des Dritten Reiches bzw. vor dem Hintergrund des Kalten Krieges. Diese erinnern an die antike Verfallsreihe politischer Systeme, die ebenfalls Herrschaftsformen nach Typen (Anzahl der Herrschenden; Ziel der Herrschaft) differenziert. Hinzu trat allerdings die historisch neue Erfahrung der Ideologien: Nie zuvor hatten sich politische Ordnungen mit einer solchen Vehemenz auf geschlossene Weltanschauungen gestützt wie das nationalsozialistische Regime des Dritten Reichs oder der Kommunismus stalinistischer Prägung. War es zunächst das Ziel, den Verfall der Weimarer Republik und die NS-Diktatur zu beschreiben und erklärbar zu machen, so wandelte sich die Intention angesichts des Ost-West-Konflikts dahingehend, dass nunmehr auch die kommunistischen Regime als Subtypen der totalitären Herrschaft beschrie-

---

44 Aristoteles: *Politik*, Zürich: Artemis, 1955, 1301a-1316b.
45 Ebd. 1310a14-16.

ben wurden.[46] Die totalitäre Diktatur wurde als „Prägekraft des 20. Jahrhunderts"[47] bezeichnet – neu ist dabei nicht das Konzept der Diktatur, sondern die Totalität der Systeme, die ideell durch die ideologische Ausrichtung und materiell durch die Verfügbarkeit moderner Technologien ermöglicht wird.

Einer der ersten Beiträge zum System des nationalsozialistischen *SS-Staates* war das gleichnamige Buch Eugen Kogons. Kogon, Politikwissenschaftler und ehemaliger Häftling im Konzentrationslager Buchenwald, schildert – gestützt auf zahlreiche Quellen – den Terror als zentrale Säule des nationalsozialistischen Regimes.[48] Auch die Philosophin Hannah Arendt benennt in ihrem 1951 erschienenen Buch *Origins of Totalitarianism* den staatlichen Terror als zentrales Phänomen totalitärer Herrschaft.[49] Diese Betonung des Terrors verwundert aufgrund der kurzen zeitlichen Distanz zur Alltagserfahrung des Dritten Reiches nicht, sie wird jedoch bei genauer Betrachtung der Realität nicht ganz gerecht, da der Terror nicht Selbstzweck der Herrschaft war. Mit wachsendem zeitlichen Abstand und unter dem Eindruck des Kalten Krieges weiteten sich Fokus und Forschungsinteresse der Totalitarismusforscher rasch aus; mit der Intention einer Abgrenzung der freiheitlich demokratischen Systeme des Westens von den kommunistischen Systemen des Ost-Blocks wird „Totalitarismus" teilweise zum Kampfbegriff[50] und erfasst neben dem Nationalsozialismus auch den Kommunismus stalinistischer Prägung als Subtyp ein und desselben Systems – der totalen Diktatur. Wie diese typologisiert werden kann, soll im Folgenden anhand der Ansätze von Manfred Hättich sowie von Carl Joachim Friedrich und Zbigniew Brzezinski dargestellt werden.

---

46 Vgl. hierzu Klaus Hildebrand: Stufen der Totalitarismus-Forschung, in: Eckhard Jesse (Hrsg.): *Totalitarismus im 20. Jahrhundert. Eine Bilanz der internationalen Forschung*, Bonn: BpB, 1999, S. 70-94.

47 So der Titel eines Sammelbandes, der von Uwe Backes und Eckhard Jesse herausgegeben wurde.

48 Eugen Kogon: *Der SS-Staat. Das System der deutschen Konzentrationslager*, München: Heyne, 1974.

49 Hannah Arendt: *Elemente und Ursprünge totaler Herrschaft*, München: Piper, 1996, S. 954-959.

50 Vgl. Karl-Heinz Ruffmann: Autokratie, Absolutismus, Totalitarismus. Bemerkungen zu drei historischen Schlüsselbegriffen, in: Eckhard Jesse (Hrsg.): *Totalitarismus im 20. Jahrhundert. Eine Bilanz der internationalen Forschung*, Bonn: BpB, 1999, S. 43-52 [48].

Der Begriff der Tyrannis nach Aristoteles

In der *Politik* beschreibt Aristoteles aufgrund empirischer Beobachtungen eine Verfallsreihe bzw. einen Kreislauf politischer Ordnungen. Unter diesen klassifiziert er u.a. die Tyrannis als die „schlechte", d.h. die illegitime, Herrschaft eines Einzelnen. An dieser Stelle soll im Zusammenhang mit der Totalitarismusforschung der Frage nachgegangen werden, welche Kriterien Aristoteles an eine solche Herrschaft anlegt.

1. Einpersonenherrschaft (1310b8), d.h. vollständige Konzentration der politischen Macht in einer Person;
2. auf das Interesse des Herrschers gerichtet (in Abgrenzung zur Gemeinwohlorientierung der Königsherrschaft; 1311a2)
3. Unterdrückungsapparat; der Tyrann sichert seine Macht und körperliche Unversehrtheit durch Wachmannschaften, die sich aus (ausländischen) Söldnern rekrutieren (1311a7; 1311a9; bis hin zur gezielten Tötung politischer Gegner 1311a15-20);
4. Waffenmonopol, d.h. der Staat verbietet den Bürgern den Besitz und das Tragen von Waffen (1311a10-15);
5. Ergänzend kann in der Vorbereitungsphase der politischen Machtübernahme ein populistisches ‚Programm' hinzutreten, das v.a. durch die Ablehnung der bestehenden Ordnung gekennzeichnet ist (1310b9-25).

Bereits Aristoteles beschreibt also den gezielten Staatsterror als Mittel tyrannischer Systeme, so dass dieses Element allein nicht hinreicht, um totalitäre Diktaturen von 'einfachen' zu unterscheiden. Denn in diesem Punkt unterscheiden sich die beiden Formen der Diktatur dann – ohne dies relativieren zu wollen – allein quantitativ und nicht qualitativ im Umfang des Terrors.

Aristoteles selbst differenziert die Staatspraxis der Tyrannis nicht weiter in Unterkategorien. Interessant ist jedoch, dass er im Hinblick auf die Entstehung von Diktaturen auf verschiedene Möglichkeiten verweist: 1. Die Entartung der Monarchie, die er als älteste Form beschreibt (1310b15-20). 2. Die Machtübernahme durch einen Demagogen, der mit Hilfe des Volkes zur Herrschaft gelangt (1310b14-16). 3. Die Entartung einer politischen Ordnung mit Wahlämtern, die auf lange Zeit besetzt sind (1310b20-22). 4. Die Entartung der Oligarchie, indem die „höchsten Ämter auf einen Einzelnen vereinigt" werden (1310b23-24).

Interessant an der aristotelischen Darstellung ist die Kategorisierung der Entstehung tyrannischer Ordnungen, weil diese schon sehr früh deutlich macht, dass Systemtransformationen oft durch die Verschiebung einzelner Variablen vorbereitet werden und anhand dieser beschrieben werden können: So schlägt z.B. die 'gute' Monarchie in die Tyrannis um, wenn sich die Gemeinwohlorientierung des Monarchen in Eigennutz wandelt. Dem Verfall der Oligarchie geht die Bündelung der politischen Macht voraus. Ein Wandel der politischen Ordnung erfolgt also nicht notwendigerweise durch revolutionäre Umstürze. Die Erforschung von Transformationsprozessen politischer Systeme entwickelt sich in der zweiten Hälfte des 20. Jahrhunderts aus den Überlegungen zu den totalitären Diktaturen und angesichts der rapiden Systemwechsel, die seit der Entkolonialisierung etwa in Südamerika oder Afrika stattfinden.

Aristoteles: *Politik. Eingeleitet, übersetzt und kommentiert von Olof Gigon*, Zürich, Stuttgart: Artemis, 1971.

2.1.2.4.1. Grundmodelle politischer Ordnungen nach Hättich

Manfred Hättich unterscheidet politische Ordnungen anhand dreier Strukturprobleme. Diese Variablen – Herrschaftsstruktur, Willensbildung und Repräsentation –, die jeweils zwei idealtypische Ausprägungen annehmen können[51], lassen sich folgendermaßen als Sechs-Felder-Tafel darstellen:

Tab. 2: Eigene Darstellung nach Manfred Hättich: Lehrbuch der Politikwissenschaft, S. 41.

Herrschaftsstruktur	*Willensbildung*	*Repräsentation*
monistisch	monopolisiert	total
pluralistisch	konkurrierend	partiell

Die Variablen und ihre Ausprägungen bedeuten im einzelnen:
- Herrschaftsstruktur: Gibt es in der politischen Ordnung einen oder mehrere Träger tatsächlicher politischer Macht?
  Besteht nur ein einziges Herrschaftszentrum, so ist die Herrschaftsstruktur monistisch. Dies gilt beispielsweise für den Nationalsozialismus, in dem sämtliches politisch relevantes Handeln von der NSDAP – streng genommen vom engsten Kreis um Adolf Hitler – ausging. Von einer pluralistischen Struktur spricht Hättich dann, wenn sich die politische Macht auf verschiedene Akteure verteilt, die „sich [zudem] gegenseitig hemmen und kontrollieren".[52] Im politischen System der Bundesrepublik Deutschland zeigt sich diese pluralistische Struktur u.a. in der horizontalen und dezisiven Gewaltenteilung sowie im Föderalismus, in dem verschiedene Ebenen mit eigenen Kompetenzen bestehen. Auch eine Koalitionsregierung kann hier als Beispiel angeführt werden, da diese gegenüber der parlamentarischen Opposition nur handlungsfähig ist, wenn sie sich auf gemeinsame Positionen verständigen kann.
- Willensbildung: Wer wirkt tatsächlich an der Entscheidungsvorbereitung mit?

---

51 Vgl. Manfred Hättich: *Lehrbuch der Politikwissenschaft. Zweiter Band. Theorie der politischen Ordnung*, Mainz: v. Hase und Koehler, 1969, S. 41.
52 Ebd.

Ist dies eine einzige Person, Gruppe oder Institution, die entweder nicht „mit Widerspruch rechnen" muss oder einen solchen ignorieren kann, dann erfolgt die Willensbildung monopolisiert. Gleiches gilt beispielsweise in politischen Systemen, in denen eine symbolische Opposition im Parlament vertreten ist, die jedoch faktisch kein Mitspracherecht besitzt, wie etwa die Blockparteien in der Deutschen Demokratischen Republik. Haben verschiedene politische Kräfte die Möglichkeit, ihre Vorstellungen in den politischen Prozess einzubringen und besteht gleichzeitig die Chance, dass jede dieser Vorstellungen wenigstens hypothetisch in die Entscheidung einfließt oder als Entscheidung getroffen wird, so bezeichnet Hättich die Willensbildung als konkurrierend.[53]

- Repräsentation: Wie weit reicht der Gestaltungsanspruch der politischen Ordnung?

Stellt eine politische Ordnung darauf ab, „die Gesellschaft unter allen Aspekten ihrer Existenz" zu repräsentieren, dann ist die Repräsentation total. In diesem Fall sind „alle Bereiche des sozialen Lebens in die politische Gemeinschaft integriert".[54] So forderte etwa das nationalsozialistische Regime des Dritten Reichs einen vollständigen Gestaltungsanspruch, der sich aus der Ideologie ableitet und u.a. in der Gründung staatlicher Vereinigungen in den Bereichen Erziehung und Wirtschaft zeigt, aber auch in den Bemühungen, den Einfluss der Kirchen auszuschalten bzw. diese im Sinne der Ideologie zu instrumentalisieren.

„Das Jahr 1933 hat durch den Sieg der nationalsozialistischen Revolution an die Stelle des demokratisch-parlamentarischen Systems den *nationalsozialistischen Führerstaat* in Deutschland gesetzt. Dieser Staat wird den Grundsätzen der *Totalität und der autoritären Staatsführung* beherrscht. Totalität ist die vollkommene Durchdringung des gesamten Volks- und Staatslebens mit dem nationalsozialistischen Staatsgeist. Die autoritäre Staatsführung wird durch das Führerprinzip gekennzeichnet".[55]

Bei der Umsetzung des vollständigen Repräsentationsanspruchs spielt Zwang eine oft wesentliche Rolle. Er muss jedoch kein notwendiges Merkmal totaler Repräsentation sein: diese kann – etwa aufgrund von Tradition oder beim Zusammenfallen von „politischer Gemeinschaft

---

53 Ebd.
54 Ebd.
55 Vgl. Werner Hoche: Erster Teil. Grundsätze, Aufbau und Verwaltung des national-sozialistischen Staates, in: Jahrbuch des Deutschen Rechts, Berlin: Franz Vahlen, 1934, S. 1-30 [1].

und religiöser Kultgemeinschaft" – gesellschaftlich anerkannt sein.[56] Partiell ist die politische Repräsentation dann, wenn es „Lebenssphären individueller und sozialer Art" gibt, die dem staatlichen Gestaltungsanspruch entzogen sind.[57] Dies gilt regelmäßig für Demokratien, zum Teil aber auch für nicht-demokratische Systeme: So konnte sich ein Teil der Opposition in der DDR z.B. im kirchlichen Umfeld formieren. Dieses stand zwar unter der Beobachtung durch das Ministerium für Staatssicherheit, war allerdings dem direkten staatlichen Zugriff und Handeln entzogen.

Aus diesen drei Variablen und ihren jeweiligen Ausprägungen lassen sich zunächst die beiden Typen ableiten, die bereits in der Sechs-Felder-Tafel angelegt sind. Aus den verschiedenen Kombinationsmöglichkeiten ergeben sich weitere Typen, von denen jedoch nicht alle sinnvoll sind: Dies gilt für die Kombination von ‚pluralistischer Herrschaftsstruktur' und ‚monopolisierter Willensbildung', die sich gegenseitig ausschließen.[58] Insgesamt lassen sich mit der Typologie von Manfred Hättich daher sechs sinnvolle Grundmodelle politischer Ordnungen beschreiben. Die nachstehende Abbildung verdeutlicht die jeweilige Variablenausprägung der einzelnen Grundmodelle (Abb. 4):

Abb. 4: Grundmodelle politischer Ordnungen – einfache Variante. Eigene Darstellung nach Manfred Hättich: Lehrbuch der Politikwissenschaft, S. 42-45.

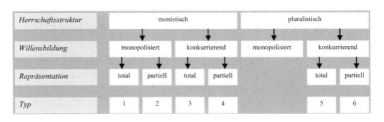

Im Hinblick auf den empirischen Wert dieser Einteilung weist Hättich selbst bereits darauf hin, dass bei einem „Vergleich realer Systeme mit unseren Grundformen [...] weniger nach genauer Deckung als vielmehr

---

56 Manfred Hättich: *Lehrbuch der Politikwissenschaft. Zweiter Band. Theorie der politischen Ordnung*, Mainz: v. Hase und Koehler, 1969, S. 43.
57 Ebd., S. 41.
58 Ebd., S. 42.

nach den dominanten Tendenzen und Verfassungsintentionen zu fragen sein [wird]".[59] Das Analyseraster dient daher besonders zur „Beurteilung der Richtung von Entwicklungen und Entscheidungen"[60] sowie der ersten „Identifizierung des Systems in seinen prinzipiellen Strukturen"[61]. Es liegt auf der Hand, dass die detaillierte Betrachtung einer konkreten politischen Ordnung sich nicht mit diesen Variablen erschöpft, so dass sich abhängig vom Systemtyp anbietet, die Untersuchung mit einem geeigneten Ansatz ergänzend zu vervollständigen.

Für die Verfassungsrealität von besonderer Bedeutung sind die Typen 1, 2 und 6, die aus diesem Grund kurz umrissen werden.

- Typ 1 (Monistische Herrschaftsstruktur, monopolisierte Willensbildung und totale Repräsentation)

  Der erste Typ kann kurz als 'totale Diktatur' bezeichnet werden. Im Extremfall konzentriert sich hier alle politische Macht in der Hand eines „absoluten Alleinherrschers, der sich für alle Lebensbereiche des Herrschaftsunterworfenen als zuständig erklärt" und „seine Entscheidungen ohne jeglichen Rat trifft".[62] Dabei gilt, wie bereits erwähnt, dass die Repräsentation nicht notwendigerweise totalitär, also mit staatlichen Zwangsmitteln durchgesetzt, sein muss; sie kann auch „auf einem traditionellen Konsens der Gesellschaft" beruhen.[63]

  Typ 1 liegt auch dann vor, wenn andere Personen an der Willensbildung beteiligt sind.[64] Vordergründig scheint dann zwar die Willensbildung konkurrierend zu erfolgen, sie ist dies aber nur dann, wenn sich entsprechende „verfestigte Machtstrukturen herausbilden".[65] Andernfalls bleibt es im Ermessen des Alleinherrschers, dem Rat zu folgen oder diesen zu verwerfen bzw. einen Berater einzusetzen oder zu entlassen.[66]

  Die totalitäre Diktatur ähnelt dem 1. Typus, ist mit ihm jedoch nicht identisch. Im Rückgriff auf Loewenstein beschreibt Hättich die totalitäre Diktatur als ein Phänomen, das sich „auf die gesamte politische, gesellschaftliche und moralische Ordnung der Staatsdynamik" bezieht. „Die Regierungstechniken eines totalitären Regimes sind notwendigerweise autoritär. Aber das Regime erstrebt weit mehr als nur die Ausschaltung

---

59 Ebd., S. 44.
60 Ebd.
61 Ebd., S. 46.
62 Ebd.
63 Ebd.
64 Ebd.
65 Ebd., S. 48.
66 Vgl. ebd., S. 47f.

der Machtadressaten von ihrem legitimen Anteil an der Bildung des Staatswillens. Es versucht das Privatleben, die Seele, den Geist und die Sitten der Machtadressaten nach einer herrschenden Ideologie zu formen, einer Ideologie, die denen, die sich nicht aus freien Stücken anpassen wollen, mit den verschiedenen Mitteln des Machtprozesses aufgezwungen wird. Die geltende Ideologie dringt in den letzten Winkel der Staatsgesellschaft ein, ihr Machtanspruch ist 'total'".[67] Die totalitäre Diktatur unterscheidet sich somit von der totalen Diktatur dadurch, dass ihre Ideologie zwar den Anspruch einer totalen Repräsentation erhebt, dieser jedoch nicht (vollständig) verwirklicht bzw. gesellschaftlich akzeptiert ist und das Herrschaftszentrum versucht, diesen durch Zwang durchzusetzen.[68]

- Typ 2 (Monistische Herrschaftsstruktur, monopolisierte Willensbildung und partielle Repräsentation)
  In Abgrenzung zur totalen und totalitären Variante beschreibt der zweite Typ die einfache oder autoritäre Diktatur.[69] Der Unterschied zu Typ 1 besteht darin, dass „die Gesellschaft nicht vollständig politisiert" ist.[70] Das heißt, der autoritäre Staat weist „staatsfreie Gesellschaftsbereiche" auf, in denen der einzelne Bürger soziale Rollen einnimmt, „die nicht in die Rolle des Staatsbürgers integriert sind".[71] Den dynamischen Charakter seiner Unterteilung hebt Hättich mit dem Hinweis hervor, dass auch einfache Diktaturen „totalitäre Züge" aufweisen können, wenn sie darauf abstellen, eine gewisse „Ideologie oder Weltanschauung für verbindlich" zu erklären und politisch Andersdenkende zu verfolgen[72] – also sobald staatlicherseits Zwangsmittel ergriffen werden.

- Typ 6 (Pluralistische Herrschaftsstruktur, konkurrierende Willensbildung und partielle Repräsentation)
  Der letzte Typ des Schemas markiert das diametrale Gegenstück zu Typ 1 und beschreibt die Grundstrukturen der pluralistischen Demokratie westlicher Prägung. Verschiedene Herrschaftszentren, z.B. Exekutive, Legislative und Judikative, stehen einander kontrollierend und hemmend gegenüber. Die Willensbildung vollzieht sich konkurrierend zwischen den verschiedenen Trägern politischer Macht, staatlichen Machtsphären

---

67 Vgl. ebd. S. 49 mit weiterem Verweis.
68 Vgl. ebd., S. 49f.
69 Ebd., S. 52f.
70 Ebd.
71 Ebd.
72 Ebd., S. 53.

– wie Exekutive, Legislative und Judikative –, Parteien, Interessenverbänden, Medien usw. Aufgrund der zu erwartenden Heterogenität der Gesellschaft beanspruchen solche Systeme eine lediglich partielle Repräsentation. Besteht ein (traditionell begründeter) ideologischer Konsens in der Gesellschaft kann gelegentlich auch eine totale Repräsentation gegeben sein (Typ 5).

Hier wird besonders deutlich, dass es der Typologie Hättichs allein um eine grobe Strukturierung verschiedener Erscheinungsformen politischer Systeme geht, nicht um deren detailreiche Beschreibung. Eine solche kann innerhalb der demokratischen Systeme beispielsweise durch eine Kategorisierung anhand der Kriterien parlamentarischer, präsidentieller oder semi-präsidentieller Ordnungen erfolgen.

Hättich selbst weist auf eine Unschärfe seines Ansatzes hin, der bei der Betrachtung demokratischer Systeme schnell deutlich wird. Die Typologie stößt dann an ihre Aussagegrenze, wenn in einer Ordnung die Herrschaftsstruktur zwar pluralistisch ausgeprägt, der Zugang zur Herrschaft allerdings nur gewissen Personen(gruppen) vorbehalten bleibt.[73] Gleiches gilt für den Bereich der Willensbildung. Auch hinsichtlich der in Demokratien üblichen partiellen Repräsentation ist es möglich, dass der Staat gegenüber bestimmten Gruppen einer Gesellschaft einen totalen Repräsentationsanspruch erhebt.

Aus diesem Grund ergänzt Hättich seine Strukturmerkmale um die Ausprägung offen und geschlossen:

• Von einer offenen *Herrschaftsstruktur* spricht er nicht bereits dann, wenn grundsätzlich niemand vom Zugang zur politischen Macht, d.h. staatlichen Ämtern, ausgeschlossen ist, sondern erst, wenn die Herrschaftsbestellung durch allgemeine Wahlen erfolgt.[74] Dabei ist es unerheblich, ob die Wahl direkt oder indirekt erfolgt – dies sind lediglich Untervarianten dieser Ausprägung –, „[e]ntscheidend ist, dass bei offener Herrschaftsstruktur die Berechtigung zur Herrschaftsausübung durch die jeweils bestimmten Personen an die Zustimmung der Bürgerschaft gebunden ist". Andernfalls gilt die Herrschaftsstruktur als geschlossen.[75]

Bei der Analyse kann sich durchaus zeigen, dass in ein und demselben politischen System offene und geschlossene Strukturen parallel auftreten. Ein Beispiel: *In der Bundesrepublik Deutschland erfolgt die Wahl*

---

73   Vgl. Ebd., S. 58.
74   Ebd., S. 58f.
75   Ebd., S.59.

des Bundestages direkt durch die wahlberechtigte Bevölkerung. Die Struktur ist demnach – bei der Wahl der Legislative – offen. Der Bundeskanzler wird indirekt gewählt, da er durch die Bundestagsabgeordneten, genauer deren Mehrheit, gewählt wird. Die Bürger sind bei dieser Wahl also durch die Mandatsträger der einzelnen Parteien repräsentiert, die Wahl erfolgt indirekt. Die Struktur ist auch bei der Bestimmung der Exekutive offen. Anders zeigt sich das Bild bei der Bestellung der Richter – von den Richtern des Bundesverfassungsgerichtes soll an dieser Stelle einmal abgesehen werden. Zwar kann grundsätzlich jeder Bürger ein juristisches Studium absolvieren, wenn er die formalen Kriterien erfüllt – und diese Erfüllung wiederum liegt in seinem eigenen Gestaltungsbereich –, aber die Stellen der Richter werden üblicherweise nicht per Wahl besetzt. Die Struktur bei der Bestellung der Judikative ist somit geschlossen.

- Die *Willensbildung* wird als offen bezeichnet, wenn grundsätzlich „alle Bürger und alle gesellschaftlichen Kräfte sich an ihr beteiligen können".[76] Hieraus folgt, dass eine offene Struktur nur bei konkurrierender Willensbildung möglich ist, denn eine monopolisierte Willensbildung zeichnet sich ihrem Wesen nach gerade dadurch aus, dass sie die verschiedenen Meinungen nicht zu Wort kommen lässt. Hingegen kann die konkurrierende Willensbildung bei pluralistischer Herrschaftsstruktur dennoch geschlossen sein, dann nämlich und in dem Maße, in dem die Teilnahme an der Willensbildung auf einzelne Akteure – etwa die verschiedenen Herrschaftszentren – beschränkt ist.[77]
- Die *Repräsentation* ist dann offen, wenn sie sich auf alle Gruppen einer Bevölkerung erstreckt. Umgekehrt setzt eine geschlossene Repräsentation voraus, dass eine Gesellschaft Gruppen aufweist, die „außerhalb der allgemeinen, für alle Bürger gleichen Gesetzlichkeit stehen".[78]

Durch diese neue Ausdifferenzierung lassen sich innerhalb der bereits bekannten Typen Subtypen unterscheiden, mit denen sich besonders Machtverschiebungen innerhalb einer politischen Ordnung bzw. Transformationsprozesse in einem ersten Analyseschritt erfassen lassen, so dass für eine Fallstudie bereits genauere Untersuchungsmerkmale benannt werden können (Abb. 5).

76 Ebd., S. 60.
77 Ebd.
78 Ebd.

Abb. 5: Grundmodelle politischer Ordnungen – komplexe Variante. Eigene Darstellung nach Manfred Hättich: Lehrbuch der Politikwissenschaft, S. 58-64.

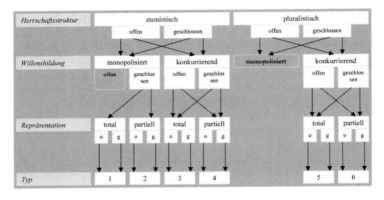

2.1.2.4.2. Totalitäre Diktaturen nach Carl Joachim Friedrich und Zbigniew Brzezinski

Um eine genauere Untersuchung etwa totalitärer Diktaturen vorzunehmen, ist das Strukturmodell von Hättich schon aufgrund seines eigenen Anspruches nicht geeignet, wohl aber, um die Grund- und Entwicklungstendenzen politischer Ordnungen zu beschreiben. Carl Joachim Friedrich und Zbigniew Brzezinski beschäftigten sich eingehend mit totalitären Diktaturen, die sie primär als Autokratien auffassen.[79] Damit eine gemeinsame typologische Erfassung ideologisch so verschiedener Systeme wie dem Sowjet-Kommunismus stalinistischer Prägung oder dem Nationalsozialismus des Dritten Reichs überhaupt erst möglich wird, gehen sie dabei von der Totalitarismusthese aus, die aus folgendem Drei-Schritt besteht:

- Totalitäre Diktaturen entstehen durch Modernisierungsprozesse im 20. Jahrhundert. Sie werden als Systeme *sui generis* bezeichnet.[80]
- Aufgrund der empirischen Datenlage zu faschistischen und kommunistischen totalitären Diktaturen kann gefolgert werden, dass diese „im Grunde ähnlich sind oder einander jedenfalls mehr gleichen als irgend

---

79 Vgl. Carl Joachim Friedrich/Zbigniew Brzezinski: Die allgemeinen Merkmale der totalitären Diktatur, in: Eckhard Jesse (Hrsg.): *Totalitarismus im 20. Jahrhundert. Eine Bilanz der internationalen Forschung*, Bonn: BpB, 1999, S. 225-236 [225].
80 Ebd.

einem anderen Regierungssystem, einschließlich älterer Formen der Autokratie".[81]

- Totalitäre Diktaturen waren in ihrer realen Entwicklung „von ihren Schöpfern so nicht gewollt".[82]

Friedrich/Brzezinski abstrahieren bei ihrem Ansatz bewusst von der ideologischen Dimension beider Subtypen, da erst dadurch das „Verständnis für und die Einsicht in die grundsätzliche Gleichartigkeit totalitärer Regime" eröffnet wird.[83] Die Prämisse lautet daher, dass beide „im Sinne von Organisation und Verfahrensweise – das heißt, im Sinne von Struktur, Institutionen und Herrschaftsprozessen – *im Grunde gleichartig*" sind.[84] Vielmehr unterscheiden sie sich hinsichtlich ihres ideologischen Ziels und ihrer historischen Voraussetzungen.[85] Auch in der institutionellen Ausgestaltung des Staates zeigen sich Unterschiede zwischen Faschismus und Kommunismus: Während die faschistischen Regime Überreste der „Institutionen der vorangegangenen liberalen und konstitutionellen Gesellschaft" aufweisen, fehlen diese in den kommunistischen Systemen weitgehend. Friedrich/Brzezinski führen diesen Umstand v.a. auf den historischen Kontext zurück, dass der totalitären Wende in den später faschistischen Staaten eine Liberalisierung und Konstitutionalisierung – etwa die Weimarer Republik – voraus ging, die sich staatsorganisatorisch teilweise erhält. Allein dem Entstehungsumfeld des Kommunismus in Russland und China ist es geschuldet, dass dort vergleichbare Institutionen fehlen.[86] Als gemeinsame Merkmale totalitärer Diktaturen führen sie an:

„Eine ausgearbeitete Ideologie"
Diese gründet in einer grundsätzlichen „Ablehnung der bestehenden Gesellschaft" und entwirft ein Gegenkonzept, das auf einen „idealen Endzustand der Menschheit" ausgerichtet ist. Notwendigerweise erhebt sie dadurch einen Alleinvertretungsanspruch, der einerseits einen alleinigen Wahrheitsanspruch nach sich zieht und andererseits alle wesentlichen „Aspekte der menschlichen Existenz" umfassen muss. Die Existenz eines solchen Lehrgebäudes impliziert, dass sich die gesamte Gesellschaft – wenigstens „passiv" – an dieser Ideologie orientiert und ihre Forderungen erfüllt.[87]

81 Ebd.
82 Ebd.
83 Ebd., S. 228.
84 Ebd.
85 Ebd., S. 228f.
86 Ebd., S. 229.
87 Vgl. ebd., S. 230.

„Eine einzige Massenpartei"

Der Begriff Massenpartei darf nicht darüber hinwegtäuschen, dass die Staatspartei lediglich einen „relativ niedrigen Prozentsatz der Gesamtbevölkerung (bis zu zehn Prozent)" erfasst. Auch die Ideologisierung der einzelnen Mitglieder ist nicht konstant, vielmehr hängt innerhalb der Partei „ein fester Stamm der Ideologie leidenschaftlich und ohne Vorbehalte" an. Notwendigerweise ist die Parteistruktur „hierarchisch" und „oligarchisch", an ihrer Spitze steht typischerweise ein Einzelner – der „Diktator". Im Staatsgefüge rangiert die Partei entweder über der Staatsbürokratie oder ist völlig mit dieser verflochten.[88]

„Ein Terrorsystem"

Im Zusammenhang mit der Differenzierung zwischen totalem und totalitärem Staat bei der Darstellung des Strukturmodells von Manfred Hättich wurde bereits auf die Komponente des Zwanges hingewiesen. Auch für den Totalitarismusbegriff bei Hannah Arendt ist die Komponente des staatlichen Terrors zentral. Friedrich/Brzezinski weisen auf seine zweifache Dimensionen hin: Terror kann auf „physischer und psychischer Grundlage" basieren, Partei(organe) und Geheimpolizei dienen der Überwachung aber auch der Einschüchterung und Eliminierung von Gegnern. Bedeutsam ist, dass sich diese staatliche Überwachung nicht nur gegen dezidierte Systemgegner oder ideologisch bestimmte Feinde richtet, sondern gegen die gesamte Gesellschaft – einschließlich der eigenen Partei. Bei Aristoteles wurde kurz darauf hingewiesen, dass der Terror kein neues Phänomen von Diktaturen ist; neu sind jedoch die Mittel und Methoden, die sich die Erkenntnisse der „moderne[n] Wissenschaft systematisch zunutze" machen, insbesondere „die wissenschaftliche Psychologie".[89]

Monopol der Massenkommunikationsmittel

In dieser Dimension zeigt sich der Totalitarismus ebenfalls als modernes Phänomen, denn der totalitäre Staat verfügt bereits über ausdifferenzierte Massenkommunikationsmittel – Presse, Funk, Film –, die er technologisch kontrolliert.[90]
So war etwa die Verbreitung des sogenannten Volksempfängers im Dritten Reich nicht nur ein propagandistischer Schachzug, sondern auch ein effektives Mittel, um die Mehrheit der Bevölkerung davon abzuhalten „Feindsender" zu hören. Der (Kino)Film stand ebenfalls zentral im Interesse des NS-Staates. Gleiches gilt für die Presse, die zwar größtenteils– mit Ausnahme der Enteignung jüdischer oder sozialistisch/sozialdemokratischer Pressebetriebe – privat blieb, aber der staatlichen Aufsicht unterstellt war.

---

88 Vgl. ebd., S. 231.
89 Vgl. ebd.
90 Ebd.

Monopol der Anwendung von Kampfwaffen
Ebenfalls technologisch bedingt und damit auch ein Indiz für die Modernität des
Totalitarismus ist das „nahezu vollständige[] Monopol der wirksamen Anwendung aller Kampfwaffen".[91]
*Dieses Kriterium ist nicht ganz unproblematisch, beanspruchen doch auch die
meisten Demokratien das Monopol auf die Anwendung von Kampfwaffen – nur
wenige erlauben den freien Besitz und das Tragen von Waffen, wie die Vereinigten
Staaten von Amerika. In etlichen Ländern gelten strenge Auflagen hinsichtlich
des Besitzes und der Nutzung von Waffen, wie Tauglichkeitsprüfungen oder der
Nachweis eines Waffenscheins. Was Kriegswaffen – Granaten, Raketen, Panzer
usw. – anbelangt, so stehen diese in den westlichen Demokratien regelmäßig
ebenfalls nur dem Staat zur Verfügung.*

Zentrale Überwachung und Lenkung der Wirtschaft
Abschließend nennen Friedrich/Brzezinski die „zentrale Überwachung und Lenkung der gesamten Wirtschaft durch die bürokratische Koordinierung vorher
unabhängiger Rechtskörperschaften, charakteristischerweise unter Einfluss der
meisten anderen Gesellschaften und Konzerne".[92]
*Auch dieses Merkmal erscheint nicht ganz unproblematisch, da es sich eher für
die kommunistischen Systeme nachweisen lässt, die bereits aus ideologischen
Gründen daraufhin angelegt sind, das gesamte Produktionsvermögen in staatlichen Besitz zu überführen und planwirtschaftliche Steuerungsmodelle anzuwenden. Der Nationalsozialismus nutzte das Mittel der Enteignung zwar ebenfalls in
gewissem Umfange, v.a. gegen jüdische Bürger, doch nicht mit der Intention, den
Besitz planmäßig in Staatshand zu konzentrieren. Massives Einwirken auf die
Unternehmen war erst mit Einsetzen der „Kriegswirtschaft" ersichtlich. Dennoch
erhebt auch der Nationalsozialismus mit seiner Forderung „Gemeinnutz geht vor
Eigennutz" den Anspruch, dass ein jeder in den Dienst der Ideologie tritt – auch
der Unternehmer, z.B. indem er dem Staat die entsprechende Technologie liefert.
Dennoch bleibt dieser Punkt als signifikante Gemeinsamkeit beider Subtypen
nicht ganz unproblematisch.*

Bereits die Autoren selbst weisen darauf hin, dass der – hier wiedergege-
bene – Merkmalskatalog nicht als abgeschlossen betrachtet werden sollte,
da das Phänomen des Totalitarismus sich selbst in permanenter Entwicklung befindet. Dies bedingt zweierlei: (1) Es können Erscheinungen bzw.
Ausprägungen des Regimes hinzutreten, die zum Zeitpunkt des Ansatzes
von Friedrich/Brzezinski noch nicht ausgeprägt oder als solche erkennbar
waren. (2) Einzelne Aspekte eines Systems können daher auch zeitweise

91 Ebd.
92 Ebd.

stärker im Vordergrund stehen als andere, wie z.B. die Stärkung der Partei im post-stalinistischen russischen Kommunismus.[93] Es wurde beim Kriterium der Massenpartei erwähnt, dass diese hierarchisch oligarchisch strukturiert und im Idealfalle einem Führer unterstellt ist. In der angesprochenen Phase des Sowjetkommunismus trat der Aspekt einer innerparteilichen Oligarchie in der KPdSU – also die Existenz verschiedener, konkurrierender Machtzentren innerhalb der Partei – immer stärker in den Vordergrund, während gleichzeitig die Macht des Staatschefs immer weiter abnahm.

2.1.3. Von der Regierungslehre zur vergleichenden Systemforschung

Die hier zuletzt beschriebenen Konzepte markieren den Umschwung von der vergleichenden Regierungslehre zur vergleichenden Systemforschung, die bereits in den 1950er-Jahren einsetzt.[94] Peter Birle und Christoph Wagner nennen drei relevante Impulse, die diesen Wandel verursachen:

(1) Das bisherige Forschungsinteresse hatte sich angesichts der veränderten Erfahrungen des 20. Jahrhunderts grundlegend verändert. Neue Probleme wie Totalitarismen, Weltkriege, Entkolonialisierung und Ost-West-Konflikt führten dazu, dass weltpolitische Akteure wie die USA verstärkten Bedarf an „grundlegenden Informationen über die politischen, gesellschaftlichen, ökonomischen und kulturellen Gegebenheiten in Ländern" hatten, die bislang wenig interessant gewesen waren. Aus diesem Grund entwickelten sich bereits ab dem 2. Weltkrieg „interdisziplinär angelegte *area-studies*".[95]

(2) Auch die methodische Kritik an der vergleichenden Regierungslehre wurde immer deutlicher artikuliert. Besonders Roy Macridis trat als dezidierter Kritiker hervor und wies auf vier zentrale Mängel hin:

1. Die vergleichende Regierungslehre arbeite entgegen ihrem Namen meist nicht komparativ, vielmehr seien die Studien oft monographische Beschreibungen politischer Institutionen eines

---

93 Vgl. ebd.
94 Vgl. Peter Birle/Christoph Wagner: Vergleichende Politikwissenschaft: Analyse und Vergleich politischer Systeme, in: Manfred Mols/Hans-Joachim Lauth/Christian Wagner (Hrsg.): *Politikwissenschaft: Eine Einführung*, Paderborn, München, Wien, Zürich: Ferdinand Schöningh, 2003, S. 102.
95 Ebd., S. 103.

konkreten Landes, oft würde sogar lediglich eine einzige Institutionen untersucht.[96]

2. Aufgrund der Beschränkung auf historische Entwicklungslinien und verfassungsrechtliche Grundlagen politischer Institutionen und Prozesse zeigten sich die Untersuchungsergebnisse zumeist rein deskriptiv. Es besteht nach Auffassung Macridis ein Mangel an konzeptionellen Kategorien, der dazu führe, dass die Fallstudien oft unsystematisch ausfielen. Dies ist im Übrigen auch der Grund dafür, dass ein systematischer Vergleich von Einzelbeobachtungen, aus dem sich Hypothesen mit allgemeinerer Bedeutung ableiten ließen, nur schwer möglich ist.[97]

3. Das Forschungsinteresse der vergleichenden Regierungslehre sei bisher (1) zu sehr auf die westeuropäischen Systeme und (2) fast ausschließlich auf deren politisch-institutionellen Gegebenheiten beschränkt gewesen. (3) Andere Aspekte, die für die Dynamik politischer Entwicklungen relevant sind, wie Tradition, soziale oder wirtschaftliche Aspekte, wurden weitestgehend ignoriert.[98]

4. Die bisherigen Vergleiche ignorierten die Realität des politischen Systems, da sie häufig zu statisch seien. Dieser Aspekt ist dadurch mitbedingt, dass zum Vergleich oftmals historische bzw. konstitutionelle Daten herangezogen werden.[99]

(3) Schließlich wandte sich die Politikwissenschaft verstärkt neuen wissenschaftlichen Methoden zu: In sozialwissenschaftlicher Hinsicht war dies der Behaviorismus – eine Methode, bei der aus beobachtbarem menschlichem Verhalten theoretische Überlegungen abgeleitet und auf ihren generalisierbaren Gehalt hin geprüft werden. Mit dieser Wende rückte das institutionelle Gefüge aus dem Blickfeld, während die Einzelakteure – Personen und Gruppen innerhalb dieser Institutionen, aber auch in anderen Bereichen des Systems – für die Forschung an Interesse gewannen.

Mit dem technischen Systembegriff trat ein weiteres neues Element hinzu. Überspitzt gesagt, wurde die politische Ordnung nunmehr als Regelkreis begriffen, der Inputs aus den gesellschaftlichen Subsys-

---

96 Roy C. Macridis/Bernard E. Brown (Hrsg.): *Comparative Politics. Notes and Readings*, Homewood, Illinois: The Dorsey Press, 1977, S. 2ff..
97 Ebd., S. 3.
98 Ebd., S. 2f.
99 Ebd., S. 4.

temen und Withinputs des politischen Systems in Outputs umwandelt. Der Blick wandte sich damit verstärkt den einzelnen Akteuren sowie dem dynamischen, prozesshaften Charakter der 'Politik' zu.[100] Der emigrierte Politikwissenschaftler Karl W. Deutsch gab dieser Entwicklung mit seinem Werk *The Nerves of Government* aus dem Jahr 1963, das später auch in einer deutschen Ausgabe unter dem Titel *Politische Kybernetik* erschien, einen entscheidenden Impuls.[101]

2.2. Vergleichende Systemlehre

2.2.1. Das politische System nach Gabriel A. Almond und Bingham Powell

Einen der am meisten beachteten Ansätze zur vergleichenden Systemforschung legten Gabriel A. Almond und G. Bingham Powell, jr. 1966 mit ihrem Werk *Comparative Politics* vor.[102] Der zentrale Begriff, den die Autoren zur Darstellung politischer Prozesse verwenden, ist der des Systems.[103] Bereits zu Beginn ihrer Darstellung weisen sie eingehend auf die Verwendung des Begriffes hin, der sich deutlich abgrenzt von „älteren Begriffe[n]", wie Staat, Regierungssystem oder Nation, die „durch juristisches oder institutionelles Verständnis in ihrer Bedeutung begrenzt" sind.[104] Ein solches Vorverständnis steht einer umfassenden politischen Wissenschaft (1) definitorisch im Weg. (2) Zudem nehmen ausdifferenzierte Institutionen, dieser Art, „in vielen Gesellschaften, vor allem außerhalb der westlichen Welt", andere als die bekannten Rollen ein. Dort können andere Institutionen als z.B. die klassisch unterschiedenen Exekutiv-, Legislativ- oder Judikativorgane und andere Prozesse, die nach Maßgabe

---

100 Vgl. Peter Birle/Christoph Wagner: Vergleichende Politikwissenschaft: Analyse und Vergleich politischer Systeme, in: Manfred Mols/Hans-Joachim Lauth/Christian Wagner (Hrsg.): *Politikwissenschaft: Eine Einführung*, Paderborn, München, Wien, Zürich: Ferdinand Schöningh, 2003, S. 104.

101 Vgl. Karl W. Deutsch: *The Nerves of Government*, New York: The Free Press, 1963; Karl W. Deutsch: *Politische Kybernetik. Modelle und Perspektiven*, Freiburg: Rombach, 1973.

102 Gabriel A. Almond/G. Bingham Powell, jr.: Vergleichende Politikwissenschaft – Ein Überblick (1966), in: Theo Stammen (Hrsg.): *Vergleichende Regierungslehre. Beiträge zur theoretischen Grundlegung und exemplarische Einzelstudien*, Darmstadt: Wissenschaftliche Buchgesellschaft, 1976, S. 132-161.

103 Ebd., S. 132.

104 Ebd.

der traditionellen Beobachtungskategorien nicht hinreichend erfasst werden können, von zentraler Bedeutung sein.[105]

Ein weiterer wichtiger Einwand gilt den Akteuren und Strukturen, die auf informellem Wege am politischen Prozess beteiligt sind, und die ebenfalls bei einer alleinigen Betrachtung der institutionalisierten Bereiche zwangsweise aus dem Untersuchungsraster herausfallen müssen. Eine Behelfslösung bot in der Vergangenheit die Unterscheidung zwischen Verfassungsanspruch und Verfassungswirklichkeit[106]: Eine solche Trennung kann in einigen Fällen sinnvoll sein, etwa wenn geprüft werden soll, ob sich ein Akteur von seiner konstitutionell verankerten Aufgabe wegentwickelt. Für die Beschreibung von Systemzusammenhängen ist sie jedoch unpraktikabel, wenn das Verhältnis zwischen Verfassungsnorm und Verfassungsrealität nicht im Kernbereich des Forschungsinteresses liegt, oder das System keine Verfassung im eigentlichen Sinne besitzt.[107] Der Ansatz von Almond und Powell will die beschrieben Probleme beseitigen und einen analytischen Bezugsrahmen schaffen, der die „Untersuchung von politischen Phänomenen in den verschiedenen Gesellschaften [. . .] ohne Rücksicht auf Kultur, Modernitätsgrad und Größe" erlaubt.[108] Dies leiste der Systembegriff deshalb, „weil er die Aufmerksamkeit auf den gesamten Bereich politischer Handlungsweisen innerhalb einer Gesellschaft lenkt, ohne Rücksicht darauf, wo sie in der Gesellschaft lokalisiert sind".[109] Daraus folgt bereits, dass die politische Systemtheorie sich zwar zentral mit dem politischen System im engeren Sinne befasst, dass es aber auch seine gesellschaftliche Einbettung erfassen muss, damit es die entsprechenden (Inter-)Aktionen der beteiligten Akteure umfassend abbilden kann. Anders gefasst bedeutet dies, dass innerhalb eines Systems verschiedene interdependente Rollen und Akteure angesiedelt sind und, dass sich das System zu seinem Kontext abgrenzen lässt.[110]

---

105 Ebd., S. 133.
106 S. etwa die Differenzierung zwischen tatsächlichen und scheinbaren semi-präsidentiellen Regierungssystemen bei Maurice Duverger, der diese nicht aufgrund ihrer konstitutionellen Anordnung – etwa Direktwahl des Präsidenten –, sondern aufgrund ihrer Verfassungspraxis – faktische politische Macht des Präsidenten – unterscheidet (s. InfoBox: Besonderheit semi-präsidentieller Systeme).
107 Vgl. hierzu etwa Manfred Hättich: : *Lehrbuch der Politikwissenschaft. Zweiter Band. Theorie der politischen Ordnung*, Mainz: v. Hase und Koehler, 1969, S. 47; Gabriel A. Almond/G. Bingham Powell, jr.: Vergleichende Politikwissenschaft – ein Überblick, S. 133.
108 Gabriel A. Almond/G. Bingham Powell, jr.: Vergleichende Politikwissenschaft – ein Überblick, S. 133.
109 Ebd.
110 Vgl. Ebd., S. 135.

107

Doch welches Kriterium unterscheidet das politische System von anderen Systemen einer Gesellschaft? In Anlehnung an David Easton, Harold D. Lasswell, Abraham Kaplan, Robert Dahl sowie Max Weber beschreiben Almond und Powell als charakteristisches Merkmal politischer Systeme die „legitime Gewaltsamkeit".[111] Das bedeutet, dass „[d]ie politischen Machtträger – und nur sie – [...] ein allgemein akzeptiertes Recht [haben], Zwang anzuwenden und entsprechenden Gehorsam zu verlangen. (Gewalt ist dort 'legitim', wo dieser Glaube an ihren rechtmäßigen Gebrauch existiert.)"[112] *Konkreter bedeutet dies, dass das politische System die Mittel und Möglichkeiten besitzen muss, allgemeinverbindliche Entscheidungen herbeizuführen und diese durchzusetzen.* Dass Almond und Powell den Aspekt der staatlichen Zwangsgewalt an das Kriterium der Legitimität binden wollen, erscheint allerdings wenig überzeugend, es sei denn, der Legitimitätsbegriff wird entsprechend weit gefasst, und auch die Zwangsmaßnahmen eines totalitären Regimes gelten als legitim, solange ihnen kein massiver Widerstand entgegentritt[113]; andernfalls müsste solchen Systemen die Systemqualität abgesprochen werden. Dies steht aber in Widerspruch zur Ausgangsforderung, dass der Systembegriff nach Möglichkeit für die Analyse aller möglichen politischen Systeme anwendbar sein soll. Aus Gründen der Praktikabilität soll daher von einem zu engen Legitimationsverständnis abgesehen werden. Begründet werden kann dies dadurch, dass die Autoren auch auf „anomische Phänomene wie Morde" hinweisen.[114] Man könnte dann argumentieren, dass sich die erzwungene Legitimation totalitärer Systeme auf eine erfolgreiche Normalisierung dieser anomischen Phänomene stützt.[115] Für Demokratien hingegen mag der Begriff des staatlichen Zwangs befremden. Deutlich wird dieser allerdings bereits bei einem so normalen Vorgang wie der Besteuerung von Löhnen und Gehältern, die niemand gerne und bereitwillig zahlt, aber ein jeder

---

111 Ebd., S. 134.
112 Ebd.
113 Orientiert man sich bei der Frage nach der Legitimität solcher Ordnungen an der Definition von Max Weber, die auch Almond und Powell implizit anwenden, dann kann die Legitimität totalitärer Systeme (mit Ausnahme der Anhänger der jeweiligen Ideologie) lediglich auf gesatztes Recht zurückgeführt werden, das eine äußerlich garantierte Ordnung etabliert. Weber erkennt das Problem selbst und behandelt die „Fügsamkeit gegenüber der Oktroyierung von Ordnungen durch Einzelne oder Mehrere" (§7) als Sonderfall. Vgl. Max Weber: *Soziologische Grundbegriffe*, Tübingen: Mohr (Siebeck), 1984, §6, §7, §13, §16.
114 Vgl. Gabriel A. Almond/G. Bingham Powell, jr.: Vergleichende Politikwissenschaft – ein Überblick, S. 134.
115 Darauf deuten auch die Ausführungen bei Almond und Powell hin vgl. S. 135.

zahlen muss, damit der Staat selbst, aber auch staatliche Leistungen wie Rente oder Arbeitslosengeld finanzierbar bleiben. Das Kriterium des (legitimen) staatlichen Zwanges lässt sich also folgendermaßen zusammenfassen: Das politische System stellt allgemeine Verbindlichkeiten her – z.B. in Form von Gesetzen – und verfügt über die Mittel, diese Verbindlichkeiten umzusetzen (zu *implementieren*) und wirksam anzuwenden.

Interdependenz bedeutet im Hinblick auf den Systembegriff, dass „alle Komponenten und das System als Ganzes betroffen werden, wenn sich die Eigenschaften einer einzigen Komponente im System ändern".[116] Die Interdependenz lässt also einerseits Rückschlüsse auf die Systemgrenzen zu, da im Umkehrschluss alle von einer solchen Änderung nicht betroffenen Bereiche einem anderen System angehören müssen. Andererseits folgt:

„Wenn eine einzige Variable eines Systems seine Bedeutung oder Qualität ändert, so werden die anderen Variablen Spannungen unterworfen und ebenfalls verändert; das System ändert entweder seine Leistungsstruktur, oder die störende Komponente wird durch einen Regulationsmechanismus diszipliniert".[117]

Wenn also in einem politischen System beispielsweise die Bedrohung durch Terrorismus zunimmt, so dass die vorhandenen Strukturen die innere Sicherheit nicht mehr gewährleisten können, dann wird ein demokratisches System auf vielfältige Weise reagieren. Maßnahmen, die ergriffen werden können, sind u.a. eine erhöhte Polizeipräsenz oder neue gesetzliche Regelungen, die z.B. eine verstärkte Überwachung der Privatsphäre ermöglichen (= Änderung der Leistungsstruktur). Neue gesetzliche Grundlagen können implementiert werden und neue Tatbestände definieren – so wurde in Deutschland einigen muslimischen Organisationen der Sonderstatus einer Religionsgemeinschaft aberkannt, um eine staatliche Sanktion (Verbot) zu erleichtern (= Disziplinierung durch Regulation). Das Beispiel verdeutlicht, dass beide Reaktionsmuster auch parallel beobachtet werden können und häufig ineinander greifen.

2.2.2. Das System – Definition und Abgrenzung

Von einem System kann auch nur dann gesprochen werden, wenn es sich um eine gegenüber anderen Bereichen abgrenzbare Funktionseinheit han-

116 Ebd.
117 Ebd., S. 135f.

delt. „Ein System fängt irgendwo an und hört irgendwo auf".[118] So einfach dieser Sachverhalt erscheint, so schwierig ist seine Anwendbarkeit bei sozialen Systemen. Dass die Abgrenzung verschiedener sozialer Systeme nicht auf der Kategorie von Einzelpersonen basieren kann, demonstrieren Almond und Powell am Beispiel der Familie. Betrachtet man diese als System, so besteht sie nicht zuerst aus Individuen, sondern aus Rollen, die von einzelnen Individuen eingenommen werden, wie die „Rollen von Vater und Mutter, von Mann und Frau, von Bruder und Schwester". Das System 'Familie' „ist lediglich ein Interaktionssystem der Rollen ihrer Mitglieder, die außerhalb der Familie weitere Rollen zu spielen haben".[119] Der Begriff der Rolle als Unterkategorie des Systembegriffes ermöglicht somit die Festlegung der Systemgrenzen. Auch das politische System besteht „aus einem Interaktionssystem von Rollen der Staatsbürger, Untertanen, Wähler – wie immer der Fall liegen mag – mit denen der Gesetzgeber, Bürokraten und Richter".[120] Das für die Familie Festgestellte gilt auch für das politische System, nämlich in dem Sinne, dass die Einzelpersonen, die dort bestimmte Rollen ausfüllen, auch in anderen gesellschaftlichen Subsystemen Rollen übernehmen können, die z.T. untereinander in Beziehung stehen bzw. konkurrieren (Abb. 6).

Abb. 6: Herr Müller und zwei seiner Rollen. Eigene Darstellung.

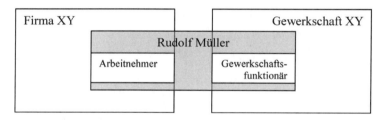

Wie das Beispiel zeigt, kann der Bürger auch politische Rollen wahrnehmen. Dies muss nicht notwendigerweise durch eine aktive Beteiligung in einer Organisation erfolgen, auch bei Wahlen und Abstimmungen wechseln die Bürger kurzfristig in eine politische Rolle.[121]

---

118 Ebd., S. 136.
119 Ebd.
120 Ebd.
121 Vgl. Ebd.

Die Grenzen des politischen Systems sind demnach flexibel und können sich verschieben. Formiert sich beispielsweise in einem politischen System angesichts hoher Arbeitslosigkeit die Forderung nach einem staatlichen Eingreifen, „so findet hier eine Wechselwirkung zwischen dem wirtschaftlichen und dem politischen Bereich statt".[122] Im Falle der Arbeitsmarktpolitik würde eine solche Forderung beispielsweise über die Gewerkschaften, die ihrerseits mit entsprechenden Forderungen ihrer Mitglieder konfrontiert sind, an die entsprechenden Stellen des politischen Systems herangetragen, um entsprechenden Einfluss auf Gesetzgebungsprozesse oder Tätigkeiten der Exekutive auszuüben.

Zudem unterliegen die Grenzen politischer Systeme „relativ großen Schwankungen".[123] In Krisensituationen dehnen sie sich zumeist aus. Almond und Powell nennen als Beispiel den Kriegsfall, in dem relevante Bereiche der Wirtschaft unter die Aufsicht des Staates gestellt oder gar verstaatlicht und zahlreiche Taugliche zum Kriegsdienst einberufen werden. Aber auch der Wahltag weitet die Systemgrenze aus, da alle Wahlberechtigten aufgerufen sind, ein politisches Votum abzugeben, durch das sie über die personelle Besetzung von Rollen im politischen System entscheiden.[124] Das gesellschaftliche und politische Subsystem verschmelzen bei solchen Anlässen. Ähnliches kann für andere Subsysteme einer staatlichen Ordnung festgestellt werden, wenn z.B. Veränderungen innerhalb eines Subsystems politische Forderungen (*demands*) zur Folge haben.[125] Bei solchen Prozessen wird „eine Grenze überschritten von einem System zum anderen".[126]

An dieser Stelle lässt sich zusammengefasst Folgendes festhalten:

(1) Das politische System ist als Subsystem einer staatlichen Ordnung zu verstehen;

(2) es kann gegenüber anderen gesellschaftlichen Subsystemen abgegrenzt werden, weißt aber flexible Grenzen auf;

(3) die Komponenten des politischen Systems beeinflussen sich wechselseitig und

(4) das politische System wird zudem von anderen Subsystemen beeinflusst.

---

122 Vgl. ebd., S. 137.
123 Ebd.
124 Vgl. ebd.
125 Vgl. ebd., S. 136f.
126 Ebd.

Abb. 7: Systeme können in vielfacher Weise miteinander vernetzt sein. Eigene Darstellung

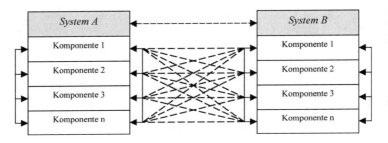

Wie die Darstellung (Abb. 7) modellhaft verdeutlicht, stehen Systeme in wechselseitigen Interaktionsbeziehungen zueinander. Bei der Betrachtung eines bestimmten Systems lassen sich drei Prozessphasen unterscheiden: *Input-*, *Umwandlungs-/Transformations-* und *Outputprozesse*. Während die Umwandlungsprozesse durch das interne Zusammenspiel der einzelnen Systemkomponenten stattfinden, werden die Systemgrenzen bei den Input- und Outputprozessen deutlich, die das System in Zusammenhang mit anderen Systemen bringen. Oder anders gefasst: „Wenn wir über die Quellen der Inputs, über ihre Anzahl, ihren Inhalt und Intensität sprechen und darüber, wie sie in das politische System gelangen, und über die Anzahl und den Inhalt der Outputs und wie sie das politische System verlassen und sich auf andere soziale Systeme auswirken, so reden wir in Wirklichkeit über die Grenzen des politischen Systems" (s. Abb. 8).[127]

Abb. 8: Die Kommunikationsstruktur des politischen Systems. Eigene Darstellung nach Almond/Powell.

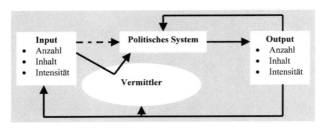

127 Vgl. ebd., S. 137.

Das politische System steht also in vielfältigen Austauschbeziehungen mit anderen gesellschaftlichen Subsystemen: Inputs erreichen es entweder direkt oder indirekt über Vermittlerinstanzen. Auch die Adressaten solcher Inputs können an verschiedenen Positionen innerhalb des politischen Systems angesiedelt sein, etwa Abgeordnete im Bereich der Legislative oder Minister als Mitglieder der Exekutive. Die Intensität eines Inputs hängt ebenfalls von verschiedenen Aspekten ab. Ein Verband kann seinen Forderungen Nachdruck verleihen, wenn er über viele Mitglieder oder hohes soziales Ansehen verfügt – seine Meinung also für die Willensbildung vieler ausschlaggebend ist. Ein Unternehmen wird eher zu ökonomischen Druckmitteln greifen. Aber auch außerhalb dieses in Demokratien allgemein anerkannten Handlungsrahmens sind Maßnahmen wie Bestechung oder Gewaltandrohung denkbar. Die Intensität eines Inputs kann auch schon allein darauf beruhen, dass mehrere Subsysteme ähnliche Forderungen einspeisen. Das politische System wird diese Forderungen selektieren und z.T. in Outputs umwandeln – dies kann beispielsweise auf dem Weg der Gesetzgebung oder der Verwaltung stattfinden – die ihrerseits Wechsel- und Rückwirkungen verursachen können.

Nachdem oben bereits von den Rollen innerhalb eines Systems die Sprache war und die allgemeinen Merkmale von Systemen erläutert wurden, soll nun die Binnenstruktur ins Blickfeld gerückt werden. Damit Systeme überhaupt solche Transformationsprozesse ausführen können, müssen sie Strukturen ausbilden. Strukturen sind „die wahrnehmbaren Handlungsformen, welche das politische System ausmachen. Wenn wir von diesen Handlungsformen sagen, dass sie eine Struktur haben, so bedeutet dies nichts anderes, als dass ihnen eine gewisse Regelmäßigkeit eignet".[128] *An dieser Stelle soll kurz der Gesetzgebungsprozess in der Bundesrepublik Deutschland am Beispiel eines Zustimmungsgesetzes erläutert werden (Abb. 9): Gemäß Artikel 77 Abs. 1 GG werden Bundesgesetze vom Bundestag beschlossen und durch den Bundestagspräsidenten an den Bundesrat weitergeleitet. Der Bundesrat kann das Gesetz entweder annehmen, indem er zustimmt und darauf verzichtet den Vermittlungsausschuss gem. Art 77 Abs. 2 anzurufen. In diesem Fall geht der Entwurf zur Ausfertigung an den Bundespräsidenten (Art. 82). Oder er kann den Gesetzesantrag ablehnen bzw. Änderungswünsche geltend machen und ein Vermittlungsverfahren in Gang setzen. Lehnt der Bundesrat mehrheitlich das Gesetz ab, ohne dass er den Vermittlungsausschuss anruft, so kann dies in diesem Fall auch durch*

---

128 Ebd., S. 138.

den Bundestag oder die Bundesregierung geschehen. Erzielt das Vermittlungsverfahren einen Konsens, der einer erneuten Abstimmung standhält, so ist das Gesetz beschlossen und geht zur Ausfertigung an den Bundespräsidenten, andernfalls ist der Antrag (vorerst) gescheitert – er kann bei veränderten Mehrheitsverhältnissen jedoch wieder eingebracht werden.

Abb. 9: Der Weg eines Zustimmungspflichtigen Gesetzes. Eigene Darstellung

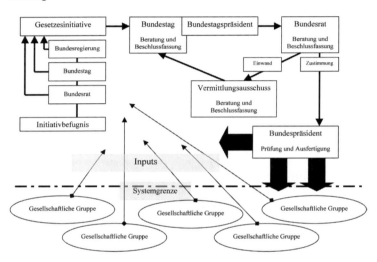

Die Abläufe in Bundestag und Bundesrat sind zudem an die jeweiligen Geschäftsordnungen gebunden, die u.a. detailliertere Regelungen der Abstimmungsmodalitäten enthalten. Untersucht man den Prozess auf seine Akteure hin, so ergibt sich grob folgende Rollentextur.
Die Darstellung (Abb. 10) verdeutlicht die Komplexität des Zusammenspiels der Komponenten, die am Verfahren eines Zustimmungsgesetzes beteiligt sind. Daher soll an dieser Stelle nur kurz die Beratung und Abstimmung im Bundestag umrissen werden.

Geht ein Gesetzesantrag beim Bundestag ein, so wird er dort nach der ersten Lesung regelmäßig zunächst an den oder die entsprechenden Ausschüsse verwiesen, bevor er zur zweiten und dritten Lesung und letztlich zur Abstimmung gelangt (vgl. insb. §79-§86 GOBT). Dort wird er unter

Abb. 10: Akteure und Rollen bei der Entstehung eines zustimmungspflichtigen Gesetzes im System der Bundesrepublik Deutschland. Eigene Darstellung.

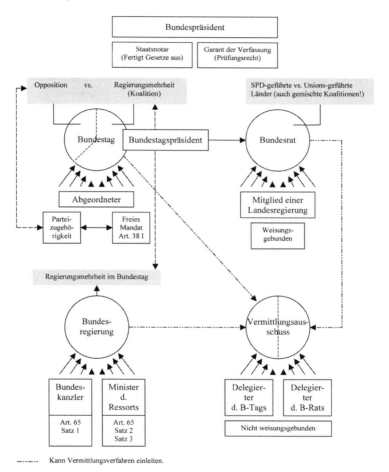

Beteiligung der im Bundestag vertretenen Fraktionen (vgl. §12 GOBT) beraten und zur Abstimmung im Plenum vorbereitet. Auch auf dieser Ebene ließen sich wiederum Rollen und Strukturen differenzieren. Im Bundestag schließlich entscheiden die Abgeordneten über die Annahme oder die Ablehnung des Entwurfs. Gemäß Artikel 38 Abs. 1 GG sind die Parlamentarier bei den Abstimmungen allein ihrem Gewissen unterworfen. Doch ergibt sich aus der Funktionslogik parlamentarischer Systeme aufgrund der Fraktionsdisziplin eine Beschränkung des freien Mandats. Hier treffen also zwei Rollen des Abgeordneten, der auch Parteimitglied ist, aufeinander, die gegebenenfalls auch in einem Spannungsverhältnis zueinander stehen können.

Das Beispiel zeigt, dass Rollen durch ein spezifisches Handlungsmuster geprägt sind, das durch feste Regeln – Gesetzte, Konventionen, Tradition etc. – bestimmt ist. Diese Rollen sind ihrerseits durch einen gemeinsamen Rahmen – ihre Interaktionsmuster – miteinander zu Strukturen verbunden: „'Rolle' und 'Struktur' beziehen sich auf das empirisch wahrnehmbare Verhalten von Individuen"; sie stellen nicht allein auf den durch Rechtsvorschriften und Normen geregelten Ausschnitt des jeweiligen Verhaltens ab.[129] Der Abgeordnete ist demnach eine Rolle in der Struktur 'Bundestag'. Für das System leitet sich daraus eine generelle Funktion ab, die seine eigene Funktionsfähigkeit gewährleistet: Die Notwendigkeit, Personen zu rekrutieren, die entsprechende Rollen einnehmen (Rekrutierungsfunktion).[130]

2.2.3. Psychologische Dimension des politischen Systems – Politische Kultur (s. G.7)

Das Verhalten der einzelnen Rolleninhaber ist jedoch nicht nur von den jeweiligen normativen Rahmenregelungen bestimmt, sondern in hohem Ausmaß auch von deren Haltungen – „aus Attitüden, aus Glaubensrichtungen, Wertbegriffen und Talenten".[131] Diese resultieren aus der psychologischen Dimension des politischen Systems, die Almond und Powell mit dem Begriff der Politischen Kultur beschreiben. Es sei hier nur kurz darauf hingewiesen, dass die Politische Kultur einer Gesellschaft in der Regel nicht homogen ist, sondern dass vielmehr verschiedene Subkulturen nebeneinander bestehen: Bestimmte gesellschaftliche Gruppen oder

---

129 Vgl., ebd.
130 Vgl., ebd. S. 139.
131 Vgl., ebd. S. 140.

Berufsstände können eine spezielle Kultur ausbilden.[132] Es liegt auf der Hand, dass die Systemstabilität wesentlich davon abhängt, dass die gesellschaftlichen Subkulturen auf einem gemeinsamen Nenner basieren, d.h. dass das System selbst nicht grundsätzlich in Frage gestellt wird. Ein Zusammenhang, der für Demokratien und Diktaturen gleichermaßen gilt, und der beispielsweise durch staatliche Erziehungsmaßnahmen beeinflusst werden kann. Almond und Powell begreifen die Politische Kultur als Folgeerscheinung der politischen Sozialisation.[133] Diese kann daher als weitere grundsätzliche Funktion politischer Systeme verstanden werden.

Ein statisches System, das immer gleiche Aufgaben zu bewältigen hat, wird demnach durch folgende Leistungen stabilisiert:

(1) Ausbildung von Rollen;

(2) Ausprägung von Strukturen;

(3) Rekrutierung und

(4) politische Sozialisation

In der Alltagserfahrung zeigt sich allerdings sehr schnell, dass politische Systeme eine hohe Dynamik aufweisen. So kann am Beispiel des bundesdeutschen Parlamentarismus eine immer stärkere Ausdifferenzierung beobachtet werden, etwa durch Änderungen des normierten Rahmens, durch die Neu- bzw. Umbildung von Ausschüssen oder durch die Entstehung neuer Ämter wie z.B. die Wehr-, Frauen-, Patienten- oder Menschenrechtsbeauftragten. Es finden also Differenzierungsprozesse statt, die sowohl Rollen als auch Strukturen betreffen können[134] und die Leistungsfähigkeit des Systems verbessern sollen.

Einen weiteren Entwicklungsaspekt des politischen Systems kennzeichnet der Begriff der Säkularisierung, der auf die Entwicklung der Politischen Kultur bezogen ist. Säkularisierung bezeichnet in diesem Zusammenhang „den Prozess, in dem Menschen in ihrer politischen Handlungsweise zunehmend rationaler, analytischer und empirischer werden".[135]

2.2.4. Inputs und Outputs im politischen System

Die Binnenstruktur, des politischen Systems ist also durch Rollen und Strukturen geprägt, die ihrerseits gewissen Entwicklungstendenzen unterliegen. Das politische System selbst ist wiederum in einen weiteren Kon-

---

132 Ebd. S. 140f.
133 Ebd., S. 241.
134 Vgl. ebd. S. 139.
135 Ebd., S. 141.

text eingebettet. Es kommuniziert mit anderen Subsystemen, indem es (1) Inputs aufnehmen und verarbeiten und somit (2) Outputs erzeugen kann. Im Anschluss an David Easton unterscheiden Almond und Powell zwei Arten von Inputtypen: „*Forderungen* und *Unterstützungen* (*demands and supports*)".[136]

2.2.4.1. Demands

Die Autoren nennen vier Grundtypen von *demands*. Auch hier gilt der Hinweis, dass der Katalog aufgrund der Entwicklungsperspektive politischer Systeme nicht als abgeschlossen verstanden werden kann, sondern lediglich exemplarischen Charakter besitzt. Klassischerweise beziehen sich die *demands* auf:

(1) Distribution und Allokation von Gütern und Dienstleistungen;
(2) Normierung, d.h. die Herstellung von Verhaltensregeln;
(3) Partizipation sowie
(4) Kommunikation und Information.[137]

Die erste Dimension bezieht sich auf die Bereitstellung und (Um-)Verteilung von hauptsächlich materiellen Gütern, etwa durch Gesetze, die Lohnzahlung und Arbeitszeit regeln, aber auch auf die Bereitstellung infrastruktureller Faktoren, wie Kindergartenplätze, Verkehrsanbindung oder Freizeitmöglichkeiten. Damit zielen diese *demands* auf die *Sozialstaatlichkeit*. Der zweite Bereich bezeichnet die Forderung nach allgemeinverbindlichen Regelungen etwa in Form von Gesetzen, wie beispielsweise zum Verbraucherschutz oder zur Verhinderung von Monopolen ebenso wie Verhaltensregeln, die die innere Sicherheit gewährleisten können. Damit ist die *Rechtsstaatlichkeit* das zentrale Bezugsmerkmal dieser Art von Forderungen. Im dritten Bereich geht es um die Beteiligung im politischen System. Wahlrecht, offene Strukturen oder die Möglichkeit, politische Forderungen direkt oder über Vermittlungsagenturen in das politische System einzuspeisen, wären in diesem Bereich als Beispiele zu nennen. *Demands* dieses Typs setzen ein *Demokratiegebot* voraus. Forderungen des vierten Bereichs schließlich stellen einerseits auf die Transparenz und damit die *Legitimation* des Systems ab, und zwar, wenn die politischen Eliten ihr Handeln rational begründen. Andererseits ist hier auch das weite Feld der symbolischen Politik angesiedelt, etwa die Betonung der eigenen staatlichen Tradition und Größe.

---

136 Ebd., S. 143.
137 Ebd.

2.2.4.2. Supports

Inputs in Form von Forderungen reichen indes nicht aus, um die Funktionsfähigkeit eines politischen Systems dauerhaft zu gewährleisten. Almond und Powell bezeichnen die *demands* als „das 'Rohmaterial', aus denen 'Fertigprodukte' in Form von Entscheidungen geformt werden".[138] Notwendig ist zudem, dass entsprechende *supports*, „in Form von Handlungen oder Orientierungen, die ein politisches System fördern oder ihm Widerstand leisten, ferner Forderungen, die im System entstehen, und die Entscheidungen, die von ihm ausgehen", in das System eingehen.[139] Diese bilden die Ressourcen, (1)„die das politische System in den Stand setzen, Auflagen zu machen (*extract*), Regeln aufzustellen (*regulate*) und Güter umzuverteilen – mit anderen Worten: seine Ziele durchzusetzen".[140]

Eine Möglichkeit der Klassifizierung von *supports* kann aus den *demands* hergeleitet werden:

(1) Materielle *supports* wie Steuern, ehrenamtliche Tätigkeiten u.ä. sind notwendig, damit das System auf distributive bzw. allokative *demands* reagieren kann;

(2) die Befolgung der allgemein verbindlichen Regelungen wie Gesetze, Verordnungen aber auch Konventionen muss grundsätzlich gewährleistet sein;

(3) teilnehmende *supports* beziehen sich auf die entsprechenden *demands* und reichen von der Beteiligung an Wahlen bis hin zum politischen Engagement und der Kandidatur für öffentliche Ämter;

(4) „[d]ie Aufmerksamkeit gegenüber Mitteilungen der Regierung und das Bezeigen von Achtung und Respekt gegenüber staatlicher Autorität, Symbolen und Zeremonien"[141] ist die notwendige Entsprechung zur Forderung nach Kommunikation und Information.

Da das politische System mit verschiedenen Systemen korrespondiert und sich auch selbst in einem fortwährenden Prozess befindet, können grundsätzlich drei Quellen von Inputs differenziert werden: die eigene Gesellschaft, die politischen Eliten und die internationale Umwelt.[142]

---

138 Ebd., S. 144.
139 Ebd.
140 Ebd.
141 Ebd.
142 Ebd., S. 145.

2.2.4.3. Outputs

Die Output-Seite des politischen Systems korrespondiert mit den Positionen der Input-Seite. So lassen sich auch hier vier „Klassen von Beziehungen, die vom politischen System initiiert werden", unterscheiden[143]:

(1) Extrahierende Politik („extractions"), z.b. Steuern, Abgaben, persönliche Dienstleistungen wie Wehrdienst;

(2) regulierende Politik in Form von Verhaltensvorschriften;

(3) distributive und allokative Politik, d.h. die Verteilung/Zuordnung „von Gütern und Dienstleistungen, Chancen, Ehren, Stellungen" etc. sowie

(4) symbolische Politik, etwa „Bestätigung von Werten, Zurschaustellung politischer Symbole, Erklärungen zur Politik und politischen Zielen".

2.2.5. Funktionsebenen des politischen Systems

Bei der Betrachtung eines jeden Systems lassen sich verschiedene Funktionsebenen (unabhängig) voneinander beobachten:

(1) Die Systemfähigkeiten („capabilities"), die das Verhältnis des Systems als Ganzes gegenüber seiner Umwelt kennzeichnen. Entsprechend der Kategorien der Input- bzw. Output-Seite besitzen politische Systeme (a) extraktive, (b) regulative, (c) distributive bzw. (d) responsive Fähigkeiten, die unterschiedlich stark ausgeprägt sein können.[144] Almond und Powell nennen das Beispiel der totalitären Systeme, die sie als primär regulativ und extraktiv bezeichnen. Eine Differenzierung ergibt sich hier etwa bei der Verteilung von Gütern, die im Kommunismus als wesentliches Element angesetzt ist, für den Faschismus aber kaum eine Rolle spielt. Beiden gemein ist jedoch, dass sie sich gegenüber Inputs aus den jeweiligen Gesellschaften und dem internationalen Umfeld weitgehend verschließen – sie sind kaum responsiv. Hierin unterscheiden sie sich deutlich von demokratischen Systemen, deren Legitimation vor allem auch in der Responsivität wurzelt.[145]

(2) Die Umwandlungsprozesse beschreiben, auf welche Art und Weise Inputs in Outputs umgesetzt werden. Für die Forschungspraxis

---

143 Ebd.
144 Vgl. ebd., S. 146f.
145 Vgl. ebd.

schlagen Almond und Powell ein Sechs-Funktionen-Schema vor und differenzieren: (a) Interessenartikulation, d.h. die Art und Weise, wie Interessen formuliert werden, (b) Interessenaggregation, d.h. wie „Forderungen zu alternativen politischen Handlungskonzeptionen verbunden werden, (c) Normsetzung[146], d.h. die Art und Weise, „wie autoritative Regeln formuliert werden", (d) Implementation, d.h. die Anwendung und Durchsetzung dieser Regeln, (e) Normkontrolle, d.h. wie die Anwendung dieser Regeln gerichtlich kontrolliert wird sowie (f) Kommunikation, also wie die verschiedenen Aktivitäten innerhalb des politischen Systems und gegenüber der Systemumwelt bekannt gemacht werden.[147]

(3) Die Systemerhaltungs- und Anpassungsfunktion, die bereits oben thematisiert wurde, nimmt nur mittelbaren Einfluss auf den Transformationsprozess, da sie primär auf die innere Effizienz des Systems einwirkt und dadurch seine Leistungsfähigkeit beeinflusst.[148]

Um diese Funktionen zu erfüllen, bildet das System politische Strukturen aus, die für alle möglichen Gesellschaftsformen vergleichbar sind, da lediglich danach gefragt werden muss, ob und wie eine bestimmte Funktion wahrgenommen wird. Trotz dieser grundsätzlichen Vergleichbarkeit können die jeweiligen Strukturen in der Realität nach Maßgabe des Differenzierungsgrades einer politischen Ordnung sehr unterschiedlich ausgeprägt sein. Die nachfolgende Abbildung (Abb. 11) zeigt die verschiedenen Funktionsebenen des politischen Systems und sein Umfeld.

Zur Veranschaulichung soll das System-Modell anschließend auf die Bundesrepublik Deutschland angewandt werden. Die grafische Darstellung am Ende des Beispiels dient der besseren Übersicht (Abb. 12).

Zunächst einige Vorbemerkungen: Die politische Systemlehre abstrahiert von den traditionell staatsrechtlich besetzten Begriffen: Einerseits, um ihre Anwendbarkeit auf anders strukturierte politische Ordnungen zu gewährleisten. Andererseits, damit nicht nur die normativen Regeln erfasst werden, die das Verhalten der einzelnen Rolleninhaber leiten sollen, sondern die ganze Fülle des empirisch messbaren Verhaltens des Einzelnen. Bei der Anwendung auf die Bundesrepublik ist es jedoch, auch gerade wegen der Konnotationen der bekannten Begriffe, sinnvoll, auf diese zurückzugreifen, so dass im Folgenden von Exekutive, Legislative und Judikative gesprochen wird. Dies steht auch im Einklang mit den Begrifflichkeiten, die dem Sys-

---

146 Im Originaltext: *rule making.*
147 Vgl., S.147f.
148 Ebd., S. 148.

Abb. 11: Das politische System. Funktionsebenen und Umgebung. Eigene Darstellung nach Almond/Powell.

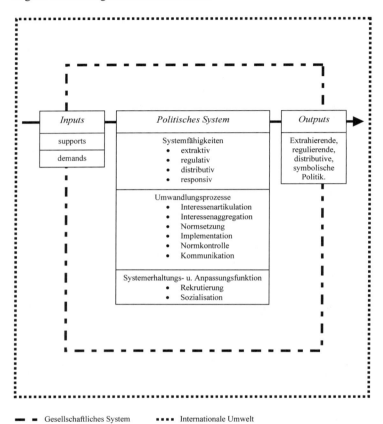

tem selbst immanent sind, etwa den Bezeichnungen in der Verfassung. Diese Begriffe erschöpfen sich nicht in ihrem staatsrechtlichen Bedeutungsgehalt. Betrachtet man die Output-Funktionen politischer System unter dieser Vorraussetzung, so lässt sich festhalten, dass die Begriffspaare „Regelsetzung/Legislative", „Regelanwendung/Exekutive" und „Regelauslegung/Judikative" sehr stark korrespondieren.[149]

Nur am Rande erwähnt sei an dieser Stelle, dass auch innerhalb dieser einzelnen Strukturen feinere Differenzierungen vorgenommen werden können: So zerfällt die Legislative im parlamentarischen deutschen Systemen in Regierungsmehrheit und Opposition, die einzelnen Fraktionen bilden z.T. verschiedene Machtzentren aus, die Regierung lässt sich in Koalitionspartner untergliedern usw.

Als Systemleistungen wurden auch Interessenartikulation und -aggregation angesprochen. Hierzu muss festgehalten werden, dass diese Leistungen in ausdifferenzierten Systemen nicht primär von den Rollen und Strukturen im Kernbereich des politischen Systems erbracht werden, sondern dass sie vorgelagert durch Parteien, Interessengruppen, Medien, Lobbyisten[150] usw. wahrgenommen werden. Diese Akteure fungieren als Bindeglied zwischen den gesellschaftlichen Subsystemen und dem politischen System, ihre Funktion kann verkürzt als Filter bzw. Verstärker bezeichnet werden. Sie dienen u.a. auch als Kanäle für wesentliche Kommunikationsleistungen des politischen Systems.[151] Ähnliches gilt für andere Funktionen wie der Rekrutierung von Personal, die in Deutschland nicht zuletzt durch die Parteien vorweggenommen wird.[152] Eine immer stärkere Ausdifferenzierung führt letztlich also dazu, dass Funktionen an andere Strukturen (mit-)übertragen werden, die an der Grenze des politischen Systems angesiedelt sind.

Und schließlich ist die Gesellschaft nicht als homogene Gruppe gegenüber dem politischen System abgegrenzt, sondern besteht ihrerseits aus verschiedenen Subsystemen – darunter das wirtschaftliche oder das kulturelle System, aber auch Persönlichkeitssysteme. Ähnliches gilt für die internationale Umwelt, die andere politische Systeme auf nationaler Ebene (Staaten) und auf übernationaler Ebene (etwa die Europäische Union) aufweist und zusätzlich den Bereich der intergouvernementalen Zusammenarbeit im Rahmen von Verträgen und Bündnissen umfasst, aber auch nicht-staatliche Akteure beinhaltet – darunter beispielsweise den 'systemsprengenden' internationalen Terrorismus.

---

149 Dies gilt zumindest für den Bereich der regulären Gesetzgebung. Im Bereich der Verwaltung erfolgt die Regelsetzung in Form von Verordnungen u.ä. durch die Exekutive. Auch die Regelauslegung kann ggf. durch die Verwaltung stattfinden, wenn etwa das Bauamt über die Konkretisierung der Bauordnung befindet. Allerdings ist dann i.d.R. der Rechtsweg und damit die Kontrolle durch die Judikative eröffnet.

150 Auch dies Begriffe, die nur auf einen Bruchteil der politischen Systeme Anwendung finden.

151 Zu den Medienfunktionen vgl. Gerd Strohmeier: *Politik und Massenmedien. Eine Einführung*, Baden-Baden: Nomos, 2004.

152 S.u. F.3.3.

Abb. 12: Das politische System der Bundesrepublik Deutschland. Eigene Darstellung nach Almond/Powell.

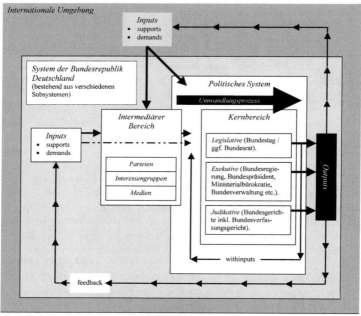

Für alle Strukturen und Rollen gelten (a) positiv-rechtliche Regelungen sowie (b) nicht normierte, konventionelle und informelle Verhaltenskodizes (politische Kultur).

2.2.6. Veränderungen im politischen System

Das System-Modell von Almond und Powell stellt wesentlich auf den Prozesscharakter politischer Ordnungen ab und richtet den Blick auf empirisch fassbare Strukturen und deren Funktionen. Bereits Manfred Hättich hatte auf den Entwicklungsaspekt politischer Systeme hingewiesen und deutlich gemacht, dass seine sechs Grundmodelle politischer Ordnungen Strukturen aufzeigen, denen sich reale Systeme annähern können. Die Variablen der Hättich-Typologie sind demnach als stetige Variablen zu verstehen und bewegen sich zwischen ihren jeweiligen Maximalausprägungen. Was aber führt zu einer Veränderung des politischen Systems? Auch hierfür gibt das Modell von Almond und Powell Auskunft: Politische Systeme verändern sich aufgrund von Herausforderungen, wobei die Autoren vier Arten unterscheiden.[153]

(1) Die Staatsbildung (*state building*) als Problem der Penetration und Integration, d.h. der Bereich der Realisierung des staatlichen Herrschaftsmonopols;

(2) die Nationenbildung (*nation building*), die sich auf Loyalität und politische Verpflichtung bezieht, also auf die Frage, inwiefern sich die Bürger mit dem politischen System identifizieren;

(3) das Problem der Partizipation, das auf die Forderung nach Beteiligung verschiedener – häufig vorher rechtloser – Gruppen und Minderheiten an der Systementscheidung abstellt;

(4) das Problem der Verteilung (*distribution*) bzw. der sozialen Wohlfahrt, d.h. die gesellschaftliche Forderung nach staatlich regulativen Eingriffen bei der (Um-)Verteilung von Einkommen, Wohlstand, Chancen und Ehren.

2.2.7. Kritik am Konzept des politischen Systems

So übersichtlich und methodisch einleuchtend das Modell politischer Systeme auf den ersten Blick aussieht, so fragwürdig erweist sich die empirische Anwendung in der Forschungspraxis:

Erstens wurde deutlich, dass die Abgrenzung des politischen Systems von anderen gesellschaftlichen Subsystemen nahezu unmöglich ist. So weist Roy C. Macridis darauf hin, dass die einzelnen Subsysteme eben nicht, wie gefordert, durch klare eindeutige Grenzen voneinander unterschieden werden können, sondern dass vielmehr alles Gesellschaftliche (*social*) auch politisch und hinsichtlich der Dimension der Politischen Kultur zudem historisch verwurzelt ist.[154] Dieses Problem zeigte sich bereits bei der Herleitung des Begriffs der Rolle (s.o.). Den Grund hierfür sieht Macridis darin, dass das politische System als Subsystem des übergeordneten Begriffs Gesellschaft (*society*) gedacht ist. Denn nur so kann jedes Handeln, jede Einstellung und jedes Beziehungssystem wenigstens potentiell mit dem Politischen verbunden sein. Beispielsweise kann die Elternrolle Forderungen infrastruktureller (Kinderkrippen, Ganztagsschulen), bildungspolitischer (Lehrpläne) und ähnlicher Art hervorrufen. Dies gilt

---

153 Vgl. Gabriel A. Almond/G. Bingham Powell, jr.: Vergleichende Politikwissenschaft – ein Überblick, S. 154ff.

154 Roy C. Macridis/Bernard E. Brown (Hrsg.): *Comparative Politics. Notes and Readings*, Homewood, Illinois: The Dorsey Press, 1977, S. 8.

natürlich auch für andere Rollen und Subsysteme. Eine klare Grenzziehung zwischen den einzelnen Subsystemen ist dann aber nicht mehr eindeutig möglich. Und so weitet sich das Feld der zu untersuchenden Aspekte nahezu unbeschränkt aus.[155]

Als Hilfsmittel bietet sich hier die Kombination eines sparsamen Gebrauchs von Kategorien und Konzepten (*rule of parsimony*) mit Blick auf das Wesentliche (*concern with focus*) an.[156] Es sollen also nur diejenigen Aspekte untersucht werden, die für den Fragezusammenhang aus politischer Sicht tatsächlich relevant sind.

Das zweite Problem der politischen Systemlehre besteht in der Gewichtung von Inputs und Outputs. Da durch die Feedback-Wirkung Outputs wiederum auf die Inputseite einwirken, lag das Hauptaugenmerk der Forschung gerade auf diesem Bereich. Für die westlichen Demokratien äußert sich dieses Phänomen z.B. in der Beschäftigung mit dem intermediären Bereich zwischen den gesellschaftlichen und den politischen Subsystemen. Darunter fallen die Vermittlungsagenturen wie Parteien, Interessengruppen und Medien (s.u. F.).

Diese Beschäftigung mit der Inputseite oder der Inputismus (*inputism*), wie Macridis es nennt, führt zu drei zentralen Fehlvorstellungen.

• Erstens wird dadurch eine deterministische Sichtweise politischer Ordnungen begründet. Gemäß diesem Determinismus wird das politische System durch externe Input(s) in Gang gesetzt, die sein politisches Handeln vorformen. Die 'Politik' wird damit zur abhängigen Variable.

• Zweitens wird damit einem Scientismus der Weg bereitet, der darin besteht, die Beschaffenheit und v.a. die Intensität der Inputs möglichst exakt zu messen, da ein Kausalzusammenhang zwischen Inputs und politischen Erscheinungen angenommen wird.

• Da ein solcher Kausalzusammenhang bislang unerwiesen ist, führt eine solche Untersuchung drittens oft zu einer nur oberflächlichen Zusammenstellung von gegebenen Faktoren und politischen Phänomenen, die zwar korrelieren mögen, aber keine Aussage über den Wirkzusammenhang zulassen.[157]

In der Forschungspraxis blieb das Systemmodell ebenfalls hinter den anfänglichen Erwartungen zurück. Das Problem: In seiner Anwendung wurde zumeist der Kern des politischen Systems, seine Output-Strukturen, häufig nicht nur mit den traditionellen Begriffen Legislative, Exeku-

155 Ebd., S. 8f.
156 Ebd.
157 Vgl. ebd., S. 9ff.

tive und Judikative bezeichnet, sondern auch inhaltlich mit diesen institutionalisierten Gewalten gleichgesetzt. Dadurch verlor das Modell an Trennschärfe zwischen den von Almond und Powell vorgeschlagenen Begriffen der Rolle und der Struktur. Damit näherte es sich dem Verständnis der Vergleichenden Regierungslehre an, das auf die staatlichen Institutionen ausgerichtet ist.[158] Dies führte zu verschiedenen Revisionen des Systemmodells durch Almond und Powell, die der Verständlichkeit halber in die obige Darstellung z.T. bereits eingearbeitet wurden – wie die Aufgliederung der Output-Typen. Ein weiterer Aspekt am Rande: In den späteren Darstellungen differenzierte das Systemmodell auf der Output-Seite zusätzlich zwischen Outputs (d.h. die verbindlichen Regeln und Entscheidungen) und den Outcomes (d.h. der konkreten Umsetzung einer Entscheidung). *Ein kurzes Beispiel soll hier der Verdeutlichung dienen: Ein politisches System trifft eine gesetzliche Regelung, dass alle Bürger im Rahmen derselben Versicherung renten- oder krankenversichert sein sollen (Output). Wie schnell aber entsprechende Strukturen einer solchen Versicherung geschaffen werden können, und in welchem Umfang ein solches Gesetz seine Wirkung entfalten kann (Outcome), zeigt sich erst im Verlauf seiner realpolitischen Umsetzung (= Implementation).*[159] Die verstärkte Beschäftigung mit den Outputs und v.a. Outcomes führte dazu, dass die Politikfeldforschung in den 1970er und 80er-Jahren eine regelrechte Blüte erlebte.

Etwas zeitversetzt rückten mit dem Neo-Institutionalismus unter der Parole *bring the state back in* schließlich wieder die klassischen Institutionen ins Zentrum, die allerdings nicht mehr nur formal nach ihrem normierten Rahmen betrachtet wurden, sondern auch unter dem Aspekt informeller Wirkmechanismen. „Der neue organisationstheoretische Institutionalismus skizziert den Staat als ein 'Konglomerat halbfeudaler, lose verbundener Organisationen, von denen jede ein substantielles Eigenleben führt und die miteinander und mit gesellschaftlichen Gruppen interagieren' (Olsen 1991: 96). Die Formalstruktur der Politik wird ergänzt durch informelles Regieren in vernetzten Entscheidungsstrukturen".[160]

---

158 Vgl. auch Peter Birle/Christoph Wagner: Vergleichende Politikwissenschaft: Analyse und Vergleich politischer Systeme, in: Manfred Mols/Hans-Joachim Lauth/Christian Wagner (Hrsg.): *Politikwissenschaft: Eine Einführung*, Paderborn, München, Wien, Zürich: Ferdinand Schöningh, 2003, S. 109ff. [110].
159 Vgl. ebd., S. 111.
160 Roland Czada: Institutionen/Institutionentheoretische Ansätze, in: Dieter Nohlen/Rainer-Olaf Schultze (Hrsg.): *Lexikon der Politikwissenschaft. Theorien, Methoden, Begriffe, Band 1, A-M*, München: C.H. Beck, 2002, S. 354-360 [358].

Fragen

- Welche Frage wollte Aristoteles mit Hilfe seiner Typologie klären? Erläutern Sie diese Typologie und ihre Variablen.
- Was versteht Aristoteles unter dem Begriff *Politie*?
- Welche Ziele verfolgt die Politikwissenschaft beim Vergleich politischer Ordnungen?
- Erläutern Sie den politologischen Gewaltenteilungsbegriff nach Winfried Steffani.
- Welches Kriterium ist für Winfried Steffani entscheidend bei der Unterscheidung parlamentarischer und präsidentieller Systeme? Beschreiben Sie kurz, wie dieses Kriterium in Deutschland, Großbritannien und den USA umgesetzt ist.
- Wie charakterisiert Maurice Duverger semi-präsidentielle Systeme? Wie lässt sich dieser Typ nach den Kriterien Steffanis beschreiben?
- Erklären Sie kurz die Typologie politischer Ordnungen nach Manfred Hättich. Charakterisieren Sie die Typen 1, 2 und 6.
- Wann stößt das Modell von Manfred Hättich an seine Grenzen? Wie versucht er, dieses Problem zu lösen?
- War der Nationalsozialismus eine totale oder eine totalitäre Diktatur?
- Charakterisieren Sie den Nationalsozialismus anhand der Kriterien von Friedrich und Brzezinski.
- Was bezeichnen die Begriffe *input* und *output* in der politischen Systemtheorie nach Almond und Powell?
- Welche Funktionsebenen unterscheidet das Konzept der politischen System nach Almond und Powell?
- Erläutern Sie den Unterschied von *output* und *outcome*.

 Bibliographie

Frank H. Aarebrot/Pal H. Bakka: Die Vergleichende Methode in der Politikwissenschaft, in: Dirk Berg-Schlosser/Ferdinand Müller-Rommel (Hrsg.): *Vergleichende Politikwissenschaft*, Opladen: Leske+Budrich, 1991.

Angela Adams/Willi Paul Adams (Hrsg.): *Hamilton/Madison/Jay. Die Federalist-Artikel*, Paderborn: Schöningh, 1994.

Gabriel A. Almond/G. Bingham Powell: Vergleichende Politikwissenschaft ein Überblick, in: Theo Stammen (Hrsg.): *Vergleichende Regierungslehre. Beiträge zur theoretischen Grundlegung und exemplarische Einzelstudien*, Darmstadt: Wissenschaftliche Buchgesellschaft, 1976.

Hannah Arendt: *Elemente und Ursprünge totaler Herrschaft*, München: Piper, 1996

Aristoteles: *Politik*, Zürich: Artemis, 1955.

Jürgen Bellers/Rüdiger Kipke: *Einführung in die Politikwissenschaft*, München: Oldenbourg, 1999.

Dirk Berg-Schlosser/Ferdinand Müller-Rommel: Entwicklung und Stellenwert der Vergleichenden Politikwissenschaft, in: Dirk Berg-Schlosser/Ferdinand Müller-Rommel (Hrsg.): *Vergleichende Politikwissenschaft*, Opladen: Leske+Budrich, 1991.

Dirk Berg-Schlosser/Theo Stammen: *Einführung in die Politikwissenschaft*, München: C.H. Beck, 2003.

Reinhard Bergmann: Artikel 63, in: Karl-Heinz Seifert/Dieter Hömig: *Grundgesetz für die Bundesrepublik Deutschland. Taschenkommentar*, Baden-Baden: Nomos, 1999.

Reinhard Bergmann: Artikel 64, in: Karl-Heinz Seifert/Dieter Hömig: *Grundgesetz für die Bundesrepublik Deutschland. Taschenkommentar*, Baden-Baden: Nomos, 1999.

Peter Birle/Christoph Wagner: Vergleichende Politikwissenschaft: Analyse und Vergleich politischer Systeme, in: Manfred Mols/Hans-Joachim Lauth/Christian Wagner (Hrsg.): *Politikwissenschaft: Eine Einführung*, Paderborn, München, Wien, Zürich: Ferdinand Schöningh, 2003.

Roland Czada: Institutionen/Institutionentheoretische Ansätze, in: Dieter Nohlen/ Rainer-Olaf Schultze (Hrsg.): *Lexikon der Politikwissenschaft. Theorien, Methoden, Begriffe, Band 1, A-M*, München: C.H. Beck, 2002, S. 354-360.

Karl W. Deutsch: *The Nerves of Government*, New York: The Free Press, 1963.

Karl W. Deutsch: *Politische Kybernetik. Modelle und Perspektiven*, Freiburg: Rombach, 1973.

Maurice Duverger (Hrsg.): *Les régiemes présidentielles*, Paris: PUF, 1986.

Carl Joachim Friedrich/Zbigniew Brzezinski: Die allgemeinen Merkmale der totalitären Diktatur, in: Eckhard Jesse (Hrsg.): *Totalitarismus im 20. Jahrhundert. Eine Bilanz der internationalen Forschung*, Bonn: BpB, 1999, S. 225-236.

Jürgen Hartmann: Vergleichende Regierungslehre und vergleichende Systemforschung, in: Dirk Berg-Schlosser/Ferdinand Müller-Rommel (Hrsg.): *Vergleichende Politikwissenschaft*, Opladen: Leske+Budrich, 1991.

Manfred Hättich: *Lehrbuch der Politikwissenschaft. Zweiter Band. Theorie der politischen Ordnung*, Mainz: v. Hase und Koehler, 1969.

Klaus Hildebrand: Stufen der Totalitarismus-Forschung, in: Eckhard Jesse (Hrsg.): *Totalitarismus im 20. Jahrhundert. Eine Bilanz der internationalen Forschung*, Bonn: BpB, 1999, S. 70-94.

Dieter Hömig: Artikel 82, in: Karl-Heinz Seifert/Dieter Hömig: *Grundgesetz für die Bundesrepublik Deutschland. Taschenkommentar*, Baden-Baden: Nomos, 1999.

Emil Hübner: *Parlament und Regierung*, München: Bayerische Landeszentrale für politische Bildungsarbeit, 1995.

Emil Hübner/Ursula Münch: *Das politische System Großbritanniens*, München: C.H. Beck, 1998.

Eugen Kogon: *Der SS-Staat. Das System der deutschen Konzentrationslager*, München: Heyne, 1974.

Gert Krell: *Weltbilder und Weltordnung. Eine Einführung in die Theorie der Internationalen Beziehungen*, Baden-Baden: Nomos, 2003.

Helmut Kromrey: *Empirische Sozialforschung*, Opladen: UTB, 2000.

Karl Loewenstein: *Verfassungslehre*, Tübingen: Mohr Siebeck, 1959.

Roy C. Macridis/Bernard E. Brown (Hrsg.): *Comparative Politics. Notes and Readings*, Homewood, Illinois: The Dorsey Press, 1977.

Hiltrud Naßmacher: *Politikwissenschaft*, München: Oldenbourg, 1998.

Karl-Heinz Ruffmann: Autokratie, Absolutismus, Totalitarismus. Bemerkungen zu drei historischen Schlüsselbegriffen, in: Eckhard Jesse (Hrsg.): *Totalitarismus im 20. Jahrhundert. Eine Bilanz der internationalen Forschung*, Bonn: BpB, 1999, S. 43-52.

Kurt L. Shell: Das politische System, in: Willi Paul Adams/Peter Lösche (Hrsg.): *Länderbericht USA*, Bonn: BpB, 1998, S. 207-248.

Winfried Steffani: Gewaltenteilung im demokratisch-pluralistischen Rechtsstaat, in: PVS 3 (1962), S. 256-282.

Winfried Steffani: Zur Unterscheidung parlamentarischer und präsidentieller Regierungssysteme, in: ZParl 3/83, S. 390-401.

Hartmut Wasser: Parteien und Wahlen, in: Willi Paul Adams/Peter Lösche (Hrsg.): *Länderbericht USA*, Bonn: BpB, 1998, S. 305-339.

Hartmut Wasser: Amerikanische Präsidialdemokratie, in: *Informationen zur politischen Bildung*, Bonn: BpB, 1997.

Max Weber: *Soziologische Grundbegriffe*, Tübingen: Mohr (Siebeck), 1984.

D. Akteure auf der Ebene der klassischen Gewaltentrias – Exekutive, Legislative, Judikative

1. Klassische Gewaltenteilung

Bereits Aristoteles beschreibt im vierten Buch der *Politik* die 'klassische' Dreiteilung der Gewalten in Regierung, Gesetzgebung und Richterspruch. Diese funktionale Gliederung staatlicher bzw. gesellschaftlicher Steuerungsaufgaben ist also schon seit der Antike bekannt. Doch erst sehr viel später fand sie ihren Niederschlag in den modernen Verfassungen und dies meist im Nachgang von Revolutionen oder Kriegen. Im Gegensatz dazu kann in England ein langfristiger Wandel beobachtet werden, in dessen Verlauf die Krone immer mehr Rechte an das Parlament – zunächst das Oberhaus – abtreten musste. Mit Erstarken des Bürgertums und dem Bedeutungsschwund des Adels erfolgte später eine sukzessive Verlagerung dieser Rechte an das Unterhaus. Dieser langsame und unspektakuläre Wandel wurde nur kurz durch das Cromwell-Interregnum unterbrochen.

1.1. Ständische und funktionale Gewaltenteilung

Spätestens mit dem Erstarken des Bürgertums und dem Beginn der Aufklärung wurde der Absolutismus zunehmend obsolet. Die Literatur begann, die Souveränität vom Monarchen auf das Volk zu übertragen. John Locke formulierte mit am verständlichsten, dass der Naturzustand keinen Herrscher kennt und die politische Macht bei jedem Einzelnen liegt:

„4. To understand political power aright, and derive it from its original, we must consider what estate all men are naturally in, and that is, a state of perfect freedom to order their actions, and dispose of their possessions and persons as they think fit, within the bounds of the law of Nature, without asking leave or depending upon the will of any other man.
A state also of equality, wherein all the power and jurisdiction is reciprocal, no one having more than another, there being nothing more evident than that creatures of the same species and rank, promiscuously born to all the same advantages of Nature, and the use of the same faculties, should also be equal one amongst

another, without subordination or subjection, unless the lord and master of them all should, by any manifest declaration of his will, set one above another, and confer on him, by an evident and clear appointment, an undoubted right to dominion and sovereignty."[1]

Der Ursprung politischer Gewalt liegt damit direkt und unmittelbar in jedem einzelnen Menschen. Sie lässt sich bereits hier in drei distinkte Bereiche unterteilen: Autonomie des eigenen Handelns, Autonomie des eigenen Urteils und – soweit dies im Rahmen des Naturrechts bleibt – Autonomie über die Definition der eigenen Handlungs- und Bewertungsmaßstäbe, die dem Handeln und Urteilen die jeweils spezifische Grundlage geben. Über diese funktionale Dreiteilung der Gewalten bestand grundsätzliche Einigkeit.

Uneinigkeit herrschte aber hinsichtlich der Frage, wie das Verhältnis dieser einzelnen Gewalten zueinander ausgestaltet sein sollte. Die beiden englischen Theoretiker Thomas Hobbes und John Locke vertraten diametral entgegengesetzte Vorstellungen: Der eine, Hobbes, wollte die gesamte Macht im Souverän, dem absoluten Herrscher, konzentriert wissen, dem die Bürger in einem 'Herrschaftsvertrag' ihre Rechte übertrugen, nachdem sie sich vorher gegenseitig in einem 'Verzichtsvertrag' erklärt hatten, dass ein jeder von ihnen auf sein Recht auf alles verzichten würde. Der andere, Locke, spricht sich am deutlichsten für eine klare Trennung der Gewalten aus: Die Exekutive sollte an Recht und Gesetz gebunden sein: „And, therefore, whatever form the commonwealth is under, the ruling power ought to govern by declared and received laws [. . .]".[2] Damit stand die Forderung nach Rechtsstaatlichkeit und Rechtssicherheit. Um diese zu gewährleisten war für John Locke klar: Diejenigen, die nach diesen feststehenden Gesetzen handeln, durften nicht mit der Gesetzgebung betraut sein und im Streitfall nicht selbst als Richter fungieren.

Auch hier findet die Machtverschiebung vom Einzelnen auf gemeinschaftlich konstituierte Machtträger durch einen Vertrag statt – doch nicht durch Verzicht, sondern als Mandat mit Widerrufsrecht, und mit Rückbindung der staatlichen Macht an den Gesellschaftsvertrag. Mit dieser Vorstellung von treuhänderisch übertragenen Rechten ist Locke ein Vordenker der repräsentativen Demokratie (InfoBox: Repräsentation).

---

1 John Locke: *Two Treatises of Government*, London: George Routledge and Sons, 1884, S. 192.

2 Ebd., S. 264; Zweite Abhandlung, Nr. 137.

Bei Montesquieu, der lange als Urvater der modernen Gewaltenteilung galt, finden sich die drei Teilgewalten wieder.[3] Über sein Gewaltenteilungsverständnis und seine Bedeutung für den Erfolg des Gewaltenteilungskonzeptes wird bis heute diskutiert. Ein Vorwurf lautet, dass Montesquieu den Unterschied zwischen Gewaltentrennung und Gewaltenverschränkung nicht berücksichtigt habe.[4] Max Imboden weist in diesem Zusammenhang darauf hin, dass es Montesquieu im Kern gar nicht sosehr um eine funktionale Aufgliederung der Gewalten ging, als vielmehr um eine „Synthese von monarchischen, aristokratischen und demokratischen Gestaltungsprinzipien".[5] Und tatsächlich erinnert Montesquieus Vorstellung an das Modell der Mischverfassung bei Aristoteles: die verschiedenen Bevölkerungsschichten (Stände) sollten an der Gesellschaftsordnung beteiligt werden und wechselseitig über den Erhalt der politischen Freiheit wachen. Montesquieu zielt also auf eine soziale bzw. ständische Gewaltenteilung ab, während John Locke viel stärker an den Wechselwirkungen zwischen den einzelnen Funktionen interessiert ist.

In unserem modernen Verständnis hat sich die Funktionslehre durchgesetzt. Der moderne Staat hat verschiedene Organgruppen ausgebildet, denen er die drei Grundfunktionen überträgt. Es handelt sich dabei um „drei Prozesse, nämlich

1. rechtsetzen, d.h. als prima causa [erste Ursache] das allgemeine Prinzip schaffen,
2. verfügen, d.h. die Brücke vom Allgemeinen zum Konkreten schlagen und
3. urteilen, d.h. das spezifische juristische iudicium [gerichtliche Untersuchung] vollziehen [. . .]".[6]

Die Grundfunktionen von Legislative, Exekutive und Judikative sind also: Die Herstellung allgemeinverbindlicher Regeln (Legislative), die einfache Rechtsanwendung (Exekutive) und die Rechtsanwendung und -auslegung im konkreten Streitfall (Judikative).

Der erste Blick auf verschiedene Systeme zeigt, dass es dabei ganz unterschiedliche Ausgestaltungsmöglichkeiten gibt. In der Bundesrepublik Deutschland oder in Großbritannien ist beispielsweise der Einfluss der Regierung, d.h. der Exekutive, auf den Gesetzgebungsprozess im Parla-

---

3   Montesquieu: *Vom Geist der Gesetze*, Stuttgart: Reclam, 1965.
4   Vgl. Max Imboden: *Montesquieu und die Lehre der Gewaltentrennung*, Berlin: De Gruyter, 1959, S. 7ff.
5   Ebd., S. 17.
6   Ebd., S. 12.

ment (Legislative) deutlich größer, als in den USA. Zum einen besitzen die Regierungen in Berlin und London ein Initiativrecht, sie können also Gesetzesvorschläge einbringen; zum anderen stützen sie sich auf die Parlamentsmehrheit und haben damit ein operatives Übergewicht zur Opposition. Der US-Präsident besitzt selbst kein Initiativrecht, er kann seine Wünsche jedoch indirekt u.a. über Parteifreunde mit Parlamentsmandat einbringen. Sein Einfluss auf Parlamentsentscheidungen ist schon allein deshalb wesentlich geringer als der des deutschen Bundeskanzlers oder des britischen Premiers, weil eine parlamentarische Fraktionsdisziplin u.a. aufgrund der relativen Unabhängigkeit der Regierung vom Parlament und der schwachen Parteistrukturen nicht besteht.

Exekutive und Legislative sind also in der parlamentarischen Demokratie stärker miteinander verschränkt, während sie in der präsidentiellen Demokratie deutliche Züge einer distinkteren Trennung aufweisen.

Repräsentation

„*Repräsentation* ist die rechtlich autorisierte Ausübung von Herrschaftsfunktionen durch verfassungsmäßig bestellte, im Namen, jedoch ohne bindenden Auftrag des Volkes handelnde Organe eines Staates oder sonstigen Trägers öffentlicher Gewalt, die ihre Autorität mittelbar oder unmittelbar vom Volke ableiten und mit dem Anspruch legitimieren, dem Gesamtinteresse des Volkes zu dienen und auf diese Weise dessen wahren Willen zu vollziehen."
Repräsentativsysteme können nach zwei Seiten hin abgegrenzt werden: Auf der einen Seite stehen nicht-repräsentative Systeme, die ihre Legitimation nicht aus der Trias Volk, Gesamtinteresse und Volkswillen ableiten, die Diktaturen. Auf der anderen Seite stehen nicht-repräsentative Systeme, die ihre Legitimation auch auf diese Trias stützen, die unmittelbaren bzw. direkten Demokratien.
Problematisch bleibt, ob die Repräsentanten tatsächlich immer den „wahren" Willen derjenigen erkennen, die sie vertreten. Diese nur normativ zu entscheidende Frage verweist auf den Konflikt zwischen Vertretern eines imperativen und eines freien Mandats (InfoBox: Freies Mandat) und die gesellschaftliche Bedeutung von Eliten.

Ernst Fraenkel: Repräsentation, in: Ernst Fraenkel / Karl Dietrich Bracher (Hrsg.): *Staat und Politik*, Frankfurt: Fischer, 1964, S. 294.

1.2. Parlamentarische und präsidentielle Demokratie – Grundtypen der Machtbalancierung

Der tabellarische Überblick soll noch einmal die Hauptunterschiede zwischen parlamentarischem und präsidentiellem System nach Winfried Steffani verdeutlichen:[7]

Tab. 3: Parlamentarisches und präsidentielles System im Überblick. Eigene Darstellung nach E. Hübner: Parlament und Regierung, S. 15ff.

Parlamentarisches System	Präsidentielles System
Parlament und Regierung gehen aus demselben Wahlgang hervor. ⇒ Die Regierung hängt von der Parlamentsmehrheit ab. *Tendenz zur Gewaltenverschränkung*	Parlament und Regierung gehen aus getrennten Wahlgängen hervor. ⇒ Sie verfügen jeweils über eine eigenständige Legitimation. *Tendenz zur Gewaltentrennung*
Die Regierung kann – aus politischen Gründen – durch das Parlament abberufen werden.	Der Präsident kann nur bei – strafrechtlich relevanten oder anderen schwerwiegenden Verfehlungen – in einem *impeachment*-Verfahren angeklagt werden.
Starke Fraktionsdisziplin	Schwache Fraktionsdisziplin
Die Regierung kann das Parlament auflösen und Neuwahlen veranlassen.	Der Präsident kann das Parlament nicht auflösen.
In der Regel kann oder muss der Regierungchef dem Parlament angehören. Allerdings gibt es etwa in den Niederlanden ein Inkompatibilitätsgebot. Keine einheitlichen Regelungen auch für die übrigen Regierungsämter.	Das Amt des Präsidenten ist mit einem Parlamentsmandat grundsätzlich nicht kompatibel. Inkompatibilität auch für die übrigen Regierungsämter mit Ausnahme des Vizepräsidenten (Vorsitzender des Senats).
Doppelte Struktur der Exekutive, d.h. das Amt des Regierungschefs ist vom Amt des Staatschefs getrennt. (Kanzler und Präsident; Premier und König/in)	Geschlossene Struktur der Exekutive, d.h. das Amt des Regierungschefs ist mit dem des Staatschefs in einer Person verbunden.
Gesetzesinitiative der Regierung möglich.	Gesetzesinitiative der Regierung formal nicht möglich.
Kein Vetorecht der Regierung. Jedoch z.T. Ausnahmen etwa Finanzgesetze i.S. Art. 112 und Art. 113 GG.	Vetorecht des Präsidenten.

---

7   Zum folgenden Überblick vgl. C.2.1.2.3.1.

2. Exekutive

In den meisten demokratischen Staaten ist die Exekutive nach einem der beiden Grundmuster – der parlamentarischen Form oder der präsidentiellen Form – ausgestaltet. Daneben gibt es Mischtypen, in denen Elemente beider Typen zu finden sind, darunter die Fünfte Republik Frankreichs.[8] Der Bereich der Exekutive umfasst nicht nur die Regierung im engeren Sinne, sondern auch die Ministerial- und Verwaltungsstrukturen. „Im Präsidentialismus kann zur Exekutive auch die Regierung als institutionell von der Legislative getrenntes Organ gezählt werden."[9] Dennoch bestehen gewisse Verschränkungen, das heißt: die Regierung nimmt zum Teil Einfluss auf die Legislative – etwa durch indirekte Gesetzesinitiativen – und die Legislative ist an exekutiven Funktionen beteiligt, z.B. beim Einsatz der Streitkräfte.[10] Im parlamentarischen System besteht eine funktionale Verschränkung von Exekutive und Legislative, die sich u.a. im direkten Initiativrecht der Regierung äußert. Zusätzlich besteht eine institutionelle Verschränkung, die sich besonders in der Kreation der Regierung aus der parlamentarischen Mehrheit und in der Vereinbarkeit von Regierungsamt und Parlamentsmandat zeigt. Diese Kompatibilität ist in den meisten Fällen möglich oder obligatorisch.[11] Daher kann die Regierung in diesem Typus nicht „als Organ der reinen Exekutive bezeichnet werden".[12] Als Prototypen werden in der Literatur häufig die USA (präsidentiell) und Großbritannien (parlamentarisch) herangezogen.[13]

2.1. Grundsätze der Organisation der Regierung

Regierungen sind in verschiedenen politischen Ordnungen unterschiedlich organisiert. Hierbei ist zunächst zu unterscheiden zwischen der direkten politischen Entscheidungsebene und der Ausführungsebene. Dies heißt nicht, dass die Ausführung von Politik unpolitisch wäre. Ganz im Gegenteil ist zu beobachten, dass gerade die Umsetzung politischer Entscheidun-

---

8   Vgl. Roy C. Macridis: *Modern Political Regimes. Patterns and Institutions*, Boston, Toronto: Little, Brown and Co., 1986, S. 27.

9   Suzanne S. Schüttemeyer: Exekutive, in: Dieter Nohlen/Rainer-Olaf Schultze (Hrsg.): *Lexikon der Politikwissenschaft. Theorien, Methoden, Begriffe, Band 1, A-M*, München: C.H. Beck, 2002, S. 211.

10   Vgl. ebd.

11   Vgl. ebd.

12   Ebd.

13   Vgl. Roy C. Macridis: *Modern Political Regimes. Patterns and Institutions*, Boston, Toronto: Little, Brown and Co., 1986, S. 27.

gen in spezifische Politiken eine außerordentliche politische Wirkungs-
mächtigkeit haben kann. Aus analytischen Gründen macht es dennoch
Sinn, zunächst einmal zwischen der Regierung im engeren Sinne und der
Verwaltung zu differenzieren.

Die Regierung im engeren Sinne besteht aus dem jeweiligen Kabinett,
bzw. der Administration und den entsprechenden Ministerien. Es versteht
sich, dass je nachdem ob man es mit einem parlamentarischen oder einem
präsidentiellen System zu tun hat, Regierungen unterschiedlich organisiert
sind. Im präsidentiellen System laufen alle Entscheidungsstränge beim
Präsidenten und seinem entsprechenden Büro zusammen. Das Parlament
wird zwar einbezogen, steht aber eben im Sinne eines abgetrennten Teils
der Regierungsgewalt eher der Regierung gegenüber. Im parlamentarischen System wird die Regierung, verstanden als Kabinett mit den entsprechenden Ministerien viel stärker darauf achten, schon im Vorfeld mit den
sie tragenden Parlamentsmehrheiten zusammenzuarbeiten. Insoweit also
besteht eine viel stärkere Verflechtung der Gewalten als es in diesem Sinne
im präsidentiellen System der Fall ist. In den Sonderfällen der gemischten
Systeme wird das Bild noch komplexer. Dies kann im Extremfall dazu führen, dass in Systemen wie dem französischen ein Präsident, sofern ihn eine
unterschiedliche politische Stimmenmehrheit trägt, gegen einen Premierminister regieren muss. Diese sogenannte Kohabitation lässt sich in Frankreich besonders gut studieren, eine Entwicklung, die an sich wesensfremd
ist und sich im Besonderen auf die historischen Begleitumstände der Verfassungsgebung der fünften Republik zurückführen lässt.[14]

Regierungen in präsidentiellen Systemen sind insoweit von ähnlicher
Struktur, als typischerweise der Präsident, aufgrund der ihm zugewiesenen
Exekutivgewalt sich weniger auf ein Kabinett stützt, wie es der Premierminister oder Kanzler in einem parlamentarischen System nötig hat. Auch
wenn es hier Unterschiede zwischen verschiedenen Präsidialkabinetten
festzustellen gibt, bleibt dennoch wesensfremd, dass ein kollektives Gremium, wie das Kabinett, über die Grundzüge der Politik entscheidet. Andererseits wäre es vermessen, den Kanzler oder Premierminister mit seinen
entsprechenden Machtinstrumenten zu unterschätzen. Gerade im Kanzleramt, aber auch im Presse- und Informationsamt sind wichtige Institutionen
geschaffen worden, durch die ein Regierungschef seine Ministerien kontrollieren kann. Die entsprechenden sogenannten Spiegelministerien achten

---

14 Vgl. Adolf Kimmel: Der Verfassungstext und die lebende Verfassung, in: Marieluise
Christadler/Herik Uterwedde (Hrsg.): *Länderbericht Frankreich. Geschichte. Politik.
Wirtschaft. Gesellschaft*, Bonn: bpb, 1999, S. 306-325 [314ff.].

darauf, dass sich Politik in den Ministerien nicht verselbständigt, d. h. dass das Kanzleramt immer auf dem Laufenden darüber ist, was in den Ministerien beraten wird. Besonders wichtig ist dies naturgegeben in Koalitionsregierungen, in denen im Besonderen der Kanzler darauf angewiesen ist, die von dem Koalitionspartner kontrollierten Ministerien, wenn nicht kontrollieren, so doch zumindest einschätzen zu können. Die Rivalitäten zwischen dem Außenministerium und dem Bundeskanzleramt in der deutschen Außen- und Europapolitik sind hierfür außerordentlich erhellend.

2.2. Funktionen der Regierung

Die Funktionen exekutiver Institutionen sind vielfältig und kreisen im Besonderen um den Handlungsaspekt, wohingegen das Parlament auf Beratung angelegt ist. Die politische Steuerung des Staates ist demgemäß der zentrale Aspekt des Regierens. Daneben erfüllen Regierungen weitere zentrale Aufgaben. Im Einzelnen lassen sich in Anlehnung an Marcus E. Ethridge[15] folgende unterschiedliche Funktionen benennen.

- Zum einen haben Regierungen die Aufgabe, diplomatische Funktionen zu übernehmen. Die Regierungen sind die maßgeblichen Akteure der Außenpolitik. Veranschaulicht man sich das Tagesgeschäft der internationalen Politik, wird einem sofort klar, dass ein Parlament nicht in der Lage wäre, beispielsweise Verhandlungen zu führen. Dies gilt nicht zuletzt wegen der Geheimhaltung von diplomatischen Kontakten, bzw. deren Diskretion. Darüber hinaus lassen sich auch die Einflüsse persönlicher Verhältnisse zwischen Akteuren nicht überschätzen. Wenn man sich die Geschichte der internationalen Politik anschaut, wird man immer wieder auf die Beschreibung und den Einfluss der sogenannten Chemie zwischen Personen zu sprechen kommen. So ist bekannt, dass beispielsweise die Ostverträge der Bundesrepublik Deutschland mit der Sowjetunion nicht zuletzt aufgrund der guten persönlichen Chemie zwischen Willi Brandt und Leonid Breschnew zustande kamen. Andererseits ist ebenfalls auf das hervorragende Verhältnis zwischen Helmut Kohl und Francois Mitterrand zu verweisen, die die Europäische Union in den 1980er-Jahren entscheidend nach vorne brachten. Dem gegenüber lassen sich das gespannte, um nicht zu sagen Nicht-Verhältnis zwischen Helmut Schmidt und Jimmy Carter oder recht aktuell die prekäre per-

---

15 Marcus E. Ethridge/Howard Handelman: *Politics in a changing World. A complete Introduction to Political Science*, New York: St. Martin's Press, 1994, S. 201-208.

sönliche Abneigung von Gerhard Schröder gegenüber George W. Bush für die gegenteiligen Einflüsse anführen.

- Darüber hinaus haben Regierungen die Aufgabe des sogenannten Krisenmanagements. Hier ist Schnelligkeit von Entscheidungen gefordert, sei es nun bei Fragen der inneren Sicherheit oder bei Katastrophenfällen.
- Eine weitere wichtige Funktion der Regierungen ist die oberste Militärgewalt. Üblicherweise ist der Regierungschef Oberbefehlshaber, wenngleich er in vielfältige Parlamentsmitsprachen eingebunden ist. Als Beispiel für die prekäre Konstellation zwischen Exekutive und Legislative sei hier der *war powers act* erwähnt, mit dem der amerikanische Kongress die imperialen Präsidentschaftsaspirationen von Nixon beantwortete.[16] Ähnlich zu bewerten ist der vom Bundesverfassungsgericht anhand des Einsatzes der NATO außerhalb des Bündnisgebietes formulierte Parlamentsvorbehalt, wonach zwar die Exekutive über eine außen- und sicherheitspolitische Prärogative verfüge, der letztendliche Entscheidungsprozess aber dem Parlament und der Zustimmung durch das Parlament vorbehalten sei. Das Problem ist offensichtlich. In entsprechenden Bedrohungslagen wird ein Regierungschef schnell entscheiden müssen, weil nicht erst ein Parlament über einen Einsatz von Truppen beschließen kann. Gleichfalls zu beachten ist die Schutzvorkehrung gegenüber einem für eine Demokratie zwar relativ unwahrscheinlichen, nichtsdestotrotz nicht auszuschließenden Militärputsch. Dem widerspricht die oberste Befehlsgewalt des Regierungschefs. Das Militär steht damit letztlich unter einer politischen Führung.
- Als weitere zentrale Funktion von Exekutiven ist die oberste Verwaltungsherrschaft zu nennen. Obwohl die Ministerien vom Minister und der entsprechenden Bürokratie regiert werden, unterstehen sie dennoch sowohl dem Kabinetts- als auch dem Kanzlerprinzip. Verwaltungshandeln kann nur aufgrund klarer Kompetenzzuweisungen erfolgreich sein. Ebenfalls bedeutsam ist dabei, dass die Regierung über die entsprechenden administrativen Apparate jedenfalls in der Spitze entscheidet. Hier sei beispielhaft auf die enorme Auswirkung des Ernennungsprozesses der obersten Verwaltungsspitzen durch den amerikanischen Präsidenten verwiesen, der nach seiner Wahl Spitzenbeamte in einer Größenordnung von etwa 4.000 Posten ernennt, respektive versetzt oder entlässt. Die

---

16 Knud Krakau: Außenbeziehungen der USA, 1945-1975, in: Willi Paul Adams/Peter Lösche (Hrsg.): *Länderbericht USA*, Bonn: BpB, 1998, S. 169-204 [178ff.].

Exekutive verlässt sich hier selbstverständlich auf das Prinzip, dass Personen für eine spezifische Politik stehen (*people are policy*).

- Im gleichen Zusammenhang ist als nächstes die politische Initiativgewalt zu nennen, die in der Regel von der Regierung ausgeht. Dies ist in parlamentarischen Systemen selbstverständlich, aber auch in strikt gewaltenteilenden Systemen wie dem präsidentiellen System, beispielsweise der USA, ist es die Exekutive, die in der Verfassungswirklichkeit die politische Initiative hat. In diesem Zusammenhang sei kurz auf die Skizze des US-amerikanischen gewaltenteilenden Systems verwiesen (s. A.5.2.), in dem die Präsidentschaftsinitiative mittlerweile extrem stark zugenommen hat. Eine zentrale Initiative der Regierung stellt die Vorlage des Haushalts vor. Diese Budgetvorlage entspricht dem ebenfalls exklusiven Recht des Parlaments auf die Haushaltsbewilligung, bzw. -ablehnung. Es versteht sich, dass nur eine Regierung den entsprechenden Überblick darüber hat, welche Mittel Ministerien für ihr Handeln benötigen. Bei ihr laufen die entsprechenden Informationen zusammen und sie wird dann diese Informationen in einen Haushaltsentwurf einbringen, der im Parlament prominent behandelt wird. Dies ist daran erkennbar, dass Haushaltsdebatten nicht nur über den Haushalt geführt werden, sondern in der Regel die Stunde einer Generalabrechnung bzw. Bilanz der Regierungspolitik durch die Opposition herausfordern.

- Gerade hier zeigt sich dann auch die letzte Funktion der Regierung, die schlicht darin besteht, Regierungshandeln deutlich zu machen. Dies kann zum einen in der konkreten Vorstellung und Identifikation politischer Inhalte mit einer Exekutive resultieren, lässt sich aber auch durchaus symbolisch verstehen. Diese sogenannte symbolische Führung, die nicht unwesentlich auch vom Charisma der jeweiligen Führungspersönlichkeit abhängt, trägt sehr maßgeblich dazu bei, dass in der Bevölkerung Loyalität und darüber hinaus Bereitschaft zur aktiven Teilnahme am politischen Prozess besteht. Nur wenn es der entsprechenden Exekutive gelingt, auch durch symbolisches Handeln Vertrauen zu gewinnen, kann Politik auf entsprechende Zustimmung rechnen.

2.3. Regierung als Handlungsstruktur

2.3.1. Regierung im parlamentarischen Typ

In parlamentarischen Regierungssystemen wird die Regierung vom Kabinett übernommen. Das Kabinett besteht aus dem Regierungschef und seinen Ministern. Das Amt des Regierungschefs besteht unabhängig neben dem Amt des Staatschefs (doppelte Exekutivstruktur) – etwa die englische Königin oder der deutsche Bundespräsident. Das Parlament berät und beschließt Gesetze und kontrolliert den Haushalt. Es ernennt und entlässt den Premierminister und teils auch seine Minister.[17] Theoretisch wird durch diese Anordnung ein Übergewicht des Parlaments erzeugt[18], das auch für die Bundesrepublik Deutschland vermutet wurde.[19] Die Kritik ging davon aus,

- dass durch die starke Abhängigkeit einer Regierung, die von der Parlamentsmehrheit abberufen werden kann, zwangsläufig eine Dominanz der Legislative etabliert würde[20], und
- dass sich die Regierung in ihrem Handeln nach den Wünschen der parlamentarischen Mehrheit richten müsse.[21]

Diese Befürchtungen haben sich nicht bestätigt. Vielmehr zeigt sich – sowohl für Großbritannien, als auch für Deutschland –, dass die Entwicklung starker, geschlossen agierender Parteien dieses Verhältnis umgekehrt hat.[22] Die relativ meisten Gesetzgebungsverfahren gehen heute von der Regierung aus. So brachte die Bundesregierung der BRD in den Jahren 1949-1998 57,7 Prozent der Gesetzesanträge ein, von denen rund 75 Prozent angenommen wurden.[23] In Großbritannien liegt der Anteil der Regierungsinitiativen zwar deutlich geringer, dafür haben diese eine höhere Chance verabschiedet zu werden, die teils 100 Prozent beträgt.[24] Die *policy*, d.h. der Inhalt der Politik, wird damit ganz wesentlich von der Regierung (mit)bestimmt.[25]

---

17 Ebd., S. 27f.
18 Ebd., S. 28.
19 Vgl. Hans Peters: *Die Gewaltentrennung in moderner Sicht*, Opladen: Westdeutscher Verlag, 1954, S. 11.
20 Vgl. ebd., S. 12.
21 Vgl. ebd., S. 11.
22 Vgl. Roy C. Macridis: *Modern Political Regimes. Patterns and Institutions*, Boston, Toronto: Little, Brown and Co., 1986, S.28.
23 Vgl. Wolfgang Rudzio: *Das politische System der Bundesrepublik Deutschland*, Opladen: Leske + Budrich, 2000, S. 274.
24 Thomas Saalfeld: *Großbritannien. Eine politische Landeskunde*, Opladen: Leske + Budrich, 1998, S. 128.
25 Vgl. Roy C. Macridis: *Modern Political Regimes. Patterns and Institutions*, Boston, Toronto: Little, Brown and Co., 1986, S. 28.

2.3.2. Der Regierungschef im parlamentarischen Typ

Die Dominanz liegt in parlamentarischen Systemen beim Kabinett bzw. beim Kanzler oder Primeminister. Für Großbritannien, aber auch für Deutschland, wurde eine Verlagerung des Machtzentrums beschrieben, die von der parlamentarischen Demokratie ausging und ihren Weg über die Kabinettsregierung (*cabinet government*) hin zur Kanzlerdemokratie (*prime-ministeral government*) nahm.[26] Prototypen für die Dominanz des Regierungschefs bestehen mit den frühen Jahren der Kanzlerschaft Konrad Adenauers (CDU), d.h. von 1949-1961, und mit der Amtszeit von Margaret Thatcher (Conservatives) von 1979-1990.

In der deutschen Politikwissenschaft wurde die Kanzlerdemokratie unter anderem von Karlheinz Niclauß beschrieben.[27] Er diagnostizierte mehrere Faktoren, die kumulativ zu einer überproportionalen Machtakkumulation in der Rolle des Kanzlers führen:

- Die Dominanz des Kanzlerprinzips über Ressort- und Kabinettsprinzip;
- Personalunion von Kanzleramt und der Rolle des Parteichefs;
- starker innerparteilicher Rückhalt;
- großes außenpolitisches Engagement;
- ein deutlicher Unterschied zwischen Regierungsparteien und Opposition;
- die Personalisierung der politischen Auseinandersetzung sowie
- ein Prestigevorsprung des Kanzlers in der Öffentlichen Meinung.[28]

Die herausragende Stellung des Regierungschefs basiert vor allem auf seiner *Richtlinienkompetenz*, die ihm ermöglicht, die Grundausrichtung der Regierungspolitik festzulegen. Zudem kann er die Anzahl und die Ressorts der Ministerien, d.h. ihre Zuständigkeiten, verändern. In der Bundesrepublik Deutschland findet die Richtlinienkompetenz ihren Ausdruck in Art. 65 Satz 1 GG; die Möglichkeit des Neuzuschnitts der Ressorts lässt sich aus Art. 64 Abs. 1 und Art. 65 Satz 2 GG ableiten. In Großbritannien sind diese Möglichkeiten des Regierungschefs nicht schriftlich fixiert, sondern historisch bzw. habituell verankert.[29]

---

26 Vgl. Gert-Joachim Glaeßner: *Demokratie und Politik in Deutschland*, Opladen: Leske + Budrich, 1999, S. 226.; Roland Sturm: Staatsordnung und politisches System, in: Hans Kastendiek/Karl Rohe/Angelika Volle (Hrsg.): *Länderbericht Großbritannien. Geschichte. Politik. Wirtschaft. Gesellschaft*, Bonn: bpb, 1998, S. 194-223.

27 Karlheinz Niclauß: *Kanzlerdemokratie. Bonner Regierungspraxis von Adenauer bis Kohl*, Stuttgart: Kohlhammer, 1988.

28 Vgl. ebd., S. 67ff.

Art. 64 GG Ernennung und Entlassung der Bundesminister

(1) Die Bundesminister werden auf Vorschlag des Bundeskanzlers vom Bundespräsidenten ernannt und entlassen.

(2) Der Bundeskanzler und die Bundesminister leisten bei der Amtsübernahme vor dem Bundestage den in Artikel 56 vorgesehenen Eid.

Art. 65 GG Verantwortlichkeitsverteilung in der Bundesregierung; Richtlinienkompetenz des Bundeskanzlers

[1]Der Bundeskanzler bestimmt die Richtlinien der Politik und trägt dafür die Verantwortung. [2]Innerhalb dieser Richtlinien leitet jeder Bundesminister seinen Geschäftsbereich selbständig und unter eigener Verantwortung. [3]Über Meinungsverschiedenheiten zwischen Bundesministern entscheidet die Bundesregierung. [4]Der Bundeskanzler leitet ihre Geschäfte nach einer von der Bundesregierung beschlossenen und vom Bundespräsidenten genehmigten Geschäftsordnung.

Aus diesen Normen lässt sich das *monokratische Kanzlerprinzip* herleiten, das die Kabinettsstruktur wesentlich prägt. Es gründet zum einen in der Richtlinienkompetenz (Art. 65 S. 1) und zum anderen in der Verantwortlichkeit des Kanzlers für die Politik, aber auch die Amtsführung seiner Minister. Hinzukommt das deutliche Abhängigkeitsverhältnis der Minister vom Regierungschef, da er ihre Entlassung herbeiführen kann (Art. 64 Abs. 1). In Großbritannien zeigte sich die zentrale Bedeutung des Regierungschefs sehr deutlich, als Primeminister Macmillan im Jahr 1962 ein Drittel seines Kabinetts entließ und auf insgesamt 24 Regierungsposten Veränderungen vornahm.[30] Die herausragende Stellung des Primeminister als erster Diener des Staates wird durch seine Ernennung durch das Staatsoberhaupt noch unterstrichen; der britische Premier wird nicht – wie der deutsche Bundeskanzler – vom Parlament gewählt.[31]

Einen wesentlichen Beitrag zur Stärkung der Machtposition des Regierungschefs hat in beiden Ländern die Errichtung eines eigenen Amtes bewirkt. *Downing Street No. 10* und das *Bundeskanzleramt* unterstützen die Regierungschefs in ihren Koordinationsaufgaben und organisieren ihre Kommunikation. Während die Struktur der Bundesregierung mit ihrer konstitutionellen Verankerung und ihrer näheren Ausführung durch die

---

29 Vgl. hierzu Roland Sturm: Staatsordnung und politisches System, in: Hans Kastendiek/Karl Rohe/Angelika Volle (Hrsg.): *Länderbericht Großbritannien. Geschichte. Politik. Wirtschaft. Gesellschaft*, Bonn: bpb, 1998, S. 194-223 [203f.].

30 Vgl. Emil Hübner/Ursula Münch: *Das politische System Großbritanniens. Eine Einführung*, München: C.H. Beck, 1998, S. 124.

31 Vgl. Thomas Saalfeld: *Großbritannien. Eine politische Landeskunde*, Opladen: Leske + Budrich, 1998, S. 101.

Geschäftsordnung bestimmt ist, blieb die Struktur der englischen Regierung lange im Dunklen. Erst der konservative Premierminister John Major, Nachfolger von Margaret Thatcher, bestätigte im Jahr 1992, dass es innerhalb der Regierung verschiedene Kabinettszirkel und -ausschüsse, mit wechselnden Besetzungen und variierender Aufgabenzuweisung gibt, und legte deren Zahl und Zusammensetzung offen.[32] Mit diesem Zugeständnis legte er den Grundstein für deren Verselbständigung. Denn, so das Argument von Roland Sturm, solange diese Strukturen im Verborgenen geblieben waren, gab es keine Handhabe gegen die Auflösung und Einsetzung „bestimmter Strukturen der Regierungsorganisation".[33] Die Bedeutung des britischen Premiers resultiert also auch aus seiner wesentlich besseren Einflussmöglichkeit auf die strukturellen Rahmenbedingungen seiner eigenen Rolle. In der realtypischen Umsetzung zeigt der Vergleich England/ Deutschland Ausgestaltungsmöglichkeiten einer Kabinettsregierung.

2.3.3. Ressourcen des Regierungschefs in Großbritannien und Deutschland

In Großbritannien bildet der Premier häufig innerhalb des Kabinetts „themenbezogenen interministerielle Arbeitsgruppen" mit variabler Lebensdauer, die *Cabinet Committees* (Kabinettsausschüsse) und führt in den besonders wichtigen selbst den Vorsitz. Über die Ergebnisse der übrigen Ausschüsse wird er durch Beamte des *Cabinet Office* (Kabinettsamts) informiert.[34] Die Koordination der *Cabinet Committees* läuft also im *Cabinet Office* zusammen.[35] Weitere Unterstützung erhält der Primeminister durch das *Private Office*, dessen Mitarbeiter ihm bei der Beantwortung parlamentarischer Anfragen und der Korrespondenz zuarbeiten.[36] Mit der *Policy Unit* steht dem englischen Regierungschef ein Think Tank beratend zur Seite. Die Unit wurde 1974 unter Harold Wilson installiert und übernimmt die strategische und politische Beratung des Premiers. Zudem überwacht sie die „Durchführung wichtiger politischer Programme in den Fachministerien" und gewährleistet die Kommunikation zwischen Ministe-

---

32 Vgl. hierzu Roland Sturm: Staatsordnung und politisches System, in: Hans Kastendiek/Karl Rohe/Angelika Volle (Hrsg.): *Länderbericht Großbritannien. Geschichte. Politik. Wirtschaft. Gesellschaft*, Bonn: bpb, 1998, S. 194-223 [205f.].
33 Ebd.
34 Vgl. Thomas Saalfeld: *Großbritannien. Eine politische Landeskunde*, Opladen: Leske + Budrich, 1998, S. 103.
35 Ebd.
36 Ebd.

144

rien und Premierminister. Aufgrund dieser zentralen Stellung beschickt der Regierungschef die *Policy Unit* mit Personen seines Vertrauens. Unter Tony Blair wurden in *Downing Street No. 10* zusätzlich ein *Strategic Communications Unit* sowie eine *Information and Research Unit* gebildet, die zum einen die Pressearbeit unterstützt und „Gesamtkonzepte zur Darstellung der Regierungspolitik" erarbeitet bzw. „eine computergestützte Datenbasis für alle Politikfelder" zur internen Koordination unterhält und aktualisiert (Abb. 13).[37]

Abb. 13: Ressourcen des britischen Premiers. Eigene Darstellung nach Th. Saalfeld 1998, S. 101ff.

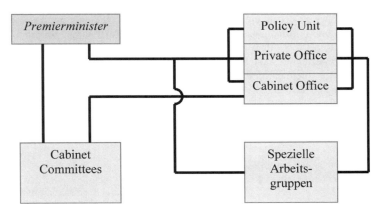

Der deutsche Bundeskanzler ist viel stärker in einen normierten Kontext einbezogen. Mit dem Bundeskanzleramt, das am 16. September 1949 gegründet wurde – also einen Tag nach der Wahl Adenauers zum Bundeskanzler[38] –, steht dem Kanzler ein Apparat zur Verfügung, der ihm „die Koordinierung und Kontrolle des Regierungsprozesses" ermöglichen soll.[39] Dabei kommen zwei Strategien zur Anwendung: (1) Im Bundeskanzleramt wurde im Laufe seines Bestehens sukzessive ein Referentensystem auf- und ausgebaut, dessen sachliche Aufteilung jene der Ministe-

---

37 Vgl. Bernd Becker: *Politik in Großbritannien*, Paderborn: Schöningh, 2002, S. 137.
38 Vgl. Manfred Görtemaker: *Geschichte der Bundesrepublik Deutschland. Von der Gründung bis zur Gegenwart*, München: C.H. Beck, 1999, S. 108.
39 Wolfgang Rudzio: *Das politische System der Bundesrepublik Deutschland*, Opladen: Leske + Budrich, 2000, S. 287.

rien abbildeten – die 'Spiegelreferate'. Dies erleichtert es, die Arbeit in den Ministerien nachzuvollziehen. Nach Bedarf werden zusätzlich Querschnittsreferate und Stäbe geschaffen, die überwiegend koordinatorische Aufgaben übernehmen. (2) Durch regelmäßige Konferenzen der Staatssekretäre wurde der Informationsfluss aus Ministerien und Ämtern verbessert und diese zum Teil als Kontrollwerkzeug instrumentalisiert.[40] Die Hauptaufgabe des Bundeskanzleramts besteht in der Information des Kanzlers, „der Vorbereitung seiner Entscheidungen" und der Abstimmung der Bundesministerien. Daneben bereitet es als Sekretariat der Regierung die Sitzungen und Entscheidungen des Kabinetts vor.[41] Dem Bundeskanzler direkt unterstellt sind der Bundesnachrichtendienst (BND), der jedoch nur für die Beschaffung von Auslandsinformationen zuständig ist und damit keine zentrale Bedeutung für die Position des Kanzlers einnimmt, und das Presse- und Informationsamt der Bundesregierung. Auch diese Stelle dient in der Regel nicht dem Zugang des Kanzlers zu politischer Information und der gezielten Darstellung seiner politischen Vorstellungen. Dies zeigt sich schon allein darin, dass dort bei Koalitionsregierungen, eine Doppelspitze installiert wird, die die Koalitionspartner repräsentiert.[42]

Abb. 14: Ressourcen des deutschen Bundeskanzlers. Eigene Darstellung nach W. Rudzio 2000, S.287f.

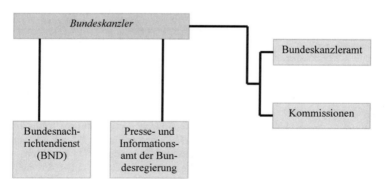

40 Ebd.
41 Ebd., S. 288.
42 Ebd.

Sowohl für Großbritannien als auch für Deutschland kann festgestellt werden, dass der Regierungschef mittels eines Ausbaus seiner eigenen Strukturen zur Stärkung der eigenen Position beigetragen hat. Allerdings muss in diesem Zusammenhang die Notwendigkeit gesehen werden, durch den Aufbau dieser Strukturen das Ungleichgewicht zwischen dem Regierungschef und den Ministern zu beheben, da diese über den umfangreichen Mitarbeiterstab ihrer Ministerien verfügen.[43] Zudem ist in der Tendenz festzustellen, dass sich Kanzler und Premier mit ihren Positionen – über die Medien – verstärkt direkt an das Volk wenden.[44] Für beide Systeme gilt auch, dass sich die reale Macht des Regierungschefs abhängig zu seiner Persönlichkeit und zu seinem Amtsverständnis verhält. So konnten besonders charismatische oder autoritäre Amtsinhaber wie Adenauer, Kohl, Thatcher oder Blair eine größere Machtfülle in ihrem Amt aggregieren, als etwa Ludwig Erhard, Kurt Georg Kiesinger oder John Major.[45]

2.3.4. Die Stellung des Regierungschefs im präsidentiellen Typ

Roy C. Macridis stellt fest, dass der Präsident in allen präsidentiellen Systemen an der Spitze eines verzweigten und differenzierten Exekutiv-Netzwerks steht.[46] Die Machtfülle des Amtes ist zweifach legitimiert: (1) durch die verfassungsmäßige Normierung und (2) durch die eigenständige Legitimation des Präsidenten durch direkte Wahlen.[47]

Das Amt des Präsidenten umfasst folgende Aufgaben:[48]

- Staatschef
- Chef der Bundesverwaltung (Art. 2 Abschnitt 1 Abs. 1 US-Verfassung)
- Oberster Heeresführer (Art. 2 Abschnitt 2 Abs. 1 US-Verfassung)
- Außenpolitische Vertretung (Art. 2 Abschnitt 2 Abs. 2 US-Verfassung)
- Parteichef

---

43 Ebd., S. 287.
44 Für Großbritannien vgl. Roland Sturm: Regierung und Verwaltung, in: Bundeszentrale für politische Bildung (Hrsg.): *Großbritannien*, Informationen zur politischen Bildung, Nr. 262, Bonn: bpb, 1999, S. 6-14 [9].
45 Vgl. Kanzlerdemokratie, s.o. 2.3.2.
46 Roy C. Macridis: *Modern Political Regimes. Patterns and Institutions*, Boston, Toronto: Little, Brown and Co., 1986, S. 30.
47 Trotz der Zwischeninstanz des Wahlmännerkollegs kann von einer direkten Wahl ausgegangen werden. Die Wahlmänner sind entweder per Gesetz oder Konvention an ihr vorab bekanntes Votum gebunden.
48 Vgl. Roy C. Macridis: *Modern Political Regimes. Patterns and Institutions*, Boston, Toronto: Little, Brown and Co., 1986, S. 30f.

- Protagonist des Gemeinwohls
- Impulsgeber

Der bedeutsamste Unterschied zum parlamentarischen Regierungssystem liegt in der Unabhängigkeit des Präsidenten. Nur im Falle des Verrats, der Bestechung oder anderer schwerwiegender Verbrechen oder Vergehen kann er in einem Amtsenthebungsverfahren (*impeachment*) angeklagt werden.[49] In diesem entscheidet der Senat – bei einem *impeachment* gegen den Präsidenten unter Vorsitz des Obersten Bundesrichters – mit Zwei-Drittel-Mehrheit.[50] Das Strafmaß ist auf die Entfernung aus dem Amt und die Aberkennung der Befähigung zum Staatsdienst beschränkt. Eine anschließende strafrechtliche Würdigung des Vorwurfes ist durch das Amtsenthebungsverfahren nicht ausgeschlossen.[51] Andere Möglichkeiten der Amtsenthebung, etwa aus politischen Gründen oder aufgrund veränderter Mehrheitsverhältnisse, bestehen nicht. In der politischen Praxis kamen Amtsenthebungsverfahren gegen den Präsidenten nur selten zum Einsatz. So wurde erst 80 Jahre nachdem die Verfassung durch die Zustimmung New Yorks am 26. Juli 1788 faktisch in Kraft getreten war[52], ein erster Versuch unternommen, den amtierenden Präsidenten durch ein *impeachment* aus seinem Amt zu entfernen. Andrew Johnson (1865-1869) überstand das Verfahren denkbar knapp, denn es fehlte nur eine Stimme für die benötigte Zwei-Drittel-Mehrheit.[53] In jüngerer Zeit war das Amtsenthebungsverfahren nur zweimal von Bedeutung: Richard M. Nixon legte sein Amt am 8. August 1974 im Zusammenhang mit den Ermittlungen in der Watergate-Affäre nieder, nachdem der Rechtsausschuss des Repräsentantenhauses die Einleitung des *impeachment* empfohlen hatte.[54] Gegen Bill Clinton wurde aufgrund der Lewinsky-Affäre das *impeachment* einge-

---

49 Vgl. Art. 2 Abschnitt 4 US-Verfassung.
50 Vgl. Art. 1 Abschnitt 3 Abs. 6 US-Verfassung.
51 Vgl. Art. 1 Abschnitt 3 Abs. 7 US-Verfassung.
52 Eigentlich war nur die Ratifizierung durch neun Föderationsmitglieder notwendig. Damit war die Verfassung theoretisch bereits am 21. Juni 1788 gültig geworden, als mit New Hampshire der neunte Staat ratifiziert hatte. Zur letztendlichen Durchsetzung fehlte aber noch der Rückhalt v.a. der großen Staaten. Vgl. hierzu: Jürgen Heideking: Revolution, Verfassung und Nationalstaatsgründung, 1763-1815, in: Willi Paul Adams/Peter Lösche (Hrsg.): *Länderbericht USA*, Bonn: BpB, 1998, S. 18-41 [33].
53 Vgl. Jörg Nagler: Territoriale Expansion, Sklavenfrage, Sezessionskrieg, Rekonstruktion, 1815-1877, in: Willi Paul Adams/Peter Lösche (Hrsg.): *Länderbericht USA*, Bonn: BpB, 1998, S. 42-72 [66].
54 Vgl. Manfred Berg: Die innere Entwicklung: Vom Zweiten Weltkrieg bis zur Watergate-Krise 1974, in: Willi Paul Adams/Peter Lösche (Hrsg.): *Länderbericht USA*, Bonn: BpB, 1998, S. 144-204 [166].

leitet, weil ihm im Zusammenhang mit einer Befragung zur Sache Falsch-
aussage vorgeworfen wurde.

In seiner Amtsführung ist der Präsident weitgehend frei von parteitakti-
schen Überlegungen, da er nicht auf die tragende Unterstützung einer Parlamentsfraktion angewiesen ist. Zwar fällt ihm mit seiner Wahl das Amt
des Parteichefs zu[55], doch leitet sich aus diesem kein disziplinierender
Anspruch gegenüber seiner Partei ab, wie er in parlamentarischen Regierungssystemen notwendig ist. Aus diesem Grund besteht auch keine zwin-
gende Konkurrenz zwischen der Parteiführerschaft und seiner Rolle als
Protagonist des Gemeinwohls. Vom Präsidenten wird vielmehr erwartet,
dass er sein Handeln an dem orientiert, was er für das Gemeinwohl bzw.
das nationale Interesse hält. Daher ist von seiner Seite aus mit Blick auf
eine Wiederwahl der Wille der Wähler ein nicht zu vernachlässigender
Faktor. Durch seine spezielle Stellung wird er zum Impulsgeber und Initia-
tor politischer Forderungen. Gerade seine regelmäßigen *Reden an die
Nation* tragen zur Meinungsbildung, zur Herstellung von Mehrheiten und
zur Mobilisierung der Öffentlichkeit bei.[56]

2.3.4.1. Präsident und Gesetzgebung

Der Präsident hat kein Gesetzesinitiativrecht, dennoch kann er über den
Umweg loyaler Abgeordneter seine Vorschläge im Kongress einbringen
lassen. Auch als „*Agenda Setter*" erlangt der Präsident „eine große Rolle
im legislativen Prozess".[57] Da er im Zentrum der medialen Aufmerksamkeit steht, ist es ihm möglich, seine Vorstellungen und Prioritäten vor
einem breiten Publikum zu präsentieren, um Zustimmung und Unterstützung zu werben und so das Meinungsklima zu beeinflussen.[58] Um direkteren Einfluss auf die legislativen Vorgänge im Kongress nehmen zu können,
wurde unter Eisenhower das *Office of Congressional Relations* im Weißen
Haus installiert. Das Büro orientiert sich in seinem Aufbau an den Strukturen des Kongresses und agiert als „Informations- und Lobbying-Organisa-
tion des Präsidenten"[59] – es versucht also, die legislativen Entscheidungen

---

55 Vgl. Roy C. Macridis: *Modern Political Regimes. Patterns and Institutions*, Boston,
    Toronto: Little, Brown and Co., 1986, S. 30.
56 Vgl. ebd., S. 31.
57 Kurt L. Shell: Das politische System, in: Willi Paul Adams/Peter Lösche (Hrsg.):
    Länderbericht USA, Bonn: BpB, 1998, S. 207-248 [233].
58 Ebd.
59 Ebd.

149

über Druckmittel und Anreize im Sinne des Präsidenten zu beeinflussen oder Mehrheiten für die präsidiale Agenda zu organisieren.

Eine direkte Eingriffsmöglichkeit in den Gesetzgebungsprozess bietet das Vetorecht des Präsidenten. Beschlossene Gesetze muss der Präsident innerhalb von zehn Tagen unterschrieben oder mit einer Veto-Erklärung an den Kongress zurücksenden. Das Gesetz ist durch ein Veto zwar nicht endgültig gescheitert, denn der Kongress kann zusammen mit dem Senat das Veto mit einer Zwei-Drittel-Mehrheit in beiden Häusern überwinden; doch ist damit eine hohe Hürde gelegt und die Statistik verdeutlicht, dass das Veto eine sehr effiziente Möglichkeit bietet, unliebsame Gesetze zu blockieren: Zwischen 1789 und 2003 wurden nur 106 von 1.484 regulären Vetos durch den Kongress überwunden.[60]

Eine absolute Veto-Möglichkeit besitzt der Präsident gegen Ende der Sitzungsperiode des Kongresses. Eine Klausel in der 10-Tages-Frist-Regelung besagt, dass ein Gesetz automatisch in Kraft tritt, wenn der Präsident es nicht fristgerecht an den Kongress zurückgibt; es sei denn, der Kongress vertagt sich vor Ablauf der Frist.[61] Verweigert der Präsident seine Unterschrift in dieser Situation, so ist das Gesetz 'gestorben', sobald der Kongress sein Sitzungsperiode beendet hat. In diesem Fall müsste es erneut verhandelt und beschlossen werden. Seit 1789 wurde dieses *pocket veto* in 1.066 Fällen angewandt.[62]

Insgesamt ergibt sich damit eine Statistik von insgesamt 2.550 Vetos, von denen 106 – das entspricht etwa 4,16 Prozent – zurückgewiesen wurden. Es ist daher verständlich, dass bereits die Androhung eines Einspruchs dazu führen kann, dass Änderungswünsche des Präsidenten im Gesetzgebungsverfahren berücksichtigt werden.

2.3.4.2. Chef der Exekutive

Als Chef der Exekutive steht der Präsident vor einem Problem, das dem Bundeskanzler und dem Primeminister unbekannt ist: Das Kabinett, das ihm zur Seite steht und mit den *secretaries* der *departments* (Ministerien) besetzt ist, unterliegt nicht nur seinem Einflussbereich, denn die Ministerien – aber auch andere Ämter – sind per Gesetz durch den Kongress initi-

---

60 http://www.infoplease.com/ipa/A0801767.html, abgerufen am 07.09.2004.
61 Art. 1 Abschnitt 7 Abs. 2 US-Verfassung.
62 http://www.infoplease.com/ipa/A0801767.html, abgerufen am 07.09.2004.

iert und mit Aufgaben betraut. Eine Änderung der Ressorts oder eine
Umstrukturierung bedürfte daher der Zustimmung des Kongresses, der im
Falle einer Neuregelung auch seinen eigenen Zugriff auf die Bürokratie im
Auge hätte. „Die Verwaltung der USA ist so zwei Herren unterworfen."[63]

Auch bei der Ernennung der *secretaries* unterliegt der Präsident zwei
Zwängen: Zum einen ist er auf die Zustimmung des Senats angewiesen,
zum anderen begleicht er mit der Vergabe der Posten „Wahlkampf-Schul-
den", d.h. er muss auf regionale, ethnische und religiöse Gruppen achten
„sowie ideologische Segmente seiner Wähler-Koalition [. . .] integrieren".[64] Der US-Präsident kann sich bei der Bestellung seines Kabinetts
daher nicht auf Parteifreunde beschränken wie etwa der britische Premier.

Aus diesem Grund ist der engere Beraterkreis des Präsidenten im *White
House Office* angesiedelt, zu dem nur wirkliche Vertraute des Präsidenten
Zugang haben und das dem Zugriff des Kongress entzogen ist. Zu diesem
Kreis gehört meist auch der Vizepräsident[65], der dem Präsidenten bereits
im Wahlkampf als *running mate* zur Seite steht. Ursprünglich war in Art. 2
Abschnitt 1 der Verfassung vorgesehen, dass der Kandidat mit der zweit-
höchsten Stimmenzahl Vizepräsident wird. Die Regelung wurde durch das
zwölfte *amendment* im Jahr 1804 geändert. Sie hatte sich als unpraktikabel
erwiesen, denn die zweithöchste Stimmenzahl entfiel erwartungsgemäß
auf den politischen Gegner, so dass sich kaum eine Zusammenarbeit zwischen dem Präsidenten und seinem Stellvertreter entwickeln konnte. Mit
dem 12. Verfassungszusatz wurde festgelegt, dass der Vizepräsident aus
einem eigenen Wahlgang hervorgeht. Der Vizepräsident ist der zweite
Mann im Staat. Er vertritt den Präsidenten, wenn dieser an der Amtsausü-
bung verhindert ist und tritt im Todesfall an seine Stelle. Gemäß der Verfassung ist der Vizepräsident Vorsitzender des Senats, bleibt mit Ausnahme
einer Patt-Situation jedoch ohne Stimmrecht.[66]

Die Exekutivstruktur, in die der US-Präsident eingebettet ist, wird mit
dem *White House Office* durch einen persönlichen Beraterstab geprägt[67], in
dem die eigentlichen Entscheidungen des Präsidenten getroffen werden.
Wer in diesem Gremium letztlich vertreten ist und welche Interessen dort
im Besonderen Eingang finden, hängt wesentlich von den Präferenzen des

---

63 Kurt L. Shell: Das politische System, in: Willi Paul Adams/Peter Lösche (Hrsg.):
    Länderbericht USA, Bonn: BpB, 1998, S. 207-248 [237].
64 Ebd.
65 Ebd., S. 238.
66 Art. 1 Abschnitt 3 Abs. 4 US-Verfassung.
67 Ebd., S. 239.

Präsidenten und den gegebenen politischen Notwendigkeiten ab. Daneben verfügt er über das *Executive Office of the President*, eine semi-autonome Körperschaft, die verschiedene Funktionen ausübt, darunter die Bereitstellung von Informationen und Forschungsergebnissen, Koordination und die Festlegung der Richtlinien in einzelnen Politikbereichen.[68] Erst an nachrangiger Stelle sind die Minister und das *cabinet* zu nennen (Abb. 15).

2.3.4.3. Divided Government

Eine weitere Eigenheit des präsidentiellen Typs resultiert aus den unabhängigen Wahlgängen, die über den Präsidenten und die Kandidaten für den Kongress entscheiden. Seit Ende des Zweiten Weltkrieges kann in der Tendenz eine Flexibilisierung der Wählerschaft festgestellt werden: Im Jahr 1948 hatten noch 62 Prozent der Wähler eine eindeutige Parteipräferenz, die sich auf allen politischen Ebenen (Bund, Bundesstaaten, District usw.) niederschlug. Die übrigen 38 Prozent verteilten ihre Stimmen auf die Kandidaten verschiedener Parteien (*ticket splitting*). Dieses Verhältnis hatte sich zu Beginn der 1980er-Jahre „nahezu umgekehrt".[69] Das Resultat waren die Phasen des *divided government* unter den Republikanern Ronald Reagan und George Bush sr., die zeitweise mit einem demokratisch dominierten Kongress kooperieren mussten; dem Demokraten Bill Clinton stand zeitweilig ein republikanisch kontrolliertes Parlament entgegen.[70] In diesen Konstellationen zeigte sich, dass die rigide Trennung zwischen exekutiver und legislativer Gewalt ein massives Hindernis – bis hin zum *deadlock* – für den Präsidenten sein kann, wenn er bei der Umsetzung seiner politischen Ziele auf die Mithilfe des Parlaments angewiesen ist; allerdings muss diese gegenseitige Blockade keineswegs notwendigerweise automatisch eintreten.[71]

2.3.5. Die Regierung im semi-präsidentiellen System

In der Typologie von Winfried Steffani wurden die semi-präsidentiellen Systeme als parlamentarische Systeme mit präsidialer Dominanz eingeord-

---

68 Vgl. Roy C. Macridis: *Modern Political Regimes. Patterns and Institutions*, Boston, Toronto: Little, Brown and Co., 1986, S. 31.

69 Vgl. Hartmut Wasser: Institutionen im politischen System, in: Bundeszentrale für politische Bildung (Hrsg.): *Politisches System der USA*, Informationen zur politischen Bildung, Nr. 199, Bonn: bpb, 1997, S.6-24 [10].

70 Ebd.

71 Vgl. Winand Gellner: Die Blockade der politischen Gewalten in den USA, in: APuZ B8-9/1996, S. 3-10.

Abb. 15: Ressourcen des US-Präsidenten. Eigene Darstellung nach aktuellen Angaben auf Grundlage von R. Macridis 1985, S. 32. Stand: August 2004.

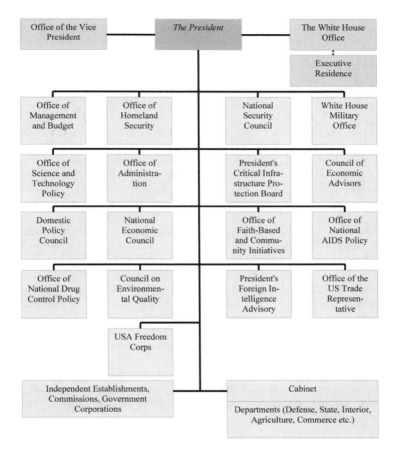

net, da der Regierungschef (Premierminister) vom Parlament abberufen werden kann. Auch Roy Macridis weist in seiner Darstellung aus dem Jahr 1985 noch auf die weitreichenden Befugnisse des französischen Präsidenten hin. Er stellt fest:

„What is worth nothing is that the executive has been divided into two parts: the major part is the president, while the lesser one is the cabinet. The cabinet is the creature of the president, executing his major policy guidelines: financial, economic, social, strategic, and in foreign policy. Any disagreement between the prime minister and the president is resolved quickly, as has been the case a number of times, with the resignation of the prime minister and the nomination of his successor by the President."[72]

Dieses Verständnis befremdet heute nach langen Jahren der *cohabitation* ein wenig, ist aber aus seinem Entstehungskontext heraus gut nachvollziehbar. In der Praxis der V. Republik hatte sich sehr schnell ein Parteiensystem entwickelt, in dem sich zwei Blöcke gegenüberstanden: Gaullisten und Sozialisten.[73] Durch die Einführung des absoluten Mehrheitswahlrechts im Jahr 1958 begünstigt, stellten bereits die Wahlen zur Nationalversammlung vom 18. und 25. November 1962 klare Mehrheiten her. In diesem Jahr wurde die langjährige Dominanz des republikanisch-konservativen Lagers begründet. Üblicherweise fiel, auch aufgrund stabiler Parteibindungen der Wähler, Präsidentenamt und Parlamentsmehrheit an dieselbe Partei, so dass die Regierung in der Regel einen großen Spielraum besaß. Im Jahr 1967 antwortete der damalige Präsident Charles de Gaulle auf die Frage nach einer immerhin möglichen *cohabitation*: Er werde in diesem Fall nicht zurücktreten, man müsse dann aber sehen, „wie man *mit* der Verfassung regieren könne".[74] Dies deutet darauf hin, dass die Konzentration der beiden Ämter in den Händen einer Partei zu einem flexiblen Gebrauch der Verfassung führte; im Besonderen zu einer Machtkonzentration im Amt des Präsidenten zulasten des Amts des Regierungschefs.[75] In dieser Konstellation verfügt der französische Präsident tatsächlich über „personal and discretionary powers that no other president holds in any

---

72 Roy C. Macridis: *Modern Political Regimes. Patterns and Institutions*, Boston, Toronto: Little, Brown and Co., 1986, S. 34.

73 Vgl. ebd.

74 Vgl. Adolf Kimmel: Der Verfassungstext und die lebenden Verfassungen, in: Marieluise Christadler/Herik Uterwedde (Hrsg.): *Länderbericht Frankreich. Geschichte. Politik. Wirtschaft. Gesellschaft*, Bonn: bpb, 1999, S. 306-325 [317].

75 Ebd., S. 316. Vgl. auch Roy C. Macridis: *Modern Political Regimes. Patterns and Institutions*, Boston, Toronto: Little, Brown and Co., 1986, S. 34.

presidential system, even in the United States".[76] Sein Vorteil gegenüber dem US-Präsidenten besteht dann darin, dass er als zentrale Figur der Partei massiven Einfluss auf die Wahl des Regierungschefs nehmen kann und mit einem Kabinett zusammenarbeitet, das seinen Vorstellungen entspricht.

Macridis schließt seine Betrachtung über den Semi-Präsidentialismus mit der Frage, ob dieser der Belastung durch eine divergierende parteipolitische Ausrichtung von Präsident und Parlament/Regierung gewachsen ist. Er bleibt die Antwort aber schuldig.[77] Mittlerweile wurde diese Antwort durch die politische Wirklichkeit nachgeliefert.

Tab. 4: Präsident, Regierung und Premierminister in der französischen Verfassung.

In der *cohabitation* mindert sich die präsidiale Macht zugunsten des Parteichefs und nimmt im Wesentlichen den verfassungsrechtlich fixierten Status an. Diese Aufgabenverteilung sieht vor, dass der/die	
Präsident	Regierung *(R)*/Premierminister *(P)*
über die Einhaltung der Verfassung wacht. (Art. 5 Abs. 1)	R. die Politik bestimmt und leitet. (Art. 20 Abs. 1 S. 1) P. die Tätigkeit der Regierung leitet. (Art. 21 Abs. 1 S. 1)
die außenpolitische Vertretung übernimmt und koordiniert. (Art. 5 Abs. 2) (Art. 52) (Art. 14)	(–)
die ordnungsgemäße Ausübung der öffentlichen Gewalt überwacht. (Art. 5 Abs. 1)	R. über die Verwaltung verfügt. (Art. 20 Abs. 1 S. 2) P. die Ausführung der Gesetze gewährleistet. (Art. 21 Abs. 1 S. 3)
den Premierminister ernennt. (Art. 8 Abs. 1 S. 1)	P. auf Beschluss des Ministerrates die Vertrauensfrage über sein Regierungsprogramm oder eine Erklärung zur allgemeinen Politik stellt. (Art. 49 Abs. 1)

76 Roy C. Macridis: *Modern Political Regimes. Patterns and Institutions*, Boston, Toronto: Little, Brown and Co., 1986, S. 33.
77 Vgl. Roy C. Macridis: *Modern Political Regimes. Patterns and Institutions*, Boston, Toronto: Little, Brown and Co., 1986, S. 35.

den Premierminister entlässt, wenn dieser den Rücktritt der Regierung anbietet. (Art. 8 Abs. 1 S. 2)	P. auf Beschluss des Ministerrates die Vertrauensfrage mit einer Abstimmung über eine Vorlage koppeln kann. (Art. 49 Abs. 3)
die übrigen Mitglieder der Regierung auf Vorschlag des Regierungschefs ernennt und entlässt. (Art. 8 Abs. 2)	(–)
Volksentscheide anordnen kann, wenn bestimmte Bedingungen vorliegen. (Art. 11 Abs. 1)	R. die Gesetzesinitiative ausübt. (Art. 48 Abs. 1)
die Nationalversammlung nach Beratung mit dem Premierminister und den Präsidenten der Kammern auflösen kann. (Art. 12)	(–)
den Oberbefehl über die Streitkräfte führt und die Landesverteidigung leitet. (Art. 15)	R. verfügt über die Streitkräfte. (Art. 20 Abs. 1 S. 2) P. ist für die Landesverteidigung verantwortlich. (Art. 21 Abs. 1 S. 2)
im Falle eines Notstands, nach förmlicher Beratung mit dem Premierminister, den Präsidenten der Kammern und dem Verfassungsrat, die erforderlichen Maßnahmen trifft.	(–)

Die französische Verfassung (FV) beinhaltet also zum Teil Kompetenzüberschneidungen der beiden Ämter und konstituiert mit einer Regierung, in der Präsident und Parlamentsmehrheit von der gleichen Partei gestellt werden, eine Sphäre, in der sich die Macht des Präsidenten ausdehnen kann. Bildhaft gesprochen entmachtet der Präsident in dieser Konstellation seinen Premierminister und ordnet ihn seinen eigenen politischen Vorstellungen unter, gleichsam als ersten Diener in der Administration. In der *cohabitation* kann sich der Premierminister auf seine verfassungsmäßig garantierten Rechte und Zuständigkeiten stützen, so dass hier die Macht des Präsidenten begrenzt wird. Ähnliches ist bei einer einheitlichen Regierung nicht denkbar, denn der Präsident wird keinen Premierminister dulden, der so starken Rückhalt in der Partei genießt, dass er ihm ebenbürtig gegenüberstünde.

Abb. 16: Präsident, Premier und Regierung in Frankreich. Darstellung nach A. Kimmel (1999:315).

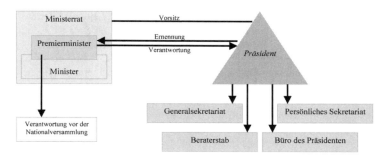

2.4. Das Kabinett als Kollektivakteur – Binnenstruktur der Regierung

In parlamentarischen Systemen kommt dem Kabinett auch eine Funktion als Kollektivakteur zu, die in präsidentiellen Systemen notwendigerweise entfallen muss. In diesen besitzt der Präsident die letztinstanzliche Zuständigkeit für die Geschäfte der Exekutive. Die einzelnen Untereinheiten der Exekutive arbeiten zwar koordiniert, aber autonom an der Erfüllung ihres – teils gesetzlich fixierten – Auftrags. Es ergibt sich somit das Bild, dass die Strukturen entweder durch den Präsidenten oder durch den Kongress in Gang gesetzt werden. Sie üben keine besonderen Befugnisse aus, die ihnen als Kollektiv übertragen wurden.

Die Stellung des Kabinetts als Kollektivakteur zeigt sich in seinen genuinen Zuständigkeiten und weist verschiedene Ausprägungen auf. Die Kabinettsstruktur folgt im Wesentlichen drei Prinzipien:
- dem monokratischen Kanzlerprinzip/der Dominanz des Premierministers;
- dem Ressortprinzip sowie
- dem kollegialen Kabinettsprinzip.

(1) Das *monokratische Kanzlerprinzip* stützt sich in der Bundesrepublik Deutschland auf drei Komponenten:
- Die Wahl des Bundeskanzlers (Art. 63 GG, Art. 67 GG),
- die Richtlinienkompetenz des Kanzlers (Art. 65 Satz 1 GG) und
- seine Rolle bei der Bildung der Bundesregierung (Art. 64 Abs. 1 GG).

Der Bundeskanzler ist das einzige Mitglied der Bundesregierung, das direkt durch den Bundestag gewählt wird. Seine Wahl vollzieht sich entweder auf dem regulären Weg des Art. 63 GG oder durch das erfolgreiche Misstrauensvotum des Art. 67. Ist der Kanzler gewählt, verfügt er über die Richtlinienkompetenz des Art. 65 Satz 1 GG, d.h. er „bestimmt die Richtlinien der Politik und trägt dafür die Verantwortung". Damit steht der Kanzler über den anderen Mitgliedern des Kabinetts und kann auch einen Mehrheitsbeschluss seiner Kabinettskollegen abweisen.[78] Dies folgt schon aus der Abhängigkeit der Minister vom Kanzler, denn diese werden auf seinen Wunsch hin durch den Bundespräsidenten aus dem Amt entlassen. Die Nachrangigkeit der Minister hat sich auch in der Geschäftsordnung der Bundesregierung niedergeschlagen, in der die Organisationsgewalt des Bundeskanzlers verankert wurde: Allein der Kanzler bestimmt über Anzahl und Geschäftsbereiche der einzelnen Bundesministerien.[79] Eine Einschränkung ergibt sich dabei aus Zugeständnissen an den Koalitionspartner und innerparteiliche Lager.

In Großbritannien ist die Arbeit des Kabinetts durch analoge Prinzipien gekennzeichnet. Zwar wird „[d]er Verfassungstheorie zufolge [. . .] das Vereinigte Königreich kollektiv vom Kabinett regiert" und der Premierminister gilt nur als primus inter pares[80], doch hat sich in der Verfassungspraxis seit den 1920er-Jahren eine Dominanz des Premiers herausgebildet.[81]

Der Premierminister wird durch den Monarchen ernannt und bedarf keiner Bestätigung durch das Parlament. Bei klaren Mehrheitsverhältnissen geht das Amt an den Vorsitzenden der stärksten Partei.[82] Dieser erhält den Auftrag der Regierungsbildung, die nach einem konventionell verankerten Verfahren abläuft: Der Premier stellt zunächst sein Kabinett zusammen und schlägt es dem Monarchen vor. Dieser stimmt den Personalwünschen habituell zu.[83] Die Minister und die

---

78 Vgl. Wolfgang Rudzio: *Das politische System der Bundesrepublik Deutschland*, Opladen: Leske + Budrich, 2000, S. 285.

79 Ebd.

80 Thomas Saalfeld: *Großbritannien. Eine politische Landeskunde*, Opladen: Leske + Budrich, 1998, S. 101.

81 Vgl. Bernd Becker: *Politik in Großbritannien*, Paderborn: Schöningh, 2002, S. 141.

82 Vgl. ebd., S. 107. An dieser Stelle wird auch das Vorgehen bei unklaren Mehrheitsverhältnissen beschrieben. Auf eine Darstellung wird verzichtet, weil der Wahlausgang in Großbritannien in den letzten Jahrzehnten recht klare Ergebnisse lieferte.

83 Thomas Saalfeld: *Großbritannien. Eine politische Landeskunde*, Opladen: Leske + Budrich, 1998, S. 101.

Ressorts sind somit in Großbritannien ebenso vom Regierungschef abhängig wie in der BRD. Die Größe des Kabinetts variierte im 20. Jahrhundert zwischen 16 und 24 Kabinettsministern, allerdings haben nicht alle Minister automatisch Kabinettsstatus, so dass ihre Zahl nach oben abweichen kann.[84] Der Primeminister hat ebenso wie der Bundeskanzler eine Richtlinienkompetenz und trägt die politische Verantwortung.[85] Auch der britische Premier muss bei der Wahl seines Kabinetts gegebenenfalls auf innerparteiliche Flügel Rücksicht nehmen, ist aber insgesamt doch sehr frei in seinen Personalentscheidungen.

Ähnlich gestaltet sich auch die französische Regelung: Gemäß Art. 8 Abs. 1 der Verfassung wird der Premierminister durch den Präsidenten ernannt. Der Premier leitet die Tätigkeit der Regierung (Art. 21 Abs. 1) und kann einzelne Befugnisse an Minister delegieren (Art. 21 Abs. 2). Diese werden als weitere Regierungsmitglieder durch den Präsidenten ernannt (Art. 8 Abs. 2). Unterschiede bestehen darin, dass gemäß Art. 20 die gesamte Regierung mit der Leitung der Politik beauftragt wird und vor dem Parlament die Verantwortung trägt. Eine gravierende Einschränkung des Amtes des Premierministers ergibt sich aus dem Übergewicht des Präsidenten, wenn beide der gleichen Partei angehören.

(2) Das *Ressortprinzip* beschreibt die Selbständigkeit und Verantwortlichkeit der Minister der jeweiligen Ressorts. Die gerade in parlamentarischen Regierungen zu beobachtende Praxis, dass ein und dieselbe Person mit der Leitung wechselnder Ministerien beauftragt wird, legt nahe, dass bei den Ministern Fachkompetenz oft nur bedingt angesiedelt ist und vielmehr bei den Mitarbeitern des Ministeriums liegt. Dennoch ist der Minister als Chefkoordinator seines Ressorts verantwortlich für Fehler seines Hauses – bis hin zum Rücktritt. Aus diesem Grund sind die Minister hochgradig von der Loyalität ihres Stabes abhängig. Dies gilt auch, wenn die Abberufung eine Ministers nicht durch das Parlament, sondern allein durch den Regierungschef als Dienstherr der Minister verfügt werden kann wie in Deutschland.

Im Vergleich zeigt sich auch hier wieder der typische Unterschied in der Verankerung des Prinzips: Während es sich in Großbritannien suk-

---

84 Vgl. Bernd Becker: *Politik in Großbritannien*, Paderborn: Schöningh, 2002, S. 143.
85 Vgl. Roland Sturm: Staatsordnung und politisches System, in: Hans Kastendiek/Karl Rohe/Angelika Volle (Hrsg.): *Länderbericht Großbritannien. Geschichte. Politik. Wirtschaft. Gesellschaft*, Bonn: bpb, 1998, S. 194-223 [204].

zessive entwickelte und kraft Konvention Geltung erlangte[86], ist es in der Bundesrepublik Deutschland auf Verfassungsebene in der Regelung des Art. 65 Satz 2 GG niedergelegt. In Frankreich fehlt eine explizite Regelung durch die Verfassung, sie kann aber implizit aus verschiedenen Normen ermittelt werden: Die Einsetzung der Minister und die Aufgabenzuweisung erfolgt auf Veranlassung oder unmittelbar durch den Regierungschef (Art. 8 Abs. 2; Art 21 Abs. 3 FV). Die Minister werden auf seinen Wunsch hin abberufen (Art. 8 Abs. 2 FV). Die Minister zeichnen die Verfügungen, mit deren Ausführungen sie betraut wurden, gegen (Art. 22 FV). Und sie können Änderungsanträgen in das parlamentarische Gesetzgebungsverfahren einbringen (Art. 44 Abs. 1 FV).

(3) Auch das *kollegiale Kabinettsprinzip* ist in den verschiedenen Systemen unterschiedlich gestaltet. Es bezieht sich auf kollektive Handlungsbefugnisse, die das Kabinett nach außen wahr nimmt, etwa gegenüber dem Präsidenten, dem Parlament usw.; und solche die es nach innen besitzt.

In der Bundesrepublik Deutschland stützt sich das kollegiale Kabinettsprinzip nach *innen* besonders auf Art. 65 Satz 3 und 4 GG. Dort ist geregelt, dass Meinungsverschiedenheiten zwischen Bundesministern kollektiv durch die Bundesregierung ausgeräumt werden. Die detaillierten Ausführungsbestimmungen für ihre Arbeit legt die Bundesregierung selbst in einer Geschäftsordnung nieder, die der Bundespräsident genehmigt. Dementsprechend wurde die Geschäftsordnung vom 11.5.1951 mehrfach geändert. Der Grundsatz kollegialer Entscheidung und Verantwortung bedeutet auch, dass Kritik innerhalb der Regierung in der Regel nicht öffentlich, sondern intern formuliert wird.

Nach *außen* verfügt die Bundesregierung als Kollektivakteur unter anderem über:

- ein eigenständiges Gesetzesinitiativrecht (Art. 76 Abs. 1);
- das Recht, bei Zustimmungsgesetzen die Einberufung des Ermittlungsausschusses zu beantragen (Art. 77 Abs. 2 S. 4);

---

86 Vgl. u.a. Thomas Saalfeld: *Großbritannien. Eine politische Landeskunde*, Opladen: Leske + Budrich, 1998, S. 101; Roland Sturm: Staatsordnung und politisches System, in: Hans Kastendiek/Karl Rohe/Angelika Volle (Hrsg.): *Länderbericht Großbritannien. Geschichte. Politik. Wirtschaft. Gesellschaft*, Bonn: bpb, 1998, S. 194-223 [204]; Bernd Becker: *Politik in Großbritannien*, Paderborn: Schöningh, 2002, S. 141.

- die Möglichkeit, Rechtsverordnungen zu erlassen, soweit ein solcher Auftrag gesetzlich erteilt wurde (Art. 80 Abs. 1);
- die Möglichkeit, beim Bundespräsidenten einen Antrag auf Erklärung des Gesetzgebungsnotstandes zu stellen (Art. 81 Abs. 1);
- die Möglichkeit, mit Zustimmung des Bundesrates allgemeine Verwaltungsvorschriften zu erlassen, u.a. hinsichtlich der einheitlichen Ausbildung von Beamten und Angestellten (Art. 85 Abs. 2);
- die Möglichkeit das Bundesverfassungsgericht anzurufen (u.a. Verwirkung von Grundrechten, Parteienverbot, Organstreit, Bund-Länderstreit, abstrakte Normenkontrolle).

Auch in Großbritannien trägt das Kabinett die Entscheidungen der Regierung kollektiv. Einzelne Minister, die in ihrer Meinung abweichen, haben die Möglichkeit, ihre Kritik intern zu artikulieren, etwa bei den wöchentlichen Kabinettssitzungen.[87] Bei grundsätzlichem Dissens mit der „Politik des Gesamtkabinetts und des Premierministers" bleibt dem jeweiligen Ressortleiter als letztes Mittel der Rücktritt.[88] Diese Konvention der Kabinettsdisziplin wird in der Regel meist eingehalten, so dass Kritiker ihre Einwände in der Regel erst nach ihrem Ausscheiden aus der Regierung öffentlich artikulieren. Für Großbritannien kann eine zunehmende Zentrierung auf den Primeminister festgestellt werden. Hierzu gehört die verkürzte Dauer der Kabinettssitzungen, in denen nur mehr die „formal notwendige Zustimmung der Minister" eingeholt wird.[89] Die Entscheidungen selbst fallen zunehmend in bilateralen Gesprächen zwischen dem Regierungschef und dem zuständigen Minister oder werden von Ad-hoc-Gruppen vorbereitet.[90]

In Frankreich betraut die Verfassung durch Art. 20 Abs. 1 FV kollektiv die 'Regierung' damit, die Politik der Nation zu bestimmen und zu leiten. Nach Maßgabe des Art. 38 FV steht ihr eine Notsandsgesetzgebung zu, sie kann im Gesetzgebungsverfahren die Einsetzung eines speziellen Prüfungsausschusses erwirken. Darüber hinaus ist der Ministerrat mit eigenen Rechten ausgestattet, darunter die Beratung über die Gesetzesentwürfe und die Erklärung des Belagerungszustandes.

---

87 Roland Sturm: Staatsordnung und politisches System, in: Hans Kastendiek/Karl Rohe/Angelika Volle (Hrsg.): *Länderbericht Großbritannien. Geschichte. Politik. Wirtschaft. Gesellschaft*, Bonn: bpb, 1998, S. 204.
88 Thomas Saalfeld: *Großbritannien. Eine politische Landeskunde*, Opladen: Leske + Budrich, 1998, S. 102.
89 Vgl. Bernd Becker: *Politik in Großbritannien*, Paderborn: Schöningh, 2002, S. 141f.
90 Vgl. ebd.

Informelle Strukturen

Neben den rechtlich fixierten Strukturen, die der Hauptgegenstand der Vergleichenden Regierungslehre sind, bilden sich im Umfeld der Regierung in der Regel auch informelle Strukturen aus. Diese entziehen sich einer generalisierten Beschreibung zum Teil deshalb, weil sie im Wesentlichen durch persönliche Präferenzen und Eigenschaften der Machtträger bedingt sind und der Öffentlichkeit häufig verborgen bleiben. Einige Beispiele: Im präsidentiellen System der USA besteht mit dem *White House Office* ein Machtzentrum, in dem solche informellen Prozesse ablaufen. In der Bundesrepublik Deutschland, in der die Regierung fast immer aus Koalitionspartnern besteht, haben sich Koalitionsgespräche eingebürgert. Für Deutschland, Großbritannien und Frankreich gilt gleichermaßen, dass die Regierung – aufgrund ihrer Abhängigkeit von der parlamentarischen Mehrheit – Modalitäten finden muss, um die Parteiführung und/oder die Fraktionen an der politischen Entscheidung zu beteiligen. Diese Beziehungsmuster können durch verschiedene Aspekte bestimmt sein, die auch nebeneinander auftreten können: Das Spektrum kann von persönlicher Sympathie über funktionellen Zwang bis hin zur zweckrationalen Überlegung reichen.

George Tsebelis' Theorie der Vetospieler

In seiner Theorie der Vetospieler befasst sich George Tsebelis mit der Vergleichbarkeit der Steuerungsfähigkeit politischer Systeme. Ihn interessiert, welche institutionellen Rahmenbedingungen politische Veränderungen erschweren bzw. vereinfachen. Dabei weist Tsebelis selbst darauf hin, dass das Ergebnis des politischen Prozesses auch von den persönlichen Konditionen der Akteure mitbestimmt wird: „specific outcomes are the results of both prevailing institutions *and* the preferences of the actors involved." (Tsebelis 2002: 8). Er blendet jedoch diese Ebene bewusst aus.

Vetospieler sind Individuen oder kollektive Akteure, deren Zustimmung notwendig ist, um eine Veränderung des status quo herbeizuführen (Tsebelis 2002: 19), das heißt, eine politische Entscheidung zu treffen (Tsebelis 1995: 293). *Individuelle und kollektive Vetospieler* unterscheiden sich mit Blick auf ihre Entscheidungsmodalität:

> „If they are individuals (a president or a monolithic party), they can easily decide on the basis of their preferences. If they are collectives (a parliament or a weak political party), the location of the outcome depends on the internal decisionmaking rule (unanimity, qualified or simple majority) and who controls the agenda" (Tsebelis 2002: 18).

Kollektive Vetospieler, die nach Einstimmigkeit entscheiden, setzen sich, so Tsebelis weiter, aus einer Vielzahl individueller Vetospieler zusammen, da jeder Einzelne die Entscheidung verhindern kann. Neben diesen beiden Arten unterscheidet Tsebelis zwischen institutionellen und parteipolitischen Vetospielern. *Institutionelle Vetospieler* sind konstitutionell verankert. Aus diesem Grund nimmt er an, dass ihre Zahl relativ konstant bleibt. Sie können sich aber in ihrem Charakter wandeln, indem etwa ein kollektiver zum individuellen Vetospieler wird und umgekehrt (Tsebelis 2002: 79). Ausschlaggebend ist, dass ein institutioneller Vetospieler formal mit einer Vetomacht ausgestattet ist: „An institutional player will not count as a veto player unless it has formal veto power" (Tsebelis 1995: 305) *Parteipolitische Vetospieler* werden in institutionellen Vetospielern durch das „political game" erzeugt, d.h. sie können entstehen, aber ebenso wieder verschwinden. Beispiel: Die deutsche Bundesregierung (Institution) besteht gewöhnlich aus einem großen und einem kleinen Koalitionspartner (Parteien), die als parteipolitische Vetospieler agieren. Eine gesetzliche Regelung der Art, dass die Bundesregierung notwendigerweise aus zwei oder mehreren Parteien bestehen muss, gibt es nicht – es ist also denkbar, dass eine Partei die Mehrheit der Parlamentssitze erreicht und damit alleine regieren kann. Die Regierung wäre dann im Gegensatz zur Opposition zwar immer noch parteipolitischer Vetospieler, aber sie bestünde nicht mehr aus zwei differenzierbaren parteipolitischen Vetospielern.

Zur Festlegung der Zahl der Vetospieler in einem konkreten politischen System werden zunächst die institutionellen Vetoplayer bestimmt, also jene verfassungsrechtlich verankerten Akteure mit Vetomacht. Im Gesetzgebungsprozess der Bundesrepublik Deutschland sind dies etwa der Bundestag und gegebenenfalls bei Zustimmungsgesetzen der Bundesrat. In der Praxis meist ohne Bedeutung, aber dennoch als Vetospieler mit formeller Verhinderungsmacht in bestimmten Fällen agiert auch der Bundespräsident, wenn er die Ausfertigung eines Gesetzes verweigert, bei dem er materielle oder formelle verfassungsrechtliche Bedenken hat.

Ist die Zahl der institutionellen Vetospieler bestimmt, so werden die Individual- oder Kollektivakteure in parteipolitische Vetospieler umgerechnet. Betrachten wir noch einmal den bundesdeutschen Gesetzgebungsprozess. Der Bundestag zerfällt in Fraktionen und parlamentarische Gruppen, die sich bei Abstimmungen meist kohärent verhalten, das heißt bei einer Zusammensetzung aus SPD, CDU/CSU, Grünen, FDP und PDS agieren sechs parteipolitische Akteure innerhalb des Bundestages. Diese sind wiederum zu größeren Allianzen zusammengeschlossen: Regierungsmehrheit (rot-grün) und Opposition (CDU/CSU, FDP), die PDS kann beiseite gelassen werden, weil sie nicht über genügend Mandate verfügt, um Mehrheiten zu beeinflussen oder zu organisieren. Die Opposition besitzt keine Mehrheit, kann also faktisch eine Entscheidung der Regierungsmehrheit nicht verhindern, solange diese geschlossen agiert. Dagegen müssen die Koalitionspartner als distinkte parteipolitische Vetospieler gezählt werden, da sich beim Abweichen einer Partei keine Mehrheit organisieren lässt – die Zustimmung beider Koalitionäre ist somit notwendig.

Abschließend bleibt die Frage, ob einzelne Vetospieler aus der Rechnung herausgenommen werden können. Dies ist möglich, wenn zwei verschiedene institutionelle Vetospieler dieselbe parteipolitische Zusammensetzung aufweisen. Noch einmal der deutsche Gesetzgebungsprozess: Ist die Zustimmung des Bundesrates zu einem Gesetzesvorschlag notwendig, so agiert er als institutioneller Vetospieler. Zunehmend kann beobachtet werden, dass im Bundesrat nicht mehr überwiegend nach Länderinteressen entschieden wird – der eigentliche Grundgedanke des Bundesrates –, sondern nach parteipolitischen Erwägungen. Tsebelis geht von dieser Praxis aus und stellt fest, dass der Bundesrat bei Zustimmungsgesetzen dann als Vetospieler gezählt werden muss, wenn die Mehrheitsverhältnisse in Bundestag und Bundesrat verschieden sind. Andernfalls wird der Bundesrat als Vetospieler absorbiert, weil z.B. ein Rot-Grün-dominierter Bundesrat die Entscheidungen einer rot-grünen Bundesregierung nicht kippen würde.

Im präsidentiellen System ist nach Tsebelis die Umrechnung von institutionellen in parteipolitische Vetospieler nicht möglich. Am Beispiel der USA wird deutlich, dass dort keine kohärenten politischen Parteien in den Gesetzgebungskörperschaften agieren, sondern themenzentrierte Ad-hoc-Koalitionen für einzelne Gesetzgebungsvorhaben. Das Fehlen einer Fraktionsdisziplin also macht es unmöglich, die institutionellen in parteipolitische Vetospieler zu übersetzen. Das bedeutet für präsidentielle Systeme: Als Regel gilt, dass sich die institutionellen Vetospieler nicht in parteipolitische Vetospieler übersetzen lassen. Ausnahmen sind dort möglich, wo sich distinkte, geschlossene Parteien gegenüberstehen.

Für die politische Steuerungsfähigkeit sind mit Blick auf die Vetospieler also mehrere Faktoren von Bedeutung (Strohmeier 2004: 26):

- Die Chance, eine Entscheidung durchzusetzen, sinkt mit der Zahl der Vetospieler, die zu ihrer Durchsetzung notwendig sind.
- Die Chance, eine Entscheidung durchzusetzen, sinkt, wenn zwischen den Vetospielern eine große ideologische Distanz besteht.
- Die Chance auf politische Veränderung sinkt, wenn dieser ein kohärenter kollektiver Vetospieler entgegentritt, der nach Mehrheitsregel entscheidet.
- Die Chance auf politische Veränderung sinkt, je geringer die Kohärenz kollektiver Vetospieler ist, die diese Entscheidung per qualifizierter Mehrheit treffen.

Der Umkehrschluss gilt analog. Mit Blick auf die Gewaltenteilung stellt Tsebelis fest, dass Vetospieler den Gedanken der Gewaltenteilung verwirklichen: „The veto player concept stems from the idea of '*checks and balances*' in the American Constitution and the classic constitutional texts of the eighteenth century and later, and is repeated implicitly or explicitly in contemporary studies" (Tsebelis 1995: 301f.).

George Tsebelis: *Veto Players. How Political Institutions Work*, New York: Russel Sage, 2002.

George Tsebelis: Decision Making in Political Systems: Veto Players in Presidentialism, Parliamentarism, Multicameralism and Multipartism, in: *British Journal of Political Science* 25, 1995, S 289-325.

Gerd Strohmeier: *Vetospieler – Garanten des Gemeinwohls und Ursachen des Reformstaus*, Habilschrift, eingereicht an der Philosophischen Fakultät der Universität Passau am 1. April 2004.

2.5. Verwaltung[91]

Während die Spitze der Exekutive, die Regierung, also die Lenkung und
Leitung der Politik übernimmt und für diese die Verantwortung trägt, ist
die Verwaltung der Ort, wo diese Richtlinien umgesetzt werden. Dies
umfasst zum einen deren unmittelbare Anwendung, aber auch die Pro-
grammentwicklung, also die Umsetzung der politischen Richtlinien in
Handlungskonzepte. Dieser Beitrag zur Entscheidungsvorbereitung umfasst die Formulierung von Gutachten, Gesetzesvorlagen, soweit dies im
Rahmen des jeweiligen Systems zulässig ist, Verwaltungsvorschriften und
ähnliches. Grundsätzlich lassen sich drei Arten der Verwaltung nach ihrem
spezifischen Gegenstand unterscheiden: die *Ordnungsverwaltung* dient der
„Konkretisierung und Kontrolle gesetzlicher Vorschriften", die *Leistungs-*
verwaltung stellt Güter und Dienstleistungen bereit, die der freie Markt
nicht produziert und die *steuernde Verwaltung* befasst sich mit „Planungs-
und Präventionsmaßnahmen".[92] Diese drei Gesichter der Verwaltung können auch in einer Behörde zusammenfallen: So wird die Polizei meist als
Ordnungsverwaltung wahrgenommen, da sie bestehende Regelungen zur
Anwendung bringt und deren Einhaltung kontrolliert, daneben ist sie aber
auch Dienstleister, denn sie stellt das öffentliche Gut Sicherheit bereit und
befasst sich mit Planung und Prävention, u.a. im Bereich der organisierten
Kriminalität.

Hiltrud Naßmacher weist darauf hin, dass sich die Entwicklung der Ver-
waltung in den verschiedenen Staaten recht unterschiedlich vollzogen hat:
In der Bundesrepublik Deutschland ging die Entstehung der Verwaltung
der Entstehung demokratischer Strukturen voraus, so dass die Weimarer
Republik und später die Bundesrepublik bereits bestehende Verwaltungs-
strukturen in den neuen demokratischen Kontext übernommen haben.
Dabei dominierte die Vorstellung einer Verwaltung, die den verschiedenen
Interessen neutral gegenübersteht. In den USA hingegen vollzog sich der
Prozess umgekehrt. Dort wurde mit der Verfassung zunächst die Demokra-
tie begründet, der die Notwendigkeit zu einem „professionellen Verwal-
tungsapparat" erst mit Beginn des 20. Jahrhunderts folgte.[93] Zuvor war die
Verwaltung im Bereich des politischen Kräftespiels entstanden. Ein

---

91 Gemeint ist hier der Zweig der Verwaltung, der in einem Abhängigkeitsverhältnis
zur nationalen Regierung steht.
92 Vgl. Katharina Holzinger: Politische Verwaltung, in: Dieter Nohlen/Rainer-Olaf
Schultze (Hrsg.): *Lexikon der Politikwissenschaft. Theorien, Methoden, Begriffe,
Band 2, N-Z*, München: C.H. Beck, 2002, S. 728f.
93 Vgl. Hiltrud Naßmacher: *Politikwissenschaft*, München: Oldenbourg, 1998, S. 62.

Umstand, der sich heute z.B. noch darin niederschlägt, dass einzelne amerikanische „Verwaltungsbehörden als Interessengruppen agieren".[94]

Für den Aufbau von Verwaltungen liegen verschiedene Modelle vor: In zentralstaatlichen Ordnungen besteht in der Regel eine zentral gelenkte Verwaltung. Wenngleich sich in Großbritannien und Frankreich in einigen Zuständigkeitsbereichen Dezentralisierungsprozesse feststellen lassen, fallen beide Länder unter diesen Typ. In föderal gegliederten Staaten bestehen neben der bundeseinheitlichen Verwaltung auch Verwaltungsstrukturen der Gliedstaaten. Der Aufbau der bundesstaatlichen Verwaltung differiert in diesem Fall in Abhängigkeit von der Frage, ob der Bund die Verwaltung der Länder mit der Ausführung von Bundesgesetzen betrauen kann (Bundesrepublik) oder eigene Behörden schaffen muss (USA).[95]

Hinsichtlich der Bestellung des Funktionspersonals in den oberen Verwaltungsebenen zeigt sich ein weiterer Unterschied im Gestaltungsspielraum der Amtsträger: Kanzler und Minister in der Bundesrepublik müssen in der Verwaltung überwiegend mit dem Personal zusammenarbeiten, das ihre Vorgänger hinterlassen. Zwischen 1949 und 1984 wurden „36% der Staatssekretäre und 20% der Ministerialdirektoren vorzeitig in den Ruhestand geschickt".[96] Besser ausgestattet sind in dieser Hinsicht die Regierungen in London, Paris und Washington. Für den britischen Premier besteht eine der zentralen Machtquellen gerade in seinem Patronagepotential, das sich nicht nur auf Minister und *Junior Ministers* bezieht, die im Ressort eines Kabinettsministers tätig sind, sondern eine weite Palette anderer Posten in der Verwaltung umfasst.[97] In Frankreich besteht für die Minister die Möglichkeit, einen eigenen Stab einzurichten, der sich spätestens mit Ende seiner Amtszeit ebenfalls wieder auflöst.[98] Die weitreichendste personalpolitische Einflussmöglichkeit besitzt indes der US-Präsident: Er kann rund 300 Positionen in den Ministerien und eine etwa gleich hohe Zahl an Posten in den unabhängigen Behörden unter Zustimmung des Senats vergeben. Hierzu kommt eine Zahl von etwa 2.500 Beru-

94   Ebd.
95   Ebd., S. 63.
96   Wolfgang Rudzio: *Das politische System der Bundesrepublik Deutschland*, Opladen: Leske + Budrich, 2000, S. 309.
97   Roland Sturm: Staatsordnung und politisches System, in: Hans Kastendiek/Karl Rohe/Angelika Volle (Hrsg.): *Länderbericht Großbritannien. Geschichte. Politik. Wirtschaft. Gesellschaft*, Bonn: bpb, 1998, S. 205.
98   Wolfgang Rudzio: *Das politische System der Bundesrepublik Deutschland*, Opladen: Leske + Budrich, 2000, S. 309.

fungen, „die die Behördenchefs für den sogenannten Senior Executive Service und für bestimmte Vertrauenspositionen (sogenannter *Schedule C*) vornehmen. Die politische Penetration der Verwaltung geht sehr weit und drängt das Karrierebeamtentum zurück."[99]

Die Verwaltung ist in rechtsstaatlichen Ordnungen an Verfassung und Recht gebunden. Ihre Legitimation leitet sich von demokratisch gewählten Organen ab und ist üblicherweise positiv-rechtlich geregelt. Es besteht also eine konkrete Aufgabenzuweisung, die der Kontrolle durch übergeordnete Instanzen, aber auch durch den Bürger zugänglich ist.[100]

Als Problem der Verwaltung wird eine Tendenz zur Verselbständigung diskutiert. Damit ist gemeint, dass die Verwaltung auf verschiedenen Ebenen ohne dezidierten Auftrag tätig werden kann: So wird im Gesetzgebungsprozess ein Teil der Vorlagen in der Ministerialbürokratie vorbereitet. Dabei nehmen die Bearbeiter großen Einfluss auf die Formulierung und zum Teil auch auf den konkreten Inhalt rechtlicher Regelungen. Interessengruppen versuchen daher häufig, an dieser Stelle Gehör für ihre Anliegen zu finden.

2.5.1. Regierung und Verwaltung

Im Unterschied zu den engeren Regierungsinstitutionen handelt es sich bei der Verwaltung, dem Militär und der Polizei um spezifische Handlungsagenturen, die ihrerseits auf Politik großen Einfluss nehmen, indem sie verwaltungsmäßig ausführen, was politisch beschlossen wurde.

Die Verwaltung und Organisation von Staaten oblag schon immer spezialisierten Agenturen. Die enorme Zunahme durch die Aufgabenerweiterung des Staates als Leistungsstaat führte allerdings zu einer enormen Zunahme solcher Aufgaben. Gelegentlich ist sogar die Rede davon, dass Staaten nicht regiert, sondern vor allem verwaltet würden. Hier denkt man unwillkürlich an Staaten wie Japan, Italien oder auch Österreich. Als allgemeine *Definition* von öffentlicher Verwaltung kann gelten, dass dies die Institution ist, *die Staatsaufgaben ausführt*.

---

99 Roland Sturm: Staatsordnung und politisches System, in: Hans Kastendiek/Karl Rohe/Angelika Volle (Hrsg.): *Länderbericht Großbritannien. Geschichte. Politik. Wirtschaft. Gesellschaft*, Bonn: bpb, 1998, S. 241.

100 Vgl. Katharina Holzinger: Politische Verwaltung, in: Dieter Nohlen/Rainer-Olaf Schultze (Hrsg.): *Lexikon der Politikwissenschaft. Theorien, Methoden, Begriffe, Band 2, N-Z*, München: C.H. Beck, 2002, S. 728f.

Max Weber hat als erster eine klassische Definition vorgelegt, die im Folgenden kurz zu umreißen ist. Er spricht dann von einer Bürokratie, wenn[101]

- sich diese Institution erstens auf offizielle Pflichten spezialisiert (also nicht privat) ist;
- zweitens hierarchisch organisiert ist;
- drittens die Tätigkeiten einer konsistenten Anwendung abstrakter Regeln auf spezielle Fälle unterliegen;
- viertens der Ausschluss persönlicher Beziehungen zwischen Angehörigen der Verwaltung und Klienten gegeben ist;
- fünftens die Beschäftigung auf Dauer angelegt ist (Kündigungsschutz; Verdienstprinzip und Kompetenz) sowie
- sechstens die Maximierung technischer und organisatorischer Effizienz angestrebt wird.

Selbstverständlich hat diese Theorie Kritik ausgelöst. Diese stellt vor allen Dingen darauf ab, dass Weber die Unterschiede zwischen verschiedenen Staaten und ihren jeweiligen Bürokratiestilen (*policy style*) unterschätzt habe.[102] Während man es in Staaten wie Frankreich oder Deutschland mit einer klassischen Bürokratie zu tun habe (partei- und wählerfern) sei die Bürokratie in den USA demgegenüber stärker politisiert. Weiterhin wird an Weber kritisiert, dass er eine allzu scharfe Trennung zwischen Politik und Verwaltung vorgenommen habe, gerade so als ob die einen nur verwalteten, während die anderen Politik machten. Dies zeigt sich insbesondere dann, wenn man zwischen Spitzen- und Normalverwaltung differenziert: man spricht von *iron triangles* oder sogenannten *issue networks*.[103]

Ein empirischer Vergleich von Bürokratie, der sich nicht auf die idealtypologische Beschreibung von Max Weber beschränkt, kann nach Ethridge zwischen den folgenden fünf unterschiedlichen Funktionsbereichen unterscheiden:[104]

(1) Verwaltungen, die sich um Abgaben und Steuern kümmern, d. h. also die Finanzverwaltung;

---

101 Zitiert nach Robert J.Jackson/Doreen Jackson: *Contemporary Government and Politics. Democracy and Authoritarianism*, Toronto: Prentice Hall Canada Inc., 1993, S. 240.

102 Vgl. Rod Hague/Martin Harrop/Shaun Breslin: *Political Science. A comparative Introduction*, New York: St. Martin's Press, 1998, S. 343.

103 Winand Gellner: *Ideenagenturen für Politik und Öffentlichkeit. Think Tanks in den USA und in Deutschland*, Opladen: Westdeutscher Verlag, 1995.

104 Vgl. Marcus E. Ethridge/Howard Handelman: *Politics in a changing World. A complete Introduction to Political Science*, New York: St. Martin's Press, 1994, S. 249-251.

(2) Verwaltung, die öffentliche Dienstleistungen erbringt, weil viele dieser Dienstleistungen von privaten Unternehmen nicht erbracht werden könnten. Dies wird durchaus kontrovers betrachtet, da es umstritten ist, welche öffentlichen Dienstleistungen privat realisiert werden können. Es gibt viele Beispiele dafür, dass ursprünglich als nur öffentlich angesehene Dienstleistungen (Müllabfuhr, Arbeitsvermittlung, Telekommunikation) durchaus von privaten Märkten geleistet werden können.

(3) Regulative und kontrollierende Bürokratien;

(4) das Militär (Schutz der Bürger und des Staates nach außen) sowie

(5) die Polizei (Schutz der Bürger nach innen).

2.5.2. Die Organisation von Bürokratien

Unter Vergleichsgesichtspunkten ist im Besonderen interessant, wie sich verschiedene Bürokratien organisieren. Dabei ist es bedeutsam, zwischen einer externen Organisationsstruktur sowie der internen Organisation zu unterscheiden.

2.5.2.1. Externe Organisation

Nach Hague kann man zwischen Zweckorganisationen, Gebietsorganisationen, Klientelorganisationen und Serviceorganisationen unterscheiden.[105]

Zweckorganisationen sollen spezifische Ziele in der Gesellschaft realisieren und sind weit verbreitet. Ein gutes Beispiel hierfür wäre etwa der Brief- und Postdienst.

Gebietsorganisationen sind in speziellen Regionen gewissermaßen allzuständig. Die Präfektorialsysteme in Frankreich, Italien oder Japan wären hier Beispiele und verweisen wiederum auf die bereits eingangs gemachte Beobachtung, wonach diese ubiquitären Organisationen das Leben der Menschen sehr umfassend durchdringen.

Die dritte Form, die *Klientelorganisation*, betreut eine spezifische Personengruppe, wie z. B. Kriegsveteranen oder Hinterbliebene.

Schließlich sind die *Serviceorganisationen* zu nennen, die eine spezielle Dienstleistung für alle anbieten, darüber hinaus aber vor allem für die Verwaltung selbst tätig sind. Oberfinanzdirektionen oder Rechnungshöfe haben diese Aufgaben beispielsweise in der Bundesrepublik.

---

105 Vgl. Rod Hague/Martin Harrop/Shaun Breslin: *Political Science. A comparative Introduction*, New York: St. Martin's Press, 1998, S. 348.

2.5.2.2. Interne Organisation

Wenn man sich die interne Organisationsstruktur von Bürokratien ansieht, lässt sich das Bild von typischen Bürokratie- und Verwaltungsformen komplettieren.

Anthony Downs hat hierzu eine Typologie erstellt, die in aufschlussreicher Form zeigt, wie politisch öffentliche Verwaltungen sind und damit die formale Gewaltenteilung zwischen Parlament und Regierung unterlaufen.[106]

Zunächst sind zwei Typen von Bürokraten zu nennen, die durch eine klare Motivlage geprägt sind. Dabei handelt es sich zum einen um die sogenannten Aufsteiger, die *climbers*, und zum anderen um die Bewahrer, die *conservers*. Bei beiden Gruppen dominieren klare eigene Interessen. Der Erstgenannte will Macht und Ansehen erwerben, während der Zweitgenannte sie verteidigen will. Beide Typen sind insoweit empirisch vergleichsweise einfach feststellbar.

Die anderen drei von Downs ermittelten Bürokratietypen zeichnen sich durch eine gemischte Motivationslage aus. Dabei handelt es sich um die Eiferer (*zealotes*), die Advokatoren (*advocates*) sowie die Staatsmänner (*statesman*).

Gemeinsam ist diesen drei Bürokratietypen, dass persönliche Interessen mit Loyalität zu höheren Zielen, also zu objektiven Interessen, zusammengehen.

Eiferer sind von einer begrenzten Sache, einer spezifischen Politik fest überzeugt und durchaus in der Lage, über der Sache ihre persönlichen Ziele zurückzustellen. Als Beispiel stelle man sich einen Steuerfahnder vor, der von seinem Beruf derartig absorbiert wird, dass er auch in seiner Privatzeit entsprechend Jagd macht.

Advokatoren stehen für eine breite Unterstützung von politischen Konzepten oder Bereichen. Dies könnte sich beispielsweise bei einem Beamten in einem Außenministerium finden lassen, der sich sehr klar als Europäer definiert und für die Europäische Union in jeder Beziehung kämpft, ohne deshalb zum dogmatischen Eiferer zu werden.

Schließlich sind die *Staatsmänner* die Idealtypen eines Beamten, die lediglich am Gemeinwohl interessiert sind und in abwägender Form versuchen, diesem Gemeinwohl ideal zu dienen und nahe zu kommen.

---

106 Nach John C.Donavan/Richard E. Morgan/Christian P. Potholm: *People, Power and Politics. An Introduction to Political Science*, Lanham Rowman and Littlefield, 1993, S. 193.

Typischerweise kommen alle diese Bürokratentypen in Verwaltungen vor, sie prägen sie geradezu aufgrund ihres spezifischen *Mischungs*verhältnisses. Wichtig ist vor allem, welcher Typ auf welcher Ebene vorkommt. Ein Eiferer an der Spitze eines Ministeriums wird sicherlich andere Konsequenzen nach sich ziehen, als wenn er an der Basis gewissermaßen eingehegt ist. Man stelle sich andererseits vor, dass ein Aufsteiger unter einem Bewahrer arbeiten soll. Dies wird vermutlich für beide eine frustrierende Erfahrung sein und für die öffentliche Dienstleistung einer Bürokratie möglicherweise gar lähmend.

In diesem Zusammenhang ist schließlich die *Rekrutierung* von Bürokraten zu erwähnen, die zumeist nach einem standardisiertem Prüfungssystem abläuft und überwiegend national geregelt ist. Am verbreitetsten ist ein Prüfungssystem, d. h. der Eintritt in den Beamtendienst erfolgt aufgrund strikter Prüfungsverfahren und der Aufstieg nur nach Bewährung. Es gibt feste Laufbahnregeln. Das sogenannte Civil Service-Prinzip in Großbritannien, Frankreich oder der Bundesrepublik ist hier ein typisches Beispiel. Anders ist das System in den USA, wo nach wie vor Patronage die Bürokratien dominiert. Nachdem ein Politiker gewählt ist, bringt er üblicherweise entsprechende „Freunde und Verbündete" in der Bürokratie unter. Oder aber die Bürokraten werden entweder vom Senat bestätigt, bzw. direkt gewählt, wie es die Staatsanwälte oder Sheriffs im amerikanischen System sind. Ein kompletter Austausch nach Wahlen ist also durchaus vorstellbar.[107] Soweit also die Strukturen der öffentlichen Verwaltung. Dem gegenüber sind die Prozesse in Verwaltungen zu nennen, die zum einen zwischen Bürokratie und Politik ablaufen, aber auch die selbststeuernden Aktivitäten der Bürokratie.

Normalerweise beschränken sich Verwaltungen nicht auf die reine Ausführung und Durchführung politischer Programme, d. h. vielmehr dass sie Eigenleben entwickeln.[108] Dazu gehört zum einen nach der Bürokratietheorie, dass es Verteilungskämpfe zwischen Bürokratien gibt. Diese sogenannten Bargaining-Prozesse dienen zumeist der Macht und damit Budget-Maximierung, die als zentrales Ziel einer Bürokratie gelten kann. Das sprichwörtliche Dezemberfieber in öffentlichen Verwaltungen, wenn zum Ende des Jahres noch alles vorhandene Geld ausgegeben werden muss, um

---

107 Vgl. Rod Hague/Martin Harrop/Shaun Breslin: *Political Science. A comparative Introduction*, New York: St. Martin's Press, 1998, S. 351-353.
108 Vgl. für das Folgende John C.Donavan/Richard E. Morgan/Christian P. Potholm: *People, Power and Politics. An Introduction to Political Science*, Lanham Rowman and Littlefield, 1993, S. 197-199.

die eigene Existenz zu rechtfertigen, ist ein bekanntes Beispiel. Zum zweiten sind Verwaltungen Teil des politischen Prozesses, der nur in den seltensten Fällen durch rationale Planung bestimmt ist. Viel typischer ist das behutsame Modifizieren, Reformieren oder eben auch das sogenannte „Durchwursteln". Dieses pragmatische Vorgehen entspricht genau dem verbreiteten Arbeitsstil von Bürokraten: Charles Lindblom hat die wissenschaftliche Beschäftigung mit dieser Art von praktischem Handeln einmal als die *science of muddling through* bezeichnet.[109]

2.5.3. Verwaltung und Gewaltenteilung

Abschließend sei das direkte Verhältnis zwischen Politik und Verwaltung, gerade unter dem Gesichtspunkt der Gewaltenteilung thematisiert. Es geht also um die Frage, inwieweit Politik und Öffentlichkeit Verwaltung kontrollieren, bzw. dies überhaupt können. Zunächst geschieht dies durch die politische Kontrolle der Minister und ihrer Berater. Zu diesen formalen Kontrollmöglichkeiten gehört ebenfalls zweitens die Kontrolle durch das Parlament, drittens die Kontrolle durch Gerichte und viertens die Kontrolle durch innerorganisatorische Schlichter, wie beispielsweise sogenannte Ombudsmänner. Zu den eher informellen Kontrollmöglichkeiten gehört die Kontrolle durch Massenmedien und Interessengruppen. Nicht zuletzt sind Bürokraten aufgrund der Selbstkontrolle gebunden. Dazu gehören professionelle Standards, antizipierte Reaktionen der Öffentlichkeit, der Druck durch die Kollegen und gelegentlich auch durch das eigene Gewissen. Als spezifisches Problem sei in diesem Kontext noch auf die Korruption hingewiesen, die ein verbreitetes Problem darstellt. Sie mag durch Kontrollsysteme durchaus reduziert werden, wird aber in allen Systemen zu finden sein. Hier darf man davon ausgehen, dass die Verwaltungen vermutlich in der Regel ähnlich korrupt sind, wie die Bürger selbst.[110] Insoweit sind Verwaltungskonturen bzw. die sogenannten *policy styles* sehr bedeutsam.

3. Legislative

Der Beschluss von Gesetzen erfolgt in Demokratien im Parlament. Zwar besitzt auch die Exekutive zum Teil Befugnisse, allgemeinverbindliche

---

109 Ebd., S. 198.
110 Robert J.Jackson/Doreen Jackson: *Contemporary Government and Politics. Democracy and Authoritarianism*, Toronto: Prentice Hall Canada Inc., 1993, S. 249.

Regeln auf dem Verwaltungsweg herzustellen. Diese Verwaltungsvorschriften sind gegenüber Verfassung und Gesetz nachrangig und basieren ihrerseits auf parlamentarischen Gesetzen (Normenhierarchie).

Historisch gesehen, sind parlamentarische Körperschaften älter als die Demokratie und waren mit ganz unterschiedlichen Rechten ausgestattet. Besonders in England entwickelte sich das Parlament – zunächst das Oberhaus – ab dem Spätmittelalter rasch. Die Parlamentarisierung der englischen Monarchie hat ihren wichtigsten Ursprung in der *magna carta libertatum* aus dem Jahr 1215. Mit dieser wurde ein 25-köpfiges Kontrollgremium eingesetzt, das von den Baronen durch Wahl besetzt wurde und mit der Kontrolle des Königs befasst war.[111] Mit dem Steuerbewilligungsrecht hatten sich die Adeligen die *power of the purse* und damit ein erhebliches Druckmittel gegenüber dem Monarchen erstritten, die weitere Machtverlagerungen von der Krone auf das Parlament nach sich zog. 1340 erfolgt der Beschluss, dass „außerordentliche finanzielle Leistungen für den König der Zustimmung durch das Parlament bedürfen".[112]

Das Unterhaus wird in der Mitte des 14. Jahrhunderts erstmals erwähnt; seine Mitglieder werden aber vorerst nur durch den *speaker* vertreten. Doch entwickelt sich bereits ein Petitionsrecht, das den *commons* erlaubt, Vorschläge und Bitten an den König zu richten und so auf Entscheidungen einzuwirken. Bereits unter Heinrich VI. (1422-1461) hat sich das Petitionsrecht in ein Gesetzesinitiativrecht umgewandelt.[113] Mit der *petition of right* erhält das Parlament im Jahr 1628 die uneingeschränkte Hoheit, Gelderhebungen zu kontrollieren; seine Zustimmung wird obligatorisch. Gleichzeitig werden die bürgerlichen Rechte durch den *habeas corpus act* (1679) deutlich abgesichert. Nach der revolutionären Unterbrechung durch die beiden Bürgerkriege und das Cromwell Interregnum beginnt eine Phase der zunehmenden Konstitutionalisierung der Monarchie unter Karl II., die mit der *glorious revolution* 1688/89 ihren Abschluss findet. Die *declaration of rights*, die das Parlament im Januar 1689 beschließt und im Oktober in Kraft tritt, fixiert die konstitutionelle Bindung des Herrschers: Sie erneuert das Besteuerungsrecht des Parlaments und erwirkt weitreichende parlamentarische und bürgerliche Rechte, darunter die Wahl- und Redefreiheit.

Die Entwicklung hin zu einem 'demokratischen' Parlamentarismus vollzog sich also sukzessive. Mit der Entstehung des Unterhauses als zweite –

---

111 Vgl. Cornelia Witz et al.: *Großbritannien. Geschichte Großbritanniens und Irlands zum Nachschlagen*, Freiburg: Ploetz, 1996, S. 53.

112 Ebd., S. 80.

113 Ebd., S. 74.

später dominante – Kammer wurde im englischen Institutionengefüge eine zusätzlich Ebene der *checks and balances* errichtet, die zunächst die Forderungen einer weiteren sozialen Schicht integrierte.

3.1. Definition

Bei der Definition des Begriffs *Parlament* zeigen sich bereits beim ersten, flüchtigen Blick Schwierigkeiten, denn auch totalitäre und autoritäre Regime haben häufig Parlamente, Volkskammern, Räte oder ähnliche Körperschaften, die z.t. mit spezifischen Zuständigkeiten ausgestattet sind; auch wenn diese Zuständigkeiten von denen demokratischer Parlamente massiv abweichen. Der kurze Abriss über die Entwicklung des englischen Parlamentarismus verdeutlicht, dass Parlament und Demokratie nicht notwendigerweise zusammenfallen müssen und dass sich die parlamentarischen Zuständigkeiten und Rechte im historischen Kontext wandeln können. Es ist fraglich, ob ein derart weitgefasster Parlamentsbegriff überhaupt gebildet werden kann, der über den Gemeinplatz hinausgeht: *ein Parlament ist eine z.t. untergliederte Versammlung mit eigenen Zuständigkeiten, die irgendwie zur Legitimation politischen Handelns beiträgt.* Eine solche Definition ist für eine wissenschaftliche Beschreibung nicht brauchbar.

Einen Weg aus diesem Dilemma zeigt eine Parlamentstypologie, die Jean Blondel 1973 vorschlug.[114] Er unterscheidet vier Grundtypen von Parlamenten:

- *Nascent or inchoate legislatures*: Als Parlamente im Werden bzw. als unvollendete Parlamente bezeichnet er Versammlungen mit geringer erkennbarer Aktivität, deren Effektivität und Einflussmöglichkeit auf Marginalien beschränkt bleibt. In dieser Kategorie nennt er die Volkskammer der DDR und den Obersten Sowjet unter Stalin.[115]
- *Truncated legislatures*: Beschnittene Parlamente finden sich u.a. in vielen afrikanischen Staaten. Sie haben die Möglichkeit, bei einigen Gesetzen mitzuwirken und sind zum Teil auch an der Diskussion politischer Probleme beteiligt. Die zentralen „Entscheidungsmaterien ihres Landes" bleiben ihnen jedoch vorenthalten.[116]

---

114 Vgl. Jean Blondel: *Comparative Legislatures*, Englewood Cliffs, 1973, S. 136ff.
115 Vgl. Suzanne S. Schüttemeyer: Vergleichende Parlamentarismusforschung in: Dirk Berg-Schlosser/Ferdinand Müller-Rommel (Hrsg.): *Vergleichende Politikwissenschaft*, Opladen: Leske+Budrich, 1991, S. 169-184 [180].
116 Ebd.

- *Inhibited legislatures*: Der Typ des gehemmten Parlaments beschreibt Legislativkörperschaften, die zwar über generelle und Einzelfragen beraten, allerdings aus verschiedenen Gründen in den wesentlichen Entscheidungen keinen Einfluss auf die Regierung/Exekutive ausüben können.
- *True legislature*: Echte Parlamente zeichnen sich durch verschiedene Funktionen aus. Sie kanalisieren *demands* und diskutieren generelle Probleme; sie können neue Ideen auch in generellen Angelegenheiten initiieren und besitzen gegenüber der Exekutive Vetomöglichkeiten.[117]

Die hier gegebene Definition einer *true legislature* bleibt noch relativ weitgefasst. Daher ist es sinnvoll, diese mit Blick auf gewaltenteilige Ordnungen zu konkretisieren. Ernst Fraenkel definierte moderne Parlamente wie folgt:

> „Das moderne Parlament ist ein in der Regel aus allgemeinen, auf regionaler Basis durchgeführten Wahlen hervorgehendes, vornehmlich mit höchster gesetzgeberischer Zuständigkeit ausgestattetes Staatsorgan, das aus Repräsentanten des Volkes zusammengesetzt ist, die weder an Weisungen ihrer Wähler gebunden noch von anderen Organen des Staates abhängig sind. Parlamente im echten Sinne besitzen nur diejenigen Staaten, die einer frei gewählten aus mehr als einer Partei zusammengesetzten Volksrepräsentation einen verfassungsrechtlich garantierten selbständigen und maßgeblichen Einfluss auf die Bildung des Staatswillens einräumen, ihr ermöglichen, zur Bildung der öffentlichen Meinung beizutragen und die Regierung und Verwaltung einer wirksamen Kontrolle unterwerfen."[118]

Diese Definition schließt die Existenz Zweiter Kammern nicht aus, sondern verweist auf deren optionalen Charakter. Auch die Berufungsmodalität zur Zweiten Kammer ist unerheblich, solange freie Mandatsträger als Vertreter des Volkes tatsächlich gestaltenden Einfluss auf das politische Leben nehmen können.

3.2. Parlamentstypen

Als typologisches Merkmal von Parlamenten ist zum einen ihre Organisation bedeutsam. Hierbei können nach der Zahl der Kammern Ein- oder

---

117 Vgl. Jean Blondel: *Comparative Legislatures*, Englewood Cliffs: Prentice Hall, 1973, S. 139.
118 Ernst Fraenkel: Parlament, in: Ernst Fraenkel/Karl Dietrich Bracher (Hrsg.): *Staat und Politik*, Frankfurt: Fischer, 1964, S. 231.

Zweikammersysteme unterschieden werden (unicameral vs. bicameral). Zum anderen kann eine Einteilung in Arbeits- und Redeparlamente anhand der internen Struktur erfolgen.

3.2.1. Unicameralismus – Bicameralismus

Nach der Anzahl der Kammern unterscheidet man Ein- und Zweikammerparlamente. Besitzt ein Parlament zwei Kammern, so können diese jedoch mit recht unterschiedlichen Kompetenzen ausgestattet und nach verschiedenen Modalitäten besetzt sein. In empirischen Studien wurde herausgefunden, dass sich beide Typen weltweit in etwa die Waage halten. Berücksichtigt man nur die westliche Welt, dominieren allerdings die Zweikammersysteme in etwa im Verhältnis 2:1. Soweit ist die Frage zu stellen, warum Ein- oder Zweikammersysteme entstanden sind. Der Normalfall sieht logischerweise ein (Einkammer)Parlament vor. Im Falle von kleineren, wenig gegliederten Staaten ist dies tatsächlich der Fall. Neuseeland oder die skandinavischen Länder sind hierfür ein Beispiel. Der abweichende Fall ist also in diesem Sinne das Zweikammersystem. Zweikammersysteme werden in den Fällen gewählt, in denen kompliziertere Verhältnisse herrschen. Dies können sehr stark fragmentierte, im Besonderen föderale Staaten sein und solche, die aufgrund kultureller und ethnischer Zersplitterung nach einer weiteren Repräsentation und Gewaltenteilung verlangen. Hauptgründe für die Wahl eines Zweikammersystems sind also zum einen die Machtkontrolle innerhalb der Legislative und zum anderen die zusätzliche Repräsentation föderaler oder anderer gesellschaftlicher Interessen.[119]

Hierbei muss zusätzlich zwischen eher starken oder eher schwächeren Varianten des Bicameralismus unterschieden werden. In den stärkeren Versionen, die eher die Ausnahme bilden[120], haben beide Kammern konkurrierende, bzw. grundsätzlich gleiche Kompetenzen. Typisch ist dies z.B. für föderale Systeme, in denen im ersten Haus die direkte Volkssouveränität repräsentiert wird (durch direkte Wahlen) und im zweiten Haus die Interessen der Gliedstaaten zum Ausdruck kommen (direkt oder indirekt gewählt). Diese Systeme repräsentieren die stärksten Formen interner Konkurrenz zwischen zwei Kammern. Dies gilt beispielsweise für Italien, aber auch für die USA, die Schweiz und die Bundesrepublik.

---

119 Vgl. auch. Roy C. Macridis: *Modern Political Regimes. Patterns and Institutions*, Boston, Toronto: Little, Brown and Co., 1986, S. 45.
120 Vgl. ebd.

In Deutschland besteht bei zustimmungspflichtigen Gesetzen und aufgrund des relativ hohen Anteils, den diese mittlerweile erreicht haben, ein vergleichsweise starkes Zweikammersystem, das sich allerdings von den anderen Modellen im Besonderen durch sein Wahlverfahren und durch unterschiedliche Kompetenzen unterscheidet. Der Bundesrat, der gemäß Art. 51 Abs. 1 GG durch Länderregierungen direkt beschickt wird, wird nur bei zustimmungsbedürftigen Gesetzen zum vetobewehrten Akteur im Gesetzgebungsverfahren. Bei Einspruchsgesetzten kann er ein suspensives Veto erwirken. Aus diesem Grund wurde das deutsche Parlament von manchen Autoren als „*modifiziertes Einkammersystem*" bezeichnet[121] und auch George Tsebelis zählt im deutschen Parlament bei Zustimmungsgesetzen zwei Vetospieler, andernfalls nur einen.[122] Verfassungsändernde Gesetze sind immer zustimmungsbedürftig. Einfache Gesetze sind grundsätzlich dann zustimmungsbedürftig, wenn sie in die Hoheitsrechte der Länder eingreifen. Dies gilt bereits dann, wenn nur eine ihrer Teilbestimmungen zustimmungspflichtig ist.[123] Umfangreichere Gesetzesvorlagen werden daher häufig in einen zustimmungspflichtigen und einen einspruchsfähigen Teil aufgeteilt und zu Paketen gebündelt. Die Ablehnung eines Zustimmungsgesetzes durch den Bundesrat führt in der Regel – aber nicht notwendigerweise – zur Anrufung des Vermittlungsausschusses durch den Bundesrat, den Bundestag oder die Bundesregierung gemäß Art. 77 Abs. 2. Wird hier keine Einigung erzielt, ist die Initiative gescheitert. Bei Einspruchsgesetzen kann der Bundesrat mit einfacher oder qualifizierter Mehrheit Einspruch erheben (Art. 77 Abs. 3; 4). Dazu muss er den Vermittlungsausschuss zunächst obligatorisch anrufen.[124] Die erste Kammer, der Bundestag, ist allerdings insoweit formal überlegen, als sie diesen Einspruch zurückweisen kann; mit einfacher Mehrheit, wenn der Einspruch ebenfalls mit einfacher Mehrheit erhoben wurde, mit 2/3-Mehrheit, wenn auch der Einspruch von einer 2/3-Mehrheit getragen wurde. In der Verfassungspraxis wird die Organisation einer (oppositionellen) 2/3-Mehrheit im Bundesrat jedoch nur schwer möglich sein.

---

121 Vgl. Otto Model/Carl Creifelds/Gustav Lichtenberger/Gerhard Zierl: *Staatsbürgertaschenbuch*, München: C.H. Beck, S. 111.

122 Vgl. George Tsebelis, 1995, S. 305.

123 Vgl. hierzu ausführlicher Christoph Degenhart: *Staatsrecht I. Staatszielbestimmungen. Staatsorgane. Staatsfunktionen*, Heidelberg: C.F. Müller, 1998, S. 187ff., Rn. 421ff.

124 Vgl. Christoph Degenhart: *Staatsrecht I. Staatszielbestimmungen. Staatsorgane. Staatsfunktionen*, Heidelberg: C.F. Müller, 1998, S. 260, Rn. 556.

Anders sieht der Fall in schwachen Zweikammersystemen aus, wie beispielsweise in England, in Kanada oder in Frankreich. Die Macht liegt hier klar bei der ersten Kammer, die zweiten Kammern haben lediglich deliberative oder ornamentale Funktionen, mit maximal aufschiebender Wirkung. Dies hat durchaus historische Gründe und ist das Ergebnis von Wandlungsprozessen, die sich im Besonderen an der Rolle des Oberhauses im englischen Modell erkennen lassen, das über die Jahrhunderte seine ursprünglich dominierende Funktion aufgrund des gesellschaftlichen und politischen Wandels eingebüßt hat (s.o.). Je stärker Wahlen zur einzigen Legitimationsbasis politischer Institutionen wurden, um so mehr verlor das Oberhaus die Macht an das direkt gewählte Unterhaus. Dennoch wäre es verfehlt, es als unbedeutend zu bezeichnen, es verfügt über eine legitimierende Funktion wie auch andere *dignified parts* des englischen Verfassungsstaats – allen voran die Krone.

Zusammenfassend kann man sagen, dass es also drei Gründe gibt, die für Zweikammersysteme, sowohl für starke als auch für schwache, sprechen:

- Arbeitsteilung (sowie beispielsweise das englische Oberhaus als oberste Gerichtsinstanz fungiert);
- Kontrolle (selbst bei einem weitgehend entmachteten zweiten Haus kann dieses durchaus über die Medien oder sein gesellschaftliches Prestige wirken) sowie
- territoriale und soziale Repräsentation.

3.2.2. Arbeitsparlament – Redeparlament

Schließlich ist danach zu fragen, wie Parlamente tatsächlich funktionieren. Damit ist gemeint, welche internen Strukturen sie besitzen. Entscheidend für die Charakterisierung von Parlamenten ist ihre Ausschuss-Struktur. Ausschüsse sind Arbeitsgruppen, in denen die Parlamentarier themenzentriert zusammenarbeiten. In ihnen geht es daher in der Regel nicht um Konfrontation, sondern um Kooperation. Insofern können sie als Gegenpol zu den Fraktionen, d.h. den Zusammenschlüssen von Parlamentariern einer gleichen Partei, bzw. zum Plenum als gemeinsames Forum des Parlaments verstanden werden.

Fraktionen, Ausschüsse und Plenum sind also die drei verschiedenen Arenen, in denen Politik sichtbar (Plenum) oder unsichtbar (Fraktion und Ausschüsse) stattfindet. Typischerweise charakterisiert man Parlamente mit vielen bzw. starken Ausschüssen als Arbeitsparlamente, solche mit wenigen oder schwachen als Redeparlamente. Die Funktionen der Ausschüsse sind vor allen Dingen die Gesetzgebung, die Finanzkontrolle und die allgemeine politische Kontrolle der Regierung.

Dominante Ausschussstrukturen finden sich beispielsweise im politischen System der USA. Ausschüsse sind hier gelegentlich in ihrer politischen Bedeutung gegenüber dem Kongress als höher einzuschätzen. In England hingegen findet man eher schwache Ausschussstrukturen, die vor allem durch Parteidisziplin bestimmt sind. Die Bundesrepublik wiederum verfügt über vergleichsweise starke Ausschüsse, die in ihrer Bedeutung hingegen nicht an die des amerikanischen Kongresses herankommen. Die Betonung liegt hier vor allen Dingen auf der Sacharbeit, sie sind wenig konfliktorientiert, was sich allein daran erkennen lässt, dass die Vorsitzenden nicht, wie in den USA, automatisch von der Mehrheitsfraktion gestellt werden, sondern durch Parteienproporz nominiert werden. Darüber hinaus verfügen Parlamente über spezialisierte Ausschüsse wie Untersuchungsausschüsse, Kommissionen zur Untersuchung spezifischer Fälle (Royal Commissions oder Enquête-Kommissionen).

Trotz aller Unterschiede sind die Arbeitsweisen in den Parlamenten durchweg ähnlich, wenn nicht gar gleich. Sie behandeln und verabschieden Gesetze in verschiedenen Stufen. Dazu gehören typischerweise sogenannte Lesungen, die in einer spezifischen Abfolge stattfinden. Eine erste Lesung ist gleichzusetzen mit einer Vorstellung eines Gesetzesvorhabens, das dann im nächsten Schritt an die Ausschüsse zur detaillierten Beratung weitergeleitet wird. Nach diesem Schritt erfolgt die zweite Lesung des Gesetzes, in der vor allem das Ergebnis der Ausschussarbeit im Plenum vorgestellt und diskutiert wird. In der Regel, d.h. soweit keine weiteren Änderungsanträge eingebracht werden, schließt hier die dritte abschließende Lesung an, die mit der Abstimmung über die Gesetzesvorlage endet. In Einkammersystemen ist damit das Gesetz im Parlament fertig beraten und wird an einen Präsidenten bzw. ein Staatsoberhaupt zur Unterschrift verwiesen. In Zweikammersystemen kommt in der Regel nun die Zweite Kammer zum Zug. Je nach Ausgestaltung seiner Kompetenzen kann diese eine Empfehlung abgeben, Änderungen beantragen oder den Antrag durch ein Veto verzögern oder stoppen. Erst nachdem dieses Verfahren durchlaufen ist und das Gesetz die notwendige Billigung erhalten hat, kann es vom Staatsoberhaupt unterzeichnet werden – wobei weitere Veto-Möglichkeiten bestehen können.

3.3. Parlamentsfunktionen

Die Bestimmung einer Definition des Parlamentsbegriffes rührte bereits an einer weiteren Frage: Welche Funktionen nehmen Parlamente eigentlich wahr?

Einer der ältesten, aber immer noch gebräuchlichen Funktionskataloge geht auf den Briten Walter Bagehot zurück, der in seiner Darstellung des englischen Regierungssystems aus dem Jahr 1867 fünf Parlamentsfunktionen nennt:[125]

(1) In seinen Augen besteht die wichtigste Funktion des Parlaments in der *Wahl der Regierung*. Danach folgen

(2) die Diskussion der politischen Entscheidungen, d.h. die *Artikulation* nach innen und nach außen,

(3) die politische *Belehrung und Erziehung*,

(4) die *Information* des Volkes und zuletzt

(5) die *Mitwirkung bei der Gesetzgebung*.

In Anlehnung an diese Aufgabenbeschreibung können für moderne Parlamente (1) Artikulation und Repräsentation, (2) Willensbildung und Kommunikation, (3) Wahl und Kreation, (4) Gesetzgebung und (5) Kritik und Kontrolle genannt werden. Diese finden sich in unterschiedlichen Realisierungsformen in den bekannten parlamentarischen Modellen.

3.3.1. Artikulation und Repräsentation

Die Begriffe *Abgeordneter* und *Mandat* verweisen auf einen zentralen Punkt: Demokratische Parlamente bestehen – wenigstens in einer Kammer – aus gewählten Repräsentanten des Volkes. Sie haben die Aufgabe, die Interessen des ganzen Volkes zu vertreten[126], indem sie diese im parlamentarischen Willensbildungsprozess artikulieren.

Diese normative Sichtweise klingt ansprechend, ist aber nicht ganz unproblematisch. Es werden vor allem zwei Kritikpunkte vertreten:

• Die Bevölkerung wird nur in den Wahljahren interessant, danach entfernt sich die Politik soweit von den Bürgern, dass gar von einer *temporären Vertrauensdiktatur* gesprochen wurde.[127]

---

125 Vgl. Walter Bagehot: *The English Constitution*, London: Watts, 1964, Kapitel IV. (Online-Version auf: http://socserv.mcmaster.ca/~econ/ugcm/3ll3/bagehot/constitution.pdf).

126 Vgl. z.B. Art. 38 Abs. 1 S. 2.

127 Vgl. Friedrich Meinecke: *Politische Schriften und Reden*, in: Georg Kotowski (Hrsg.): Darmstadt: Toeche-Mittler, 1958, S. 51.

- Die Parlamente verfehlen ihren Repräsentationsanspruch, weil sie die Gesellschaft nicht in allen ihren sozialen Gegebenheiten abbilden. Einige Bevölkerungsgruppen sind in den Parlamenten überrepräsentiert, u.a. Beamte, Juristen usw., andere dagegen überhaupt nicht bzw. zu wenig stark vertreten, u.a. Frauen oder Randgruppen.

Der Vorwurf einer *temporären Vertrauensdiktatur* läuft dann ins Leere, wenn eine Gesellschaft Möglichkeiten der Kommunikation und der Partizipation über den Wahlakt hinaus bietet. Doch bereits die Rückbindung der direkt in den Wahlkreisen gewählten Kandidaten ist nicht zu unterschätzen, denn diese stehen, wenn sie wiedergewählt werden möchten, durchaus auch in einem Abhängigkeitsverhältnis zu ihren lokalen Wählern.[128] Darüber hinaus gibt es in Demokratien alternative Partizipationsformen, die es dem Bürger ermöglichen, seine Wünsche und Forderungen zu vertreten und auf den Willensbildungs- und Entscheidungsprozess einzuwirken.

Die Feststellung, dass die in den Parlamenten tätigen Abgeordneten kein Spiegelbild der Gesellschaft repräsentieren und deshalb die Interessen diverser sozialer Gruppen notwendigerweise schlechter artikuliert werden, geht davon aus, dass nur die Angehörigen der jeweiligen sozialen Gruppen, ihre spezifischen Interessen vertreten können.[129] Diese These ist in Zeiten der Demoskopie und der medial vermittelten Politik nicht mehr glaubhaft zu vertreten. Denn: (1) Das Stimmungs- und Meinungsbild der Bevölkerung kann mittels Meinungsumfragen regelmäßig abgefragt werden. (2) Politik wendet sich immer stärker über Medien an den Wähler und ist um öffentliche Zustimmung bemüht.

3.3.2. Willensbildung und Kommunikation

In Parlamenten findet die staatliche Willensbildung statt. Diese erfolgt im Wesentlichen als Kommunikationsprozess, der intern, aber auch nach außen geführt wird. Edmund Burke wies bereits in seiner Rede von Bristol 1774 auf die Bedeutung des Parlaments als Forum der Nation hin, dessen Aufgabe es ist, Entscheidungen zum Wohle der Nation zu treffen. Diskussion und Beratung leisteten dazu einen wesentlichen Beitrag.[130] Zwar hat sich das heutige Verständnis der Plenardebatten insofern gewandelt, als es

---

128 Emil Hübner: *Parlament und Regierung*, München: Bayerische Landeszentrale für politische Bildungsarbeit, 1995, S. 216.
129 Ebd., S. 214.
130 Edmund Burke: Bristol Speech, in: Edmund Burke: *Speeches and Letters on American Affairs*, Everyman's Library 340, London: Dent, S. 95f; s.u. InfoBox: Freies Mandat.

nicht mehr darum geht, den politischen Gegner von den eigenen Argumenten zu überzeugen – dies geschieht am ehesten noch bei der vorbereitenden Tätigkeit der Ausschüsse –, sondern darum, Öffentlichkeit zu schaffen für die unterschiedlichen Argumente und Vorstellungen. Diese werden bereits im Vorfeld, innerhalb der Fraktionen und Parteien formuliert und sind dem politischen Gegner bekannt:

> „Reden, die ein Abgeordneter hält, sind heute keine persönlichen Bekenntnisse mehr, noch viel weniger Versuche, den Gegner umzustimmen. Sondern sie sind amtliche Erklärungen der Partei, welche dem Lande 'zum Fenster hinaus' abgegeben werden."[131]

Plenardebatten dienen – und das wird besonders am Beispiel des englischen Redeparlaments deutlich – der Profilierung der Partei sowie der Willensbildung und Mobilisierung der Bevölkerung, des Wählers.

Die interne Dimension dieses Bereichs parlamentarischer Tätigkeit, wie sie bereits bei Burke anklingt, deutet auch auf die unterschiedliche Arbeitsweise von Arbeits- und Redeparlamenten. Es geht dabei darum, auf welche Weise kontroverse Meinungen soweit möglich integriert und Lösungsvorschläge sowie politische Handlungsalternativen entwickelt werden, um den regelungsbedürftigen Problemen begegnen zu können. Ob dabei die Entscheidung zugunsten parteipolitischer Alleingänge (englisches Modell) oder fachlich spezialisierter Ausschüsse (amerikanisches Modell) getroffen wird, ist eine Frage, die rechtspolitisch geklärt werden muss. Das englische Modell überlässt die Willensbildung dem parlamentarischen Vorfeld: Sie findet als interner Prozess der Parteien statt. Das amerikanische Modell bevorzugt eine Willensbildung innerhalb der parlamentarischen Ausschuss-Strukturen und stärkt damit die im Vergleich sehr unabhängige Stellung des Abgeordneten.

Das Parlament muss aber nicht nur die Interessen einer Gesellschaft durch Repräsentation und Artikulation in die Entscheidungsprozesse integrieren können, es muss darüber hinaus seine eigenen Prozesse und Entscheidungen transparent und öffentlich machen.[132] Dies dient verschiedenen Zielen: Zum einen wird dadurch die Nachvollziehbarkeit der Entscheidungen gewährleistet. Zum anderen trägt es zur Willensbildung der Wähler

---

131 Max Weber:: *Zur Politik im Weltkrieg. Schriften und Reden 1914-1918*, Tübingen: Mohr, 1984, S. 479.
132 Vgl. Ebd., S. 217; Winand Gellner: Effizienz und Öffentlichkeit. Entscheiden im präsidentiellen System der USA, in: Klaus Dicke (Hrsg.): *Politisches Entscheiden*, Baden-Baden: Nomos, 2001, S. 71-87.

bei – Bagehot bezeichnete dies als Lehrfunktion.[133] Dahinter steht die normative Annahme, dass nur der informierte Bürger sich am rationalen öffentlichen Diskurs beteiligen kann. Durch diese materielle, d.h. inhaltliche, Seite kann die Akzeptanz einer Entscheidung und damit auch ihre Legitimation aufgrund rationaler Begründetheit verbessert werden. Zum anderen sorgt Kommunikation für die Transparenz der parlamentarischen Vorgänge. Erklärung zur Parlamentsarbeit und Angebote zur politischen Bildung sind insofern integraler Bestandteil der parlamentarischen Außenkommunikation.

3.3.3. Wahl und Kreation

Parlamente sorgen für die Rekrutierung von Führungspersonal. In parlamentarischen Systemen gilt dies an erster Stelle für die Bestellung der Regierung, die meist durch Wahl erfolgt. Aber – und das gilt auch in präsidentiellen Systemen – darüber hinaus kreiert das Parlament Ämter und Ausschüsse, die es besetzt und ist an der Bestellung anderer Amtsträger, etwa bei der Vergabe von Richterposten, mindestens beteiligt. Die Rekrutierung bezieht sich also nicht nur auf Personal, das innerhalb des parlamentarischen Rahmens benötigt wird. Sie hat neben dieser inneren auch eine äußere Dimension, wenn es um die Vergabe von Regierungs- und Verwaltungsämter sowie von Richterstellen geht. Doch damit eine Person diese Ämter wahrnehmen kann, muss sie mit den Strukturen und Prozessen vertraut sein – sie muss also vorher entsprechend sozialisiert werden. Man kann die Sozialisation somit als Sekundärfunktion von Parlamenten begreifen, denn durch den Parlamentsalltag werden die Abgeordneten mit den politischen Spielregeln, mit Werten, Normen und Konventionen vertraut gemacht, die sie auch auf Tätigkeiten in Parlament und Exekutive vorbereiten.

3.3.4. Gesetzgebung

Im Bereich der funktionalen Gewaltenteilung ist die Gesetzgebung das prägende Merkmal der Parlamente. Walter Bagehots Aussage, die Wahl der Regierung sei mit Abstand die wichtigste Parlamentsfunktion, erweist sich aus diesem Grund und mit Blick auf die USA als unzulässige Generalisierung des parlamentarischen Regierungsverständnisses: Denn in den USA hat der Kongress erst gar nicht die Möglichkeit, den Präsidenten zu

---

133 Walter Bagehot: *The English Constitution*, London: Watts, 1964, S. 138.

wählen. Gesetzgebung und Kontrolle des Regierungshandelns stehen daher viel stärker im Mittelpunkt der Arbeit des US-Kongresses.

Gesetzgebung vollzieht sich in drei Schritten: Initiative, Beratung und Beschluss. Die Gesetzgebungsfunktion des Parlaments schließt diese drei Bereiche ein. Das bedeutet aber nicht, dass das Gesetzesinitiativrecht ausschließlich dem Parlament vorbehalten wäre. In parlamentarischen Regierungssystemen gehen Gesetzesanträge häufig (England) und zum Teil überwiegend (Deutschland) von der Regierung aus. Auch der Gesetzestext wird oft außerhalb des parlamentarischen Raums, etwa in der Ministerialbürokratie, abgefasst. Die Beratung und Diskussion des Gesetzes, durch die es seinen abschließenden Wortlaut bekommt sowie der Beschluss, d.h. die Verabschiedung des Gesetzes, sind in Demokratien essentielle Parlamentsprivilegien.

Der Gang der Gesetzgebung ist in seiner Grundstruktur im Wesentlichen in allen Parlamenten ähnlich: Das Gesetz wird in mehreren Lesungen beraten und schließlich verabschiedet oder verworfen. Dennoch gibt es hinsichtlich der Arbeitsweise deutliche Unterschiede zwischen Arbeits- und Redeparlamenten. In Arbeitsparlamenten findet die Vorbereitung der Gesetze in Ausschüssen statt, die in der Regel interfraktionell besetzt sind. Somit wird die Haltung der Parteien bereits vorab deutlich, so dass die Arbeit in diesem Umfeld meist kooperativ und themenzentriert verläuft. In Redeparlamenten findet eine substanzielle Diskussion des Gesetzes im Plenarsaal statt. Das Westminster-Modell verdeutlicht, dass dabei die Minderheitsfraktionen kaum Bedeutung erlangen.

Hinsichtlich der Gesetzgebung auf Verfassungseben oder bei Eingriffen in die Hoheitsrechte selbständiger Gliedstaaten gelten zudem meist besondere Regelungen, wie qualifizierte Mehrheiten oder die Beteiligung Zweiter Kammern.

3.3.5. Kontrolle und Kritik der Regierung

Kontrolle und Kritik der Regierung findet in parlamentarischen Ordnungen ihren unmittelbarsten Ausdruck in der politischen Verantwortung der Regierung vor dem Parlament. Es ist, um mit Steffani zu sprechen, das signifikante Bestimmungsmerkmal parlamentarischer Systeme, dass die Regierung durch das Parlament abberufen werden kann.[134]
Kontrolle bezieht sich auf drei Aspekte:

---

134 S.o. C. 2.1.2.3.1.

- *Politische Richtungskontrolle*, also das Abgleichen der Regierungspolitik mit dem eigenen politischen Standpunkt oder dem intendierten Ziel;
- *Effizienzkontrolle*, das heißt, ob die verfügbaren Ressource zur Zielverwirklichung adäquat, effektiv und wirtschaftlich eingesetzt werden und
- *Rechtskontrolle*, die Auskunft darüber gibt, ob die Exekutive der Gesetzes- und Rechtsbindung Folge leistet (u.a. Art. 20 Abs. 3 GG; *rule of law*).

Und auch Kritik kann auf dreifache Art – als Sachkritik, als Personalkritik und als Stilkritik – und auf verschiedene Weise – kooperativ oder konfrontativ – geäußert werden.

Dieser Aspekt verweist auf ein zentrales Problem der parlamentarischen Systeme: Wie kann das Parlament, dessen Mehrheit die Regierung stellt, unterstützt und deren Arbeit mitträgt, faktisch deren Kontrolle und Kritik übernehmen?

Zu diesem Dilemma wurden verschiedene Ansichten vertreten:

- Thomas Ellwein kam zu dem Ergebnis, dass in der Konstellation des parlamentarischen Systems überhaupt keine Kontrolle der Regierung durch das Parlament möglich sei. Die Regierungsmehrheit scheidet aus machttaktischen Überlegungen als Kontrollorgan aus, die Opposition, weil sie keine Mehrheit organisieren kann, die sie für eine effektive Kontrolle benötigen würde. Später modifizierte Ellwein diese These, die mittlerweile von Hans Herbert von Arnim aufgegriffen wurde.[135]
- Damit steht die Gegenthese bereits fest: Sie geht davon aus, dass die Kritik- und Kontrollfunktion „auf die Opposition übergegangen sei".[136]
- Aber auch die Regierungsmehrheit habe unter Ausschluss der Öffentlichkeit Anteil an der Kontrolle der Bundesregierung.[137]

Tatsächlich liegt in der Verfassungswirklichkeit eine stärkere Ausdifferenzierung der Kritik- und Kontrollfunktion vor. Dies ist allein schon den unterschiedlichen Kommunikationsmustern der Regierungsmehrheit und der Opposition in strittigen Punkten geschuldet. Während die Regierungsmehrheit nach außen Geschlossenheit, Entscheidungs- und Handlungsfähigkeit demonstrieren möchte, will sich die Opposition mit eigenen Konzepten und Vorschlägen profilieren und als Regierungsalternative anbie-

---

135 Vgl. Emil Hübner: *Parlament und Regierung*, München: Bayerische Landeszentrale für politische Bildungsarbeit, 1995, S. 206.

136 Vgl. Manfred Abelein: Kontrolle ohne Kontrolleure? Zur Bedeutung des Bundestages als Kontrollorgan, in: Emil Hübner et al. (Hrsg.): *Der Bundestag von innen gesehen. 24 Beiträge*, München: Pieper, 1969, S. 159.

137 Ebd., S. 154.

ten. Daher ist es für die Regierungsmehrheit ratsamer, Kritik nicht öffentlich, sondern intern, d.h. innerhalb der Fraktion, der Partei oder in Koalitionsgesprächen, zu äußern. Für die Opposition ist es in der Regel taktisch klüger, den Weg an die Öffentlichkeit zu wählen. Daneben kann die Opposition in Arbeitsparlamenten (s.o. 3.1.) in den Entscheidungsfindungsprozess miteinbezogen werden und hat dadurch die Chance, ihre Positionen einzubringen. Im parlamentarischen Rahmen kann sie zudem Fragen an die Regierung richten und/oder auf die parlamentarische Tagesordnung Einfluss nehmen.

Mit dem englischen und dem deutschen Parlament zeigen sich zwei verschiedenen Ausgestaltungsvarianten des parlamentarischen Typs, die in der Zusammensetzung der gewählten Kammer und den damit verbundenen Auswirkungen auf die Regierungsbildung (G.6) signifikante Unterschiede aufweisen.

3.3.5.1. Großbritannien

In *Großbritannien* ist die *Möglichkeiten der Opposition* ihre Kritik und Kontrolle kooperativ auszuüben, etwa durch die Beteiligung am Gesetzgebungsprozess, recht marginal ausgestaltet. Den Ausschussberatungen kommt im Gesetzgebungsprozess wenig Bedeutung zu.[138] Die Ausschussarbeit, mit der im Bereich der Gesetzgebung die *standing committees* befasst sind, bleibt schon allein deshalb von geringem Einfluss, weil diese Gremien Gesetzesvorlagen nicht ablehnen oder in ihrer Substanz modifizieren können.[139] Das Repräsentationsverhältnis in den Komitees entspricht den parlamentarischen Mehrheitsverhältnissen, doch bleibt dies angesichts ihrer geringen Bedeutung weitgehend irrelevant. Saalfeld weist darauf hin, dass die Abstimmung in den *standing committees* in der Regel „durch Geschlossenheit der Fraktionen geprägt" ist.[140] Daneben bestehen mit den *select committees* Ausschüsse, die Regierungs- und Verwaltungshandeln prüfen können. In diesem Zusammenhang haben sie das Recht, „Dokumente einzusehen, Minister und Ministerialbeamte zu befragen, Anhörungen mit Vertretern von Interessengruppen durchzuführen und sich durch externe Gutacher sachkundig zu machen".[141] Eine Aussagepflicht

---

138 Vgl. Bernd Becker: *Politik in Großbritannien*, Paderborn: Schöningh, 2002, S. 121.
139 Ebd., S. 123.
140 Thomas Saalfeld: *Großbritannien. Eine politische Landeskunde*, Opladen: Leske + Budrich, 1998, S. 133.
141 Ebd.

der Minister und Beamten besteht nicht, und Beamte benötigen die Zustimmung ihres Ministers, wenn sie vor dem Gremium erscheinen. Mit den *select committees* besteht eine Möglichkeit im Nachhinein eine erhöhte Transparenz des Regierungs- und Verwaltungshandelns herzustellen[142], die von den Abgeordneten selbst „als sehr produktiv"[143] beschrieben wird. Fragestunden, insbesondere auch die wöchentliche *Prime Minister's Question Time*, empfinden die Parlamentarier überwiegend als ineffizientes Mittel, wenn es darum geht „Informationen oder Erklärungen der Regierung zu erhalten".[144]

Im April 2002 verzichtete Tony Blair auf die seit den 1930er-Jahren gültige Konvention, „nach der kein Premierminister vor Unterhausauschüssen auftritt".[145] „Er erklärte sich bereit, wenigstens einmal alle sechs Monate vor dem *Liaison Committee*, einem Ausschuss der Vorsitzenden der *select committees* aufzutreten und zu allen Politikfeldern Rede und Antwort zu stehen, ohne dass die Fragen zuvor mit Downing Street abgesprochen werden".[146] Damit wurde die Kontrolltätigkeit der Ausschüsse zwar aufgewertet, allerdings nur solange Tony Blair und seine Amtsnachfolger sich an diese Zusage halten.

Das britische Redeparlament (s.o. 3.1.) ist deutlich auf die Konfrontation zwischen Regierung und Opposition ausgelegt, die sich in zwei relativ stark geschlossenen Blöcken gegenüberstehen. Aus diesem Grund dienen die Fragestunden und die obligatorischen *opposition days* überwiegend dem öffentlich ausgetragenem Schlagabtausch zwischen Regierung und Alternativregierung (*shadow cabinet*), in dem es vor allem um Selbstdarstellung der Kandidaten und der beiden großen Parteien geht – sowie nicht zuletzt um die Beeinflussung der öffentlichen Meinung.[147]

Die internen Kritik- und Kontrollmöglichkeiten der *Regierungsfraktion* sind – und das zeigt die Abwahl von Margaret Thatcher – grundsätzlich recht stark ausgeprägt, weil eine parteiinterne Wahl über den Verbleib im Amt entscheiden kann. Doch ist dies bei weitem nicht die Regel: Im parlamentarischen Tagesgeschäft geht es vor allem darum, die Einheit der Fraktion herzustellen. Dazu dienen die *whips*, die sogenannten Einpeitscher, die nicht nur das Stimmungsklima und das Meinungsspektrum in der Fraktion

---

142 Vgl. ebd.
143 Bernd Becker: *Politik in Großbritannien*, Paderborn: Schöningh, 2002, S. 123.
144 Ebd.
145 Ebd.
146 Ebd.
147 Thomas Saalfeld: *Großbritannien. Eine politische Landeskunde*, Opladen: Leske + Budrich, 1998, S. 132.

überblicken, sondern auf Abweichler mit Anreizen und Sanktionen einwirken, um diese zu einem konsensualen Abstimmungsverhalten zu bewegen. Auch die Struktur der britischen Regierung wirkt einer Kontrolle durch die Mehrheitsfraktion entgegen: Wer ein Regierungsamt anstrebt, der muss mit dem Patronagepotential des Premierministers rechnen. Abweichendes Abstimmungsverhalten wird dabei wenig positiv honoriert. Gleiches gilt für den parteipolitischen Aufstieg.[148] Dass der Premierminister nicht auf die Unterstützung durch Partei und Fraktion verzichten kann, zeigen die Bemühungen Blairs, neue Gremien einzurichten, die eine verbesserte Kommunikation und Integration ermöglichen.[149] Das Projekt *Partnership in Power*, das *National Policy Forum*, das *Political Office* und ein wöchentliches *Parliamentary Committee* bieten Raum für interne Kritik und deren Integration.[150]

3.3.5.2. Bundesrepublik Deutschland

In der *Bundesrepublik Deutschland* verdeutlicht das erfolgreiche Misstrauensvotum gegen Helmut Schmidt (SPD), mit dem im Jahr 1982 die (neue) Parlamentsmehrheit das Kanzleramt an Helmut Kohl (CDU) übergab, dass die Opposition – wenngleich in singulären politischen Konstellationen – erfolgreich eine Mehrheit organisieren kann, mit der sie eine amtierende Regierung aus der Verantwortung entlässt. Doch zeigt sich parlamentarische Kontrolle nur selten so spektakulär: Die Regelverfahren sind Große und Kleine Anfragen, Frage- und Aktuelle Stunden, die Herbeirufung von Regierungsmitgliedern und die Regierungsbefragung, Petitionen, Beauftragte und die Rechnungsprüfung. Sie dienen hauptsächlich der Transparenz. Für die Finanzkontrolle der Regierung sind der Finanzausschuss des Bundestages sowie der Bundesrechnungshof zuständig.

Große Anfragen (§ 75 Abs. 1 Buchstabe f; §§ 100; 101; 102; 103 GOBT) können durch Fraktionen oder mit der Unterstützung von fünf Prozent der Bundestagsabgeordneten eingereicht werden. Sie dienen überwiegend der politischen Richtungskontrolle und werden vom Bundestagspräsidenten zur Beantwortung an die Bundesregierung weitergeleitet. Diese kann zwar die Beantwortung verweigern, allerdings nicht verhindern, dass der Gegenstand der Anfrage von einer Fraktion oder einer Gruppe von 5 Prozent der Abgeordneten auf die Tagesordnung gesetzt wird. In der Praxis

---

148 Vgl. Bernd Becker: *Politik in Großbritannien*, Paderborn: Schöningh, 2002, S. 124.
149 Vgl. ebd.
150 Vgl. ebd.

wird das Mittel überwiegend von der Opposition genutzt[151], denn auch wenn die Regierung eine Beantwortung ausschlägt, muss sie sich doch der Diskussion stellen. Allerdings wurden Große Anfragen zum Teil auch von Seiten der Regierungsmehrheit eingereicht, um die „Erfolge der Regierung in einem bestimmten Politikfeld herauszustellen oder auch eventuelle Misserfolge bzw. Fehlleistungen der Opposition zur Sprache zu bringen".[152] Kleine Anfragen (§ 75 Abs. 3; § 104 GOBT) werden nicht in Plenaraussprachen behandelt, sondern schriftlich beantwortet. Anfragen einzelner Abgeordneter (§ 105 GOBT) dienen häufig als Mittel der symbolischen Politik für Wahlkreisabgeordnete. Frage- und Aktuelle Stunden sowie die Befragung der Regierung dienen mehreren Zwecken, sie sorgen für Transparenz und Information, sie bieten Anlass zu öffentlichkeitswirksamer Kritik und ermöglichen die direkte Konfrontation. Spezielle Untersuchungsausschüsse gemäß Art. 44 GG, dienen vor allem der Aufklärung von Affären und Korruptionsverdachten. Sie sind, mit wenigen Abstrichen, ein wirksames Kontrollmittel, da sie mit eigenen Rechten zur Beweiserhebung ausgestattet sind und die Rechts- und Amtshilfe von Gerichten und Verwaltung beanspruchen können.[153] Ihr Hauptvorteil besteht darin, dass sie Öffentlichkeit für die jeweiligen Themen schaffen und dadurch zum Auslöser für mediale Berichterstattung oder staatsanwaltschaftliche Ermittlungen werden können.[154]

Neben den parlamentarischen Möglichkeiten kann die Opposition als Fraktion oder über Landesregierungen versuchen, eine verfassungsrichterliche Kontrolle des Regierungshandelns herbeizuführen, soweit dies rechtlich möglich ist.

Die interne Kontrolle der Regierung durch die parlamentarische Mehrheit vollzieht sich in Deutschland, ähnlich wie in Großbritannien, informell und latent. Zusätzlich muss in Deutschland eine weitere Ebene hinzugezogen werden, denn eine Kontrolle findet auch durch den Koalitionspartner statt, der die politischen Entscheidungen bereits im Vorfeld mitbestimmt und nach eigenen Vorstellungen zu modifizieren versucht.

---

151 Vgl. Wolfgang Rudzio: *Das politische System der Bundesrepublik Deutschland*, Opladen: Leske + Budrich, 2000, S. 259ff.

152 Emil Hübner: *Parlament und Regierung*, München: Bayerische Landeszentrale für politische Bildungsarbeit, 1995, S. 200.

153 Vgl. hierzu Wolfgang Rudzio: *Das politische System der Bundesrepublik Deutschland*, Opladen: Leske + Budrich, 2000, S. 261f.

154 Vgl. Ebd.

3.3.5.3. USA

In den *USA* zeigt sich der Kongress als kollektives Gegengewicht zur Regierung. Als Arm des Parlaments wurde 1921 der Bundesrechnungshof (*General Accounting Office*, GAO) eingerichtet. Dieser überwacht die Ausgaben der Exekutive und überprüft im Rahmen seiner Tätigkeit auch die Effizienz politischer Programme und ihrer Umsetzung.[155] Wesentliche Kontrollmöglichkeiten bestehen hinsichtlich des exekutiven Personalsystems, da die Verfassung in Art. 2 Abschnitt 2 dem Senat eine weiträumiges Zustimmungsrecht bei der Besetzung der Bundesbeamten und anderer Posten im Bundesdienst, der Offiziere und der Bundesrichter einräumt. Mit dem unbeschränktem Recht zu Untersuchungen (investigations), die von ständigen oder eigens geschaffenen Ausschüssen durchgeführt werden, steht dem Kongress ein wirksames Mittel zur Kontrolle administrativer und exekutiver Tätigkeit zu[156]; ungeachtet der Tatsache, dass das *executive privilege* die Arbeit der Untersuchungsausschüsse behindern kann. Das *executive privilege* leitet sich aus der Notwendigkeit vertraulicher Kommunikation innerhalb der Exekutive und dem Gedanken der Gewaltentrennung ab. Es besagt, dass die Exekutive den Zugang zu Dokumenten oder die Aussage verweigern kann, wenn sie dies im öffentlichen Interesse für geboten hält.[157] Die schärfste Sanktion besteht mit dem *impeachment* des Art. 2 Abschnitt 4 (iVm Art. 1 Abschnitt 3 Abs. 6; 7), das die Amtsenthebung des Präsidenten, des Vizepräsidenten und aller ziviler Amtsträger der Vereinigten Staaten regelt. In diesem Verfahren fungiert der Senat als entscheidende Untersuchungskammer. Bis 1998, also in 210 Jahren, waren etwas über 60 Verfahren eingeleitet worden von denen weniger als 10 Prozent Erfolg hatten. Bei den erfolgreichen Amtsenthebungsverfahren handelte es sich ausschließlich um Richterstellen.[158] Der gerade noch freiwillige Rücktritt von Richard Nixon im Zusammenhang mit der Watergate-Affäre zeigt, dass die Kombination von *investigation* und drohendem *impeachment* in seiner Wirkung als Kontrollmittel auch dann funktionieren kann, wenn die Untersuchungen durch das *executive privilege* behindert wird. Seit Watergate hat der Senat einen ständigen Ausschuss mit der Kontrolle der Geheimdienste CIA und FBI betraut.[159]

---

155 Vgl. Kurt L. Shell: Das politische System, in: Willi Paul Adams/Peter Lösche (Hrsg.): *Länderbericht USA*, Bonn: BpB, 1998, S. 207-248 [229].
156 Ebd., S. 226.
157 Ebd., S. 227.
158 Ebd., S. 230.
159 Ebd., S. 228.

3.4. Das Verhältnis zwischen Legislative und Exekutive

Das Verhältnis zwischen Exekutive und Legislative ist wesentlich dadurch bestimmt, ob beide in der Verfassungsarchitektur eher getrennt oder verschränkt angeordnet sind. Der folgende Überblick stellt einige signifikante Aspekte noch einmal kurz zusammen.

3.4.1. Präsidentieller Typ

Der präsidentielle Typ setzt stärker auf eine klare Trennung der Gewalten auf der institutionellen und der Personalebene. Das System der *checks and balances* stellt auf eine materielle Verschränkung der Bereiche ab, in der Kompetenzüberlappungen zu einer wechselseitigen Kontrolle führen.

Die jeweils eigenständige Legitimation sorgt für eine relative Unabhängigkeit zwischen Regierung und Parlament. Bei der parlamentarischen Kontrolle liegt der Schwerpunkt demnach auch nicht auf der politischen Richtungskontrolle, sondern vor allem im Bereich der Effizienz- und Rechtskontrolle.

3.4.2. Parlamentarischer Typ

Der parlamentarische Typ verschränkt die Gewalten bereits auf Personalebene und dadurch auch institutionell. Die gegenseitige Kontrolle wird hier durch die Abberufbarkeit der Regierung aus politischen Gründen und die Parlamentsauflösung erreicht.

Durch die Abhängigkeit der Regierung von der Unterstützung der Regierungsmehrheit im Parlament ergibt sich die Notwendigkeit der Fraktionsdisziplin. Damit haben auch die Parteien eine größere Bedeutung für den parlamentarischen Willensbildungsprozess. Die parlamentarische Kontrollfunktion wird hauptsächlich ex post durch die Opposition wahrgenommen. Eine Kontrolle durch die Regierungsfraktion ist bereits im Vorfeld möglich, bleibt aber meist latent.

3.5. Das Parlament als Handlungsstruktur

3.5.1. Abgeordnete

Innerhalb des Parlaments bestehen verschiedene Rollen und Strukturen. In diesem Zusammenhang ist die Rolle des Abgeordneten von zentraler Bedeutung, der in parlamentarischen Systemen in Parteien und Fraktionen, in Arbeitsparlamenten in Ausschüssen und anderen Gremien eingebunden ist *(InfoBox: Freies Mandat)*. Die Stellung des Abgeordneten in der Bundesrepublik beschreibt das Bundesverfassungsgericht in seinem Urteil zur Beschlussfähigkeit folgendermaßen:

„[. . .] Der Grad des für die Abgeordneten bestehenden Anreizes, bei einer Schlussabstimmung im Plenum zu erscheinen, hängt wesentlich vom Umfang des Konsenses ab, der über das betreffende parlamentarische Vorhaben besteht. Ist dieses zwischen den Fraktionen kontrovers, so werden die Abgeordneten, die über Sitzungstermine des Plenums und deren Tagesordnungen unterrichtet werden (vgl. § 24 GO), schon deshalb so vollzählig wie möglich zugegen sein, weil sie eine Abstimmungsniederlage vermeiden wollen. Das gleiche gilt, wenn Meinungsverschiedenheiten innerhalb der Fraktionen bestehen und der Versuch einer gemeinschaftlichen Willensbildung gescheitert ist.

Demgemäss wird in der Praxis regelmäßig nur dann mehr als die Hälfte der Abgeordneten einer Schlussabstimmung fernbleiben, wenn über den Inhalt der zu treffenden Entscheidung im wesentlichen Übereinstimmung besteht. Die Schlussabstimmung bildet in einem solchen Falle einen zwar rechtlich notwendigen, in seiner politischen Bedeutung jedoch geminderten letzten Teilakt der parlamentarischen Willensbildung, während die Entscheidung in Wirklichkeit bereits in den Ausschüssen und Fraktionen gefallen ist. Dies kann nicht ohne Auswirkung auf das Gewicht des Einflusses bleiben, der dem Prinzip der Repräsentation auf das Zustandekommen parlamentarischer Beschlüsse beizumessen ist. Repräsentation vollzieht sich im parlamentarischen Bereich vornehmlich dort, wo die Entscheidung fällt. Geschieht dies der Sache nach bereits in den Ausschüssen und Fraktionen des Parlaments, so wird damit auch die Repräsentation in diese Institutionen 'vorverlagert'. Das erscheint unbedenklich, solange der Entscheidungsprozeß institutionell in den Bereich des Parlaments eingefügt bleibt. Dies ist bisher nicht in Frage gestellt.

[. . .] Die Mitwirkung des einzelnen Abgeordneten zumindest bei der Vorbereitung parlamentarischer Entscheidungen liegt im Interesse seiner Fraktion wie auch der Partei, der er angehört. Von seinem Engagement im parlamentarischen Bereich hängen das politische Ansehen und die politischen Wirkungsmöglichkeiten beider Institutionen maßgeblich ab. Sie werden daher bestrebt sein, den Abgeordneten nachdrücklich zu solcher Mitwirkung anzuhalten, und ihm, falls er es an der gebotenen Einsatzbereitschaft fehlen lässt, notfalls ihre politische Unterstützung entziehen. Damit entspricht eine möglichst intensive Beteiligung an der parlamentarischen Arbeit zugleich dem Interesse des einzelnen Abgeordneten".[160]

160 BVerfGE 44, 308 [319ff.].

Das Urteil spricht verschiedene Aspekte an, die einer kurzen Betrachtung wert sind:

• Bei der Schlussabstimmung votieren die Abgeordneten über Annahme und Ablehnung des Antrags.
• Die Zahl der Teilnehmer an diesen Abstimmungen variiert maßgeblich des vorab erzielten Konsenses.
• Die gesetzgeberische Entscheidung kann der parlamentarischen Abstimmung vorgelagert in Ausschüssen und Fraktionen erfolgen.
• Die Ausschussarbeit wird von den Abgeordneten getragen. Diese sind in Parteien und Fraktionen eingebunden.

Das Urteil macht damit deutlich, dass die letzte Entscheidungsgewalt im Prozess der parlamentarischen Beschlussfassung bei den Abgeordneten bleibt. Wurde über einen Beratungsgegenstand bereits im Vorfeld ein Kompromiss erzielt, so kommt der parlamentarischen Abstimmung lediglich eine notarielle Funktion zu. Da der Ausgang hier bereits feststeht, muss die Annahme oder Ablehnung nicht durch das Plenum erfolgen. Hier zeigt sich stärker der Aspekt des Arbeitsparlaments. Bei strittigen Themen tritt die Seite des Redeparlaments deutlicher hervor. Der Dissens macht es aus Gründen der Abstimmungsmodalität nach innen nötig, dass die Fraktionen nach Möglichkeit vollständig erscheinen. Nach außen bietet das Forum der Vollversammlung den Fraktionen und damit den Parteien zudem Gelegenheit, im parlamentarischen Raum ein letztes Mal Öffentlichkeit für die eigenen Argumente herzustellen.

3.5.2. Fraktionen

Die Abgeordneten sind aber auch an ihre Parteien rückgebunden, die in den Parlamenten durch Fraktionen vertreten sind. Den Fraktionen kommt in parlamentarischen und präsidentiellen Systemen ein recht unterschiedlicher Stellenwert zu. In parlamentarischen Systemen sichern sie als Regierungsfraktion(en) den Fortbestand der Regierung, insgesamt sorgen sie für ein geschlossenes Bild nach außen und stellen eine enge Verbindung zwischen Parlamenten und Parteien her. Aufgrund der Bestellung der Regierung durch das Parlament ist die Einhaltung einer Fraktionsdisziplin unerlässlich (s.o.). In präsidentiellen Systemen gelten andere Zusammenhänge. Im amerikanischen Kongress etwa haben die Fraktionen „im Entscheidungsprozess über inhaltliche Fragen der Politik" nur eine geringe Bedeutung."[161] Lediglich bei den „Entscheidungen über Organisations-

---

161 Kurt L. Shell: Das politische System, in: Willi Paul Adams/Peter Lösche (Hrsg.): *Länderbericht USA*, Bonn: BpB, 1998, S. 207-248 [210].

und Führungsfragen des Kongresses, vor allem des Repräsentantenhauses" beanspruchen sie eine zentrale Stellung.[162] Das amerikanische Parlament ist jedoch stark durch innerfraktionelle und überfraktionelle Gruppen geprägt, die sich häufig themen- oder interessenzentriert bilden.[163]

3.5.3. Regierungsmehrheit – Opposition

Das Spannungsverhältnis zwischen Regierungsmehrheit und Opposition ist vor allem für parlamentarische Systeme prägend. Dies zeigte sich bereits bei der Kritik- und Kontrollfunktion des Parlaments.

Der Oppositionsbegriff kann aber auch weiter gefasst sein. Er bezieht sich dann auf alle gesellschaftlichen Kräfte die im Widerspruch zur staatlichen Autorität stehen.[164] Im engeren Sinne bezeichnet der Begriff „den innerhalb des Grundkonsenses einer Gesellschaft sich entfaltenden organisierten und institutionalisierten Widerspruch gegen die Regierung und ihre Parlamentsmehrheit".[165] Dieses breite Spektrum jeglichen Widerstandes – systemkonformen wie systemkonträren – innerhalb und außerhalb fester Handlungsstrukturen beschrieb Winfried Steffani 1978 mit drei typologischen Merkmalen:

Tab. 5: Typologische Merkmale der Opposition. Quelle W. Steffani: Opposition, in: K. Sontheimer/H. H. Röhring (Hrsg.): Handbuch des politischen Systems der Bundesrepublik Deutschland, München: Piper, 1978, S. 427-433.

Systemintention	loyal, systemimmanent	fundamental, systemkonträr
Wirkungsebene	parlamentarisch	vor- oder außerparlamentarisch
Aktionskonsistenz	systematisch	situationsorientiert

Opposition kann also nach ihrer Systemintention, der Einstellung gegenüber der bestehenden politischen Ordnung, nach ihrer Wirkungsebene –

---

162 Ebd.
163 Ebd., S. 212f.
164 Vgl. Suzanne S. Schüttemeyer: Opposition, in: Dieter Nohlen/Rainer-Olaf Schultze (Hrsg.): *Lexikon der Politikwissenschaft. Theorien, Methoden, Begriffe, Band 2, N-Z,* München: C.H. Beck, 2002, S. 599f.
165 Ebd., S. 599.

innerhalb oder außerhalb des Parlaments – sowie nach ihrer Aktionskonsistenz klassifiziert werden. Die Aktionskonsistenz ist systematisch, wenn sich eine ideologisch oder parteipolitisch geschlossenen Opposition aus inhaltlichem oder taktischem Kalkül permanent gegen den Kurs der Regierung stellt. Sie ist situationsbedingt, wenn die Opposition etwa in bestimmten Politikbereichen issue-orientiert und faktenbezogen, d.h. Fall für Fall entscheidet, ob sie mit der oder gegen die Regierung stimmt.

Der Begriff der Opposition wird im Rahmen parlamentarischer und präsidentieller Regierungssysteme überwiegend eng gefasst und bezieht sich auf zwei Grundkonstellationen: In der Systemintention bleibt die Opposition loyal und systemimmanent. Sie wirkt auf parlamentarischer Ebene. Hinsichtlich ihrer Aktionskonsistenz kann sie beide Variablenausprägungen annehmen.

Für diesen engeren Bereich der parlamentarischen Opposition wurden bereits früh in der Parlamentsgeschichte eigene Funktionen vorgeschlagen[166], die weitgehend mit den Parlamentsfunktionen (3.3.) korrespondieren:

- *Thematisierung* kann als eine Art übergeordnete Funktion begriffen werden, da diese erheblichen Anteil daran hat, die nachfolgenden Funktionen zu erfüllen. Thematisierung bedeutet, dass die Opposition Interessen und Wünsche in den Mittelpunkt stellt, die durch die Regierung nicht oder ungenügend vertreten werden und dass sie auf gesellschaftliche Probleme oder Unzulänglichkeiten der Regierungsmehrheit hinweist. Thematisierung beschreibt somit die Einflussnahme der Oppositionspartei(en) auf das parlamentarische und mediale Agenda-Setting.
- *Integration* bedeutet, dass die Opposition, die eine Minderheit der Wähler vertritt, deren Interessen nicht oder nur bedingt durch die Mehrheitsfraktion(en) vertreten werden, auf parlamentarischen Wegen versucht – etwa durch die Mitarbeit in Ausschüssen – diese Interessen und Wünsche in die Beschlussfassung zu integrieren.
- *Kontrolle* erfolgt im Besonderen durch den Gang an die Öffentlichkeit. Sie kann nach Vorgabe der jeweiligen Rahmenbedingungen aber auch über Zweite Kammern oder durch (verfassungs-)gerichtliche Verfahren ermöglicht werden.
- *Kritik* dient nicht nur der Kontrolle, sondern auch der inhaltlichen Abgrenzung als Alternative (s.u.) zur Regierung. Sie kann auf verschiedene Art und Weise als Personal-, Sach- oder Stilkritik erfolgen.

166 Vgl. ebd.

- *Alternative* meint, dass die Opposition als künftige Regierung in Warteposition steht. Sie bietet konkurrierende Deutungsmuster, politische Handlungsalternativen, und personelle Gegenvorschläge an.

3.5.4. Ausschüsse

Ausschüsse haben einen erheblichen Anteil an der parlamentarischen Entscheidungsvorbereitung und sind z.T. Instrument der parlamentarischen Kontrolle. Ihre Bedeutung variiert, wie gesehen, zwischen den verschiedenen Parlamenten. Ihre Bedeutung liegt in politischen Systemen wie dem amerikanischen oder deutschen darin, dass bei der an Sachfragen orientierten und auf Themen zentrierten Ausschussarbeit häufig die Grenze zwischen den Parteien aufgeweicht wird – in den USA stärker als in Deutschland. Für die Opposition bietet sich durch die kooperative Mitarbeit in den mit Gesetzesanträgen befassten Ausschüssen die Möglichkeit, die Vorstellungen und Interessen ihrer Klientel wenigstens teilweise zu integrieren.

Freies Mandat

Edmund Burke (1729-1797), konservativer Abgeordneter im britischen Unterhaus, wandte sich 1774 in einer Rede an seine Wähler. Gegenstand dieser Rede war die Frage, ob dem Abgeordnete ein *imperatives Mandat* übertragen wurde, ob dieser also unmittelbar an die konkreten Wünsche und Forderungen seiner Wähler gebunden sei. Vor dem Hintergrund des englischen Wahlsystems der Mehrheitswahl in Einer-Wahlkreisen betraf diese Stellungnahme daneben die Vorstellung, der Abgeordnete sei durch sein lokal-begründetes Mandat auf lokale Interessen verpflichtet. Burke lehnte diese Vorstellungen klar ab und sprach sich für ein *freies Mandat* aus:

„Mein ehrenwerter Kollege sagt, sein Wille sollte sich dem euren fügen. Ist das alles, so ist die Sache harmlos. Wenn das Regieren nur eine Frage des Willens auf irgendeiner Seite wäre, so müsste euer Wille ohne Zweifel der höhere sein. Doch das Regieren und die Gesetzgebung sind Fragen der Vernunft und des Urteils, und nicht der Neigung; und was ist das für eine Vernunft, bei der der Beschluss der Diskussion vorangeht, bei der eine Gruppe von Menschen berät und eine andere beschließt; und wo diejenigen, die den Beschluss fassen, vielleicht dreihundert Meilen von denen entfernt sind, die die Argumente für und wider hören?
Eine Meinung zu äußern, ist das Recht aller Menschen; diejenigen der Wähler ist eine gewichtige und achtenswerte Meinung, die zu hören ein Volksvertreter sich stets freuen sollte und die er immer auf das ernsthafteste erwägen müsste. Doch autoritative Instruktionen, erteilte Mandate, die die Argumente für und wider hören, die ein Parlamentsmitglied blindlings und ausdrücklich befolgen muss, für die es seine Stimme abgeben und für die es eintreten soll, obgleich diese Instruktionen im Gegensatz zur klarsten Überzeugung seines Urteils und Gewissens stehen mögen, sind Dinge, die den Gesetzen unseres Landes völlig unbekannt sind und die aus einem fundamentalen Missverständnis der gesamten Ordnung und des Inhalts unserer Verfassung entspringen.

> Das Parlament ist kein Kongress von Botschaftern im Dienste verschiedener und feindlicher Interessen, die jeder als Vertreter und Befürworter gegen andere Vertreter und Befürworter verfechten müssten, sondern das Parlament ist die beratende Versammlung einer Nation, mit einem Interesse, dem des Ganzen, wo nicht lokale Zwecke, nicht lokale Vorurteile bestimmend sein sollten, sondern das allgemeine Wohl, das aus der allgemeinen Vernunft des Ganzen hervorgeht. Wohl wählt ihr allein einen Abgeordneten, aber wenn ihr ihn gewählt habt, dann ist er nicht mehr Vertreter von Bristol, sondern ein Mitglied des Parlaments. Falls der lokale Auftraggeber ein Interesse verfolgen oder sich eine voreilige Meinung gebildet haben sollte, die ganz offensichtlich im Widerspruch zum wahren Wohl der restlichen Gemeinschaft stehen, dann sollte der Abgeordnete dieses Wahlkreises, so gut wie jeder andere, davon Abstand nehmen, diese Sonderinteressen durchzusetzen."

Diese Verständnis vom freien Mandat hatte sich bereits in den Überlegungen Montesquieus niedergeschlagen, der vor dem Hintergrund der bereits bestehenden und sich herausbildenden Flächenstaaten das Problem einer direkten Volksvertretung erkannte:

> „In einem freien Staat soll jeder Mensch, dem man eine freie Seele zugesteht, durch sich selbst regiert werden: daher müsste das Volk als Gesamtkörper die legislative Befugnis innehaben. Da dies aber in den großen Staaten unmöglich ist und in den kleinen Staaten vielen nachteilen unterliegt, ist das Volk genötigt, all das, was es nicht selbst machen kann, durch die Repräsentanten machen zu lassen." (Montesquieu 1965: 219f.)

Dem freien Mandat stehen das Gegenmodell eines imperativen, d.h. eines an den Willen eines Auftraggebers oder Wählers gebundenen, Mandats entgegen sowie das Rousseau'sche Verständnis direkter Demokratie, in dem eine Repräsentation des Wählerwillens ausgeschlossen ist. Jean-Jacques Rousseau setzte sich nicht nur theoretisch für die direkte Demokratie in Kleinstaaten einsetzte, sondern wollte diese auch in einem Verfassungsentwurf für die Insel Korsika 1765 verwirklichen. Die Insel fiel 1768 an Frankreich, Rousseaus Bemühungen blieben ohne Auswirkungen. Aus Rousseaus Sicht können zwei Argumente gegen die Beauftragung von Abgeordneten angeführt werden: (1) Eine solche Aggregation verschiedener Einzelwillen zu einer politischen Handlungsalternative würde dazu führen, dass die *volonté général* faktisch nicht mehr ermittelt werden könnte (Rousseau 1977: 31). (2) Das Volk kann seine Befugnis als Gesetzgeber nicht abtreten. Das bedeutet nicht, dass es selbst die Formulierung der Gesetze übernehmen muss, lediglich Annahme oder Ablehnung der Gesetze ist damit gemeint (Rousseau 1977: 45).

Montesquieu bringt auf den Punkt, was viele anderen Autoren der gesetzgeberischen Befähigung des Volkes entgegenhalten:

> „Die Repräsentanten sind in der Lage, die Angelegenheiten zu erörtern. Das ist ihr Vorteil. Das Volk ist dazu durchaus nicht geeignet. Das ist eines der großen Gebrechen der Demokratie.
> Haben die Repräsentanten von ihren Wählern eine allgemeine Weisung erhalten, so ist eine besondere Anweisung für jede Angelegenheit, wie es bei den deutschen Reichstagen gehandhabt wird, nicht notwendig. [. . .]" (Montesquieu 1965: 220).

Demokratie braucht also Vermittlung, nicht nur aufgrund der organisatorischen Probleme direkter Demokratie, sondern auch und vor allem, weil auf diese Art Institutionen gebildet werden sollen, die dem Gemeinwohl dienen. Und um dies zu gewährleisten, kann das Mandat des Abgeordneten kein anderes als ein freies sein, andernfalls wäre er an die Unvernunft seiner Wähler gekettet.

In der Bundesrepublik Deutschland fand das freie Mandat eine verfassungsrechtliche Verankerung durch Art. 38 Abs. 1 S 2. Das Bundesverfassungsgericht hat diese Norm in mehreren Urteilen dahingehend konkretisiert, dass der einzelne Abgeordnete weder an Wählerweisungen noch an Parteiweisungen in seinem Abstimmungsverhalten gebunden werden kann. Zwangsmittel, wie etwa Blankoverzichtserklärungen, Rücktrittsreserven oder Abmachungen über die Ausübung des Mandats (BVerfGE 2, 74) sind in jedem Fall dann verfassungswidrig, wenn dadurch auf ein imperatives Mandat hingewirkt werden soll. Ein förmlicher Fraktionszwang, „d.h. die Verpflichtung der Abg[eordneten], nach Mehrheitsbeschlüssen der Fraktion zu stimmen, und das Androhen oder Verhängen von Sanktionen bei Zuwiderhandlungen sind verfassungswidrig (BVerfGE 10, 14; 44, 318)" (Silberkuhl 1999: 321f.). Zulässig ist eine Fraktionsdisziplin, die innerhalb des demokratisch gebotenen Rahmens bemüht ist, den Abgeordneten zur einheitlichen Abstimmung zu bewegen, ihm aber die letzte freie Verfügung über seine Entscheidung belässt. Bei schwerwiegenden Meinungsdifferenzen steht es der Partei oder Fraktion zu, sich von einem Abgeordneten zu trennen, der dabei jedoch sein Mandat behält. Das freie Mandat steht damit in einem Spannungsverhältnis zur parlamentarischen Dominanz der Parteien und Fraktionen, die durch Art. 21 Abs.1 legitimiert ist.

Das Beispiel eines imperativen Mandats findet sich bei den Mitgliedern des Bundesrates, die als Entsandte der Landesregierungen an deren Weisungen gebunden sind.

Edmund Burke: Bristol Speech, in: Edmund Burke: *Speeches and Letters on American Affairs*, Everyman's Library 340, London: Dent, S. 95f.

Montesquieu: *Vom Geist der Gesetze*, Stuttgart: Reclam, 1965.

Jean-Jacques Rousseau: *Vom Gesellschaftsvertrag oder Grundsätze des Staatsrechts*, Stuttgart: Reclam, 1977.

Silberkuhl: Artikel 38, in: Karl-Heinz Seifert/Dieter Hömig: *Grundgesetz für die Bundesrepublik Deutschland. Taschenkommentar*, Baden-Baden: Nomos, 1999.

3.6. Zweite Kammern

Abschließend einige Ergänzungen zu den Zweiten Kammern, nachdem die bisherige Darstellung verstärkt auf die Ersten Kammern, d.h. die direkt gewählten Volksvertretungen, bezogen war.

Zweite Kammern[167] unterscheiden sich bisweilen erheblich in ihrer Zusammensetzung, d.h. auch hinsichtlich der spezifischen Interessen die sie vertreten sollen. Sie unterscheiden sich auch in ihrer politischen Bedeutung. Sie können als Vetospieler ausgestaltet sein, eine beratende oder eine rein dekorative Funktion besitzen. Starke Zweite Kammern liegen mit dem amerikanischen und dem italienischen Senat vor, die beide vollständig an der Gesetzgebung beteiligt sind.[168] Bereits die *Federalist Papers* heben die besondere Bedeutung des Zweikammersystems hervor, die darin liegt, die Macht des Parlaments aufzuteilen und so eine Dominanz der Legislative über die Exekutive zu verhindern.[169] Das englische Oberhaus hingegen hat bei der Gesetzgebung vor allem eine beratende Funktion. Es verfügt lediglich über ein suspensives Veto mit einer maximalen Dauer von zwei Sitzungsjahren, das es habituell kaum nutzt; denn meist genügt eine Intervention im laufenden Gesetzgebungsverfahren, um Modifikationen der Gesetzesvorlagen zu erwirken.[170]

Vor allem in föderal ausgestalteten Staaten sind die Zweiten Kammern häufig mit weitreichenden Mitwirkungsmöglichkeiten ausgestattet. Für die verfassungspolitische Realisierung stehen zwei Grundmodelle zur Verfügung – das Senatsmodell und das Bundesratsmodell – die beide auch bei der Verfassungsdebatte des parlamentarischen Rates thematisiert wurden.[171]

---

167 Ergänzend sei hier auf die „drei Funktionen" Zweiter Kammern bei Heiderose Kilper und Roland Lhotta: *Föderalismus in der Bundesrepublik Deutschland*, Opladen: Leske+ Budrich, 1996, S. 92f. hingewiesen.

168 Für Amerika s.o.; für Italien vgl. Artikel 70 der italienischen Verfassung.

169 Vgl. Angela Adams/Willi Paul Adams (Hrsg.): *Hamilton/Madison/Jay. Die Federalist-Artikel*, Paderborn: Schöningh, 1994, Artikel 49 [305-309] und Artikel 51 [bes. 315f.].

170 Vgl. Thomas Saalfeld: *Großbritannien. Eine politische Landeskunde*, Opladen: Leske + Budrich, 1998, S. 137.

171 Vgl. Parlamentarischer Rat: *Stenographische Berichte über die Plenarsitzungen*. *Bonn 1948/49*, Bad Godesberg: Hans Heger, 1969, Bericht über die siebente Sitzung vom 21.10.1948, besonders S. 85-97; Parlamentarischer Rat: *Schriftlicher Bericht zum Entwurf des Grundgesetzes für die Bundesrepublik Deutschland*, Bonn: Bonner Universitäts-Druckerei, S. 18-26.

Tab. 6: Senatsmodell – Bundesratsmodell im Überblick. Quelle: S. S. Schüttemeyer: Bundesratsprinzip, in: Dieter Nohlen/Rainer-Olaf Schultze (Hrsg.): Lexikon der Politikwissenschaft. Theorien, Methoden, Begriffe, Band 1, A-M, München: C.H. Beck, 2002, S. 87; S.S. Schüttemeyer: Senatsprinzip in: Dieter Nohlen/Rainer-Olaf Schultze (Hrsg.): Lexikon der Politikwissenschaft. Theorien, Methoden, Begriffe, Band 2, N-Z, München: C.H. Beck, 2002, S. 836.

	Senatsprinzip	*Bundesratsprinzip*
Verteilung der Sitze	Gleichmäßig; jeder Bundesstaat entsendet dieselbe Anzahl an Senatoren.	Gestaffelt; die Einwohnerzahl der Gliedstaaten entscheidet über die Zahl der Sitze.
Bestellung der Mitglieder	Direkte Wahl durch die Bevölkerung oder das jeweilige Landesparlament.	Durch die Landesregierungen.
Kompatibilität	In der Regel gilt der Grundsatz der Inkompatibilität.	Kompatibilität ist möglich und Regelfall.
Reichweite des Mandats	Freies Mandat; keine Weisungen.	Imperatives Mandat; Weisungen der Landesregierungen.
Beteiligung an bundespolitischen Entscheidungen	Im gleichen Umfang wie die Erste Kammer.	Nicht im selben Umfang wie die Erste Kammer.

Natürlich gibt es auch in diesem Bereich Abweichungen bei der Ausgestaltung der Realtypen: So ist die Sitzverteilung im italienischen Senat nicht gleichmäßig, sondern gestaffelt.[172] Das reine Bundesratsprinzip fordert, wie in den Beratungen des Parlamentarischen Rates deutlich wird, abweichend von der obigen Darstellung eine gleiche Beteiligung beider Kammern an den bundespolitischen Entscheidungen.[173]

---

172 Vgl. Art. 57 der italienischen Verfassung.
173 Vgl. hierzu Christoph Seebohm in seiner Stellungnahme während der siebenten Sitzung; s. Parlamentarischer Rat: *Stenographische Berichte über die Plenarsitzungen. Bonn 1948/49*, Bad Godesberg: Hans Heger, 1969, Bericht über die siebente Sitzung vom 21.10.1948, S. 93.

4. Judikative[174]

Im Herbst 1978 erschien im Magazin der Spiegel eine Serie, die im Frühjahr des Folgejahres als Taschenbuch unter dem Titel *Richter machen Politik* aufgelegt wurde.[175] Gemeint waren damit die Verfassungsrichter, die nach Ansicht der Autoren, aber auch vieler Politiker, zu stark in die Kompetenzen der Regierung und des Parlaments eingriffen. Verfassungsgerichtsbarkeit, besonders eine umfassend gestaltete wie die des Bundesverfassungsgerichts (BVerfG), ist keineswegs der Regelfall – auch nicht in demokratischen Ordnungen. Erst in der zweiten Hälfte des 20. Jahrhunderts findet die Verfassungsgerichtsbarkeit Einzug in viele Verfassungen; bis zum Zweiten Weltkrieg gab es lediglich in vier Staaten den – USA, der Schweiz, Österreich und Irland – Verfassungsgerichte mit unterschiedlichen Kompetenzen.[176]

4.1. Verfassungsgericht – Hüter der Verfassung?

Verfassungsgerichte haben die grundsätzliche Aufgabe, die Einhaltung der in der Verfassung verankerten Rechte und Grundsätze zu überprüfen – kurz die Verfassung zu hüten. Das bedeutet, dass sie geeignete Mittel haben müssen, Verletzungen der Verfassungsprinzipien entgegenzuwirken. Verfassungswidriges Handeln kann in zwei Fallgruppen eingeteilt werden: formelle und materielle Verfassungsbrüche.

Eine *formelle* Verletzung liegt vor, wenn verfassungsrechtlich verankerte Verfahrenswege nicht eingehalten werden. Als Verfahrensfehler kommen unter anderem in Betracht:

- Mangelnde Zuständigkeit. Beispiel: Der Bund greift in die Gesetzgebungskompetenz der Länder ein, wie z.B. bei der 5. Änderung des Rahmenhochschulgesetzes (BVerfG, BvF 2/02 vom 27.07.2004, Abs. 1-184 – Juniorprofessur).

---

174 Der Begriff der Judikative muss in diesem Abschnitt von seinem viel weitläufigeren Funktionsgehalt, der generellen Rechtsanwendung im Streitfall, auf die Rechtsanwendung im Streit um konstitutionell gewährte Rechte verkürzt werden, denn dies ist der Handlungsrahmen in dem richterliches Handeln direkten oder indirekten Einfluss auf Maßnahmen der Exekutive und Beschlüsse der Legislative nehmen kann.

175 Rolf Lamprecht/Wolfgang Malankowski: *Richter machen Politik. Auftrag und Anspruch des Bundesverfassungsgerichts*, Frankfurt/Main: Fischer, 1979.

176 Vgl. Rainer Wahl: Das Bundesverfassungsgericht im europäischen und internationalen Umfeld, in: APuZ B 37-38/2001, S. 45-54 [45].

- Fehlerhafte Zustimmung. Beispiel: Die Stimmen eines Landes werden im Bundesrat nicht einheitlich abgegeben, wie im Fall des Zuwanderungsgesetzes (BVerfGE 106, 310).
- Abweichungen vom Verfahrensweg, etwa, wenn die Zustimmung eines am Verfahren Beteiligten nicht eingeholt wird. Beispiel: Haft ohne richterliche Anordnung (BVerfGE 105,239) usw.

Eine materielle Verletzung liegt vor, wenn der Inhalt einer Norm – Gesetze, Verordnungen usw. – mit dem Inhalt der Verfassung kollidiert. Dies war etwa beim zweiten Pflegeversicherungsurteil (BVerfGE 103, 225) der Fall, in dem das Gericht den allgemeinen Gleichheitsgrundsatz verletzt sah. Mit Blick auf die Gewaltenteilung kommen als Quellen verfassungswidrigen Handelns sowohl Maßnahmen und Erlasse der Exekutive, als auch parlamentarische Vorgänge, vor allem die Gesetzgebung, in Betracht.

Kritiker einer Verfassungsgerichtsbarkeit sehen in einem materiellen Prüfungsrecht eine unzulässige Beeinträchtigung der Parlamentssouveränität.[177] Das Parlament hat in Großbritannien einen unbeschränkten Ermessensspielraum bei der politischen Gestaltung:

> „It [parliament sovereignty] means first, that all legislative power within the realm is vested in Parliament, or is derived from the authority of Parliament – Parliament thus has no rival within the legislative sphere – and it means secondly that there is no legal limit to the power of Parliament. [. . .] By Act, moreover, Parliament may make any laws it pleases however perverse or 'wrong' and the courts are bound to apply them. The enactments of Parliament are no subject to question, for our constitution knows no entrenched rights similar to the fundamental liberties guaranteed by the Constitution of the United States and safeguarded by the Supreme Court."[178]

Allerdings besteht auch hier mit der *judicial review* ein formelles Prüfungsrecht, das jedem Richter zusteht.[179] Zwar kann er auf dieser Grundlage nicht die Verfassungsmäßigkeit einer Regelung generell abstrakt prüfen, aber er hat das Recht, zu untersuchen, ob die Anwendung einer Vorschrift im konkreten Fall mit den Grundsätzen des englischen Rechts, z.B. der *rule of law*, vereinbar ist. In diesem Zusammenhang ist der Richter zur Gesetzesinterpretation berechtigt, so dass auch in England ein – wenn auch

---

177 Vgl. Peter Shears/Graham Stephenson: *James' Introduction to English Law*, London: Butterworths, 1996, S. 139.
178 Ebd., S. 7.
179 Vgl. Bernd Becker: *Politik in Großbritannien*, Paderborn: Schöningh, 2002, S. 245.

geringer – Einfluss der Richter auf die Gesetzgebung festgestellt werden kann.

> "In the legislative sphere Parliament is thus legally 'sovereign' and master, but this does not mean that the courts have no influence upon the development of enacted law; for, in order to be applied, every enactment, however it be promulgated, has to be interpreted (or *construed*), and the courts are the recognised interpreters of the law."[180]

In Deutschland wurde bereits in der Zeit der Weimarer Republik lebhaft über die Einführung und die Probleme einer Verfassungsgerichtsbarkeit gestritten. Carl Schmitt stellte die Frage nach dem *Hüter der Verfassung*, und entschied sie zu Gunsten des Reichspräsidenten. Schmitt sah in der Verfassung den Willen des gesamten Volkes inkorporiert, der seine politische Vertretung im direkt gewählten, parteipolitisch neutralen Präsidenten finden sollte.[181] Denn diesen fasste er als eine *pouvoir neutre*, eine neutrale Macht, auf, die allein im Dienste des Gemeinwohls steht. Neben dem Ursprung der Legitimation des Verfassungshüters ist für die Entscheidung Schmitts die Trennung der Begriffe *Politik* und *Justiz* zentral. Den Gerichten versagt er ein Prüfungsrecht dann, wenn keine Normen bestehen, die „bestimmbare, meßbare Subsumtionen" ermöglichen.[182] Folgt man dieser Auffassung, so kann die Frage nach einem akzessorischen materiellen richterlichen Prüfungsrecht nur abschlägig beantwortet werden: Denn die Gesetzesinhalte sind dem Politischen zugeordnete Zweckmäßigkeitserwägungen, die auch politisch entschieden werden müssen. Analog betrachtet Schmitt die „Meinungsverschiedenheiten darüber, ob ein Widerspruch zwischen zwei Normen vorliegt", als Streit über den Inhalt der Regelung. Im Zuge einer strengen Anwendung des Gewaltenteilungsgedankens spricht er daher die Inhaltsbestimmung dem Gesetzgeber „und nicht der Justiz" zu.[183]

Die Prämisse der strikten Trennbarkeit von Justiz und Politik ist somit auch einer der zentralen Kritikpunkte in der Replik Hans Kelsens. Er stellt in Frage, ob eine eindeutige Abgrenzung von Politik und Verfassungsrecht überhaupt möglich und sinnvoll ist. Die Rechtspositivisten erblickten in den Verfassungsnormen letztlich nichts anderes als Rechtsnormen, die dem

---

180 Ebd. Peter Shears/Graham Stephenson: *James' Introduction to English Law*, London: Butterworths, 1996, S. 7.
181 Carl Schmitt: *Der Hüter der Verfassung*, Tübingen: Mohr-Siebeck, 1931, S. 159.
182 Ebd., S. 19.
183 Carl Schmitt: *Der Hüter der Verfassung*, Tübingen: Mohr-Siebeck, 1931, S. 45.

Zugriff und der Prüfung durch die Judikative unterliegen. Gerade das häufig sehr allgemein gehaltene Verfassungsrecht bedurfte, ihrer Ansicht nach, der Präzisierung und Konkretisierung. Daher folgerte Kelsen, dass die rechtliche Aktualität einer Verfassung erst durch die Verfassungsgerichtsbarkeit hergestellt wird.[184] Für Hans Kelsen stellte sich die Frage somit anders: Ihn beschäftigt zunächst, ob es zweckmäßig ist, Gerichte „mit der Funktion der Verfassungsgarantie zu betrauen"[185]. Eine solche Verfassungsgerichtsbarkeit muss nicht notwendigerweise von einer eigenen Instanz wahrgenommen werde, sondern hängt von zwei Voraussetzungen ab: Der Garantie eines materiellen Prüfungsrechts der Richter und der Möglichkeit, die Anwendung verfassungswidriger Normen im Einzelfall zu verweigern. Den Unterschied zu einem „zentralen Verfassungsgericht" beschreibt Kelsen als rein quantitativ, da das Kassationsrecht die Geltung des verfassungswidrigen Gesetzes nicht nur im konkreten, sondern in allen Fällen verhindert.[186] Damit wird aber gleichzeitig eine Stellung des Verfassungsgerichts als „negativer Gesetzgeber" begründet.[187] Dass Entscheidungen eines solchen Gerichts zum Teil „eminente politische Bedeutung" erlangen, bestreitet Kelsen nicht.[188]

In Kelsens Begründungszusammenhang bleibt die von Carl Schmitt befürchtete Politisierung der Justiz jedoch unproblematisch, da er jeden Rechtsstreit als politisch ansieht, insofern als es um die Herstellung eines Ausgleichs zwischen konkurrierenden Interessen bzw. Machtansprüchen geht.[189] Unter dieser Prämisse betrachtet Kelsen die von Schmitt aufgeworfene Frage nach justiziablen und nicht justiziablen Materien nicht unter dem Aspekt einer begrifflichen Trennung zwischen *Politik* und *Justiz*[190], sondern nach Maßgabe „der zweckmäßigsten Gestaltung der Funktion" der Judikative in einem Staatsgefüge.[191] Daraus folgt, dass es grundsätzlich in der Hand des Verfassungsgebers liegt, ob er der dritten Gewalt die Möglichkeit der Verfassungsprüfung einräumt oder nicht. Regelmäßig ist ein solches Prüfungsrecht aus der Sicht des Rechtspositivismus immer dann

---

184 Vgl. Rüdiger Zuck: Political-Question-Doctrin, Judicial-self-restraint und das Bundesverfassungsgericht, in: JZ 1974, S. 363-368[364].
185 Hans Kelsen: Wer soll Hüter der Verfassung sein?, in: Die Justiz, Band 6, S. 576-628[585].
186 Ebd., S. 584.
187 Ebd., S. 598.
188 Ebd., S. 585.
189 Ebd., S. 587.
190 Ebd., S. 587.
191 Ebd., S. 595.

anzunehmen, wenn Rechtsnormen[192] auf abstrakten Grundsätzen beruhen, die zu ihrer Verwirklichung bei der Rechtsanwendung der (fallbezogenen) Definition bedürfen, wie dies bei den Begriffen *Gerechtigkeit, Gleichheit* oder *Billigkeit* der Fall ist – sofern diese nicht als bloße legitimatorische Floskeln in den Gesetzestext aufgenommen werden sollen.[193] Eine immense Aufwertung erfuhr dieser Gedanke durch einen wegweisenden Aufsatz Gustav Radbruchs, der – selbst Rechtspositivist – in seiner Abrechnung mit dem Rechtspositivismus der Weimarer und NS-Zeit eine Bindung an überpositives Recht forderte.[194]

Die Teilnehmer des Herrenchiemseer Konvents und des Parlamentarischen Rats haben den Streit um den Hüter der Verfassung rechtspolitisch entschieden[195] und sich für die Einsetzung des Bundesverfassungsgerichts ausgesprochen, gegen die Einwände der Vertreter einer strengen Parlamentssouveränität, die unter anderem von der Kommunistischen Partei (KPD) erhoben wurden. Dass diese Forderung in diesem Fall nicht in demokratischer, sondern in volksdemokratischer, also sozialistischer, Tradition stand, war – wie das Protokoll dokumentiert – bereits den Teilnehmern des Parlamentarischen Rates klar:

„Abg. Paul (KPD): [. . .] Sie wollen der *Justiz* das Recht einräumen, die Gesetze eines demokratischen, vom Volke gewählten Parlaments zu überprüfen und zu kritisieren, nach ihrer Auffassung auszulegen und unter Umständen gar aufzuheben, jener Justiz, in der so viele Richter sitzen, die mit dem Volke gar nichts gemein haben, ja, die dem Volke feindlich gegenüberstehen.
(Zurufe: Oho!)
– Ich wiederhole ausdrücklich: die dem Volke feindlich gegenüberstehen. [. . .]
Wir stehen auf dem Standpunkt, dass [durch eine Verfassungsgerichtsbarkeit] die Gewaltenteilung aufgehoben wird. Wir fordern, dass das Recht und die Macht dem vom Volk in freier Wahl gewählten *Parlament* gegeben werden.
(Zuruf: In freier Wahl?)
– Das ist unsere Meinung. Ich wiederhole Ihnen: in freier Wahl.
(Zuruf: Knüppelwahl!)

---

192 Nicht nur im Bereich des Verfassungsrechts.
193 Hans Kelsen: Wesen und Entwicklung der Staatsgerichtsbarkeit, in: VVDStRL 5 (1929), S. 30 – 88[70].
194 Vgl. Gustav Radbruch: Gesetzliches Unrecht und übergesetzliches Recht, in: Süddeutsche Juristenzeitschrift (SJZ), 1946, S. 105-108.
195 Parlamentarischer Rat: *Stenographische Berichte über die Plenarsitzungen*, Bonn: Universitäts-Buchdruckerei Gebr. Scheur, 1949, S. 173.

– Sehen Sie, das ist ein umstrittenes Kapitel.
(Heiterkeit.) [. . .]"[196]

Das Spannungsfeld zwischen Recht und Politik wurde in der wissenschaftlichen Literatur von Rechts- und Politikwissenschaftlern häufig mit unterschiedlichen Akzentsetzungen dargestellt. Schlagworte wie „richterliche Selbstbeschränkung", *„judicial activism"*, „Politisierung der Justiz" und „Justizialisierung der Politik" prägen die Diskussion, die dieser Sachverhalt auslöste.

Das erste Spannungsverhältnis kennzeichnet den Gegensatz zwischen „richterlicher Selbstbeschränkung" und *„judicial activism"*. Der Grundsatz richterlicher Selbstbeschränkung, der in der *political question doctrine* bis hin zum Entscheidungsverzicht reicht, besagt, dass sich das Gericht bei seinen Entscheidungen soweit beschränken sollte, dass der Handlungsraum der Politik nicht unnötig beschnitten wird (s.u. *Judicial Self-Restraint*). Dies ist bei der Tätigkeit des Bundesverfassungsgerichts insofern problematisch, als verfassungsrechtliche Streitigkeiten immer auch einen politischen Kern haben und das BVerfG in jedem Fall eine Entscheidung treffen muss[197], wenn der Verfahrensantrag zulässig und begründet ist. Der amerikanische Supreme Court hingegen kann aufgrund der *political question doctrine* die Verhandlung von Fällen ablehnen, die strittige politische Fragen zum Inhalt haben.[198] Einerseits müssen sich die Verfassungsrichter auf die Anwendung und Konkretisierung des Verfassungsrechts beschränken und sich eines aktiven Eingriffs in die Politik enthalten. Diese Zurückhaltung kann verschieden begründet sein: durch positives Recht, durch Konvention oder durch das Selbstverständnis der Richter (richterliche Selbstbeschränkung). Andererseits ist der Verfassungsrichter, wenn er materielle Prüfungsbefugnisse besitzt, zur authentischen Verfassungsinterpretation und der notwendigen Konkretisierung der Verfassungsinhalte, aber auch anderer Normen befugt. Dadurch eröffnet sich ihm ein weites Tätigkeitsfeld, dessen Rahmen dadurch gesteckt ist, ob der Richter

• als negativer Gesetzgeber Normen für nichtig erklären,

---

196 Parlamentarischer Rat: *Stenographische Berichte über die Plenarsitzungen. Bonn 1948/49*, Bad Godesberg: Hans Heger, 1969, Bericht über die dritte Sitzung vom 09.09.1948, S. 53.
197 Dies folgt bereits aus Art. 101 Abs. 1 S 2 und Art. 103, die zusammen begründen, dass jedermann einen Anspruch auf rechtliches Gehör, durch die zuständige Gerichtsbarkeit hat.
198 Vgl. Kurt L. Shell: Das politische System, in: Willi Paul Adams/Peter Lösche (Hrsg.): *Länderbericht USA*, Bonn: BpB, 1998, S. 249-262 [261].

- den Inhalt von Normen interpretieren und dadurch ihren Gültigkeitsbereich festlegen,
- dem Gesetzgeber Vorgaben für eine verfassungskonforme Gesetzgebung machen und
- den Gesetzgeber zur Regelung verpflichten kann.

Diese richterlichen Rechte greifen unmittelbar in den Spielraum des Gesetzgebers ein, so dass dem Verfassungsrichter eine aktive politische Rolle zugeschrieben wird, wenn er dieses Repertoire regelmäßig und extensiv nutzt (*judicial activism*).

Das Phänomen des *judicial activism* lässt sich mit folgender Vier-Felder-Tafel recht einfach beschreiben. Inhaltliche Äußerungen mit *hoher* Verbindlichkeit werden als *Vorgabe* an den Gesetzgeber, solche mit *niedriger* Verbindlichkeit als *Vorschlag* klassifiziert. Die *Bestimmtheit* soll Aussagen über den verbleibenden Ermessensspielraum des Gesetzgebers erlauben. Sie bezeichnet, wie konkret die materiellen Vorgaben des Gerichts gefasst sind. Eine aktive Rolle des Verfassungsgerichts muss dann und in dem Maße angenommen werden, in dem der Spielraum des Gesetzgebers beschnitten wird. Anders gefasst: Das Bundesverfassungsgericht nähert sich einem *judicial activism* umso mehr an, je stärker es den gesetzgeberischen Freiraum beschneidet.

Tab. 7: Verfassungsgerichtsbarkeit und Parlamentssouveränität. Eigene Darstellung

	Hohe Verbindlichkeit	*Niedrige Verbindlichkeit*
Hohe Bestimmtheit	• Gesetzgeber zum Handeln aufgefordert. • Klare inhaltliche/materielle Vorgaben. • Gesetzgeber hat keinen Spielraum.	• Tätigwerden des Gesetzgebers vorgeschlagen. • Klare inhaltliche/materielle Vorschläge.
Niedrige Bestimmtheit	• Gesetzgeber zum Handeln aufgefordert. • Inhalt kaum oder wenig bestimmt.	• Tätigwerden des Gesetzgebers vorgeschlagen. • Inhalt kaum oder wenig bestimmt. • Gesetzgeber hat großen Spielraum.

Das zweite Spannungsverhältnis wird üblicherweise mit den Begriffen „Politisierung der Justiz" und „Justizialisierung der Politik" bezeichnet. Dabei meint „Politisierung der Justiz", dass parteipolitische Entscheidungen Einfluss auf die Verfassungsgerichtsbarkeit nehmen, wie z.B. bei der Besetzung der Richterstellen[199], und dass politische Streitigkeiten auf juristischer Ebene weitergeführt werden, wie dies bei einer nachweisbaren Instrumentalisierung der Anrufung des Verfassungsgerichts durch politische Akteure der Fall ist.[200] Dem gegenüber steht mit der „Justizialisierung der Politik" die Annahme, dass das Gericht durch seine Entscheidungen in die Parlamentsbefugnisse eingreift, so dass im Extremfall eine Entmündigung des Parlaments eintritt.[201]

Die beiden Begriffe „Justizialisierung der Politik" und „*judicial activism*" weisen somit eine starke Kohärenz auf. Die wechselseitige Beziehung zwischen Legislative und Judikative gestaltet sich dann folgendermaßen (Abb. 17):

Abb. 17: Verfassungsgericht und Legislative. Eigene Darstellung.

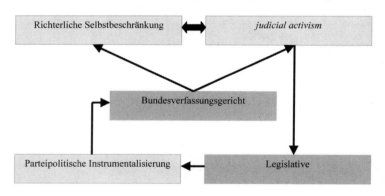

---

199 Vgl. Christine Landfried: *Bundesverfassungsgericht und Gesetzgeber. Wirkungen der Verfassungsrechtsprechung auf parlamentarische Willensbildung und soziale Realität*, Baden-Baden: Nomos, 1984, S, 15-46.
200 Vgl. Klaus Stüwe: *Die Opposition im Bundestag und das Bundesverfassungsgericht. Das verfassungsgerichtliche Verfahren als Kontrollinstrument der parlamentarischen Minderheit*, Baden-Baden: Nomos, 1997.
201 Rolf Lamprecht/Wolfgang Malankowski: *Richter machen Politik. Auftrag und Anspruch des Bundesverfassungsgerichts*, Frankfurt/Main: Fischer, 1979.

4.2. Typologische Merkmale von Verfassungsgerichten

Betrachtet man die funktionale Seite der Gewaltenteilung, so kann Verfassungsgerichtsbarkeit als (eine) Funktion der Judikative verstanden werden. Eine der gebräuchlichsten Typologien, die der Einordnung von Verfassungsgerichten dient, stellt auf die gesonderte Institutionalisierung dieser Funktion ab.[202] Die Frage lautet also, ob Verfassungsgerichtsbarkeit in einer eigenen Institution verwirklicht ist, oder im regulären Instanzenzug stattfindet. Dabei wird zwischen diffuser und konzentrierter Verfassungsgerichtsbarkeit unterschieden. *Diffuse Verfassungsgerichtsbarkeit* meint, dass die Verfassungsgerichtsbarkeit vom obersten Gerichtshof des regulären Instanzenzugs wahrgenommen wird. *Konzentrierte Verfassungsgerichtsbarkeit* besteht dann, wenn ein eigenes Organ mit dieser Funktion befasst ist.[203] Als Prototypen werden bei dieser Unterscheidung gerne das deutsche Bundesverfassungsgericht und der amerikanische Supreme Court gegenübergestellt.

4.2.1. Das Bundesverfassungsgericht

Das Bundesverfassungsgericht wurde nach den Erfahrungen des Dritten Reichs ganz bewusst als Hüter der Verfassung eingesetzt und mit umfassenden Kompetenzen ausgestattet. Die Verfassungsväter orientierten sich dabei am österreichischen Vorbild, das mit der – maßgeblich von Hans Kelsen mitgestalteten – Verfassung von 1920/29 einen starken Verfassungsgerichtshof begründet hatte. Das BVerfG wird durch drei Merkmale besonders geprägt:

- Es ist ein institutionell selbständiger, unabhängiger Gerichtshof des Bundes.[204] Da es außerhalb des regulären Instanzenzuges angesiedelt ist, kann es grundsätzlich nicht als letzte Instanz angerufen werden; es sei denn der Beschwerdeführer ist in seinen verfassungsmäßigen Rechten verletzt.[205]

---

202 Vgl. Rainer Wahl: Das Bundesverfassungsgericht im europäischen und internationalen Umfeld, in: APuZ B 37-38/2001, S. 45-54 [46]; mit weiteren Nachweisen.

203 Diese begriffliche Unterscheidung beruht auf Mauro Cappelletti/Theodor Ritterspach: Die gerichtliche Kontrolle der Verfassungsmäßigkeit der Gesetze in rechtsvergleichender Sicht, JöR 1971 (NF 20), S. 65 ff. Sie wurde a.a.O. allerdings nur auf die Normenkontrolle bezogen.

204 Vgl. § 1 Bundesverfassungsgerichtsgesetz (BVerfGG).

205 Vgl. Rainer Wahl: Das Bundesverfassungsgericht im europäischen und internationalen Umfeld, in: APuZ B 37-38/2001, S. 45-54 [47].

- Es hat den Rang eines Verfassungsorgans.[206]
- Es ist mit sehr weitreichenden Prüfungsrechten ausgestattet[207], die sich auf zwei Anwendungsbereiche beziehen: (1) Streitigkeiten zwischen staatlichen Akteuren, etwa zwischen Bund und Ländern oder zwischen Bundesrat und Bundesregierung.[208] (2) Schutz der Bürger vor verfassungswidrigen staatlichen Eingriffen.[209]

Die weitgefassten Kompetenzen des BVerfG zeigen sich unmittelbar in den verschieden Verfahrensarten, für die es eine exklusive Zuständigkeit besitzt. Ein vollständiger Katalog liegt mit dem § 13 BVerfGG vor. An dieser Stelle sollen daher nur die wesentlichen Aspekte kurz thematisiert werden.

Im *Organstreitverfahren* (Art. 93 Abs. 1 Nr. 1 GG) entscheidet das Bundesverfassungsgericht über Streitigkeiten zwischen Verfassungsorganen – also im besonderen Bundesregierung, Bundestag, Bundesrat, Bundespräsident – oder anderen gem. § 63 BVerfGG Antragsberechtigten. Vorrangig geht es dabei um Kompetenzstreitigkeiten der Beteiligten; das Verfahren ist also auf der horizontalen Gewaltenteilungsebene angesiedelt. Eines der prominentesten Verfahren in diesem Bereich war das Urteil zur vereinbarten Auflösung des Bundestages durch die Regierung Kohl (BVerfGE 62,1; s. InfoBox: Vertrauensfrage und Parlamentsauflösung).

Der *Bund-Länder-Streit* (Art. 93 Abs. 1 Nr. 3 GG) entscheidet bei Meinungsverschiedenheiten über Rechte und Pflichten aus dem Bundesstaatsverhältnis zwischen dem Bund und den Ländern bzw. zwischen verschiedenen Ländern. Antragsberechtigt sind daher nur die Bundesregierung oder Landesregierungen. Das Verfahren berührt damit die vertikale Gewaltenteilung. Andere föderale Streitigkeiten können durch das Verfahren des Art. 93 Abs.1 Nr. 4 ausgetragen werden, sind aber, wie Degenhart feststellt, von geringer praktischer Bedeutung.[210] Die typische Konstellation eines Bund-Länder-Streits zeigte sich etwa im 1. Rundfunkurteil aus dem Jahr 1961 (BVerfGE 12, 205).[211]

---

206 Vgl. Christoph Degenhart: *Staatsrecht I. Staatszielbestimmungen. Staatsorgane. Staatsfunktionen*, Heidelberg: C.F. Müller, 1998, S. 219, Rn. 493.

207 Vgl. Rainer Wahl: Das Bundesverfassungsgericht im europäischen und internationalen Umfeld, in: APuZ B 37-38/2001, S. 45-54 [47].

208 Vgl. Christoph Degenhart: *Staatsrecht I. Staatszielbestimmungen. Staatsorgane. Staatsfunktionen*, Heidelberg: C.F. Müller, 1998, S. 219, Rn. 494.

209 Ebd.

210 Vgl. ebd., S. 226, Rn. 507.

211 S. dazu auch Gerd Strohmeier: *Politik und Massenmedien. Eine Einführung*, Baden-Baden: Nomos, 2004.

Von wesentlicher Bedeutung sind die beiden Normenkontrollverfahren, weil sie die Verbindung zwischen verfassungsrichterlicher und legislativer Befugnis besonders deutlich dokumentieren und einen großen Teil der Anträge ausmachen: Die *konkrete Normenkontrolle* (Art. 100 GG) ermöglicht es den Gerichten, die Verfassungsmäßigkeit einer Norm durch das Bundesverfassungsgericht prüfen zu lassen, wenn diese für das Urteil in einem konkreten Fall entscheidend ist. So reichte das Landgericht Potsdam, das den Fall eines 'Totalverweigerers' zu verhandeln hatte, beispielsweise die Frage ein, ob die allgemeine Wehrpflicht und die daran knüpfende Regelung zur Dienstflucht verfassungswidrig sind (BVerfGE 105, 61). Die *abstrakte Normenkontrolle* (Art. 93 Abs. 1 Nr. 2 GG) greift bei „Meinungsverschiedenheiten oder Zweifeln über die förmliche oder sachliche Vereinbarkeit von Bundesrecht oder Landesrecht mit diesem Grundgesetz oder die Vereinbarkeit von Landesrecht mit sonstigem Bundesrecht". Antragsberechtigt sind die Bundesregierung, die Landesregierungen oder ein Drittel der Bundestagsmitglieder.[212] In einem solchen Verfahren erklärte das Bundesverfassungsgericht das Zuwanderungsgesetz für nichtig, weil es formale Mängel aufwies (BVerfGE 106, 310).

Das höchste Aufkommen an Anträgen erreicht das Gericht jedoch auf dem Weg der *Verfassungsbeschwerde* (s. Tab. 8). Verfassungsbeschwerden können von jedermann eingereicht werden. Die Antragsteller sind in der Regel Privatpersonen[213], die „durch die öffentliche Gewalt in einem [. . . ihrer] Grundrechte oder in einem [. . . ihrer] in Art. 20 Abs. 4; 33; 38; 101; 103 und 104 enthaltenen Rechte verletzt" sind. Verfassungsbeschwerden beziehen sich in der Regel auf Verwaltungshandeln bzw. die dahinter liegende Rechtsnorm, wie z.B. im Fall des dritten Pflegeversicherungsurteils (BVerfGE 103, 242). Trotz des hohen Eingangs ist die Erfolgsquote der Verfassungsbeschwerde mit 2,5% äußerst niedrig.[214]

Den direktesten Einfluss höchstrichterlicher Spruchpraxis auf den politischen Gestaltungsbereich bewirken Verfassungsinterpretation und im Besonderen die Kontrolle von Normen, die in verschiedenen Verfahren

---

212 Degenhart weist darauf hin, dass der Antrag aus dem Bundestag nur von Abgeordneten gestellt werden kann und nicht von Fraktionen. Christoph Degenhart: *Staatsrecht I. Staatszielbestimmungen. Staatsorgane. Staatsfunktionen*, Heidelberg: C.F. Müller, 1998, S. 227, Rn. 509.

213 Die Verfassungsbeschwerde kann unter besonderen Umständen auch von juristischen Personen und anderen Kollektivakteuren wahrgenommen werden, soweit diese Träger von Grundrechten sind. Vgl. Dieter Hömig: Artikel 93, in: Karl-Heinz Seifert/Dieter Hömig: *Grundgesetz für die Bundesrepublik Deutschland. Taschenkommentar*, Baden-Baden: Nomos, 1999, S. 549-563, Rn. 22.

214 Vgl. Horst Säcker: *Das Bundesverfassungsgericht*, Bonn: bpb, 2003, S.62.

Tab. 8: Verfahrenseingang des Bundesverfassungsgerichts (Auszug).

Verfahrensart	AZ	bis 1993	1994	1995	1996	1997	1998	1999	2000	2001	2002	2003	gesamt
Verwirkung von Grundrechten (Art. 18 GG)	BvA	4	-	-	-	-	-	-	-	-	-	-	4
Feststellung der Verfassungswidrigkeit von Parteien (Art. 21 Abs. 2 GG)	BvB	5	-	-	-	-	-	-	-	3	-	-	8
Verfassungsstreitigkeiten zwischen Bundesorganen (Art. 93 Abs. 1 Nr. 1 GG)	BvE	99	8	5	2	4	4	6	2	2	3	1	136
Normenkontrolle auf Antrag von Verfassungsorganen (Art. 93 Abs. 1 Nr. 2 GG)	BvF	122	2	2	2	3	6	3	1	4	3	4	152
Verfassungsstreitigkeiten zwischen Bund und Ländern (Art. 93 Abs. 1 Nr. 3 und Art. 84 Abs. 4 Satz 2 GG)	BvG	26	-	4	1	2	-	-	2	2	2	-	39
Normenkontrolle auf Vorlage der Gerichte (Art. 100 Abs. 1 GG)	BvL	2.846	55	54	43	45	38	40	26	27	36	15	3.225
Verfassungsbeschwerden (Art. 93 Abs. 1 Nr. 4 a und 4 b GG)	BvR	91.813	5.194	5.766	5.117	4.962	4.676	4.729	4.705	4.483	4.523	5.055	141.023
Rechtsgutachten des Plenums (§ 97 BVerfGG) - bis 1952 -	PBvV*	3	-	-	-	-	-	-	-	-	-	-	3
Summe aller Verfahren:		95.969	5.324	5.911	5.246	5.078	4.783	4.885	4.831	4.620	4.692	5.200	146.539

Quelle: www.bundesverfassungsgericht.de

möglich ist. Diese Prüfung von Gesetzen kann grundsätzlich zu zwei Ergebnissen kommen: der Verfassungsmäßigkeit und der Verfassungswidrigkeit. Unterhalb dieser beiden Möglichkeiten besteht eine stark ausdifferenzierte Spruchpraxis (s. Tab. 9).

Ist ein Gesetz vorbehaltlos verfassungsgemäß, so wird dies festgestellt. Kann ein Gesetz auf verfassungswidrige oder verfassungsmäßige Weise ausgelegt werden, so stellt das Gericht die Verfassungsmäßigkeit fest und gibt mit dem Urteil gleichzeitig die verfassungskonforme Interpretation. Wird eine Rechtsnorm als verfassungswidrig erkannt, so bestehen verschiedene Sanktionsmöglichkeiten: Die Nichtigkeitserklärung *ex tunc* und *ipso iure* bedeutet, dass das Gesetz so behandelt wird als hätte es nie existiert. Alle Maßnahmen, die auf seiner Grundlage erfolgten, müssen in diesem Fall ebenfalls rückabgewickelt werden. Die Teilnichtigkeit wird regelmäßig dann ausgesprochen, wenn nur einzelne Teile einer Norm nicht mit dem Grundgesetz vereinbar sind. Dies kann – bei der quantitativen Teilnichtigkeit – soweit gehen, dass nur einige Wörter oder Satzteile des Gesetzestextes beanstandet werden. Das Verfassungsgericht setzt dann fest, dass diese Textteile so behandelt werden, als wären sie nie geschrieben worden.[215] Auch das Unterlassen des Gesetzgebers gibt teilweise Anlass zur verfassungsrechtlichen Rüge.

Um dem Problem der Rückabwicklung bei Nichtigkeitserklärungen zu entgehen, hat das Verfassungsgericht zunächst die Unvereinbarkeitserklärung entwickelt. Diese führt zwar zu einer Beanstandung der verfassungswidrigen Norm und zu einer Aufforderung an den Gesetzgeber, aber nicht zu einer Aufhebung der Rechtsfolgen, die durch die bisherige Anwendung der umstrittenen Regelung eingetreten sind.[216] Etwas jünger sind die sogenannten Appellentscheidungen, in denen das Gericht festhält, dass eine gesetzliche Regelung noch mit dem Grundgesetz vereinbar ist, aber den Gesetzgeber aufruft, den drohenden Mangel zu beseitigen.[217]

Tab. 9: Entscheidungsvarianten des Bundesverfassungsgericht.

Verfassungsmäßigkeitsprüfung von Normen							
Verfassungsmäßigkeit			Verfassungswidrigkeit				
vorbehaltlose Vereinbarkeitserklärung	verfassungskonforme Auslegung von Gesetzen	Appellentscheidung (den Gesetzgeber zum Tätigwerden auffordern)	Unvereinbarkeitserklärung	Verfassungswidrigkeitserklärung gesetzgeberischen Unterlassens	Nichtigerklärung		
Feststellung der unbeschränkten Vereinbarkeit einer Norm mit dem Grundgesetz	Feststellung der Bevorzugung der Auslegung einer Norm, die mit dem Grundgesetz in Einklang steht		Beanstandung einer bestehenden verfassungswidrigen Norm	Rüge des gänzlichen Fehlens einer Norm	qualitative Teilnichtigerklärung	Teilnichtigerklärung	Ex tunc und ipso iure Nichtigkeit

Quelle: T. Yang 2003, S. 30.

Die besondere Macht des Bundesverfassungsgerichts liegt also in seiner Möglichkeit, Gesetze zu vernichten bzw. den Gesetzgeber für künftige Vorhaben an eine bestimmte Interpretation des Grundgesetzes zu binden und damit aktiv in den Gestaltungsbereich der Gesetzgebung einzugrei-

---

215 Vgl. Tzu-hui Yang: *Die Appellentscheidungen des Bundesverfassungsgerichts*, Baden-Baden: Nomos, 2003, S. 20f.
216 Vgl. Christoph Degenhart: *Staatsrecht I. Staatszielbestimmungen. Staatsorgane. Staatsfunktionen*, Heidelberg: C.F. Müller, 1998, S. 376, Rn. 524f.
217 Vgl. Tzu-hui Yang: *Die Appellentscheidungen des Bundesverfassungsgerichts*, Baden-Baden: Nomos, 2003, S. 24f; 26ff.

fen. An dieser Stelle zeigt sich eine weitere Durchbrechung des Gewalten-
trennungsgedankens im deutschen Grundgesetz, denn gerade durch die
materielle Prüfung von Rechtsnormen kann das BVerfG seitens der Judikative Einfluss auf die parlamentarische Willensbildung nehmen. Damit
ragt neben der Exekutive (s.o. parlamentarisches Regierungssystem) auch
die Judikative in die Sphäre der Parlamentssouveränität.

4.2.2. Der Supreme Court

Der amerikanische Supreme Court ist der Prototyp einer Verfassungsgerichtsbarkeit und wurde bereits 1789 durch Art. 3 der Verfassung eingerichtet. Er besaß zunächst kein Normenkontrollrecht, obwohl sich Alexander Hamilton im 78. und 81. Artikel der *Federalist Papers* für eine konkrete Normenkontrolle ausgesprochen hatte.[218] Die Verfassung wurde
bereits als höherrangiges Recht eingestuft, das als Maßstab für das einfache Recht Geltung haben sollte. Die Einsetzung eines Obersten Gerichtshofs war schon allein deshalb notwendig, um die Einheit des Rechts herzustellen und eventuelle Streitigkeiten zwischen den Gliedstaaten und Bund
oder unter den Einzelstaaten zu klären.

Der Supreme Court wird durch folgende Merkmale besonders geprägt:
- Er ist oberster Gerichtshof des Bundes.[219] Er ist die letzte Station im
  Instanzenzug, kann aber die Annahme von Fällen unter bestimmten
  Umständen ablehnen, etwa im Fall der *political question doctrine*;
- er ist die verfassungsmäßig inkorporierte Judikative;
- er hat nur in konkreten Streitfällen ein Prüfungsrecht, d.h. er entscheidet
  im Einzelfall über Handlungen der Exekutive und der Legislative. Mit
  der Entscheidung Marbury vs. Madison im Jahr 1803 sprach er sich
  selbst ein konkretes Normenkontrollrecht zu.[220]

Mit dem Grundsatz des *judicial self-restraint* hat sich der Supreme Court
die Selbstverpflichtung gegeben, den politischen Gestaltungsraum der
Exekutive und der Legislative nicht unzulässig zu beschneiden. Dieser
Grundsatz wurde nicht immer konsequent umgesetzt[221] und auch die *poli-*

---

218 Vgl. Angela Adams/Willi Paul Adams (Hrsg.): *Hamilton/Madison/Jay. Die Federalist-Artikel*, Paderborn: Schöningh, 1994, Artikel 78, S. 469-477 [471]; Artikel 81,
S. 488-498 [489].
219 Vgl. Art. 3 der US-Verfassung.
220 Vgl. Klaus Stüwe: *Die Opposition im Bundestag und das Bundesverfassungsgericht.
Das verfassungsgerichtliche Verfahren als Kontrollinstrument der parlamentarischen Minderheit*, Baden-Baden: Nomos, 1997, S. 50.
221 Kurt L. Shell: Das politische System, in: Willi Paul Adams/Peter Lösche (Hrsg.):
Länderbericht USA, Bonn: BpB, 1998, S. 249-262 [260].

tical question doctrine (InfoBox: Political-Question-Doctrine) hat sich im Laufe der über 200-jährigen Geschichte des Gerichts gewandelt.[222] Besonders evident wurde die durchaus auch politische Rolle des Obersten Gerichtshofs, als er in den 1930-er Jahren „einen Großteil der New Deal-Gesetzgebung für verfassungswidrig erklärte".[223]

Der Supreme Court ist auf die Verhandlung konkreter Rechtsstreitigkeiten beschränkt und kann nur in diesem Zusammenhang die Verfassungsmäßigkeit von Normen überprüfen. Er hat also gegenüber dem deutschen Verfassungsgericht eine erkennbar schwächere Kompetenzausstattung, tritt jedoch gegenüber der *judicial review* der englischen Gerichte deutlich hervor.

Judicial Self-Restraint

Am prägnantesten wurde der Grundsatz des *judicial self-restraint* in der Entscheidung Ashwander vs. Tennessee Valley Authority aus dem Jahr 1936 formuliert. Justice Louis A. Brandeis benannte als wesentliche Grundsätze dieser Selbstbeschränkung:[224]

- Die Feststellung der Verfassungswidrigkeit eines Bundes- oder Bundesstaatsgesetzes muss mit der Mehrheit der Mitglieder des Obersten Gerichtshofes erfolgen.
- In der Frage der Verfassungsmäßigkeit wird nur dann entschieden, wenn ihre Klärung für die Entscheidung des Streitfalls unabdingbar ist.
- Gesetze können nicht mit der Begründung, dass sie gegen natürliche Gerechtigkeit, den Gesellschaftsvertrag oder fundamentale Prinzipen verstoßen, für verfassungswidrig erklärt werden. Die Verfassungswidrigkeit kann nur mit Verboten und Geboten der Verfassung begründet werden.
- In Anlehnung an den Grundsatz *in dubio pro reo* gilt für Rechtsnormen die Ausgangsvermutung, dass diese verfassungsgemäß sind, solange nicht das Gegenteil erwiesen ist. Lässt das Gesetz verschiedene Interpretationen zu, so wird unter der Prämisse, der Gesetzgeber habe die Absicht verfassungsgemäße Gesetze zu erlassen, die verfassungskonforme Auslegung als verbindlich erklärt.

---

222 Vgl. Rüdiger Zuck: Political-Question-Doktrin, Judicial-self-restraint und das Bundesverfassungsgericht, in: JZ, 1974, S. 361-368 [362f.].
223 Kurt L. Shell: Das politische System, in: Willi Paul Adams/Peter Lösche (Hrsg.): *Länderbericht USA*, Bonn: BpB, 1998, S. 249-262 [261].
224 Zum Folgenden vgl. ebd., S. 260f.

- Der Supreme Court ist – anders als die unteren Gerichte – nicht durch frühere Entscheidungen gebunden. Er verpflichtet sich jedoch selbst dazu, nur begründet davon abzuweichen.

Auch das Bundesverfassungsgericht geht zunächst von der Verfassungskonformität aus und prüft, ob eine verfassungskonforme Auslegung der strittigen Norm möglich ist. Insofern besteht hinsichtlich dieser methodischen Vorgehensweise eine Analogie zwischen Supreme Court und BVerfG.

4.2.3. Andere Verfassungsgerichtsbarkeiten

In *Frankreich* ist die Überprüfung von Gesetzen auf ihre Vereinbarkeit mit der Verfassung einem Verfassungsrat übertragen. Artikel 61 und 62 der französischen Verfassung stellt dazu fest:

> *„Art. 61.* Die verfassungsausführenden Gesetze müssen vor ihrer Verkündigung und die Geschäftsordnungen der parlamentarischen Kammern vor ihrer Anwendung dem Verfassungsrat vorgelegt werden, der über ihre Verfassungsmäßigkeit befindet.
>
> Zum gleichen Zweck können die Gesetze vor ihrer Verkündigung dem Verfassungsrat vom Präsidenten der Republik, vom Premierminister, vom Präsidenten der Nationalversammlung oder dem des Senats oder von 60 Abgeordneten oder 60 Senatoren zugeleitet werden.
>
> In den in den beiden vorangehenden Absätzen vorgesehenen Fällen muss der Verfassungsrat seine Entscheidung innerhalb eines Monats treffen. Auf Verlangen der Regierung wird jedoch diese Frist in dringenden Fällen auf 8 Tage verkürzt.
>
> In allen diesen Fällen wird durch die Anrufung des Verfassungsrats die Verkündigungsfrist ausgesetzt.
>
> *Art. 62.* Eine für verfassungswidrig erklärte Bestimmung kann nicht verkündet oder angewandt werden.
>
> Gegen die Entscheidungen des Verfassungsrats gibt es kein Rechtsmittel. Sie binden die öffentlichen Gewalten und alle Verwaltungsbehörden und Gerichte.“

Damit betraut auch die französische Verfassung eine eigene Institution mit der verfassungsrechtlichen Prüfung der Gesetze. Diese Prüfungsrecht kann jedoch nur vor der Verkündigung ausgeübt werden und ist bei den einfachen Gesetzen lediglich auf Antrag möglich, wobei die Zahl der Antragsberechtigten dies als geringe Hürde erscheinen lässt. In ihrer Wirkung ist die Verfassungswidrigkeitserklärung endgültig, destruktiv und bindend für alle Staatsgewalten. Dennoch besitzt der Verfassungsrat eine vergleichsweise geringe politische Bedeutung.

In der *Schweiz* liegt die Verfassungsgerichtsbarkeit beim Bundesgericht. Dieses ist, ähnlich wie der Supreme Court, letzte Instanz in Zivil- und Strafsachen, zudem Verwaltungsgerichtshof hinsichtlich des Bundesverwaltungsrechts.[225] Als Verfassungsgericht überwacht das Bundesgericht „die Einhaltung der Bundesverfassung durch die Gliedstaaten".[226] Interpretiert das Gericht in diesem Zusammenhang die Verfassung, so wird diese Auslegung auch für die Bundesorgane als bindend anerkannt. Eine Kompetenz zur Prüfung von Bundesgesetzen und Staatsverträgen besitzt es jedoch nicht; allerdings kann es nachrangiges Bundesrecht, d.h. Verordnungen, Erlasse usw., im Rahmen seiner Zuständigkeit als höchstes Verwaltungsgericht auf ihre Verfassungskonformität hin prüfen.[227] Es ähnelt in diesem Punkt der englischen *judicial review*.

In den *Niederlanden* ist eine Verfassungsgerichtsbarkeit durch Art. 120 der Verfassung ausgeschlossen:

> *„Art. 120.* Der Richter beurteilt nicht die Verfassungsmäßigkeit von Gesetzen und Verträgen."

Eine Überprüfung untergesetzlicher Normen ist allerdings auch hier zulässig[228], so dass auch in den Niederlanden Analogien zur *judicial review* des englischen Rechts hervortreten.

Political Question Doctrine

Im Fall Baker vs. Carr (369 US 186; 1962) wies der vorsitzende Richter Brennan auf den als diffus erscheinenden Charakter der *political question doctrine* hin. Diese habe „attributs, which, in various settings, diverge, combine, appear, and disappear in seeming disorderliness". Aus diesem Grund nennt er „sechs – alternative – Voraussetzungen" ihrer Anwendung:

„(1) Prominent on the surface of any case held to involve a politcal question is found a textual demonstrable constitutional commitment of the issue to a coordinate political department;

---

225 Vgl. Roland Lhotta: Der Wandel föderativer Strukturen, auf: http://www.dvpw.de/data/doc/LHOTTA.PDF
226 Ebd.
227 Ebd.
228 Vgl. Georg Brunner: Der Zugang des Einzelnen zur Verfassungsgerichtsbarkeit im europäischen Raum, auf: http://www.venice.coe.int/docs/2001/CDL-JU(2001)022-ger.asp?PrintVersion=True

> (2) or a lack of judicially discoverable and manageable standards for resolving it;
> (3) or the impossibility of deciding without an initial policy determination of a kind clearly for nonjudicial discretion;
> (4) or the impossibility of a court undertaking independent resolution without expressing lack of the respect due coordinate branches of government;
> (5) or an unusual need for unquestioning adherence to a political decision already made;
> (6) or the potentiality of embarrassment from multifarious pronouncements by various departments of one question" (Zuck 1974: 363).
>
> Die *political question doctrine* stärkt somit vor allem den Gedanken der funktionalen Gewaltenteilung, weil sie deutlich auf die verfassungsmäßige Kompetenzzuteilung abstellt.
>
> Rüdiger Zuck: Political-Question-Doktrin, Judicial-self-restraint und das Bundesverfassungsgericht, in: JZ, 1974, S. 361-368

4.3. Vorschlag zur typologischen Einordnung

Nach dieser kurzen Überblicksdarstellung einiger Verfassungsgerichtsbarkeiten zeigt sich, dass diese weitgehend individuell ausgestaltet wurden. Eine Typenbildung aufgrund der institutionellen Abgetrenntheit der Funktion *Verfassungsgerichtsbarkeit*, wie sie unter anderem von Winfried Steffani[229] vorgeschlagen wurde, erscheint zwar hinsichtlich der ersten Ordnung hilfreich. Doch lassen sich durch eine Typologie, in der sich Supreme Court und Bundesverfassungsgericht als idealtypische Ausprägungen gegenüberstehen, nicht alle dies Realtypen einordnen – wenigstens diejenigen nicht, die schwächere Kompetenzen als der Supreme Court besitzen.

Zur Typologisierung von Verfassungsgerichtsbarkeiten bieten sich – gerade mit Blick auf ihre mögliche Konfliktstellung zu Legislative und Exekutive – eine Einordnung nach der Prüfungskompetenz an. Dieses Kriterium besitzt den Vorteil, dass sich dann auch Länder wie die Niederlande oder Großbritannien zuordnen lassen, denn auch dort werden – wenn auch nur rudimentär – Normen unterhalb der Parlamentsgesetzesebene auf ihre Vereinbarkeit mit verfassungsmäßig verankerten Rechten und Grundsätzen hin überprüft.

Rudimentäre Verfassungsgerichtsbarkeiten sind dadurch bestimmt, dass der Richter im konkreten Fall entscheidet, ob durch die Anwendung nach-

---

229 Vgl. Winfried Steffani: Institutionen der Demokratie: Parlament, Regierung, Rechtsprechung, in: Klaus von Beyme/Ernst-Otto Czempiel/Peter Graf Kielmansegg/Peter Schmook (Hrsg.) *Politikwissenschaft. Eine Grundlegung. Band II: Der demokratische Verfassungsstaat*, Stuttgart: Kohlhammer, 1987, S. 3-35 [31-33].

rangigen Rechts verfassungsgemäß garantierte Rechte oder Prinzipien verletzt werden. Wie also im Fall des englischen *judicial review*.

Gemäßigte Verfassungsgerichtsbarkeiten sind in ihrer Normenkontrollkompetenz beschränkt. Dabei sind zwei Abstufungen möglich: (1) Das Gericht kann Normen nur formell prüfen und (2) das Gericht besitzt die Möglichkeit zur formellen und materiellen Normenkontrolle im konkreten Fall (Supreme Court).

Starke Verfassungsgerichtsbarkeiten besitzen umfassende formelle und materielle Zuständigkeiten im Bereich der konkreten und der abstrakten Normenkontrolle (BVerfG).

Dennoch sollte der institutionelle Gedanke trotz der geäußerten Bedenken nicht verworfen werden. In der Regel deutet die eigenständige Ausgestaltung bereits auf eine ausgedehntere Verfassungsgerichtsbarkeit hin. Die institutionellen Berührungspunkte mit anderen Akteuren der politischen Ordnung, etwa die Bestellung der Richter, können darüber hinaus wichtige Hinweise zum Verständnis der empirisch erkennbaren Prozesse geben, die den Unterschied von Verfassungsnorm und Verfassungsrealität ausmachen.

Abb. 18: Entwicklungsmodell von Verfassungsgerichtsbarkeiten anhand der Kompetenzzuweisung. Eigene Darstellung.

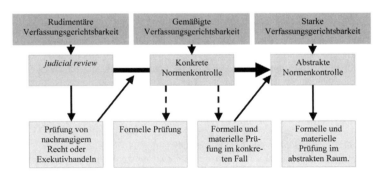

Fragen

- Worin besteht der Unterschied zwischen Gewaltentrennung und Gewaltenverschränkung? Erläutern Sie den Sachverhalt an konkreten Beispielen.
- Wie unterscheidet sich das Verhältnis zwischen Exekutive und Legislative im parlamentarischen und präsidentiellen Regierungssystem?
- Welche Funktionen hat die Regierung? Nennen und erklären Sie diese an geeigneten Beispielen.
- Was meint der für Deutschland geprägte Begriff Kanzlerdemokratie? Erläutern Sie das Konzept und diskutieren Sie seine Anwendbarkeit auf andere Länder.
- Welche Aufgabe haben Parlamente? Nennen und erläutern Sie diese anhand konkreter Beispiele.
- Was verstehen Sie unter dem Begriff der Opposition? Welche Rolle spielt die Opposition im parlamentarischen Regierungssystem?
- Welche Organisationsmodelle lassen sich bei den Zweiten Kammern föderaler Länder unterscheiden? Nennen Sie Beispiele.
- Was meint der Begriff Parlamentssouveränität?
- Erläutern Sie das Spannungsfeld zwischen Politik und Verfassungsgerichtsbarkeit.
- Was ist die *political-question-doctrine*?

 Bibliographie

Manfred Abelein: Kontrolle ohne Kontrolleure? Zur Bedeutung des Bundestages als Kontrollorgan, in: Emil Hübner et al. (Hrsg.): *Der Bundestag von innen gesehen. 24 Beiträge*, München: Pieper, 1969.

Angela Adams/Willi Paul Adams (Hrsg.): *Hamilton/Madison/Jay. Die Federalist-Artikel*, Paderborn: Schöningh, 1994.

Walter Bagehot: *The English Constitution*, London: Watts, 1964.

Bernd Becker: *Politik in Großbritannien*, Paderborn: Schöningh, 2002.

Manfred Berg: Die innere Entwicklung: Vom Zweiten Weltkrieg bis zur Watergate-Krise 1974, in: Willi Paul Adams/Peter Lösche (Hrsg.): *Länderbericht USA*, Bonn: BpB, 1998, S. 144-204.

Jean Blondel: *Comparative Legislatures*, Englewood Cliffs, 1973.

Edmund Burke: Bristol Speech, in: Edmund Burke: *Speeches and Letters on American Affairs*, Everyman's Library 340.

Mauro Cappelletti/Theodor Ritterspach: Die gerichtliche Kontrolle der Verfassungsmäßigkeit der Gesetze in rechtsvergleichender Sicht, JöR 1971 (NF 20), S. 65 ff.

Christoph Degenhart: *Staatsrecht I. Staatszielbestimmungen. Staatsorgane. Staatsfunktionen*, Heidelberg: C.F. Müller, 1998.

John C.Donavan/Richard E. Morgan/Christian P. Potholm: *People, Power and Politics. An Introduction to Political Science*, Lanham Rowman and Littlefield, 1993.

Marcus E. Ethridge/Howard Handelman: *Politics in a changing World. A complete Introduction to Political Science*, New York: St. Martin's Press, 1994.

Ernst Fraenkel: Parlament, in: Ernst Fraenkel / Karl Dietrich Bracher (Hrsg.): *Staat und Politik*, Frankfurt: Fischer, 1964, S. 231.

Gert-Joachim Glaeßner: *Demokratie und Politik in Deutschland*, Opladen: Leske + Budrich, 1999.

Winand Gellner: *Ideenagenturen für Politik und Öffentlichkeit. Think Tanks in den USA und in Deutschland*, Opladen: Westdeutscher Verlag, 1995.

Winand Gellner: Die Blockade der politischen Gewalten in den USA, in: APuZ B8-9/1996, S. 3-10.

Winand Gellner: Effizienz und Öffentlichkeit. Entscheiden im präsidentiellen System der USA, in: Klaus Dicke (Hrsg.): *Politisches Entscheiden*, Baden-Baden: Nomos, 2001, S. 71-87.

Manfred Görtemaker: *Geschichte der Bundesrepublik Deutschland. Von der Gründung bis zur Gegenwart*, München: C.H. Beck, 1999.

Rod Hague/Martin Harrop/Shaun Breslin: *Political Science. A comparative Introduction*, New York: St. Martin's Press, 1998.

Jürgen Heideking: Revolution, Verfassung und Nationalstaatsgründung, 1763-1815, in: Willi Paul Adams/Peter Lösche (Hrsg.): *Länderbericht USA*, Bonn: BpB, 1998, S. 18-41.

Katharina Holzinger: Politische Verwaltung, in: Dieter Nohlen/Rainer-Olaf Schultze (Hrsg.): *Lexikon der Politikwissenschaft. Theorien, Methoden, Begriffe, Band 2, N-Z*, München: C.H. Beck, 2002, S. 728f.

Dieter Hömig: Artikel 93, in: Karl-Heinz Seifert/Dieter Hömig: *Grundgesetz für die Bundesrepublik Deutschland. Taschenkommentar*, Baden-Baden: Nomos, 1999, S. 549-563.

Emil Hübner: *Parlament und Regierung*, München: Bayerische Landeszentrale für politische Bildungsarbeit, 1995.

Emil Hübner/Ursula Münch: *Das politische System Großbritanniens. Eine Einführung*, München: C.H. Beck, 1998.

Max Imboden: *Montesquieu und die Lehre der Gewaltentrennung*, Berlin: De Gruyter, 1959.

Robert J.Jackson/Doreen Jackson: *Contemporary Government and Politics. Democracy and Authoritarianism*, Toronto: Prentice Hall Canada Inc., 1993.

Hans Kelsen: Wesen und Entwicklung der Staatsgerichtsbarkeit, in: VVDStRL 5 (1929), S. 30 – 88.

Hans Kelsen: Wer soll Hüter der Verfassung sein?, in: Die Justiz, Band 6, 1931/32, S. 576-628.

Heiderose Kilper und Roland Lhotta: *Föderalismus in der Bundesrepublik Deutschland*, Opladen: Leske+ Budrich, 1996.

Adolf Kimmel: *Der Verfassungstext und die lebenden Verfassungen*, in: Marieluise Christadler/Henrik Uterwedde (Hrsg.): *Länderbericht Frankreich. Geschichte. Politik. Wirtschaft. Gesellschaft*, Bonn: bpb, 1999, S. 306-325.

Knud Krakau: Außenbeziehungen der USA, 1945-1975, in: Willi Paul Adams/Peter Lösche (Hrsg.): *Länderbericht USA*, Bonn: BpB, 1998, S. 169-204.

Rolf Lamprecht/Wolfgang Malankowski: *Richter machen Politik. Auftrag und Anspruch des Bundesverfassungsgerichts*, Frankfurt/Main: Fischer, 1979.

Christine Landfried: *Bundesverfassungsgericht und Gesetzgeber. Wirkungen der Verfassungsrechtssprechung auf parlamentarische Willensbildung und soziale Realität*, Baden-Baden: Nomos, 1984.

John Locke: *Two Treatises of Government*, London: George Routledge and Sons, 1884.

Roland Lhotta: Der Wandel föderativer Strukturen, auf: http://www.dvpw.de/data/doc/LHOTTA.PDF

Roy C. Macridis: *Modern Political Regimes. Patterns and Institutions*, Boston, Toronto: Little, Brown and Co., 1986.

Otto Model/Carl Creifelds/Gustav Lichtenberger/Gerhard Zierl: *Staatsbürgertaschenbuch*, München: C.H. Beck, 1997.

Montesquieu: *Vom Geist der Gesetze*, Stuttgart: Reclam, 1965.

Jörg Nagler: Territoriale Expansion, Sklavenfrage, Sezessionskrieg, Rekonstruktion, 1815-1877, in: Willi Paul Adams/Peter Lösche (Hrsg.): *Länderbericht USA*, Bonn: BpB, 1998, S. 42-72.

Hiltrud Naßmacher: *Politikwissenschaft*, München: Oldenbourg, 1998.

Karlheinz Niclauß: *Kanzlerdemokratie. Bonner Regierungspraxis von Adenauer bis Kohl*, Stuttgart: Kohlhammer, 1988.

Parlamentarischer Rat: *Stenographische Berichte über die Plenarsitzungen. Bonn 1948/49*, Bad Godesberg: Hans Heger, 1969.

Parlamentarischer Rat: *Schriftlicher Bericht zum Entwurf des Grundgesetzes für die Bundesrepublik Deutschland*, Bonn: Bonner Universitäts-Druckerei.

Hans Peters: *Die Gewaltentrennung in moderner Sicht*, Opladen: Westdeutscher Verlag, 1954.

Wolfgang Rudzio: *Das politische System der Bundesrepublik Deutschland*, Opladen: Leske + Budrich, 2000.

Thomas Saalfeld: *Großbritannien. Eine politische Landeskunde*, Opladen: Leske + Budrich, 1998.

Horst Säcker: *Das Bundesverfassungsgericht*, Bonn: bpb, 2003.

Carl Schmitt: *Der Hüter der Verfassung*, Tübingen: Mohr-Siebeck, 1931.

Suzanne S. Schüttemeyer: Vergleichende Parlamentarismusforschung in: Dirk Berg-Schlosser/Ferdinand Müller-Rommel (Hrsg.): *Vergleichende Politikwissenschaft*, Opladen: Leske+Budrich, 1991, S. 169-184.

Suzanne S. Schüttemeyer: Exekutive, in: Dieter Nohlen/Rainer-Olaf Schultze (Hrsg.): *Lexikon der Politikwissenschaft. Theorien, Methoden, Begriffe, Band 1, A-M*, München: C.H. Beck, 2002, S. 211.

Suzanne S. Schüttemeyer: Opposition, in: Dieter Nohlen/Rainer-Olaf Schultze (Hrsg.): *Lexikon der Politikwissenschaft. Theorien, Methoden, Begriffe, Band 2, N-Z*, München: C.H. Beck, 2002, S. 599f.

Kurt L. Shell: Das politische System, in: Willi Paul Adams/Peter Lösche (Hrsg.): *Länderbericht USA*, Bonn: BpB, 1998, S. 207-248.

Kurt L. Shell: Der Oberste Gerichtshof und das Rechtswesen, in: Willi Paul Adams/ Peter Lösche (Hrsg.): *Länderbericht USA*, Bonn: BpB, 1998, S. 249-262.

Peter Shears/Graham Stephenson: *James' Introduction to English Law*, London: Butterworths, 1996.

Winfried Steffani: Institutionen der Demokratie: Parlament, Regierung, Rechtsprechung, in: Klaus von Beyme/Ernst-Otto Czempiel/Peter Graf Kielmansegg/Peter Schmook (Hrsg.) *Politikwissenschaft. Eine Grundlegung. Band II: Der demokratische Verfassungsstaat*, Stuttgart: Kohlhammer, 1987, S. 3-35.

Roland Sturm: Staatsordnung und politisches System, in: Hans Kastendiek/Karl Rohe/Angelika Volle (Hrsg.): *Länderbericht Großbritannien. Geschichte. Politik. Wirtschaft. Gesellschaft*, Bonn: bpb, 1998, S. 194-223.

Roland Sturm: Regierung und Verwaltung, in: Bundeszentrale für politische Bildung (Hrsg.): *Großbritannien*, Informationen zur politischen Bildung, Nr. 262, Bonn: bpb, 1999, S. 6-14.

Klaus Stüwe: *Die Opposition im Bundestag und das Bundesverfassungsgericht. Das verfassungsgerichtliche Verfahren als Kontrollinstrument der parlamentarischen Minderheit*, Baden-Baden: Nomos, 1997.

Gerd Strohmeier: *Politik und Massenmedien. Eine Einführung*, Baden-Baden: Nomos, 2004.

Gerd Strohmeier: *Vetospieler – Garanten des Gemeinwohls und Ursachen des Reformstaus*, Habilschrift, eingereicht an der Philosophischen Fakultät der Universität Passau am 1. April 2004.

George Tsebelis: *Veto Players. How Political Institutions Work*, New York: Russel Sage, 2002.

George Tsebelis: Decision Making in Political Systems: Veto Players in Presidentialism, Parlamentarism, Multicameralism and Multipartism, in: *British Journal of Political Science* 25, 1995, S 289-325.

Rainer Wahl: Das Bundesverfassungsgericht im europäischen und internationalen Umfeld, in: APuZ B 37-38/2001.

Hartmut Wasser: Institutionen im politischen System, in: Bundeszentrale für politische Bildung (Hrsg.): *Politisches System der USA*, Informationen zur politischen Bildung, Nr. 199, Bonn: bpb, 1997, S.6-24.

Max Weber: *Zur Politik im Weltkrieg. Schriften und Reden 1914-1918*, Tübingen: Mohr, 1984.

Cornelia Witz et al.: *Großbritannien. Geschichte Großbritanniens und Irlands zum Nachschlagen*, Freiburg: Ploetz, 1996.

Tzu-hui Yang: *Die Appellentscheidungen des Bundesverfassungsgerichts*, Baden-Baden: Nomos, 2003.

Rüdiger Zuck: Political-Question-Doctrin, Judicial-self-restraint und das Bundesverfassungsgericht, in: JZ 1974, S. 363-368.

E. Vertikale Gewaltenteilung – Föderalismus vs. Zentralismus

1. Vertikale Gewaltenteilung

1.1. Vorbemerkungen

Der sechsgliedrige Gewaltenteilungsbegriff bei Winfried Steffani (s.o. C. 2.1.2.2.) beschreibt mit der vertikalen Gewaltenteilung, inwieweit die staatlichen Kompetenzen und Aufgaben dezentral wahrgenommen werden. Föderale Gewaltenteilung besteht nur in dem Maße, in dem ein Staat in Untereinheiten mit eigenständigen Kompetenzen gegliedert ist.

Dezentrale Strukturen sind keine moderne Erfindung. Bereits das Römische Imperium sah aufgrund seiner wachsenden Ausdehnung schnell die Notwendigkeit, viele seiner eroberten Gebiete lokal verwalten zu lassen. Später machte es zeitweise die Erfahrung, dass diese Verwaltung besser akzeptiert wurde, wenn sie den lokalen Eliten übertragen werden konnte. Die römische Expansion stieß damit auf zwei Grundprinzipien, die auch bei der heutigen Staatsorganisation eine essentielle Rolle spielen:

(1) Großflächenstaaten lassen sich besser verwalten, wenn dezentrale Strukturen bestehen.

(2) Die Integration von Minderheiten wird besser gewährleistet, wenn diese ihre kulturelle Eigenständigkeit weitgehend beibehalten können.

Trotzdem wird niemand ernsthaft behaupten wollen, das Imperium Romanum hätte den Gedanken föderaler Gewaltenteilung verwirklicht – das Ziel Roms war vielmehr die Herstellung effizienter, reaktionsfähiger Verwaltungseinheiten. Heute würde man eine solche Konstruktion, nach hinreichender Analyse, vielleicht als Einheitsstaat mit dezentralen Strukturen (s.u.) einordnen können. Auch kurzfristige Staatenbünde wurden in der Antike – etwa unter den griechischen Stadtstaaten – häufig geschlossen, vor allem wenn es darum ging, gegen gemeinsame Feinde anzutreten.

In den antiken staatsphilosophischen Schriften spielt der Föderalismus keine Rolle. Aristoteles, der sich ausführlich mit den Verfassungen seiner Zeit beschäftigt hatte, stellte fest:

„[1326a35] Außerdem gibt es ein bestimmtes Maß für die Größe eines Staates, wie auch für alles andere, die Tiere, Pflanzen und Werkzeuge. Auch da besitzt jedes seine Fähigkeit nur soweit es an Kleinigkeit oder Größe das Maß nicht zu sehr überschreitet; sonst wird es seine eigentümliche Natur überhaupt verlieren oder in schlechtem Zustand sein. [. . .1326b1] So ist auch ein Staat mit zuwenig Bürgern nicht autark (der Staat muss aber ein autarkes Gebilde sein), und ein allzu großer Staat ist zwar in den notwendigen Dingen autark, aber so wie ein Volksstamm, nicht wie ein Staat; in diesem Falle nämlich kann nicht leicht eine Verfassung Bestand haben. [. . .]

Darum wird es einen Staat von derjenigen Bevölkerungszahl an geben, die in der politischen Gemeinschaft autark im Hinblick auf das vollkommene Leben sein kann. Es kann auch ein größerer Staat existieren, der ihn an Menge übertrifft, aber dies geht, wie wir sagten, nicht ins Unbegrenzte. [. . .]

[1326b25] Ähnliches gilt vom Gebiete. [. . .]"[1]

Dieses Denken in kleinen Gebietseinheiten setzte sich bis in die Moderne fort. Bei John Locke findet der Leser keinerlei Hinweise auf föderale Untergliederungen der staatlichen Befugnisse. Und Jean-Jacques Rousseau griff das aristotelische Verständnis der natürlichen Größenbeschränkung auf und stellt fest, dass „ein kleinerer Staat verhältnismäßig stärker als ein großer" ist.[2] Ebenso warnte Montesquieu vor den möglichen Gefahren einer Überdehnung des Staates – dem Verlust von Macht, Ansehen und Größe.[3]

Doch zeigen sich daneben auch bereits erste Ansätze, die auf die Einbindung regionaler Besonderheiten abzielen. Es überrascht auf den ersten Blick etwas, dass gerade Thomas Hobbes den Rat erteilt, „die Bitten und Klagen der Einwohner einzelner Provinzen" zu hören, „weil diese mit ihren Bedürfnissen am besten vertraut sein müssen".[4] Trägt man jedoch den damals schon weit bekannten Anmerkungen Machiavellis zur Herrschaftssicherung der Fürstenherrschaft[5] sowie den englischen Verhältnissen Rechnung, d.h. der Diversität, die durch die – auch ethnisch-kulturell – recht unterschiedlichen Landesteile bedingt ist, so erscheint Hobbes' Rat eher pragmatischer Natur. Lediglich bei Montesquieu findet sich – trotz der kritischen Anmerkungen zur Größe des Staates – ein kurzer Abschnitt, der

---

1   Aristoteles: *Politik. Eingeleitet, übersetzt und kommentiert von Olof Gigon*, Zürich, Stuttgart: Artemis, 1971, S. 290f.

2   Jean-Jacques Rousseau: *Vom Gesellschaftsvertrag oder Grundsätze des Staatsrechts*, Stuttgart: Reclam, 1977, S. 50.

3   Montesquieu: *Vom Geist der Gesetze¸* Stuttgart: Reclam, 1965, S. 202.

4   Thomas Hobbes: *Leviathan*, Stuttgart: Reclam, 1970, S. 293.

5   Vgl. Niccolo Machiavelli: *Der Fürst*, Stuttgart: Kröner, 1972, z.B. Kap. XXI.

den Gedanken einer lokalen Vertretung aufgreift: Er hält fest, dass die Bürger die Belange der eigenen Stadt besser einschätzen könnten als die ferngelegener Städte. Daher schlägt er vor, dass „die Einwohner jedes bedeutenden Ortes einen Repräsentanten" wählen sollten.

In diesem Kontext findet die Debatte über die amerikanische Verfassung zwischen den *Federalists* und den *Anti-Federalists* statt, die letztlich in den *Federalist Papers* und der Ratifizierung der amerikanischen Verfassung mündet. In Amerika ist der Föderalismus zum ersten Mal als Ordnungsprinzip der staatlichen Organisation verwirklicht worden. Die konkurrierenden Parteien hatten grundverschiedenen Ausgangspositionen. Während sich die *Federalists* für eine gestärkte Bundesregierung aussprachen, d.h. eigentlich eine Unitarisierung und Zentralisierung herbeiführen wollten, setzten sich die *Anti-Federalists* für starke, weitgehend autonome Bundesstaaten ein, die nur lose verbunden sein sollten. Diese beiden Positionen verdeutlichen, warum der Begriff *Föderalismus* im Kontext mit der Europäischen Union gerade in Großbritannien soviel Unbehagen erzeugt; *Föderalismus* wird im angelsächsischen Raum nach wie vor mit der Tendenz zur Zentralisierung und zur Aufgabe der Eigenständigkeit assoziiert.[6]

1.2. Die *Federalist Papers*

Am 4. Juli 1776 erfolgte die Annahme der amerikanischen Unabhängigkeitserklärung durch die Delegierten des Kontinentalkongresses, die den Unabhängigkeitskrieg gegen England auslöste.[7] Erst in den letzten Kriegsjahren, am 1. März 1781, trat mit den Konföderationsartikeln die erste gemeinsame Verfassung in Kraft, die den Konföderationskongress als gemeinschaftliches Organ einrichtete.[8] Dieser sollte vor allem als gemeinsamer Vertreter der einzelnen amerikanischen Staaten gegenüber den europäischen Kolonialmächten auftreten. Indes machten die internen Abstimmungsmodalitäten, das geringe politische Gewicht und das Fehlende Besteuerungsrecht den Kontinentalkongress weitgehend handlungsunfähig. Die Konföderationsartikel stellten fest: „Jeder Staat behält seine Souveränität, Freiheit und Unabhängigkeit und jede Kompetenz und rechtliche

---

6 Vgl. Angelika Volle: Der mühsame Weg Großbritanniens nach Europa, in: Hans Kastendiek/Karl Rohe/Angelika Volle (Hrsg.): *Länderbericht Großbritannien. Geschichte. Politik. Wirtschaft. Gesellschaft*, Bonn: bpb, 1998, S. 459-475 [460].

7 Vgl. Jürgen Heideking: Revolution, Verfassung und Nationalstaatsgründung, 1763-1815, in: Willi Paul Adams/Peter Lösche (Hrsg.): *Länderbericht USA*, Bonn: BpB, 1998, S. 18-41 [21 ff.].

8 Vgl. ebd., S. 24.

Zuständigkeit, die diese Konföderationsartikel nicht ausdrücklich den im Kongress versammelten Vereinigten Staaten übertragen". Sie konstituierten damit einen recht losen Staatenbund.[9]

Wie weit diese Handlungsunfähigkeit ging, zeigte sich nach dem Friedensschluss von 1783. Die europäischen Kolonialmächte waren nach wie vor in den amerikanischen Staaten vertreten.[10] Kriegslasten, Handelssanktionen der Briten sowie die Rivalität um Handelsbeziehungen zwischen den Staaten führten zu massiven finanziellen und wirtschaftlichen Problemen, denen der Kontinentalkongress mangels Kompetenz nichts entgegensetzen konnte.[11] Diese Entwicklung kulminierte letztlich im Konvent von Philadelphia, der vom 25. Mai bis 17. September 1787 tagte und ursprünglich nur eine Revision der Konföderationsartikel vornehmen sollte. Am 19. Juni 1787 gab sich der Konvent mit 7:3 Stimmen selbst den Auftrag, eine neue Verfassung auf den Weg zu bringen.[12] Der Staatenbund war letztlich zu schwach geworden, um die gemeinsamen Probleme zu lösen.

Um eine handlungsfähige Bundesregierung zu schaffen, mussten aber verstärkt Kompetenzen von den Einzelstaaten übertragen werden. Einer der Hauptdiskussionspunkte neben der Umsetzung der Gewaltenteilung auf Bundesebene war folglich die Beziehung zwischen der Zentralregierung und den Einzelstaaten.

Alexander Hamilton definierte im 9. Artikel der *Federalist Papers*, was man sich unter einer föderativen Republik vorstellen muss:

„Eine *föderative Republik* [*confederate republic*] kann man einfach als einen 'Verbund von Gemeinwesen' [*assamblage of societies*] oder als eine Vereinigung von zwei oder mehr Staaten zu einem Staat definieren. Ausmaß, nähere Bestimmung und Ziele der föderativen Gewalt bleiben der Entscheidung im Einzelfall überlassen. Solange die getrennte Organisation der Mitgliedstaaten nicht aufgehoben ist und diese per Verfassungsgebot für alle lokalen Fragen zuständig sind, auch wenn sie der zentralen Autorität der Union völlig untergeordnet sind, handelt es sich doch praktisch und theoretisch um einen Staatenbund oder eine Konföderation. Im vorliegenden Verfassungsentwurf kann von einer Abschaffung der Einzelstaaten keine Rede sein, vielmehr erhalten sie mit dem Senat eine direkte

---

9   Vgl. Angela Adams/Willi Paul Adams (Hrsg.): *Hamilton/Madison/Jay. Die Federalist-Artikel*, Paderborn: Schöningh, 1994, S. XXIX.

10 Ebd., S. XXVIII.

11 Vgl. Jürgen Heideking: Revolution, Verfassung und Nationalstaatsgründung, 1763-1815, in: Willi Paul Adams/Peter Lösche (Hrsg.): *Länderbericht USA*, Bonn: BpB, 1998, S. 18-41 [28].

12 Vgl. Angela Adams/Willi Paul Adams (Hrsg.): *Hamilton/Madison/Jay. Die Federalist-Artikel*, Paderborn: Schöningh, 1994, S. XXXII.

Vertretung und behalten bestimmte ausschließliche und äußerst wichtige Anteile an der Souveränität. Das entspricht in jedem vernünftigen Sinn dieses Begriffs vollkommen der Idee eines föderativen Staates."[13]

Diese Definition sagt bereits viel über das Wesen föderaler Staaten aus. Gefordert ist, dass zwei unterschiedliche staatliche Ebenen gebildet werden. Somit lassen sich bundesstaatliche und einzelstaatliche Ebene unterscheiden, die über getrennte Organe verfügen. Die Zuständigkeit der Einzelstaaten für 'lokale Fragen' wird durch die Verfassung gewährleistet. An der Bundespolitik, vor allem an der Bundesgesetzgebung, sind die Einzelstaaten durch eine parlamentarische Kammer beteiligt. Interessant ist auch der Gedanke, der hinter der Übertragung der Kompetenzen an den Bund steht. Die Ausgangssituation sieht dann nämlich vor, dass die Ursprungskompetenzen bei den Einzelstaaten liegen. Welche Zuständigkeiten diese an den Bund übergeben, ist eine rechtspolitische Frage, die aufgrund des erzielten Konsens zu treffen ist. Ferner muss auf die gleichmäßige Kompetenzverteilung hingewiesen werden. Alle Einzelstaaten behalten dieselben Kompetenzen – anders verhält sich dies beispielsweise bei Dezentralisierungsprozessen, in denen den verschieden Regionen unterschiedliche Rechte und Zuständigkeiten eingeräumt werden können, die die Zentralregierung ebenso wieder aufheben kann, wie dies bei der *devolution*, der Dezentralisierung, in Großbritannien der Fall ist.

Die Anwendung auf die Bundesrepublik Deutschland zeigt, dass diese Kriterien auch heute noch ihre Gültigkeit bewahrt haben:

- Zwei getrennte Ebenen – Die Doppelung der staatlichen Organisation zeigt sich darin, dass Exekutive, Legislative und Judikative sowohl auf Bundesebene, als auch auf Landesebene erfolgen. Bundesregierung, Bundesgesetzgebung und Bundesgerichtsbarkeit stehen über bzw. neben den Landesregierungen, den Länderparlamenten und der Gerichtsbarkeit der Länder. Hinsichtlich der Verwaltung besteht eine Ausnahme, da die Länder gemäß Art. 83 GG „die Bundesgesetze als eigene Angelegenheiten" ausführen.

- Zuständigkeitsvermutung und Zuständigkeit für lokale Fragen – Gemäß Art. 70 Abs. 1 GG liegt die ursprüngliche Gesetzgebungskompetenz bei den Ländern. Die dem Bund ausschließlich übertragenen Zuständigkeitsbereiche sind äußerst knapp gehalten, so dass die Länder grundsätzlich ihre lokale Autonomie behalten haben. Zwar haben konkurrierende

---

13 Angela Adams/Willi Paul Adams (Hrsg.): *Hamilton/Madison/Jay. Die Federalist-Artikel*, Paderborn: Schöningh, 1994, Artikel 9, S. 49.

und Rahmengesetzgebung zu einer sukzessiven Verlagerung von Zuständigkeiten an den Bund geführt, trotzdem zeigt sich die Länderhoheit noch heute, etwa im Kultus- und Polizeiwesen.

- Beteiligung der Gliedstaaten an der Bundesgesetzgebung – Die Länder haben über die Zweite Kammer, den Bundesrat, die Möglichkeit an der Bundesgesetzgebung mitzuwirken. Dass dabei die spezifischen Interessen der Länder im Mittelpunkt stehen sollten, zeigt sich darin, dass die Länder durch weisungsgebundene Vertreter der Landesregierungen repräsentiert sind.

- Gleiche Kompetenzen der Gliedstaaten – Alle Bundesländer haben die gleichen Rechte und Pflichten, die sie auf dem Rechtsweg u.a. im Bund-Länder-Streit vor dem Bundesverfassungsgericht geltend machen können. Die Gliederung in Einzelstaaten ist durch die Ewigkeitsklausel des Art. 79 Abs. 3 gesichert.

2. Grundmodelle staatlicher Organisation

2.1. Einheitsstaat

Nachdem der föderal gegliederte Staat erst als relatives Novum auftrat, ist klar, dass staatliche Organisation zuvor zentralisiert war. Auch heute ist das zentrale Modell noch weit verbreitet, unter anderem in Frankreich oder Großbritannien.

Der Einheitsstaat kennt keine Doppelung der horizontalen Gewaltenteilungsebene. Regierung, Gesetzgebung und Rechtsprechung sind landeseinheitlich organisiert. Das bedeutet auch, dass eine Untergliederung in regionale Einheiten mit selbständigen politischen Befugnissen nicht gegeben ist. Dieser sehr strenge Typus war vor allem in den Staaten des ehemaligen Ostblocks, u.a. der DDR, verwirklicht.[14] Eine weniger rigide Variante stellt der dezentralisierte Einheitsstaat dar, der in regionale Gebietskörperschaften mit eigenen autonomen Rechten untergliedert ist. Im Gegensatz zu föderalen Gliedstaaten erfolgt die Übertragung dieser Rechte allerdings von oben durch den Zentralstaat und kann von diesem auch wieder aufgehoben werden – so etwa in Frankreich und Großbritannien.[15]

---

14 Vgl. Heinz Laufer/Ursula Münch: *Das föderative System der Bundesrepublik Deutschland*, München: Bayerische Landeszentrale für politische Bildungsarbeit, 1997, S.17.

15 Vgl. Roy C. Macridis: *Modern Political Regimes. Patterns and Institutions*, Boston, Toronto: Little, Brown and Co., 1986, S. 43.

2.2. Bundesstaat und Staatenbund

Da sich der Staatenbund bzw. der Bundesstaat wie bereits die Bezeichnung besagt aus einzelnen Gliedstaaten zusammensetzt, ist sein erstes Ziel eine Machtverteilung und Machtbegrenzung zwischen den beiden Ebenen. Im Interesse der Gliedstaaten liegt es, soviel an eigenständigen Rechten zu behalten wie möglich und sich, etwa als Minorität, im Bund behaupten zu können. Der Bund wird um einen Ausgleich zwischen den Unterschieden der Gliedstaaten bemüht sein, um weitgehend einheitliche Lebensverhältnisse herzustellen. Dabei liegt das Hauptaugenmerk auf der außenpolitischen Vertretung und der politischen sowie ökonomischen Entwicklung des Bundesgebiets, während „soziokulturelle[r] Eigenständigkeit und/oder politische[r] Autonomie der Gliedstaaten/Provinzen" meist gewahrt bleiben sollen.[16] Föderalismus ist somit durch ein zentrifugales und ein zentripetales Moment geprägt (s. Abb. 19).

Abb. 19: Modelle und Funktionen föderaler Systeme. Quelle: R.-O. Schultze 1990, S. 477.

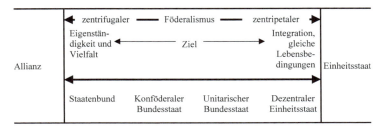

2.2.1. Abgrenzung zwischen Bundesstaat und Zentralstaat

Die Abgrenzung zwischen Bundesstaaten und Zentralstaaten erfolgt in der Regel aufgrund konstitutionell-gewaltenteiliger Merkmale. Die meisten dieser Kriterien hatten sich bereits aus dem kurzen Textausschnitt der *Federalist Papers* herauslesen lassen. Rainer-Olaf Schultze unterscheidet insgesamt fünf Kriterien:[17]

---

16 Vgl. Rainer-Olaf Schultze: Föderalismus als Alternative? Überlegungen zur territorialen Reorganisation von Herrschaft, in: ZParl, 21. Jg. 1990, Heft 3, S. 475-490 [477].
17 Ebd., S. 478.

„(1) die Gliederung des Staates in territoriale Einheiten;

(2) die Aufteilung der exekutiven und legislativen Gewalt auf Bund und Gliedstaaten, wobei diese über ein bedeutendes Maß an Autonomie verfügen;

(3) die Vertretung der Gliedstaaten im Bundesparlament und deren Beteiligung an der Willensbildung des Bundes;

(4) Konfliktlösungsregelungen, die auf dem Prinzip des Aushandelns aufbauen und aus Gründen des Minoritätenschutzes zusätzlich häufig qualifizierte Entscheidungsquoren erfordern;

(5) Verfassungsgerichtsbarkeit als Schiedsrichter bei Organstreitigkeiten zwischen beiden Ebenen".

2.2.2. Integrationsleistung

Darüber hinaus finden sich bereits in der klassischen Literatur Hinweise auf die Notwendigkeit der Integration besonderer regionaler Interessen. Dieser Aspekt gewinnt an Bedeutung, wenn die Grundlage solcher divergierender Interessenslagen in spezifischen religiösen, kulturellen, ethnischen usw. Besonderheiten liegt. In der soziologischen Deutung wurde der Begriff *föderal* daher, unabhängig von der politischen Organisation, auf Gesellschaften bezogen, die territorial gegliederte ethnische, historische, religiöse bzw. ökonomische Unterschiede aufweisen.[18] Dass diese Aspekte auch von der Politikwissenschaft berücksichtigt werden müssen zeigt das Beispiel Kanadas: Denn die Wahrung solcher Unterschiede spielte bei der kanadischen Staatsgründung eine zentrale Rolle. Föderalismus kann aufgrund seiner Tendenz zur Eigenständigkeit dazu beitragen, stark heterogene Gesellschaften in einem Bundesstaat zusammenzuführen. Dass dies nicht immer unproblematisch und nachhaltig erfolgreich ist verdeutlicht ebenfalls das kanadische Beispiel in den andauernden Autonomiebestrebungen der Provinz Quebec.[19]

2.2.3. Föderalismusmodelle

Schon allein der Vergleich des Bedeutungsgehalts des Begriffspaars *Bundesstaat – Staatenbund* verweist auf die beiden Grundmodelle des Föderalismus. Der *Bundesstaat* ist als engerer Zusammenschluss intrastaatlich föderal gegliedert, während der *Staatenbund* als loserer Zusammenschluss

---

18 Heiderose Kilper und Roland Lhotta: *Föderalismus in der Bundesrepublik Deutschland*, Opladen: Leske+ Budrich, 1996, S. 23.

19 Vgl. Ulrich von Alemann/Roland Czada/Georg Simonis: Vorwort der Herausgeber, in Heiderose Kilper und Roland Lhotta: *Föderalismus in der Bundesrepublik Deutschland*, Opladen: Leske+ Budrich, 1996, S. 5.

interstaatlich organisiert ist. Die Betonung liegt also einerseits auf dem Bund, andererseits auf den Einzelstaaten. Staatsorganisatorisch zeigen sich darin wieder der Gedanke der Gewaltenverschränkung, die stärker im Bundesstaat zu finden ist, sowie derjenige Gedanke der Gewaltentrennung, dem die distinktere Abgrenzung im Staatenbund entspricht. In der Föderalismusforschung wird aus diesem Grund zwischen *intrastaatlichem Föderalismus* und *interstaatlichem Föderalismus* unterschieden.[20]

Intrastaatlicher Föderalismus wird vor allem durch drei Merkmale geprägt:[21]

- es erfolgt eine funktionale Differenzierung nach Kompetenzarten: Die Gesetzgebungskompetenz liegt weitgehend beim Bund, während die Administration ihren Schwerpunkt bei den Gliedstaaten hat;
- die Gliedstaaten bzw. ihre Regierungen sind stark an der Bundespolitik und der Bundesgesetzgebung beteiligt und
- die Beziehung zwischen den Gliedstaaten sowie zwischen Gliedstaaten und Bund ist durch interstaatliche Kooperation bestimmt.

Interstaatlicher Föderalismus betont den Grundsatz der Gewaltentrennung bzw. der Autonomie. Dies äußert sich in:[22]

- einem „Dualismus der staatlichen Strukturelemente", das bedeutet u.a., dass Bundesangelegenheiten von einer eigenen Bundesverwaltung wahrgenommen werden;
- einer „Kompetenzverteilung nach Politikfeldern (und nicht nach Kompetenzarten) mit mehr oder minder klaren verfassungsrechtlichen Zuordnungen" sowie
- einer schwachen Beteiligung der Gliedstaaten an der Bundespolitik, etwa durch die direkte Wahl der Zweiten Kammer nach dem Senatsprinzip.

Bevor diese Strukturmodelle an einigen Beispielen dargestellt werden können, müssen noch kurz zwei weitere Begriffe geklärt werden, die im Zusammenhang mit dem Föderalismus häufig genannt werden: *Dualer Föderalismus* und *kooperativer Föderalismus*.

Der *duale Föderalismus* geht von der Lebensfähigkeit der einzelnen Gliedstaaten aus und orientiert sich – wie der interstaatliche Föderalismus

---

20 Vgl. Heinz Laufer/Ursula Münch: *Das föderative System der Bundesrepublik Deutschland*, München: Bayerische Landeszentrale für politische Bildungsarbeit, 1997, S. 20f.

21 Vgl. Rainer-Olaf Schultze: Föderalismus als Alternative? Überlegungen zur territorialen Reorganisation von Herrschaft, in: ZParl, 21. Jg. 1990, Heft 3, S. 475-490 [480].

22 Vgl. ebd.

– streng am Leitbild der Gewaltentrennung. Als Idealtyp geht er von der weitgehenden Trennung beider staatlicher Ebene aus. Aufgrund einer genau festgelegten Verteilung der Zuständigkeitsbereiche besteht keine Notwendigkeit der Kooperation zwischen Exekutiven und Legislativen des Bundes und des Gliedstaates. Eigenständige Einnahmequellen sorgen zusätzlich für die finanzielle Unabhängigkeit des Bundes und der Gliedstaaten.[23]

Die Ähnlichkeiten zum Modell des interstaatlichen Föderalismus liegen klar auf der Hand, so dass dieser häufig auch als dualer Föderalismus bezeichnet wird. Streng genommen ist diese Gleichsetzung nicht korrekt.

Kooperativer Föderalismus „hat sich in unserem Jahrhundert mehr noch als aus verfassungstheoretischen Überlegungen aus der pragmatischen Bereitschaft von Bund und Ländern legitimiert, ohne eifersüchtige Kompetenzhuberei dort zusammenzuarbeiten, wo Sachgesetzlichkeiten dies erfordern. Deshalb beinhaltet der Begriff viel mehr als bloßen Machtzuwachs der Zentralinstanzen, nämlich ein neues Verhältnis beider Ebenen zueinander, das nicht mehr auf der säuberlichen Trennung von Souveränitätssphären basiert. Der 'neue Föderalismus' hat sich in dem Maße entwickelt, wie die Fähigkeiten der Einzelstaaten nicht mehr ausreichten, die explosiven Probleme einer modernen Industriegesellschaft im Alleingang oder durch Selbstkoordination zu lösen".[24] Das Zitat bezieht sich auf die Entwicklung des amerikanischen Föderalismus. Es verdeutlicht, dass innerhalb föderaler Staaten kooperative Handlungsmuster entstehen, vor allem, wenn die bestehenden Strukturen und Kapazitäten nicht mehr mit den Anforderungen zurechtkommen.

Der intrastaatliche Föderalismus ist bereits aufgrund der geringeren Trennung zwischen den beiden Ebenen besonders auf diese kooperativen Strukturen angewiesen, so dass hier häufig eine analoge Gleichsetzung erfolgt, wie zwischen dualem und interstaatlichem Föderalismus. Dennoch gibt es auch im interstaatlichem Föderalismus kooperative Strukturen, weil ein strenger dualer Föderalismus zwar als Verfassungsgebot bestehen, aber als Idealtyp nicht rein verwirklicht werden kann.

---

23 Vgl. Heinz Laufer/Ursula Münch: *Das föderative System der Bundesrepublik Deutschland*, München: Bayerische Landeszentrale für politische Bildungsarbeit, 1997, S. 19.

24 Vgl. Hartmut Wasser: *Die Vereinigten Staaten von Amerika. Portrait einer Weltmacht*, Frankfurt/Main: Ullstein, 1984, S. 235.

3. Länderbeispiele

3.1. Bundesrepublik Deutschland

Die Bundesrepublik Deutschland ist, wie das Grundgesetz in Art. 20 Abs. 1 unmissverständlich darlegt ein „demokratischer und sozialer Bundesstaat". Die Gesetzgebungskompetenz des Art. 70 GG räumt den Ländern gleichmäßige, autonome Kompetenzen ein. Somit steht fest, dass eine Einordnung als Zentralstaat oder dezentraler Einheitsstaat ausscheidet.

Im Hinblick auf die föderale Ausgestaltung der Bundesrepublik zeigt sich zunächst eine Doppelung der staatlichen Strukturelemente: Bundesregierung und Landesregierungen, Bundesparlament und Landesparlament sowie Bundesgerichtsbarkeit und Landesgerichtsbarkeit bestehen ausnahmslos nebeneinander. Dennoch ist in Deutschland kein interstaatlicher Föderalismus realisiert, wie der genauer Blick verdeutlicht. Art. 83 GG verpflichtet die Länder, „Bundesgesetze als eigene Angelegenheiten" auszuführen. Es liegt dann im Aufgabenbereich der Länder, die entsprechenden Verwaltungsstrukturen zu schaffen.

Durch die Staffelung der Gesetzgebung in ausschließlich Bundeskompetenz (Art. 71 GG iVm 73 GG), konkurrierende Gesetzgebung (Art. 72 iVm Art. 74 GG; Art. 74a GG) und Rahmengesetzgebungskompetenz des Bundes (Art. 75 GG) hat sich eine allmähliche Verschiebung der Gesetzgebungskompetenz zugunsten des Bundes ergeben. Grund dieser Verlagerung ist die Regelung des Art. 72 Abs. 2, die dem Bund das Gesetzgebungsrecht überträgt, „wenn und soweit die Herstellung gleichwertiger Lebensverhältnisse im Bundesgebiet oder die Wahrung der Rechts- oder Wirtschaftseinheit im gesamtstaatlichen Interesse eine bundeseinheitliche Regelung erforderlich machen". Den Ländern verblieben im Zuge dieser Entwicklung nur mehr rudimentäre Überreste ihrer ursprünglichen Kompetenzen, vor allem im Bereich der Kultur, Bildung und Erziehung sowie im Bereich der inneren Sicherheit und des Polizeiwesens.[25] Gerade auch das Steueraufkommen fließt mittlerweile überwiegend an den Bund, der die Einnahmen teilweise – unter anderem auch über den Länderfinanzausgleich – an die Länder rück- und umverteilt. Die Aufgabenbereiche sind demnach überwiegend nach Kompetenzarten verteilt. Dabei liegt die Gesetzgebung überwiegend beim Bund, während ihre Ausführung hauptsächlich durch die Länder erfolgt.

---

25 Vgl. Rainer-Olaf Schultze: Föderalismus als Alternative? Überlegungen zur territorialen Reorganisation von Herrschaft, in: ZParl, 21. Jg. 1990, Heft 3, S. 475-490 [480].

Stark ausgeprägt ist die Beteiligung der Gliedstaaten an der Bundespolitik. Das Mitbestimmungsrecht der Länder an der Bundesgesetzgebung entwickelte sich umgekehrtproportional zu ihrem Kompetenzverlust im Bereich der Legislatur, da der Anteil zustimmungspflichtiger Gesetze dadurch immens anwuchs. In der Folge gewann der Bundesrat zunehmend an Einfluss. Seine ursprüngliche Bedeutung als Länderkammer zeigt sich deutlich in seiner Beschickung durch weisungsgebundene Vertreter der Landesregierungen und in der Regelung der einheitlichen Stimmabgabe (Art. 51 GG).[26] In der politischen Wirklichkeit wird der Bundesrat immer mehr zum Austragungsort parteipolitischer Machtkämpfe. Diese Entwicklung entwertet aus Sicht des Föderalismus den Bundesrat als Organ der vertikalen Gewaltenteilung: Er repräsentiert dann nicht mehr Länderinteressen, sondern die Interessen der Bundesparteien.

Das deutsche Föderalismusmodell ist schon aufgrund seiner ungleichgewichtig ausgestatteten Länder auf interstaatliche Kooperation angewiesen. Hamburg oder Bremen etwa wären ohne die (finanzielle) Unterstützung anderer Bundesländer nicht lebensfähig. Es entspricht somit dem intrastaatlichen Modell und zeigt deutliche Züge eines kooperativen Föderalismus. Dieser wird auch bei der Rahmgesetzgebung sichtbar, bei der der Bund Rahmenvorschriften erlässt, die von den jeweiligen Landeslegislativen ausgestaltet werden müssen. Wie das Bundesverfassungsgericht unlängst in seinem Urteil zur Juniorprofessur klar stellte, bedeutet dies, dass den Ländern auch ein ausreichender Gestaltungsspielraum bleiben muss:

„Für die Rahmengesetzgebung ist kennzeichnend, dass sie auf inhaltliche Konkretisierung und Gestaltung durch die Länder angelegt ist, dass also die grundsätzlich bestehende Länderkompetenz zur Gesetzgebung erhalten bleibt, aber durch eine Rahmenvorgabe des Bundes begrenzt wird. Rahmenvorschriften des Bundes müssen der Ausfüllung durch Landesgesetzgebung fähig und ihrer bedürftig sein (vgl. BVerfGE 4, 115 [129]; 36, 193 [202]; 38, 1 [10]; 51, 43 [54]; 80, 137 [157]). Rahmengesetze zu den in Art. 75 Abs. 1 GG aufgezählten Materien dürfen nur inhaltlich beschränkte Gesetze sein. Sie müssen der ergänzenden Gesetzgebung der Länder substantielle Freiräume lassen, damit diese politisch selbstverantwortlich Recht setzen können. Die Rahmengesetzgebung setzt deshalb – auch ohne die Einschränkung in Absatz 2 – immer voraus, dass das, was den Ländern in eigener Verantwortung und mit eigenem politischen Gestaltungswillen zu regeln bleibt, von substantiellem Gewicht ist."[27]

---

26 Vgl. Gerd Strohmeier: Zwischen Gewaltenteilung und Reformstau: Wie viele Vetospieler braucht das Land?, in: APuZ B 51/2003, S. 17-22.
27 BVerfG, 2 BvF 2/02 vom 27.7.2004, Absatz-Nr. 1-184 [83].

Im Bereich der Rahmengesetzgebung besteht somit eine grundlegende Notwendigkeit zur Zusammenarbeit zwischen dem Bund und den Ländern. Im Fall der Juniorprofessur gelangte das BVerfG zu der Ansicht, dass der Bund seine Kompetenz überdehnt hat und erklärte die Nichtigkeit des *fünften Gesetzes zur Änderung des Rahmenhochschulgesetzes und anderer Vorschriften* (5. HRGÄndG). In seiner Wirkung stärkt das Urteil den kooperativen Föderalismus: (1) Weil es verhindert, dass der Bund auf dem Weg der Rahmengesetzgebung die Kompetenz in seinen Zuständigkeitsbereich ziehen kann und (2) die geteilte Zuständigkeit in diesem Bereich wiederherstellt und festigt.

3.2. USA

Das amerikanische Modell ist geprägt durch ein Nebeneinander von Bundes- und bundesstaatlicher Struktur in den Bereichen der Exekutive, der Legislative und der Judikative. Dies lässt sich bereits Art. 4 Abschnitt 1 der Verfassung entnehmen, der andernfalls gegenstandslos wäre. Auch die Sphären der bundeseigenen und der bundesstaatlichen Verwaltung sind voneinander getrennt.

Art. 1 Abschnitt 8 der US-Verfassung definiert den Rahmen der bundesstaatlichen Gesetzgebungszuständigkeit abschließend. Dass auch hier eine zunehmende Machtkonzentration beim Bund stattfand, belegt der zehnte Zusatzartikel von 1791, der klarstellt, dass alle Kompetenzen, die dem Bund nicht ausdrücklich durch die Verfassung übertragen und den Einzelstaaten genommen wurden, bei diesen oder beim Volk verbleiben sollen.[28] Damit liegt grundsätzlich eine Kompetenzverteilung nach Politikfeldern vor. In der Empirie zeigt sich, dass die Kompetenzabgrenzung zwischen dem Bund und den Einzelstaaten auch in Amerika nicht immer trennscharf gezogen werden kann: Generelle Ermächtigungsklauseln, etwa „der *general welfare and spending clause*, der *necessary and proper clause* sowie der *supremacy clause*" ermöglichen es, Zuständigkeiten von den Bundesstaaten an den Bund zu ziehen.[29] Gerade auch die finanzielle Situation vieler Kommunen und Gemeinden wurde zum Einfallstor für die Machtexpansion des Bundes. Zuweisungsprogramme, sogenannte *grants-in-aid*, die der Bund an untere Gebietskörperschaften leistete, entlasteten zwar die einzelstaatlichen Leistungsträger, führten aber gleichzeitig zur Abhängigkeit der

---

28 Vgl. hierzu auch: Andreas Falke: Föderalismus und Kommunalpolitik, in: Willi Paul Adams/Peter Lösche (Hrsg.): *Länderbericht USA*, Bonn: BpB, 1998, S. 263-279 [263].

29 Ebd., S. 264.

Bundesstaaten und einer Verflechtung der beiden Ebenen.[30] Zudem waren diese Zuweisungen meist zweckgebunden, weil die lokalen Abgeordneten auf diese Weise ihr Wählerklientel unmittelbar umwerben konnten.[31] Eine erste Entflechtungstendenz zeigte sich unter Richard Nixon. Er verfolgte zwei Ziele: Einerseits wollte er die staatlichen Hilfsleistungen aufrecht erhalten, andererseits aber die bundesstaatlichen Kompetenzen aufwerten, indem die Projektbindung dieser Förderungen gelockert werden sollten. Jedoch weigerte sich der Kongress – eben aufgrund der Patronagemöglichkeit gegenüber der regionalen und lokalen Wählerschaft – weitgehend, von der Projektbindung abzurücken. Nixons Vorhaben war damit faktisch gescheitert. Unter Jimmy Carter konnte in der Tendenz eher eine Rücknahme der wenigen erreichten Ausführungsfreiräume festgestellt werden.[32] Mit Ronald Reagans *New Federalism* kam es dann zu einer Entflechtung der Zuständigkeiten zwischen dem Bund und den Einzelstaaten, die aber keine erhebliche Restrukturierung herbeiführte. Ziel der Reagan-Administration war es, die Verantwortung und damit auch die Kosten für viele Bereiche der Innenpolitik an die Bundesstaaten zurückzugeben. Die Kompetenzabgrenzung zwischen zentraler und einzelstaatlicher Sphäre ist also auch in den Vereinigten Staaten variabel, tendiert aber eher in Richtung einer klareren Trennung, d.h. sie ist in jedem Fall 'dualer' angelegt als diejenigen der Bundesrepublik.

Die Bundesstaaten selbst sind an der Politik des Bundes nur schwach beteiligt. Im Gegensatz zum deutschen Bundesratsmodell gibt es keine Vertretungsinstanz der bundesstaatlichen Exekutiven, die damit auch keinen institutionalisierten Einfluss auf die Bundespolitik nehmen können. Insofern ist die Beteiligung der Gliedstaaten nur „durch die Wahlverfahren zu den nationalen Ämtern gesichert".[33]

Das US-amerikanische Föderalismusmodell zeigt damit die wesentlichen Züge eines interstaatlichen Föderalismus und weist Tendenzen eines dualen Föderalismus auf, die von kooperativen Strukturen durchbrochen werden.

3.3. Großbritannien

In Großbritannien gilt der Grundsatz der Parlamentssouveränität uneingeschränkt. Das bedeutet, dass alle legislative Befugnis beim Parlament in

30 Vgl. ebd., S. 265ff.
31 Ebd., S. 268.
32 Ebd., S. 269.
33 Ebd., S. 263.

Westminster liegt. Auch die Regierung und Rechtsprechung wird landesweit einheitlich ausgeübt. Das Vereinigte Königreich gehört damit zu den zentral organisierten Staaten (s. Abb. 20).

Betrachtet man die Struktur der territorialen Gliederung Großbritanniens genauer, so zeigt sich eine Vielfalt an Untereinheiten. Seit Antritt der Labour-Regierung unter Tony Blair hat sich eine zunehmende Tendenz zur Dezentralisierung (*devolution*) herausgebildet. Allen voran ist hier auf die Einrichtung des schottischen Parlaments nach dem Referendum vom 11. September 1997 hinzuweisen, das im Mai 1999 erstmals gewählt wurde.[34] Bereits in der Volksabstimmung, die zu seiner Einrichtung führte, wurden die Schotten gefragt, ob ihr Parlament eine eigene Steuerbefugnis haben solle. Über 63 Prozent sprachen sich für eine solche Kompetenz aus. Darüber hinaus kann das schottische Parlament „im Rahmen der ihm übertragenen Befugnisse bestehende Gesetze des Unterhauses [. . .] ergänzen oder [. . . zurückweisen] und Gesetze innerhalb der eigenen Gesetzgebungskompetenz [. . .] erlassen".[35] Befugnis zur Gesetzgebung besitzt es in der Gesundheits-, Erziehungs- und Bildungspolitik, im Bereich der Kommunalverwaltung, beim Wohnungsbau, der wirtschaftlichen Entwicklung, dem Verkehrs-, Umwelt- und Landwirtschaftswesen sowie bei Sport und Kultur. Zudem kann es den Basissatz der Einkommenssteuer um drei Prozent variieren.[36]

Anders als das schottische Parlament wurde in Wales eine *Welsh Assembly* mit nur wenigen Kompetenzen eingerichtet, die lediglich befugt ist, Ausführungsvorschriften im Rahmen der Londoner Parlamentsgesetze zu erlassen.[37] Allerdings muss in diesem Zusammenhang auch darauf hingewiesen werden, dass das Referendum und die Wahl der Assembly bei der walisischen Bevölkerung auf nur geringes Interesse stieß.[38]

Als weiteres Beispiel kann die Wiedereinsetzung des Londoner Stadtrats angeführt werden. Die Regierung Margaret Thatchers hatte diesen 1986 durch einen Parlamentsbeschluss aufheben lassen.[39] Im Wahlkampf 1997 versprach Tony Blair u.a. ein Referendum über eine Wiedereinführung der

34 Vgl. Bernd Becker: *Politik in Großbritannien*, Paderborn: Schöningh, 2002, S. 65.
35 Ebd., S. 67.
36 Ebd.
37 Vgl. ebd., S. 69.
38 Ebd.
39 Vgl. Roland Sturm: Staatsordnung und politisches System, in: Hans Kastendiek/Karl Rohe/Angelika Volle (Hrsg.): *Länderbericht Großbritannien. Geschichte. Politik. Wirtschaft. Gesellschaft*, Bonn: bpb, 1998, S. 194-223 [198].

'Londoner Stadtregierung', das im Mai 1998 die Zustimmung von 72 Prozent der Wahlberechtigten fand.[40]

Als besonders problematisch erwies sich in der Vergangenheit der Devolutionsprozess in Nordirland. Die wiederkehrenden Gewalteskalationen des Irlandkonflikts führten zunehmend zur Rücknahme der abgetretenen Kompetenzen und zur Unterordnung Nordirlands unter britische Aufsicht. Von 1921 bis 1972 hatte das Regionalparlament (*Stormont*) weitreichende Kompetenzen zur Regelung der internen Angelegenheiten. Diese wurden 1972 nach dem *Bloody Sunday* (30. Januar 1972) aufgehoben, die Region der britischen Regierung unterstellt. Seither wurden verschiedentlich Versuche unternommen das nordirische Parlament zu restaurieren; sie scheiterten letztlich am Wiederstand der IRA. Die letzte Suspendierung der Nordirischen Regierung nebst der des Parlaments vom 14. Oktober 2002 dauerte zur Drucklegung dieses Manuskripts noch an, obwohl im November 2003 Parlamentswahlen in Nordirland staatgefunden hatten (s. Abb. 21).

Abb. 20: Die territoriale Gliederung des Vereinigten Königreichs. Modifizierte Darstellung nach Sturm 1998, S.199.

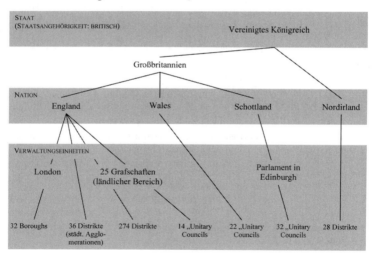

---

40 Vgl. Bernd Becker: *Politik in Großbritannien*, Paderborn: Schöningh, 2002, S. 75.

Das Beispiel Großbritannien zeigt recht deutlich den Unterschied zwischen Föderalismus und Dezentralisierung. Dezentralisierung bedeutet eine z.T. ungleiche, aber in jedem Fall juristisch reversible Abgabe von Kompetenzen, die durch die Zentralregierung an lokale oder regionale Strukturen erfolgt.[41] Föderalisierung hingegen bedeutet die gleichmäßige, dauerhafte Abgabe von wesentlichen Kompetenzen an die Untereinheiten. Dezentralisierung – und damit auch die *devolution* – kann jedoch in eine Föderalisierung umschlagen, wenn sich durch die neuen Strukturen Änderungen bei der Personalrekrutierung auf nationaler Ebene ergeben. Gelangen in der Folge vermehrt Kandidaten in nationale Ämter, die sich für eine Stärkung regionaler Kompetenzen engagieren, so kann dies zu einem Wandel der Beziehungen zwischen Westminster und den einzelnen Regionen führen.[42] Ebenso denkbar ist, dass sich die delegierte Macht soweit institutionalisiert und verselbständigt, dass sie von der Zentralregierung faktisch nicht mehr eingefordert werden kann und andere Regionen diesen Präzedenzfall zum Anlass nehmen, ähnliche eigene Rechte zu fordern.

3.4. Frankreich

Der territoriale Aufbau Frankreichs wurde nachhaltig von den zentralistischen Bestrebungen der Französischen Revolution und den Napoleonischen Reformen geprägt.[43] Allerdings besteht im modernen Frankreich eine dezentrale Struktur, in der dem Zentralstaat drei verschiedene Arten von Gebietskörperschaften gegenüberstehen. Die Republik gliedert sich in 26 Regionen (22 im Mutterland; 4 in Übersee), 100 Departements (96 im Mutterland; 4 in Übersee) und 36763 Gemeinden (36551 im Mutterland; 212 in Übersee).[44]

Die Verwaltung des Zentralstaats ist in den Regionen und Departements durch Direktionen der Ministerien vertreten, die Regierung durch die regionalen und departementalen Präfekten. Diesen Akteuren der Pariser Machtzentrale treten die jeweils eigenen Verwaltungen der Gebietskörperschaften gegenüber. Dabei ist auf die wechselseitige Unabhängigkeit der

---

41 Vgl. Roy C. Macridis: *Modern Political Regimes. Patterns and Institutions*, Boston, Toronto: Little, Brown and Co., 1986, S. 43.

42 Vgl. Bernd Becker: *Politik in Großbritannien*, Paderborn: Schöningh, 2002, S. 79.

43 Vgl. Vincent Hoffmann-Marinot: Zentralisierung und Dezentralisierung in Frankreich, in: Marieluise Christadler/Henrik Uterwedde (Hrsg.): *Länderbericht Frankreich. Geschichte. Politik. Wirtschaft. Gesellschaft*, Bonn: bpb, 1999, S. 363-382 [363].

44 Ebd.

241

Abb. 21: Devolution ausgesetzt. Screenshots der Websites der Northern Ireland Assembly und der Northern Ireland Executive. Abgerufen am 30.08.2004.

Welcome to the website of the Northern Ireland Assembly

The Northern Ireland Assembly was established as part of the Belfast Agreement and meets in Parliament Buildings. The Assembly is the prime source of authority for all devolved responsibilities and has full legislative and executive authority.

Click here for live coverage of Assembly debates

The Assembly was suspended from midnight on 14 October 2002. Elections to the Northern Ireland Assembly were held on 26 November 2003. The Secretary of State has assumed responsibility for the direction of the Northern Ireland Departments.

The government of Northern Ireland
Northern Ireland Executive

DEVOLUTION SUSPENDED

The Secretary of State for Northern Ireland suspended the Northern Ireland Assembly and the Executive with effect from midnight on 14 October, 2002.

The Secretary of State, assisted by his team of Northern Ireland Office Ministers has assumed responsibility for the direction and control of the Northern Ireland Departments.

Find out more about the Ministerial responsibilities.

This website provides a regularly updated gateway to information about the administration in Northern Ireland.

regionalen, departementalen und kommunalen Administrationen gesondert hinzuweisen (s. Abb. 22).

Kommunen, Departements und Regionen teilen sich die Zuständigkeiten in den Bereichen: Stadtplanung, Wohnen, Verkehr, Bildungswesen, Infrastruktur, Sozial- und Gesundheitswesen, Umwelt und Kultur, die sie gestaffelt wahrnehmen. Die Regionen haben keine Zuständigkeit bei Stadtplanung, Infrastruktur, Sozial- und Gesundheitswesen, die Kommunen sind nicht an der Berufsausbildung beteiligt.

Im Schulwesen zeigt sich die Staffelung besonders deutlich: Vor- und Grundschulklassen liegen in der Zuständigkeit der Kommunen, Schulen der Sekundarstufe 1 (*collèges*) unterstehen den Departements, während die gymnasiale Ausbildung der Sekundarstufe II (*lycées*) den Regionen zugeordnet sind.

Durch die gleichförmige Gliederungsstruktur der französischen Republik ergibt sich im Gesamten eine relativ gleichwertige Aufgabenzuweisung an die Gebietskörperschaften.

Abb. 22: Staatliche Organisationsstruktur in Frankreich.

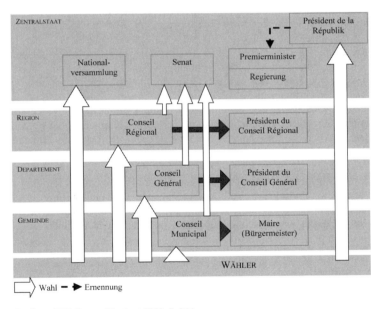

Quelle: V. Hoffmann-Martinot 1999, S. 364.

4. Ausblick

Für die Bundesrepublik Deutschland kann eine zunehmende Kompetenz-vermischung zwischen Zuständigkeiten des Bundes und der Länder festgehalten werden. In diesem Zusammenhang ist häufig von einer Politikverflechtung bis hin zur „Verflechtungsfalle"[45] die Rede. Der Bayerische Landtag hatte 1998 eigens eine Enquête-Kommission ins Leben gerufen, die sich vier Jahre lang mit Reformmöglichkeiten des Föderalismus befasste.[46] Die Vorschläge der Kommission stellen zum einen auf eine Entflechtung der Zuständigkeit bei der Gesetzgebung zugunsten der Länder ab und thematisieren damit das Subsidiaritätsprinzip. Subsidiarität bedeutet, dass die Zuständigkeit für eine bestimmte Aufgabe nur dann an die höhere Ebene übertragen werden soll, wenn die nachgeordnete Ebene diese Aufgabe nicht wenigstens gleich gut lösen kann. Zum anderen thematisieren die Vorschläge die Frage der Finanzierung und zielen im Ergebnis auf die strikte Anwendung des Konnexitätsprinzips ab. Konnexität bedeutet im Grundsatz, dass diejenige Instanz, die eine Entscheidung trifft, auch die Kosten für die Umsetzung dieser Entscheidung tragen soll. Das Thema beschäftigt die Bundesrepublik nachhaltig, wie die Einrichtung einer Kommission von Bundestag und Bundesrat zur Modernisierung der bundesstaatlichen Ordnung am 16./17. Oktober 2003 belegt.[47]

Doch wäre es verkürzt, die Politikverflechtung nur als Ergebnis institutioneller Arrangements und verfassungsrechtlicher Regelungen zu begreifen.[48] Weitere Faktoren spielen eine wesentliche Rolle: (1) In der Bundesrepublik Deutschland herrscht eine „vergleichsweise hoher Grad gesellschaftlicher Homogenität". (2) Die Politische Kultur setzt nicht so sehr auf Konflikt und Mehrheitsprinzip, als vielmehr auf Proporz und Kompromiss – sie ist konfliktfeindlich. (3) Das Parteiensystem, das mit wenigen Ausnahmen bundesweit organisiert und auf die Arbeit im Bundestag hin orientiert ist, leistet zwar einen Beitrag zur Integration der Landes- und Lokale-

---

45 Vgl. Fritz Scharpf, Die Politikverflechtungs-Falle: Europäische Integration und deutscher Föderalismus im Vergleich, in: Politische Vierteljahresschrift, Jg. 26, 1985, S. 323-356.

46 Vgl. Bayerischer Landtag: *Reform des Föderalismus – Stärkung der Länderparlamente. Bericht der Enquete-Kommission des Bayerischen Landtags*, München: Bayerische Landeszentrale für politische Bildungsarbeit, 2002.

47 http://www3.bundesrat.de/Site/Inhalt/DE/1_20Aktuelles/
1.1_20Bundesstaatskommission/index,templateId=renderUnterseiteKomplett.html

48 Zum Folgenden s. Rainer-Olaf Schultze: Föderalismus als Alternative? Überlegungen zur territorialen Reorganisation von Herrschaft, in: ZParl, 21. Jg. 1990, Heft 3, S. 475-490 [482].

bene, ist aber ganz wesentlich durch das Übergewicht der Bundesparteien geprägt. Es geht also – und das betrifft auch den Bundesrat – nicht sosehr darum regionale oder Länderinteressen zu vertreten, sondern „unterschiedliche politische Konzepte zur Gestaltung der Einheit der Lebensverhältnisse in der Bundesrepublik" zu propagieren.[49] Doch gerade die Forderung nach bundesweit einheitlichen Verhältnissen ist eines der Hauptprobleme in der Föderalismusdebatte, denn sie ist das Einfallstor des Bundes in die Gesetzgebungskompetenz der Länder und bedingt dadurch den Zwang zur Kooperation, der nicht selten zu ineffizienten Kompromisslösungen führt.

Im Gegensatz zum bundesrepublikanischen erweist sich der amerikanische Föderalismus als relativ flexibel. Wie der *New Federalism* zeigte, besteht aufgrund der doppelten Strukturen für den Bund die Möglichkeit, sich aus verschiedenen Bereich zurückzuziehen, die er temporär – in kooperativeren Phasen – vollständig oder teilweise übernommen hatte. Kritisch bleibt allerdings festzuhalten, dass dadurch vor allem im sozialen Bereich und bei der Gesundheitsgesetzgebung Lücken gerissen wurden, die viele Bundesstaaten nicht mehr auffüllen konnten.

Rainer-Olaf Schultze gibt zu bedenken, dass eine Entflechtung des Föderalismus – also die Wendung hin zu einem interstaatlicherem Typ – vor allem hinsichtlich der Effizienz erhebliche Vorteile mit sich bringen würde und nennt sechs zentrale Grundbedingungen einer solchen konföderalen Entwicklung:[50]

- Der Grundsatz der Gleichheit der Lebensbedingungen darf nicht als einzige gesellschaftspolitische Zielvorstellung bestehen bleiben. Eine Neuausrichtung muss nationale bzw. regionale Eigenständigkeit anerkennen und die Vielfalt der Lebensbedingungen als höherrangigen Wert setzen.
- „Die Gliedstaaten müssen als selbständige Einheiten lebensfähig sein, um zu verhindern, dass sich trotz formaler Autonomie faktisch Abhängigkeit herstellt." Zur Lebensfähigkeit gehören in erster Linie eine angemessene Größe und Ressourcenausstattung der Gliedstaaten. Bei einer eventuellen Neueinteilung müssen vor allem auch etwaige ethnische, kulturelle usw. Bedingungen berücksichtigt werden.
- Um einen effektiven Minderheitenschutz zu gewährleisten, der verhindern kann, dass eine Majorisierung einzelner Gliedstaaten durch einseitige Einflussnahme auf Verfassungs- und einfache Gesetzgebung entsteht, soll die Möglichkeit des *opting out* bestehen. „Es erlaubt jedem

---

49 Ebd.
50 Ebd., S. 487f.

Gliedstaat aus gesamtstaatlichen Politikprogrammen auszuscheren bei gleichzeitiger finanzieller Kompensation durch den Bund, sofern ein ähnliches Programm von dem Gliedstaat in Eigenverantwortung durchgeführt wird."

- Grundbedingung ist eine „klare Kompetenzabgrenzung zwischen Bund und Gliedstaaten nach Aufgabengebieten und Politikfeldern." Vor allem soll eine Verschränkung von Gewalten der beiden Ebenen vermieden werden, wie sie bei einer funktionalen Verteilung nach Kompetenzarten unweigerlich eintritt. Hierzu gehört die verwaltungs- und finanztechnische Selbständigkeit der Teilstaaten.

- Die Aufgabenverteilung zwischen Bund und Gliedstaaten sollte sich an drei Faktoren orientieren: Dem Grundsatz der Vielfalt der Lebensbedingungen, den nationalen Besonderheiten, einem höchstmöglichem Grad an dezentraler Organisation.

- Letztlich gilt auch für die Formen der Interessenartikulation und -aggregation die Forderung einer möglichst dezentralen Organisation auf beiden Ebenen, vor allem um einem Übergewicht der Bundespolitik entgegenzuwirken.

Der Vorzug einer solchen Lösung liegt auf der Hand: Klare Kompetenzzuweisungen sorgen für ein erhöhtes Maß an Transparenz bei den politischen Entscheidungen. Sie ermöglichen zudem eine schnellere Problemlösung, weil in der Regel weniger Akteure an ihr beteiligt werden müssen. Durch die dezentrale Anordnung der Entscheidungsträger entsteht eine größere Nähe zu den Bürgern.

Allerdings hat das Modell auch erhebliche Nachteile, besonders dann, wenn die Gliedstaaten hinsichtlich ihrer Ressourcenausstattung erhebliche Unterschiede aufweisen; dann nämlich kann Verschiedenheit der Lebensbedingungen leicht zu sozialen Gefällen führen, die innerhalb eines föderal geordneten Staates massive Probleme nach sich ziehen können. Die demographische Entwicklung in den Bundesländern, die auf dem Gebiet der ehemaligen DDR entstanden sind, verdeutlicht dies. Der Mangel an Ressourcen, v.a. an Arbeitsplätzen, hat zu einer Migration vieler leistungsfähiger Arbeitnehmer geführt, wodurch die wirtschaftlichen Probleme im Osten akzeleriert wurden. Richtig ist sicher, dass die Gliedstaaten durch eine Rückverlagerung von Kompetenzen nach Maßgabe des Subsidiaritätsprinzips einen größeren Spielraum erhalten würden, ihre internen Angelegenheiten spezifischer zu regeln und politische Entscheidungen gegebenenfalls schneller und zielgerichteter nachzujustieren.

246

Fragen

- Erklären sie die föderative Republik (*confederate republic*) der *Federalist Papers*.
- Welche Grundmodelle territorialer Organisation können unterschieden werden? Stellen Sie die beiden Varianten an konkreten Beispielen dar.
- Nennen Sie die Unterscheidungsmerkmale von inter- und intrastaatlichem Föderalismus und stellen Sie die beiden Modelle beispielhaft dar.
- Was bezeichnen die Begriffe dualer und kooperativer Föderalismus?
- Erklären Sie den Begriff *devolution*.
- Erläutern Sie das Subsidiaritäts- und das Konnexitätsprinzip.

 Bibliographie

Angela Adams/Willi Paul Adams (Hrsg.): *Hamilton/Madison/Jay. Die Federalist-Artikel*, Paderborn: Schöningh, 1994.

Ulrich von Alemann/Roland Czada/Georg Simonis: Vorwort der Herausgeber, in Heiderose Kilper und Roland Lhotta: *Föderalismus in der Bundesrepublik Deutschland*, Opladen: Leske+ Budrich, 1996.

Aristoteles: *Politik. Eingeleitet, übersetzt und kommentiert von Olof Gigon*, Zürich, Stuttgart: Artemis, 1971.

Bayerischer Landtag: Reform des Föderalismus – Stärkung der Länderparlamente. Bericht der Enquete-Kommission des Bayerischen Landtags, München: Bayerische Landeszentrale für politische Bildungsarbeit, 2002.

Bernd Becker: *Politik in Großbritannien*, Paderborn: Schöningh, 2002.

Andreas Falke: Föderalismus und Kommunalpolitik, in: Willi Paul Adams/Peter Lösche (Hrsg.): *Länderbericht USA*, Bonn: BpB, 1998, S. 263-279.

Jürgen Heideking: Revolution, Verfassung und Nationalstaatsgründung, 1763-1815, in: Willi Paul Adams/Peter Lösche (Hrsg.): *Länderbericht USA*, Bonn: BpB, 1998, S. 18-41.

Thomas Hobbes: *Leviathan*, Stuttgart: Reclam, 1970.

Vincent Hoffmann-Marinot: Zentralisierung und Dezentralisierung in Frankreich, in: Marieluise Christadler/Henrik Uterwedde (Hrsg.): *Länderbericht Frankreich. Geschichte. Politik. Wirtschaft. Gesellschaft*, Bonn: bpb, 1999, S. 363-382.

Heiderose Kilper und Roland Lhotta: *Föderalismus in der Bundesrepublik Deutschland*, Opladen: Leske+ Budrich, 1996.

Heinz Laufer/Ursula Münch: *Das föderative System der Bundesrepublik Deutschland*, München: Bayerische Landeszentrale für politische Bildungsarbeit, 1997.

Niccolo Machiavelli: *Der Fürst*, Stuttgart: Kröner, 1972.

Roy C. Macridis: *Modern Political Regimes. Patterns and Institutions*, Boston, Toronto: Little, Brown and Co., 1986.

Montesquieu: *Vom Geist der Gesetze*, Stuttgart: Reclam, 1965.

Jean-Jacques Rousseau: *Vom Gesellschaftsvertrag oder Grundsätze des Staatsrechts*, Stuttgart: Reclam, 1977.

Fritz Scharpf, Die Politikverflechtungs-Falle: Europäische Integration und deutscher Föderalismus im Vergleich, in: Politische Vierteljahresschrift, Jg. 26, 1985, S. 323-356.

Rainer-Olaf Schultze: Föderalismus als Alternative? Überlegungen zur territorialen Reorganisation von Herrschaft, in: ZParl, 21. Jg. 1990, Heft 3, S. 475-490.

Roland Sturm: Staatsordnung und politisches System, in: Hans Kastendiek/Karl Rohe/Angelika Volle (Hrsg.): *Länderbericht Großbritannien. Geschichte. Politik. Wirtschaft. Gesellschaft*, Bonn: bpb, 1998, S. 194-223.

Gerd Strohmeier: Zwischen Gewaltenteilung und Reformstau: Wie viele Vetospieler braucht das Land?, in: APuZ B 51/2003, S. 17-22.

Angelika Volle: Der mühsame Weg Großbritanniens nach Europa, in: Hans Kastendiek/Karl Rohe/Angelika Volle (Hrsg.): *Länderbericht Großbritannien. Geschichte. Politik. Wirtschaft. Gesellschaft*, Bonn: bpb, 1998, S. 459-475.

Hartmut Wasser: *Die Vereinigten Staaten von Amerika. Portrait einer Weltmacht*, Frankfurt/Main, 1984.

F. Akteure des intermediären Bereichs – Interessengruppen, Parteien, Medien

1. Einzelinteressen vs. Gemeinwohl – theoretische Vorüberlegungen

Bereits im Jahr 1770 umschrieb Edmund Burke die politischen Parteien mit folgenden Worten und lieferte damit eine der ersten Definitionen:

> „Party is a body of men united for promoting by their joint endeavours the national interest upon some particular principle in which they all agreed."[1]

Damit wird deutlich, dass Parteien nur jeweils Teile der Gesellschaft repräsentieren, und zwar diejenigen, die in einem gemeinsamen Grundkonsens an Werten, Anschauungen etc. übereinstimmen. Gerade in Großbritannien konnte sich die Anerkennung der politischen Parteien relativ frühzeitig vollziehen und war spätestens 1848 abgeschlossen. Dies belegt jene Äußerung des damaligen britischen Premierministers Benjamin Disraeli, in der er feststellt, dass parlamentarische Demokratie ohne Parteien nicht denkbar ist.[2]

Dies war bei weitem keine Selbstverständlichkeit.[3] Sowohl die monarchisch-konservative als auch die sozialistische Denktradition sah Parteien als Übel des Staates. Besonders deutlich wird dies in der Entwicklung der deutschen Staatstheorie, die – unter dem maßgeblichen Einfluss Georg Wilhelm Friedrich Hegels – seit dem frühen 19. Jahrhundert einsetzte.[4] Hegel beschrieb den Staat als

---

1 Edmund Burke: Select Works of Edmund Burke. A New Imprint of the Payne Edition. Foreword and Biographical Note by Francis Canavan, 4 vols, Indianapolis: Liberty Fund, 1999, Volume 1, S. 150.
2 http://www.dialspace.dial.pipex.com/town/terrace/adw03/polspeech/conservative.htm
3 Zu diesem Thema: Erwin Faul: Verfemung, Duldung und Anerkennung des Parteiwesens in der Geschichte des politischen Denkens, in: Politische Vierteljahrsschrift, Jg. 5, Heft 1, 1964, S. 60-80.
4 Vgl. BMI: *Rechtliche Ordnung des Parteiwesens. Probleme eines Parteiengesetzes. Bericht der vom Bundesminister des Inneren eingesetzten Parteienrechtskommission*, Frankfurt a. Main: Alfred Metzler, 1957, S. 2f.

„[. . .] die *selbstbewußte* sittliche Substanz, – die Vereinigung des Prinzips der Familie und der bürgerlichen Gesellschaft; dieselbe Einheit, welche in der Familie das Gefühl der Liebe ist, ist sein Wesen, das aber zugleich durch das zweite Prinzip des wissenden und aus sich tätigen Wollens die *Form gewußter* Allgemeinheit erhält, welche so wie deren im Wissen sich entwickelnde Bestimmung die wissende Subjektivität zum Inhalte und absoluten Zweck hat, das ist für sich dies Vernünftige will."[5]

Verkürzt gesagt erhält der Staat damit Subjektcharakter und einen auf die Vernunft gerichteten Willen, der darauf zielt, das Gemeinwohl zu verwirklichen. Der Staat steht also über den diversen Einzelinteressen – und damit über den Parteien, wenngleich Hegel die Existenz solcher gesellschaftlicher Sonderinteressen und die Berechtigung ihrer Vertretung durchaus anerkennt. Allerdings steht der Staat der Gesellschaft übergeordnet gegenüber, so dass die Interessenskonflikte zwar durch den Staat (im Sinne des Gemeinwohls) ausgeglichen, aber nicht (etwa durch die Beteiligung der Parteien am staatlichen Willensbildungsprozess) in die Sphäre des Staatlichen hinein getragen werden sollen.

Daneben sorgte die Lehre von der *pouvoir neutre* des Monarchen, die Benjamin Constant 1814 begründet hatte, für eine weitgehende Ausschaltung der Parteien aus dem politischen Geschehen. Denn damit oblag es dem Monarchen, das Gemeinwohl unabhängig von Einzelinteressen und über den Parteien herzustellen.[6]

Aber auch die früh-sozialistischen Theoretiker sind von der Annahme eines a priorischen Gemeinwohls bestimmt. Bereits in Jean-Jacques Rousseaus Schrift über den Gesellschaftsvertrag wird klar zwischen dem Gemeinwillen (*volonté générale*) und dem Gesamtwillen (*volonté de tous*) unterschieden. Der Gesamtwille zielt „auf das Privatinteresse und ist nichts

---

5　Georg Wilhelm Friedrich Hegel: *Werke in zwanzig Bänden. Auf der Grundlage der „Werke" von 1832-1845 neu editierte Ausgabe.* Frankfurt a. Main: Suhrkamp, 1970, Bde. 8-10, § 535.

6　Vgl. BMI: *Rechtliche Ordnung des Parteiwesens. Probleme eines Parteiengesetzes. Bericht der vom Bundesminister des Inneren eingesetzten Parteienrechtskommission,* Frankfurt a. Main: Alfred Metzler, 1957, S. 2f.
　　Wie sehr diese Sicht in der deutschen Staatsrechtslehre verwurzelt war, zeigt der Streit zwischen Carl Schmitt und Hans Kelsen aus dem Jahr 1931, in dem es um die Frage nach dem geeigneten Hüter der Verfassung geht. Schmitt beantwortet diese Frage unter Rückgriff auf die pouvoir neutre zugunsten des Reichspräsidenten, während sich Kelsen für eine Verfassungsgerichtsbarkeit ausspricht. Vgl. Carl Schmitt: *Der Hüter der Verfassung,* Tübingen: J.C.B. Mohr (Paul Siebeck), 1931 und Hans Kelsen: Wer soll Hüter der Verfassung sein?, in: *Die Justiz,* Bd. VI, Doppelheft 11/12, S. 576-628, 1931.

anderes als eine Summe von Privatinteressen", während der Gemeinwille auf das Gemeininteresse abstellt.[7] Letzterer ergibt sich als Summe der Sonderwillen abzüglich derjenigen Unterschiede, die sich gegenseitig aufheben.

Ein Beispiel soll dies verdeutlichen: *Hinsichtlich der Besteuerung der Einkommen in einem Staat bestehen unter seinen vier Einwohnern verschiedenen Einzelwillen (W_1, W_2, W_3 W_4). W_1 sei die Forderung nach einer gerechten Besteuerung mit linear-progressiver Berücksichtigung der jeweiligen Einkommensverhältnisse, W_2 sei die Forderung nach einer gerechten Besteuerung mit stufenweise ansteigender Berücksichtigung der jeweiligen Einkommensverhältnisse. W_3 entspricht W_1, fordert zudem jedoch einen Spitzensteuersatz von 48,6 Prozent; W_4 entspricht W_2, fordert zudem einen Spitzensteuersatz von 34,75 Prozent. Der Gesamtwille G würde sich somit folgendermaßen ergeben:*

$$G = W_1 + W_2 + W_3 + W_4 - (\text{Unterschiede, die sich gegenseitig aufheben})$$

Allen Einzelwillen ist gemeinsam, dass (1) eine gerechte Besteuerung gewünscht wird. Unterschiede bestehen hinsichtlich der Art des Anstiegs der Steuersätze. Es herrscht aber Einigkeit, dass (2) das Einkommen berücksichtigt wird. Ein weiterer Unterschied zeigt sich in der Forderung nach Spitzensteuersätzen, die von einem Teil genannt, von einem anderen jedoch nicht erwähnt wird. Der Unterschied hebt sich somit nicht notwendigerweise auf, und es besteht (3) die Forderung nach einem Spitzensteuersatz. Über dessen Höhe besteht jedoch Dissens. Der grand législateur der dies alles berücksichtigen würde, käme wohl dann zu dem Schluss, dass der Gemeinwille in diesem Beispiel die Forderung nach einer gerechten Besteuerung der Einkommen wäre, die in Beziehung zur jeweiligen Höhe des Einkommens steht und nach oben durch einen Spitzensteuersatz beschränkt ist.

In der Realität ist dieses Rechenmodell jedoch viel komplexer gedacht, denn Rousseau geht von einer Gesellschaft aus, die nicht durch Parteiungen gegliedert ist, sondern in der jeder Bürger seinen tatsächlich individuellen Willen einbringt. Die Entstehung von Parteiungen betrachtet Rousseau gar als Hindernis bei der Findung des Gemeinwillens, weil es dann „nicht mehr so viele Stimmen gibt wie Menschen, sondern nur noch so viele wie Vereinigungen. Die Unterschiede werden dann weniger zahl-

---

7   Vgl. Jean-Jacques Rousseau: *Vom Gesellschaftsvertrag oder Grundsätze des Staatsrechts*, Stuttgart: Reclam, 1977, S. 31.

reich und bringen ein weniger allgemeines Ergebnis. Wenn schließlich eine dieser Vereinigungen so groß wird, dass sie stärker ist als alle anderen, erhält man als Ergebnis nicht mehr die Summe der kleinen Unterschiede, sondern einen einzigen Unterschied; jetzt gibt es keinen Gemeinwillen mehr, und die Ansicht, die siegt, ist nur eine Sonderanschauung".[8] Parteien werden damit zur Ursache der Gefahr einer Tyrannei der Mehrheit. Das Problem: Der Staat kann in diesem Fall nicht mehr jedem Bürger die gleiche Beteiligungschance einräumen, seine Mitwirkungsrechte tatsächlich gleichwertig wahrzunehmen. Er kann nur mehr die Gleichwertigkeit dieser Chance sichern, dass jedem Bürger dieselben Voraussetzungen gegeben sind, sich eine solche Möglichkeit selbst zu schaffen. In der sozialistischen Theorie geht diese Forderung soweit, dass der Staat damit beauftragt wird, entsprechende Maßnahmen zu treffen, um eine möglichst hohe Gleichwertigkeit der Chancen zu erreichen, wobei neben der Umverteilung materieller Güter auch der Zugang zu immateriellen Gütern, wie Bildung, eine zentrale Rolle spielt. In Deutschland hatte Johann Gottlieb Fichte (1762-1814) bereits früh die Idee eines quasi-sozialistischen Staatswesens vertreten:

„Die Möglichkeit, dass meine Freiheit neben der jedes anderen unangefochten bleibe, könne der Staat nur garantieren, ja der Staatsvertrag selber in seiner gerechten Gültigkeit nur dann unangefochten bleiben, wenn der Staat jedem Bürger das sittliche Grundrecht, von der Arbeit, die er innerhalb des Gemeinwesens zu leisten bereit sei, leben zu können, vollauf garantiere."[9]

Auch die Autoren der Federalist Papers griffen die Diskussion über den Zweck und die Legitimität von Parteiungen (*factions*) im 10. Artikel auf. Unter *factions* verstanden sie „eine Gruppe von Bürgern, – das kann eine Mehrheit oder Minderheit der Gesamtheit sein, – die durch den gemeinsamen Impuls einer Leidenschaft oder eines Interesses vereint und zum Handeln motiviert ist, welcher im Widerspruch zu den Rechten anderer Bürger oder dem permanenten oder gemeinsamen Interessen der Gemeinschaft steht."[10] Doch wählten sie einen anderen Lösungsansatz, um das Problem der Tyrannei der Mehrheit, wie Tocqueville es nennt, zu bewältigen.

Als Ursachen für die Entstehung von *factions* nennen Hamilton, Madison und Jay zum einen die Freiheit eines demokratischen Staatswesens und

8   Vgl. Jean-Jacques Rousseau: *Vom Gesellschaftsvertrag oder Grundsätze des Staatsrechts*, Stuttgart: Reclam, 1977, S. 31.
9   Johann Gottlieb Fichte: *Der geschlossene Handelsstaat*, Hamburg: Meiner, 1979.
10   Angela Adams/Willi Paul Adams (Hrsg.): *Hamilton/Madison/Jay. Die Federalist-Artikel*, Paderborn: Schöningh, 1994, S. 50ff. [51].

zum anderen die legitime Existenz verschiedener Anschauungen, die in der Rationalität und dem freien Willen jedes Einzelnen wurzelt. Diese Ursachen können nicht abgeschafft werden, ohne die Demokratie in ihrer Substanz zu beschädigen: (1) Die Abschaffung der Freiheit würde den Begriff der Demokratie ad absurdum führen. (2) Die Autoren halten es für unmöglich, „alle Bürger mit den gleichen Meinungen, den gleichen Leidenschaften und denselben Interessen zu versehen".[11] Mit dieser zweiten Grundannahme wenden sie sich somit gegen Rousseau und alle anderen Denker, die eine erzieherische Aufgabe des Staates zum Gemeinwohl als zentrale Aufgabe benennen und für realisierbar erachten.

Die Lösung liegt nach dem Verständnis der *Federalist Papers* in einer Minderung der Auswirkung dieser Parteiungen. Daher schlagen sie eine möglichst starke Diversifizierung der Parteiungen vor, da so verhindert werden könne, dass sich eine tyrannische Mehrheit etabliert. Zusätzlich sehen sie die Größe der Vereinigten Staaten als modifizierendes Moment, da diese eine Koordinierung und Konzentration gleicher Interessen behindere.[12]

Dieser recht pragmatischen Sicht organisierter Interessen bis hin zu den Parteien liegt ein weiterer Aspekt zugrunde – der Gedanke der repräsentativ ausgestalteten Republik, in der die Aufgabe, personelle Vorschläge für die Besetzung von Wahlämtern zu unterbreiten, zweckmäßigerweise von den Parteien übernommen wird.[13] Damit werden die Parteien als Instrumente anerkannt, mit denen die bürgerliche Gesellschaft aktiv auf den Bereich des Politischen einwirken kann. Im Zusammenhang mit der repräsentativen Demokratie erlangen auch die Medien eine zentrale Bedeutung, denn sie leisten notwendige Kommunikationsprozesse zwischen der Sphäre der Bürger und der Sphäre der Entscheidungsträger. Medien vermitteln aber nicht nur. Sie handeln als eigenständige Akteure, die aufgrund ihrer Thematisierungsmacht über ausgeprägte Kritik- und Kontrollmöglichkeit verfügen. Sie werden daher häufig als zusätzliche vierte Gewalt beschrieben.[14]

Es versteht sich von selbst, dass Stellenwert und Bedeutung von Parteien und organisierten Interessen in Demokratien und Diktaturen, v.a. in den

---

11 Ebd.
12 Ebd., S. 54f.
13 Vgl. ebd. S. 54ff.
14 Vgl. Otfried Jarren/Patrick Donges: *Politische Kommunikation in der Mediengesellschaft. Eine Einführung, Band 1: Verständnis, Rahmen und Strukturen*, Wiesbaden: Westdeutscher Verlag, 2002, S. 26.

totalitären Regimen[15], grundsätzlich verschieden gehandhabt werden. Die nachfolgenden Ausführungen beziehen sich auf demokratische Ordnungen und werden abschließend durch einen kurzen Hinweis zur Situation in Diktaturen ergänzt.

2. Interessengruppen

2.1. Terminologie

Interessengruppen stellen die ältere Form gesellschaftlicher Organisation dar und können gleichzeitig als Wegbereiter der politischen Parteien betrachtet werden. Der Blick in die Literatur und über die Systemgrenzen hinweg zeigt, dass sich gerade aufgrund verschiedener Grundeinstellungen gegenüber diesen Gruppierungen verschiedene Begriffe etabliert haben, die im Wesentlichen dasselbe bezeichnen. Die französischen Begriffe *groupe de pression* bzw. *groupe d'intérêt* korrespondieren mit den in der englischen Literatur gebräuchlichen Bezeichnungen *pressure-group* bzw. *interest group*. Im Deutschen ist von Verbänden bzw. Interessengruppen die Rede, zuweilen greifen Autoren auch auf die Bezeichnung Pressure-Group zurück. Daneben findet auch der Begriff der Lobby oder des Lobbyisten – meist negative – Verwendung.[16]

Die gesellschaftliche Einstellung zu den Interessengruppen ist oft recht verschieden. In der französischen oder auch der deutschen (Geistes-) Geschichte dominierte zunächst eine durchweg negative Einschätzung der Interessengruppen als Vertreter von Partikularinteressen, die als gegensätzlich zum Gemeinwohl verstanden wurden. Hingegen bildete sich im angloamerikanischen Raum rasch ein vergleichsweise positives Verhältnis zu den Interessengruppen aus. Dabei ist es das Verdienst der Autoren der *Federalist Papers*, auf die integrative Kraft organisierter Interessen hinzuweisen, die nicht nur maßgeblich dazu beitragen, eine Diktatur der Mehrheit zu verhindern, sondern die Effizienz des Staates erhöhen, weil sie – und dies gilt auch für die politischen Parteien – eine Vorauswahl der relevanten Interessen treffen.[17] Allerdings ist es durchaus denkbar, dass einige Interessen in diesem Kampf um Gehör nicht durchdringen, weil sie keine

---

15 S.o. C.2.1.2.4.2.
16 Vgl. Rupert Breitling, Politische Pression wirtschaftlicher und gesellschaftlicher Kräfte in der Bundesrepublik Deutschland, in: Hans Steffen, (Hrsg.), Die Gesellschaft in der Bundesrepublik, Göttingen: Vandenhoeck & Ruprecht, 1970.
17 Vgl. Art. 10 der Federalist Papers. Angela Adams/Willi Paul Adams (Hrsg.): *Hamilton/Madison/Jay. Die Federalist-Artikel*, Paderborn: Schöningh, 1994, S. 50ff.

Lobby haben, keinen Druck erzeugen können oder einfach nur schlecht organisier- bzw. vermittelbar sind.

Diese Darstellung verwendet zumeist den Begriff *Interessengruppe*. Daneben werden *Interessenverband* und *organisierte Interessen* synonym verwendet. Der Begriff der *Lobby* findet zum einen wegen seiner überwiegend negativen Konnotation, zum anderen wegen seiner mangelnden Bestimmtheit keine Verwendung. Lobby bezeichnet ursprünglich die Wandelhalle im Parlament und wurde auf diejenigen Personen übertragen, die dort versuchten, bestimmte Abgeordnete im eigenen oder im Sinne eines Auftraggebers zu beeinflussen.[18] Lobbyisten versuchen demnach, auf das Entscheidungshandeln von politischen Akteuren einzuwirken. Dies kann mit legalen, aber auch mit illegalen Mitteln geschehen. Der Wirkradius von Interessengruppen geht aber über den beschränkten Bereich der Einflussnahme auf Amts- und Mandatsträger hinaus, so dass mit dem Begriff der Lobby eine zu starke Einengung einhergeht. Ähnliches gilt für den Begriff der Pressure-Group, der gerade auf die Möglichkeit abstellt, Druck auf die Inhaber von Schlüsselpositionen auszuüben, und dadurch deren Verhalten zu beeinflussen. Unbestritten ist die Erzeugung von Druck einer der wesentlichen Faktoren bei der Durchsetzung von Interessen. Doch gibt es daneben auch die Möglichkeit, durch argumentierendes Überzeugen für seine Forderung einzutreten, oder durch andere Anreize, wie Information oder Bestechungsgelder, die primär keinen Druck erzeugen. Der Begriff der Pressure-Group verkürzt demnach die Aktionsmöglichkeiten von Interessengruppen auf die Dimension tatsächlichen Drucks und kann daher nur für einen Teil der Interessengruppen Geltung beanspruchen.[19]

Daneben weist Jürgen Weber in seiner Darstellung aus dem Jahr 1981 darauf hin, dass die Selbstdarstellung der Interessengruppen, v.a. die Eigenbezeichnung, mit den verschiedensten Bezeichnungen arbeitet, darunter Begriffe wie *Aktion*, *Club*, *Gesellschaft*, *(Arbeits-)Gemeinschaft*, *Gilde*, *Kammer*, *Tag*, *Vereinigung* usw.[20]

2.2. Organisierte Interessen und politische Ordnung

Organisierte Interessen nehmen eine vermittelnde Rolle in politischen Ordnungen einnehmen. Sie sind auf die Integration bestimmter gesell-

---

18 Vgl. hierzu auch Jürgen Weber: *Interessengruppen*, München, 1981, S. 75.
19 Vgl. ebd., S. 76.
20 Ebd., S. 77f.

schaftlicher Interessen hin ausgerichtet. In der Systemtheorie werden die Interessengruppen daher als Vermittler zwischen der gesellschaftlichen Sphäre und dem zentralen politischen Entscheidungssystem eingeordnet.[21] Dies gilt unbestritten für all jene Gruppierungen, die bewusst oder unbewusst Einfluss auf politische Entscheidungen nehmen. Ebenso ist unerheblich, ob der Aktionsradius auf lokaler, regionaler, nationaler oder supranationaler Ebene angesiedelt ist.

2.3. Typologische Merkmale

Interessengruppen können nach recht verschiedenen Kriterien eingeteilt und untersucht werden. Bereits rein quantitativ lassen sich Interessenorganisationen danach unterscheiden, ob sie nur ein einziges Interesse propagieren (*single-issue*-orientiert) oder mehrere, divergierende Interessen vertreten. Für eine qualitativ-strukturelle Betrachtung sind vor allem drei Aspekte relevant: (1) die Art des organisierten Interesses, (2) die Organisation des Interesses und (3) das Handlungsfeld der Interessen.[22]

(1) *Ökonomische und ideelle Interessen*

Bei der Art des organisierten Interesses lassen sich grundsätzlich zunächst zwei Arten unterscheiden, nämlich (a) ökonomische und (b) ideelle Interessen. Samuel E. Finer definiert den Unterschied zwischen diesen beiden Typen durch das Kriterium, ob sich eine Interessengruppe vornehmlich um das Wohlergehen der eigenen Mitglieder kümmert (wirtschaftliche Interessengruppe/*sectional groups*), oder ob die Organisation bestimmte kulturelle, religiöse, humanitäre oder politische Angelegenheiten vertritt und für alle Gleichgesinnten offen ist (Fördervereinigungen/*promotional groups*).[23]

In die Gruppe der wirtschaftlichen Interessengruppen ordnet Finer auch die Gewerkschaften ein. Eine Zuordnung, die für das Gewerkschaftswesen in Großbritannien durchaus schlüssig ist: Nach dem Grundsatz des Free Collective Bargaining handeln dort nämlich Gewerkschaften/Gewerkschaftsverbände und Arbeitgeber/-verbände die jeweiligen, z.T. sehr individuellen Tarifbedingungen aus. Es ent-

---

21 S. oben.
22 Jürgen Weber: *Die Interessengruppen im politischen System der Bundesrepublik Deutschland*, München: Bayerische Landeszentrale für politische Bildungsarbeit, 1981, S. 79.
23 Samuel E. Finer: Interest Groups and the Political Process in Great Britain, in: Henry W. Ehrmann (Hrsg.): *Interest Groups On Four Continents*, Pittsburgh, 1967, S. 117.

stehen auf diese Weise keine Flächentarifverträge, wie dies in der Bundesrepublik Deutschland der Fall ist. Daher profitiert in Großbritannien faktisch tatsächlich überwiegend die organisierte Arbeiterschaft von diesen Verträgen.[24] *In der Bundesrepublik gestaltet sich der Zyklus der Tarifpolitik anders und die vereinbarten Tarifregelungen gelten nach Abschluss in der Regel auch für nicht gewerkschaftlich organisierte Arbeitnehmer. Sind also englische Trade Unions wirtschaftliche Interessengruppen und deutsche Gewerkschaften ideelle promotional groups? Wohl kaum. Hier zeigt sich vielmehr die Grenze der Trennschärfe dieses Unterscheidungskriteriums.*

Darüber hinaus erweist sich diese Unterscheidung dann als problematisch, wenn sie allzu streng aufgefasst wird: Auch ideelle Interessengruppen können organisatorisch soweit verfestigt sein, dass sie sie hauptamtlich Funktionäre (Funktionärsverband) besitzen. Sie müssen daher ökonomische Interessen wenigstens so weit vertreten, damit sie diesen bürokratischen Apparat finanzieren können, – auch wenn es der Vereinigung sonst nicht auf materielle Vorteile ankommt.[25] Es ist daher sinnvoll, das Kriterium soweit abzumildern, dass Interessengruppen dadurch unterschieden werden, ob sie *vorrangig* materielle oder ideelle Interessen vertreten.

Zentrale und periphere Interessengruppen

Ein weiterer Ansatz, der sich aus strukturfunktionalistischer Sicht mit der Art des propagierten Interesses befasst, geht auf Graham Wootton zurück.[26] Wootton unterscheidet zunächst zwischen zentralen und peripheren Interessengruppen. Als zentrale Interessengruppen bezeichnet er all jene Gruppierungen, die permanent auf den Prozess der politischen Willensbildung einwirken (wollen) und von den entsprechenden Amtsträgern „ins Kalkül ihrer Entscheidungen einbezogen werden."[27] Die zentralen Interessengruppen unterteilt Wootton anhand ihrer gesellschaftlichen Hauptfunktion in (a) ökonomische

---

24 Vgl. zu den Gewerkschaften in Großbritannien: Hans Kastendiek: Arbeitsbeziehungen und gewerkschaftliche Interessenvertretung, in: Hans Kastendiek/Karl Rohe/Angelika Volle (Hrsg.): *Länderbericht Großbritannien. Geschichte. Politik. Wirtschaft. Gesellschaft*, Bonn: bpb, 1998, S. 331-357 [334ff.].
25 Vgl. Jürgen Weber: *Die Interessengruppen im politischen System der Bundesrepublik Deutschland*, München: Bayerische Landeszentrale für politische Bildungsarbeit, 1981, S. 79f.
26 Vgl. Graham Wootton: *Interest-Groups*, Englewood Cliffs, 1970, S. 30ff.
27 Jürgen Weber: *Interessengruppen*, München, 1981, S. 80.

257

Interessengruppen, die wirtschaftliche Interessen propagieren, (b) integrative Interessengruppen, die den Zusammenhalt der Gesellschaft fördern und (c) kulturelle Interessengruppen, die dem Erhalt gesellschaftlicher Normen dienen.[28] Der Bereich der peripheren Interessengruppen umfasst zwei Unterkategorien: (a) Gruppierungen, die situativ, d.h. nur in bestimmten Situationen, entstehen. Als Beispiele wären hier etwa die amerikanische Black-Power-Bewegung[29] oder die Frauenbewegung anzuführen – Gruppen also, die auf statistischen Merkmalen aufbauen, und (b) Gruppen, die keine oder eine nur geringe Bedeutung für die Funktionsfähigkeit des jeweiligen Gemeinwesens besitzen, wie dies häufig bei Menschenrechtsorganisationen der Fall ist.[30] Woottons Typologie wird somit durch zwei Variablen strukturiert, nämlich zum einen durch die Frage, ob das Interesse permanent oder situationsgebunden auftritt, und zum anderen durch die Frage, welche funktionale Bedeutung eine Organisation innerhalb einer Gesellschaft einnimmt. Weber weist zurecht auf die mangelnde Trennschärfe von Woottons Typologie hin, mit dem Einwand, dass jeder Berufsverband, der primär ökonomische Interessen verfolgt, gleichzeitig einen Beitrag zu gesellschaftlichen Integration – nämlich der seiner Mitglieder und deren Interessen – leistet.[31]

Insider- und Outsidergruppen

Dennoch erscheint der Aspekt, inwieweit eine Interessengruppe mit ihren Forderungen Gehör bei den Entscheidungsträgern findet, nicht unerheblich. Zum einen, weil dadurch eine (Mit-)Entscheidungsmacht begründet wird und zum anderen, weil dies die Aktionsmöglichkeiten (s.u.) beeinflusst. Wyn Grant unterscheidet daher zwischen Insider- und Outsidergruppen.[32] Insidergruppen verfügen über den Vorteil, dass sie regelmäßig von Ministern und der Ministerialverwaltung gehört und an Beratungen beteiligt werden. Sie haben dadurch einen unmittelbaren Zugang zu den Entscheidungszentren. Outsidergruppen verfügen normalerweise nicht über diese Möglichkeit. Daher müssen sie andere Wege, wie z.B. den Gang an die Öffentlichkeit, wählen.[33]

---

28 Ebd.
29 So auch Weber, ebd.
30 Ebd.
31 Vgl. ebd.
32 Vgl. Wyn Grant: *Pressure Groups, Politics and Democracy in Britain*, Basingstoke: MacMillan, 2000.

(2) *Organisationsmerkmale*

Eine weitere Unterscheidung kann anhand der Organisationsmerkmale vorgenommen werden. Dabei wird danach gefragt, „ob und in
welchem Maße verhaltensorientierende Ziele und Bedürfnisse von
Personen organisatorische Strukturen zu ihrer Verwirklichung herausbilden, wie diese aussehen und wie stabil und dauerhaft sie sind."[34]

Weber beschreibt in Anlehnung an Almond und Powell drei Haupttypen von Interessengruppen: (a) Spontane Interessengruppen, (b)
informelle Interessengruppen und (c) formelle Interessengruppen.[35]

Spontane Interessengruppen besitzen nur diffuse organisatorische
Strukturen, in denen meist eine Dominanz einer kleinen Führungs-
gruppe festgestellt werden kann, wie dies bei Bürgerinitiativen oder
Demonstrationen der Fall ist. Allerdings kann sich die kurzfristige
Zielsetzung auch in einen dauerhaften Vertretungsanspruch wandeln,
so dass sich diese spontanen Gruppen organisatorisch verfestigen
können.

Informelle Interessengruppen sind Gruppierungen, deren Mitglieder zwar dauerhaft ein gemeinsames Ziel verfolgen, ohne jedoch eine
eigene Organisation aufzubauen. Dies ist etwa bei Gruppierungen
innerhalb der Parlamentsausschüsse zu beobachten, in denen sich
über die Parteigrenzen hinweg häufig Koalitionen der jeweiligen
Fachexperten (z.B. Landwirtschaft, Gesundheit und Soziales etc.) bilden oder auch Gesprächskreise, die spezielle Interessen verfolgen.

Formelle Interessengruppen sind all jene Gruppierungen, die über
hauptamtliche Mitarbeiter und einen gewählten Vorstand verfügen,
Mitgliedsbeiträge erheben, sich eine eigene Satzung geben und ausschließlich zum Zweck der Vertretung bestimmter Interessen gegründet werden.

Weisen Interessengruppen einigermaßen verfestigte Strukturen auf,
dann bietet sich anhand des Organisationsgrads, der Organisationsebene und der Organisationsform weitere Möglichkeiten des analytischen Zugriffs.

---

33 Vgl. dazu auch Thomas Saalfeld: *Großbritannien. Eine politische Landeskunde*,
Opladen: Leske + Budrich, 1998, S. 81.
34 Vgl. Jürgen Weber: *Interessengruppen*, München, 1981, S. 82.
35 Ebd., siehe auch Hiltrud Naßmacher: *Politikwissenschaft*, München: Oldenbourg,
1998, S. 75f.

Der Organisationsgrad gibt darüber Auskunft, wie viele der möglichen Mitglieder in einer Interessengruppe tatsächlich organisiert sind und wie repräsentativ die jeweilige Gruppierung somit ist.

Die Organisationsebene bezieht sich auf die räumliche Ausdehnung der Interessengruppe und beantwortet damit die Frage, ob diese auf lokaler, regionaler, nationaler oder internationaler Ebene besteht. In diesem Zusammenhang werden Bundes- und Landesverband, aber auch Fachverband und Dachverband unterschieden.

Die Organisationsform gibt Auskunft über die Prinzipien der Leitung und Führung. Hierbei lassen sich Honoratiorenverbände, in denen einzelne Mitglieder ehrenamtlich und zeitlich begrenzt an der Spitze des Verbandes stehen, von Funktionärsverbänden unterscheiden, in denen hautamtliche Mitarbeiter die eigentliche Lenkungsfunktion ausüben.

(3) *Handlungsfelder*

Eine sehr pragmatische Herangehensweise zeigt sich bei Thomas Ellwein, der eine vorläufige Ordnung der Interessengruppen in der Bundesrepublik vorlegte. Er differenziert dabei nach dem spezifischen Handlungsfeldern von Interessengruppen.[36] Aufgrund ihres Wirkungsbereiches unterscheidet er Vereinigungen in den Bereichen:

- Wirtschafts- und Arbeitssystem;
- Soziales;
- Freizeit und Erholung;
- Kultur, Religion, Wissenschaft sowie
- „organisierte Interessen im gesellschaftlichen Querschnittsbereich".[37]

Im Bereich Wirtschafts- und Arbeitssystem sind insbesondere die Unternehmer- und Selbständigenverbände, Gewerkschaften und Verbraucherverbände zu nennen. Gruppen aus dem sozialen Segment sind u.a. Vereinigungen, die soziale Ansprüche geltend machen, wie z.B. Patientenorgani-

---

36 Vgl. Jürgen Weber: *Interessengruppen*, München, 1981, S. 84f.
37 Hiltrud Naßmacher: *Politikwissenschaft*, München: Oldenbourg, 1998, S. 74f. Ähnlich differenziert Ulrich von Alemann die Bereiche (1) Wirtschaft und Arbeit, (2) soziales Leben und Gesundheit, (3) Freizeit und Erholung, (4) Religion, Weltanschauung und gesellschaftliches Engagement sowie (5) Kultur, Bildung und Wissenschaft. Vgl. Ulrich von Alemann: Die Vielfalt der Verbände, in: Bundeszentrale für politische Bildung (Hrsg.): *Interessenverbände*, Informationen zur politischen Bildung, Nr. 253, Bonn: bpb, 1996, S.17-21 [21].

sationen, Gruppierungen, die Sozialleistungen bereitstellen, etwa Wohlfahrtsverbände, sowie Selbsthilfegruppen, wie die *Weight Watcher* oder die *Anonymen Alkoholiker*. Der dritte Bereich bezieht sich auf die Vielzahl der Sportvereine und der Geselligkeits- und Hobbyvereine. Im Bereich Kultur, Religion und Wissenschaft siedeln so heterogene Gruppen wie die Kirchen und Sekten, wissenschaftliche Vereinigungen wie die Deutsche Vereinigung für Politikwissenschaft (DVPW) neben Bildungswerken und Kunstvereinen. Das Segment der organisierten Interessen im gesellschaftlichen Querschnittsbereich umfasst ideelle Vereinigungen etwa, *Amnesty International* oder *Human Rights Watch* neben gesellschaftspolitischen Gruppierungen, die sich unter anderem in den Bereichen Umwelt, Frieden oder Gleichberechtigung engagieren.[38]

Die verschiedenen Modelle, die zur Typologisierung von Interessengruppen vorgeschlagen werden, verdeutlichen die Breite des Untersuchungsgegenstands. Auch hier zeigt sich die Politikwissenschaft als 'weiche' Wissenschaft: Es gibt keine Musterformel zur Einordnung organisierter Interessen.[39] Vielmehr ist es sinnvoll, eine konkrete Interessengruppe aufgrund des jeweiligen Vorwissens unter verschiedenen Aspekten zu betrachten, um ein möglichst vollständiges Bild ihrer spezifischen Struktur zu erhalten. Dies liegt nicht zuletzt daran, dass der Untersuchungsgegenstand selbst einem dynamischen Prozess unterworfen ist.

Auch das Spektrum der organisierten Interessen reagiert auf Veränderungen seines Bezugsrahmens, hierbei primär auf Veränderungen der Interessenslage der eigenen Klientel sowie auf das (politische) Entscheidungshandeln, das sich auf diese Interessen auswirkt. Doch auch andere Faktoren wirken auf die strukturellen Charakteristika von organisierten Interessen ein. So kam es im Zuge der fortschreitenden Verbreitung des Internet als Alltagsmedium dazu, dass dieses in die Arbeit der Interessengruppen einbezogen wurde. Das Internet bietet Interessenorganisationen eine Plattform zur Kommunikation nach außen und nach innen. Es erlaubt somit eine direkte Ansprache der Adressaten, ohne dass der Weg über die klassischen Medien beschritten werden muss. Auf diese Weise kann die Rolle der Journalisten als *Gate-Keeper* umgangen werden[40] Die Website kann zur Mit-

---

38 Vgl. ebd.
39 S. hierzu stellvertretend Ulrich von Alemann: Die Vielfalt der Verbände, in: Bundeszentrale für politische Bildung (Hrsg.): *Interessenverbände*, Informationen zur politischen Bildung, Nr. 253, Bonn: bpb, 1996, S.17-21 [20] sowie Hiltrud Naßmacher: *Politikwissenschaft*, München, Wien: Oldenbourg, 1998, S. 71.

gliederwerbung ebenso wie für Spendenaufrufe (*fund raising*) genutzt werden. Neben dieser eher konventionellen Nutzung des Netzmediums, die an analoge interne Kommunikationsformen wie die Vereinszeitung, den Rundbrief etc. erinnert, bietet das Internet weitere Möglichkeiten: Als responsives Medium bietet es einen Rückkanal, der eine vereinfachte Kommunikation zwischen Basis und institutionalisierter Spitze ermöglicht. Zudem können die Mitglieder in Diskussionsforen ihre Gedanken austauschen. Allerdings wird diese Möglichkeit gegenwärtig immer noch von nur wenigen Betreibern genutzt.

Eine neue Protestform, die unmittelbar an das Medium Internet gekoppelt ist und bislang in der wissenschaftlichen Diskussion wenig Beachtung gefunden hat, sind „virtuelle Versammlungen".[41] An dieser Stelle soll am Beispiel „virtueller Sit-Ins" lediglich ergänzend auf diesen neuen Handlungsrahmen eingegangen werden. Es handelt sich dabei um gezielte Blockaden bestimmter Websites, die zu einem vereinbarten Zeitpunkt von den Teilnehmern aufgesucht werden. Dies geschah u.a. im Jahr 2000 auf der Adresse der Lufthansa (www.lufthansa.com). Die Organisatoren dieser Aktion, die Gruppe *Libertad!/"kein mensch ist illegal"* hatte diese beim Ordnungsamt Köln angemeldet. Sie fand am 20. Juni 2000 zeitgleich mit der Jahreshauptversammlung der Lufthansaaktionäre statt, führte jedoch nicht zu der von den Initiatoren erwünschten temporären Überlastung des Servers. Der *Denial-of-Service (DoS) Angriff* verfolgte das Ziel, auf die Zusammenarbeit der Lufthansa mit den staatlichen Behörden bei der Abschiebung abgelehnter Asylbewerber hinzuweisen. Anlass war der Fall des Sudanesen Amir Ageeb, der im Jahr zuvor während der Abschiebung zu Tode gekommen war.[42] Problematisch an den DoS-Attacken bleibt, dass aus technischer Sicht meist eine kleine Zahl an Teilnehmern ausreicht bzw.

40 Vgl. zur Rolle der Journalisten in der medial vermittelten Kommunikation Gerd Strohmeier: *Politik und Massenmedien. Eine Einführung*, Baden-Baden: Nomos, 2004.
41 Vgl. hierzu Christoph Bieber: Das Internet als Präsentations- oder Repräsentationsraum? Kommunikation in politischen Online-Versammlungen, in: Winand Gellner/ Gerd Strohmeier (Hrsg.): *Repräsentation und Präsentation in der Mediengesellschaft*, Baden-Baden: Nomos, 2003, S. 139-151 [146].
42 Vgl. u.a. http://no-racism.net/article/226/ abgerufen am 05.08.2004 sowie http:// www.goecities.com/rouwer/dt/info/release.html. Weitere Nachweise bei Claus Leggewie/Christoph Bieber: Interaktive Demokratie. Politische Online-Kommunikation und digitale Politikprozesse, in: APuZ B 41-42/2001, S. 37-45 [41 f.].

die Zugriffe auf den Ziel-Server künstlich generiert werden können.[43] Sie signalisieren also nicht notwendigerweise ein großes Protestpotential.

Für die Annäherung an die strukturellen und programmatischen Gegebenheiten einer Interessengruppe bietet sich somit der Rückgriff auf folgende Kriterien an, die sich je nach Stand des bestehenden Vorwissens kombinieren und variieren lassen:

Tab. 10: Typologische Merkmale von Interessengruppen. Eigene Darstellung.

1. *Art des Interesses* *Grob*	Materiell *(sectional group)*			Ideell *(promotional group)*	
Differenziert	Wirtschaft und Arbeit	Soziales	Freizeit und Erholung	Religion, Kultur, Wissenschaft	Gesellschaftlicher Querschnittsbereich
2. *Wirkungsbereich/* *Aktionsradius*	Lokal	Regional		National	Supranational
3. *Einbindung durch*	Zentral			Peripher	
Entscheidungsträger	Ökonomisch	Integrativ	Kulturell	Situativ	Keine oder geringe funktionale Bedeutung
4. *Organisatorischstrukturell* *Grob*	Funktionärsverband			Honoratiorenverband	
Differenziert	*Festigkeit der Organisation*	Keine/wenig	Variabel		Ausgeprägt
	Grundlage	Situative Zustimmung	Konvention/ Übereinkunft		Statut/festes Regelwerk
		Spontane Interessengruppe	Informelle Interessengruppe		Formelle Interessengruppe

---

43 Vgl. Claus Leggewie/Christoph Bieber: Interaktive Demokratie. Politische Online-Kommunikation und digitale Politikprozesse, in: APuZ B 41-42/2001, S. 37-45 [42].

2.4. Funktionen von Interessengruppen

In der bisherigen Darstellung klang bereits an einigen Stellen an, dass das Tätigkeitsfeld organisierter Interessen ebenso vielseitig ist, wie ihre verschiedenen Erscheinungsformen. Generell nehmen die Interessengruppen aus politikwissenschaftlicher Sicht eine entscheidende Stellung bei der Vermittlung von gesellschaftlichen Forderungen zwischen den Bürgern und staatlichen Einrichtungen wahr. Sie entwickeln eine innere Dynamik, die sich im geselligen Vereinsleben und in der Information der Mitglieder zeigt, sie vermitteln gemeinschaftliche Geborgenheit und bemühen sich um die Durchsetzung materieller Forderungen gegenüber den jeweiligen Vertrags- bzw. Verhandlungspartnern. Hier ist die Perspektive der Außenaktivitäten eröffnet, die eng mit den Innenaktivitäten verknüpft ist und nach Art des Interesses recht unterschiedlich ausgestaltet sein kann. Sportvereine, Selbsthilfegruppen, Menschenrechtsorganisationen, Gewerkschaften, Arbeitgebervereinigungen, Wirtschaftskartelle usw. propagieren recht unterschiedliche Interessen und unterscheiden sich hinsichtlich ihrer Wirkung nach innen, d.h. im Bezug auf die Aufgaben bzw. der Funktionen, die sie gegenüber ihren Mitgliedern erfüllen. Doch auch in ihrer Außenwirkung differieren sie zum Teil erheblich. Allerdings lassen sich aus Sicht der Politikwissenschaft einige zentrale politische Funktionen organisierter Interessen festhalten. Bezugspunkt einer solchen Betrachtung ist naturgemäß die politische Rolle der Interessengruppen.[44] Diese besteht darin, „die Politiker und Amtsinhaber mit den Forderungen gesellschaftlicher Gruppen vertraut" zu machen, ihnen Informationen zuzuführen und sie materiell und ideologisch zu unterstützen.[45] „Unter den *Funktionen* der Interessengruppen wollen wir die dauerhaften Wirkungen verstehen, die sich aus ihren politischen Aktivitäten ergeben und die Handlungs- und Leistungsfähigkeit des politischen Systems prägen."[46]

2.4.1. Politische Funktionen der Interessengruppen

Interessengruppen geht es darum, Entscheidungen zu beeinflussen, die im politisch-administrativen System getroffen werden, wenn diese Entschei-

---

44 Vgl. Jürgen Weber: Die Interessengruppen im politischen System der Bundesrepublik Deutschland, München: Bayerische Landeszentrale für politische Bildungsarbeit, 1981, S. 384.
45 Ebd.
46 Ebd.

dungen Rückwirkung auf die spezifischen Interessen der Gruppe haben.[47] Sie nehmen also eine vermittelnde Stellung zwischen den Interessen der Bevölkerung und dem staatlichen Bereich ein. Daraus lassen sich zunächst vier Punkte ableiten, die für die Bestimmung ihrer politischen Funktionen wesentlich sind:[48]

(1) Interessengruppen „prägen, bündeln und artikulieren kollektive Forderungen".[49] Dadurch tragen sie zu einer Komplexitätsreduktion bei.[50] Auf diese Weise entlasten sie die Entscheidungsträger und ermöglichen diesen, „realitätsgerechte Ordnungs- und Verteilungsentscheidungen zu treffen".[51]

(2) Interessengruppen sind das Ergebnis gesellschaftlicher Differenzierungsprozesse. Dieser Wandel manifestiert sich „in konkreten, der politischen Entscheidung zugänglichen Forderungen und Erwartungen".[52] Indem sie einen wesentlichen Beitrag zur Artikulations- und Handlungsfähigkeit ihrer Mitglieder leisten und „die demokratischen Prinzipien der Selbst- und Mitbestimmung konkretisieren", verwirklichen sie „einen wichtigen Teil der Volkssouveränität".[53]

(3) Durch ihre Filter- und Selektionswirkung konkretisieren sie die verschiedenen Einzelinteressen ihrer Klientel, „tragen dadurch zur Begrenzung des auf die staatlichen Organe einwirkenden Entscheidungsdrucks bei und sichern durch kontinuierliche Informationszufuhr deren Problemlösungsfähigkeit."[54]

---

47 Vgl. Karlheinz Reif: Vergleichende Parteien- und Verbändeforschung, in: Dirk Berg-Schlosser/Ferdinand Müller-Rommel (Hrsg.): *Vergleichende Politikwissenschaft*, Opladen: Leske+Budrich, 1991, S. 151-167 [163].

48 Zum Folgenden s. Jürgen Weber: Die Interessengruppen im politischen System der Bundesrepublik Deutschland, München: Bayerische Landeszentrale für politische Bildungsarbeit, 1981, S. 386.

49 Ebd.

50 Vgl. Wolfgang Rudzio: *Das politische System der Bundesrepublik Deutschland*, Opladen: Leske + Budrich, 2000, S. 70.

51 Jürgen Weber: Die Interessengruppen im politischen System der Bundesrepublik Deutschland, München: Bayerische Landeszentrale für politische Bildungsarbeit, 1981, S. 386.

52 Ebd.; Wolfgang Rudzio: *Das politische System der Bundesrepublik Deutschland*, Opladen: Leske + Budrich, 2000, S. 69.

53 Jürgen Weber: Die Interessengruppen im politischen System der Bundesrepublik Deutschland, München: Bayerische Landeszentrale für politische Bildungsarbeit, 1981, S. 386.

54 Ebd.

(4) Gegenüber den eigenen Mitgliedern wirken die Interessengruppen als Interpret der staatlichen Maßnahmen und haben so Einfluss auf die Akzeptanz politischer Entscheidungen.[55]

Insgesamt können die Aufgaben der Interessengruppen mit fünf Funktionen beschrieben werden:[56]

- Interessenartikulation
- Interessenaggregation
- Interessenselektion
- Politische Integration
- Legitimation

2.4.1.1. Interessenartikulation

Die Weiterleitung der Mitgliederinteressen ist eine der wesentlichen Aufgaben der Interessengruppen. Damit sie diese erfüllen können, vertreten sie Forderungen gegenüber Entscheidungsträgern oder beteiligen sich mit konkreten Vorschlägen am Willensbildungsprozess. Dabei leiten sie einerseits die Interessen ihrer Mitglieder direkt weiter. Andererseits – und in der Praxis weit häufiger – konkretisieren sie zunächst „die diffusen, gefühlsmäßig bestimmten und sehr punktuellen Wünsche und Meinungen ihrer Mitglieder", wandeln latente in manifeste Interessen um und verdichten „allgemeine Einstellungen zu kollektiven Verhaltenserwartungen".[57]

Interessenartikulation bedeutet in ihrer Außenwirkung, dass „die Wünsche der Mitglieder als konkrete und sachbezogene Forderungen in den politischen Entscheidungsprozess eingebracht werden".[58] Hierzu steht den Interessenverbänden eine breite Palette von Einflussmöglichkeiten offen, die von der Einflussnahme auf die öffentliche Diskussion bis hin zur Einflussnahme auf die entscheidungsbefugte Stelle reicht. In ihrer *Innenwirkung* bewirkt sie, dass die zunächst individuell vertretenen Interessen der Mitglieder „aus der Anonymität" herausgehoben werden „und zu entscheidungsfähig formulierten Gruppenangelegenheiten gemacht werden".[59]

---

55 Vgl. Ebd.; Vgl. Wolfgang Rudzio: *Das politische System der Bundesrepublik Deutschland,* Opladen: Leske + Budrich, 2000, S. 70.

56 Hierzu Jürgen Weber: Die Interessengruppen im politischen System der Bundesrepublik Deutschland, München: Bayerische Landeszentrale für politische Bildungsarbeit, 1981, S. 386-398.

57 Vgl. Jürgen Weber: Die Interessengruppen im politischen System der Bundesrepublik Deutschland, München: Bayerische Landeszentrale für politische Bildungsarbeit, 1981, S. 386f.

58 Ebd., S. 387.

59 Ebd.

Abb. 23: Interessenartikulation als 2-stufiger Prozess. Eigene Darstellung nach J. Weber 1981, S. 386f.

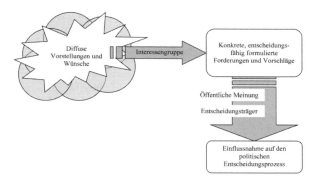

Interessenartikulation stellt sich somit als komplexer zweistufiger Prozess dar (Abb. 23). Um der Wirklichkeit organisierter Interessen gerecht zu werden, muss allerdings an dieser Stelle auch der Hinweis darauf erfolgen, dass Interessengruppen nicht nur der Transformator für die Wünsche der Mitglieder sind. Vielmehr entwickeln die Führungsstrukturen solcher Organisationen eine eigene Dynamik, das heißt, dass in der Verbandswirklichkeit Forderungen regelmäßig von Funktionären formuliert und öffentlich vertreten werden. Die Initiative muss also nicht notwendigerweise von der Basis ausgehen, wenngleich dies aus normativer, demokratietheoretischer Sicht vielleicht wünschenswert wäre. Die Verbandsfunktionäre sind vielmehr Treuhänder, „die auf Basis eines generalisierten Mandats" Vorteile für ihr Klientel durchsetzen wollen[60], daneben aber auch eigene Interessen propagieren.

2.4.1.2. Interessenaggregation

In engem Zusammenhang mit der Interessenartikulation steht die Interessenaggregation. Diese beschreibt den Prozess der Bündelung verschiedener Forderungen und Wünsche zu klar umrissenen, unterscheidbaren „verbandspolitischen Zielen und programmatischen Aussagen".[61] Interessenaggregation bezeichnet also die Verdichtung von Interessen „zu

---

60 Vgl. ebd.
61 Ebd., S. 388.

alternativen politischen Handlungskonzepten".[62] Damit ist eine ganze Reihe von Prozessen gemeint, die nicht nur in Interessengruppen, sondern u.a. auch in Parteien und Medien ablaufen, und die darauf abzielen, die divergierenden Ansichten und Meinungen auf einen gemeinsamen Nenner zu bringen. Insofern kann die Interessenaggregation in sämtlichen Strukturen beobachtet werden, in denen Willensbildungsprozesse ablaufen.[63]

Die interne Interessenabklärung wird für eine Organisation in dem Maße wichtiger und komplexer, je mehr unterschiedliche Interessen sie vertritt und je weiter die einzelnen Positionen zu bestimmten Fragen innerhalb des Verbandes divergieren.[64] Dies wird verständlicher, wenn man sich das Beispiel einer *single-issue*-orientierten Gruppierung vor Augen hält: Eine solche Vereinigung wird sich in der Regel in einem engen zeitlichen Zusammenhang mit ihrer Gründung auf diejenigen Forderungen einigen, die sie vertreten möchte. Sofern sich dann die Rahmenbedingungen und Entstehungsursachen der Forderung nicht grundlegend verändern, wird die Gruppe diese aufrechterhalten. Ein neuer Aggregationsprozess ist somit nur dann erforderlich, wenn innerhalb der Gruppe neue Forderungen entstehen. Anders ist dies bei Gruppierungen, die multiple Interessen vertreten, etwa bei demokratisch organisierten Parteien, die ihre Positionen aus einer heterogenen Interessenslage festsetzen. Hierbei spielen nicht nur die tatsächlich in der Mitgliedschaft vertretenen Interessen eine Rolle, sondern u.a. auch Wertvorstellungen, die Orientierung an Wählermärkten oder die Abgrenzung zum politischen Gegner. Interessenaggregation findet hier als permanenter Prozess statt.

Durch die Verdichtung der Interessen zu alternativen politischen Handlungskonzepten gewährleisten die Interessengruppen zum einen ihre eigene Handlungsfähigkeit, denn nur so können sie dezidierte Forderungen nach außen artikulieren. Je konkreter und begründeter die Positionen formuliert werden, umso höher ist auch die Chance, diese bei den entsprechenden Adressaten durchzusetzen.[65] Zum anderen leisten die Interessen-

---

62 Gabriel A. Almond/G. Bingham Powell, jr.: Vergleichende Politikwissenschaft – Ein Überblick (1966), in: Theo Stammen (Hrsg.): *Vergleichende Regierungslehre. Beiträge zur theoretischen Grundlegung und exemplarische Einzelstudien*, Darmstadt: Wissenschaftliche Buchgesellschaft, 1976, S. 132-161 [147]; vgl. Jürgen Weber: Die Interessengruppen im politischen System der Bundesrepublik Deutschland, München: Bayerische Landeszentrale für politische Bildungsarbeit, 1981, S. 388.

63 Vgl. Jürgen Weber: Die Interessengruppen im politischen System der Bundesrepublik Deutschland, München: Bayerische Landeszentrale für politische Bildungsarbeit, 1981, S. 388.

64 Vgl. ebd.

65 Vgl. ebd., S. 388f.

gruppen durch die Bündelung der Interessen und die interne Konsensfindung einen Beitrag dazu, dass die konkurrierenden Vorstellungen zu einzelnen Themen für die Entscheidungsträger überschaubar bleiben. Dadurch wird (1) die „Entscheidungsfähigkeit der staatlichen Organe [. . .] erleichtert" und (2) deren Entscheidungskapazität vor einer Überlastung geschützt. Dies umso besser, je weniger Interessengruppen zu einer möglichst vollständigen Aggregation der gesellschaftlicher Interessen ausreichen.[66]

2.4.1.3. Interessenselektion

Während die Interessenaggregation vor allem auf die internen Verdichtungsprozesse abstellt, also die in der Organisation vorhandenen Einzelvorstellungen konkretisiert, fokussiert die Interessenselektion die Filterwirkung organisierter Interessen gegenüber den Adressaten. Würden in einer politischen Ordnung zu viele, nicht-aggregierte Interessen zu den Entscheidungsträgern durchdringen, so bestünde die Gefahr, dass diese aufgrund erheblicher Überlastung nur punktuell und situationsbezogen reagierten. Dies ergibt sich allein aus der Tatsache, dass die Adressaten nur in beschränktem Umfang sachgerechte Entscheidungen treffen können.[67] Die Filterwirkung der Interessenorganisationen schützt somit die zuständigen Entscheidungsträger vor Überlastung und kann auf diese Weise eine Verbesserung der Entscheidungs- und Steuerungsfähigkeit bewirken.

Weber weist zurecht auf weitere Filtermechanismen hin, die auf Seiten der Entscheidungsträger wirksam werden können, wie „die selektive Aufmerksamkeit der Amtsinhaber für die an sie herangetragenen Wünsche" oder die Beschränkung des Personenkreises, der Zugang zu den Entscheidungsträgern hat.[68] Beides sind Möglichkeiten, die unter demokratischen Gesichtspunkten problematisch sind. Allerdings gibt es in der Realität immer wieder Fälle der Ämterpatronage, des Klientelismus und der Bestechung, die für selektive Aufmerksamkeit sorgen, oder die gängige Praxis sogenannter Lobbylisten, die auf eine Beschränkung der Ansprechpartner abzielt.

Interessenselektion bedeutet demnach, dass Interessengruppen aus der Gesamtheit aller gesellschaftlichen Forderungen diejenigen auswählen, die sie für essentiell und grundsätzlich politisch realisierbar halten. Die Aus-

66 Ebd.
67 Vgl. ebd., S. 389.
68 Ebd., S. 390.

wahl der Interessen orientiert sich natürlich zunächst an den genuinen Mitgliederinteressen sowie an den spezifischen Interessen der Spitzenvertreter. In Hinblick auf die Ziele organisierter Interessen lassen sich meist drei Ebenen – langfristige, mittelfristige und kurzfristige Ziele – feststellen.[69]

Im Hinblick auf die Außenwirkung erfüllt die Interessenselektion einen weiteren Zweck: Je nach eigener Interessenlage bietet sie den Interessengruppen die Möglichkeit, gezielten Einfluss auf den Agenda-Setting-Prozess[70] zu nehmen und

(1) die eigenen Themen auf die politische bzw. mediale Tagesordnung zu setzen bzw.

(2) bestimmte Themen aus der öffentlichen Diskussion herauszuhalten und zu tabuisieren.[71]

Diese Filterwirkung führt jedoch nicht nur zu einer Entlastung der Entscheidungsträger, sondern birgt auch Risiken. Gesellschaften wandeln sich und mit ihnen die Forderungen und Wünsche der Bevölkerung. Finden neue Interessen kein Gehör bei den etablierten Interessengruppen, so kann der Fall eintreten, dass diese den Entscheidungsträgern verborgen bleiben und eine adäquate Reaktion der Politik auf das veränderte gesellschaftliche Interesse ausbleibt. Auch die Entstehung von Monopolverbänden kann auf die Repräsentation bestimmter Interessen hemmend wirken, wenn diese aufgrund des erhöhten Konsensdrucks nicht berücksichtigt werden können. Ob und wie ein Verbändesystem auf diese Herausforderungen reagieren kann, hängt wesentlich von den rechtlichen, politischen und gesellschaftlichen Rahmenbedingungen ab, d.h. davon, ob (1) grundsätzlich die Möglichkeit zur freien Vereinigung besteht, ob (2) die politischen Entscheidungsstrukturen die Interessenverbände gleichermaßen miteinbeziehen oder ob für bestimmte Organisationen Wettbewerbsvorteile bestehen und ob (3) Partizipationsmöglichkeiten von den Bürgern genutzt werden. Insofern kann dieser Aspekt als Indikator für „den demokratischen Zustand einer Gesellschaft" herangezogen werden.[72]

---

69 Ebd.
70 Zum Prozess des Agenda-Setting s. Gerd Strohmeier: *Politik und Massenmedien. Eine Einführung*, Baden-Baden: Nomos, 2004.
71 Vgl. Jürgen Weber: Die Interessengruppen im politischen System der Bundesrepublik Deutschland, München: Bayerische Landeszentrale für politische Bildungsarbeit, 1981, S. 390.
72 Ebd., S. 391.

2.4.1.4. Politische Integration

Dass Interessengruppen zur sozialen Integration beitragen, darauf wurde bereits im Zusammenhang mit den Innenaktivitäten hingewiesen. Sie bieten Wege aus der Anonymität und Vereinzelung und organisieren Individuen in größeren, handlungsfähigen Kollektiven mit zum Teil ausgeprägtem Solidaritätsbewusstsein.

Politische Integration bezeichnet den „Prozess, in dessen Verlauf die Bürger als Teil gesellschaftlicher Gruppen Loyalitätsbeziehungen zu der politischen Handlungseinheit entwickeln, die in ihrem Namen allgemeinverbindliche Entscheidungen trifft und deren Herrschaftsansprüchen sie unterworfen sind. Indem die Verbände in freier Konkurrenz Gruppeninteressen auf politischem Wege durchzusetzen versuchen, wirken sie an der Integration der gesellschaftlichen Gruppen im Staat mit und sichern damit seine Funktionsfähigkeit."[73]

Für die Stabilität politischer Ordnungen ist es notwendig, dass die Bürger in einem Minimalkonsens hinsichtlich der grundlegenden Spielregeln ihres Zusammenlebens übereinstimmen. Dieser wird üblicherweise in der Verfassung kodifiziert.[74] Erst dieses Minimum an politischer Integration führt dazu, dass eine Gesellschaft regiert werden kann, wobei zunächst völlig unerheblich ist, ob dieser Konsens gewaltsam oder aufgrund allgemeiner Zustimmung herbeigeführt wird. Für demokratische Ordnungen essentiell sind sicherlich ein gewisses Maß an Rechtsstaatlichkeit und an Sozialstaatlichkeit, „die Absicherung eines menschenwürdigen Lebens, die Anerkennung und Respektierung der Freiheit des Individuums und [...] demokratische Entscheidungsverfahren", die als Grundbestandteil zum einen in den Minimalkonsens einfließen, aber auch seine Grundlage bilden.[75]

Darüber hinaus müssen Gesellschaften über diesen Grundkonsens hinweg Wege finden, um den permanenten Willensbildungs- und Entscheidungsprozess zu bewerkstelligen und die politischen Alltagsgeschäfte zu regeln. Hierbei nehmen die Interessengruppen eine entscheidende Vermittlungsposition ein, indem sie drei Aufgaben wahrnehmen.

---

73 Ebd.
74 S.u. G.7.
75 Vgl. ebd.

(1) Kommunikation

Kommunikation findet in zwei Richtungen statt: Zum einen vermitteln die Interessenverbände Informationen an die Entscheidungsträger. Diese Informationen sind vielschichtig, sie bestehen aus Wünschen und Forderungen, können Fachwissen zum Gegenstand haben, Unterstützung oder Ablehnung signalisieren usw. Dadurch können die Verbände zur Effizienz staatlichen Handelns insofern beitragen, als sie u.a. konkrete Regelungswünsche oder Leistungsforderungen in den Entscheidungsfindungsprozess einspeisen, etwa durch die Vorlage eigener Konzepte.[76]

Zum anderen informieren sie ihre Mitglieder über Entscheidungen und Stellungnahmen politischer Akteure, wenn diese für das Klientel relevant ist.[77] Dabei spielt die Bewertung, die der Verband einer bestimmten Maßnahme beilegt, eine wichtige Rolle für die Meinungsbildung der Mitglieder und deren Akzeptanz dieser politische Entscheidung.[78] Aus diesem Grund besitzen Interessengruppen einen großen Einfluss auf Haltung ihrer Mitglieder gegenüber den (politischen) Eliten und der staatlichen Ordnung überhaupt. „Die Wertschätzung eines Systems durch seine Mitglieder hängt langfristig davon ab, wie sie die Maßnahmen der Amtsträger aufnehmen und interpretieren. Sehen sie eine Maßnahme als ihren Interessen förderlich an, wird ihr Vertrauen in das System gestärkt werden; im umgekehrten Fall wird die Vertrauensbasis des Systems schrumpfen."[79] Interessengruppen bieten also Deutungsangebote zu den für sie relevanten Themen an, sie interpretieren staatliche Maßnahmen und bringen diese auf eine für ihre Mitglieder verständliche Grundformel.[80]

(2) Partizipation

Organisierte Interessen bieten ihren Mitgliedern die Möglichkeit der direkten oder indirekten Teilnahme an politischen Willensbildungs- und Entscheidungsprozessen. Das heißt, sie stellen Partizipationsmöglichkeiten bereit und integrieren dadurch die Bürger in den politischen Prozess. Das

---

76 Vgl. Martin Sebaldt: Verbände und Demokratie: Funktionen bundesdeutscher Interessengruppen in Theorie und Praxis, in: APuZ B 36-37/1997, S. 27-37 [32].
77 Ebd., S. 392.
78 Vgl. Wolfgang Rudzio: *Das politische System der Bundesrepublik Deutschland*, Opladen: Leske + Budrich, 2000, S. 70.
79 Rudolf Steinberg: Die Interessenverbände in der Verfassungsordnung, in: Politische Vierteljahresschrift, 14. Jg, 1973, Heft 1, S. 38.
80 Vgl. Jürgen Weber: Die Interessengruppen im politischen System der Bundesrepublik Deutschland, München: Bayerische Landeszentrale für politische Bildungsarbeit, 1981, S. 392f.

Spektrum der Mitwirkung reicht vom Beitragszahler bis hin zum Verbandsfunktionär. Es liegt in der Natur der Sache, dass sich gerade bei großen, besonders stark ausdifferenzierten Gruppen lediglich ein kleiner Teil der Mitglieder tatsächlich engagiert und die große Mehrheit zum sprichwörtlichen zahlenden Mitglied wird. Eine solche Apathie weiter Teile der Mitgliederschaft lässt sich für viele Vereinigungen nachweisen. Die Ursachen reichen von der als Belastung empfundenen aktiven Teilhabe am Verbandsleben bis hin zur Resignation aufgrund eines Ohnmachtgefühls gegenüber den hauptamtlichen Mitgliedern.[81]

Dennoch bestehen für die aktiven Mitglieder der Verbände zahlreiche Partizipationsmöglichkeiten. Sie reichen von der Teilnahme an Mitgliederversammlungen und internen Diskussionen, der Bereitschaft, sich in der Freizeit mit den gemeinsamen Angelegenheiten zu befassen und ehrenamtliche Tätigkeiten zu übernehmen, bis hin zum Aufstieg in der Verbandshierarchie und dem damit verbundenen Kontakt zur Öffentlichkeit, zu den Medien, zu Amts- und Entscheidungsträgern.[82]

Dass gerade die letztgenannten Beteiligungsmöglichkeiten nur einem kleinen Kreis vorbehalten bleiben, ist nicht primär Ausdruck einer mangelnden Einsatzbereitschaft seitens der Mitglieder, sondern steht vielmehr meist in engem Zusammenhang mit der Gruppengröße. Diese wirkt in zweifacher Hinsicht:

Zum einen gilt auch für Verbände, das für größere Organisationen beobachtbare Phänomen der Oligarchisierung der Willensbildung. Das heißt, dass sich innerhalb einer Makrostruktur ein oder aber auch mehrere Zentren herausbilden, die die Willensbildung von oben nach unten beeinflussen wollen. Die Mitglieder dieser Zentren sind in der Regel hauptamtliche Mitarbeiter oder der Verbandsführung zugehörig. Sie verfügen über bessere persönliche Kontakte bzw. Netzwerke, sie gelangen einfacher und schneller an relevante Informationen und haben dadurch einen günstigeren Handlungsrahmen als die einfachen Mitglieder.[83]

Zum anderen müssen große Organisationseinheiten aus Gründen der Leistungsfähigkeit notwendigerweise bürokratische Strukturen ausbilden. Dadurch vergrößert sich aber auch die Distanz zwischen Führung und

---

81 Vgl. Wolfgang Rudzio: *Das politische System der Bundesrepublik Deutschland*, Opladen: Leske + Budrich, 2000, S. 92.
82 Jürgen Weber: Die Interessengruppen im politischen System der Bundesrepublik Deutschland, München: Bayerische Landeszentrale für politische Bildungsarbeit, 1981, S. 293.
83 Ebd.

Basis, so dass große Interessengruppen ihren Mitgliedern häufig als Dienstleister gegenüberstehen.[84]

Diese beiden Aspekte deuten auf die Grenzen der realisierbaren innerverbandlichen Demokratie und Partizipation hin. Sie bleiben aber solange der Austritt aus der Interessengruppe möglich ist und diese kein Vertretungsmonopol besitzt „ohne allgemeines Interesse".[85]

(3) Ordnungsfunktion

Der politischer Integrationsprozess muss sich permanent vollziehen, damit die Stabilität einer politischen Ordnung gewahrt bleibt. Ständig entstehen aufgrund des kontinuierlichen sozialen Wandels neue Interessen, Wünsche und Forderungen. Interessengruppen übernehmen die Aufgabe, den Sektor der gesellschaftlichen Interessen zu repräsentieren und zu strukturieren. Sie bieten Möglichkeiten zum Konfliktaustrag. Sie ordnen das breite Feld staatlichen Handelns und machen Teilbereiche für ihre Mitglieder verständlich. Damit tragen sie zur Anerkennung oder auch Ablehnung politischer Entscheidungen bei. Schließlich helfen sie mit, die Politik über veränderte gesellschaftliche Interessen zu informieren und auf diese Weise reaktionsfähig zu halten.[86]

Auf diese Weise tragen Interessengruppen zum Management von (neuen) Interessen und des sozialen Wandels bei. Zum einen, weil sie die Verbindung zwischen dem Staat und seinen Bürgern permanent und unabhängig von Wahlterminen gewährleisten und den Staat dadurch über aktuelle gesellschaftliche Interessenlagen informieren. Zum anderen, weil sie ihren Mitgliedern den Eindruck vermitteln, dass ihre (neuen) Interessen gehört und artikuliert werden und Lösungen für (neue) Probleme konsensual gefunden werden können.[87] Sie tragen zur Konfliktregelung bei, indem sie innere Konflikte sowie Konflikte mit anderen, konkurrierenden Gruppen und mit Entscheidungsträgern austragen.

Ferner dienen Interessengruppen der gesellschaftlichen Selbststeuerung: Sie üben z.T. Kontrollfunktionen gegenüber ihren Mitgliedern aus,

---

84 Vgl. Ebd.; vgl. Wolfgang Rudzio: *Das politische System der Bundesrepublik Deutschland*, Opladen: Leske + Budrich, 2000, S. 92.

85 Vgl. Thomas Ellwein: Die großen Interessenverbände und ihr Einfluss, in: Richard Löwenthal/Hans-Peter Schwarz (Hrsg.): *Die zweite Republik*, Stuttgart: Seewald, 1974, S. 480.

86 Vgl. Jürgen Weber: Die Interessengruppen im politischen System der Bundesrepublik Deutschland, München: Bayerische Landeszentrale für politische Bildungsarbeit, 1981, S. 295f.

87 Vgl. ebd.

wie der Bundesverband Deutscher Banken. Sie treten als Träger kultureller, sozialer und caritativer Einrichtungen wie Kindergärten, Krankenhäu-
ser oder Bibliotheken in Erscheinung. Sie organisieren Selbsthilfemaßnah-
men, etwa im Bereich der klassischen Selbsthilfegruppen oder auf dem
Gebiet der beruflichen Weiterbildung durch die Gewerkschaften. Sie dienen der Produktsicherheit, dem Verbraucherschutz usw.[88]

2.4.1.5. Legitimation

Interessengruppen tragen durch ihre Tätigkeit und durch die Mitwirkung
bei der Entscheidungsfindung wesentlich zur Legitimation der politischen
Ordnung insgesamt bei.

Demokratien legitimieren sich selbst und ihre Maßnahmen zum einen
durch die Rückbindung an demokratische Verfahrensregeln. „Legitim sind
nur jene staatlichen Eingriffe und Regelungen, die in letzter Instanz von
demokratisch gewählten Politikern verantwortet, in einem demokratischen
Entscheidungsprozess beschlossen und nach rechtsstaatlichen Prinzipien
durch die zuständigen Verwaltungsorgane ausgeführt werden."[89] Die Vertreter der Interessengruppen wirken an diesen Prozessen mit, weil sie beispielsweise als Ansprechpartner der Entscheidungsträger, als Parteimitglie-
der, als Parlamentarier oder Kabinettsmitglied, als Beschäftigter der Exekutiv-Bürokratie oder über die Öffentliche Meinung Einfluss auf die
Entscheidung nehmen können. Je stärker sie bei der Entscheidungsfindung
miteinbezogen werden, umso mehr werden sie sich im Dialog mit ihren
Mitgliedern für die Anerkennung einer bestimmten Entscheidung einsetzen und dadurch zu ihrer Legitimität beitragen.[90]

Weil der moderne demokratische Staat „für die Bürger zur wichtigsten
Instanz der Verteilung von Lebenschancen (Bildung, Sicherung vor Krankheit, Wirtschaftswachstum, soziale Sicherheit, Schutz vor Rechtsbrechern,
Verteidigung gegenüber äußeren Bedrohungen) geworden ist, wird seine
Leistungsfähigkeit zu einem entscheidenden Kriterium der Anerkennung
durch seine Bürger."[91] Auch in diesem Bereich können die Interessengruppen auf die Legitimitätseinschätzung entscheidenden Einfluss nehmen,
indem sie etwa mäßigend auf ihre Mitglieder einwirken oder die getroffe-

88 Ebd.
89 Ebd., S. 396.
90 Ebd., S. 396f.
91 Ebd., S. 397.

nen Maßnahmen als unzureichend kritisieren und damit deren Legitimation in Frage stellen.

2.4.2. Innenaktivitäten

Die Innenaktivitäten der Interessengruppen hängen zum Teil mittelbar, zum Teil unmittelbar mit ihren politischen Funktionen zusammen. In ihnen liegt häufig das Motiv, das den Einzelnen zum Beitritt veranlasst.[92] Mit Blick auf die nach innen gerichtete Verbandstätigkeit bezeichnet Jürgen Weber die Interessengruppen als „Organisationen für Dienstleistungen, Selbsthilfe, Selbstverwaltung und praktizierte Solidarität."[93]

Interessengruppen bieten ihren Mitgliedern häufig spezielle Dienstleistungen an, etwa Rechtsberatung und Rechtshilfe, Informationen zu geplanten Gesetzen und Verordnungen, Erläuterungen zu rechtlichen Regelungen, praktische Hilfen wie einen Pannendienst, Kredite oder berufsspezifische Fortbildungsprogramme, Umschulung und politische Bildung sowie bei Gewerkschaften Durchsetzung und Abschluss tarifvertraglicher Regelungen[94] *(InfoBox: Die Logik kollektiven Handelns)*. Die meisten Interessengruppen dienen zudem als Plattform der Selbsthilfe. Diese kann sich je nach Art der Organisation in der gegenseitigen ideellen Unterstützung manifestieren, wie z.B. bei chronisch Kranken, oder aber in einem Forschungs- oder Kooperationsverbund mit materiellem Interesse.[95]

Gleichzeitig wirken organisierte Interessenverbände als Solidargemeinschaften, wenngleich sie diese Aufgabe mit unterschiedlicher Intensität wahrnehmen, denn sie vereinigen natürliche und juristische Personen mit ähnlichen Interessenlagen und befähigen sie dadurch oft erst, diese Interessen gegenüber anderen Akteuren zu vertreten.[96]

Im Bereich der Selbstverwaltung zeigen sich vor allem bei denjenigen Verbänden besonders stark ausgeprägte Strukturen, denen staatliche Hoheitsfunktionen übertragen wurden. Notwendig wird dies vor allem, wenn ein Verband für zentrale Bereiche zuständig ist, wie die „Organisation der beruflichen Ausbildung und Weiterbildung [seiner] Mitglieder, allgemeine Förderungsmaßnahmen im wirtschaftlichen Bereich [. . .], der

---

92 Ebd.
93 Ebd.
94 Vgl. Jürgen Weber: Die Interessengruppen im politischen System der Bundesrepublik Deutschland, München: Bayerische Landeszentrale für politische Bildungsarbeit, 1981, S. 385.
95 Ebd.
96 Vgl. ebd.

ärztlichen Versorgung der Bevölkerung [. . .] sowie die Beratung der zuständigen staatlichen Behörden, nicht zuletzt auch die Sammlung und Auswertung statistischer Unterlagen."[97]

2.4.3. Außenaktivitäten

Nach außen nehmen Interessengruppen primär eine Vermittlungsfunktion zwischen der staatlichen Sphäre und den übrigen Bereichen der politischen Ordnung, etwa dem sozialen, dem wirtschaftlichen oder dem kulturellen Bereich, wahr.[98] Es ist klar, dass dies primär durch die Artikulation der eigenen Interessen gegenüber den entsprechenden Verhandlungspartnern geschieht. Vereinigungen, die politische Interessen verfolgen, versuchen ihre Vorstellungen nach Möglichkeit in den politischen Willensbildungs- und Entscheidungsprozess einzubringen und ihre Forderungen durchzusetzen. Um dieses Ziel zu erreichen, kommen zwei grundsätzliche *Strategien der Interessenartikulation* in Frage:

(1) Die Bildung von Anreizen,

(2) die Ausübung von Druck.

Beide Strategien können auf verschiedene Art verfolgt werden. Die folgende Aufzählung soll daher auch nicht als abschließend verstanden werden, sie dient lediglich der Verdeutlichung einiger verbreiteter Vorgehensweisen.

Interessengruppen können Anreize schaffen, indem sie dem Adressaten finanzielle Zuwendungen in Aussicht stellen. Das Spektrum reicht dabei von der legalen Spende bis hin zur (illegalen) Bestechung.[99] Auch die Vergabe von verbandsinternen Posten kann als Anreiz dienen, wenn mit dem Amt ein gutes Einkommen, Macht oder Prestige verbunden ist. Ferner kann eine wirtschaftlich potente Gruppe die Zusage von Investitionen in bestimmte Branchen oder Regionen in Aussicht stellen und so Einfluss nehmen. Aber auch immaterielle Anreize spielen eine Rolle: So kann die Versorgung mit Information für bestimmte Empfänger relevant genug sein, um auf die Forderungen von Interessenvertretern einzugehen – besonders

---

97 Ebd.

98 Vgl. Hiltrud Naßmacher: *Politikwissenschaft*, München: Oldenbourg, 1998, S. 70f.; Jürgen Weber: Die Interessengruppen im politischen System der Bundesrepublik Deutschland, München: Bayerische Landeszentrale für politische Bildungsarbeit, 1981, S. 386.

99 Hierzu auch Ulrich von Alemann: Aktionsformen der Verbände, in: Bundeszentrale für politische Bildung (Hrsg.): *Interessenverbände*, Informationen zur politischen Bildung, Nr.253, Bonn: bpb, 1996, S.36-40 [36].

und in dem Maße, in dem die Information für den Adressaten von Bedeutung ist. Bei einer entsprechender Organisationsgröße kann der Anreiz darin bestehen, dass die Vereinigung für anstehende Wahlen eine entsprechende Wahlempfehlung an ihre Mitglieder ausgibt.

Auch die Ausübung von Druck wird von den organisierten Interessen als Mittel benutzt. Druck kann auf recht verschieden Weise erzeugt werden, etwa indem der Adressat der Forderung oder Personen, die den Adressaten beeinflussen können, durch fachliche Argumentation von der Richtigkeit der eigenen Argumente überzeugt werden Oder aber, indem eine Interessengruppe versucht durch aktive Personalpolitik, Einfluss auf entscheidende Gremien oder Akteure zu erlangen, wie dies lange für die Verflechtung von Gewerkschaften und sozialistischen bzw. sozialdemokratischen Parteien in zahlreichen westlichen Demokratien galt und z.T. auch heute noch gilt. Eine solche personelle Unterwanderung erlaubt den Organisationen eine langfristige Einflussnahme. Daneben bleiben die öffentlichkeitswirksamen Wege, wie der Gang an die Öffentlichkeit, der im Wesentlichen auf zwei Arten erfolgen kann: Einerseits bieten die Medien ein entsprechendes Forum, wenigstens dann, wenn signifikante Nachrichtenfaktoren erfüllt sind.[100] Andererseits kann die Forderung im Rahmen von Demonstrationen und Kundgebungen auf die Straße getragen werden. Dies wird aber nur dann sinnvoll sein, wenn die Forderung einen hohen Mobilisierungsfaktor besitzt oder die Veranstaltung mediales Interesse hervorruft. Als besonders schlagkräftige Mittel erweisen sich Streiks und Boykottaufrufe vor allem bei Interessengruppen, die eine relevante Leistungsverweigerung organisieren können.[101] Neben diesen Möglichkeiten gilt auch hier – analog zu den Anreizen – die Drohung mit dem Entzug von Informationen, Investitionen, Posten oder Wählerstimmen als wirksames Mittel.

Welche Mittel im spezifischen Fall zum Einsatz kommen, hängt ganz wesentlich vom Adressaten der Forderung, vom Status der Organisation als Insider- oder Outsidergruppe sowie von den verfolgten Zielen ab. Das heißt: Nicht jedes organisierte Interesse wird die Konfrontation wählen, weil sie ihren Insiderstatus nicht verlieren möchte, oder weil sie als Outsidergruppe hofft, künftig stärker eingebunden zu werden.[102] Auch der Weg an die Öffentlichkeit ist nicht immer opportun, sei es aus taktischem Kal-

---

100 Zu den Nachrichtenfaktoren s. Gerd Strohmeier: *Politik und Massenmedien. Eine Einführung*, Baden-Baden: Nomos, 2004.
101 Hiltrud Naßmacher: *Politikwissenschaft*, München: Oldenbourg, 1998, S. 78.
102 Vgl. auch Wolfgang Rudzio: *Das politische System der Bundesrepublik Deutschland*, Opladen: Leske + Budrich, 2000, S. 70.

kül, Rücksichtnahme gegenüber dem Verhandlungspartner, oder weil die Gruppe ein illegales bzw. moralisch sensibles Ziel verfolgt. Daneben spielen die materiellen und immateriellen Ressourcen, wie Kapital, Kontakte und soziales Ansehen, sowie die spezifische Politische Kultur[103] eine nicht unerhebliche Rolle bei der Wahl der Mittel.

Um ihre Interessen erfolgreich zu propagieren müssen sich Interessengruppen mit dem geeigneten Mittel an den richtigen Ansprechpartner wenden. Die Wahl des Ansprechpartners hängt ganz wesentlich von der Art der Forderung ab. Dabei sind drei Aspekte von besonderer Bedeutung: (1) Wer kann die spezifische Forderung in konkretes politisches Handeln umsetzen? (2) Kann eine unmittelbare Kommunikation erfolgen oder ist diese nur mittelbar möglich? (3) Welches Mittel führt zum gewünschten Ergebnis?

Als Entscheidungsinstanzen kommt dabei der Exekutive, der Exekutiv-Bürokratie und der Legislative eine zentrale Rolle als Ansprechpartner zu. Im vorgelagerten Bereich dienen Parteien und die Öffentliche Meinung/Medien als Adressaten, schließlich besteht die Legislative und z.T. auch die Exekutive in Repräsentativsystemen aus parteigebundenen Politikern, die ihre Entscheidungen auch unter dem Eindruck der Argumente treffen, die ihnen durch die Öffentliche Meinung oder die Medien vermittelt werden (Abb. 24).

Wilhelm Hennis stellte in diesem Zusammenhang fest:

„Vom Standpunkt der Verbände aus stellt sich eine Verfassungsordnung mit ihrer Art von Gewaltenaufteilung, Gesetzgebungsverfahren, Initiativrecht, Wahlsystem, Parteiwesen als eine Operationsbasis dar, als das Terrain, auf dem sie sich bewegen müssen, stets orientiert am Ziel, den Zugang zur entscheidenden Stelle ausfindig zu machen."[104]

Hennis weist damit auf die verschiedenen Akteure und die spezifische gewaltenteilige Struktur einer politischen Ordnung hin, die den Handlungsrahmen für die Interessengruppen bilden. Die Verbände nutzen diese Faktoren, um ihre Ziele zu erreichen. Bei der Wahl des Ansprechpartners sind für die Interessengruppen daher folgende Kriterien relevant:

---

103 Vgl. Hiltrud Naßmacher: *Politikwissenschaft*, München: Oldenbourg, 1998, S. 78.
104 Wilhelm Hennis: Verfassungsordnung und Verbandseinfluss, in: PVS, 1. Jg., 1960, S. 24f.

- Vorschlagsmacht (Wer kann Gesetze oder andere Entscheidungen initiieren?),
- Entscheidungsmacht (Wer trifft die Entscheidung oder kann sie beeinflussen?) und
- Meinungsmacht (Wer kann Themen besetzen bzw. Meinungen bilden?).

Abb. 24: Adressaten und Methoden der Verbände. Eigene Darstellung basierend auf Wolfgang Rudzio: Die organisierte Demokratie, Stuttgart, 1982, S. 41.

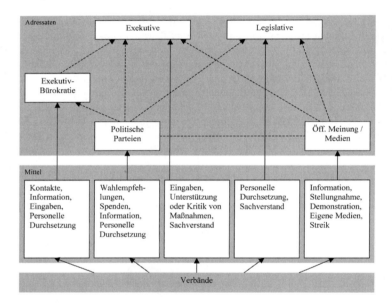

2.4.4. Probleme der Organisation

Interessengruppen tragen ganz wesentlich zur Funktionsfähigkeit ausdifferenzierter, fragmentierter Gesellschaften bei. Doch sind mit ihrem Zusammenschluss auch Probleme verbunden.

(1) Die Transparenz und Legitimation politischer Entscheidungen steht auf dem Spiel, wenn ökonomisch starke Gruppen ihre Interessen mit Anreizen oder Sanktionen durchsetzen wollen. Um diese Entwicklung

besser kontrollieren zu können, wurde in den USA etwa eine Registrierungspflicht für Berufslobbyisten eingeführt, in der Bundesrepublik Deutschland Regelungen über die Offenlegung von Parteispenden. Dennoch sorgen Skandale um angeblich oder tatsächlich erkaufte Entscheidungen für Schlagzeilen – wie etwa die Spekulationen über den Verkauf des ehemaligen DDR-Tankstellennetzes an den Konzern Elf/Aquitaine, die Schwarzgeld-Affäre um den Waffenlobbyisten Karl-Heinz Schreiber, die der CDU/CSU massive Probleme einbrachte, oder die Kölner Müllaffäre der SPD.

(2) Der Organisationsgrad zwischen verschiedenen Interessen differiert (s. Problem der Organisierbarkeit kollektiver Güter). Organisationsgrad und Einflussnahme der Interessengruppen können gestärkt werden:

- Durch staatliche Maßnahmen, etwa eine Pflicht zum Zusammenschluss oder korporative Beteiligungsstrukturen.
- Durch die gesellschaftliche Verankerung des Verbandswesens.

Negativ auf den Organisationsgrad wirken umgekehrt:

- Eine mangelnde politische Einbindung oder
- gesellschaftliches Misstrauen.

Der Organisationsgrad lässt häufig Rückschlüsse auf die Intensität des Interesses zu.[105] Allerdings wurde aber gerade für einige besonders weit verbreitete Interessen ein Problem der Organisierbarkeit diagnostiziert. Ernst Forsthoff stellt im Bezug auf die sogenannten „Jedermanns-Interessen" fest, dass in Bereichen, die grundsätzliche jeden berühren, meist nur kleine, d.h. in der Regel einflusslose, bzw. keine Vertretungskörperschaften entstehen.[106] Dies lässt sich unter anderem bei den Patienten, Verbrauchern, Steuerzahlern, Sparern und ähnlichen Gruppen beobachten. Die Ursachen sind vielfältig, sei es, dass sich nicht jeder als potentieller Patient fühlt, vor allem dann, wenn er selbst gesund ist, oder weil er nicht weiß, welche konkreten Interessen er als Patient haben wird. Krebspatienten, Diabetiker und Herzpatienten benötigen unterschiedliche Therapien und liegen somit in wechselseitigem Konflikt um Ressourcen usw.

Je größer die Gruppe potentieller Mitglieder eines Zusammenschlusses wird, umso größer werden die Unterschiede zwischen den individuellen

---

105 Wolfgang Rudzio: *Das politische System der Bundesrepublik Deutschland*, Opladen: Leske + Budrich, 2000, S. 85.

106 Vgl. Jürgen Weber: Die Interessengruppen im politischen System der Bundesrepublik Deutschland, München: Bayerische Landeszentrale für politische Bildungsarbeit, 1981, S. 408.

Interessen der einzelnen Betroffenen, d.h. die Heterogenität nimmt zu. Umso geringer wird aber auch die Chance, dass diese einzelnen Interessen punktgenau in Forderungen umgewandelt werden – damit sinkt der Anreiz zum Beitritt. Zudem gilt in diesen Bereichen das Trittbrettfahrer-Problem, d.h. auch die Nichtorganisierten profitieren von den Errungenschaften einiger Organisierter, weil sie nicht von deren Genuss ausgeschlossen werden können. Je „größer [also] die Gruppe von Bürgern ist, die als potentielle Mitglieder eines solchen Verbandes in Frage käme, um so geringer ist die Wahrscheinlichkeit, dass sie sich auch wirklich zum Verbandsbeitritt entschließen."[107]

Im Umkehrschluss haben jene Interessen eine besonders gute Chance auf organisierte Vertretung, die von einer kleinen Gruppe vertreten werden. Diese Chance steigt mit zunehmender Homogenität und Mobilisierbarkeit dieser Gruppe.[108]

Ein weiteres Problem der Interessengruppen ist der Mitgliederschwund. Für die Bundesrepublik Deutschland und für Großbritannien kann dieser unter anderem am Rückgang des Organisationsgrades der gewerkschaftlichen Vertretung von Arbeiterinteressen wahrgenommen werden.[109] Auch hierbei kommt dem Trittbrettfahrer-Problem eine entscheidende Bedeutung zu. Zudem bewirkt der Wandel der traditionellen sozialen Milieus Veränderungen im Partizipationsverhalten.

In allen Gesellschaften lassen sich folglich Interessen ausmachen, die kaum, advokatorisch oder gar nicht durch Interessengruppen vertreten werden, wie dies unter anderem bei den Interessen der Armen, der Arbeitslosen, der Patienten der Fall ist, und solche, die starke Vertretungsinstanzen entwickeln.

Interessengruppen stehen somit vor vier Herausforderungen, denen sie mit geeigneten Strategien entgegentreten müssen: (a) Ein verändertes Partizipationsverhalten kann sich als Folge des sozialen Wandels und der dadurch veränderten gesellschaftlichen Interessenstruktur entwickeln. (b) Der geringe Organisationsgrad kann auf eine niedrige Intensität des Inter-

---

107 Jürgen Weber: Die Interessengruppen im politischen System der Bundesrepublik Deutschland, München: Bayerische Landeszentrale für politische Bildungsarbeit, 1981, S. 409.
108 Ebd.
109 Vgl für die Bundesrepublik Deutschland: Wolfgang Rudzio: *Das politische System der Bundesrepublik Deutschland*, Opladen: Leske + Budrich, 2000, S. 82ff. Für Großbritannien: André Kaiser: Verbände und Politik, in: Hans Kastendiek/Karl Rohe/Angelika Volle (Hrsg.): *Länderbericht Großbritannien. Geschichte. Politik. Wirtschaft. Gesellschaft*, Bonn: bpb, 1998, S. 224-238 [226].

esses zurückzuführen sein.[110] (c) Nicht-Organisierte profitieren von der Arbeit der Organisierten, weil sie von dem Erkämpften Gut nicht ausgeschlossen werden können *(InfoBox: Die Logik kollektiven Handelns)*. (d) Das Interesse ist nicht organisations- und konfliktfähig.

Diese Faktoren wirken nicht nur auf die Repräsentation der Interessen durch die Verbände, sondern auch auf die Attraktivität der Interessengruppen für (potentielle) Mitglieder. Um der Mitgliedererosion entgegenzuwirken bzw. Interessenten zum Beitritt zu bewegen, bieten sich den Interessengruppen drei Möglichkeiten:[111]

- Sie können eine gesetzliche Beitrittspflicht anstreben, wenn eine solche in der jeweiligen Rechtsordnung möglich ist;
- spezielle Dienstleistungen können für Mitgliedern und Interessenten selektive Anreize schaffen;
- sie können auf die potentielle Benachteiligung Nichtorganisierter hinwirken.

Interessengruppen tragen also wesentlich zur Funktionsfähigkeit pluralistischer Ordnungen bei, indem sie vor allem versuchen, die Interessen ihrer Mitglieder auf der Ebene dezisiver Gewaltenteilung gestaltend einzubringen. Dadurch realisieren sie aufgrund ihres integrativen Wesens durch die Integration verschiedener gesellschaftlicher Gruppen auch ein Stück weit den Aspekt der sozialen Gewaltenteilung

---

Die Logik kollektiven Handelns nach Mancur Olson

Mancur Olson wandte sich dem Problem der Organisierbarkeit von Jedermanns-Interessen aus volkswirtschaftlicher Sicht zu. Dabei greift er auf das Modell des *homo oeconimicus*, d.h. eines Menschen, der völlig rational im eigenen Interesse handelt, zurück. Der Ausgangspunkt seiner Betrachtung ist:

„Aus der Tatsache, dass es für alle Mitglieder einer Gruppe vorteilhaft wäre, wenn das Gruppenziel erreicht würde, folgt *nicht*, dass sie ihr Handeln auf die Erreichung des Gruppenziels richten werden, selbst wenn sie völlig rational im eigenen Interesse handeln. Außer, wenn die Zahl der Individuen in einer Gruppe ziemlich klein ist oder der Zwang oder ein anderes spezielles Mittel angewendet werden kann, um die einzelnen zu bewegen, in ihrem gemeinsamen Interesse zu handeln, *werden rationale, im Eigeninteresse handelnde Individuen tatsächlich nicht so handeln, dass ihr gemeinsames Gruppenziel verwirklicht wird*" (Mancur Olson, S. 1ff.).

---

110 Vgl. Wolfgang Rudzio: *Das politische System der Bundesrepublik Deutschland*, Opladen: Leske + Budrich, 2000, S. 85.
111 Für das Folgende vgl. ebd., S. 84f.

Dies schließt altruistisches Handeln nicht aus. Aus zweckrationaler Überlegung empfiehlt es sich dem *homo oeconomicus* aber, davon auszugehen, dass jeder lediglich seinen eigenen Nutzen zum Maßstab nimmt.

Das besondere Problem der Organisierbarkeit von Jedermanns-Interessen hat mehrere Ursachen:

1. Sie betreffen sehr große Gruppen, so dass das einzelne Gruppenmitglied den eigenen Beitrag als unerheblich erachtet.
2. Erreicht eine Gruppe ihre Ziele und erwirkt damit die Bereitstellung eines nichtteilbaren Kollektivguts, so profitieren alle Betroffenen davon; egal ob sie sich selbst dafür engagiert haben oder nicht (Trittbrettfahrer-Problem).

Anders bei Verbänden, die sich für die Interessen kleiner Gruppen einsetzen. Hier ist der Nutzen, den der einzelne aus der Verbandsaktivität ziehen kann, meist größer als die Leistung, die er selbst individuell erbringen muss.

Trittbrettfahrer oder *free rider* sind Personen, die den Nutzen eines Gutes erlangen, ohne sich materiell oder immateriell dafür einzusetzen. Betroffen sind solche Güter, die nicht dem Ausschlussprinzip unterliegen, d.h. Güter, deren Nutzung faktisch oder rechtlich niemandem verwehrt werden kann (sog. kollektive Güter), wie dies bei Öffentlichen Gütern der Fall ist.

Um dem Trittbrettfahrer-Problem zu begegnen, müssen Organisationen, die auf kollektive Güter ausgerichtet sind, zusätzliche Anreize schaffen, die nur den Mitglieder zugute kommen. Als selektive Anreize kommen neben privaten bzw. nicht-kollektiven Gütern Dienstleistungen, „freizeitgestaltende Einrichtungen" usw. in Frage.

Mancur Olsen: *Die Logik des kollektiven Handelns*, Tübingen: Siebeck, 1968.

Jürgen Weber: Die Interessengruppen im politischen System der Bundesrepublik Deutschland, München: Bayerische Landeszentrale für politische Bildungsarbeit, 1981.

3. Politische Parteien

Der grundlegende Unterschied zwischen Parteien und Interessengruppen liegt darin, dass Parteien am Wettbewerb um die Übernahme von politischen Ämtern teilnehmen. Sie möchten vor allem Regierungsämter und Parlamentsmandate übernehmen, um direkt an „autoritativen Allokationsentscheidungen"[112] mitzuwirken.

Die unterschiedlichen Auslegungen des Begriffs *Partei* reichen von einer sehr allgemein gehaltenen Minimaldefinition,

---

112 Vgl. Rainer-Olaf Schultze: Partei, in: Dieter Nohlen (Hrsg.) *Kleines Lexikon der Politik*, Bonn: bpb, 2001, S. 350-352 [351].

„Partei (P.; von lat. *Pars* = Teil, Abteilung) meint im allgemeinsten Begriffsverständnis eine Gruppe gleichgesinnter Bürger, die sich die Durchsetzung gemeinsamer polit. Vorstellungen zum Ziel gesetzt haben."[113]

bis hin zu detaillierten Begriffsbestimmung, wie der des deutschen Parteiengesetzes (PartG):

„§2 PartG – Begriff der Partei
(1) Parteien sind Vereinigungen von Bürgern, die dauernd oder für längere Zeit für den Bereich des Bundes oder eines Landes auf die politische Willensbildung Einfluss nehmen und an der Vertretung des Volkes im Deutschen Bundestag oder einem Landtag mitwirken wollen, wenn sie nach dem Gesamtbild der tatsächlichen Verhältnisse, insbesondere nach Umfang und Festigkeit ihrer Organisation, nach der Zahl ihrer Mitglieder und nach ihrem Hervortreten in der Öffentlichkeit eine ausreichende Gewähr für die Ernsthaftigkeit dieser Zielsetzung bieten. Mitglieder einer Partei können nur natürliche Personen sein.
(2) Eine Vereinigung verliert ihre Rechtsstellung als Partei, wenn sie sechs Jahre lang weder an einer Bundestagswahl noch an einer Landtagswahl mit eigenen Wahlvorschlägen teilgenommen hat.
(3) Politische Vereinigungen sind nicht Parteien, wenn
  1. ihre Mitglieder oder die Mitglieder ihres Vorstandes in der Mehrheit Ausländer sind oder
  2. ihr Sitz oder ihre Geschäftsleitung sich außerhalb des Geltungsbereichs dieses Gesetzes befindet."

Die allgemeine Minimaldefinition weist auf den gemeinsamen Ursprung von Parteien und Interessengruppen hin, die beide mit dem Ziel der Partizipation an staatlichen Entscheidungsprozessen entstanden sind. Sie wird einer eindeutigen Differenzierung allerdings nicht gerecht, weil auch Interessengruppen „gleichgesinnte Bürger" zusammenschließen, die z.T. auch politische Ziele durchsetzen wollen. Unterschiede zeigen Interessengruppen und Parteien hinsichtlich ihrer *Methode*, denn die Parteien wollen ihre Ziele verwirklichen, indem sie Entscheidungspositionen in Parlament und Regierung übernehmen. Sie unterscheiden sich auch hinsichtlich ihres *Gestaltungsanspruchs*, der bei Parteien stärker ausgeprägt und in der Regel breiter gefächert ist als bei den Interessengruppen.

Andererseits ist die Definition des deutschen Parteiengesetzes als allgemeine Definition zu eng gefasst, unter anderem, weil sie den Begriff Partei

---

113 Ebd., S. 350.

mit einem Rechtsstatus verknüpft, der zwar aus demokratietheoretischer Sicht wünschenswert, aber nicht notwendig und im internationalen Vergleich unüblich ist. Und weil sie die parteiliche Organisation von Ausländerinteressen in einer von Ausländern dominierten Partei untersagt. Damit wird das Spektrum der parteipolitisch organisierbaren Interessen durch staatliche Regelung begrenzt.

Die Frage nach einer Definition von Parteien muss somit zunächst noch offen bleiben und wird erst am Ende beantwortet werden.

3.1. Parteien als Ausdruck gesellschaftlicher Konflikte

Organisierte Gesinnungs- und Interessengemeinschaften dokumentiert bereits die antike Literatur.[114] Dies belegt nicht zuletzt Ciceros Bericht über den Aufstand des Catilina. Parteien im modernen Verständnis entwickelten sich zuerst in Großbritannien. Denn dort entstand mit dem Parlament ein Handlungsfeld, das den Zusammenschluss Gleichgesinnter förderte und eine immer direktere Einflussnahme auf politische Entscheidungen ermöglichte.[115]

Parteien sind eine Notwendigkeit pluralistischer Gesellschaften, da diese durch konkurrierende Vorstellungen über das jeweils Richtige geprägt sind. Während monistische Gesellschaften davon ausgehen, dass das Gemeinwohl oder die Lösung von Konflikten bereits vorab (*a priori*) feststeht und nach Maßgabe der Ideologie 'gefunden' werden kann, verzichtet der Pluralismus auf den Anspruch einer absoluten Wahrheit. Gemeinwohl und Konfliktfall sind damit der Diskussion zugänglich und in ihrem Inhalt veränderlich. In pluralistischen Demokratien tragen besonders die Parteien dazu bei, die konkurrierenden Interessen in alternative politische Handlungskonzepte zu übersetzen.

Klaus von Beyme fasst zusammen, dass für die Entstehung moderner Parteien drei Ansätze unterschieden werden können: Institutionelle Theorien, historische Krisensituationstheorien und Modernisierungstheorien.[116] Der gemeinsame Nenner der verschiedenen Ansätze besteht in ihrer Übereinstimmung, dass die Parteien interessen- und konfliktorientiert entstan-

---

114 Vgl. Uwe Backes/Eckhard Jesse: Historischer Überblick, in: Bundeszentrale für politische Bildung (Hrsg.): *Parteiendemokratie*, Informationen zur politischen Bildung, Nr.207, Bonn: bpb, 1996, S. 7-15 [21].
115 Vgl. Ebd.
116 Vgl. Klaus von Beyme: *Parteien in den westlichen Demokratien*, München: C.H. Beck, 1984, S. 27ff.

den sind: als reformerische oder revolutionäre Opposition zu den jeweils vorhandenen staatlichen bzw. sozialen Strukturen.[117]

Mit ihrem Konfliktlinien-Modell legten Seymour M. Lipset und Stein Rokkan (Lipset/Rokkan 1967) einen empirisch dokumentierten Ansatz vor, der die Entstehung von Parteien und Parteibindungen mit der Existenz grundlegender sozialer Konfliktlinien (cleavages) begründet.[118] Als zentrale cleavages benannten sie

[in der Phase der „nationalen Revolution"[119]]

- den Konflikt zwischen herrschender Kultur und abhängiger Kultur. Dieser bezeichnet das Verhältnis zwischen der herrschenden, zentralen Elite und den abhängigen ethnischen, sprachlichen und religiösen Bevölkerungsgruppen in den Regionen;
- den Konflikt zwischen säkularisiertem Machtanspruch des Staates und den historisch erworbenen Privilegien der Kirche.

[in der Phase der „industriellen Revolution"[120]]

- den Konflikt zwischen Agrarinteressen und Industrieinteressen, der aus der industriellen Revolution folgte;
- den Konflikt zwischen Arbeit und Kapital;
- in der neueren Forschung wurde das Modell um die Konfliktlinie zwischen 'alter', materialistischer und 'neuer', post-materialistischer Politik ergänzt.[121]

3.2. Typologische Merkmale politischer Parteien

In der Alltagssprache begegnet man häufig den Ausdrücken *links* und *rechts*, wenn es um eine erste, grobe politische Einordnung geht und meist werden diese Begriffe nicht als positives Label zur Bezeichnung der eigenen Position, sondern negativ-besetzt für den politischen Gegner verwandt. Wäre dies der einzige Zusammenhang, in dem die Links-Rechts-Dichotomie zur Bezeichnung politischer Positionen und Parteien Verwendung findet, so könnte auf eine weitere Darstellung verzichtet werden. Allerdings

117 Ebd.
118 Seymour M. Lipset./Stein Rokkan: *Party Systems and Voter Alignments: Cross-National Perspectives*, New York: Free Press, 1967, S. 33ff.
119 Die nationale Revolution bezeichnet die Phase der Nationalstaatsgründungen.
120 Die industrielle Revolution bezeichnet den Übergang vom Manufaktur- zum Fabrikwesen, in dessen Folge Landflucht und Verelendung der Industriearbeiter einsetzten.
121 Einen kurzen Überblick liefert Karl-Rudolf Korte: *Wahlen in der Bundesrepublik Deutschland*, Bonn: bpb, 2003, S. 89ff.; Ulrich von Alemann: *Das Parteiensystem der Bundesrepublik Deutschland*, Bonn: bpb, 2003, S. 100f.

287

verwenden auch die wissenschaftliche Literatur und die seriöse Presse die Begriffe:
- *Links* für kommunistische, sozialistische oder sozialdemokratische und ähnliche Parteien;
- *rechts* für religiös-konservative, national-konservative und nationalistische und ähnliche Parteien sowie
- *mitte* für gemäßigte Parteien mit nur schwachem Bias.

Daneben ist von *linken*, d.h. progressiven, und *rechten*, d.h. konservativen, Parteiflügeln die Rede. Die Links-Rechts-Einteilung geht „auf die Sitzordnung der französischen Deputiertenkammer nach der Revolution" zurück.[122] Vom Rednerpult aus gesehen saßen dort die progressiven Kräfte auf der linken und die konservativen, restaurativen Parteien auf der rechten Seite. Als gebräuchliche Alltagstypologie blieb diese Sitzordnung bis heute in der Sprache erhalten.

Abb. 25: Die Links-Rechts-Dichotomie. Eigene Darstellung.

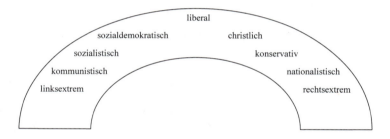

3.2.1. Gesellschaftspolitische Grundmodelle – Ideologische Hauptströmungen

Wie die Links-Rechts-Dichotomie zeigt, können Parteien gemäß ihrer ideologischen Grundausrichtung typologisiert werden. Als Grundmuster stehen Sozialismus, Liberalismus und Konservativismus zur Auswahl. Im Folgenden sollen kurz die Grundzüge dieser drei Modelle erklärt werden.

---

122 Vgl. Ulrich von Alemann: *Das Parteisystem der Bundesrepublik Deutschland*, Bonn: bpb, 2003, S. 13.

Der *Liberalismus* entwickelte sich als politisch einflussreiche Bewegung bereits früh, seit dem 17. Jahrhundert, zunächst in England.[123] Wesentlich für die Verbreitung liberaler Ideen war das aufstrebende Bürgertum, das der Krone und dem Adel sukzessive immer mehr Rechte abgerungen hatte. Bereits John Locke beschrieb den Menschen als vernunftbegabt und frei.[124] Der Mensch hat zunächst, wie Locke in seiner Abhandlung *The Second Treatise of Government*[125] (1690; Über die Regierung, dt. z.B. Reclam 1974) darlegt, ein Recht an seiner eigenen Person und seiner Arbeitsleistung. Durch die Verschiedenheit der Menschen hinsichtlich ihrer Fähigkeiten und ihres Fleißes kommt es notwendigerweise zu einer ungleichen Eigentumsverteilung. Diese besteht als legitimer Anspruch, sofern sie mit dem Naturgesetz vereinbar ist.[126] Der Liberalismus stellt auf die Sicherung der Eigentumsverhältnisse ab, d.h. globaler gesprochen, auf Rechtssicherheit, und eine Rückbindung der staatlichen Gewalt an feststehende Gesetze.[127] Insgesamt ist der Liberalismus individualistisch orientiert und stellt in seiner Extremposition auf einen „Minimalstaat"[128] ab, der nur die notwendigsten Regelungen trifft und seinen Bürgern ein Höchstmaß an Freiheiten lässt.

Der *Konservatismus* entwickelte sich als Reaktion auf den Liberalismus und vor allem auf die Französische Revolution. Edmund Burke äußerte in seinen *Betrachtungen über die Französische Revolution*[129], dass der „Geist der Neuerung" gewöhnlich das Attribut „kleiner Charaktere und eingeschränkter Köpfe" sei. In der konservativen Weltsicht spielt der Aspekt der Tradition, d.h. der Überlieferung im eigentlichen Wortsinne, eine zentrale Rolle. Burke betonte die historische Kontinuität und verteidigte die „histo-

---

123 Vgl. Liberalismus, in: Dieter Nohlen/Rainer-Olaf Schultze und Suzanne S. Schüttemeyer (Hrsg.): *Lexikon der Politik*, Band 7, München: C.H. Beck, 1998, S. 354.

124 Vgl. John Locke: *Über die Regierung*, Stuttgart: Reclam, 1974, S. 5.

125 Der zweite Teil des Buches, das unter dem Titel *Two Treatises of Government* erschien, wird häufig alleine veröffentlicht, den der *First Treatise of Government* ist eine Erwiderung auf die *Patriarcha*, in der Sir Robert Filmer die Patriarchaltheorie verteidigt.

126 Vgl. ebd., S. 26.

127 Vgl. Liberalismus, in: Dieter Nohlen/Rainer-Olaf Schultze und Suzanne S. Schüttemeyer (Hrsg.): *Lexikon der Politik*, Band 7, München: C.H. Beck, 1998, S. 354.

128 Robert Nozick: *Anarchie, Staat und Utopia*, München: Moderne Verlags-Gesellschaft, 1976.

129 Zitiert nach Volker Pesch: Edmund Burke, in: Peter Massing/Gotthard Breit (Hrsg.): *Demokratie-Theorien. Von der Antike bis zur Gegenwart*, Bonn: bpb, 2003, S. 135-141.

risch gewachsenen Institutionen".[130] Konservatives Denken hat somit zunächst und unmittelbar eine historische Dimension. Jedoch wäre es verfehlt, den Konservatismus als nur rückwärtsgewandt zu betrachten, da sein bewahrender Aspekt kein Selbstzweck ist, sondern zum Ziel hat, das Gegenwärtige für die kommenden Generationen zu erhalten.[131] Dies bezieht sich sowohl auf das private Eigentum, als auch auf die gesellschaftliche Ordnung. Konservatives Denken orientiert sich demnach am Bestehenden, es ist konkret und grenzt sich dadurch von spekulativen bzw. utopischen Vorstellungen ab.[132] Weitere zentrale Aspekte konservativen Denkens sind Religion und Autorität, die letztlich die Ordnung rechtfertigen bzw. aufrechterhalten. Trotz seines bewahrenden Charakters bedeutet Konservatismus jedoch keine grundsätzliche Verweigerung gegenüber Veränderungen.

Aus der *Sozialen Frage* heraus entstand als jüngste ideologische Strömung der *Sozialismus* und wurde daher erst spät, im Zuge der industriellen Revolution, besonders durch Karl Marx und Friedrich Engels theoretisch verdichtet.[133] In Frankreich war bereits zuvor maßgeblich Pierre-Joseph Proudhon (1809-1865) für sozialistische Positionen eingetreten und hatte unter anderem das Eigentum als Diebstahl bezeichnet. Dieser Satz wurde auch von Karl Marx aufgegriffen.[134] Der Sozialismus wandte sich zentral der Arbeiterfrage und der damit verbunden Eigentumsfrage zu, denn im Marx'schen Verständnis sind die ökonomischen Rahmenbedingungen prägend für den Menschen selbst. „Sein bestimmt das Bewußtsein" lautet die Kurzformel[135], von der ausgehend das Privateigentum abgelehnt und allgemeine Gleichheit gefordert wird. Dem Sozialismus geht es also darum gleiche Bedingungen für alle Menschen zu schaffen, um somit nicht nur eine Chancengleichheit, sondern eine Ergebnisgleichheit zu verwirklichen. Im *Manifest der Kommunistischen Partei* beschreibt Marx die Geschichte

---

130 Vgl. Gerhard Göhler/Ansgar Klein: Politische Theorien des 19. Jahrhunderts, in: Hans-Joachim Lieber (Hrsg.): *Politische Theorien von der Antike bis zur Gegenwart*, Bonn: bpb, 1991, S. 259-656 [317].

131 Zitiert nach Volker Pesch: Edmund Burke, in: Peter Massing/Gotthard Breit (Hrsg.): *Demokratie-Theorien. Von der Antike bis zur Gegenwart*, Bonn: bpb, 2003, S. 135.

132 Vgl. ebd., S. 136; sowie Gerhard Göhler/Ansgar Klein: Politische Theorien des 19. Jahrhunderts, in: Hans-Joachim Lieber (Hrsg.): *Politische Theorien von der Antike bis zur Gegenwart*, Bonn: bpb, 1991, S. 318.

133 Vgl. Gerhard Göhler/Ansgar Klein: Politische Theorien des 19. Jahrhunderts, in: Hans-Joachim Lieber (Hrsg.): *Politische Theorien von der Antike bis zur Gegenwart*, Bonn: bpb, 1991, S. 259-656 [507].

134 Vgl. Karl Marx/Friedrich Engels: *Werke*, Band 2, Berlin: Dietz, 1972, S. 3-223 [45f.].

135 Vgl. Karl Marx/Friedrich Engels: *Werke*, Band 13, Berlin: Dietz, 1972, S. 8f.

aller bisherigen Gesellschaften als eine Geschichte von Klassenkämpfen[136], die aufgrund der bisherigen materiellen Gegensätze geführt wurden. Das gesellschaftspolitische Ziel besteht demnach, darin diese Klassenkämpfe zu überwinden und eine kollektive Gesellschaft herzustellen. Der Ansatzpunkt ist also in seinem Kern sowohl materialistisch als auch solidarisch-kollektivistisch.

Tab. 11: Sozialismus, Liberalismus und Konservatismus im Vergleich. Eigene Darstellung.

	Ideologische Hauptströmungen		
	Sozialismus	*Liberalismus*	*Konservativismus*
Leitbild	Gemeinschaft	Natürliche Rechte	Tradition und Religion
Grundgedanke	Gleichheit	Freiheit	Sicherheit
Menschenbild	Positiv	Positiv	Skeptisch
Entscheidungs- modus	Kooperation	Konkurrenz	Autorität, Hierarchie
Prägekräfte	Gemeinwille, Vernunft, Kollektiv, Chancen- und Ergebnisgleichheit	Gerechtigkeit, Vernunft, Toleranz, Individuum, Chancengleichheit	Organische Gesellschaftsvorstellung, Sicherheitsdilemma, Fehlerhaftigkeit des Menschen

3.2.2. Verschiedene Interessen

Aus dem *cleavages*-Modell lassen sich bereits einige detailliertere typologische Merkmale politischer Parteien ableiten. Parteien entstehen entlang gesellschaftlicher Konfliktlinien, d.h. sie vertreten verschiedene gesellschaftspolitische Grundmodelle, verschiedene Interessen und verschiedene Milieus. So repräsentieren Parteien, die sich entlang der Konfliktlinie zwischen Arbeit und Kapital entwickelt haben, entweder die Interessen der Arbeitnehmer oder die der Arbeitgeber. Parteien, die sich am *cleavage* zwischen Agrar- und Industrieinteressen herauskristallisierten, stehen für die Interessen der Landwirte bzw. der Unternehmer ein. Der Konflikt zwi-

---

136 Karl Marx/Friedrich Engels: *Werke*, Band 4, Berlin: Dietz, 1972, S. 462.

schen Zentrum und Peripherie führt zur Entstehung regional bzw. national-orientierter Parteien. Und am *cleavage* zwischen Säkularisation und Religion siedeln Parteien, die zum einen deutliche religiöse Rückbezüge aufweisen oder dezidiert laizistisch ausgerichtet sind. Die neuere Konfliktlinie zwischen alter, d.h. materialistischer, und neuer, also postmaterialistischer, Politik weist darauf hin, dass sich jüngere Parteien zunehmend Themen wie Emanzipation, Ökologie und Frieden zuwandten, die von den etablierten Parteien kaum oder nur am Rande repräsentiert wurden. Vor allem seit der Entstehung der Grünen Parteien kann eine Wende in der programmatischen Ausrichtung der Parteien beobachtet werden: Heute vertreten auch die traditionellen Parteien zum Teil postmaterialistische Forderungen.

3.2.3. Verschiedene Milieus

Die gesellschaftlichen Grundkonflikte können zum Teil auch an bestimmten Milieus festgemacht werden. Daher gilt hier analog zu den Interessen, dass sich die Parteien der Konfliktlinie *Arbeit vs. Kapital* an die *Arbeiter und Arbeitnehmer* respektive an die *Unternehmer und Selbständigen* wenden. Das Klientel der Parteien am *cleavage* zwischen *Agrar- vs. Industrieinteressen* sind *Landwirte* bzw. *Industrielle und Unternehmer*. Parteien an der Konfliktlinie *Staat vs. Kirche* sprechen entweder die *laizistischen* oder die *konfessionell gebundenen Bürger* an. Die Konfliktlinie zwischen *Zentrum vs. Peripherie* spaltet *Regionalisten* und *Zentralisten* und an der Konfliktlinie zwischen *Materialismus vs. Postmaterialismus* schließlich scheiden sich Materialisten von den Idealisten.

Typologische Ansätze, die auf die Gruppenverankerung zurückgreifen, unterscheiden entsprechend Arbeiter-, Bauern-, Mittelstands- oder Unternehmerparteien.[137] In der Parteienlandschaft der Bundesrepublik Deutschland ist mit den *Grauen Panthern* gar eine politische Vertretung der Senioren und Rentner entstanden. Diese im internationalen Vergleich bislang recht singuläre Erscheinung deutet darauf hin, dass das Parteiensystems adaptiv gegenüber den veränderten Interessen einer immer älteren Gesellschaft ist.

---

137 Vgl. Elmar Wiesendahl: Parteitypen, in: Dieter Nohlen/Rainer-Olaf Schultze (Hrsg.): *Lexikon der Politikwissenschaft. Theorien, Methoden, Begriffe, Band 2, N-Z*, München: C.H. Beck, 2002, S. 633-635 [634].

3.2.4. Entwicklungstypologien

Entwicklungstypologien ermöglichen es, den Wandel nachzuvollziehen, dem die Parteien als abhängige Faktoren ausgesetzt waren. Wie sich Parteien in einer Gesellschaft formieren, hängt von verschiedenen Bedingungen ab: ihrer gesellschaftliche Verankerung, dem Wahlsystem, den politischen Handlungsmöglichkeiten usw. Parteien wandeln sich daher notwendigerweise mit ihren Gesellschaften.[138]

In der Frühphase der Parteiensystem entwickelten sich zunächst die *Honoratiorenparteien*, die auch als Komiteeparteien oder liberale Repräsentationsparteien bezeichnet werden. Die Honoratiorenparteien profitierten von der Ausschlusswirkung des Klassenwahlrechts, die zum einen eine breite parteipolitische Organisation verhinderte, zum anderen aber den lokalen Zusammenschluss von Personen begünstigte, die über Meinungsmacht verfügten und aktiv auf das Wahlergebnis einwirken wollten. Dies waren in der Regel lokale Amts- und Würdenträger oder angesehen Besitzbürger. Honoratiorenparteien konzentrierten sich daher im Wesentlichen auf die elektorale Funktion, d.h. die Wahlfunktion, indem sie den Wahlkampf eines bestimmten Kandidaten organisierten. Aus diesen Gründen waren sie nur lose organisiert und bestanden aus autonomen, regional agierenden Kleingruppen und wiesen somit nur eine lose Organisationsform auf.

Die Entstehung großer Parteien wurde erst mit der Einführung des allgemeinen Wahlrechts möglich. Denn ab diesem Zeitpunkt konnten sich auch solche Bevölkerungsgruppen parteipolitisch organisieren, die vorher aufgrund des Zensus nicht wahlberechtigt waren. Im Zuge dieser Entwicklung entstanden mit den großen Arbeiterparteien *Massenparteien*, die „Hunderttausende von beitragsleistenden Mitgliedern in einem flächendeckenden Netz von Ortsgruppen" organisierten. Auch das Parteileben, das bei den Honoratiorenparteien auf die Zeit um die Wahlen beschränkt blieb, wurde nun dauerhaft. Ein wesentliches Ziel der Massenparteien ist die ideologische Schulung der Parteigänger durch Redner, Parteipresse und Vorfeldorganisationen. Strukturell wirkt diese Entwicklung auf die Parteien zurück: Propaganda, Massenmobilisierung und Integration können nur mit einem hauptamtlichen Parteiapparat bewerkstelligt werden. Wie bereits bei den Interessengruppen dargelegt wurde, verfügen die Angehörigen dieser hauptamtlichen Strukturen über verbesserte Chancen, ihre Positionen

---

138 Zum folgenden Überblick vgl. ebd.

erfolgreich zu artikulieren und Ämter zu besetzen. Robert Michels beschrieb bereits 1911 das Phänomen, dass Massen(integrations)parteien ein Zentrum ausbilden, das immer unabhängiger von der Basis agiert und Entscheidungen weitgehend autonom trifft. Dieses *eherne Gesetz der Oligarchie* wird noch heute kontrovers diskutiert.[139] In der Praxis zeigt sich, dass innerhalb der Parteien häufig verschiedene Machtzentren entstehen und um die Vorherrschaft kämpfen *(InfoBox: Ehernes Gesetz der Oligarchie)*. Eine weitere Gefahr besteht in der Entkopplung der Parteien von der Wählerschaft, auf die Moisei Ostrogorski 1902 hinwies. Die Wähler sind weitgehend indifferent, sie werden zum Spielball der Parteien, die erheblichen Einfluss bei der Wahl und dem Sturz der Regierung haben, und so die Oberhand im Staate gewinnen. Ostrogorski geht also von mehreren, konkurrierenden Machtzentren aus, die zum eigenen Nutzen um die politische Vorherrschaft kämpfen.[140]

Mit der zunehmenden Angleichung der Lebensverhältnisse im Zuge der Entstehung der Wohlstands- und Konsumgesellschaft schwächten sich die innergesellschaftlichen Konfliktlinien ab. Die Affinität für eine Parteimitgliedschaft schwand ebenso wie die klassischen Wählermilieus. In einer zunehmend entideologisierten Gesellschaft sieht Otto Kirchheimer die traditionellen Parteien vor dem Problem der Wählermobilisierung. Sie sind aus wahlökonomischer Sicht gezwungen, neue Wählermärkte zu erschließen. Der Kampf um die Wählerstimmen beginnt vor allem in der gemäßigten Mitte. Aus diesem Grund müssen sich die Parteien weitgehend entideologisieren, damit ihre Werbung Erfolg hat.[141] Der Typus der *Volkspartei*, der *catch-all-party* bzw. *Allerweltspartei*, den Kirchheimer beschreibt, zeichnet sich durch funktionale und strukturelle Merkmale aus:

Tab. 12:   Merkmale der Volkspartei nach Kirchheimer.

Funktionale Merkmale	Strukturelle Merkmale
Stimmenmaximierungsprinzip	Starke, autonome Parteiführung
Wähler aller Schichten und Gruppen	Differenzierte Organisation
Vage, abstrakte Parteiprogramme	Geringe Bedeutung der Parteimitglieder
Reduktion von Ideologien	Lose Beziehung zur Wählerschaft

139 Vgl. Ulrich von Alemann: *Das Parteiensystem der Bundesrepublik Deutschland*, Bonn: bpb, 2003, S. 138ff.
140 Vgl., ebd.
141 Vgl., ebd.

In der jüngeren Forschung wird gelegentlich auf den Typ der *Kartellpartei* hingewiesen. Ihre Entstehung wird dem Strukturwandel der westeuropäischen Gesellschaften seit den 1970er Jahren zugeschrieben. Kartellparteien zeichnen sich dadurch aus, dass sie sich von den Gesellschaften losgelöst haben. Sie wollen in den Staat eindringen und von diesem als *semi-state agencies* absorbiert werden. Dieses Interesse eint über die Parteigrenzen hinweg Regierungs- und Oppositionsparteien, die sich: (1) gegen Parteineugründungen wehren, (2) gegenseitig öffentliche Privilegien und Subventionen einräumen. Damit wird die Herrschaft der Parteien zum selbstreferentiellen Selbstbegünstigungssystem, das von einer Legitimationsbasis vollständig entkoppelt ist. In seinem Kernbestand greift der Typ der Kartellpartei auf die bei Ostrogorski beschriebene Entwicklungsperspektive zurück. Die Inkorporation der Parteien in den Staat wurde u.a. bereits in der Leibholz'schen Parteienstaatslehre – dort allerdings mit einer positiven Deutung – behauptet *(InfoBox: Parteienstaatslehre)*.

3.2.5. Organisationsgrad

Auch bei den Parteien kann der Organisationsgrad zur Typologisierung herangezogen werden. Entscheidend ist dabei die Frage, wie viele der potentiellen Adressaten tatsächlich in der Partei vertreten sind. Ist der Organisationsgrad hoch, d.h. hat die Partei viele Mitglieder, so wird sie als *Mitgliederpartei* bezeichnet. Ist der Organisationsgrad niedrig, dann ist die Partei stärker auf Wähler angewiesen, sie wird als *Wählerpartei* bezeichnet.

3.2.6. Stellung zum politischen System

Politische Parteien müssen nicht notwendigerweise mit den Rahmenbedingungen der politischen Ordnung zufrieden sein, in der sie agieren. Das heißt, sie können in ihrer Strategie auf die Beseitigung der bestehenden Ordnung abstellen. Diese Parteien werden als *systemkonträr* beschrieben. *Systemkonforme Parteien* agieren innerhalb des gesellschaftlichen Grundkonsenses, etwa auf der Basis der Verfassung.

Robert Michels' Ehernes Gesetz der Oligarchie

„Ohne Organisation ist die Demokratie nicht denkbar. Erst die Organisation gibt der Masse Konsistenz. [. . .]

Wer Organisation sagt, sagt *Tendenz zur Oligarchie*. Im Wesen der Organisation liegt ein tief aristokratischer Zug. Die Maschinerie der Organisation ruft, indem sie eine solide Struktur schafft, in der organisierten Masse schwerwiegende Veränderungen hervor. Sie kehrt das Verhältnis des Führers zur Masse in sein Gegenteil um. Die Organisation vollendet entscheidend die Zweiteilung jeder Partei bzw. Gewerkschaft in eine anführende Minorität und eine geführte Majorität. [. . .]

Mit *zunehmender Organisation* ist die *Demokratie im Schwinden* begriffen. Als Regel kann man aufstellen: Die Macht der Führer wächst im gleichen Maßstabe wie die Organisation."

Robert Michels: *Zur Soziologie des Parteiwesens in der modernen Demokratie. Untersuchungen über die oligarchischen Tendenzen des Gruppenlebens. Neudruck*, Stuttgart: Kröner, 1970.

3.3. Funktionen

3.3.1. Eine Annäherung

Betrachtet man Stellung, Aufgaben und Arbeitsweisen der politischen Parteien, so zeigt sich, dass selbst in demokratischen Ordnungen deutliche Unterschiede bestehen. Die Funktionen, die von den Parteien wahrgenommen werden, sowie ihrer Stellung im Gesamtkontext sind also zum Teil recht unterschiedlich ausgeprägt:

In der *Bundesrepublik Deutschland* werden die politischen Parteien ausdrücklich in Art. 21 des Grundgesetzes – also in der Verfassung – erwähnt. Ein Umstand, der schon in den 1950er-Jahren zu einer Diskussion darüber führte, ob den Parteien damit faktisch gar der Rang eines Verfassungsorgans zugewiesen wurde *(InfoBox: Parteienstaatslehre)*.[142] Tatsächlich kommt parteipolitischen Aspekten bei der parlamentarischen Willensbildung – nicht zuletzt aufgrund des parlamentarischen Regierungstyps sowie des Verhältniswahlsystems – eine zentrale Bedeutung zu. Die Regierung ist für ihre Funktionsfähigkeit auf die permanente Unterstützung der eigenen

---

142 Vgl. BMI: *Rechtliche Ordnung des Parteiwesens. Probleme eines Parteiengesetzes. Bericht der vom Bundesminister des Inneren eingesetzten Parteienrechtskommission*, Frankfurt a. Main: Alfred Metzler, 1957, S. 69f.

Mehrheit im Parlament angewiesen, so dass die Fraktionsdisziplin bei Abstimmungen eine zentrale Rolle spielt. Gerade bei heiklen Gesetzgebungsvorhaben hat sich daher eingebürgert, dass innerhalb der Fraktionen Testabstimmungen stattfinden, um mögliche Abweichler im Vorfeld auf die Parteilinie zu verpflichten. Das Abstimmungsverhalten ist somit nachhaltig durch die Parteizugehörigkeit des einzelnen Abgeordneten geprägt.

In den *USA* hingegen genießen die Parteien keine konstitutionelle Verankerung und haben einen ungleich geringeren Einfluss auf das Abstimmungsverhalten ihrer Abgeordneten. Diese sind schon allein aufgrund der Wahlmodalitäten sehr viel stärker von der Unterstützung ihrer lokalen und regionalen Wähler abhängig. Zudem ist eine Fraktionsdisziplin wie in der Bundesrepublik im präsidentiellen Regierungstyp Amerikas nicht notwendig. Deshalb ist es bereits schon aus wahltaktischen Erwägungen für die Parteien sinnvoll, die Willensbildung und Entscheidungsfindung im Kongress nicht an eine Parteilinie[143] zu binden. Der einzelne Abgeordnete kann dann nämlich im Interesse seiner Wählerschaft entscheiden und so seine Chance auf eine Wiederwahl erheblich steigern. Während also der Einfluss auf die parlamentarische Meinungs- und Willensbildung für amerikanische Parteien von nur geringer Bedeutung ist, steht für sie die „elektorale Funktion", d.h. die Organisation und Durchführung der Wahl, Finanzierung des Wahlkampfs, Mobilisierung der Wähler etc., im Mittelpunkt.[144]

3.3.2. Parteifunktionen in der Parteienforschung

Der Blick in die Literatur verdeutlicht das Dilemma bei der Bestimmung der Funktionen politischer Parteien. 1980 legte Elmar Wiesendahl eine Untersuchung vor, in der er 28 Quellen der Parteieinforschung der 1960er und 1970er-Jahre auswertete. Sein Ergebnis zeigte 18 verschiedene Funktionen, die für die Parteien festgestellt worden waren.[145] Die Analyse stellt fest, dass von den Forschern drei paradigmatische Denkansätze zugrunde gelegt worden waren, die ihren Zugang zu den politischen Parteien schwerpunktmäßig leiteten:[146]

---

143 An dieser Stelle der kurze Hinweis, dass eine solche Parteilinie bei weitgehend entideologisierten Volksparteien in den meisten Fragen kaum auszumachen sein dürfte.

144 Vgl. Hartmut Wasser: Politische Parteien und Wahlen, in: Willi Paul Adams/Peter Lösche (Hrsg.): *Länderbericht USA*, Bonn: BpB, 1998, S. 305-339 [315f.].

145 Siehe dazu Elmar Wiesendahl: *Parteien und Demokratie. Eine soziologische Analyse paradigmatischer Ansätze der Parteienforschung*, Opladen: Leske + Budrich, 1980, S. 188.

146 Ebd., S. 145ff.

(1) Beim *Integrationsparadigma* steht die Aggregation gesellschaftlicher Interessen im Mittelpunkt. Den Parteien fällt dabei vor allem die Aufgabe zu, einen Konsens zwischen den konkurrierenden Interessen herzustellen und die Stabilität des Systems zu gewährleisten.[147]

(2) Das *Konkurrenzparadigma*, das den Wettbewerb um die Gunst der Wähler als zentrales Moment auffasst, weist den Parteien im Wesentlichen die Funktionen der Bereitstellung der Führungseliten und der Mobilisierung der Wähler zu.[148]

(3) Das *Transmissionsparadigma* schließlich ist auf die Frage ausgerichtet, wie gesellschaftliche Interessen in politisches Handeln übersetzt werden, und sieht „die Parteien als Werkzeug der Artikulation des Willens der Aktivbürgerschaft an[. . .]".[149]

Diese recht unterschiedlichen Ansätze weisen nicht zuletzt darauf hin, dass die politischen Parteien in einem Kräftefeld angesiedelt sind, das durch die drei Relationen – Partei und politische Ordnung, Partei und politische Eliten, Partei und gesellschaftliche Interessen – beschrieben werden kann.[150] Parteien stellen das politische Führungspersonal. Das heißt, sie besetzen zentrale Positionen in den Strukturen der politischen Ordnung. Dazu bilden sie politische Eliten aus, die ihrerseits innerparteiliche Funktionen übernehmen und die interne Entscheidungsfindung beeinflussen. Schließlich vermitteln die Parteien zwischen Gesellschaft und Staat (s. Abb. 26).

Das Verständnis politischer Parteien und ihrer Funktionen hängt, wie das Eingangsbeispiel zeigt, nicht zuletzt von den Rahmenbedingungen der politischen Ordnung und deren gesellschaftlicher Verankerung ab. Ulrich von Alemann weist daher zurecht darauf hin, dass die Definition und die Funktionszuweisung politischer Parteien „eine normative Frage im politiktheoretischen Sinne" ist.[151]

---

147 Siehe hierzu auch: Hiltrud Naßmacher: *Politikwissenschaft*, München: Oldenbourg, 1998, S. 83.

148 Vgl. Klaus von Beyme: Funktionswandel der Parteien in der Entwicklung von der Massenmitgliederpartei zur Partei der Berufspolitiker, in: Oscar W. Gabriel/Oskar Niedermayer/Richard Stöss (Hrsg.): *Parteiendemokratie in Deutschland*, Bonn: BpB, 2001, S. 315.

149 Ebd.

150 Vgl. Karl-Heinz Naßmacher: *Parteien im Abstieg*, Opladen: Westdeutscher Verlag, 1989, S. 10.

151 Ulrich von Alemann: *Das Parteiensystem der Bundesrepublik Deutschland*, Bonn: BpB, 2003, S. 209.

Abb. 26: Parteien im Spannungsfeld. Eigene Darstellung.

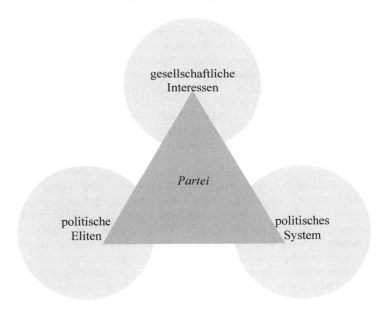

3.3.3. Die Funktionen politischer Parteien

In repräsentativen Demokratien sind die Bürger nicht direkt an der staatlichen Willensbildung im Parlament beteiligt sondern indirekt durch Abgeordnete repräsentiert, die verschiedenen politischen Parteien angehören. Funktionszuweisungen, die sich auf die Parteien als Gesamtheit beziehen, müssen notwendigerweise von der Tatsache abstrahieren, dass innerhalb der Parteien individuelle Akteure bzw. kleinere Handlungseinheiten handeln. Elmar Wiesendahl weist auf dieses Problem hin:

„Indem allerdings der Forscher der Parteiorganisation als verdinglichter Entität Ziele bzw. Funktionen zuschreibt, verdeckt er die Tatsache, dass nicht personifizierte Organisationen, sondern die in ihnen handelnden Individuen und Gruppen Träger von konkurrierenden Zielvorstellungen und Nutzbestrebungen sind. Die sich hieraus ergebende charakteristische Vielfalt, Unstimmigkeit, Konfliktträch-

tigkeit und Dynamik der Ziele von Parteien kann das Zweck- und Funktionsmo-
dell somit nicht erfassen."[152]

Die Schwierigkeit einer rein normativen Bestimmung der Parteifunktionen
ist damit deutlich umrissen. Man mag sich aus normativer Sicht beispielsweise noch so sehr wünschen, dass die Parteien in ihrer internen Willensbildung basisdemokratischen Grundsätzen folgen, dass sie bei der Besetzung von Ämtern den jeweils besten Bewerber wählen oder Entscheidungen streng am Wohle ihrer Wähler orientieren. In der Realität sind diese
Prozesse von den Interessen einzelner Individuen, parteiinterner Cliquen
oder Eliten abhängig – Parteien sind „Interessengruppen in eigener Sache"
und „Karrierevehikel".[153] Die Analyse der Funktionserfüllung am Beispiel einer konkreten Partei muss solche Aspekte berücksichtigen.

Wie gesagt wurden in der Literatur zahlreiche Parteifunktionen vorgeschlagen. Aus Gründen der Praktikabilität ist es jedoch sinnvoll, die Auswahl auf wenige, zentrale zu beschränken. Ulrich von Alemann schlägt
beispielsweise einen Parteienfunktionskatalog mit sieben Punkten vor[154],
während Bernhard Sutor die Aufgaben der Parteien in fünf Funktionen
zusammenfasst. Obwohl beide Konzepte zum Teil verschiedene Begrifflichkeiten verwenden, weisen sie auf dieselben grundlegenden Funktionen
hin – und sind daher für eine erste Annäherung an politische Parteien gleichermaßen geeignet. Dennoch wird bei der Darstellung dem Konzept von
Alemanns der Vorzug gegeben, weil es im Detail eine bessere Differenzierung erlaubt. Zur Verdeutlichung der Gemeinsamkeiten der verschiedenen
Kataloge findet sich am Ende des Abschnitts eine tabellarische Gegenüberstellung der Parteifunktionen nach von Alemann, Sutor und von Beyme.
Parteien erfüllen danach folgende Funktionen:[155]

• Partizipation,
• Transmission,
• Selektion,
• Integration,
• Sozialisation,

152 Elmar Wiesendahl: Wie politisch sind politische Parteien?, in: Jürgen Falter (Hrsg.):
   Politische Willensbildung und Interessenvermittlung, Opladen: Westdeutscher Verlag, 1984, S. 78-88 [79].
153 Vgl. Winfried Steffani: Parteien als soziale Organisationen. Zur politologischen Parteienanalyse, in: ZParl, 19.Jg., 1988, Heft 4, S. 549-560 [550].
154 Vgl. Ulrich von Alemann: *Das Parteiensystem der Bundesrepublik Deutschland*,
   Bonn: bpb, 2003, S. 212f.
155 Zum Folgenden ebd., S. 212-217.

- Selbstregulation,
- Legitimation

3.3.3.1. Partizipation

Politische Parteien bieten dem Bürger die Möglichkeit der Partizipation durch sein aktives Wahlrecht, d.h. der Wähler kann seine Stimme für eine bestimmte Partei oder deren Kandidaten abgeben. In repräsentativen Demokratien steht dem Bürger diese Art der politischen Teilhabe ein einziges Mal in jeder Legislaturperiode zur Verfügung. Die Mitgliedschaft in einer Partei bietet darüber hinausreichende Partizipationsmöglichkeiten. Das Parteimitglied kann bei der Nominierung der Parteikandidaten mitbestimmen, es hat Einfluss auf den parteiinternen Willensbildungsprozess[156] und kann selbst für die Übernahme von Ämtern kandidieren und so seine Partizipationschancen aus dem passiven Wahlrecht verwirklichen.

3.3.3.2. Transmission

„Die Funktion der Transmission bedeutet die Umformung von gesellschaftlichen Interessen in politisches Handeln."[157] Analog zu den Interessengruppen artikulieren, aggregieren und selektieren Parteien gesellschaftliche Interessen. Das heißt, sie wählen aus dem gesamten Interessenspektrum bestimmte Interessen aus, verdichten diese zu handlungsfähigen Alternativen und speisen diese in den politischen Willensbildungs- und Entscheidungsprozess ein. Dadurch, dass Parteien in der Legislative und in der Exekutive vertreten sind, haben sie die Möglichkeit, ihre Positionen politisch umzusetzen.

Bei den Parteien erfolgt meist eine Fixierung dieser Handlungsalternativen in Form von Programmen, die unterschiedliche Reichweiten aufweisen. Grundsatzprogramme legen die langfristigen Ziele der Parteien fest, Aktions- und Regierungsprogramme stecken die mittel- bis kurzfristigen Vorhaben ab und Wahlprogramme dienen dem kurzfristigen Ziel, sich als Alternative zum politischen Gegner zu präsentieren und eine politische Visitenkarte abzugeben. Dies gilt in besonderem Maße in politischen Ordnungen mit Koalitionsregierungen, in denen den Wahlkampfprogrammen ein rein deklaratorischer Charakter zukommt, da das Regierungsprogramm von den Koalitionspartnern erst nach der Wahl ausgehandelt wird.

---

156 Ebd., S. 213.
157 Ebd.

Dass die Diskrepanz zwischen Wahlversprechen und Regierungshandeln dabei nicht zu groß wird, kann der Wähler bei nachfolgenden Wahlen durch sein Wahlverhalten kontrollieren[158], wenigstens solange er eine relevante Alternative zur Auswahl hat.

3.3.3.3. Selektion

Die Selektionsfunktion bezieht sich auf zwei unterschiedliche Bereich. Zum einen ist damit die Rekrutierung von Personal gemeint; zum anderen „die [bereits angesprochene] Auswahl von Alternativen aus dem gesamtgesellschaftlichen Interessenspektrum."[159]

Personalselektion bezieht sich nicht nur auf die Vergabe und Besetzung parteiinterner Posten. Vielmehr wählen die Parteien Personen aus, die sie als Bewerber für Parlamentsmandate, Regierungs- oder Verwaltungsämter, Richterposten und andere Ämter präsentieren. Kritiker verweisen dabei auf das Problem der Patronage, der interessengeleiteten Ämtervergabe und der oft mangelnden Transparenz.[160] Allerdings ist das Nominierungsmonopol der Parteien eher unumstritten, auch wenn es – wie etwa in der Bundesrepublik Deutschland – theoretisch möglich ist, parteilose Bewerber als Staatschef oder Minister einzusetzen.

Auch die gegenseitige Durchdringung von Parteien und Verbänden kann bei der Personalrekrutierung eine erhebliche Rolle spielen. Doppelmitgliedschaften statten die Partei mit entsprechendem Fachwissen aus, im Gegenzug erlangt der Verband dadurch unmittelbaren Einfluss auf Entscheidungsstrukturen. Für die Parteien ist dieses Expertenwissen insofern von Nutzen, als sie damit Fachausschüsse, Arbeitsgruppen usw. beschicken können.[161]

Zur Interessenselektion sei hier auf die entsprechende Darstellung bei den Interessengruppen verwiesen (s.o. 2.4.3.3.).

Hinsichtlich der Selektion erscheinen Parteien somit in zweifacher Hinsicht als „Interessengruppen in eigener Sache": (1) Bei der Auswahl der Personalvorschläge werden auch parteipolitische Interessen berücksichtigt. (2) Interessenselektion meint auch, dass die Partei eigene Interessen ausprägen und diese verwirklichen möchte.

---

158 Vgl. ebd., S. 213f.
159 Vgl. ebd., S. 214.
160 Etwa Hans Herbert von Arnim: *Politik Macht Geld. Das Schwarzgeld der Politiker – weißgewaschen*, München: Knaur, 2001, S. 180ff.
161 Vgl. Ulrich von Alemann: *Das Parteiensystem der Bundesrepublik Deutschland*, Bonn: bpb, 2003, S. 214f.

3.3.3.4. Integration

Die Integrationsfunktion erfüllen die Parteien implizit. Sie folgt aus den „Funktionen der Partizipation, Transmission und Selektion". Vor allem durch die Partizipationschancen, die sie bereitstellen, wirken Parteien auf eine Integration der Bürger hin. Diese ist zwar sehr variabel ausgeprägt, da der Wähler weniger stark eingebunden ist als das aktive Parteimitglied. Die Übergänge sind jedoch fließend, denn affektuell kann sich ein Wähler stärker integriert fühlen als ein Parteimitglied, das sich in seinen Forderungen übergangen sieht.

Die beiden möglichen Formen politischer Teilhabe als Wähler und Mitglied zeigen auch, dass diese Integration sich auf ein Zweifaches bezieht: Sie erfolgt sowohl in Strukturen – wie dem Personenverband der Partei mit seinen Hierarchien usw. – als auch in Prozessen – wie dem Wahlakt, der Abstimmung oder der Diskussion. Auf diese Weise tragen die Parteien zu einer Stärkung des Gruppenzusammenhalts bei.

Die Integrationsleistung der Parteien setzt den zentrifugalen Kräften einer Gesellschaft, die in ihren Interessen und Wünschen immer komplexer und heterogener wird, ein zentripetales Moment entgegen. Interessenselektion führt zu einer Reduktion dieser Komplexität, da sie auf die vorgelagerte Konfliktlösung zwischen verschiedenen konkurrierenden Teilinteressen in den Parteien und Interessengruppen (s.o.) abzielt. Dadurch werden die Vertreter solcher Interessen in den größeren Gruppenverband integriert. Vor allem die größeren Parteien entfalten eine solche gesellschaftliche Klammerwirkung, weil „sie die Interessen verschiedener sozioökonomischer Gruppen verknüpfen."[162]

Dabei bewegt sich Integration zwischen zwei Polen: Einem zu starken Homogenitätsdruck und einer zu schwachen Integration. Ein zu hoher Integrationsdruck führt bei hoher Homogenität zu einer sekten-ähnlichen Abgrenzung der ganzen Gruppe, das heißt, dass sie sich letztlich gegen jeden abweichenden Impuls verschließt oder aber bei starker Heterogenität zu einem Zerfall in verschiedene Teilgruppen. Eine zu schwachen Integrationsleistung hingegen führt zur Beliebigkeit der vertretenen Positionen, da aus den verschiedenen konkurrierenden Vorstellungen keine klare Handlungsalternative gebildet werden kann, sowie zu Artikulations- und Handlungsunfähigkeit.[163]

---

162 Vgl. ebd., S. 215.
163 Vgl. ebd.

Die Integrationsleistung der Parteien strahlt zudem auf die Legitimität des Systems ab, denn derjenige, der sich politisch eingebunden fühlt, wird Exekutiv- und Legislativentscheidungen sowie die politische Ordnung als Ganzes anerkennen.[164]

Wie gut es den Parteien gelingt, diesen permanenten Prozess zu bewältigen, hängt ganz wesentlich davon ab, wie gut ihre Strukturen auf veränderte (Teil)Interessen, Wünsche und Forderungen eingehen und reagieren können. Die Frage dabei lautet, ob die innerparteilichen Strukturen „für einen offenen Kommunikationsprozess aufnahmefähig [. . .] bleiben."[165]

3.3.3.5. Sozialisation

Die Sozialisationsfunktion bezieht sich darauf, dass „Politik" gelernt werden muss. Das bedeutet nichts anderes, als dass der Bürger für sein politisches Engagement einiges über die Prozesse, Strukturen, Beziehungsmuster und Spielregel der politischen Ordnung wissen muss, in der er handelt. Für den Wähler stellt sich etwa die Frage, wie er seinen Wahlschein gültig ausfüllen kann, und was seine Teilnahme an einer Wahl bewirkt. Für die Mitglieder von Interessengruppen ist die Kenntnis von Entscheidungsstrukturen wichtig, um den oder die relevanten Ansprechpartner ausfindig zu machen usw.

Diese Sozialisationsleistung wird unter anderem auch durch die Medien erfüllt, in Nachrichtenprogrammen und Informationssendungen. Im Gegensatz zu einer solchen passiven, rezeptiven Form der Sozialisation steht das aktive Bürgerengagement: Die aktive Mitarbeit in Parteien und Interessengruppen bringt die Beteiligten unmittelbar mit 'dem Politischen' in Berührung und ermöglicht ihnen dadurch, dass sie die benötigten Fähigkeiten und Kenntnisse anwendungsbezogen in der Praxis erwerben können.[166]

3.3.3.6. Selbstregulation

Wie Interessengruppen so bilden auch politische Parteien selbstregulative Mechanismen aus. Selbstregulationsmechanismen sichern unter anderem die finanzielle Grundlage und die Verfügbarkeit von ausgebildeten Personen. Die Maßnahmen, die dazu ergriffen werden, variieren und umfassen

---

164 Vgl. ebd., S. 215.
165 Ebd.
166 Vgl. ebd., S. 216.

eine große Palette: Vorfeld-, Jugendorganisationen und Parteistiftungen dienen der Sozialisation und Rekrutierung. Eigene Wirtschaftsunternehmen, etwa die Beteiligung an Verlagen und Medien, wie dies bei der SPD der Fall ist, Immobilienvermögen usw. tragen zur Finanzierung bei und eröffnen zum Teil weitreichendere Möglichkeiten der Einflussnahme, etwa – bei Medienbeteiligungen – Meinungsmacht. Parteien, die ohne kontinuierliche staatliche Finanzierungshilfen auskommen müssen, bilden leistungsfähige Spendensysteme aus. Doch nicht nur nach außen finden solche selbstregulativen Ausdifferenzierungsprozesse statt. Innerhalb der Parteien bilden sich professionalisierte Bereiche, Expertengremien, Machtcliquen etc., die Aufgaben der Selbststeuerung wahrnehmen.[167]

3.3.3.7. Legitimation

Die Legitimationsfunktion der Parteien ist – ähnlich wie bei den Interessengruppen – eine Generalfunktion. Sie bezieht sich auf die Akzeptanz der politischen Ordnung und ihrer Entscheidungen. Auch die Parteien wirken in demokratischen Prozessen und Strukturen mit und gewährleisten so die Legitimität kraft Verfahren, die für demokratische Entscheidungen wesentlich ist. Durch ihre direkte Beteiligung an der staatlichen Willensbildung und Entscheidungsfindung gelingt dies den Parteien in größerem Umfang als den Interessengruppen. Durch ihre interne und externe Kommunikationsleistung nehmen sie zudem Einfluss auf die individuelle Einschätzung politischer Maßnahmen durch den Bürger. Auf diese Weise wirken sie auf die jeweilige Effizienzeinschätzung ein, die ebenfalls als Kriterium für die Legitimation politischen Handelns herangezogen wird.

Tab. 13: Parteifunktionskataloge im Vergleich. Eigene Darstellung nach U. v. Alemann 2003, S. 212ff., K. v. Beyme 2001, S. 316f. und B. Sutor 1994, S. 146f.

Bernhard Sutor	Ulrich von Alemann	Klaus von Beyme
Partizipation	Partizipation	Mobilisierung der Wähler
Interessenartikulation Programmfunktion	Transmission	Artikulation und Aggregation
Personalrekrutierung Programmfunktion	Selektion	Elitenrekrutierung (v.a. Regierungsbildung), Zielfindungsfunktion

167 Vgl. ebd.

Interessenartikulation	Integration	Artikulation
	Sozialisation	Sozialisierung der Bürger
Personalrekrutierung	Selbstregulation	Elitenrekrutierung
Legitimation	Legitimation	

3.4. *Partei* – eine Begriffsbestimmung

Nach dem eingangs die Frage nach einer Definition des Begriffs der politischen Parteien offen geblieben war, kann diese nun anhand der Funktionsbeschreibung nachgeliefert werden. Legt man die Funktionen nach von Alemann zugrunde, dann lassen sich Parteien folgendermaßen definieren:

Parteien sind auf Dauer angelegte, freiwillige Organisationen, die politische Partizipation für Wähler und Mitglieder anbieten, diese in politischen Einfluss transformieren, indem sie politisches Personal selektieren, was wiederum zur politischen Integration und Sozialisation beiträgt und zur Selbstregulation führen kann, um damit die gesamte Legitimation des politischen Systems zu befördern."[168]

Die Parteienstaatslehre nach Gerhard Leibholz

Bereits in der Weimarer Zeit übernahm der Staatsrechtler Gerhard Leibholz den Begriff des *Parteienstaats* und entwickelte von diesem ausgehend seine Parteienstaatslehre. Diese war für das Verständnis der politischen Parteien in den frühen Jahren der Bundesrepublik Deutschland maßgebend. Durch die Berufung Leibolz' zum Verfassungsrichter (später Präsident des BVerfG) erlangte seine Sicht der Parteien auch Bedeutung für die Spruchpraxis des BVerfG, wie aus dem Urteil zum Verbot der Sozialistischen Reichspartei (SRP) hervorgeht. Kritik erfuhr das Konzept u.a. 1957 auf der Wiener Jahrestagung der Vereinigung der Deutschen Staatsrechtslehrer durch Konrad Hesse. Hesse setzte der Parteienstaatslehre den Begriff der *Parteiendemokratie* entgegen. Das BVerfG verabschiedete sich sukzessive von Leibholz' Erbe und auch für die Politikwissenschaft wurde es durch moderne, empirische Konzepte verdrängt. Dennoch spielte Leibholz' Vorstellung vom Parteienstaat gerade in der deutschen Politikwissenschaft und Staatsrechtslehre eine entscheidende Rolle und blieb in der theoretischen Diskussion über die Stellung der Parteien im Staat erhalten.
Im Bericht der Parteienrechtskommission des BDI, in der Leibholz mitwirkte, wird die Parteienstaatslehre folgendermaßen zusammengefasst:

---

168 Vgl. ebd., S. 217.

„Die [. . .] Meinung betont, dass die Parteien nicht nur, wie Art. 21 GG es aus-
drückt, Mitwirkende bei der politischen Willensbildung, sondern vielmehr deren
eigentliche Träger sind. Nach dieser Auffassung nähern die Parteien sich dem Status eines Verfassungsorgans, und es würde angemessen sein, diese Stellung auch
verfassungsrechtlich anzuerkennen. In Gestalt der Parteien äußert sich nach dieser
Ansicht das in der Massendemokratie zur maßgebenden Rolle gelangende plebiszitäre Element. Es werde daher die wichtigste Aufgabe sein, innerhalb der Parteien dieser Entwicklung Rechnung zu tragen und für eine entsprechende demokratische Innenorganisation der Parteien sowie einen wirklichen Einfluss der
Mitglieder auf die Kandidatenaufstellung zu sorgen." (S. 69f.)

Es wird deutlich, dass das Konzept davon ausgeht, dass in plebiszitären Demokratien
*   die politische Willensbildung *nicht* im Parlament, sondern in den Parteien erfolgt;
*   diese Willensbildung vollzieht sich durch innerparteiliche Demokratie und durch
    Wahlen – im Besonderen auch durch die parteiinternen Wahlvorgänge;
*   Parteien müssen daher als Staatsorgane anerkannt werden, denn sie allein gewähr-
    leisten eine Artikulationsmöglichkeit der Bürger.
In Hesses Gegenentwurf der Parteiendemokratie kommt den politischen Parteien
keine derart privilegierte Stellung zu. Sie werden als Vermittlungsagenturen
bezeichnet, die zwar für den modernen Staat daseinsnotwendig, aber eben nicht
Bestandteil der organisierten Staatlichkeit sind. Im Bericht der Parteienrechts-
kommission heißt es dazu:
„Eine andere Meinung betont bei den Parteien stärker die Zwischenstellung der
Parteien zwischen Wähler und politischer Willensbildung; sie hebt die sehr
geringe tatsächliche Einwirkungsmöglichkeit hervor, die dem Wähler allein ver-
bleibe. Der Wähler werde gewissermaßen 'mediatisiert', die Parteien neigten
dazu, in ihrer Leitung den Charakter oligarchischer Machtbildung anzunehmen."
(S. 70)
Kritisch wird beigefügt:
„Ohne das Gewicht dieser Fragestellung zu mindern, wird man freilich dieser
Sicht entgegenhalten können, dass sie allzusehr vom Ideal der unmittelbaren
Demokratie geleitet ist und die laufende politische Diskussion innerhalb der Partei
in ihre Betrachtung zu wenig einbezieht." (S. 70)
Konrad Hesses Konzept der Parteiendemokratie geht im Gegensatz zu Leibholz
also davon aus, dass
*   politische Parteien keine Staatsorgane, sondern Zwischenglieder zwischen dem
    Einzelnen und dem Staat sind.
*   die politische Willensbildung nicht in den Parteien, sondern im Parlament erfolgt
    – jedoch im vorparlamentarischen Raum – etwa in den Parteien – vorab geklärt
    wird,
*   die Parteien hierzu die Volksmeinung erforschen bzw. meinungsbildend auf diese
    einwirken müssen.

Richard Stöss: Parteienstaat oder Parteiendemokratie?, in: Oscar W. Gabriel/
Oskar Niedermayer/Richard Stöss (Hrsg.): *Parteiendemokratie in Deutschland*,
Bonn: bpb, 2001, S. 13-35.
BMI: *Rechtliche Ordnung des Parteiwesens. Probleme eines Parteiengesetzes.
Bericht der vom Bundesminister des Innern eingesetzten Parteienrechtskom-
mission*, Franfurt/Main, Berlin: Alfred Metzner, 1957.

4. Ideenagenturen als intermediäre Institutionen

Think Tanks, im Deutschen häufig auch fälschlich als Denkfabriken bezeichnete Politikberatungsinstitutionen, spielen bei der Vermittlung von Orientierungswissen in den modernen Gesellschaften eine zunehmend bedeutsame Rolle. Während diese Institutionen jedoch in den meisten Ländern der westlichen Welt entweder Teil der Regierung sind oder von Parteien und Interessengruppen geschaffen wurden, haben die USA ein System externer Institutionen ausgebildet, das seinesgleichen sucht:

> „It is, no doubt, a part of the genius of the American political culture that so many of these organizations are able to flourish, and work in so many different junctures of the public and the private sectors, feeding so many differently constituted elite groups and publics, and drawing on so many diverse scholars and sources of financial support. And it is no wonder that thoughtful inhabitants of other democratic systems, whose elite political cultures provide far less diversity of this sort, wish they could transplant some seeds from at least a few of these remarkable institutions to foreign soil." (Nelson W. Polsby 1983, 59).

Grob gesprochen, kann man zwei grundlegende Typen unterscheiden: Den bereits genannten *wahren* Think Tank (Polsby 1983) mit allen seinen Schattierungen und den *politischen* Think Tank, der hier auch von uns als *politische Ideenagentur* bezeichnet werden soll. Damit wird zum Ausdruck gebracht, dass es zum Wesen dieses Typs von Institutionen gehört, Ideen als Produkte zu entwickeln, sie in der Öffentlichkeit zu verbreiten und im Sinne einer strategischen Kommunikation einer bestimmten Klientel zur Verfügung zu stellen.[169]

Gemeinsam ist den beiden Typen der organisatorische Status als nicht gewinnorientierte und von der Entrichtung von Steuern befreite, in der Regel gemeinnützige Institution. Sie finanzieren sich aus Spenden, Stiftungsvermögen und/oder Forschungsaufträgen von öffentlichen und privaten Geldgebern. *Wahre* Think Tanks beschränken sich auf die Bereitstellung einer denkfreundlichen Infrastruktur für hoch qualifizierte Fachleute. In der Abgeschiedenheit meist idyllisch gelegener Forschungsstätten finden sich für eine begrenzte Zeit Experten (oftmals aus verschiedenen Dis-

---

169 Der Begriff der Ideenmakler, der in Übersetzung des Buchtitels von Smith 1991 nahe gelegen hätte, wurde verworfen. Im Begriff des Makelns lässt sich die Produktion von Ideen nur schwer unterbringen. Die Agentur hat dagegen eine Vielfalt von Aufgaben, die besser denen entspricht, die man von Think Tanks gemeinhin erwartet.

ziplinen) im wissenschaftlichen Dialog, diskutieren über selbst ausgewählte Inhalte.

Im Gegensatz zu dieser Weltabgeschiedenheit der *wahren* Think Tanks, die hier nicht weiter thematisiert werden sollen, suchen die *Ideenagenturen* das politische Alltagsgeschäft. Sie besitzen in der Regel einen festen Mitarbeiterstab, der von einem Aufsichtsrat kontrolliert und von einem professionellen Management geführt wird. Hieraus ergibt sich auch die Abgrenzung von anderen Wissen produzierenden Institutionen wie Universitäten und staatlichen Forschungsinstituten sowie Stiftungen: Ideenagenturen suchen die Nähe zum politischen Entscheidungsprozeß, vermarkten ihre Ideen professionell, sind ideologisch mehr oder weniger festgelegt und lassen ihren Mitarbeitern meist nur wenig Freiheit bei der Auswahl und Behandlung von Themen. Sie betreiben, überspitzt formuliert: Interessenpolitik mit wissenschaftlichen Argumenten.

Von politischen Think Tanks und Ideenagenturen präsentierte Ideen dienen zumeist der Orientierung ihrer Adressaten: politische Entscheidungsträger, Verwaltungen oder – dies vor allem – die Öffentlichkeit. Insbesondere Nichtfachleute können in den wenigsten Fällen den Wahrheitsgehalt der verbreiteten Meinungen einschätzen, nehmen aber die angebotene Orientierung – gezielt oder unbewusst – auf. Die vermeintliche Autorität der Quelle ist entscheidend, und ihre Überzeugungs- bzw. Überredungskraft hängt oftmals von ganz unwissenschaftlichen Faktoren ab: im Besonderen von Rhetorik, Stilistik und Telegenität, den Bedingungen des Verbreitungsmediums mithin. Kein Wunder also, dass sich die Medien immer dann, wenn bedeutende Sachfragen zur Diskussion stehen, der Experten bedienen und damit ihren Beiträgen wissenschaftliche Autorität verleihen. Aber auch Adressaten aus Politik und Verwaltung lassen sich auf die angebotenen Orientierungen und Tendenzen ein. Sie suchen sie sogar und passen sie in ihre vorhandenen Denk- und Glaubensstrukturen ein. Damit bilden die Adressaten zusammen mit den Ideenagenturen *Tendenzkoalitionen*. Als Mitglieder dieser Koalitionen gelten neben den Politikern, Verwaltern und Ideenagenturen die Mitarbeiter von Abgeordneten, Beiräte der Ministerien, Kommissionen von Parlament und Regierung sowie Vertreter von Interessengruppen und Medien.

Politik, Verwaltung und wissenschaftliche Experten stehen – wie eingangs bereits gesagt – in derart orientierungsbedürftigen Gesellschaften vor dem Problem, dass ihre Antworten auf die drängenden Fragen der Bevölkerung immer nur Annäherungen an die komplexe Wirklichkeit sein können und deshalb naturgemäß nicht selten wertgebunden sind. Und es sieht so aus, als ob insbesondere die großen politischen Parteien gegenüber den Experten hierbei einen gravierenden Nachteil hätten: ihren Antworten mangelt es an Eindeutigkeit und daher oft auch an Überzeugungskraft. Ihre Programme zeichnen sich durch Unschärfe aus und dementsprechend wird ihre Handlungs- und Innovationsfähigkeit niedrig bewertet[170]. Das Ergebnis dieser Vertrauens-, viel eher aber Glaubwürdigkeitskrise der Politik ist bekannt und wird bei Wahlen zunehmend dokumentiert. Die Experten aber profitieren von dieser Legitimationskrise, weil sie Politik und Gesellschaft mit anscheinend verlässlichen und eindeutigen Antworten auf komplexe Fragen versorgen. Dies aber heißt nichts anderes, als dass von den Ideenagenturen letztlich in erster Linie Orientierungs- und Tendenzwissen produziert und in den agenda setting-Prozess eingeschleust wird.

Wenn man diesen Überlegungen folgt, löst sich auch das mögliche und verständliche Missbehagen an der Behauptung, Politikberatung durch politische Ideenagenturen habe vornehmlich Orientierungscharakter und könne damit nur bedingt wissenschaftlichen Wahrheitskriterien entsprechen. Wenn die These stimmt, dass hoch differenzierte Gesellschaften orientierendes Wissen dringend benötigen und daher seine Produktion herausfordern, die etablierten Institutionen (insbesondere die großen Volksparteien) diese aber zunehmend weniger glaubwürdig bereitstellen[171], kommt es ganz entscheidend darauf an, dass der Markt der Wissensproduzenten zumindest ansatzweise und von seinen Strukturbedingungen her ein pluraler Markt ist. Damit ist eine wichtige Voraussetzung für die Systemkonformität orientierender Wissensproduktion und -diffusion genannt. Ohne halbwegs funktionierenden Wettbewerb hätten die behaupteten Zusammenhänge potentiell verheerende Folgen für die Gesellschaft. Wenn dagegen zumindest teilweise funktionierender Wettbewerb herrscht, d.h. in unserem Zusammenhang: wenn von verschiedenen Ideenagenturen durchaus widersprüchliche, aber jeweils glaubwürdige Antworten auf ohnehin nicht mit letzter Sicherheit beantwortbare Fragen gegeben werden, können pluralistische politische Systeme durchaus Legitimität sichern, die nicht selten durch wenig überzeugende Kompromisspolitik verspielt wird.

Mehr oder weniger pluralistisch geprägte Systeme unterscheiden sich aber bekanntlich im Hinblick auf ihre jeweiligen institutionellen Strukturen. Während in den USA Verbände und Staat weitgehend getrennt sind

---

170 Rudolf Wildenmann: *Volksparteien. Ratlose Riesen?*, Baden-Baden: Nomos, 1989, S. 19.
171 Ebd., S. 74-75.

und das gesamte politische System nach wie vor stark durch marktorientierte Vorstellungen geprägt ist, sind für die Bundesrepublik Deutschland eher verflochtene Strukturen charakteristisch. Unterschiedliche Pluralismuskonzeptionen spiegeln sich demnach auch im institutionellen Gefüge der Ideenagenturen wider, ohne dass damit zwangsläufig funktionale Differenzen verbunden sind. Die Existenz eines entsprechenden sektoralen Marktes in den USA ist demnach ebenso erklärlich wie dessen Fehlen in Deutschland. Im parlamentarischen Regierungssystem Deutschlands finden sich, wie bereits gesagt, nur wenige Institutionen, die den organisatorisch unabhängigen, am Markt operierenden Think Tanks amerikanischer Provenienz entsprechen. Typisch ist dagegen die an einen Verband bzw. an eine Interessengruppe angeschlossene Forschungs- und Beratungsinstitution. Dass es sich dabei keineswegs um eine spezifisch deutsche Eigenart, sondern vielmehr um eine unmittelbar mit parlamentarischen Regierungsstrukturen verbundene Organisationsform handelt, zeigt das Beispiel Großbritanniens: Auch hier finden sich nur wenige organisatorisch unabhängige Ideenagenturen, während in Regierung und Verwaltung integrierte Gremien die Beratungslandschaft dominieren. Ein präsidentielles Regierungssystem wie das der USA erfordert andere institutionelle Beratungsstrukturen als eine parlamentarische Demokratie: Unterschiedliche Gewaltenteilungs- bzw. Gewaltenverschränkungsstrukturen mit ihren Folgen für die Parteien- und Verbändegefüge prägen das Aussehen der politischen Beratungsinstitutionen. Auch Politische Kulturen und Traditionen schlagen sich in unterschiedlichen organisatorischen Formationen nieder. Sie gehören zur politischen *Deutungskultur* des jeweiligen Landes, verstanden als die institutionell verfestigte, nationale Konstellation politisch relevanter Werte und *belief systems. Karl Rohe* (s.u. G.7.) hat diesen Teilbereich der Politischen Kultur bekanntlich als ein erkennbares und immer wieder zu verdeutlichendes politisches Design beschrieben, das zu den von ihm als politische *Soziokultur* bezeichneten Vorstellungen der Bürger passen muss. Die *strategischen Eliten* der Ideenagenturen haben die Aufgabe, jeweils unterschiedliche Deutungsangebote zu machen, die mit den in den Vorstellungswelten der Bürger gespeicherten Konzepten und Regeln vereinbar sind. Die Analyse dieser Institutionen und ihrer Rolle im politischen Meinungs- und Willensbildungsprozess muss daher um den Nachweis bemüht sein, ob und wie sich die jeweils unterschiedlich akzentuierten Politischen Kulturen von Staaten auf die Deutungskultur der Ideenagenturen auswirkt, denn:

„in modernen Gesellschaften haben wir es stets (. . .) mit mehr oder minder professionalisierten Interpreten und Produzenten von politischen Wirklichkeitsbildern zu tun, die Sinn- und Deutungsangebote für andere fabrizieren."[172]

Eine besondere Rolle bei derart charakterisierten Entscheidungsprozessen spielen die Modalitäten der Informationsgewinnung, die ihrerseits vor dem Hintergrund wertgebundener Einstellungen gesehen werden muss. Normativ-affektive Faktoren bestimmen, welche Informationen ausgewählt und aufgenommen werden, ob man sich stärker auf Bücher, Zeitungen oder andere Medien verlässt und wie man die gewonnenen Informationen schließlich interpretiert[173]. Folgt man diesen Überlegungen, durch die das Konzept des *rational man* (und damit auch des *homo oeconomicus*) radikal in Frage gestellt wird, gewinnt die Frage an Bedeutung, welche Institutionen diesen normativ-affektiven Entscheidungsprozeß beeinflussen. Auch Sabatier geht von dem prinzipiell großen und zumeist unterschätzten Einfluss von Wissenschaftlern, Journalisten und Verbänden beim agenda-setting aus. Die in unserem Zusammenhang wichtigsten Ergebnisse lauten:

1.   Wichtige Informationen werden zumeist in einer befürwortenden oder ablehnenden Haltung verwendet (advocacy), ihnen wird also eine Tendenz gegeben, um eine Position zu stärken oder zu schwächen.
2.   Nur selten beeinflusst ein spezielles Forschungsergebnis den politischen Entscheidungsprozeß ganz unmittelbar. Viel eher werden – nach vorhandenen Werthaltungen und Denkmustern – Forschungsergebnisse graduell und zeitlich verzögert in vorhandene Problemsichten eingebaut[174].

Entscheidender als die Forschungsergebnisse selbst ist ihre Verwendung im Beziehungsgeflecht von *Tendenzkoalitionen*. Man kann davon ausgehen, dass relativ stabile Tendenzkoalitionen allenthalben versuchen, ihre Politikziele gegenüber anderen durchzusetzen. Dabei versichern sie sich notwendigerweise wissenschaftlichen Sachverstandes und finden diesen bei den Ideenagenturen, die wissenschaftliche Munition in vorhersagbarer Tendenz liefern können:

„An advocacy coalition consists of actors from many public and private organizations at all levels of government who share a set of basic beliefs (policy goals plus

---

172 Karl Rohe: *Politik. Begriffe und Wirklichkeiten. Eine Einführung in das politische Denken*, Stuttgart: Kohlhammer, 1994, S. 168-169.
173 Amitai Etzioni: *The Moral Diminsion. Toward a New Economics*, New York: The Free Press, 1988, S. 95
174 Ebd., S. 95.

causal and other perceptions) and who seek to manipulate the rules of various governmental institutions to achieve those goals over time. Conflict among coalitions is mediated by policy brokers, i.e. actors more concerned with stability than with achieving policy goals"[175].

Besondere Bedeutung haben die politischen Ideenagenturen in Situationen, in denen der politische Konsens brüchig ist: Die Krise bietet den Agenturen das gewünschte *entrée*, weil ihre Stimme für das agenda-setting benötigt wird. Bei Routinepolitik wird man sich dagegen eher an die vorhandenen internen Beratungsgremien wenden.

4.1. Ideenagenturen im politischen Prozess

Die exakte Stellung der Ideenagenturen im Verlaufsschema des politischen Entscheidungs- und Willensbildungsprozesses lässt sich nicht eindeutig beschreiben. Lindblom hat im Hinblick auf dieses Problem daher den allgegenwärtigen Einfluss dieser Institutionen (im Sinne eines Netzwerks) auf alle Phasen des politischen Prozesses hervorgehoben. Priorität kommt jedoch zweifelsohne den Phasen der *Themenidentifikation* (issue-identification) und der *Thematisierung* (agenda-setting) zu.[176]

Im Wesentlichen erfüllen die politischen Ideenagenturen vier Funktionen im politischen Prozess:

- *Informations- und Ideengewinnung* (Produktion),
- *Informations- und Ideenverbreitung* (Diffusion),
- *Allokations- und Netzwerksfunktion* (Networking) und
- *Elitentransfer bzw. -rekrutierung* (Transformation).

Die *Produktion von Informationen und Ideen* ist die vielleicht naheliegendste Aufgabe von politischen Ideenagenturen. Aber auch dabei unterscheiden sich die einzelnen Institutionen je nachdem, welche Themen ausgewählt, welche Mitarbeiter mit welchen Inhalten beschäftigt werden.

Mindestens ebenso bedeutsam wie die Erzeugung von Wissen ist dessen *Verbreitung und Vermarktung*. Dies gilt im besonderen – wie bereits ausgeführt – in der Phase des agenda-setting, während der Medien und spezialisierte Öffentlichkeiten mit Publikationen regelrecht überschwemmt werden. Die Ideenagenturen nutzen dabei unterschiedliche Kanäle und Instru-

---

175 Paul A. Sabatier: Toward better Theories of the Policy Process, in: PS Jg. 24, Heft 2, 1991, S. 151f.

176 Charles E. Lindblom: *The Policy-Making Process*, Englewood Cliffs: Prentice Hall, 1980, S. 3.

mente (Bücher, Memos, Zeitungs- und Zeitschriftenartikel, Fernsehauftritte, briefings, etc.). Wichtigstes Ziel ihrer Aktivitäten ist eine hohe Sichtbarkeit in der öffentlichen Thematisierungsphase. Gleichzeitig sind die professionellen Informationsmanager der Öffentlichkeit auf die Dienstleistungen der Ideenagenturen angewiesen. Sie stellen aber auch Möglichkeiten zum Kontakt und gegenseitigen Austausch zwischen Politikern, Administratoren und ihren Mitarbeitern bereit. Mit der Veranstaltung von Seminaren, Symposien, Konferenzen und Vorträgen bieten sie hierfür geeignete Infrastrukturen.

Aber dies ist nicht das ganze Bild. Neben den auf die Gewinnung und Verbreitung von Informationen und Ideen ausgerichteten Funktionen widmen sich die Ideenagenturen in unterschiedlicher Intensität der Rekrutierung von Politikern und Administratoren sowie dem Transfer von Führungspersonal. In den Vereinigten Staaten haben die politischen Think Tanks zumindest teilweise diese Rekrutierungs- und Transformationsfunktion von den hierbei vergleichsweise ineffizienten politischen Parteien übernommen. Sie verstehen sich häufig als *clearing station* im Prozess des *in-and-out*. Hierbei handelt es sich um den Transfer von Fachleuten, „deren Karriere im Rahmen eines inhaltlichen Spezialgebietes angelegt ist (. . .) und die im Laufe ihrer Karriere zwischen Positionen in und außerhalb der Bürokratie wechseln"[177].

Ausgehend von diesem Funktionskatalog und unter Einbezug organisatorischer Merkmale lassen sich drei Typen von Ideenagenturen unterscheiden.[178]

Der erste Typus wird durch die *Universitäten ohne Studenten* gebildet Diese Organisationen arbeiten vornehmlich mit Wissenschaftlern, die gerade so gut an Universitäten oder staatlichen wissenschaftlichen Instituten lehren und forschen könnten. Viele wechseln denn auch häufig zwischen Institut und Universität. Ihre Arbeit schlägt sich in der Regel in längeren wissenschaftlichen Monographien oder in Beiträgen zur laufenden wissenschaftlichen Debatte (z.B. in Konferenzbeiträgen oder Zeitschriften-

---

177 Werner Jann: Politik als Aufgabe der Bürokratie: Die Ministerialbürokratie im politischen System der Bundesrepublik Deutschland im Vergleich zu anderen westlichen Demokratien, in: Politische Bildung, Jg. 21, Heft 2, 1988, S. 50.

178 Für den größeren Zusammenhang und empirische Nachweise vgl. Winand Gellner: Politikberatung durch nichtstaatliche Akteure – Typen, Funktionen, Strategien, in: Axel Murswieck (Hrsg.): *Regieren und Politikberatung. Konzepte und Erfahrungen*, Opladen: Leske + Budrich, 1994, S. 175-192; sowie jetzt auch Josef Braml: *Think Tanks versus „Denkfabriken"? U.S. and German Policy Research Institutes. Coping with and Influencing Their Environments*, Baden-Baden: Nomos 2004.

aufsätzen) nieder. In den USA kommt hinzu, dass aus dem Rampenlicht aktiver Politik getretene Politiker und ehemalige Administratoren sich häufig in diese Institutionen zurückziehen – nicht zuletzt um sich gegebenenfalls für den Wiedereinstieg in Machtpositionen bereit zu halten. Diesen Typ von Ideenagenturen repräsentieren in Deutschland u.a. die sechs großen *Wirtschaftsforschungsinstitute*, die *Stiftung Wissenschaft und Politik* (SWP) oder die *Deutsche Gesellschaft für Auswärtige Politik* (DGAP). In den USA gehören dazu die traditionellen Politikforschungs- und Beratungsinstitutionen wie die *RAND Corporation*, die *Brookings Institution* oder das American *Enterprise Institute* (AEI). Von Seiten langjähriger Mitarbeiter dieser Institute wird darauf hingewiesen, dass man sich der Konkurrenz der *political consultants* nur durch mehr und stärker inhaltlich akzentuierte Öffentlichkeitsarbeit erwehren könne. Pressekonferenzen und – oberflächliche – Kurzberichte sind zu einem der wichtigsten Werkzeuge der meisten Institute geworden. Beherrschendes Ziel wird die Medienpräsenz, die kontinuierliche Mitbestimmung der agenda. Daneben spielen aber die traditionellen Kanäle der Politikberatung nach wie vor eine Rolle: Es werden immer noch für die wissenschaftliche Reputation nötige Fachbücher geschrieben, obwohl gerade Politiker und Administratoren unisono über Umfang und zu wissenschaftlich geratene Inhalte klagen. Generell kann man sagen, dass die Institute diesen Typs sich zwar den veränderten Rahmenbedingungen stellen (müssen), dies aber noch keine deutlicher spürbaren bzw. von außen erkennbaren Auswirkungen auf ihre Ziele und Strategien hat.

Einen zweiten Typ von Ideenagenturen stellen die organisatorisch unabhängigen, nicht direkt von einer Partei oder Interessengruppe dominierten Institute auf der Basis gemeinnütziger oder sonstiger, jedenfalls nicht gewinnorientierter, Vereinigungen dar: sie sollen hier als *interessenorientierte Institute* bezeichnet werden. Hierunter fallen das *Öko-Institut*, das *Institut für Wirtschafts- und Gesellschaftspolitik* (IWG), aber auch das *Frankfurter Institut* oder das *Walter-Eucken Institut*. Alle diese Institute haben gemeinsam: die (nominelle) organisatorische Unabhängigkeit bei gleichzeitig deutlicher weltanschaulicher oder politischer Ausrichtung und damit die klar erkennbare Orientierung an bestimmten Interessen. Die zumeist nicht sehr großen Institute haben nicht selten als Einmann-Unternehmen begonnen und sich zwischenzeitlich ihre Nischen im Beratungsmarkt gesichert. Zu dieser Gruppe werden hier auch die meisten der demoskopischen Institute gerechnet, die zwar organisatorisch zumeist private

Unternehmungen sind, funktional aber einen durchaus vergleichbaren Status als Ideenagentur haben.[179]

In den USA hat dieser Typ von interessenorientierten Instituten seit den späten 70er Jahren für Aufsehen gesorgt und nach den Einschätzungen vieler Beobachter den Trend zur Pluralisierung des Beratungsmarktes ausgelöst. Als Beispiele seien hier die *Heritage Foundation* (konservativ), das *Cato Institute* (libertär) sowie das *Institute for Policy Studies* – IPS (radikal) genannt.

Bei den Ideenagenturen dieses Typs gewinnt neben der grundsätzlich angestrebten und nötigen wissenschaftlichen Reputierlichkeit die wertgebundene Komponente ihrer Arbeit immer stärker an Bedeutung. Ihre Zielgruppe ist sehr deutlich die eigene Tendenzkoalition, der entsprechende Argumente geliefert werden müssen, wenn man nicht vom Markt verschwinden will. Von daher verbieten sich in der Regel längere Publikationen. Demgegenüber gewinnen Netzwerkfunktionen stärker an Bedeutung. Neben der Klientel-Öffentlichkeit wird aber auch das allgemeine Publikum gesucht. Hierbei bedient man sich bevorzugt sympathisierender Medienvertreter, die im günstigsten Falle der gleichen Tendenzkoalition zuzuordnen sind. Diese Institutionen erheben zwar den Anspruch wissenschaftlicher Qualität, sind aber nur schwer von den organisatorisch eingebundenen Interessenforschern der nächsten Gruppe zu unterscheiden.

Diesen dritten Typ bilden die *interessengebundenen Ideenagenturen*, die Forschung v.a. zur Munitionierung strategischer Ziele der jeweiligen Klientel anbieten. In der Bundesrepublik Deutschland sind dies zumeist auch formal mehr oder weniger an einen Verband oder die Parteistiftungen angegliederte Institute: z.B. das *Institut der deutschen Wirtschaft* (IW), das *Wirtschafts- und Sozialwissenschaftliche Institut des Deutschen Gewerkschaftsbundes* (WSI) und die Forschungs- und Beratungsinstitute der *parteinahen Stiftungen*. Auch hierbei handelt es sich um eine heterogen zusammengesetzte Gruppe mit sehr unterschiedlichen Konstitutionen, Strategien und Zielen. Gemeinsam ist ihnen aber, dass ihr Hauptinteresse der Förderung der politischen Ziele ihrer jeweiligen Mutterorganisation dient. Wissenschaftliche Erkenntnisse müssen daher gelegentlich Opportunitätserwägungen politischer Natur geopfert werden. In den USA gehört zu

---

179 Vgl. hierzu mit vielfältigen Nachweisen Winand Gellner: Demoskopie, Politik, Medien – Anmerkungen zu einem problematischen Verhältnis, in: Otfried Jarren/ Heribert Schatz/Hartmut Wessler (Hrsg.): *Medien und politischer Prozess. Politische Öffentlichkeit und massenmediale Politikvermittlung im Wandel*, Opladen: Westdeutscher Verlag, 1996, S. 169-184.

diesem Typ der gebundenen Ideenagentur u.a. das *Progressive Policy Institute* (PPI), das vom eher konservativen Flügel der Demokratischen Partei unter Führung des Democratic Leadership Council gegründet wurde. Seine Rolle als Ideenagentur v.a. im ersten erfolgreichen Präsidentschaftswahlkampf Bill Clintons lässt sich kaum überschätzen. Die Gewerkschaften haben ihrerseits bei der Gründung des *Economic Policy Institute* (EPI) geholfen.

Oft lassen sich die in den USA auch als *Politikunternehmer* bezeichneten Interessenforscher kaum von *political consultants* oder Lobbyisten unterscheiden. Es handelt sich meist um kleine oder Kleinstunternehmen, an deren Spitze zwar häufig Wissenschaftler oder Personen mit wissenschaftlichem Hintergrund stehen, deren Ziel aber die kaum verhüllte (eigene) Interessendurchsetzung ist: Sie betreiben deutlich erkennbare Interessenpolitik mit wissenschaftlichen Argumenten.

Trotz unterschiedlicher politischer Systeme lassen sich in beiden ausgewählten Ländern *funktionale Äquivalente* für eine Politikberatung durch Ideenagenturen finden, die sich zunehmend auf die Vermittlung von Orientierungswissen im Prozess des öffentlichen Meinungs- und Willensbildung spezialisiert haben. Sie ersetzen damit partiell Aufgaben von Interessengruppen und Parteien, die diesen im Zuge von gesellschaftlichen Veränderungen abhanden gekommen sind. Entscheidend für die Funktionalität dieser Institutionen ist ihre jeweils unterschiedlich akzentuierte Pluralität. Wichtigste Rahmenbedingung hierfür ist der Trend zu immer risikobewussteren Gesellschaften, die verstärkt nach vermeintlich verlässlichem Wissen fragen. Wenn eindeutig sichere Antworten nicht möglich sind, bildet sich eine Pluralität von Antworten und damit Institutionen heraus, die diesen Bedarf befriedigen. Anders ausgedrückt: es entstehen unterschiedlich weit entwickelte und verfasste Ideenmärkte, auf denen spezialisierte Agenten den jeweiligen Klienten entsprechende Dienstleistungen anbieten. Im Rahmen dieser Märkte können vielfältige, möglicherweise aber auch einseitige Konkurrenz- und Wettbewerbsbeziehungen zwischen Ideenanbietern herrschen.

Think Tanks in den USA und Deutschland sind also von ihrer jeweiligen politischen und gesellschaftlichen Konstellation geprägt und ihre entsprechenden Rollen und Selbstverständnisse führen zu unterschiedlichen Verhaltensmustern und Strategien. Während der Beratungsmarkt in Deutschland und in anderen europäischen Staaten stark oligopolistische Züge trägt und die Kommunikationsbeziehungen zwischen Think Tanks und Politik nach wie vor auf sehr direktem Wege, zumeist zwischen Institut und Regierung, stattfinden, ist der amerikanische ein pluraler Markt, in dem die Medienvermittlung mindestens so entscheidend wie die Substanz der Arbeit ist. Allerdings sind Tendenzen zur Amerikanisierung unverkennbar.

4.2. Amerikanisierte Ideenmärkte

Wir beobachten nicht nur in Deutschland, sondern in allen entwickelten Mediendemokratien die Zunahme von Politikberatungsinstitutionen, die neben der Regierung (und weniger dem Parlament) vor allen Dingen auf die *Öffentlichkeit* und deren Agenturen, die Medien, blicken. Beide Gruppen, also die etablierten, akademisch zumeist sehr angesehenen Think Tanks, auch die parteinahen Stiftungen sowie andererseits die zumeist kleineren, neueren Institute haben aus dem amerikanischen Kontext gelernt und begriffen, dass durch die Medien ein großer Einfluss auszuüben ist und durch Medienpräsenz Ansehen und Finanzierungsmöglichkeiten verbessert werden. Insoweit lässt sich, analog zum amerikanischen Beispiel, thesenartig formulieren, dass zwar zum einen die klassischen Felder der Politikberatung (Regierung und Parlament) von den etablierten Spielern gepflegt werden, dass sich aber andererseits Politikberatung immer stärker in die Arena der Öffentlichkeit verlagert hat. Politikberatung durch öffentlichkeitsorientierte Ideenagenturen wirkt gewissermaßen zunehmend und verstärkt von außen über die Medien nach innen. Neben der klassischen Beratungstätigkeit werden gezielt Ergebnisse publiziert, um damit Regierungen und Parlament, also den politischen Meinungs- und Willensbildungsprozess, zu beeinflussen. Dadurch geraten Experten und eher traditionell orientierte Politikberater durchaus in Zugzwang. Denn das Marketing von politischem Wissen ist oftmals nicht ihre Sache. Die meisten sind akademisch ausgebildet und in diesem Kontext ist das *Marketing* von Ideen naturgemäß weniger wichtig. Zunehmend gefragt sind also die strategisch denkenden externen Politikberater, die oft nicht einmal eine besondere wissenschaftliche Reputation haben. Nicht von ungefähr sind Leute wie Roland Berger oder Peter Hartz stärker gefragt als spröde Politikberater aus den akademisch geprägten Instituten. Trotz allem traditionell vermitteltem Sachverstand von außen, der sicherlich nach wie vor in die Regierungsarbeit einfließt, gestalten die *Gaukler* (TV-Moderatoren), *Barden* (Talk Show-Wissenschaftler) und *Orakel* (Demoskopen) nach amerikanischem Vorbild die Medienagenda bei den Christiansen-Shows dieser Welt, unterstützt von politischen und politisierenden Unternehmern, die als Person wegen ihres strategischen Wissens, aber auch ihrer vergleichsweisen Unabhängigkeit und daher Offenheit geschätzt werden. Neben der inhaltlichen Beratung etabliert sich somit verstärkt die operative, prozedurale – zum Verdruss der akademischen Disziplinen, die sich selten genug in der Lage sehen, von ihrer akademischen Prägung abzusehen. Denn in gleichem Maße, in dem sich Politikberatung popularisiert und damit amerikanisiert, wird sie für Akademiker, deren Interessen nach wie vor auf akademische Karrieren gerichtet sind, fast schon gefährlich.

5. Medien

Wenn von Medien die Rede ist, sind damit meist die Massenmedien gemeint. Dieser Sprachgebrauch soll auch hier beibehalten werden. In Abgrenzung zu den Medien der Individualkommunikation sind Massenmedien durch einen indirekten, einseitigen Kommunikationsfluss gekennzeichnet. Dieser wird von wenigen Sendern getragen und richtet sich an ein anonymes, disperses Publikum.[180] Unter dem Sammelbegriff Massenmedien werden gängigerweise Presse, Hörfunk und Fernsehen zusammengefasst. Es spricht aber aufgrund der immer stärkeren Verbreitung des Internet einiges dafür, auch einige der Online-Angebote in diesem Segment aufzuführen, die nicht individualisiert oder personalisiert sind, wie etwa die Online-Ausgaben von Tageszeitungen und Nachrichtenmagazinen, die ebenfalls von wenigen Anbietern gesendet werden, unidirektionalen, indirekten Kommunikationsbeziehungen folgen und an ein unbekanntes, räumlich weit verstreutes Publikum gerichtet sind.

5.1. Politik und Medien

Repräsentativ verfasste Demokratien setzen einen öffentlichen Bereich voraus, in dem die politischen Dinge verhandelt und entschieden werden, die *res publica*. Dem entspricht ein öffentlicher Meinungs- und Willensbildungsprozess, in dem politische Akteure – Abgeordnete, Parteien, Interessengruppen – stellvertretend für die Bürger handeln. Die *Massenmedien* sind als institutionelle Träger der *Öffentlichen Meinung* Teil dieses Prozesses. Dabei bildet das Verhältnis zwischen Politik und Medien eine wesentliche Grundbeziehung jeden politischen Systems. Der fundamentale Zu-

---

180 Vgl. Winand Gellner: Massenmedien, in: Dieter Nohlen/Rainer-Olaf Schultze (Hrsg.): *Lexikon der Politikwissenschaft. Theorien, Methoden, Begriffe, Band 1, A-M*, München: C.H. Beck, 2002, S. 510-511 [510].

sammenhang zwischen diesen beiden Bereichen wird deutlich in den theoretischen Überlegungen zum Stellenwert der Öffentlichen Meinung, die zwar erst im 16. Jahrhundert ihre begriffliche Benennung erfährt, deren Wesensgehalt sich aber bis in die griechische Antike zurückverfolgen lässt.[181] Ausgangspunkt dieser Theorien war die Überzeugung, dass es den Bürgern in einem repräsentativen Verfassungsstaat möglich sein sollte, am politischen Prozess teilzunehmen. Da der Modus dieser Teilnahme je nach gesellschaftlicher, zivilisatorischer und kultureller Konstellation differiert, lassen sich für unterschiedliche Entwicklungsetappen entsprechende Bewertungen und Interpretationen dieser bürgerrechtlichen Grundlage nachweisen:

„Im ersten Bereich manifestieren sich die gesellschaftlich gegliederten Vitalkräfte mit ihrem ökonomischen und machtmäßigen Durchsetzungsstreben in Wirtschaft, gesellschaftlichem Organisationswesen und Staat. Sie finden ihre Ausprägung in unterschiedlichen Wirtschaftsstilen und mehr oder weniger zu Kollektividentitäten verdichteten Staatsgefügen. Die geistig-seelische Lebenswelt aber zeigt zwei unterschiedlich geartete Entwicklungs- und Gestaltungskomponenten: Auf der einen Seite die von Weber als „Zivilisationsprozess" bezeichnete rationale Welterschließung, in deren Zentrum die wissenschaftlich-technische Entwicklung steht, die zwar aus sozial- und kulturspezifischen Entfaltungskonstellationen hervorgeht, aber im Bereich des Auffindbaren und Erfindbaren kumulativ und interkulturell transmissibel fortschreitet. Und auf der anderen Seite die kulturelle Lebenssphäre mit ihren schöpferisch-spontanen Reaktionen auf individuelle Lebenserfahrungen und sozial und zivilisatorische Daseinskonstellationen."[182]

Wenn man auch in der Regel in vergleichbaren politischen Ordnungen Übereinstimmung zu den wesentlichen Funktionen der Medien findet, scheint es unter dem Aspekt politischer Macht jedenfalls in pluralistischen Demokratien westlicher Prägung keinen Konsens über die Wahl der funktionsadäquaten Medienordnung zu geben, da am status-quo orientierte Interessen mit eher dynamisierenden Auffassungen konkurrieren, deren jeweilige Legitimation sich aus unterschiedlichen Einschätzungen der Macht-

---

181 Zur Begriffsgeschichte der „öffentlichen Meinung" vgl. Bauer 1914 (1981 Neudruck); Speier in: American Journal of Sociology 55 (1959), S. 9-55; Minar in: Western Political Quarterly 13 (1960), S. 31-44; Fraenkel in: ZfP 4 (1963), S. 309-328; Childs 1965; Otto in: Publizistik 2 (1966), S. 99-130; Raffel in: Publizistik 1 (1984), S. 49-62.
182 Faul in: Publizistik 1 (1987), S. 69. Zur Begrifflichkeit siehe A. Weber in: Archiv für Sozialwissenschaft und Sozialpolitik 47 (1920/21), S. 1-49.

verhältnisse und Einflussmöglichkeiten im Rundfunkbereich ableiten lässt. Dieser seit etwa Ende der 1960er-Jahre mit dem Begriff *Medienpolitik* bezeichnete Politikbereich lässt sich, wie bereits angedeutet, unter einem zweifachen Aspekt betrachten: zum einen im Hinblick auf die Organisation der Medieninstitutionen, zum anderen im Hinblick auf die Auseinandersetzungen um Medieninhalte und deren Auswirkungen auf den politischen Willensbildungsprozess.

Bis auf ganz wenige Ausnahmen[183] ignorierten traditionell orientierte Politikwissenschaftler die Medien und diese ungute Tradition ist bis heute weitgehend ungebrochen. Natürlich, so beeilt(e) man typischerweise hinzuzufügen, berücksichtige man im Rahmen der Politikwissenschaft die Medien, entweder unter dem Gesichtspunkt der Regierungs- und Wahlkommunikation oder aber im Sinne eines weiteren gesellschaftliches Subsystems, dem allenfalls eine Sozialisationsfunktion zukomme.[184] Diese beiden *scholastischen* Perspektiven blenden die Medien als politische Institution weitgehend aus, sie werden nicht als eigenständiger Akteur der politischen Meinungs- und Willensbildung angesehen, sind keineswegs gleichwertig mit klassischen Gegenständen wie Regierungen, Parlamenten, Parteien oder Interessengruppen. Insofern aber, als die Medien den öffentlichen Raum zum Austrag des politischen Meinungsstreits darstellen, also die *res* erst *publica* machen, erwächst ihnen automatisch eine zentrale demokratietheoretische Bedeutung, sowohl für die *polity*, als auch für die *politics* und als *policy*.[185]

Es ist evident, dass die Medien als Träger des öffentlichen Meinungs- und Willensbildungsprozesses eine entscheidende, demokratietheoretisch gut zu begründende, zentrale Rolle spielen. Die zentrale und klassische Frage lautet, wie aus politikwissenschaftlicher Perspektive die normativen Rahmenbedingungen einer *guten* Medienordnung aussehen sollten. Ansätze zur Erforschung der öffentlichen Meinung, die sich zunächst am klassischen Modell politischer Öffentlichkeit orientieren und dann, den Strukturwandel der Öffentlichkeit nachvollziehend, nach den politischen

---

183 Hier sind neben den 'Wildenmännern' (Rudolf Wildenmann, Heribert Schatz, Max Kaase u.a.) vor allem mein akademischer Lehrer Erwin Faul, aber auch Werner Kaltefleiter.

184 Vgl. hierzu die Übersicht bei Winfried Schulz: Politische Kommunikation: theoretische Ansätze und Ergebnisse empirischer Forschung zur Rolle der Massenmedien in der Politik. Opladen: Westdeutscher Verlag 1997, S. 24-46.

185 Max Kaase: Politische Kommunikation – Politikwissenschaftliche Perspektiven, in: Otfried Jarren et al. (Hrsg.): *Politische Kommunikation in der demokratischen Gesellschaft*, Opladen: Westdeutscher Verlag, 1998, S. 97-113 [100-108].

Funktionen der Medien in den modernen Gesellschaften fragen, sind in der Politikwissenschaft aber selten. Neben den zumeist an Jürgen Habermas oder Niklas Luhmann orientierten Soziologen werden diese Fragen nach der Verfasstheit der Medien von Staats- und Verfassungsrechtlern oder gar Ökonomen dominiert. Dabei ist die Medienverfassung auf lokaler, regionaler, nationaler und globaler Ebene ein genuin politikwissenschaftlicher Gegenstand, der weit über rechtliche und ökonomische Kompetenz hinausgeht. Wo es um weitreichende Zukunftsentscheidungen der politischen Kommunikation geht, dominieren formalistische und praktische Argumente derjenigen, die sich auf festem Grund wähnen, weil sie als Rechtswissenschaftler oder Ökonomen ihre – unterschiedlichen, aber klaren – Paradigmen haben. Die ordnungspolitische Frage nach der Rolle von Staat und Kapital im Hinblick auf die Medienverfassung ist indes viel zu komplex, als dass sie sich unter Bezug auf Paradigmen wie zum Beispiel den *homo oeconomicus* beantworten lassen könnte:

> „The mass communications media are the connective tissue of democracy. They are the principal means through which citizens and their elected representatives communicate in their reciprocal efforts to inform and influence. Despite the widespread acknowledgment of the paramount importance of this 'political communications' function, however, the literature in political science is notable for the general absence of rigorous comparative analyses of the mutually influencing interaction between the flow of political information, on the one hand, and the basic democratic character of political regimes and individual political attitudes and behavior, on the other."[186]

Während aber die Bedeutung der Medien für den politischen Prozess noch am ehesten akzeptiert zu sein scheint und die *policy*-Analyse sie ohnehin als einen Politikbereich neben vielen anderen ansieht, fehlt es an überzeugenden theoretischen Konzepten zur Integration der Medien im Rahmenwerk der *polity*. Und zwar sowohl im Hinblick auf den normativen Rahmen, als auch im Kontext eines Konzepts von Politischer Kultur, das bewusst über quantifizierende Analysen hinausgeht.

5.1.1. Medienordnungstypologien

Die klassifizierende Ordnung unterschiedlicher Mediensysteme erfordert neben klaren Kriterien für die Zuordnung der einzelnen Typen eine über-

---

186 Richard Gunther/Anthony Mughan: *Democracy and the Media. A Comparative Perspective*. Cambridge 2000, S. 1.

greifende Dimension. Je nachdem, ob die Aufsicht über die Medienprogramme, die Konstitution der Veranstalter selbst, die Finanzierungsweisen, die Programmziele und -inhalte, die Produktionsbedingungen oder andere Aspekte zur Diskussion stehen, erweist es sich als notwendig, unterschiedliche Typen zu entwickeln. Daneben wird die Typologisierung durch den Umstand erschwert, dass oftmals Mischsysteme aus einzelnen Typen entstanden sind, um vermeintliche Vor- oder Nachteile eindeutiger Organisationssysteme auszugleichen, bzw. dass ihre Entstehung mit bestimmten historischen Konstellationen zu erklären ist.

Ausgangspunkt aller Versuche, das Rundfunkwesen ordnungspolitisch zu erfassen, war die Bedeutung des Rundfunks als machtpolitischer und politisch-kultureller Faktor. Von daher lassen sich die Besonderheiten der öffentlich-rechtlichen Medienordnungen rechtfertigen, die bis Ende der 1970er-Jahre in den meisten Staaten Westeuropas Geltung besaßen. Das Modell *öffentlich-rechtlicher Rundfunk* beruht auf verschiedenen Prämissen, die sich in unterschiedlich dimensionierten Knappheitskriterien zusammenfassen lassen: Die große Bedeutung des Rundfunks als Medium und Faktor der *Öffentlichen Meinung* legitimiert weitergehende Ordnungsanstrengungen als im Bereich z. B. der Druckmedien. Da außerdem die Sendefrequenzen knapp und die finanziellen Voraussetzungen zur Veranstaltung von Fernsehen hoch sind, muss sichergestellt sein, dass alle gesellschaftlich-relevanten Gruppen Zugang zu diesem Medium besitzen. Nur öffentlich-rechtliche Organisationsformen – so die Prämisse der etablierten Rundfunkordnungen in den westeuropäischen Staaten – können diesem Anspruch gerecht werden. Im Einzelnen wurden unterschiedliche öffentlich-rechtliche Lösungen für Aufsicht und Kontrolle gefunden, die je nach politischer Ordnung zum Teil erheblich differieren.

Die folgende Typologie orientiert sich am politikwissenschaftlich interessantesten und wichtigsten Kriterium von Staatsnähe bzw. -ferne und ermöglicht eine differenzierte Betrachtung der unterschiedlichen Rundfunkordnungen:

Trotz aller Unterschiedlichkeit im einzelnen gehen alle Typen von der genannten, gleichen Prämisse aus: Rundfunk erfordert eine spezielle Organisationsform, die aber keineswegs eine Vorentscheidung für private oder öffentlich-rechtliche darstellt. Die Vermehrung der technischen Verbreitungsmöglichkeiten (die *neuen Medien*) brachten aber nicht nur in der Bundesrepublik Deutschland diesen etablierten ordnungspolitischen Ansatz ins Wanken und führten in der Konsequenz zur Systemerweiterung durch den Einbezug privater Veranstalter in sog. *dualen Systemen*. Grund-

Abb. 27: Organisationsformen des Rundfunks (nach dem Kriterium 'Struktureller Unabhängigkeit bzw. Abhängigkeit vom Staat'). Eigene Darstellung. Bearbeiter: W. Gellner/Ch. Wiegrebe.

		Organisationsformen (Idealtypen)	Realtypen
	1	Private Organisationen *ohne* Auflagen	Piratensender
	2	Private Organisationen *mit* Auflagen	Privat-kommerzieller Rundfunk (USA, Italien)
	3	Private Organisationen *mit* (gesetzlich vorgeschriebener) gesellschaftlich-pluralistischer Organisationsstruktur	Privat-kommerzieller Rundfunk (Großbritannien, Deutschland)
	4	Staatliche Koordination gesellschaftlicher und privater Veranstalter (-gruppen)	Niederlande, Schweiz
	5	Autonome Organisationen (Anstalten des öffentlichen Rechts) mit überwiegend gesellschaftlich-pluralistisch kreierter Repräsentation	Öffentlich-rechtlicher Rundfunk (Deutschland)
	6	Staatlich lizenzierte autonome Organisationen	Öffentlich-rechtlicher Rundfunk (Großbritannien, Italien)
	7	Staatlich eingerichtete Organisationen mit Selbstverwaltungsgarantie und redaktioneller Autonomie	Öffentlich-rechtlicher Rundfunk (Frankreich)
	8	Staatliche Organisationen ohne verbürgte redaktionelle Autonomie	Mehrzahl der Länder der Welt (insbesondere Entwicklungsländer)
	9	Staatsparteilich gelenkte Medien im Rahmen totalitärer Herrschaftssysteme	Noch bestehende kommunistische Staaten, früher auch NS-Regime, religiös-fundamentalistische Staaten

Zunehmende strukturelle Abhängigkeit

Weitere typologische Unterscheidungskriterien:

Organisationsgefüge

| unitarisch | dezentralistisch | föderal |

Konkurrenzverhältnisse

| Keine Konkurrenz | Konkurrenz zwischen mehreren Anstalten derselben Kategorie | Konkurrierende Mischung von Veranstalterarten |

Finanzierungsformen

| Gebühren | Werbung | Zahlung nach Abnahme (Pay-TV) | Mischformen |

Herkunft der Programmproduktion (Typen zu bilden nach Anteilen von)

| Eigenproduktion | Auftragsproduktion | Koproduktion, Inland |

| Koproduktion mit Ausland | Fremdproduktion, Inland | Fremdproduktion, Ausland |

lage dieser erweiterten Ordnungen ist die Funktionsteilung zwischen öffentlich-rechtlichen und privaten Veranstaltern. Den Erstgenannten kommt dabei die Aufgabe der *Grundversorgung* zu, die umschrieben wird als Gewährleistung eines inhaltlich umfassenden Programmangebots, das den essentiellen Funktionen des Rundfunks für die demokratische Ordnung und für das kulturelle Leben gerecht wird. Aber auch die privaten Veranstalter stehen trotz reduzierter Auflagen unter der Kontrolle von externen, aber öffentlich-rechtlichen Aufsichtsgremien und müssen in ihren Programmen einen gewissen *Grundstandard* einhalten,

> „der die wesentlichen Voraussetzungen von Meinungsvielfalt umfasst: die Möglichkeit für alle Meinungsrichtungen – auch diejenigen von Minderheiten –, im privaten Rundfunk zum Ausdruck zu gelangen, und den Ausschluss einseitigen, in hohem Maße ungleichgewichtigen Einflusses einzelner Veranstalter oder Programme auf die Bildung der öffentlichen Meinung."[187]

Wichtig ist, dass diese dualen Systeme keineswegs eine prinzipielle Abkehr vom *public service*-Prinzip darstellen. Vielmehr repräsentieren diese Systeme eine funktionsgerechte Differenzierung der entwickelten Rundfunkordnungen. Gegenwärtig ist allerdings ein neuer Entwicklungsschub zu konstatieren, der dieses *duale System* in Frage stellt. Er lässt sich umschreiben mit Stichworten wie *Amerikanisierung*, *Globalisierung*, oder *Deregulierung*. In der Konsequenz dieses Denkens wird demnach nicht weniger als die Aufhebung der vermeintlich protektionistischen Medienordnungen im Zeichen des freien Wettbewerbs gefordert. Gerade das neue Medium *Internet* dient dabei als Argument dafür, dass man die überkommene Ordnungspolitik zugunsten eines marktliberalen Modells beenden solle. Und auch aus partizipationstheoretischer Perspektive erwartet man vom Internet wahre Wunderdinge und eine Rückkehr zu traditionellen Formen politischer Öffentlichkeit.

5.1.2. Internet und Öffentlichkeit

> „Durch Diskussionsforen im Internet, Live-Chats mit Politikern oder E-Mails an die Regierung ist es möglich, in der Demokratie des digitalen Zeitalters die *agora*, also den politischen Marktplatz der alten Athener, als E-Gora wieder attraktiv zu machen."[188]

---

187 BVerfGE 73, 1987, S. 118.
188 FAZ v. 20.3.01, S. B13.

Bundesinnenminister Otto Schily, von dem das Zitat stammt, und viele andere an sich ernstzunehmende Politiker beeilen sich, dieses vermeintliche Potenzial des Internets zu preisen und sie können sicher sein, dass die Technologie- und Internetbranche zustimmend nickt. Sieht man von gelegentlichen Kassandrarufen professioneller Miesmacher[189] ab, überwiegt in Politik und Wirtschaft die Überzeugung, das Internet könne tatsächlich eine erhebliche qualitative Verbesserung der Möglichkeiten zur politischen Teilhabe bewirken, es konstituiere sich damit gewissermaßen ein neuer öffentlicher Raum, in dem erstmals wirkliche direkte Demokratie möglich sei. Jeder einzelne könne sich, so die Theorie, in dieser Cyberdemokratie direkt in den politischen Prozess einschalten, Repräsentativfossilien wie Parteien und Verbände würden daher zu Recht zunehmend überflüssig: „So entsteht ein neuer Typ von Öffentlichkeit, frei von Vorschriften und übergeordneten Institutionen"[190]. Angesichts der um sich greifenden Diskussionen um die verstärkte Einführung direktdemokratischer Elemente ist diese Position bei Politikern weit verbreitet, nichtsdestotrotz aber eher als symbolische Politik zu verstehen, denn die Wirklichkeit sieht anders aus. Wer schon einmal an politischen *chat*-Foren teilgenommen hat, kann nur den Kopf schütteln: Wenn das die E-Gora sein soll, wie jämmerlich muss dann die *agora* gewesen sein? Aus so etwas soll sich ein demokratisches Gemeinwesen entwickelt haben? Ist das Internet in der bestehenden Form nicht viel eher eine Schwatzbude, ein Forum für schwadronierende Selbstdarsteller, die – oft auch noch hinter einem Pseudonym versteckt – in grotesk retardierter Sprache ihre individuellen, zumeist belanglosen Eitelkeiten präsentieren?

Natürlich sind beide Perspektiven überzeichnet und niemand wird ernsthaft bestreiten, dass das neue Medium Internet demokratieförderliches Potenzial hat, genauso wie es zum Missbrauch und zur Scharlatanerie geradezu einlädt. Beide Qualitäten reflektieren den quasi-anarchischen Charakter des Mediums und die historische Analyse bestätigt den Verdacht, dass auch die antike *agora* von der gleichen Widersprüchlichkeit gezeichnet war: Die *agora* ist als Ausdruck der öffentlichen Meinung ebenfalls ein

---

189 Einschlägig: Clifford Stoll: *Die Wüste Internet: Geisterfahrten auf der Datenautobahn. Aus dem Amerikanischen von Hans Jörg Friedrich*, Frankfurt/Main, 1998; Joseph Weizenbaum: *Kurs auf den Eisberg: oder nur das Wunder wird uns retten, sagt der Computerexperte*. Zürich, 1984.

190 Jeanette Hofmann vom Wissenschaftszentrum Berlin. Zit. nach Die ZEIT v. 19.1.96, S. 17. John Perry Barlow vergleicht das kalifornische Computernetz WELL mit einer alten Ortsgemeinschaft. Die ZEIT v. 5.7.96, S. 62. Vgl. hierzu auch die Prognosen von Eli M. Noam: *Cyber-TV. Thesen zur dritten Fernsehrevolution. Gütersloh* 1996.

Forum der Geschwätzigkeit, der Gerüchte gewesen: *rumor* und *fama* sind die passenden Begriffe in Athen und Rom. Alkuin spricht im Mittelalter von der *vox populi* als *vox dei*, vergisst aber nicht zu erwähnen, dass die Stimme des Volkes leider eben auch zur *vox Rindvieh* mutieren könne. Auch Machiavelli sieht das Schimärenhafte des öffentlichen Meinungs- und Willensbildungsprozesses in der Republik und empfiehlt den Herrschenden, die Religion als Beruhigungsmittel einzusetzen, als Opium für das Volk. Öffentliche Meinung als moderner politiktheoretischer Begriff, als Partizipationsforderung eines sich seiner politischen Bedeutung bewusst werdenden liberalen Bürgertums entsteht bekanntlich erst in der Folge der Aufklärung.[191]

Die *agora* als Ort eines rationalen politischen Diskurses ist eine – zugegeben faszinierende – Legende. Sie steht allenfalls für den Ort des politischen Diskurses. Und dieser Ort heißt Öffentlichkeit, hier werden die öffentlichen Dinge, die *res publica*, verhandelt. Der Unterschied zum Internet besteht also weniger in den Verfahrensweisen, sondern in der Differenz zwischen Öffentlichkeit und Privatheit, denn der Schutz durch ein Pseudonym, einen Nickname, wie er ja fürs Internet geradezu typisch ist, ist bei der *agora* nicht vorstellbar. Gerade dadurch, dass der antike Bürger sich von dem Geraune, dem Geplapper auf der *agora* distanziert, aus der Anonymität hervortritt und durch eine Rede die Zuhörer wenn nicht zu überzeugen, so doch zumindest zu überreden versucht, begründet sich demokratietheoretisch der Wert des Konzepts Öffentlichkeit. Nur hier entsteht Politik, im Unterschied zu den privaten Haushalten, dem *oikos*, in dem die Privatleute ihre durch Nützlichkeitserwägungen geprägten Interessen durchsetzen. C. Wright Mills hat diese durch Privatheit charakterisierte, nicht-politische Attitüde der Bürger – in anderem Zusammenhang – treffend beschrieben: „Sie sind weder radikal noch liberal, weder konservativ noch reaktionär. Sie sind inaktiv und halten sich aus allem heraus. Wenn man die griechische Definition des Idioten (*idiotes*) als eines völlig privaten Menschen akzeptiert, kommt man zu dem Schluss, dass jetzt viele (. . .) Bürger Idioten sind."[192] Von politischer öffentlicher Meinung kann in diesem Zusammenhang jedenfalls nicht die Rede sein. Christopher Lasch hat hierzu in seinem letzten Buch geschrieben, dass unsere Meinungen solange halb-informierte, auf zufälligen Eindrücken basierende Überzeugungen

---

191 Ulla Otto: Die Problematik des Begriffs der öffentlichen Meinung. In: Publizistik, Jg. 11, Heft 2, 1966, S. 99-130.

192 C. Wright Mills: Die Machtstruktur in der amerikanischen Gesellschaft. In: Wilfried Röhrich: Demokratische Elitenherrschaft. Darmstadt 1975, S. 268.

bleiben, wie sie nicht im öffentlichen Diskurs zur Diskussion gestellt werden.[193] Das Internet als einen öffentlichen Raum zu bezeichnen, unterstellt jedenfalls eine Transparenz und Überschaubarkeit, die nicht vorhanden und auch nicht realisierbar ist.

Neben der räumlichen Differenz gibt es aber einen zweiten gravierenden Unterschied: Die Teilnehmer. Wer bestritt den – idealtypisch zu verstehenden – Diskurs auf der *agora*? Einige wenige Vollbürger Athens oder später Roms. Keine Frauen, Jugendlichen, nicht einmal alle männlichen Bürger, sondern eine kleine Elite, eine sehr kleine. Und auch aus dieser waren es nur die mutigsten, eloquentesten, die als Redner politisch wirksam werden konnten.[194] Dagegen die Marktplätze im Internet: Ein Stimmengewirr mit chaotischem Charakter, völlig unübersichtlich, jedem Gerücht Flügel verleihend; daran beteiligt auch die modernen Träger der öffentlichen Meinung: Medien, Parteien, Interessengruppen.

Insoweit also ist die Analogie von Internet und *agora* trügerisch. Idealtypisch gesprochen sind beide Marktplätze zwar verfahrenstechnisch durchaus vergleichbar. Die ihnen konzeptionell gemeinsame Diskursethik bedingt indes grundsätzlich Öffentlichkeit, Überschaubarkeit und Transparenz. Wer würde ernsthaft behaupten wollen, das Internet biete diese Voraussetzungen? Insoweit also ist die Diagnose eindeutig: Die Vorstellung des Internet als E-Gora ist zum gegenwärtigen Zeitpunkt nicht nur eine Fiktion, sondern sie unterstellt die Möglichkeiten eines quasi-herrschaftsfreien Diskurses, eines öffentlichen Meinungs- und Willensbildungsprozesses nach idealisiertem Muster der klassischen *agora*.

Wenn man aber dennoch fragt, unter welchen Bedingungen sich das Internet zu einer *agora* im von Schily gemeinten Sinne eines öffentlichen Platzes entwickeln könnte, drängt sich die Analogie zur Diagnose der bürgerlichen Öffentlichkeit und ihrem Strukturwandel auf.[195] Historisch gesehen findet die *agora*, als Ort des öffentlichen, vermeintlich herrschaftsfreien Diskurses bekanntlich ihre Wiedergeburt in den Salons des 19. Jahrhunderts oder an anderen Lokalitäten, wie beispielsweise den Wiener Kaffeehäusern. Dort versammeln sich die besitzenden Privatleute – analog zu der kleinen Elite Athens oder Roms – zum öffentlichen Diskurs, zum Räsonieren. Damit ist die *agora* zumindest demokratietheoretisch wieder-

193 Christopher Lasch: Die blinde Elite. Macht ohne Verantwortung. Hamburg: Hoffmann und Campe,1995.
194 Ulla Otto: Die Problematik des Begriffs der öffentlichen Meinung. In: Publizistik, Jg. 11, Heft 2, 1966.
195 Jürgen Habermas: Strukturwandel der Öffentlichkeit. Untersuchungen zu einer Kategorie der bürgerlichen Gesellschaft. Darmstadt, Neuwied 1962.

geboren. Leider bleibt es nicht dabei: Der nur kurzlebige idealisierte Ort wird durch die Interessengruppen, die Parteien, die Public-Relations-Manager der großen Konzerne in Besitz genommen. Aus der sich selbst schaffenden bürgerlichen Öffentlichkeit wird eine hergestellte Öffentlichkeit, ein Marktplatz der gemachten Wahrheiten, der Eitelkeiten. Die Analogie zu den Idealvorstellungen der Netzeuphoriker einerseits und der Realität des Internet andererseits ist nicht von der Hand zu weisen. Der grundlegende Irrtum besteht in der Annahme, man könne das Internet als ein sich selbst steuerndes, autonomes Instrument kommunikativer Fairness individualisierter Bürger von Macht- und Kommerzinteressen freihalten. Der Internetbürger als ein vermeintlich mündiger Bürger, ein aus allen gesellschaftlichen Zwängen entlassenes Individuum, das rational und selbst bestimmt Auswahlentscheidungen trifft. In gleichem Maße aber, in dem das Internet zu einem Massenmedium wird, verliert es die kommunikative Qualität, die für den herbeigewünschten rationalen Diskurs erforderlich ist. Das Internet durchläuft einen Institutionalisierungsprozess, wie ihn alle Massenmedien durchlaufen haben. Der einzige Unterschied besteht in der rasenden Geschwindigkeit. Aus einem urwüchsig entstandenen, höchst elitären Medium einiger weniger wird ein Massenmedium, von dem sich die Gründer schon vor einiger Zeit verabschiedet haben. Stattdessen sind die etablierten ökonomischen und politischen Mächte angetreten und haben in kurzer Zeit das Medium popularisiert und damit gleichzeitig entpolitisiert. Wenn es jemals eine ideale Netzöffentlichkeit gab, hat sie sich mittlerweile zu einer gewandelt, die sich nicht mehr selbst konstituiert, sondern die hergestellt, gemacht wird. Denn das Internet ist nicht zuletzt auch und vor allem ein von privaten Gewinninteressen beherrschtes Medium, es „bietet keine Möglichkeit öffentlicher Meinungsbildung."[196]

Will man indes die vorhandenen Potenziale des Internet (Schnelligkeit, Informationsreichtum, Interaktivität, Kostengünstigkeit) nicht allein den Verwertungsinteressen der großen Konzerne oder den Spindoctors der Politik überlassen, stellt sich die zentrale Frage, ob sich neben der Diagnose auch die im Besonderen von Habermas und anderen empfohlene Lösung für den beklagten Strukturwandel der Öffentlichkeit auf den Strukturwandel des Internet übertragen lässt. Die Empfehlung der Frankfurter Schule zur Rekonstruktion der Öffentlichkeit lautete – vereinfacht gesagt – das Publikum selbst kann nicht wissen, was gut für es ist. Man muss es an die Hand nehmen, muss es befähigen, die Mechanismen der Kulturindustrie zu durchschauen. Hierbei sollten im Besonderen Journalisten, und zwar

---

196 Horst Bredekamp in der FAZ v. 3.2.96 – Tiefdruckbeilage.

die des öffentlich-rechtlichen Rundfunks, aufklärerische Verantwortung übernehmen.[197] Der öffentlich-rechtliche Rundfunk leitet ja seinen spezifischen Bildungs- und Erziehungsauftrag bis heute aus diesem Selbstverständnis ab. Passt die Analogie zum Internet? Kann man die orientierungslosen Jäger und Sammler des Informationszeitalters an der Hand nehmen, sie anleiten zum rationalen Diskurs auf der elektronischen *agora*?

Ordnungspolitisch sind die Voraussetzungen dafür jedenfalls gegeben. Dadurch, dass sich das Internet immer schneller von einem ehedem textlastigen zu einem klassischen, audiovisuellen Massenmedium entwickelt hat, wird es zum Gegenstand staatlicher Medienpolitik. Damit sind auch die alten medienpolitischen Fronten wieder da, ein déja vu-Erlebnis für diejenigen, die sich noch an die Diskussionen bei der Einführung des Privatrundfunks erinnern können. Und die Argumente sind in etwa die gleichen. Die privat-kommerziellen Medienverleger, die sich den Massenmarkt Internet behutsam, aber strategisch geschickt angeeignet haben, argumentieren mit dem freien Markt, den es der Meinungsvielfalt willen unbedingt zu schützen gelte.[198] Der freie und so mündige Bürger könne schon selbst entscheiden, welche Angebote er nutzen wolle, am besten natürlich die der kommerziellen Medien. Mit diesem Argument wurde immer schon gegen jedwede Regulierung gekämpft. Dabei wird leider allzu oft vergessen bzw. bewusst unterschlagen, dass eine politische Gemeinschaft mehr braucht als Marktregeln und Handelsgesetze.

Wenn bis hierhin die Analogie zur kulturindustriellen Kritik stimmt, stellt sich dann aber ganz konkret die Frage, ob die Ordnungsbemühungen des Staates legitim und durchführbar sind. Immerhin gilt auch für das Internet der Vorbehalt, dass der publizistische Markt so pluralistisch gar nicht sei, dass vor allem im Rundfunkbereich in allen westlichen Staaten Oligopole bestehen. Greift in diesem Fall dann nicht das Ordnungsparadigma des Dualen Systems? Die entsprechenden Bemühungen der öffentlich-rechtlichen Anstalten zeigen jedenfalls, dass der Gedanke einer Grundversorgung auch im Internet zumindest gedacht wird.[199] Und er ist

---

197 Theodor W. Adorno: Kann das Publikum wollen? In: Annerose Katz (Hrsg.): Vierzehn Mutmaßungen über das Fernsehen. Beiträge zu einem aktuellen Thema. München 1963, S. 55-60.

198 So auch der Tenor des Gutachten von Christoph Degenhart, das im Auftrag der Verleger gegen die online-Pläne der öffentlich-rechtlichen Anstalten Stellung nimmt. Vgl. FAZ v. 29.3.01, S. 29.

199 Ebd. und FAZ v. 30.3.01, S. 53. Vgl. auch den Bericht über die erfolgreichen online-Angebote der BBC: Jeanette Steemers: Onlineaktivitäten der BBC. In: Media Perspektiven Jg. 3, 2001, S. 126-132.

sogar logisch, wenn man die Diskussion um den Strukturwandel der Öffentlichkeit auf das Internet bezieht. Insoweit also sind die Ausweitungen der Angebote großer öffentlich-rechtlicher und nicht-kommerzieller Anbieter nicht nur legitim, sondern demokratietheoretisch auch erwünscht. Allerdings auch nur insofern und in dem Maße, in dem sich die entsprechenden Angebote tatsächlich auf ihren Bildungs- und Informationsauftrag beschränken und nicht etwa Unterhaltendes in den Mittelpunkt stellen. In der Bundesrepublik sind es im übrigen die Länder und nicht die Zentralregierung, die dafür Sorge zu tragen haben, dass sowohl kommerzielle Anbieter als auch öffentlich-rechtliche in einem fairen publizistischen Wettbewerb ihre jeweiligen Angebote präsentieren dürfen. Bleibt die Frage nach der Machbarkeit. Man könnte an einen spezifisch öffentlich-rechtlichen Auftrag und ein spezifisches Ausbildungsmodell für Online-Journalismus denken, entweder im Rahmen der bestehenden Anstalten, oder unter dem Dach einer eigenständigen Institution. Ein aus Gebührengeldern finanziertes öffentlich-rechtliches, weder staatliches noch kommerzielles, Politik-Portal, mit einem spezifisch aufklärerischen Auftrag, wäre im Kontext der Rundfunkgebühr – analog zum sog. Kabelgroschen, mit dem gesellschaftlich erwünschte Angebote finanziert werden – ohne weiteres vorstellbar. Ohne entsprechende Maßnahmen jedenfalls wird sich keine wirkliche publizistische Gewaltenteilung im Internet bilden, geschweige denn kann durch freiwillige Assoziation individualisierter, mündiger Bürger eine E-Gora entstehen.

Ohne vollständige und gerade nicht beliebige Information und Transparenz über die Akteure können Märkte nicht funktionieren, und solange sie unvollständig sind, sind öffentlich-rechtliche, gemeinnützig finanzierte Angebote sogar zwingend. Bislang funktioniert das Internet nach der Funktionslogik ungeregelter Märkte und damit nach dem amerikanischen Modell, in dem die individuelle Unternehmer- und Konsumentenfreiheit oberstes Gebot ist. Dieser Konsum-Individualismus aber hat zweifellos entpolitisierende Wirkungen: Die sich vermeintlich selbstverwirklichenden Individuen, informationshungrig und informationsgesättigt zugleich, werden in kritischer Perspektive zu ziellos herumstreifenden, unpolitischen Hedonisten, auf hektischer Suche nach Unterhaltung und Informationshäppchen, an den Strippen weniger globaler Akteure oder Interessengruppen zappelnd, sich verheddernd. Aus dem total digitalen Raum[200] würde dann ganz schnell der total egale Raum.

---

200 Nicholas Negroponte: *Total digital.* München: Bertelsmann, 1995.

5.1.3. Medien und Politische Kultur

Aber nicht nur die institutionelle Ebene der Medienverfassung ist bislang von der politikwissenschaftlichen Medienforschung vernachlässigt worden, auch die 'subjektive Dimension' der Politischen Kommunikation wurde nur eher selten und dann aus einer spezifischen Perspektive betrachtet.

In der internationalen Politikwissenschaft dominiert der aus der Ökonomie übertragene Interessenansatz, nach dem es sich beim *homo politicus* wie beim *homo oeconomicus* ausschließlich um einen Nutzenmaximierer handelt. Der politische Kultur-Ansatz geht demgegenüber davon aus, dass politisches Verhalten sich nur erklären lässt, wenn man gedanklich einen Schritt zurück geht und danach fragt, woher eigentlich die Interessen kommen, welche Einflüsse ihren Charakter prägen. Interessen werden damit nicht als gegeben angesehen, sondern als Teil eines politischen Prozesses interpretiert, in dem sie andauernden kulturellen Wirkkräften ausgesetzt sind.

Die durchaus feinen Methoden der empirischen Politische Kulturforschung vermochten nur wenig zu der zentralen Frage beizutragen, was denn genau es ist, das das politische Gebilde zusammenhält. Mit den Methoden der empirischen Umfrageforschung, auf die sich diese Schule nahezu ausschließlich stützt, lassen sich nämlich allenfalls *private* Einstellungen und Orientierungsmuster abfragen. Ausgeblendet wird damit der gesamte Bereich der Sinngebung und Sinndeutung politischen, das heißt *öffentlichen* Handelns. Phänomene der Identitätsbildung sozialer Kollektive gerade außerhalb westlich geprägter Vorstellungen[201] können so jedenfalls nicht erfasst werden.

Die traditionelle und dominierende Politischen Kulturforschung hat sich bisher zumeist auf die Untersuchung von Verständnis und Akzeptanz der Politik beschränkt. Ihre Erkenntnisse beruhen auf den durch Umfragen messbaren *Einstellungen* von Publikum und Akteuren gegenüber politischen Ordnungen, d.h. es geht vorrangig um die Frage, ob und in welchem Ausmaß politische Ordnungen unterstützt oder abgelehnt werden. Die Fragen danach aber, welche sinnhaften *Vorstellungen* von Politik bestehen, danach, anhand welcher Maßstäbe und Prinzipien die Akteure und Ordnungen wahrgenommen und beurteilt werden, bleiben ausgeblendet, da nicht quantitativ messbar. Gerade die Analyse der Beziehungen zwischen Me-

---

201 Jürgen Gebhardt: Politische Kultur und Zivilreligion. in: PVS-Sonderheft 18, 1987, S. 52.

dien und Politik erfordert aber den Einbezug qualitativer Ansätze. Diese alternativen Konzepte Politischer Kultur sind von der Überzeugung geprägt, dass trotz aller Bedenken, die gegen eine Verwendung des fraglos verwaschenen und überlasteten Begriffs *Kultur* in einer wissenschaftlichen Abhandlung sprechen könnten, man dennoch auf die Berücksichtigung der damit bezeichneten Dinge nicht verzichten kann. Denn Menschen finden ihre Wirklichkeit nicht als Gegebenheit vor, zu der sie sich bloß verhalten, sondern sie finden und erfinden sie als Welt von Bedeutungen, in der sie sinnhaft handeln. Politisches Handeln wird über Vorstellungen geführt und an Deutungen orientiert, in denen sich charakteristische Ideen ausdrücken oder symbolisch veranschaulichen.[202]

Gegenstände dieser stärker qualitativ geprägten Politischen Kulturforschung sind zum einen die Einstellungen und Vorstellungen vom Politischen bei den Bürgern und zum anderen die Institutionen der Politik. Dazu gehören insbesondere die Formen politischen Bewusstseins, verstanden als die durch die Geschichte geprägten und in ihr gewachsenen Traditionen und Besonderheiten politischen Denkens und Verhaltens.[203] *Alexis de Tocqueville* spricht an einer berühmten Stelle der *Demokratie in Amerika* davon, dass die Sitten eine der großen Ursachen darstellten, denen man die Erhaltung eines demokratischen Staatswesens zuschreiben könne. Die besten Gesetze könnten eine Verfassung nicht ohne Hilfe der Sitten aufrechterhalten. Und es kann kein Zweifel bestehen, dass Tocqueville mit Sitten genau das meint, was hier als 'Politische Kultur' bezeichnet wurde:

> „Ich nehme hier den Ausdruck Sitten in dem Sinne, den die Alten dem Wort mores geben; ich wende ihn nicht nur auf die eigentlichen Sitten an, die man Gewohnheiten des Herzens nennen könnte, sondern auf die verschiedenen Begriffe, die die Menschen besitzen, die verschiedenen Meinungen, die unter ihnen gelten, und auf die Gesamtheit der Ideen, aus denen die geistigen Gewohnheiten sich bilden." Ihm geht es – wie er sagt – um die Erforschung des Einflusses der Sitten auf „die Erhaltung der politischen Einrichtungen."[204]

Der Ausgangspunkt eines derart neu formulierten Konzepts von Politischer Kultur besteht in der Annahme, dass sich in unterschiedlichen Gesellschaften und auf unterschiedlichen Politikebenen unterschiedliche

---

202 Friedrich H. Tenbruck: *Die kulturellen Grundlagen der Gesellschaft. Der Fall der Moderne*, Opladen 1989, S. 10.
203 Kurt Sontheimer: *Deutschlands politische Kultur*, München u. a. 1990, S. 10.
204 Alexis de Tocqueville: *Über die Demokratie in Amerika*, München ²1984, S. 332.

Sinnbezüge von Politik kulturell auskristallisiert haben.[205] Dabei handelt es sich um jene oft mehr halbbewussten als bewussten Grundannahmen über die politische Welt, realisiert als politische Mentalitäten, politische Lebensformen und politische Öffentlichkeit.[206] Ziel entsprechender Untersuchungen ist, die verschiedenen Programmsprachen Politischer Kulturen zu entschlüsseln. Gemeinsamer Ausgangspunkt ist die Annahme, dass Politische Kultur abhängig ist von der jeweils unterschiedlich akzentuierten menschlichen Beziehung zur Natur, dem Menschenbild und der Auffassung vom Handeln.[207] Nicht demoskopisch messbare *Einstellungen* stehen damit im Mittelpunkt, sondern die Suche nach den *Vorstellungen* über die sinnhafte Struktur des politischen Lebens, wie sie uns vornehmlich in sprachlichen und schriftlichen Zeugnissen entgegentreten.[208]

Politische Ordnungen, die in der Gefühlswelt ihrer Bürger verankert sein wollen – und das müssen alle, die auf Legitimität bedacht sind – benötigen ein erkennbares und symbolisches, immer wieder verdeutlichtes, politisches Design, das zu den in der Politischen Kultur der Bürger gespeicherten Vorstellungen passen muss. Damit ergibt sich zwangsläufig eine Dualität von Politischer Kultur, nach der sich Politische Kultur als jeweils spezifische Konstellation von politischer *Soziokultur* und politischer *Deutungskultur* beschreiben lässt. Politische Kultur besteht danach also als *Soziokultur* aus undiskutierten Selbstverständlichkeiten, die den latenten oder ruhenden Teil von Politischer Kultur markieren; sie besteht jedoch gleichzeitig (als *Deutungskultur*) aus kulturellen Diskussionen, die eben diese Selbstverständlichkeiten wieder in Frage stellen.[209] In den Mittelpunkt einer derart verstandenen Politischen Kulturforschung rücken damit die Fragen nach der symbolischen Verdeutlichung von Politik, danach, wer für wen die entsprechenden *Deutungs*angebote macht und ob überhaupt eine hinreichende symbolische Verdeutlichung der politischen Basiskonzepte und Basisregeln eines politischen Gemeinwesens erfolgt.[210] Symbolische Politik wird damit zu einer entscheidenden Dimension für die Stabilisie-

---

205 Karl Rohe: Politische Kultur und der kulturelle Aspekt von politischer Wirklichkeit – Konzeptionelle und typologische Überlegungen zu Gegenstand und Fragestellung Politischer Kultur-Forschung. In: PVS-Sonderheft 18, 1987, S. 47.

206 Ebd., S. 40-41.

207 Gebhardt 1987, S. 53.

208 Lucian W. Pye: *Political Culture and Political Development*, Princeton, N. J. 1972, S. 296.

209 Rohe 1987, S. 42.

210 Ebd.

rung, aber auch Destabilisierung politisch-kultureller Muster. Damit ist sie sicherlich mehr als bloße *Ersatzpolitik*:

„Symbolische Politik kann integraler Bestandteil des normalen politischen Alltagsgeschäfts sein, kann aber auch als politische Repräsentativkultur zu einer arbeitsteilig ausdifferenzierten Handlungssphäre werden innerhalb des politischen Systems werden, die von 'professionellen' politischen Zeremonienmeistern verwaltet und zelebriert wird."[211]

Soweit der erste Theoriebaustein, die Unterscheidung zwischen *Sozio*- und *Deutungskultur*.

Aus einem ganz anderen Forschungskontext kommend, hat sich *Aaron Wildavsky* in vergleichbar grundsätzlicher Weise um eine Neuformulierung des theoretischen Konzepts der Politischen Kultur bemüht. Er stützt sich bei seinem ambitionierten Forschungsprogramm der *Cultural Theory* auf Überlegungen der Kulturanthropologin *Mary Douglas*. Sie geht in Anlehnung an *Emile Durkheim* von der These aus, dass Gesellschaften durch unterschiedliche kollektive Denkweisen geprägt seien. Diese Denkweisen bilden das Wahrnehmungsvermögen der Individuen aus. Damit ist der jeweilige Rahmen für Erkenntnis gesetzt. Was wahr oder falsch ist oder was eine vernünftige Frage ist, hängt vom entsprechenden Denkstil ab, er bestimmt den Kontext und die Grenzen für jedes Urteil über die objektive Wirklichkeit. Diese Denkweisen oder auch Denktraditionen bilden gewissermaßen ein stabilisierendes Prinzip, womit die Auflösung einer gesellschaftlichen Gruppe verhindert wird.

Schlüssigkeit und Glaubwürdigkeit von Denkweisen sind jedoch nicht selbstverständlich. Es bedarf vielmehr einer Analogie, dank der die formale Struktur der sozialen Beziehungen in der natürlichen oder in der übernatürlichen Welt wieder zu finden ist. Es kommt allein darauf an, dass dieses legitimierende *sonstwo* nicht als gesellschaftlich erzeugtes Konstrukt erkennbar ist. Derartig naturalisierte soziale Klassifikationen graben sich bei entsprechend gelungener symbolischer Versinnbildlichung in das Bewusstsein der Individuen ein. Dieses *Bewusstsein der Individuen* ist nichts anderes als die oben erwähnte *Soziokultur*. Es ist Aufgabe der *Deutungskultur*, im ständigen Bezug zu der prägenden Denkweise diese zu versinnbildlichen und sie dadurch mit einer Wahrheit auszustatten, die für sich selbst spricht.[212] Nach Douglas sind diese Denkweisen aber nun keines-

---

211 Karl Rohe: Politik. Begriffe und Wirklichkeiten. Stuttgart u.a. [2]1994, S. 171.
212 Mary Douglas: Wie Institutionen denken. Frankfurt/M. 1991, S. 31 und S. 84-85.

wegs beliebig vermehrbar. Sie glaubt vielmehr Idealtypen unterscheiden zu können, die das gesamte Spektrum von kulturellen Denk- und *Deutungs-* mustern abdecken: hierbei handelt es sich um hierarchisches, egalitäres, individualistisches und fatalistisches Denken, das die jeweiligen Formen sozialen Lebens beherrschen kann.[213]

Tab. 14: Idealtypen politisch-kultureller Denkmuster. Eigene Darstellung. Quellen: M. Douglas 1991; R. J. Ellis 1993; A. Wildavsky 1990, eigene Überlegungen.

		Integration	
		niedrig	*hoch*
Regulation	*hoch*	fatalistisch	hierarchisch
	niedrig	individualistisch	egalitär

Ausgangspunkt ihrer anthropologisch begründeten Annahmen ist die Überlegung, dass die Mitglieder von sozialen Gruppierungen grundsätzlich zwei verschiedenen persönlichkeitsprägenden Einflüssen unterliegen, die mit den Begriffen *Integration* und *Regulation* bezeichnet werden. Das Ausmaß der Integration in einer Gruppe kann höher oder niedriger sein. Je höher die Integration einer Gruppe ist, d.h. je umfassender die Gruppenzugehörigkeit und -abhängigkeit, um so undurchlässiger werden auch die Grenzen zwischen Mitgliedschaft oder Nicht-Mitgliedschaft sein. Vergleichbares gilt für die Vorschriften und Normen, d.h. den regulativen Bereich: Es können viele sein, oder eher wenige. Je nachdem würde Douglas von hoher oder niedriger Regulation sprechen. Mit diesen beiden Variablen lässt sich ein Modell von Kulturen konstruieren, das aus den genannten vier Idealtypen besteht, je nach dem, wie man die Ausprägungen der beiden Dimensionen kombiniert.[214]

Aaron Wildavsky hat dieses Konzept auf den Bereich des Politischen übertragen.[215] Es handelt sich um ein Modell, das den kulturell vermittelten und gelernten Institutionen zentrale Bedeutung für den politischen Prozess beimisst und damit ganz grundsätzliche Bedenken gegen die einsei-

213 Douglas 1991, S. 23.

tige, monokausale Übertragung ökonomischer Rationalitätsvorstellungen auf die Politik anmeldet.

Gesellschaften sind danach immer durch eine je spezifische Mischung der grundlegenden Denkweisen charakterisiert. Hierarchisch, egalitär, individualistisch oder fatalistisch geprägte politische Kulturen haben ihre jeweils typischen Verhaltensmuster:

Hierarchische Gesellschaften verfügen über gesetzte Regeln, die Individuen unterliegen einer strikten Kontrolle. Aufgrund des hierarchisch-autoritären Arrangements lassen sich interne Probleme leicht – per Anordnung – lösen. Die Individuen sind ihrerseits durch die Autorität geschützt, solange sie loyal sind. Kurz: Ungleichheit wird damit gerechtfertigt, dass unterschiedliche Rollen für unterschiedliche Individuen ein gutes, harmonisches Zusammenleben in einer Gesellschaft gewährleisten. Als eine doch sehr weitgehend dem hierarchischen Prinzip untergeordnete Gesellschaft könnte z.B. das indische Kastensystem gelten.[216]

Durch *egalitäre* Vorstellungen geprägte Gesellschaften sind auf die regulative Idee gegründet, dass die völlige Gleichheit aller Mitglieder Rollendifferenzierung unmöglich und unerwünscht macht. Individuen können Macht nur im Namen der Gruppe ausüben. Deshalb sind interne Konflikte häufig und sie enden zumeist mit Ausschluss. Hier wäre z.B. an politisch-fundamentalistische Gruppierungen zu denken, deren gesellschaftliche Zielvorstellung in einem Zustand völliger *Ergebnis*-, nicht *Chancen*gleichheit besteht.

Durch das Bekenntnis zu Chancengleichheit zeichnen sich in der Regel *individualistische* Ordnungen aus. Sie kennen keine gegebene interne Differenzierung (wie die Hierarchen) oder deren Fehlen (wie bei den Egalita-

---

214 Das Modell geht insoweit über die gängigen Ordnungsmodelle hinaus, die zumeist lediglich zwischen den beiden Idealtypen von Hierarchien und Märkten (vgl. u.a. Charles Lindblom, Albert O. Hirschmann) unterscheiden. Der Vollständigkeit halber sei hinzugefügt, dass als fünfter Typus der sog. Einsiedler unterschieden wird, der sich aus den regulativen und integrativen Gruppendimensionen herauszuhalten vermag. Ich habe allerdings meine Zweifel, ob es sich hierbei um mehr als ein modelltheoretisches Konstrukt handelt, das von der idealtypischen Methode her jedenfalls als nicht gerechtfertigt erscheint. Man denkt unwillkürlich an Karl Mannheims freischwebende Intelligenz.

215 „Die Demokratie ist nach und nach in die Gebräuche, in die Meinungen, in die Lebensformen eingedrungen; man begegnet ihr in jeder Einzelheit des sozialen Lebens wie in den Gesetzen. (. . .) Was sind diese Gewohnheiten, diese Meinungen, diese Bräuche, diese Glaubenshaltungen anders als das, was ich als Sitte bezeichnet habe?" Tocqueville [2]1984, S. 356.

216 Vgl. auch Walzer, Michael (1983). Spheres of justice – a defense of pluralism and equality. New York: Basic Books. S. 313.

risten), sondern sie akzeptieren nur die Gesetze des Wettbewerbs. Alle Gegebenheiten sind aus Prinzip disponibel und verhandlungsfähig, die Gesellschaft reguliert sich selbst. Der Denkstil in der New Yorker Wall Street in der Hochphase der Aktienspekulation mit High-Tech-Werten ausgangs der 1990er Jahre könnte als eine der jüngsten, recht extremen Varianten dieser Kultur gelten.

Das *fatalistische* Interpretationsmuster schließlich besteht in der erzwungenen Einsicht, dass die Regeln und Vorschriften jedes Detail des sozialen Lebens erfassen. Die Mitglieder einer derart charakterisierten Gesellschaft leben außerdem in weitgehender Isolation voneinander, d.h. in der Terminologie des Modells: die Integration ist niedrig. Typisches Beispiel für eine derart charakterisierte Gesellschaft wäre eine mit Sklaven, die ihren Status als beliebig disponierbare Sachen mit Apathie bzw. Resignation hinnehmen.[217]

Soweit die Idealtypen, die – dies sei noch einmal betont – in Nationen in jeweils spezifischen Mischungsverhältnissen und vielfältigen realen Ausprägungen gegen-, neben- und miteinander vorkommen.[218]

Die beiden vorgestellten Theorieansätze, die Unterscheidung von *Sozio-* und *Deutungskultur* einerseits und die anthropologisch begründete Konstruktion verschiedener Kulturmuster *andererseits* lassen sich zusammenfügen und für die politische Kommunikationsforschung konzeptualisieren. Ausgangspunkt dieser Überlegungen ist die Überzeugung, dass Politische Kultur tatsächlich als der Kitt zu beschreiben ist, der Gesellschaften zusammenhält. Überlebens- und Anpassungsfähigkeit, d.h. letztlich ihre Existenz hängen davon ab, ob und wie die kulturellen Vorstellungs- und Interpretationsmuster (d.h. die *Soziokultur*) im Bereich der *Deutungskultur* thematisiert werden:

---

217 Um ein weiteres Beispiel zu geben: Hierarchische Gesellschaften haben ihre Patriarchen, egalitäre feiern ihre Märtyrer und Konkurrenzgesellschaften ihre Helden. Fatalistische Regime schließlich unterliegen dem Willen des Despoten, vgl. Douglas 1991, S. 132.
218 Richard J. Ellis: *American Political Cultures*. New York: Oxford University Press, 1993. Man mag einwenden, dass entsprechende Konzeptionen im europäischen Kontext immer schon eine vergleichsweise größere Rolle gespielt hätten. Die kultursoziologischen Arbeiten eines Alfred Weber seien hier nur stellvertretend für alle anderen genannt. Erkennbare Impulse in der politikwissenschaftlichen Politische Kultur-Forschung sind aber auch bei uns noch eher Randerscheinungen. Insoweit hat es durchaus signifikante Bedeutung, wenn von führenden amerikanischen Politikwissenschaftlern auf entsprechende Erweiterungen des behavioralistisch geprägten Konzepts gedrängt wird.

338

„ob dies sinnenfällig oder abstrakt geschieht, ob kritisch oder affirmativ, ob neue Denk- und Handlungsmöglichkeiten erschlossen und/oder in Vergessenheit geratene Lebensweisen wieder in Erinnerung gerufen werden, ob neue Symbole gestiftet, und/oder vorhandene Sinnbezüge wieder sinnenfällig gemacht werden."[219]

Damit rücken die Träger der *Deutungskultur*en in den Mittelpunkt des Interesses. Vor allem den Massenmedien kommt im Rahmen des politisch-kulturellen Prozesses die Aufgabe der Bereitstellung von *Deutungs*angeboten und damit der Herstellung von Sinnbezügen zu, ohne die eine Gesellschaft nicht dauerhaft existieren kann. Die von den Medien als Institutionen der Öffentlichen Meinung verwaltete und inszenierte politische Kommunikation kann entweder zur symbolischen Verdeutlichung der jeweiligen politischen *Soziokultur* beitragen oder aber sie vergrößert die in jeder politischen Kommunikation angelegte Möglichkeit, dass das *Deutungs*angebot nicht ankommt, weil der Empfänger sich in den offerierten Interpretations- und Verhaltensangeboten nicht *wiederfinden* und *wiedererkennen* kann.[220] Im Extremfall kann es sogar zu einer Identität von politischem Akteur und Deuter kommen. Der Name Berlusconi mag als Beleg hierfür ausreichen.

Aber auch für die weniger augenfälligen und drastischen Fälle gilt, dass dem Verhältnis zwischen *Deutungs*- und *Soziokultur* entscheidende Bedeutung für die Stabilität gesellschaftlicher Ordnungen zukommt. Schließlich unterliegen Produktion und Kommunikation von Sinn und Interpretationsmustern *ihrerseits* ungeschriebenen Selbstverständlichkeiten, Vor-Urteilen und Tabus. Das Problem liegt damit auf der Hand und lautet – als Frage formuliert: Was passiert, wenn die *Deutungs*angebote nicht zustande kommen, wenn Enttäuschung und Unzufriedenheit herrschen? Die Antwort könnte lauten: Hierarchische Kulturen werden typischerweise trotz alledem mit Loyalität und Vertrauen reagieren, egalitäre vor allem mit lautstark geäußertem Widerspruch, individualistische mit Abwanderung und fatalistische gar nicht, d.h. mit Apathie.

Prinzipiell ist davon auszugehen, dass die vier genannten Kulturtypen in jeweils spezifischer und damit auch vielfältigster Mischung und Kombination Gesellschaften prägen. Stabilität dürfte immer dann herrschen, wenn die dominierende *Soziokultur* mit einer entsprechenden *Deutungskultur*

---

219 Rohe 1987, S. 43.
220 Ebd.

kongruent ist und diese vice versa jene symbolhaft verdeutlicht, sinnenfällig macht.[221]

5.2. Medienfunktionen

Betrachtet man die Mediennutzung der Bevölkerung eines Landes, so zeigt sich ein deutliches Übergewicht bei der Nutzung von Unterhaltungsangeboten. Gerade der private Rundfunk ist wegen seiner Zuschauerabhängigkeit vor allem auf Unterhaltungsformate ausgerichtet. Nach der Entertainisierung der Informationssendungen zum Infotainment wurde mittlerweile selbst die Dokumentationssendung zur Doku-Soap und im Bereich der Nachrichten tendieren Privatsender „vorrangig [zu] sogenannten Human-Touch-Themen".[222] Unterhaltung ist die zentrale Funktion der Medien, doch aus politikwissenschaftlicher Sicht eher irrelevant, wenn man von der Entpolitisierungsthese durch ein Überangebot an Unterhaltungssendungen absieht.[223]

Für die Medien- und Politikwissenschaft sind verschiedene hierarchisch abgestufte Funktionen der Medien von Bedeutung.[224]

„Die Primärfunktion von Massenmedien, aus der sich alle anderen Funktionen – direkt oder indirekt – ableiten lassen, ist die" *Herstellung von Öffentlichkeit*[225] *(InfoBox: Öffentlichkeit)*. Das bedeutet, dass Medien die technischen Rahmenbedingungen für die Öffentlichkeit – den öffentlichen Raum – schaffen. Technisch gesprochen, stehen sie den Kommunikatoren als Kanäle zur Verfügung. Sie inkorporieren die Funktion des Kommunikators in ihren Redaktionen und konstituieren selbst Öffentlichkeit, indem sie konkrete Themen zur Diskussion stellen. Damit leisten die Medien einen essentiellen Beitrag zur Transparenz.[226]

Erst wenn dieser öffentliche Raum hergestellt ist, können Informationen vermittelt, politische Akteure kontrolliert und gegebenenfalls kritisiert wer-

---

221 Hirschmann hat dies am Beispiel des Zusammenbruchs der DDR exemplarisch nachweisen können. Vgl. hierzu die Debatte in Leviathan 2, 1992.

222 Vgl. Hermann Meyn: *Massenmedien in Deutschland*, Konstanz: UVK Medien, 2001, S. 187.

223 Vgl. dazu: Christina Holtz-Bacha: Verleidet uns das Fernsehen die Politik? Auf den Spuren der „Videomalaise". In: Max Kaase, Winfried Schulz (Hrsg.): *Massenkommunikation. Theorien, Methoden, Befunde*. Opladen: Westdeutscher Verlag, 1989, S. 239-252.

224 Die Darstellung der Medienfunktionen folgt Gerd Strohmeier: *Politik und Massenmedien. Eine Einführung*, Baden-Baden: Nomos, 2004.

225 Ebd., Kapitel II, Medienfunktionen.

226 Vgl. ebd.

den.[227] *Information* und *Kontrolle* folgen als Sekundärfunktionen unmittelbar aus der Herstellung der Öffentlichkeit.

Erst durch die Verbreitung von Informationen und durch Hinweise auf Fehlverhalten usw. können die Medien drei weitere Funktionen erfüllen (Abb. 28):
- politische Sozialisation und Integration;
- politische Bildung und Erziehung;
- politische Meinungs- und Willensbildung.[228]

Abb. 28: Medienfunktionen. Eigene Darstellung auf der Grundlage von Strohmeier 2004.

5.3. Wie Nachrichten entstehen

Abb. 29: Wie wird aus einem Ereignis eine Nachricht? Eigene Darstellung.

227 Ebd.
228 Ebd.

5.3.1. Das Ereignis

Nähert man sich dem Prozess der Entstehung einer Nachricht aus seinem Alltagsverständnis an, wird schon einiges über die latente Substruktur des Prozesses deutlich. Damit ein Journalist oder eine Agentur Nachrichten formulieren kann, muss etwas geschehen sein – ein Ereignis vorliegen, über das berichtet wird. Bereits auf dieser Ebene der Ereignisse ist eine Differenzierung möglich und notwendig. Verdichtet man sein Alltagswissen, so fällt auch im lokalen oder persönlichen Umfeld auf, dass manche Ereignisse einfach, d.h. unwillentlich, geschehen, wie z.B. Unfälle. Andere Ereignisse geschehen zwar auch unwillentlich, sie können aber mit einer eigenen Deutungsabsicht überformt werden, z.B. der Unfall, der sich, laut Mitteilung der zuständigen Behörden, trotz Einhaltung der höchsten Sicherheitsstandards ereignete. Wieder andere Ereignisse finden nur statt, um die Bedürfnisse der Zielgruppe zu befriedigen, wie der Unfall, der unter Versuchsbedingungen im Experiment durchgeführt wird, um die besondere Sicherheit eines Produktes zu veranschaulichen.

In der Wissenschaft werden diese unterschiedlichen Ereignisse wie folgt typologisiert:[229]

- *Genuine Ereignisse* finden völlig unabhängig von den Medien statt.
- *Mediatisierte Ereignisse* finden zwar unabhängig von den Medien statt. Ihr Charakter wurde jedoch mit Blick auf die Medien verändert.
- *Inszenierte Ereignisse* werden „eigens für die Medien geschaffen". Ihre Existenz ist also ohne Medien und mediale Vermittlung nicht gegeben.

5.3.2. Die Öffentlichkeit

Die Grundvoraussetzung dafür, dass ein Ereignis zur Nachricht wird, ist, dass es zur Kenntnis genommen wird. Das Ereignis brauch also *Öffentlichkeit*. Diese kann sich *spontan* formieren. Am Beispiel des Unfalls sind es die Beteiligten, die Augen- und Ohrenzeugen. Mediatisierte und vor allem inszenierte Ereignisse richten sich meist oder ausschließlich an eine strukturierte Öffentlichkeit. Die sogenannte *Themen- oder Versammlungsöffentlichkeit* konstituiert sich durch „thematisch zentrierte Interaktions- und Handlungssysteme"[230], etwa bei Veranstaltungen, Pressekonferenzen, Demonstrationen oder Betriebsratsversammlungen. Die Chance auf An-

---

229 Mit weiterem Nachweis vgl. Otfried Jarren/Patrick Donges: *Politische Kommunikation in der Mediengesellschaft. Eine Einführung, Band 2: Akteure, Prozesse, Inhalte*, Wiesbaden: Westdeutscher Verlag, 2002, S. 114.

schlusskommunikation ist auf der Ebene der *Medienöffentlichkeit* am höchsten. Darunter ist jene Öffentlichkeit zu verstehen, die durch die spezifischen Möglichkeiten und Ressourcen moderner Massenmedien hergestellt wird.

Öffentlichkeit kann also auf drei Ebenen gedacht werden, die zwar grundsätzlich aufeinander aufbauen, von bestimmten Akteuren aber auch gezielt formiert oder angesprochen werden können.

Die *Encounter-Ebene* (Kommunikation *au trottoir*) bezeichnet die „z.T. spontane öffentliche Kommunikation auf der Straße, am Arbeitsplatz oder im Wohnbereich." Diese Ebene der Öffentlichkeit zeichnet sich besonders dadurch aus, dass eine funktionale Differenzierung zwischen Sender und Adressat bzw. „Leistungs- und Publikumsrolle" entfällt – jeder kann also gleichzeitig Sprecher und Publikum sein. Kommunikation findet auf dieser Ebene direkt, d.h. unvermittelt statt. „Die Encounter-Ebene ist meist räumlich, zeitlich und sozial beschränkt".[231] Sie umfasst sowohl die private „Kommunikation mit wechselseitig hoch selektiven Publikumsbezügen", im Extremfall das Vier-Augen-Gespräch, bei dem man nicht jeden beliebigen Zaungast beteiligen möchte, als auch die spontan formierte öffentliche „Kommunikation gegenüber einem prinzipiell unbegrenzten Publikum"[232], wie dies bei spontanen Kundgebungen der Fall sein kann.

Die *Themen- oder Versammlungsöffentlichkeit* konstituiert sich in „thematisch zentrierte(n) Interaktions- oder Handlungssysteme(n)"[233]. Diese können spontan entstehen, etwa nicht-organisierte Demonstrationen, oder aber einen „hohen Organisationsgrad aufweisen"[234], wie Pressekonferenzen, Diskussionsrunden u.a. Auf dieser Ebene ist eine stärkere Ausdifferenzierung der Sprecher-, Publikums- und Moderatorenrollen erkennbar, die durch eine stabilere Rollenzuweisung gekennzeichnet ist. Gerade die stärker organisierten Plattformen der Themen- und Versammlungsöffentlichkeit stehen im Interesse der Medienberufe, weil sie selbst oder ihre Themen meist bereits in der allgemeinen oder in der selektiven Aufmerksamkeit bestimmter Zielgruppen verankert sind.[235]

---

230 Vgl. Otfried Jarren/Patrick Donges: *Politische Kommunikation in der Mediengesellschaft. Eine Einführung, Band 1: Verständnis, Rahmen und Strukturen*, Wiesbaden: Westdeutscher Verlag, 2002, S. 119.
231 Ebd.
232 Ebd.
233 Ebd.
234 Ebd.
235 Vgl. ebd., S. 120.

Die *Medienöffentlichkeit* verfügt über klare Rollenbeziehungen zwischen Leistungs- und Publikumsrolle. Die Leistungsrolle wird unter anderem von Journalisten und Redakteuren erfüllt, die die Themen bereitstellen. Diese Art der Öffentlichkeit bietet verschiedene Vorteile: (1) Die Medien sind dauerhaft organisiert, (2) die Medienöffentlichkeit verfügt „über ein mehr oder minder dauerhaft vorhandenes Publikum"[236] zudem ist (3) bekannt, welche Medien als Leitmedien agieren und damit eine verbesserte Chance auf Anschlusskommunikation bieten.[237]

Abb. 30: Ebenen der Öffentlichkeit.

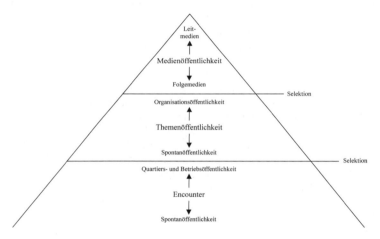

Quelle: Otfried Jarren/Patrick Donges, 2002, Band 1, S. 121.

5.3.3. Mediale Selektions- und Transformationskriterien

Die Art und Weise, wie ein Ereignis in das mediale Interesse rückt und wie seine Aufarbeitung erfolgt, hängt von den medialen Selektions- und Transformationskriterien ab. Die journalistischen Motive spielen dabei eine ebenso große Rolle, wie die verfügbaren Darstellungsformate. Die Darstellungsformate sind wesentlich von den technischen Bedingungen bestimmt. Für den Printbereich kann es eine wichtige Frage sein, ob ein

236 Ebd.
237 Ebd.

Beitrag mit einem Bild ergänzt werden kann, oder ob für Bild und Textlayout Farbdruckverfahren möglich sind. Im Hörfunkbereich müssen Texte auf Hörgewohnheiten hin redigiert werden und im Fernsehen schließlich stellt sich die Frage nach den verschiedensten Kombinationen von audiovisuellen Elementen aus verschiedensten Quellen: Das heißt von der Einbindung primären Bild- und Tonmaterials, etwa auch von Gruppen wie al Quaida, bis hin zur vollständig journalistisch überarbeiteten Berichterstattung. Die redaktionelle Linie dient der Grundausrichtung der Berichterstattung, z.B. an der politischen Präferenz des Herausgebers, an den Interessen der Stammleserschaft usw. Um darüber hinaus in der Flut täglicher Ereignisse und Meldungen Wesentliches vom Unwesentlichen zu unterscheiden, orientieren sich die Mitarbeiter in den Redaktionen an Nachrichtenfaktoren. Je mehr dieser Faktoren ein Ereignis erfüllt, umso größer ist seine Chance, in die Berichterstattung einbezogen zu werden.

„Nachrichtenfaktoren sind journalistische Kriterien, mit denen zwischen berichterstattenswerten und nichtberichterstattenswerten Ereignissen unterschieden wird. [. . .] Journalisten treffen diese Entscheidung auf Basis persönlicher und sozialer Werthaltungen, beruflicher Normen sowie organisatorischer Zwänge. Die wichtigste Grundlage der Auswahlentscheidung bilden Ereignismerkmale, die Nachrichtenfaktoren. Aus ihnen kann der Nachrichtenwert bestimmt werden."[238]

Die folgende tabellarischen Zusammenfassung gibt einen Überblick über einige zentrale Nachrichtenfaktoren:

Tab. 15: Nachrichtenfaktoren in Anlehnung an H. Scherer 1998.

Nachrichtenfaktoren	*Fragezusammenhang*
Status; Bezug auf Eliten	Betrifft das Ereignis Personen des allgemeinen Interesses, des öffentlichen Lebens oder solche mit einem anderen relevanten Status? (Gerhard Schröder, Angela Merkel, Dieter Bohlen)
Valenz	Eine hohe Wertigkeit des Ereignisses besteht etwa bei umstrittenen Themen.

238 Helmut Scherer: Nachrichtenfaktoren, in: Otfried Jarren/Ulrich Sarcinelli/Ulrich Saxer (Hrsg.) *Politische Kommunikation in der demokratischen Gesellschaft. Ein Handbuch mit Lexikonteil*, Wiesbaden: Westdeutscher Verlag, 1998, S. 690-691 [690].

Relevanz; Bedeutsamkeit	Hierbei geht es um die Tragweite des Ereignisses. Die Relevanz ist z.B. dann hoch, wenn viele Personen von einem Ereignis betroffen sind. (Hartz IV)
Identifikation	Kann der Leser/Adressat einen persönlichen Bezug zum Thema herstellen? (Einzelfallbeispiel, ein Arbeitsloser stellvertretend für viele, ist das Publikum etwa als Verbraucher selbst betroffen)
Konsonanz	Hat das Ereignis Auswirkungen auf andere wichtige Themen? (Politische Situation im Irak hat u.a. Einfluss auf die Ölpreisentwicklung)
Dynamik	Zeichnet sich das Ereignis durch besondere Aktualität, einen überraschenden Verlauf oder Ähnliches aus? (Unerwartete bzw. besonders schnelle Entwicklung)
Frequenz	Findet das Ereignis in regelmäßig wiederkehrenden Abständen statt? (Regelmäßige Veranstaltung und v.a. Jubiläen aber auch wiederholte Überschwemmungen, Dürren, Unfallschwerpunkte)
Kontinuität	Handelt es sich um ein zeitlich ausgedehntes Phänomen? (Festhalten an umstrittenem Reformkurs, Festhalten an Bewährtem)
Personalisierung	Kann eine konkrete Person stellvertretend für einen abstrakten Zusammenhang oder eine Kollektivmeinung präsentiert werden? (Münte-Effekt, „Merkel für Steuersenkung", gemeint ist aber nicht die Parteivorsitzende Angela Merkel, sondern die CDU)
Negativismus	Zeichnet sich ein Ereignis durch besonders schlimme Wirkungen oder Nebenwirkungen aus, oder werden solch befürchtet? (Hartz IV) Ist ein Verhalten moralisch verwerflich? (Korruption)

5.4. Medien und Politik

„Das Verhältnis von Medien und Politik sollte in repräsentativen Demokratien ein möglichst gleichgewichtiges sein. Eine derart charakterisierte politische Kommunikation setzt voraus, dass die Medien einerseits nicht von der Politik abhängig sind und die Politik andererseits die unabhängige Rolle der Medien im Meinungs- und Willensbildungsprozess anerkennt. Die zunehmende Unterwerfung der Medien unter kommerzielle Gesichtspunkte (Einschaltquotendruck) hat indes dazu geführt, dass die Medien ökonomischen Handlungsrationalitäten folgen und Politik primär unter dem Aspekt der Zuschauermaximierung behandeln und darstellen. Dieses populistisch-mediokratisch geprägte Muster politischer Kommunikation wirkt sich v.a. auf den Einfluss der Medien im Wahlkampf aus, wie insbesondere das US-amerikanische Beispiel zeigt."[239]

Andere Medienmärkte, wie der bundesrepublikanische oder der britische, sind von diesen Kommerzialisierungstendenzen wenigstens teilweise verschont geblieben. Sie besitzen duale Rundfunksysteme, in denen öffentlich-rechtliche Anstalten die mediale Grundversorgung der Bevölkerung gewährleisten. Der öffentlich-rechtliche Rundfunk finanziert sich ganz oder zu einem erheblichen Teil aus Gebühren und ist damit dem Druck des Marktes wenigstens ein Stück weit enthoben, wenngleich auch er die Bedürfnisse seiner Kunden nicht völlig ignorieren kann.

„Die Bereitstellung und Herstellung von Themen in der Medienöffentlichkeit erfolgt von spezialisierten Personen (Journalistinnen und Journalisten), die dauerhaft und auf Basis spezifischer Berufsregeln arbeiten".[240] *Mediale Selektions- und Transformationskriterien* bestimmen letztlich darüber, über welche Ereignisse und Informationen in welchem medialen Format berichtet wird, welche Priorität dem Gegenstand eingeräumt, und ob die Berichterstattung mit einer expliziten oder impliziten Wertung versehen wird. Redakteure sind die *gate-keeper* des gesamten Prozesses. Bei ihren Überlegungen spielen *journalistische Motive*, die möglichen *Darstellungsformate* und die *redaktionelle Linie* eine wesentliche Rolle. Von grundlegender Bedeutung sind die *Nachrichtenfaktoren*. Dies gilt auch für die seriösen Medien, bei denen sich aber vor allem die Motive des einzelnen Redakteurs und die Gesamtlinie des Hauses von denen des Boulevard unterscheiden. Das bedeutet aber nicht, dass das, worüber die Medien berichten, allein durch die Journalisten bestimmt wird.

---

239 Vgl. Winand Gellner: Medienpolitik, in: Dieter Nohlen/Rainer-Olaf Schultze (Hrsg.): *Lexikon der Politikwissenschaft. Theorien, Methoden, Begriffe, Band 1, A-M*, München: C.H. Beck, 2002, S. 514f [515].
240 Vgl. Otfried Jarren/Patrick Donges: *Politische Kommunikation in der Mediengesellschaft. Eine Einführung, Band 1: Verständnis, Rahmen und Strukturen*, Wiesbaden: Westdeutscher Verlag, 2002, S. 120.

5.4.1. Die Agenda[241]

Die *Agenda-Setting-Hypothese* geht davon aus, dass die Medien Einfluss darauf nehmen, welche Themen von einer Gesellschaft und ihren Rezipienten wahrgenommen werden und mit welcher Relevanz sie betrachtet werden.

Agenda-Setting meint „die Fähigkeit der Massenmedien, durch die Betonung von Themen in der Berichterstattung – also durch Publikationshäufigkeit, Platzierung und Aufmachung – zu beeinflussen, welche Themen in einer Gesellschaft (Makroebene) sowie von einzelnen Medienrezipienten (Mikroeben) als besonders wichtig angesehen werden."[242] Das bedeutet, dass die Medien einen steuernden Einfluss darauf ausüben, worüber die Bürger mit welcher Intensität diskutieren.

Die Entstehung der Agenda und die wechselseitigen Beeinflussungen, die in diesem Bereich stattfinden, sind selbst ein lebhaftes Forschungsfeld der Medienforschung. An dieser Stelle muss daher der Hinweis auf einige wesentliche Aspekte des *Agenda-Building* genügen.

Agenda-Building meint „den Kommunikationsprozess, in dem politische Akteure [. . .] versuchen, die für sie günstigen oder als wichtig erachteten Themen in der öffentlichen Diskussion – vor allem in der Medienberichterstattung – zu platzieren."[243] Die Agenda entsteht durch das Zusammenwirken verschiedener Akteure. Es ist also nicht so, dass einzelne Akteure faktisch über die Agenda bestimmen können. Um ihre Chance zu verbessern nutzen die einzelnen Akteure z.T. gezielt Strategien, um journalistische Selektionsmechanismen zu unterlaufen und Transformationsmechanismen auszuschalten. Beides ist unerwünscht, denn die Selektion verhindert, dass die gewünschte Nachricht auf die mediale Agenda rückt; die Transformation stört den direkten Kommunikationsfluss. Der Journalist verändert etwa den Text einer wohldurchdachten Pressemitteilung oder fügt ihr eine eigene Deutungsebene hinzu. Im schlimmsten Fall wird die Information mit einer gegenteiligen Deutung belegt. Um die Botschaft möglichst unverändert in die mediale Agenda einzuspeisen, ist es daher aus Sicht der Öffentlichkeitsarbeiter sinnvoll, diese Mechanismen zu unterlaufen.

---

241 Hierzu: Gerd Strohmeier: *Politik und Massenmedien. Eine Einführung*, Baden-Baden: Nomos, 2004.
242 Vgl. Frank Brettschneider: Agenda-Building, Agenda-Setting, in: Otfried Jarren/ Ulrich Sarcinelli/Ulrich Saxer (Hrsg.) *Politische Kommunikation in der demokratischen Gesellschaft. Ein Handbuch mit Lexikonteil*, Wiesbaden: Westdeutscher Verlag, 1998, S. 635-636 [635].
243 Vgl. ebd.

Folglich arbeiten die 'Agenda-Builder' überwiegend mit den selben Mitteln, die auch von Journalisten genutzt werden. In diesem Zusammenhang wurde mehrfach kritisch darauf hingewiesen, dass die Politik bei einer allzu starken Anpassung an die Regeln der Mediengesellschaft Gefahr laufe, sich zu einer „medieninszenierten Darstellungspolitik" zu wandeln.[244]

In der Konkurrenz zwischen Medien und Politik um die Themensetzung lassen sich verschiedene Szenarien bilden. Der Einfluss der (Partei-)Politik auf den Agenda-Building Prozess kann hoch oder gering sein, gleiches gilt für die Medien, so dass sich hieraus verschiedene Grundmuster der politischen Kommunikation ergeben.

Abb. 31:   Grundmuster der politischen Kommunikation.

		Medien	
		ohnmächtig (großer Staatseinfluss)	mächtig (geringer Staatseinfluss)
Parteien	mächtig (einflussreich)	paternalistisch-hierarchisch	repräsentativ-demokratisch
		individualistisch-anarchisch	
	ohnmächtig (einflusslos)	etatistisch-bürokratisch	populistisch-mediokratisch

Quelle: *W. Gellner 1995.*

5.4.2. Meinungsmacht

Durch ihrer Thematisierungsmacht sind freie Medien auch ein Bestandteil der Kontrollsysteme demokratischer Ordnungen. Medien decken Skandale auf und nehmen so Einfluss auf personelle oder strukturelle Veränderungen in der politischen Sphäre. Medien dokumentieren und kommentieren staatliches Handeln; dadurch tragen sie mit zur Legitimation der politi-

---

244 Zu dieser Thematik sei auf den bei der Bundeszentrale für politische Bildung aufgelegten Band von Ulrich Sarcinelli (Hrsg.): *Politikvermittlung und Demokratie in der Mediengesellschaft*, Bonn: bpb, 1998 verwiesen.

schen Ordnung und ihres Entscheidungshandelns bei. Sie können aber auch die Legitimität einer Entscheidung in Frage stellen und so zu deren Scheitern beitragen.

Zwei Beispiel sollen die Reichweite medialer Meinungsmacht illustrieren.

Im Sommer 2003 thematisierte Bild, die auflagenstärkste deutsche Tageszeitung, den Fall des in Florida lebenden Früh-Rentners und Sozialhilfeempfängers Rolf J.[245] Das Thema war mehrere Wochen auf der medialen Agenda, wurde schließlich von anderen Medien und der Politik aufgegriffen (s. Abb. 32).

Der Fall sorgte bundesweit für Aufsehen: Ein niedersächsisches Gericht hatte den Streit zwischen Rolf J. und dem Sozialamt zugunsten des in Florida lebenden Klägers entschieden. Das Urteil stellte fest, dass die Behörde weiterhin Sozialhilfe und Mietzuschuss an den Empfänger in die USA überweisen müsse.

Angesichts der anhaltenden öffentlichen Kritik kam es zu einer raschen Reaktion der Politik. Bundeskanzler Gerhard Schröder kündigte in einem RTL-Interview eine entsprechende Gesetzesänderung an. Mit der 'Lex Florida-Rolf' entstand schließlich ein Gesetz, das die bislang bestehende Regelung zum Bezug der Sozialhilfe für im Ausland ansässige Anspruchsberechtigte novellierte und erschwerte.

Im Mai 2004 meldete die Bild-Zeitung, dass Rolf J. nach Deutschland zurückgekehrt sei.[246]

Zum 1. Januar 2004 trat die Gesundheitsreform in Kraft. Am 11. Januar titelte die Bild am Sonntag (BamS):

„Ärgern Sie sich auch krank? BamS enthüllt Pfusch und Gesetzeslücken. Die 12 Fehler der Gesundheitsreform."

An erster Stelle auf den Seiten zwei und drei stellte das Blatt zwölf „Fehler" des Gesetzespakets vor. Kritisiert wurde unter anderem:[247]

(1) Dass eine verbindlicher Katalog chronischer Krankheiten bislang fehlte. Es war vorgesehen, dass chronisch Kranke bei den Zuzahlungsregelungen bessergestellt werden sollten. In diesem Zusam-

---

245 Vgl. Dieter Schlüter/Axel Sturm: Sind die völlig bescheuert? Sozialamt zahlt Wohnung am Strand in Florida, in Bild vom 16.08.2003.

246 Vgl. http://www.123recht.net/article.asp?a=9065

247 Zum Folgenden vgl. A. Heyde/H. Karkheck, K. Quassowsky/B. Schwendhelm: Krankenakte Gesundheitsreform, in: *Bild am Sonntag*, 51. Jg., Nr. 2 vom 11.01.2004, S. 2f.

menhang erging an Ärzte und Krankenkassen der Auftrag, einen Katalog der anerkannten chronischen Erkrankungen zusammenzustellen. Einen ersten Entwurf hatte Sozialministerin Ulla Schmidt (SPD) indes als unvollständig abgelehnt. Unklar war deshalb, ob einige Erkrankungen, wie z.b. Diabetes, AIDS oder Rheuma, von der Neuregelung weiterhin als chronisch anerkannt würden.

(2) Dass die Regelung der Fahrtkostenübernahme, etwa bei Taxifahrten zum Behandlungsort, inkonsistent sei. Nach Meinung eines zitierten Experten würden zwar die Fahrtkosten bei Krebs-, und Dialysepatienten übernommen, nicht aber bei multipler Sklerose.

(3) Dass Frauen, die sich zur Empfängnisverhütung ein Rezept für die Antibabypille ausstellen lassen von der Praxisgebühr zwangsläufig stärker betroffen würden. Die Antibabypille wurde meist als Drei-Monats-Packungen verschrieben, so dass bei jeder neuen Verschreibung auch die Praxisgebühr in Höhe von zehn Euro fällig geworden wäre. Das Präparat selbst wird nur gegen Rezept abgegeben; die Kosten trägt die Patientin.

Innerhalb einer Woche reagierte das Ministerium in Zusammenarbeit mit Krankenkassen und Ärztevertretern auf die Korrekturwünsche. Am 16. Januar 2004 meldete etwa die Süddeutsche Zeitung: „Kassen und Ärzte über Chroniker-Regelung einig".[248]

(1) Beratungen der zuständigen Ministerin Ulla Schmidt mit Vertretern der Krankenkassen und der Ärzteschaft hatten auf eine Verständigung hinsichtlich des Katalogs chronischer Erkrankungen geführt, der umfassend erweitert worden war.

(2) Die Krankenkassen hatten Zugeständnisse bei den Fahrtkostenregelungen gemacht und erklärt, dass sie diese auch bei „Geh-, Seh-, und Körperbehinderten" übernehmen würden.

(3) Bei der Anti-Baby-Pille wurden Jahresrezepte ermöglicht. Wahlweise sollte davon abgesehen werden, die Praxisgebühr in diesem Fall mehrfach zu erheben.

Die Beispiele zeigen, wie Forderungen durch mediale Themensetzung erfolgreich gegenüber der Exekutive und der Legislative vertreten werden konnten. Zwar ging wenigstens im Fall der Gesundheitsreform die Kritik nicht allein von Seiten der Bild-Zeitung aus, die Redaktion griff vielmehr Forderungen von Patienten- und Verbrauchervertretern auf. Dennoch

---

248 Vgl. Andreas Hoffmann: Kassen und Ärzte über Chroniker-Regelung einig, in *Süddeutsche Zeitung*, 60. Jg., Nr. 12 vom 16.01.2004, S. 6.

Abb. 32: Florida Rolf. Screenshots von www.bild.de.

wurde erst durch die Berichterstattung ein entsprechender öffentlicher Druck erzeugt, der die Zuständigen zu Nachbesserungen drängte – wenn nicht gar diese veranlasste.

In Sachen Florida-Rolf war der Adressat des Springer-Blattes überwiegend Bundeskanzler Gerhard Schröder. Die Bundesregierung nutzte schließlich auch ihr Initiativrecht, um die Gesetzesnovelle auf den Weg zu bringen. Pauschaliert und sicher etwas stark vereinfacht gesagt, reichte der Arm der Bild-Redaktion bis hinein in die parlamentarische Sphäre der Gesetzgebung.

Mit beiden Kampagnen, die beide über längerer Zeiträume geführt wurden, hatte die Bild-Zeitung Öffentlichkeit für diese Themen hergestellt und sie erfolgreich mit Deutungen besetzt: Die Gesundheitsreform als Zumutung für die Betroffenen, Florida-Rolf als Hohn für die in Deutschland lebenden Arbeitnehmer. Ob die Kritik des Blattes inhaltlich gerechtfertigt war spielt hier keine Rolle und kann dahingestellt bleiben. In beiden Fällen gelang es Bild, die Kritik erfolgreich durchzusetzen.

Öffentlichkeit nach Jürgen Habermas

Eines der bekanntesten und einflussreichsten Öffentlichkeitskonzepte legte Jürgen Habermas vor. Darin beschreibt er die Entstehung der Öffentlichkeit folgendermaßen:

> „Der Prozess, in dem die obrigkeitlich reglementierte Öffentlichkeit vom Publikum der räsonierenden Privatleute angeeignet und als Sphäre der Kritik an der öffentlichen Gewalt etabliert wird, vollzieht sich als Umfunktionierung der schon mit Einrichtungen des Publikums und Plattformen der Diskussion ausgestatteten literarischen Öffentlichkeit." (Habermas 1971: 63)

Dies impliziert:
- Es bestehen zwei Sphären der Öffentlichkeit: die obrigkeitlich reglementierte oder vermachtete Öffentlichkeit und die freie bürgerliche Öffentlichkeit
- Die bürgerliche Öffentlichkeit formiert sich in der Diskussion
- und konstituiert sich aus dem Publikum der räsonierenden Privatleute.

Öffentlichkeit formiert sich nach Ansicht Habermas' zuerst in den literarischen Debattierclubs Englands. Der öffentliche Diskurs zeichnet sich dadurch aus, dass er herrschaftsfrei, permanent, ernsthaft, rational, kritisch und gemeinwohlorientiert geführt wird. Als Medium dieses Diskurses betrachtet er die englische Presse der Zeit, die eben nicht vordringlich nach ökonomischen Zweckmäßigkeiten ausgerichtet gewesen sei. Vielmehr habe sie dem Austausch von Argumenten politisch interessierter Privatleute gedient. Erst mit zunehmender Kommerzialisierung und der zunehmenden Konzentration der Märkte vollzieht sich ein Strukturwandel der Öffentlichkeit. Diese wird von wenigen Großinvestoren vereinnahmt – und vermachtet.

353

In *Faktizität und Geltung* erneuert Habermas seine Vorstellung von der Öffentlichkeit. In Gesellschaften stehen sich diskursive und strategische Handlungsmuster als Strukturen gegenüber; dies gilt auch für die Öffentlichkeit, in der eine *zivilgesellschaftliche, durch Bürgerinteressen konstituierte Öffentlichkeit* mit einer *partikularen, strategisch organisierte Interessen vermittelnden Öffentlichkeit* konkurriert. Beide verfolgen unterschiedliche Ziele: Der erste Typ stellt auf Erkenntnis, der zweite auf Rechtfertigung ab.

Dabei geht Habermas davon aus, dass die „demokratisch verfasste Meinungs- und Willensbildung [. . .] auf die Zufuhr von informellen öffentlichen Meinungen angewiesen [ist], die sich idealerweise in Strukturen einer nicht vermachteten politischen Öffentlichkeit bilden." (Habermas 1992, S. 374) Doch diese Öffentlichkeit ist nicht homogen, sie besteht aus subkulturellen Öffentlichkeiten, die sich überlappen. Sie „lässt sich am ehesten als ein Netzwerk für die Kommunikation von Inhalten und Stellungnahmen, also von Meinungen beschreiben; dabei werden die Kommunikationsflüsse so gefiltert und synthetisiert, dass sie sich zu themenspezifisch gebündelten öffentlichen Meinungen verdichten." (Habermas 1992: 436).

In modernen Mediendemokratien bestehen somit zwei differenzierbare Öffentlichkeitssphären:

* Die autonome Öffentlichkeit der Bürger, die weitgehend ohne institutionelle Zwänge auskommt.
* Die von professionellem Personal inszenierte Öffentlichkeit, die der Stabilität der bestehenden Ordnung dient.

Der zweite Bereich stellt auf die Legitimation des Systems ab, kann diese aber nicht aus sich selbst gewährleisten, denn in Demokratien muss notwendigerweise die Unterstützung durch die erste Sphäre der Öffentlichkeit hinzutreten, um Legitimität zu erzeugen.

Jürgen Habermas: *Strukturwandel der Öffentlichkeit. Eine Untersuchung zu einer Kategorie der bürgerlichen Gesellschaft*, Neuwied, Berlin: Luchterhand, 1971; zuerst veröffentlicht 1962.

Jürgen Habermas: *Faktizität und Geltung. Beiträge zur Diskurstheorie des Rechts*, Frankfurt/Main: Suhrkamp, 1992.

Klaus Plake/Daniel Jansen/Birgit Schuhmacher: *Öffentlichkeit und Gegenöffentlichkeit im Internet*, Wiesbaden: Westdeutscher Verlag, 2001.

5.4.3. Politik und Medien aus paradigmatischer Sicht

Die Beziehung zwischen Politik und Medien beschäftigt Politik-, Kommunikations-, und Medienwissenschaft nachhaltig. Besonders die Frage, welche der beiden Seiten in diesem Beziehungsgeflecht die größere Machtposition einnimmt bzw. einnehmen soll. Dieser Sachverhalt klang bereits weiter oben bei den Grundmustern politischer Kommunikation an und soll hier noch einmal kurz aufgegriffen werden.

Das *Gewaltenteilungsparadigma* beschreibt die Medien als vierte Gewalt im Staat. Dieser normativ orientierte Ansatz fordert, dass die Medien dezidieret als Kontrollinstanz auftreten sollen. Dadurch soll ein Gegengewicht zu Legislative, Exekutive und Judikative hergestellt werden.[249] Damit wird eine weitere Instanz der *Checks-and-Balances* errichtet, die allerdings nicht mit einer verfassungsrechtlich legitimierten Machtposition ausgestattet ist, sondern ihre Legitimation selbst gewährleisten muss. Diese entsteht nur dort, wo Medien der Politik eigenständig und distanziert gegenüberstehen und wirtschaftlich autonom agieren können. Einige Problemfelder auf die der Ansatz stößt:

- *Wirtschaftliche Autonomie* – genügt eine 'Mischfinanzierung' durch verschiedene Anzeigenkunden, um allzu starke einseitige Abhängigkeiten zu verhindern? Können im Umkehrschluss nur solche Medien als wirtschaftlich autonom bezeichnet werden und somit als 4. Gewalt agieren, die – wie der öffentlich-rechtliche Rundfunk – vom ökonomischen Druck befreit sind?
- *Distanzverhältnis* – Muss dieses Distanzverhältnis nicht notwendigerweise dadurch beeinträchtigt werden, dass sich personelle Kontakte zwischen Journalisten und Politikern im täglichen Umgang verfestigen? Führt eine allzu große Distanz nicht notwendigerweise zu überhöhter Skepsis und damit zu Negativismus in der Berichterstattung?

Das *Instrumentalisierungsparadigma* geht davon aus, dass ein Dominanz-Dependenz-Verhältnis zwischen den Medien und den politischen Akteuren besteht. Es sind dabei zwei Ausprägungen möglich, die beide in der Wissenschaft vertreten werden.

Eine Position vertritt die Dominanz der Massenmedien über die Politik. Das Verhältnis zwischen Medien und Politik ist mediendominiert und durch eine asymmetrische funktionale Abhängigkeit gekennzeichnet. Das heißt, die Medien sind zwar weiterhin auf Nachrichten und Informationen aus der Politik angewiesen, doch überwiegt die Abhängigkeit der Politiker von den Medien. Diese benötigen in der medial vermittelten Repräsentativdemokratie Kommunikationskanäle und Präsentationsforen, um den Kontakt mit der Gesellschaft aufrechtzuerhalten und sich, wie z.B. im Wahlkampf, selbst zu positionieren. Damit werden die Medien faktisch zu Akteuren und Machtinhabern.[250]

---

249 Vgl. Ulrich Sarcinelli: Massenmedien und Politikvermittlung – eine Problem und Forschungsskizze, in: *Rundfunk und Fernsehen*, Jg. 39, Heft 4/1991, S.469-486.
250 Vgl. Otfried Jarren/Patrick Donges: *Politische Kommunikation in der Mediengesellschaft. Eine Einführung, Band 1: Verständnis, Rahmen und Strukturen*, Wiesbaden: Westdeutscher Verlag, 2002, S. 26.

Die zweite Position vertritt die Dominanz der Politik über die Medien. Die Annahme lautet, dass das Massenkommunikationssystem gegenüber dem politischen System an Autonomie verloren hat.[251] Die Politik hat erfolgreiche Instrumentalisierungsmechanismen entwickelt, um die Medien in den eigenen Dienst zu stellen und setzt diese als Steuerungsinstrumente bei der Legitimation des politischen Handelns ein. Die Instrumentalisierung erfolgt über direkte und vor allem über indirekte Einflussnahme auf die Medien. Mit der Professionalisierung der eigenen Presse- und Öffentlichkeitsarbeit (PR) und „persuasiven PR-Strategien" gelingt es den politischen Akteuren, die Selektionsmechanismen der Journalisten erfolgreich außer Kraft zu setzen.[252]

Problematisch an diesem Ansatz ist:

- Einerseits *Überbewertung der medialen Macht* – eine so dominante Stellung würde voraussetzen, dass *die* Medien geschlossen als neutrale Akteure den parteipolitischen Akteuren gegenüberstehen. Jedoch favorisieren einzelne Medien bestimmte Parteien, denen sie deshalb auch bereitwilliger als Kanal dienen. Auch personelle Kontakte zwischen Journalisten und Politikern tragen dazu bei, dass sich die Politik nicht bei den Medien anbiedern muss
- Andererseits *Unterbewertung der medialen Macht* – ein solches Übergewicht der politischen Akteure bei der Besetzung der Agenda würde voraussetzen, dass (a) politische Rahmenbedingungen die freie Entfaltung der Medien behindern würden oder (b) die Akteure der Polit-PR das Register des Journalismus besser zögen, als die Journalisten selbst. Die Option (a) scheidet in freiheitlichen Demokratien in der Regel aus. Die Option (b) geht davon aus, dass die Journalisten nicht in der Lage sind, PR-Strategien zu durchschauen und wirft damit ein recht schlechtes Bild auf den gesamten Berufsstand, das in diesem Umfang sicher verfehlt sein dürfte.

Das *Interdependenz und Symbiose Paradigma*, das heute überwiegend vertreten wird[253], geht von einer komplexen Interaktion und gegenseitigen Durchdringung (Interpenetration) zwischen Medien und Politik aus. Dieses Verhältnis ist geprägt durch wechselseitige Abhängigkeit und gegenseitige Anpassung. In Tauschprozessen wird „Information gegen Publizität – und umgekehrt – eingetauscht"[254]. Aus dieser wechselseitigen Abhängig-

251 Ebd.
252 Ebd., S. 27.
253 Ebd.

keit entsteht eine Verflechtung mit klaren Rollenverteilungen und etablierten Regeln und Verhaltenskodizes.[255]

- Es bleibt darauf hinzuweisen, dass trotz der Kritik der beiden anderen Ansätze auch bei der Anwendung des Interdependenz und Symbiose Paradigmas danach zu fragen bleibt, welche Interessen im jeweiligen Kontext dominieren, welche Interessen also bei der Berichterstattung mittransportieret werden. Denn die aktive bzw. passive Journalistenrolle, auf die das Instrumentalisierungsparadigma hinweist, hat Entsprechungen in der realen Medienwelt – ihnen entsprechen der Typ des *investigativen Journalisten* bzw. der Typ des *unmotivierten, überforderten Redakteurs*, der wahllos unredigierte Pressemitteilungen und Agenturberichte zusammenstellt.

6. Parteien, Interessengruppen und Medien in der Diktatur

Die bisherige Beschreibung der Akteure des intermediären Bereichs bezog sich auf demokratische, v.a. repräsentativ-demokratische, Ordnungen. Im Zusammenhang mit den Grundmodellen politischer Ordnungen nach Manfred Hättich, aber auch bei der Totalitarismustheorie nach Carl J. Friedrich und Zbigniew Brzezinski wurden die Besonderheiten von Diktaturen hervorgehoben. Hättich differenziert nach den Variablen Herrschaftsstruktur, Willensbildung und Repräsentation sechs verschiedene Grundmodelle politischer Ordnungen. Interessant sind an dieser Stelle die Typen 1 und 2, i.e. die totale und die autoritäre Diktatur.

Die totale Diktatur ist durch monistische Herrschaftsstruktur, monopolisierte Willensbildung und totale Repräsentation charakterisiert. Die totalitäre Diktatur unterscheidet sich dadurch, dass ihre Ideologie zwar den Anspruch einer totalen Repräsentation erhebt, dieser jedoch nicht (voll-

---

254 Vgl. Ulrich Sarcinelli: Mediale Politikdarstellung und politisches Handeln: analytische Anmerkungen zu einer notwendigerweise spannungsreichen Beziehung, in: Otfried Jarren (Hrsg.): *Politische Kommunikation in Hörfunk und Fernsehen. Elektronische Medien in der Bundesrepublik Deutschland*, Opladen: Leske + Budrich, 1994, S. 35-50 [39].

255 Vgl. zu diesem Themenbereich: Günter Bentele: Politische Öffentlichkeitsarbeit, in: Ulrich Sarcinelli (Hrsg.) *Politikvermittlung und Demokratie in der Mediengesellschaft*, Bonn: bpb, 1998, S. 124-145; Jens Tenscher: Politik für das Fernsehen – Politik im Fernsehe. Theorien, Trends und Perspektiven, in: Ulrich Sarcinelli (Hrsg.) *Politikvermittlung und Demokratie in der Mediengesellschaft*, Bonn: bpb, 1998, S. 184-208.

ständig) verwirklicht bzw. gesellschaftlich akzeptiert ist und das Herrschaftszentrum versucht, diesen durch Zwang durchzusetzen.[256]

Die autoritäre Diktatur ist durch monistische Herrschaftsstruktur, monopolisierte Willensbildung und partielle Repräsentation gekennzeichnet.

Monistische Herrschaftsstruktur bedeutet, dass es lediglich ein
Machtzentrum gibt, das Entscheidungen autonom trifft und ihre Durchsetzung koordiniert. Eine Verteilung der Macht auf verschiedene parteipolitische Akteure oder eine externe Einflussnahme auf die Entscheidungsebene
durch Verbände und Medien scheidet damit aus. Die monopolisierte Willensbildung verweist darauf, dass eine oder bestimmte gesellschaftliche
Gruppen ein exklusives Monopol bei der Willensbildung besitzen. Dieses
bezieht sich in der totalen Diktatur auf sämtliche Bereiche des menschlichen Lebens, so dass hier die Beteiligung konkurrierender Meinungen sys-
temlogisch nicht vorgesehen ist. In der autoritären Diktatur betrifft das Wil-
lensbildungsmonopol alle Bereiche, die das Regime als relevant erachtet, in
allen anderen Bereichen kann eine Selbstorganisation der Gesellschaft
erfolgen, solange diese in einem systemkonformen Rahmen bleibt.

Deutlicher wird die Totalitarismustheorie: Pluralismus, also die Konkurrenz der Meinungen scheidet für totalitäre Regime bereits aus ideologischen Erwägungen aus. Das Gemeinwohl steht bereits a priori fest, ein Dissens über seinen Inhalt oder seine Verwirklichung kann nicht bestehen.
Daraus folgt, dass auch die Gesellschaft nicht durch konkurrierende Interessen gespalten sein kann – damit fällt die Notwendigkeit und Berechtigung der Vertretung solcher Interessen weg. Andere Parteien als die Regie-
rungspartei werden damit überflüssig und darüber hinaus zum Störfaktor,
der sich gegen das Gemeinwohl stellt. Auch die Medien sind davon betroffen. Steht *das Richtige* im Voraus fest, so ist Kritik ausgeschlossen. Die
Durchsetzung dieser Position wird in der Regel durch staatliche, ökonomische, physische oder psychische (Zwangs)Mittel erwirkt. Im politischen
Sinne werden die Medien damit zum Verlautbarungs- und Propagandaor-
gan, die der politischen Führung dienen.

Vor diesem Hintergrund stehen die Äußerungen von Josef Goebbels, der
in einer *Ansprache an die Intendanten und Direktoren der Rundfunkgesell-
schaften* vom 25. März 1933 die Rolle des Rundfunks wie folgt
beschreibt:[257]

---

256 Vgl. ebd., S. 49f.
257 Josef Goebbels: Ansprache an die Intendanten und Direktoren der Rundfunkgesell-
schaften, in: Helmut Heiber [Hrsg.]: *Goebbels Reden 1932-1945*, Bindlach: Gon-
drom, 1991, S. 82-107.

„Der Geist der pöbelhaften, individualistischen Massenanbetung wird ersetzt durch den Geist eines neuen Heroismus, – eines Heroismus, der sich durchgekämpft hat in den Fabriken, in den Straßen, in den Städten, in den Provinzen, in den Ländern, im ganzen Reich und der nun Kommunen, Länder und Reich in seiner Hand hat.

Dieser Geist wird auch in den Häusern des Rundfunks Einzug halten, und es wäre naiv zu glauben, dass irgend ein Mensch die Kraft oder die Möglichkeit hätte, sich dem zu widersetzen, – zu glauben, er könne das sabotieren oder durch kleine Ranküne aufhalten oder behindern. [. . .]

Ich bin nicht der Meinung, die ein jüdischer Richter hier in Berlin bei einem Prozess vertreten hat: dass der Rundfunk ein tendenzloser Betrieb sei. Das ist ein Unfug an sich, es gibt überhaupt nichts ohne Tendenz [. . .] Ich bin auch nicht der Meinung, dass der Rundfunk keine Absicht verfolgte [. . .]. Nur eins unterscheidet uns davon: in den vergangenen vierzehn Jahren war man zu *feige* zu sagen, welche Tendenz man verfolgte, während wir offen und ehrlich genug sind zu sagen: Das wollen wir! [. . .] Wir machen keinen Hehl daraus: Der Rundfunk gehört uns, niemandem sonst! Und den Rundfunk werden wir in den Dienst unserer Idee stellen, und [der Redner klopft auf das Pult] keine andere Idee soll hier zu Worte kommen. Und wenn wir [fortgesetztes Hämmern auf dem Pult] eine andere Idee zu Worte kommen lassen, dann höchstens darum, um den Unterschied zu unserer Idee zu zeigen. [. . .]

Der Rundfunk ist keine Spielerei, sondern eine außerordentlich ernste Angelegenheit. Ernst heute, und vielleicht noch viel ernster morgen. Ich halte den Rundfunk für das allermodernste und für das allerwichtigste Massenbeeinflussungsinstrument, das es überhaupt gibt. [. . .]

Und es ist Ihnen [den Medienvertretern] damit, dass Sie die Aufgabe haben, national sich zu betätigen, nicht ein Freibrief für die Langeweile mitgegeben. Das muss nun die Phantasie machen, die [. . .] nun alle Mittel und Methoden in Anspruch nimmt, um die neue Gesinnung modern und aktuell und interessant und ansprechend den breiten Massen zu Gehör zu bringen: interessant, lehrreich, aber nicht belehrend. Der Rundfunk soll niemals an dem Wort kranken: Man merke die Absicht, und man wird verstimmt.

Das ist ja das Geheimnis der Propaganda. Ich verwahre mich dagegen, dass die Propaganda etwas Minderwertiges sei, denn wir säßen heute nicht in den Ministersesseln, wenn wir nicht große Künstler der Propaganda gewesen wären. [. . .] *Das* ist das Geheimnis der Propaganda: den, den die Propaganda fassen will, *ganz* mit den Ideen der Propaganda zu durchtränken, ohne dass er überhaupt merkt, dass er durchtränkt wird. *Selbstverständlich* hat die Propaganda eine Absicht, aber die Absicht muss klug und so virtuos kaschiert sein, dass der, der von dieser Absicht erfüllt werden soll, das überhaupt nicht bemerkt.“

Fragen

- Wie sah die monarchisch-konservative Denktradition die Parteien? Welche Haltung vertraten die Sozialisten in dieser Frage? Geben Sie zwei Beispiele.
- Welche Strategien wenden Interessengruppen an, um ihre Forderungen durchzusetzen? Wie wählen sie ihre Adressaten aus?
- Nennen Sie die Funktionen von Interessengruppen und erläutern Sie diese kurz. Berücksichtigen Sie dabei die beiden Wirkrichtungen von Interessengruppen.
- Welche Probleme bestehen hinsichtlich der Organisierbarkeit von Interessen? Wie kann diesen entgegengewirkt werden? Machen Sie dies an je einem Beispiel aus dem In- und Ausland deutlich.
- Man könnte die These vertreten, dass sich gerade Interessen, die jeden betreffen, besonders gut vertreten lassen. Diskutieren Sie diese Annahme.
- Grenzen Sie die beiden Begriffe *Partei* und *Interessengruppe* voneinander ab.
- Was bezeichnet das *Eherne Gesetz der Oligarchie*?
- Wie entstehen politische Parteien? Findet dieser Prozess heute noch unter denselben Rahmenbedingungen statt, die zur Mitte des 19. Jahrhunderts bestanden haben? Verdeutlichen Sie diesen Zusammenhang an zwei Beispielen.
- Wodurch zeichnet sich die Volkspartei nach Kirchheimer aus?
- Welche drei Paradigmen waren für die Parteienforschung bei der Annäherung an die Parteifunktionen leitend? Erläutern Sie die Parteifunktionen nach von Alemann und ordnen Sie diese begründet diesen Paradigmen zu.
- Stellen Sie der Parteienstaatslehre von Gerhard Leibholz die Parteiendemokratietheorie von Konrad Hesse gegenüber.
- Was sind Think Tanks? Erklären sie den Begriff und Beschreiben Sie die Funktion dieser Einrichtungen.
- Beschreiben und erläutern Sie das Modell nach Douglas/Wildavsky.
- Grenzen Sie die Begriffe Agenda-Setting und Agenda-Building voneinander ab.
- Beschreiben Sie die Grundmuster politischer Kommunikation.
- Skizzieren Sie den Öffentlichkeitsbegriff nach Jürgen Habermas.

Bibliographie

Angela Adams/Willi Paul Adams (Hrsg.): *Hamilton/Madison/Jay. Die Federalist-Artikel*, Paderborn: Schöningh, 1994.

Theodor W. Adorno: Kann das Publikum wollen?, in: Annerose Katz (Hrsg.): *Vierzehn Mutmaßungen über das Fernsehen. Beiträge zu einem aktuellen Thema*, München: dtv, 1963, S. 55-60.

Ulrich von Alemann: Die Vielfalt der Verbände, in: Bundeszentrale für politische Bildung (Hrsg.): *Interessenverbände*, Informationen zur politischen Bildung, Nr.253, Bonn: bpb, 1996, S.17-21.

Ulrich von Alemann: Aktionsformen der Verbände, in: Bundeszentrale für politische Bildung (Hrsg.): *Interessenverbände*, Informationen zur politischen Bildung, Nr.253, Bonn: bpb, 1996, S.36-40.

Ulrich von Alemann: *Das Parteiensystem der Bundesrepublik Deutschland*, Bonn: bpb, 2003.

Gabriel A. Almond/G. Bingham Powell, jr.: Vergleichende Politikwissenschaft – Ein Überblick (1966), in: Theo Stammen (Hrsg.): *Vergleichende Regierungslehre. Beiträge zur theoretischen Grundlegung und exemplarische Einzelstudien*, Darmstadt: Wissenschaftliche Buchgesellschaft, 1976, S. 132-161.

Hans Herbert von Arnim: *Politik Macht Geld. Das Schwarzgeld der Politiker – weißgewaschen*, München: Knaur, 2001.

Uwe Backes/Eckhard Jesse: Historischer Überblick, in: Bundeszentrale für politische Bildung (Hrsg.): *Parteiendemokratie*, Informationen zur politischen Bildung, Nr.207, Bonn: bpb, 1996, S. 7-15.

Wilhelm Bauer: *Die öffentliche Meinung und ihre geschichtlichen Grundlagen. Ein Versuch*, Aalen: Scientia, 1981 (Neudruck).

Horst Bredekamp in der FAZ v. 3.2.1996 – Tiefdruckbeilage.

Günter Bentele: Politische Öffentlichkeitsarbeit, in: Ulrich Sarcinelli (Hrsg.) *Politikvermittlung und Demokratie in der Mediengesellschaft*, Bonn: bpb, 1998, S. 124-145.

Klaus von Beyme: *Parteien in den westlichen Demokratien*, München: C.H. Beck, 1984.

Klaus von Beyme: Funktionswandel der Parteien in der Entwicklung von der Massenmitgliederpartei zur Partei der Berufspolitiker, in: Oscar W. Gabriel/Oskar Niedermayer/Richard Stöss (Hrsg.): *Parteiendemokratie in Deutschland*, Bonn: BpB, 2001.

Christoph Bieber: Das Internet als Präsentations- oder Repräsentationsraum? Kommunikation in politischen Online-Versammlungen, in: Winand Gellner/Gerd Strohmeier (Hrsg.): *Repräsentation und Präsentation in der Mediengesellschaft*, Baden-Baden: Nomos, 2003, S. 139-151.

BMI: *Rechtliche Ordnung des Parteiwesens. Probleme eines Parteiengesetzes. Bericht der vom Bundesminister des Inneren eingesetzten Parteienrechtskommission*, Frankfurt a. Main: Alfred Metzler, 1957.

Josef Braml: *Think Tanks versus „Denkfabriken"? U.S. and German Policy Research Institutes. Coping with and Influencing Their Environments*, Baden-Baden: Nomos 2004.

Frank Brettschneider: Agenda-Building, Agenda-Setting, in: Otfried Jarren/Ulrich Sarcinelli/Ulrich Saxer (Hrsg.) *Politische Kommunikation in der demokratischen Gesellschaft. Ein Handbuch mit Lexikonteil*, Wiesbaden: Westdeutscher Verlag, 1998, S. 635-636.

Harwood L. Childs: *Public Opinion: nature, formation and role*, Princeton: Van Nostrand, 1965.

Mary Douglas: *Wie Institutionen denken*, Frankfurt/Main: Suhrkamp, 1991.

Richard J. Ellis: *American Political Cultures*. New York: Oxford University Press, 1993.

Thomas Ellwein: Die großen Interessenverbände und ihr Einfluss, in: Richard Löwenthal/Hans-Peter Schwarz (Hrsg.): *Die zweite Republik*, Stuttgart, 1974.

Amitai Etzioni: *The Moral Diminsion. Toward a New Economics*, New York: The Free Press, 1988.

Erwin Faul: Verfemung, Duldung und Anerkennung des Parteiwesens in der Geschichte des politischen Denkens, in: Politische Vierteljahrsschrift, Jg. 5, Heft 1, 1964, S. 60-80.

Erwin Faul: Ordnungsprobleme des Fernsehens in nationaler und europäischer Perspektive, in: Publizistik, Jg. 32, Heft 1, 1987, S. 69-92.

Johann Gottlieb Fichte: *Der geschlossene Handelsstaat*, Hamburg: Meiner, 1979.

Samuel E. Finer: Interest Groups and the Political Process in Great Britain, in: Henry W. Ehrmann (Hrsg.): *Interest Groups On Four Continents*, Pittsburgh: University of Pitsburgh Press, 1967.

Ernst Fraenkel: Demokratie und öffentliche Meinung, in: ZfP, 10. Jg., Heft 4, 1963, S. 309-328.

Jürgen Gebhardt: Politische Kultur und Zivilreligion. in: PVS-Sonderheft 18, 1987, S. 52.

Winand Gellner: Politikberatung durch nichtstaatliche Akteure – Typen, Funktionen, Strategien, in: Axel Murswieck (Hrsg.): *Regieren und Politikberatung. Konzepte und Erfahrungen*, Opladen: Leske + Budrich, 1994, S. 175-192.

Winand Gellner: Medien und Parteien. Grundmuster Politischer Kommunikation, in: Winand Gellner/Hans-Joachim Veen (Hrsg.): *Umbruch und Wandel in westeuropäischen Parteiensystemen*, Frankfurt/Main: Lang, 1995, S. 17-33.

Winand Gellner: Demoskopie, Politik, Medien – Anmerkungen zu einem problematischen Verhältnis, in: Otfried Jarren/Heribert Schatz/Hartmut Wessler (Hrsg.): *Medien und politischer Prozess. Politische Öffentlichkeit und massenmediale Politikvermittlung im Wandel*, Opladen: Westdeutscher Verlag, 1996, S. 169-184.

Winand Gellner: Massenmedien, in: Dieter Nohlen/Rainer-Olaf Schultze (Hrsg.): *Lexikon der Politikwissenschaft. Theorien, Methoden, Begriffe, Band 1, A-M*, München: C.H. Beck, 2002, S. 510-511.

Winand Gellner: Medienpolitik, in: Dieter Nohlen/Rainer-Olaf Schultze (Hrsg.): *Lexikon der Politikwissenschaft. Theorien, Methoden, Begriffe, Band 1, A-M*, München: C.H. Beck, 2002, S. 514f.

Wyn Grant: *Pressure Groups, Politics and Democracy in Britain*, Basingstoke: MacMillan, 2000.

Richard Gunther/Anthony Mughan: *Democracy and the Media. A Comparative Perspective*, Cambridge: Cambridge University Press, 2000.

Jürgen Habermas: *Strukturwandel der Öffentlichkeit. Untersuchungen zu einer Kategorie der bürgerlichen Gesellschaft*, Darmstadt, Neuwied: Luchterhand, 1962.

Georg Wilhelm Friedrich Hegel: *Werke in zwanzig Bänden. Auf der Grundlage der „Werke" von 1832-1845 neu editierte Ausgabe*. Frankfurt a. Main: Suhrkamp, 1970.

Wilhelm Hennis: Verfassungsordnung und Verbandseinfluss, in: Politische Vierteljahresschrift, 1. Jg., 1960.

A. Heyde/H. Karkheck, K. Quassowsky/B. Schwendhelm: Krankenakte Gesundheitsreform, in: *Bild am Sonntag*, 51. Jg., Nr. 2 vom 11.01.2004, S. 2f.

Thomas Hobbes: *Leviathan*, Stuttgart: Reclam, 1970.

Andreas Hoffmann: Kassen und Ärzte über Chroniker-Regelung einig, in *Süddeutsche Zeitung*K, 60. Jg., Nr. 12 vom 16.01.2004, S. 6.

Werner Jann: Politik als Aufgabe der Bürokratie: Die Ministerialbürokratie im politischen System der Bundesrepublik Deutschland im Vergleich zu anderen westlichen Demokratien, in: Politische Bildung, Jg. 21, Heft 2, 1988, S. 39-56.

Otfried Jarren/Patrick Donges: *Politische Kommunikation in der Mediengesellschaft. Eine Einführung, Band 1: Verständnis, Rahmen und Strukturen*, Wiesbaden: Westdeutscher Verlag, 2002.

Otfried Jarren/Patrick Donges: *Politische Kommunikation in der Mediengesellschaft. Eine Einführung, Band 2: Akteure, Prozesse, Inhalte*, Wiesbaden: Westdeutscher Verlag, 2002.

Max Kaase: Politische Kommunikation – Politikwissenschaftliche Perspektiven, in: Otfried Jarren et al. (Hrsg.): *Politische Kommunikation in der demokratischen Gesellschaft*, Opladen: Westdeutscher Verlag, 1998, S. 97-113.

André Kaiser: Verbände und Politik, in: Hans Kastendiek/Karl Rohe/Angelika Volle (Hrsg.): *Länderbericht Großbritannien. Geschichte. Politik. Wirtschaft. Gesellschaft*, Bonn: bpb, 1998, S. 224-238.

Hans Kastendiek: Arbeitsbeziehungen und gewerkschaftliche Interessenvertretung, in: Hans Kastendiek/Karl Rohe/Angelika Volle (Hrsg.): *Länderbericht Großbritannien. Geschichte. Politik. Wirtschaft. Gesellschaft*, Bonn: bpb, 1998, S. 331-357.

Hans Kelsen: Wer soll Hüter der Verfassung sein?, in: *Die Justiz*, Bd. VI, Doppelheft 11/12, S. 576-628, 1931.

Karl-Rudolf Korte: *Wahlen in der Bundesrepublik Deutschland*, Bonn: bpb, 2003.

Christopher Lasch: *Die blinde Elite. Macht ohne Verantwortung*, Hamburg: Hoffmann und Campe, 1995.

Claus Leggewie/Christoph Bieber: Interaktive Demokratie. Politische Online-Kommunikation und digitale Politikprozesse, in: APuZ B 41-42/2001, S. 37-45.

Charles E. Lindblom: *The Policy-Making Process*, Englewood Cliffs: Prentice Hall, 1980.

Seymour M. Lipset./Stein Rokkan: *Party Systems and Voter Alignments: Cross-National Perspectives*, New York: Free Press, 1967.

John Locke: *Über die Regierung*, Stuttgart: Reclam, 1974.

Hermann Meyn: *Massenmedien in Deutschland*, Konstanz: UVK Medien, 2001.

C. Wright Mills: Die Machtstruktur in der amerikanischen Gesellschaft. In: Wilfried Röhrich: *Demokratische Elitenherrschaft*, Darmstadt: Wissenschaftliche Buchgesellschaft, 1975.

David W. Minar: Public Opinion in the Perspective of Political Theory, in: Western Political Quarterly, Jg. 13, 1960, S. 31-44.

Hiltrud Naßmacher: *Politikwissenschaft*, München: Oldenbourg, 1998.

Karl-Heinz Naßmacher: *Parteien im Abstieg*, Opladen: Leske + Budrich, 1989.

Nicholas Negroponte: *Total digital*, München: Bertelsmann, 1995.

Eli M. Noam: *Cyber-TV. Thesen zur dritten Fernsehrevolution*, Gütersloh: Bertelsmann Stiftung, 1996.

Ulla Otto: Die Problematik des Begriffs der öffentlichen Meinung. In: Publizistik, Jg. 11, Heft 2, 1966, S. 99-130.

Nelson W. Polsby: Tanks but no Tanks, in Public Opinion, April/Mai 1983, S. 14-16, S. 58-59.

Lucian W. Pye: *Political Culture and Political Development*, Princeton: Princeton University Press, 1972.

Michael Raffel: Der Schöpfer des Begriffs 'Öffentliche Meinung': Michel de Montaigne, in: Publizistik, Jg. 29, Heft 1, 1984, S. 49-62.

Karlheinz Reif: Vergleichende Parteien- und Verbändeforschung, in: Dirk Berg-Schlosser/Ferdinand Müller-Rommel (Hrsg.): *Vergleichende Politikwissenschaft*, Opladen: Leske+Budrich, 1991, S. 151-167.

Karl Rohe: *Politik. Begriffe und Wirklichkeiten. Eine Einführung in das politische Denken*, Stuttgart: Kohlhammer, 1994.

Karl Rohe: Politische Kultur und der kulturelle Aspekt von politischer Wirklichkeit – Konzeptionelle und typologische Überlegungen zu Gegenstand und Fragestellung Politischer Kultur-Forschung. In: PVS-Sonderheft 18, 1987, S. 47.

Jean-Jacques Rousseau: *Vom Gesellschaftsvertrag oder Grundsätze des Staatsrechts*, Stuttgart: Reclam, 1977.

Wolfgang Rudzio: *Das politische System der Bundesrepublik Deutschland*, Opladen: Leske + Budrich, 2000.

Thomas Saalfeld: *Großbritannien. Eine politische Landeskunde*, Opladen: Leske + Budrich, 1998.

Paul A. Sabatier: Toward better Theories of the Policy Process, in: PS Jg. 24, Heft 2, 1991, S. 147-156.

Ulrich Sarcinelli: Massenmedien und Politikvermittlung – eine Problem und Forschungsskizze, in: *Rundfunk und Fernsehen*, Jg. 39, Heft 4/1991, S.469-486.

Ulrich Sarcinelli: Mediale Politikdarstellung und politisches Handeln: analytische Anmerkungen zu einer notwendigerweise spannungsreichen Beziehung, in: Otfried Jarren (Hrsg.): *Politische Kommunikation in Hörfunk und Fernsehen. Elektronische Medien in der Bundesrepublik Deutschland*, Opladen: Leske + Budrich, 1994, S. 35-50.

Ulrich Sarcinelli (Hrsg.): *Politikvermittlung und Demokratie in der Mediengesellschaft*, Bonn: bpb, 1998.

Helmut Scherer: Nachrichtenfaktoren, in: Otfried Jarren/Ulrich Sarcinelli/Ulrich Saxer (Hrsg.) *Politische Kommunikation in der demokratischen Gesellschaft. Ein Handbuch mit Lexikonteil*, Wiesbaden: Westdeutscher Verlag, 1998, S. 690-691.

Dieter Schlüter/Axel Sturm: Sind die völlig bescheuert? Sozialamt zahlt Wohnung am Strand in Florida, in Bild vom 16.08.2003.

Carl Schmitt: *Der Hüter der Verfassung*, Tübingen: J.C.B. Mohr (Paul Siebeck), 1931.

Winfried Schulz: Politische Kommunikation: theoretische Ansätze und Ergebnisse empirischer Forschung zur Rolle der Massenmedien in der Politik. Opladen: Westdeutscher Verlag 1997, S. 24-46.

Rainer-Olaf Schultze: Partei, in: Dieter Nohlen (Hrsg.) *Kleines Lexikon der Politik*, Bonn: bpb, 2001, S. 350-352.

Martin Sebaldt: Verbände und Demokratie: Funktionen bundesdeutscher Interessengruppen in Theorie und Praxis, in: APuZ B 36-37/1997, S. 27-37.

James A. Smith: *The Idea Brokers. Think Tanks and the Rise of the New Policy Elite*, New York: The Free Press, 1991.

Kurt Sontheimer: *Deutschlands politische Kultur*, München: Piper, 1990.

Hans Speier: On the historical Development of Public Opinion, in: American Journal of Sociology, Jg. 55, 1950, S. 376-388.

Jeanette Steemers: Onlineaktivitäten der BBC. In: Media Perspektiven Jg. 3, 2001, S. 126-132.

Rudolf Steinberg: Die Interessenverbände in der Verfassungsordnung, in: Politische Vierteljahresschrift, 14. Jg, 1973, Heft 1.

Winfried Steffani: Parteien als soziale Organisationen. Zur politologischen Parteienanalyse, in: ZParl, 19.Jg., 1988, Heft 4, S. 549-560.

Clifford Stoll: *Die Wüste Internet: Geisterfahrten auf der Datenautobahn. Aus dem Amerikanischen von Hans Jörg Friedrich*, Frankfurt/Main: Fischer, 1998.

Bernhard Sutor: *Politik. Ein Studienbuch zur politischen Bildung*, Paderborn: Schöningh, 1994.

Friedrich H. Tenbruck: *Die kulturellen Grundlagen der Gesellschaft. Der Fall der Moderne*, Opladen: Westdeutscher Verlag, 1989.

Jens Tenscher: Politik für das Fernsehen – Politik im Fernsehe. Theorien, Trends und Perspektiven, in: Ulrich Sarcinelli (Hrsg.) *Politikvermittlung und Demokratie in der Mediengesellschaft*, Bonn: bpb, 1998, S. 184-208.

Michael Thompson/Richard Ellis/Aaron Wildavsky: *Cultural Theory*, Boulder (Colorado): Westview Press, 1990.

Alexis de Tocqueville: *Über die Demokratie in Amerika*, München: dtv, 1984.

Michael Walzer: *Spheres of justice – a defense of pluralism and equality*, New York: Basic Books, 1983.

Hartmut Wasser: Politische Parteien und Wahlen, in: Willi Paul Adams/Peter Lösche (Hrsg.): *Länderbericht USA*, Bonn: BpB, 1998, S. 305-339.

Alfred Weber: Prinzipielles zur Kultursoziologie. (Gesellschaftsprozess, Zivilisationsprozess und Kulturbewegung, in: Archiv für Sozialwissenschaft und Sozialpolitik 47, 1920/21, S. 1-49.

Jürgen Weber: *Interessengruppen*, München, 1981.

Joseph Weizenbaum: Kurs auf den Eisberg: oder nur das Wunder wird uns retten, sagt der Computerexperte. Zürich: pendo, 1984.

Elmar Wiesendahl: *Parteien und Demokratie. Eine soziologische Analyse paradigmatischer Ansätze der Parteienforschung*, Opladen: Leske + Budrich, 1980.

Elmar Wiesendahl: Wie politisch sind politische Parteien?, in: Jürgen Falter (Hrsg.): *Politische Willensbildung und Interessenvermittlung*, Opladen: Leske + Budrich, 1984, S. 78-88.

Elmar Wiesendahl: Parteitypen, in: Dieter Nohlen/Rainer-Olaf Schultze (Hrsg.): *Lexikon der Politikwissenschaft. Theorien, Methoden, Begriffe, Band 2, N-Z*, München: C.H. Beck, 2002, S. 633-635.

Rudolf Wildenmann: *Volksparteien. Ratlose Riesen?*, Baden-Baden: Nomos, 1989.

Graham Wootton: *Interest-Groups*, Englewood Cliffs, 1970.

Die ZEIT v. 19.1.1996, S. 17.

Die ZEIT v. 5.7.1996, S. 62.

FAZ v. 20.3.2001, S. B13.

FAZ v. 29.3.2001, S. 29.

FAZ v. 30.3.2001, S. 53.

G. Handlungsmuster

1. Vorbemerkung

Wie bereits im Zusammenhang mit den Typologien von Diktaturen festgestellt wurde, unterscheiden sich totalitäre Staaten grundsätzlich in ihrer Prämisse eines a priorischen Gemeinwohls von den Demokratien. Von dieser Annahme ausgehend, ist eine Diskussion über das Gemeinwohl nicht möglich. Sie würde sich in der Frage nach der besten Erkenntnis erschöpfen, die in der Vergangenheit mit Sätzen, wie „Die Partei hat immer recht", dokumentiert ist. Das Prinzip ist immer das Gleiche: Wer die Notwendigkeit, die angeblich aus der Ideologie folgt, nicht erkennt, ist böswillig oder dumm. Muster, die sowohl im Nationalsozialismus, als auch im Kommunismus zu beobachten sind:

Bsp. Nationalsozialismus
*   „Wir Nationalsozialisten wissen, dass wir mit dieser Auffassung als Revolutionäre in der heutigen Welt stehen und auch als solche gebrandmarkt werden. Allein unser Denken und Handeln soll keineswegs von Beifall oder Ablehnung unserer Zeit bestimmt werden, sondern von der bindenden Verpflichtung an eine Wahrheit, die wir erkannten. Dann dürfen wir überzeugt sein, dass die höhere Einsicht einer Nachwelt unser heutiges Vorgehen nicht nur verstehen, sondern auch als richtig bestätigen und adeln wird."[1]
    „Uns gegenüber steht das unendliche Heer weniger der böswillig Schlechten als der denkfaul Gleichgültigen und gar der an der Erhaltung des heutigen Zustandes Interessierten. Allein gerade in dieser scheinbaren Aussichtslosigkeit unseres gewaltigen Ringens liegt die Größe unserer Aufgabe und auch die Möglichkeit des Erfolges begründet."[2]

Bsp. Kommunismus
*   „Was beweist die Geschichte der Ideen anders, als dass die geistige Produktion sich mit der materiellen umgestaltet? Die herrschenden Ideen einer Zeit waren stets nur die Ideen der herrschenden Klasse."[3]

---

1   Adolf Hitler: *Mein Kampf*, München: Franz Eher, 825.-829. Auflage, 1943, S. 434f.
2   Ebd., S. 441.
3   Karl Marx/Friedrich Engels: Manifest der Kommunistischen Partei, in Karl Marx/ Friedrich Engels: *Ausgewählte Schriften in zwei Bänden. Band I*, Berlin: Dietz, 1984, S. 43.

„Diese Skizze über den Gang meiner Studien im Gebiet der politischen Ökonomie soll nur beweisen, dass meine Ansichten, wie man sie immer beurteilen
mag und wie wenig sie mit den interessierten Vorurteilen der herrschenden
Klassen übereinstimmen, das Ergebnis gewissenhafter und langjähriger Forschung sind. Bei Eingang in die Wissenschaft aber, wie beim Eingang in die
Hölle, muss aber die Forderung gestellt werden:
> Qui si convien lasciare ogni sospetto
> Ogni viltà convien che qui sia morta."[4]

Eine Konkurrenz der Ideen über gesellschaftliche Ziele ist bei beiden Ideologien von vornherein ausgeschlossen. Das Ziel steht fest und wurde durch
den Urheber der Ideologie erkannt und artikuliert. Hinsichtlich dieses Zie-
les sind keine Abweichungen möglich.

In der wissenschaftlichen Literatur wird eine solche Haltung als *Monismus* bezeichnet. Monismus ist im wesentlichen durch vier Merkmale
geprägt:

(1) Das Gemeinwohl besteht a priori;
(2) die Gesellschaft orientiert sich nach einem Gemeinwillen;
(3) es besteht Interessenkonsens;
(4) die Gesellschaft ist homogen und intolerant.

Gerade in Europa waren anti-pluralistische, d.h. monistische, Vorstellungen weit verbreitet und historisch fest verwurzelt, etwa in den Schriften
Jean-Jacques Rousseaus oder der deutschen Staatsrechtslehre. Besonders
deutlich wurde dies noch einmal im Werk von Carl Schmitt. Er gab vor
allem dem Pluralismus, der seinen Ausdruck in der Parteienvielfalt und
dem Machtstreben der Interessengruppen fand, die Hauptschuld für die
Probleme der Weimarer Republik.[5] Daher sprach er sich in verschiedenen
Schriften für einen homogenen, gemeinwohlorientierten Staat aus, den er
später im nationalsozialistischen Führerstaat realisiert sah.[6]

Demokratien sind anders organisiert. Das Bundesverfassungsgericht
stellte in einer Entscheidung aus dem Jahr 1961 fest:

---

4   Karl Marx: Zur Kritik der Politischen Ökonomie. Vorwort, in Karl Marx/Friedrich
    Engels: *Ausgewählte Schriften in zwei Bänden. Band I*, Berlin: Dietz, 1984, S. 338.
    Das Zitat in diesem Ausschnitt stammt aus Dantes *Göttlicher Komödie* und wurde
    a.a.O. mit folgender Übersetzung angegeben: „Hier musst du allen Zweifelmut ertö-
    ten. Hier ziemt sich keine Zagheit fürderhin".
5   U.a. Carl Schmitt: *Der Hüter der Verfassung*, Tübingen: Mohr (Siebeck), 1931, S.
    141ff.
6   Vgl. Carl Schmitt: *Staat, Bewegung, Volk. Die Dreigliederung der politischen Ein-
    heit*, Hamburg: Hanseatische Verlagsanstalt Hamburg, 1933. Vgl. ebd. u.a. S. 7ff.

„Nur die freie öffentliche Diskussion über Gegenstände von allgemeiner Bedeutung sichert die freie Bildung der öffentlichen Meinung, die sich im freiheitlich demokratischen Staat notwendig 'pluralistisch' im Widerstreit verschiedener und aus verschiedenen Motiven vertretener, aber jedenfalls in Freiheit vorgetragener Auffassungen, vor allem in Rede und Gegenrede vollzieht. Jedem Staatsbürger ist durch Art. 5 Abs. 1 Satz 1 GG das Recht gewährleistet, an dieser öffentlichen Diskussion teilzunehmen."[7]

Damit griff es die grundlegenden Merkmale der Pluralismustheorie auf:

(1) Das Gemeinwohl bildet sich ex posteriori;
(2) in der Gesellschaft besteht eine Vielzahl von Einzelwillen;
(3) es besteht Interessenkonkurrenz;
(4) die Gesellschaft ist heterogen und tolerant.

Darüber hinaus stellte das Gericht die grundsätzliche Bedeutung der Meinungsfreiheit und -vielfalt für eine Gesellschaftsordnung heraus, die auf bürgerlicher Freiheit und Beteiligung beruht.

Im Zusammenhang mit gewaltenteiligen Strukturen in politischen Ordnungen kommt dem Pluralismus eine besondere Bedeutung zu. Bei Winfried Steffanis Gewaltenteilungsbegriff wird Pluralismus vor allem im Bereich der dezisiven Gewaltenteilung berücksichtigt. Darüber hinaus setzen andere Erscheinungsformen der Gewaltenteilung Pluralismus voraus: Vertikale Gewaltenteilung einen Pluralismus an Gliedstaaten, temporale Gewaltenteilung einen Pluralismus an Bewerbern um Wahlämter. Demokratische Organisationsstrukturen wie politische Parteien, Interessengruppen oder Medien stellen auf pluralistische Meinungsbildung und Entscheidungsfindung ab.

Für dieses Kapitel ergibt sich damit folgender Sachzusammenhang und Aufbau: Aus den genannten Gründen lohnt zunächst der detaillierte Blick auf den (1) Pluralismus als Grundmodell der Willensbildung. Willensbildung muss sich bei konkurrierende Interessen jedoch nicht notwendigerweise konfrontativen vollziehen, neben die (2) Konkurrenz- tritt die Konkordanzdemokratie mit ihren kooperativen Verfahrensweisen. Pluralismus kann also an verschiedene Abstimmungsregeln gekoppelt sein: Entscheidungen werden entweder von Mehrheiten verantwortet oder nach dem Verhältnis ausgehandelt. Proporz und Majorz sind die beiden Leitideen, die sich im Hinblick auf demokratische Repräsentation der Bevölkerung in politischem Entscheiden und Handeln idealtypisch gegenüberstehen. Diese Entscheidungsregeln haben unter anderem gravierenden Einfluss auf (3)

---

7   BVerfGE 12, 113 [125].

Wahlen und Wahlsysteme. Wie aber nun Gesellschaften diese Fragen für sich selbst beantworten, ist letztlich eine Sache ihrer spezifischen (4) Politischen Kultur.

2. Der Pluralismus

Der Pluralismus geht, wie schon erwähnt, davon aus, dass es eine Vielfalt von Interessen gibt, die die Politik bestimmen.[8] Durch Aushandlungsprozesse entsteht ein Kompromiss, der mit dem Gemeinwohl identifiziert wird. Dieses Gemeinwohl lässt sich nicht im vornhinein (ex ante) feststellen, sondern nur ex post. Der grundlegende Konsens in einer solchen Gesellschaft wird vorausgesetzt. Er besteht in der Anerkennung der Spielregeln, die von Ernst Fraenkel als die undiskutierten Selbstverständlichkeiten des nicht-kontroversen Bereichs formuliert wurden: „Eine jede pluralistische Demokratie geht davon aus, dass, um funktionieren zu können, sie nicht nur Verfahrensvorschriften und Spielregeln eines fair play, sondern auch eines allgemein anerkannten Wertekodex bedarf, der ein Minimum abstrakter regulativer Ideen generellen Charakters enthalten muss".[9]

Die Ausgangsüberlegung ist vergleichsweise einfach: Die Menschen entscheiden sich für eine Beteiligung bzw. ein Engagement in einer Gruppe, weil sie so mehr Einfluss haben, um ihre Interessen realisieren zu können. Politik ergibt sich gewissermaßen im Prozess und dann schließlich als Endergebnis dieses Prozesses (Marktmodell). Diese Theorie wurde ursprünglich aufgrund der Gruppentheorie formuliert, die zum ersten mal von Arthur Bentley im Jahre 1908 allgemein formuliert und dann schließlich von David Truman (1951) auf politische Gruppen übertragen wurde.[10] Nach Truman sind Menschen nicht nur Mitglieder einer Gruppe, sondern sie verfügen über unterschiedliche Mitgliedschaften, die sogenannten *overlapping group affiliations*. Insoweit ist es auch außerordentlich schwierig, reine, singuläre Gruppeninteressen voneinander zu unterscheiden, da Wechselbeziehungen zwischen den verschiedenen Gruppenmitgliedschaften insgesamt eine integrative Wirkung haben.[11] Darüber hinaus kommt Truman zu der bedeutsamen Festlegung, dass es neben den tatsächlichen

---

8   Vgl. Ernst Fraenkel: *Deutschland und die westlichen Demokratien*, Frankfurt/Main: Suhrkamp, 1991, S. 300.
9   Ebd.
10   Vgl. Rainer Eisfeld: Pluralismus/Pluralismustheorien, in: Dieter Nohlen/Rainer-Olaf Schultze (Hrsg.): *Lexikon der Politikwissenschaft. Theorien, Methoden, Begriffe, Band 2, N-Z*, München: C.H. Beck, 2002, S. 649-653 [651].
11   Vgl. ebd.

Gruppen auch potentielle Gruppen gibt, die man in das gesellschaftliche Kräfteparallelogramm mit einbeziehen müsse. In den 50er Jahren war dieses gruppenpluralistische Modell das demokratietheoretisch offensichtlich überzeugendste, wenngleich bereits zu diesem Zeitpunkt auch innerhalb der USA deutliche Kritik an diesem idealistischem Modell geübt wurde.

In der Elitentheorie (s.u. G.5.) machte sich der Unmut darüber Luft, dass es gerade nicht jedem einzelnen Individuum möglich sei, sein Interesse zu artikulieren, bzw. dass es für jedes Interesse eigenständige Interessengruppen geben könnte.[12] C. Wright Mills war einer der hervorragenden Vertreter dieser Theorie, wonach im Besonderen die USA von einer Machtelite regiert würden, die sich im Kern aus dem militärisch-bürokratischen Komplex und den großen Konzernen zusammensetze, die wiederum die führenden Politiker nach ihrem Willen beeinflussen könnten. Aufgrund des gleichen Erziehungshintergrunds, entsprechender Verflechtung komme es zu Tendenzen der Abschottung. Nachwuchsrekrutierung sei für diese Elite nur möglich, wenn dieser sich ihren entsprechenden Kriterien unterordnete. Ein Gedanke, der mit Bezug auf die Medien noch heute von Noam Chomsky vertreten wird:

> „Darüber hinaus gehören diejenigen, die Managerposten in den Medien innehaben oder die es als Kommentatoren zu Ruf und Ansehen bringen, ebenfalls zu den privilegierten Eliten, und so werden auch sie aller Wahrscheinlichkeit nach die Wahrnehmungen, Bestrebungen und Haltungen ihrer Geschäftspartner [Konzerne bzw. Käufer] teilen, da diese doch zugleich ihre eigenen Klasseninteressen widerspiegeln. Journalisten, die innerhalb dieses Systems arbeiten, werden dort höchstwahrscheinlich nicht vorankommen, wenn sie sich dem ideologischen Druck nicht beugen, im allgemeinen, indem sie die entsprechenden Werte verinnerlichen; [. . .]"[13]

Diese klare Antithese zum Pluralismus führte dann in der Folge in den 1960er Jahren zu einer weiteren Differenzierung innerhalb der Pluralismustheorie. Man sah im Rahmen der ökonomischen Theorien zur Politik durchaus die Notwendigkeit, zwischen individuellem und Gruppeninteresse zu unterscheiden.

Vor allem Mancur Olson ging im Rahmen der *Rational-Choice*-Theorie (s. F.2.4.4.) davon aus, dass sich rationale, nutzenmaximierende Individualisten in der Regel nicht für ein Gruppeninteresse engagieren würden, wenn

---

12 Vgl. ebd., S. 652.
13 Vgl. Noam Chomsky: *Sprache und Politik*, Berlin: Philo, 1999, S. 89.

Güter auch ohne ihr spezifisches Engagement bereitgestellt werden. Diese sogenannten Kollektivgüter wären für Trittbrettfahrer gewissermaßen kostenlos zu erhalten. Nur durch spezifische, selektive Anreize könne es gelingen, ein Engagement innerhalb der Gruppen zu bewirken. Diese Theorie der rationalen Entscheidung war selbstverständlich Gift für Pluralisten und Elitisten, die beide von der Organisationswilligkeit der Einzelindividuen ausgehen, während in der genannten ökonomischen Theorie ein individuelles Kosten-Nutzenkalkül allein entscheidend ist. Warum sollte sich jemand also für ein gemeinsames Interesse einsetzen, wenn er die Vorteile auch ohne Einsatz als Trittbrettfahrer bekommen kann? Und warum sollte er sich für Kollektivgüter einsetzen, an denen andere Anteil haben, wenn er das gewünschte Ergebnis auch individuell durchsetzen oder erreichen kann? In der Konsequenz bedeutet dies, dass sich Interessengruppen nicht automatisch bilden, wenn kollektive Interessen auf dem Spiel stehen – mehr noch: gerade dann nicht und umso weniger, je allgemeiner das Interesse ist (s.o. Kap. E.2.4.4.). Im Umkehrschluss bedeutet dies, dass die Größe und Stärke von Interessengruppen nicht mit der Bedeutung des organisierten Interesses kongruent sein muss. Dann aber gibt es kein automatisches Gleichgewicht der Kräfte (also Pluralismus), sondern es stellt sich vielmehr ein Kräfteungleichgewicht ein: Denn einige Interessen sind mächtiger bzw. lassen sich besser organisieren als andere und können sich daher besser durchsetzen. Es bilden sich fragmentierte, segmentierte Interessenkonstellationen heraus. Die in der Folge entwickelte Theorie des Korporatismus versucht, dieses Problem durch Integration zu lösen.

3. Der Korporatismus

Korporatismus bezeichnet eine Form der Einbindung wirtschaftlicher und gesellschaftlicher Organisationen in den politischen Entscheidungsfindungsprozess. Grundsätzlich lassen sich dabei zwei Arten des Korporatismus unterscheiden: (1) der autoritäre und (2) der demokratische Korporatismus.

Autoritärer Korporatismus meint die zwanghafte Einbindung in „hierarchische und autoritäre Entscheidungsverfahren", wie dies etwa im italienischen Faschismus der Fall war.[14]

---

14 Vgl. Klaus Schubert: Korporatismus/Korporatismustheorien, in: Dieter Nohlen/Rainer-Olaf Schultze (Hrsg.): *Lexikon der Politikwissenschaft. Theorien, Methoden, Begriffe, Band 1, A-M*, München: C.H. Beck, 2002, S. 449-453 [449].

Der demokratische Korporatismus meint eine freiwillige Form der Zusammenarbeit zwischen wirtschaftlichen bzw. gesellschaftlichen (Groß)Organisationen und staatlichen Stellen in spezifischen Bereichen, wie z.B. in der Arbeitsmarkt oder Gesundheitspolitik.[15] Die Theorie, die in ihrer neueren Spielart auch als Neo-Korporatismus bezeichnet wird, erkennt zunächst die gesellschaftliche Bedeutung der Interessengruppen an. Sie verweist aber weiterhin darauf, dass nicht alle Interessen gleich stark bzw. stark genug vertreten werden. Aus diesem Grund übernimmt der Staat in diesen Bereichen die Rolle einer Ausgleichs- und Vermittlungsinstanz.

Vor allem in zentralen Politikfeldern zeigen sich gerade in der Bundesrepublik Deutschland korporatistische Elemente – seien es das Bündnis für Arbeit und der Ausbildungspakt auf dem Arbeitsmarkt oder die Einbindung von Ärzte- und Krankenkassenvertretern bei der Gesundheitsreform. Das Interesse an einer korporativen Lösung kann also primär auch vom Staat ausgehen, der dann die wesentlichen Akteure an der Entscheidung beteiligt, um eine möglichst konsensuale Lösung zu erzielen. Im Besonderen haben sich Philippe Schmitter, Gerhard Lehmbruch und Wolfgang Streeck in ihren Beiträgen mit der Anwendbarkeit des Korporatismusmodell auf die politischen Realitäten in Deutschland beschäftigt.

Schmitter stellt dabei hauptsächlich auf die strukturellen Komponenten ab. Er beschreibt den Korporatismus mit neun Merkmalen:[16] (1) Die Anzahl der Verbände, die zur Mitwirkung an einer politischen Entscheidung angehalten werden, ist begrenzt. (2) Die innere Ordnung der Verbände ist hierarchisch. (3) Die Mitgliedschaft in den Verbänden ist obligatorisch. (4) Das Verbandswesen ist funktional differenziert. (5) Die Verbände verhalten sich wechselseitig nicht kompetitiv. (6) Der Staat erkennt die Verbände an und räumt ihnen (7) ein Vertretungsmonopol ein, weil die Verbände (8) die interne Personalrekrutierung und (9) die Interessenartikulation gewährleisten.

Lehmbruch beschreibt den Korporatismus als „Modus der Politikabstimmung" anhand von fünf Kriterien:[17] (1) Der Organisation der Produzenteninteressen in Dachverbänden. (2) Eine Vernetzung von Parteien und Verbänden. (3) Ein institutionalisierter Rahmen, in dem sich die Zusammenar-

---

15 Vgl. Hiltrud Naßmacher: *Politikwissenschaft*, München: Oldenbourg, 1998, S. 80.
16 Vgl. Klaus Schubert: Korporatismus/Korporatismustheorien, in: Dieter Nohlen/Rainer-Olaf Schultze (Hrsg.): *Lexikon der Politikwissenschaft. Theorien, Methoden, Begriffe, Band 1, A-M*, München: C.H. Beck, 2002, S. 449-453 [450].
17 Ebd.

beit zwischen Verbänden und der Regierung vollzieht. (4) Dabei kommt den Gewerkschaften eine Schlüsselstellung zu. (5) Die Regierung trägt die Gewähr für den vereinbarten Konsens.

Korporatismus setzt also ein hochgradig ausdifferenziertes, gleichzeitig konzentriertes Verbandswesen voraus, das nach innen die Durchsetzung des vereinbarten Kompromisses – unter anderem aufgrund der hierarchischen Strukturen – leisten kann. Im Verhältnis zu den Verhandlungspartnern bedeutet dies, dass bereits innerhalb der Großverbände ein Konsens erzielt werden muss und damit klare – in ihrer Komplexität reduzierte – Verhandlungspositionen bestehen. Durch die Konzentration des Verbändesystems stehen zudem die jeweiligen Verhandlungspartner eindeutig fest. Die Gewährträgerschaft der Regierung verleiht der Vereinbarung eine zusätzliche Autorität und Absicherung. Für die Regierung besteht der Vorteil eines solchen Arrangements vor allem in der Delegation von Steuerungsaufgaben, d.h. in einer Entlastung des Staates, und der Einflussnahme auf Entscheidungen, die Auswirkungen auf zentrale Politikfelder haben, wie etwa im Bereich der Tarifpolitik, die unmittelbar auf den Arbeitsmarkt einwirkt.

Der konsensorientierte Korporatismus stellt somit ein Gegenmodell zum konfliktorientierten Pluralismus dar. Er schlägt vor, die Probleme einer pluralistischen Gesellschaft durch die Einbindung der Interessen in kooperative Verhandlungssysteme von Staat und Gruppen zu lösen. Daher orientiert er sich nicht an spezifischen (Partikular)Interessen , sondern an allgemein relevanten Problemzusammenhängen. Der Staat fungiert in diesem Prozess als Mediator zwischen den konfligierenden Interessen.

Problematisch an einer solchen 'Verstaatlichung' und Monopolisierung der Interessenvertretung ist, dass sie der Entstehung geschlossener Elitenkartelle Vorschub leisten. Die enge Zusammenarbeit zwischen Politik und Verbänden kann zu Ämterpatronage und Klientelismus und letztlich dazu führen, dass nur die bereits etablierten Großverbände gehört werden, während andere Gruppierungen (weitgehend) ungehört bleiben.[18]

Anzumerken bleibt: Sowohl Pluralismus- als auch Neo-Korporatismustheorie sind bislang den Beweis dafür schuldig geblieben ist, dass Staaten mit ähnlichen Grundbedingungen unter dem einen oder dem anderen Modell besser zurecht kämen. Insoweit seien generelle Zweifel an globalen Theorien zum Gemeinwohl an dieser Stelle zum Ausdruck gebracht.

---

18 Vgl. Hiltrud Naßmacher: *Politikwissenschaft*, München: Oldenbourg, 1998, S. 80.

4. Grundmodelle demokratischer Ordnungen

Innerhalb pluralistischer Gesellschaften bestehen also verschiedene Möglichkeiten, wie das Gemeinwohl aus der Menge aller vertretenen Meinungen gebildet wird. Diese lassen sich auf zwei idealtypische Grundkonzepte zurückführen: Konflikt und Konsens. In der Literatur werden diesen beiden Strategien überwiegend die Modelle der Konkurrenz- bzw. der Konkordanzdemokratie zugeordnet. Ein neuerer Ansatz stammt von Arend Lijphart, der 1984 und 1999 eine Einteilung in Mehrheits- und Konsensdemokratien vorschlug.

4.1. Konkurrenzdemokratie vs. Konkordanzdemokratie

Als Prototypen der *Konkurrenzdemokratie* gelten die USA und Großbritannien. Die Zuordnung zu diesem Typ erfolgt unabhängig von der Regierungsform (präsidentiell oder parlamentarisch). Als signifikante Merkmale der Konkurrenzdemokratie werden vor allem das Mehrheitsprinzip – besonders mit Blick auf die Wahlen –, das offene Zweiparteiensystem und eine homogene, säkularisierte Politische Kultur genannt.[19] Gerade in der englischsprachigen Literatur wurde und wird das Modell der Konkurrenzdemokratie häufig als Königsweg hinsichtlich Stabilität und Leistungsfähigkeit präsentiert. Dennoch bestanden bereits zur Zeit der amerikanischen Verfassungsdiskussion Befürchtungen, dass das Mehrheitsprinzip bei den Abstimmungen letztlich in eine Tyrannei der Mehrheit umschlagen könnte. Artikel 10 der *Federalist Papers* setzt sich detailliert mit dieser Kritik auseinander.[20] Seither ist die amerikanische Antwort eindeutig. Auch bei neueren politiktheoretische Autoren wie John Rawls bleibt die Mehrheitsregel das Entscheidungsinstrument der Demokratie.[21]

Die Abstimmung nach dem Mehrheitsprinzip fördert die politische Stabilität insofern, als sie mit hoher Regelmäßigkeit zu stabilen Einparteienregierungen führt. Zu den Aktiva zählt weiterhin die bessere Transparenz sowie eine höhere Effizienz bei den politischen Entscheidungen. Dies begründet sich dadurch, dass die Entscheidungsträger im Konkurrenzmodell leichter auszumachen sind und unabhängiger entscheiden können, als

---

19 Vgl. Manfred G. Schmidt: *Demokratietheorien*, Opladen: UTB, 2000, S. 325f.
20 Vgl. Angela Adams/Willi Paul Adams (Hrsg.): *Hamilton/Madison/Jay. Die Federalist-Artikel*, Paderborn: Schöningh, 1994, S. 50-58.
21 Vgl. John Rawls: *Eine Theorie der Gerechtigkeit*, Frankfurt/Main: Suhrkamp, 1979; u.a. S. 392-399.

in Demokratien, in denen eine Vielzahl von Akteuren einen gemeinsamen Kompromiss erarbeitet.[22] Auf der Gegenseite ist die dadurch bedingte Schwäche bei der Integration von Minderheiten anzuführen, die sich besonders in der mangelnden Fähigkeit, „Verlierer von Kollektiventscheidungen, beispielsweise Verlierer von Wahlen, zu integrieren" zeigt.[23] Hinzu kommt ein sehr weitgefasster Spielraum für die Regierung, der faktisch kaum mehr Vetospieler entgegenstehen.

In der *Konkordanzdemokratie* werden Entscheidungen nach der Proporzregel getroffen. Das bedeutet, dass Minderheiten mit gesicherten Partizipationsrechten bis hin zum Veto an der Entscheidungsfindung teilhaben. Auch bei der Besetzung politischer und öffentlicher Ämter spielt diese Beteiligung eine signifikante Rolle.[24] Das Modell eignet sich daher besonders für fragmentierte, heterogene Gesellschaften, in denen die Beteiligung von verschiedenen Gruppen unerlässlich ist.[25] Ein offenes Zweiparteiensystem wäre in diesem Fall nicht in der Lage, die multidimensionalen Konflikte zu kompensieren, so dass sich notwendigerweise ein Mehrparteiensystem entwickelt. Deutlich wird dieser Zusammenhang, wenn man sich das Beispiel der Schweiz vor Augen führt, die u.a. eine starke kulturelle und nicht zuletzt sprachliche Heterogenität aufweist. Die Konkordanzdemokratie stellt also darauf ab, Kompromisse auszuhandeln und ist besonders gut geeignet, um Minderheiten zu integrieren und so eine breite Akzeptanzbasis bzw. Legitimation für Entscheidungen zu schaffen. Allerdings werden die Entscheidungsprozesse durch die Beteiligung vieler Akteure und die nötigen Verhandlungen langwierig und ineffizient.

Konkurrenz- und Konkordanzdemokratie stehen sich somit in ihren Vor- bzw. Nachteilen spiegelbildlich gegenüber:

4.2. Mehrheits- und Konsensusdemokratie nach Lijphart

Ausgehend von quantitativen Untersuchungen entwickelte Arend Lijphart sein Modell, in dem Mehrheitsdemokratie und Konsensusdemokratie idealtypisch gegenüberstehen. Die Typologie baut auf zehn Hauptmerkmalen auf (s. Tab. 17) und beschreibt zwei grundlegend konträre Modelle.

Die *Mehrheitsdemokratie* stellt auf Machtkonzentration ab. Sie eröffnet der Parlamentsmehrheit und der durch diese kreierten Regierung einen

---

22 Vgl. Manfred G. Schmidt: *Demokratietheorien*, Opladen: UTB, 2000, S. 336.
23 Vgl. ebd., S. 337.
24 Vgl. ebd., S. 328.
25 Vgl. Hiltrud Naßmacher: *Politikwissenschaft*, München: Oldenbourg, 1998, S. 103f.

Tab. 16: Konkurrenzdemokratie und Konkordanzdemokratie im Überblick. Nach: M. Schmidt 2000, S. 325-338.

	Konkurrenzdemokratie	*Konkordanzdemokratie*
Ziel	Konkurrenz und Entscheidung	Kompromiss und Integration
Entscheidungsregel	Mehrheitsregel	Proporzregel
Vorteile	Hohe Effizienz und Transparenz Stabile Regierung	Integration von Minderheiten Hohe Akzeptanz und Legitimation
Nachteile	Großer Spielraum der Regierung Mangelhafte Integration von Minderheiten	Ineffiziente Entscheidungsprozesse Geringe Reaktionsfähigkeit
Gesellschaftliche Zusammensetzung	Homogen	Heterogen

außerordentlich hohen Spielraum[26] – insofern kann der obige Typ der Konkurrenzdemokratie hier subsummiert werden.[27] Die *Konsensusdemokratie* verteilt die politische Macht und schafft so „Sicherungen und Gegenkräfte gegen die Mehrheit in der Legislative" sowie gegen die Exekutive. Darüber hinaus räumt sie Minderheiten einen besondern Schutz durch gesicherte Partizipationsmöglichkeiten sowie Erschwernisse bei einer Verfassungsänderung ein. Auch dies beschneidet den Handlungsrahmen von parlamentarischer Mehrheit und Regierung[28] – insofern kann hierunter der Typ der Konkordanzdemokratie subsummiert werden.

Lijpharts Vergleich berücksichtigt verschiedene Aspekte: Unter anderem nimmt er deutlichen Bezug auf die Frage, ob in der jeweiligen Ordnung die Gewalten *getrennt* oder *verschränkt* zueinander stehen. Mit Blick auf die beteiligten Akteure zeichnet sich ab, dass hinsichtlich der Frage nach Mehrheits- oder Konsensusdemokratie auch die Frage nach Veto-Spieler-

---

26 Vgl. Manfred G. Schmidt: *Demokratietheorien*, Opladen: UTB, 2000, S. 340.
27 Das bedeutet jedoch – auch für das Folgende – nicht, dass die Begriffe synonym verwandt werden können.
28 Vgl. ebd.

konstellationen von entscheidender Bedeutung ist, also die Art und die Anzahl der Akteure, deren Zustimmung für eine bestimmte Entscheidung notwendig ist.

Tab. 17: Mehrheits- und Konsensusdemokratie

	Mehrheitsdemokratie	*Konsensusdemokratie*
Exekutivmacht	Konzentriert in den Händen einer alleinregierenden Mehrheitspartei	Auf eine Vielparteienkoalition aufgeteilt
Verhältnis zwischen Exekutive und Legislative	Exekutive dominiert über Legislative	Formelles und informelles Kräftegleichgewicht zwischen Exekutive und Legislative
Parteiensystem	Zweiparteiensystem oder ähnlicher Typ	Vielparteiensystem
Wahlsystem	Mehrheitswahlsystem mit disproportionaler Stimmen- und Sitzverteilung	Verhältniswahlrecht
Interessengruppen	Pluralistisch	Koordiniert und korporatistisch
Territoriale Staatsorganisation	Unitaristisch und zentralisiert	Föderalistisch und dezentral
Parlamentstyp	Einkammersystem	Zweikammersystem mit gleich starken und unterschiedlich konstruierten Kammern
Variabilität der Verfassung	Hoch. Veränderungen durch einfache Mehrheit möglich oder Wegfallen einer geschriebenen Verfassung	Niedrig. Geschriebene Verfassung, die nur mit großer Mehrheit geändert werden kann
Hoheit in Verfassungsfragen	Beim Parlament	Beim Verfassungsgericht
Institutionelle Verflechtung der Zentralbank	Von der Exekutive abhängig	Autonom

Quelle: M. Schmidt 2000, S. 339f.

Lijphart entwickelte sein Modell auf der Grundlage umfangreicher, quantitativer Ländervergleiche und machte dabei unter anderem folgende Feststellungen:[29]

- *Die* Demokratie gibt es nicht, vielmehr existieren verschiedene Arten von Demokratien, die jeweils unterschiedliche Strukturen aufweisen.
- Auffällig ist eine empirische belegbare Trennung in Demokratien, die überwiegend nach mehrheitsdemokratischen Regeln verfasst, und solchen, die überwiegend konsensusorientiert sind.
- Unter Berücksichtigung der territorialen Struktur lassen sich vier Haupttypen bilden: (1) Einheitsstaatliche Mehrheitsdemokratien (GB), (2) föderale Mehrheitsdemokratien (USA), (3) einheitsstaatliche Konsensusdemokratien (Benelux), (4) föderalistische Konsensusdemokratien (D, CH).
- Zwischen den Demokratietypen besteht ein Unterschied in der Staatstätigkeit. „Vor allem schneidet die Mehrheitsdemokratie, die lange als die bessere Demokratiespielart galt, in Fragen politisch-ökonomischer Steuerung und innerstaatlicher Friedenssicherung nicht besser als die Konsensusdemokratien ab."[30] Bei der Wahlbeteiligung, der Repräsentation von Frauen und der Demokratiezufriedenheit schnitten die Konsensusdemokratien insgesamt sogar besser ab.

Neben den strukturellen Erkenntnissen liefern Lijpharts Ergebnisse auch Hinweise zu der Frage, „welches Demokratiemodell sich am besten für bestimmte Gesellschaftssysteme eignet".[31] Das Mehrheitsmodell eignet sich demnach besonders für homogene Gesellschaften, in denen keine großen Gegensätze überwunden werden müssen, während das Konsensusmodell aufgrund seiner Integrationsfähigkeit vor allem für fragmentierte Gesellschaften in Frage kommt.[32] Ein weiterer Aspekt, auf den die Ergebnisse der Studie hinweisen, ist das oft diskutierte Problem der (In)Stabilität von Vielparteiensystemen. Lijpharts Untersuchung bestätigte die immer wieder vermutete inhärente Instabilität von Vielparteiensystemen nicht. Hinsichtlich der Stabilität haben neben der Anzahl der Parteien andere Faktoren institutioneller und kultureller Natur, aber auch das Verhalten der politischen Eliten einen zentralen Einfluss auf die Stabilität politischer Ordnungen.[33]

---

29 Vgl. ebd., S. 344f.
30 Ebd., S. 345.
31 Ebd.
32 Ebd.
33 Ebd., S. 346.

5. Demokratie und Eliten

Mit C. Wright Mills wurde bereits ein Vertreter der Elitentheorie angesprochen. Mills' These zufolge ist das amerikanische Machtgefüge hierarchisch-pyramidal strukturiert. An der Spitze der Macht sieht er die Spitzenvertreter der Wirtschaft, des Staates sowie des Militärs. Diese bilden einen „relativ geschlossenen Zirkel, der die wichtigen Entscheidungen unter Umgehung demokratischer Strukturen unter sich ausmacht".[34] Vor allem die Abstammung aus den gleichen sozialen Kreisen und die dadurch bedingte gleiche Wertausrichtung fördern eine solche Entwicklung, wenn auf der institutionellen Seite Überlappungen von wirtschaftlichen, staatlichen und militärischen Interessen und Machtbereichen hinzukommen.[35] Mills schließt damit an die kritische Sichtweise der frühen Elitenthoretiker, etwa Vilfredo Pareto (1848-1923), Gaetano Mosca (1858-1941) oder Robert Michels (1876-1936), an, die den Eliten einen sehr großen inneren und äußeren Handlungsspielraum zuschrieben. Das bedeutet, dass Eliten relativ frei von fremden Wollen nach ihrem eigenen Willen handeln können (innere Dimension) und in ihrem Handeln institutionell kaum eingeschränkt werden (äußere Dimension).[36]

Das Problem liegt damit auf der Hand: Eliten, die in der Regel nicht demokratisch legitimiert sind, treffen politisch bzw. gesellschaftlich relevante Entscheidungen, zu denen sie nicht befugt sind. Demokratie aber funktioniert anders, denn hier sollen die Entscheidungen vom Volk getragen werden – zumindest in der Theorie. Und wenn das Volk dafür nicht geeignet scheint – wie stellvertretend bei Montesquieu –, dann müssen wenigstens diejenigen, die diese Entscheidungen treffen, durch das Volk gewählt sein. Die Skepsis gegenüber dem Volk ist ein weitverbreiteter Topos vor allem der konservativen Theoretiker.

Richtigerweise betont die Kritik, dass es verschiedene Faktoren gibt, die eine direkte Entscheidungsfindung durch das Volk be- oder verhindern. In diesem Zusammenhang wird als äußerer Faktor immer wieder auf die territoriale Ausdehnung verwiesen. Diese steht schon aufgrund pragmatischer Erwägungen einer Anwendung des direkten Abstimmungsmodus im Wege. Zwar haben sich in diesem Bereich, bedingt durch Modernisierungsprozesse – nicht zuletzt die rasche Verbreitung des Internet –, einige Verände-

---

34 Vgl. Stefan Hradil: *Soziale Ungleichheit in Deutschland*, Opladen: Leske + Budrich, 2001, S. 264.
35 Ebd.
36 Vgl. ebd., S. 263.

rungen ergeben. Das grundsätzliche Organisationsproblem wurde jedoch nicht beseitigt. Selbst im Bereich der eDemocracy gilt, dass nicht jeder Abstimmungsberechtigte diese Möglichkeiten wahrnehmen kann, weil entweder die materielle Zugangsmöglichkeit oder die persönliche Voraussetzung – etwa aufgrund technischer Unkenntnis – fehlt. Das zweite Grundproblem demokratischer Herrschaft ist, dass politisches Entscheidungshandeln zunehmend in komplexe Sachverhalte eingreift, die zur adäquaten Problemlösung ein gewisses Maß an Expertenwissen voraussetzen. Hielt schon Montesquieu seine Mitbürger für zu wenig kompetent, um politische Entscheidungen zu treffen, so gilt dies heute in verstärktem Umfang.

Demokratie steht damit vor zwei Grundsatzproblemen, die üblicherweise durch ein Repräsentativsystem gelöst werden. Nun verweist Oswald Spengler auf einen interessanten Zusammenhang:

> „Politisch begabte Völker gibt es nicht. Es gibt nur Völker, die fest in der Hand einer regierenden Minderheit sind und die sich deshalb in guter Verfassung fühlen. Die Engländer sind als Volk ebenso urteilslos, eng und unpraktisch in politischen Dingen wie irgend eine andre Nation, aber sie besitzen eine *Tradition des Vertrauens*, bei allem Geschmack an öffentlichen Debatten. Der Unterschied besteht lediglich darin, dass der Engländer Objekt einer Regierung von sehr alten und erfolgreichen Gewohnheiten ist, der er zustimmt, weil er den Vorteil davon aus Erfahrung kennt. Von dieser Zustimmung, die nach außen als Verständnis erscheint, ist es nur ein Schritt zur Überzeugung, dass diese Regierung von seinem Willen abhängt, obwohl es umgekehrt *sie* ist, die ihm diese Ansicht aus technischen Gründen immer wieder einhämmert."[37]

Das Volk befindet sich somit nicht in der Rolle des Souveräns, sondern folgt einer (unbegründeten) Souveränitätsvermutung. Der normative Aspekt konservativen Denkens mildert den offensichtlichen Missstand einerseits etwas ab, tendiert in seinem Extrem aber andererseits zum Totalitarismus:

> „Die Anerkennung der Mannigfaltigkeit eigenwüchsigen Lebens würde aber sofort wieder zu einer unglücklichen pluralistischen Zerreißung des deutschen Volkes nach Konfessionen, Stämmen, Klassen, Ständen und Interessengruppen hinführen, wenn nicht ein *starker Staat* das Ganze der politischen Einheit über alle Vielfaltigkeiten hinaushebt und sichert. Jede politische Einheit bedarf einer zusammenhängenden, inneren Logik ihrer Einrichtungen und Normierungen. Sie

---

37 Oswald Spengler: *Der Untergang des Abendlandes. Zweiter Band. Welthistorische Perspektiven*, München: C.H. Beck, 1922, S. 551.

braucht einen einheitlichen Formgedanken, der alle Gebiete des öffentlichen Lebens durchgängig gestaltet. Auch in diesem Sinne gibt es keinen normalen Staat, der nicht total wäre."[38]

Demokratie ist also einerseits auf Eliten angewiesen, andererseits läuft sie aber Gefahr, von diesen Eliten untergraben zu werden. Was aber sind Eliten?

5.1. Elitenbegriffe

Der Begriff Eliten wurde bisher recht diffus genutzt, obwohl an einigen Stellen verschiedene Bedeutungszusammenhängen anklangen. Im Wesentlichen werden drei verschiedene Eliten-Begriffe unterschieden: Machteliten, Funktionseliten und Werteliten.[39]

Die *Machteliten* wurden bisher vor allem im Zusammenhang mit Mills thematisiert, dessen Werk *The Power Elite* zunächst 1956 in englischer Sprache erschienen war. Ausgehend von den Ansätzen von Pareto, Mosca und Michels definiert Mills ein dichotomes System, in dem sich Elite und Masse gegenüberstehen. Durch Sozialisations- und Rekrutierungsmuster bildet sich ein weitgehend abgeschlossener elitärer Kreis aus Wirtschaft, Politik und Militär, die gegenüber der Masse eine überlegene Machtposition aufbauen können.[40]

Zur *Funktionselite* gehört ein denkbar weitgefasster Personenkreis, der durch seinen „Einfluss auf Struktur und Wandel der Gesellschaft bzw. ihre funktional differenzierten Bereiche" gekennzeichnet ist.[41] Diese begriffliche Unschärfe kann dadurch etwas abgemildert werden, dass (1) eine tatsächlich gegebene funktionale Vorrangstellung, etwa ein Führungsamt oder Autorität, gefordert wird und (2) diese Führerschaft innerhalb eines konkret bestimmbaren Funktionsbereichs (Politik, Ökonomie, Kultur usw.) ausgeübt wird.[42]

---

38 Carl Schmitt: *Staat, Bewegung, Volk. Die Dreigliederung der politischen Einheit*, Hamburg: Hanseatische Verlagsanstalt Hamburg, 1933, S. 33.

39 Vgl. hierzu: Günter Endruweit: Elitenbegriffe in den Sozialwissenschaften, in: Zeitschrift für Politik, Jg. 26, Heft 1, 1979, S. 30-40.

40 Vgl. auch: Ulrich Weiß: Machtelite, in: Dieter Nohlen/Rainer-Olaf Schultze (Hrsg.): *Lexikon der Politikwissenschaft. Theorien, Methoden, Begriffe, Band 1,A-M*, München: C.H. Beck, 2002, S. 487f.

41 Vgl. Bernhard Schäfers: Elite, in APuZ B 10/2004, S. 3-6 [6].

42 Vgl. Stefan Hradil: *Soziale Ungleichheit in Deutschland*, Opladen: Leske + Budrich, 2001, S. 263.

Werteliten schließlich sind durch die von ihnen öffentlich vertretenen Wertmaßstäbe gekennzeichnet und legitimiert. Kurt Lenk beschreibt sie „als Widerlager [. . ., die] die Gefahr einer Omnipotenz von Machteliten bannen" soll.[43] Werteliten versuchen vor allem durch öffentliche Erklärungen Meinungen und Deutungen zu äußern und dadurch auf die Willensbildung einzuwirken. Im Gegensatz zu den Funktionseliten, die aufgrund qualifizierbarer bzw. quantifizierbarer Merkmale innerhalb eines Fachpublikums allgemeine Aufmerksamkeit und Beachtung finden, und deshalb außerhalb dieses Kreises als Spezialisten wahrgenommen werden, sind Werteliten häufig durch die Reichweite ihres Wertesystems beschränkt. Das heißt: Konservative Eliten finden in der Regel bei einem progressiven Publikum kein Gehör und vice versa.

Mit Blick auf die Elitenforschung bleibt abschließend kurz festzuhalten, dass vor allem die Rekrutierung und Ausbildung, die Interaktion zwischen verschiedenen Eliten sowie die gesellschaftliche Wirkung der Eliten besondere Aufmerksamkeit erfährt.[44]

5.2. Eliten und Politik

Das politische Führungspersonal der Parteien ist somit Elite im eigentlichen Wortsinne, weil es sich in der Regel um durch Wahl bestimmte Personen handelt, die innerhalb der Partei einen oder mehrere Ansprüche als Macht-, Werte- oder Funktionselite geltend machen können. Zur Stellung von Eliten innerhalb politischer Parteien stellte das Bundesverfassungsgericht in seinem Urteil zum Verbot der Sozialistischen Reichspartei fest:

> „Zu dieser Auslegung gelangt man auch, wenn man berücksichtigt, dass auch innerhalb der zweifelsfrei demokratischen Parteien die Erörterung darüber ständig im Gange ist, welche Möglichkeiten dem schöpferisch formenden Willen starker politischen Persönlichkeiten gegebenenfalls einzuräumen seien. Diese Fragestellungen können nicht mit dem einfachen Hinweis darauf abgetan werden, dass 'in einem demokratischen Staate auch die Parteien demokratisch geordnet sein müssen'. Die Parteien als die dynamischen Faktoren des politischen Lebens im Staate sind es vor allem, in denen die politischen Ideen entstehen und weiterwirken. Wollten sie starke politische Persönlichkeiten innerhalb der Partei durch formaldemokratische Satzungsbestimmungen allzusehr einengen, so würden sie

---

43 Vgl. Kurt Lenk: 'Elite' – Begriff oder Phänomen?, in: APuZ B 43/1982, S. 27-37.
44 Vgl. Dietrich Herzog: Elite/Eliten, in: Dieter Nohlen/Rainer-Olaf Schultze (Hrsg.): *Lexikon der Politikwissenschaft. Theorien, Methoden, Begriffe, Band 1,A-M*, München: C.H. Beck, 2002, S. 169f.

gegen ihr eigenes Lebensgesetz handeln. Lebendiges politisches Leben könnte dann zugunsten eines bloßen Funktionärtums erstickt, der echte Politiker in die politische Vereinzelung getrieben werden. Dass damit letztlich auch Gefahren für den demokratischen Staat selbst heraufbeschworen werden können, mag unter Hinweis auf das Verhalten der demokratischen Parteien bei ihrer Entmachtung und anschließenden Vernichtung durch die NSDAP im Jahre 1933 hier nur angedeutet werden".[45]

Parteien sind also besonders auf die gestaltende Wirkung von Eliten angewiesen, allein schon aus dem Grund, weil sie wertorientierte bzw. sachlich begründete politische Handlungsalternativen formulieren müssen, wenn sie sich überhaupt aktiv an der Politik beteiligen wollen. Dass sich dieser Prozess in großen, großflächig-organisierten Parteien nicht immer idealtypisch in einem *bottom-up*-Prozess, d.h. von unten nach oben, vollziehen kann ist einsichtig. Parteien benötigen Werteliten, die einen Grundkonsens hinsichtlich der ideologischen Grundausrichtung herstellen können, sie benötigen Funktionseliten, die in Arbeitskreisen Vorschläge für konkrete gesellschaftspolitische Problemfelder – etwa die Rentenreform – erarbeiten und sie bilden unweigerlich Machteliten aus, die im Zuge persönlicher Kontakte und Vorlieben entstehen. Diese Strukturen finden sich auch auf Ebene der Regierung wieder: in Beraterkreisen, Ministerien, Kommissionen und Ausschüssen.

Es stellt sich daher unmittelbar die Frage, wie sich Elitenkonzept und Demokratiegebot zusammenführen lassen.

Dabei ist im Besonderen auf die Beteiligung der Bürger bei der Konfiguration der Eliten zu verweisen. Dass sich dieser Einfluss nur auf die politischen Eliten beziehen kann, ist selbstredend. Allerdings stellt die generelle Zugangsoffenheit und Schrankenlosigkeit eine Grundvoraussetzung demokratischer Elitenbildung dar, denn nur wenn die prinzipielle Möglichkeit zum Aufstieg besteht, ist das Elitensystem für die verschiedenen sozialen Gruppen durchlässig und kann diese integrieren. Stefan Hradil hat diesen Zusammenhang für Deutschland festgestellt:

„Die empirischen Befunde zeigen [. . .], dass Elitenmitglieder überwiegend sowohl aus oberen Berufsklassen als auch aus oberen Bildungsschichten stammen. Entsprechende Analysen ergaben, dass Kinder 'höherer Kreise' über ihre Bildungsprivilegien hinaus auch direkt durch ihre Herkunft begünstigt waren und so leichter Zugang zu Elitenpositionen finden [. . .]".[46]

45 BVerfGE 2, 1 [13f.].

Das bedeutet, dass in diesem Zusammenhang der Bildungspolitik zwar sicher eine zentrale Rolle zufällt, dass aber darüber hinaus andere Selektionsmechanismen bei der Elitenrekrutierung wirksam sind, die staatlichem Handeln z.T. weitgehend entzogen und unabhängig von der individuellen Leistung des Bewerbers sind, wie persönliche Kontakte, Referenzen, Verhaltenskodizes oder organisationsinterne Strukturen.[47]

Im Bereich der politischen Elitenrekrutierung kommt in parlamentarischen Regierungen den Parteien die Schlüsselrolle zu. Parteien stellen die Kandidaten auf bzw. bestimmen die Aufstellung bei starrer und flexibler Listenwahl.[48] Beide Arten der Listenwahl bedeuten eine Vorauswahl durch die Parteien. Während jedoch bei der starren Listenwahl die Reihenfolge nicht verändert werden kann, wie bei der Zweitstimme der deutschen Bundestagswahl, bietet die flexible Listenwahl die Möglichkeit, Kandidatenpräferenzen zu äußern, wie bei der österreichischen Nationalratswahl. Einige kommunale Wahlrechtsbestimmungen etwa in Bayern, Niedersachsen, Baden-Württemberg oder Rheinland-Pfalz sehen vor, dass der Wähler seine Stimmen über verschiedene Parteilisten verteilen kann (*panaschieren*), bzw. dass der Wähler mehr als eine Stimme für einen Kandidaten abgeben kann (*kumulieren*). Dennoch bedeuten Listenwahlen für den Wähler eine beschränkte Wahlmöglichkeit, die ihn als externen Faktor zudem von der innerparteilichen Elitenrekrutierung ausschließt.[49] Als Abhilfe bieten sich in diesem Zusammenhang offene Listen an, wie sie in der Schweiz und in Luxemburg zur Anwendung kommen. Da in einem solchen System der Wähler seine Stimmen frei auf seine Wunschkandidaten verteilen kann, haben die Parteien dann nur marginale Möglichkeiten Mandate als Patronageinstrument zu nutzen.[50]

Doch auch innerhalb der Parteien kann die Elitenrekrutierung durch Stärkung der basisdemokratischen Elemente verbessert werden. Finden die innerparteilichen Willensbildungs- und Entscheidungsprozesse der Bundestagsparteien heute überwiegend in den Bundestagsfraktionen statt[51] und werden nach unten durchgesetzt, so kommt den Parteimitgliedern nur eine

---

46 Stefan Hradil: *Soziale Ungleichheit in Deutschland*, Opladen: Leske + Budrich, 2001, S. 271.

47 Vgl. Michael Hartmann: Eliten in Deutschland. Rekrutierungswege und Karrierepfade, in: APuZ B 10/2004, S. 17-24 [24].

48 Vgl. Karlheinz Niclauß: Vier Wege zur unmittelbaren Bürgerbeteiligung, in APuZ B 14/1997, S. 3-11 [6].

49 Ebd.

50 Vgl. ebd., S. 7.

51 Vgl. Wolfgang Rudzio: *Das politische System der Bundesrepublik Deutschland*, Opladen: Leske + Budrich, 2000, S. 118f.

geringe Bedeutung bei der innerparteilichen Willensbildung zu. Gleiches gilt für die Bestellung der Wahlvorschläge, vor allem dann, wenn es um höhere Ämter geht. Eine Beteiligung der Mitglieder findet auf diesem Gebiet meist lediglich akklamatorisch statt oder ist auf wenige, z.T. einen einzigen Kandidaten beschränkt. Allein durch die Direktwahl der Parteifunktionäre durch die Mitglieder wäre ein wirksames Mittel gegeben, um die innerparteiliche Elitenrekrutierung zu optimieren.[52]

Bessere Möglichkeiten der unmittelbaren Einwirkung auf die Kandidatenauswahl durch die Parteien bestehen grundsätzlich in Systemen mit direkter Wahl, da dort die Kandidaten auf die unmittelbare Unterstützung ihrer Wähler angewiesen sind – die Partei also bereits bei der Nominierung stärker auf deren Wünsche Rücksicht nehmen muss. Parteikarrieren wie in der Bundesrepublik sind in Ländern wie den USA eher untypisch.[53]

6. Wahlen und Wahlverhalten

Die Haupteinflussmöglichkeit des Bürgers besteht damit in der Teilnahme an Wahlen, wenigstens in solchen politischen Ordnungen, in denen das Wahlergebnis eine korrespondierende Reaktion auf politischer Ebene nach sich zieht. Regelmäßig gilt dies in Demokratien. „Wahl ist die *demokratische* Methode der Bestellung von Personen in Vertretungsorganen oder Führungspositionen".[54] Doch gab und gibt es auch in anderen Ordnungsmodellen Wahlen, wie etwa die Volkskammerwahlen in der ehemaligen DDR. Auswirkungen auf die Personalzusammensetzung der politischen Führung sind damit keine notwendige Bedingung des Wahlgangs. Im Hinblick auf die Vergabe von Ämtern ist die Wahl aus wertneutraler Sicht nur eine Technik zur Bildung von Körperschaften und zur Vergabe von Führungspositionen.[55]

Der Begriff der Wahl, ihre Bedeutung und letztlich auch ihre Funktionen variieren demnach in Abhängigkeit der zugrundeliegenden Ordnung. Es ist daher sinnvoll sich noch einmal die wesentlichen Typen der Grundmodelle politischer Ordnungen nach Manfred Hättich ins Gedächtnis zu rufen:

---

52 Vgl. Karlheinz Niclauß: Vier Wege zur unmittelbaren Bürgerbeteiligung, in APuZ B 14/1997, S. 3-11 [7].
53 Vgl. Wolfgang Rudzio: *Das politische System der Bundesrepublik Deutschland*, Opladen: Leske + Budrich, 2000, S. 118.
54 Dieter Nohlen: *Wahlrecht und Parteiensystem*, Opladen: Leske + Budrich, 2000, S. 21.
55 Vgl. ebd.

Besonders die Typen 1, 2 und 6 – die totale und die autoritäre Diktatur sowie die freiheitlich-pluralistische Demokratie – sind in diesem Zusammenhang von Bedeutung.

In totalen Diktaturen sind Wahlen höchstens als Instrument der Herrschaftsausübung denkbar. Denn der Führungsanspruch speist sich entweder aus der verbindlichen Ideologie oder einem gesellschaftlichen Grundkonsens (s.o. Kap. 3). Die Ausübung staatlicher Macht stützt sich daher auch nicht auf einen Auftrag der Bürger, sondern auf Tradition, Vorsehung (Nationalsozialismus) oder Wissenschaft (Kommunismus). Ein Machtwechsel durch Wahl ist – systemimmanent logisch – nicht möglich: Gefragt wird in der Regel nach Zustimmung oder Ablehnung; da diese Art der Wahl keine wirklichen Alternativmöglichkeiten bietet, wird sie als *nicht-kompetitiv* bezeichnet.[56]

Die Funktionen nicht-kompetitiver Wahlen liegen vor allem in ihrer gesellschaftlichen Bedeutung. Zum Wahltermin findet eine Mobilisierung der gesellschaftlichen Kräfte statt, die Wahl, aber vor allem die dazugehörige Propaganda, führt die politischen Maßstäbe des Regimes vor Augen. Diese beiden Faktoren zielen auf die „Festigung der politisch-moralischen Einheit der Bevölkerung" und dokumentieren die Geschlossenheit zwischen politischer Elite und Volk.[57]

In autoritären Diktaturen ist aufgrund des nur partiellen Repräsentationsanspruchs die Entstehung von (politischen) Gruppen möglich, die sich teils auch eingeschränkt politisch betätigen können. Bei den Wahlen zur Volkskammer der DDR waren beispielsweise Blockparteien zugelassen, die zwar gegen den rechtlich fixierten Führungsanspruch der SED keine Chance auf Regierungsmacht hatten, aber dennoch mehr Wahlmöglichkeit einräumten, als das für totalitäre Regime übliche 'Ja' oder 'Nein'. Wegen der beschränkten Wahlmöglichkeiten bezeichnet man diese Art von Wahlen als *semi-kompetitiv*.[58]

Bei den Funktionen semi-kompetitiver Wahlen muss zwischen ihrer intendierten Innen- und ihrer Außenwirkung unterschieden werden. Insgesamt gesehen, sollen sie dem System den Anschein der Legitimität geben. Auf diese Weise können/sollen sie nach innen zu politischer Entspannung sowie nach außen zu einem Reputationsgewinn beitragen. Eine Entspannung nach innen kann vor allem dadurch eintreten, dass die Opposition bewusst wahrnehmbar wird. Gleichzeitig kann das Votum bei der Justie-

56 Vgl. ebd., S. 24-28.
57 Vgl. ebd., S. 31.
58 Vgl. ebd., S. 24-27.

rung von Fehlentwicklungen helfen und auf diese Weise zur Machtsicherung beitragen.[59]

In freiheitlichen Demokratien dienen Wahlen der Bestellung des Parlaments und (mehr oder weniger direkt) der Regierung. Um diese Ämter findet der politische Wettbewerb mehrerer Parteien statt, von denen mindestens zwei bzw. zwei konkurrierende Lager eine reelle Chance auf eine Mehrheit haben. Demokratische Wahlen legitimieren das politische System insgesamt und sind für viele Bürger die einzige echte Partizipationsalternative.[60] Da in der Regel mehrere verschiedene Parteien mit alternativen politischen Handlungsvorschlägen für die Wahl kandidieren und der Wähler durch sein Votum eine bestehende Regierung aus dem Amt entlassen bzw. eine neue bestellen kann, wird diese Art der Wahl als *kompetitiv* bezeichnet.[61]

Demokratische, kompetitive Wahlen erfüllen eine ganze Reihe essentieller Funktionen:[62]

- Sie legitimieren Parlamentsmehrheit, Opposition und Regierung;
- sie tragen zur Rekrutierung der politischen Eliten bei;
- sie integrieren den gesellschaftlichen Pluralismus und setzen die politischen Institutionen in Beziehung zum Wählerwillen;
- sie spiegeln das Interessenspektrum der Wählerschaft wieder und bilden diese im Parlament bzw. der Regierung ab;
- sie ermöglichen den politischen Machtwechsel.

Die abschließende Bewertung der Bedeutung und Funktion einer konkreten Wahl erschließt sich aus dem Zusammenspiel ihrer verschiedenen Rahmenbedingungen. Gerade bei semi-kompetitiven Wahlen muss auf die Entwicklung der 1980er-Jahre in einigen lateinamerikanischen Staaten hingewiesen werden, die nach und nach zum Aufbrechen autoritärer Strukturen führte. In diesem Zusammenhang ist häufig von *opening elections* die Rede. Diese gehen über semi-kompetitive Wahlen hinaus und markieren bereits einen weiteren Schritt, denn der Begriff bezeichnet Wahlen nach liberal-demokratischem Vorbild, die innerhalb eines autoritären oder semi-autoritären Rahmens und in der Regel auf Veranlassung des Regimes stattfinden.

---

59 Vgl. ebd., S. 32.
60 Vgl. ebd., S. 25f.
61 Vgl. ebd. 24ff.
62 Auf Grundlage der Darstellung bei Nohlen. Für einen detaillierteren Überblick vgl. ebd., S. 30.

Doch auch für Demokratien können Wahlen problematisch werden, vor allem dann, wenn systemfeindliche Parteien versuchen, die politische Ordnung mit ihren eigenen Mittel auszuhebeln, wie das Beispiel der Weimarer Republik belegt. Denn die nationalsozialistische Machtergreifung war nichts anderes als die Folge einer regulären Parlamentswahl.

Tab. 18: Bedeutung und Funktion von Wahlen.

	Nicht-kompetitive Wahl	*Semi-kompetitive Wahl*	*Kompetitive Wahl*
Bedeutung im politischen Prozess	Gering	Niedrig	Hoch
Auswahl-möglichkeit	Keine	Begrenzt	Hoch
Wahlfreiheit	Aufgehoben	Eingeschränkt	Gesichert
Wird die Macht-frage gestellt?	Nein	Nein	Ja
Legitimierung des politischen Systems	Kaum oder gar nicht	Wird kaum versucht	Ja
Typ des politischen Systems	Totalitär	Autoritär	Liberal-demokratisch

Quelle: D. Nohlen 2000, S. 28.

6.1. Wahlsysteme

Demokratische Wahlsysteme sind oft äußerst individuell zugeschnitten, wie nicht zuletzt das deutsche Beispiel zeigt: Bei Bundestagswahlen werden mit der Zweitstimme Partei-Landeslisten nach der Verhältnisregel gewählt, deren Ergebnis nach dem Hare/Niemeyer-Verfahren in Mandate umgerechnet wird, wobei die Ergebnisse der mit der Erststimme nach Mehrheitsregel gewählten Direktkandidaten berücksichtigt und eine 5%-Sperrklausel übersprungen werden muss.

Wahlsysteme legen die Regeln und Verfahrensweisen fest, die den gesamten Prozess der Wahl prägen.[63] Vor allem aber entscheiden sie darüber, wie die abgegebenen Stimmen in Mandate umgerechnet werden. Daneben

---

63 Vgl. Roy C. Macridis: *Modern Political Regimes. Patterns and Institutions*, Boston, Toronto: Little, Brown and Co., 1986, S. 78.

haben Wahlsysteme aber auch Rückwirkungen auf das Parteiensystem, die Strategien der Parteien[64] und das Wahlverhalten.[65]

Welche Forderungen muss also ein demokratisches Wahlsystem erfüllen können?[66] Wichtig ist aus Sicht des Wählers sicherlich, dass er sich repräsentiert fühlt, d.h. dass alle relevanten Interessen eine geeignete *Repräsentation* innerhalb der gewählten Körperschaft besitzen sollen. Ein Argument, das stärker für eine proportionale Umrechnung der Stimmen spricht. Zwei weitere Punkte werden dem Wähler wichtig sein: Seine *Partizipationschance*, die wesentlich von der Anzahl der politischen Angebote und deren (Direkt)Kandidaten abhängt, sowie die *Transparenz* bzw. *Verständlichkeit* des Wahlsystems und des Wahlvorgangs. Aus Sicht des politischen Systems soll das Wahlsystem stabile, sichere Mehrheiten bilden und eine handlungsfähige Regierung generieren. Das heißt, das Wahlsystem muss zu einer überschaubaren Parteienzahl führen – *konzentrierende Wirkung* haben. Und das Wahlsystem soll Ergebnisse produzieren, die die Akzeptanz der Wähler finden, so dass die *Legitimität* von Legislative und Exekutive hergestellt wird.

Es bestehen durchaus Spannungen zwischen diesen verschiedenen Anforderungen: Vor allem die Forderung nach einer Konzentrationswirkung steht in Gegensatz zur Forderung nach bestmöglicher Repräsentativität.[67] Entsprechend vielfältig ist die Landschaft der verschiedenen Wahlsysteme. Allerdings lassen sich alle demokratischen Wahlsysteme auf zwei Grundtypen zurückführen: Mehrheitswahl und Verhältniswahl.[68]

6.1.1. Mehrheitswahlsystem

Bei der Mehrheitswahl, die ausgehend von England und Amerika Verbreitung gefunden hat, entscheidet allein die Mehrheit der Stimmen in einem Wahlkreis. Dabei können zwei Arten unterschieden werden: Relative und absolute Mehrheitswahl.

---

64 Vgl. ebd.
65 Vgl. Wolfgang Rudzio: *Das politische System der Bundesrepublik Deutschland*, Opladen: Leske + Budrich, 2000, S. 198.
66 Vgl. hierzu: Dieter Nohlen: *Wahlrecht und Parteiensystem*, Opladen: Leske + Budrich, 2000, S. 157-159.
67 Vgl. Volker von Prittwitz: Vollständig personalisiertes Verhältniswahlrecht. Reformüberlegungen auf der Grundlage eines Leistungsvergleichs der Wahlsysteme Deutschlands und Finnlands, in: APuZ B 52/2003, S. 12-20 [13].
68 Vgl. Karl-Rudolf Korte: *Wahlen in der Bundesrepublik Deutschland*, Bonn: bpb, 2003, S. 20.

Bei der *relativen Mehrheitswahl*, die u.a. in Großbritannien praktiziert wird, ist das Wahlgebiet in so viele Wahlkreise eingeteilt, wie Parlamentssitze zu vergeben sind.[69] Pro Wahlkreis wird mit einfacher Stimm-Mehrheit ein Abgeordneter gewählt (Einerwahlkreise). Gewählt ist der Bewerber, der am Schluss des Wahlgangs mehr Stimmen erhalten hat als seine Mitbewerber, die restlichen Stimmen gehen verloren. Dieses Prinzip wird häufig als *the winner takes all* oder *first to pass the post*, die nicht berücksichtigten Stimmen als *Papierkorbstimmen* bezeichnet.

Bei dieser Art der Stimmumrechnung kann es indes, wie ein Beispiel aus Großbritannien, zeigt zu großen Disparitäten kommen: Im Wahlkreis Stockton South kandidierten bei der Unterhauswahl 1987 drei Bewerber und erzielten folgende Ergebnisse: Timothy Devlin von den Conservatives 20.833 Stimmen, Ian Wrigglesworth von der Social Democratic Party erzielt 20.059 Stimmen und John Scott von der Labour Party 18.600 Stimmen. Damit sicherte sich Devlin den Einzug ins Unterhaus, während 38.659 Stimmen keine Berücksichtigung fanden. Rund 65 Prozent der Wähler waren von den Anhängern des Konservativen überstimmt worden.[70] Damit gilt zwar nach wie vor der Grundsatz der Stimmgleichheit (*one man, one vote*), allerdings zeigt sich in diesem Beispiel der unterschiedliche Erfolgswert der abgegebenen Stimmen.

In Parteiensystemen, in denen die Mehrzahl der Wahlkreise zwischen zwei dominierenden Parteien verteilt wird, bilden sich durch dieses Wahlsystem klare Mehrheiten auf der Parlaments- bzw. Regierungsebene. Die Bildung von Regierungskoalitionen ist dann unnötig.[71] Für die Entstehung bzw. die politische Bedeutung weiterer überregionaler Parteien bedeutet das ein gravierendes Hindernis, weil die nationale Stimmverteilung keine Berücksichtigung bei der Parlamentszusammensetzung findet. Doch zeigt sich gerade in Großbritannien, dass die Liberaldemokraten (LDP) entgegen der Grundtendenz des Wahlsystems bei der Unterhauswahl 1997 gegenüber der vorherigen Wahl 28 Sitze zugewinnen konnten – obwohl ihr landesweiter Stimmanteil in diesem Zeitraum sogar von 17,8% auf 16,8% gefallen war; bei der Wahl 2001 legte die LDP um sechs weitere Sitze zu bei einem Anstieg des landesweiten Stimmanteils, der 18,3% erreichte.[72] Weniger problematisch erweist sich des relative Verhältniswahlrecht für die Regionalparteien: Das Wahlsystem ist aufgrund der Wahl in Einerwahl-

---

69 Vgl. ebd., S. 21.
70 Vgl. ebd.
71 Vgl. Bernd Becker: *Politik in Großbritannien*, Paderborn: Schöningh, 2002, S. 221.
72 Vgl. ebd., S. 225.

kreisen stark räumlich verankert. Daher haben Regionalparteien die Möglichkeit, mit lokalen Themen und entsprechenden Kandidaten einige der Wahlkreise für sich zu entscheiden.[73] In Großbritannien etwa ergab die Unterhauswahl 2001 29 Sitze für sonstige Parteien, darunter 6 Sitze für die Ulster Unionist Party (Nord Irland), je 5 Sitze für die Scottish National Party (Schottland) und die Democratic Unionist Party (Nord Irland) sowie je 4 Sitze für Plaid Cymru (Wales) und Sinn Féin (Nord Irland).[74]

Mit der großen Disparität zwischen national erzielten Wählerstimmen und der Mandatsverteilung besteht eine signifikante Eigenheit des Mehrheitswahlsystems. Die Unterhauswahl 2001 verdeutlicht dies: Labour erhielt für 40,7% der Stimmen 62,52% der Sitze, die Konservativen für 31,7% der Stimmen 25,19% und die Liberaldemokraten für 18,3% der Stimmen 7,89% der Sitze. Diese Disparitäten sind durch die relative Wahl in Einerwahlkreisen bedingt, bei der alle Stimmen der unterliegenden Kandidaten nicht bei den Mandaten berücksichtigt werden. Im Extremfall kann sich diese Verzerrung zu einer Umkehrung der Stimmen-Mandatsrelation steigern. Karl-Rudolf Korte erklärt den Zusammenhang an folgendem Rechenbeispiel:[75]

„Stellen wir uns ein Land mit zwei Parteien, A und B, einem relativen Mehrheitswahlrecht in Einpersonenwahlkreisen, 100 Wahlkreisen und 1.000.000 Wahlberechtigten vor.

10.000 Bürger sind in jedem Wahlkreis wahlberechtigt. Partei A erhält in 40 Wahlkreisen die eindeutige Mehrheit von 60 Prozent. In diesen Wahlkreisen gehen alle Wahlberechtigten zur Wahl. Partei B erhält in den restlichen 60 Wahlkreisen nur eine Mehrheit von 55 Prozent. Der Rest wählt A. Hier geht nur die Hälfte wählen. Insgesamt sind 700.000 Wähler zur Urne gegangen. In diesem Beispiel hat Partei A 375.000 Stimmen. Das sind 53,6 Prozent der Stimmen. A erhält aber nur 40 Prozent der Sitze. Partei B bekommt dagegen für 46,4 Prozent der Stimmen die absolute Mandatsmehrheit von 60 Prozent."

Diese Phänomen wird als *bias* bezeichnet und ist nicht nur im statistischen Rechenbeispiel möglich.

Eine andere Art des *bias* zeigte sich bei der US-Präsidentschaftswahl des Jahres 2000. Bei der *General Election* hatte der demokratische Bewerber

---

73 Vgl. Karl-Rudolf Korte: *Wahlen in der Bundesrepublik Deutschland*, Bonn: bpb, 2003, S. 21.

74 Vgl. Bernd Becker: *Politik in Großbritannien*, Paderborn: Schöningh, 2002, S. 230.

75 Für das folgende Beispiel: Karl-Rudolf Korte: *Wahlen in der Bundesrepublik Deutschland*, Bonn: bpb, 2003, S. 25.

Al Gore landesweit mehr Wählerstimmen (*popular votes*) erhalten als sein Gegner George W. Bush.[76] Da aber die Wählerstimmen in den Einzelstaaten zunächst per Mehrheitswahl darüber entscheiden, welche Partei ihre Wahlmänner in das *Electoral College* entsenden darf, reichte für Bush die einfache Mehrheit der Wahlmännerstimmen. Nach Maßgabe der *winner-takes-all-rule* fallen bei der US-Präsidentschaftswahl alle Wahlmännerstimmen eines Bundesstaates dem Kandidaten zu, der die meisten Stimmen erreicht hat. Die Elektoratsstimmen eines Bundesstaates werden demnach nicht proportional zu den abgegebenen Wählerstimmen aufgeteilt. Insgesamt werden bei den US-Wahlen 538 Wahlmännerstimmen vergeben, wobei eine einfache Mehrheit von 270 Stimmen zum Sieg ausreicht. Mit 271 zu 267 Stimmen wurde Bush schließlich zum Präsidenten gewählt. Umstritten war vor allem die Stimmauszählung in Florida, die die Wahl entschied und bei der es zu mehreren Pannen kam. Letztlich stoppte der Supreme Court die Stimmnachzählung in dem umstrittenen Bundesstaat und sicherten den republikanischen Wählmännern den Einzug in das *Electoral College*.[77]

Der Nachteil eines solchen Systems liegt in der Möglichkeit, dass ein Präsidentschaftsbewerber die Wahl gewinnt, ohne die Mehrheit der Wählerstimmen in sich zu vereinigen. So konnten neben George W. Bush die früheren Präsidenten John Q. Adams (1824), Rutherford B. Hayes (1867) und Benjamin Harrison (1888) zwar die Mehrheit der Wahlmännerstimmen für sich gewinnen, sie mussten die Präsidentschaft jedoch mit dem Legitimationsdefizit antreten, dass ihre jeweiligen Herausforderer die Mehrheit der Wählerstimmen erlangt hatten.

Vor allem aufgrund dieser Verzerrereffekte ist eine wenigstens annähernd gleichmäßige Einteilung der Wahlkreise von ganz zentraler Bedeutung für die Wahlgerechtigkeit des Mehrheitswahlsystems. Die Veränderung der Wahlkreise ist daher ein Mittel, das immer wieder zur Schwächung des politischen Gegners angewandt wird. Im englischen Sprachgebrauch hat sich für solche taktischen Veränderungen der Wahlkreisgrenzen der Begriff des *gerrymandering* eingebürgert, der auf Elbridge Gerry zurückgeht. Gerry war im beginnenden 19. Jahrhundert Gouverneur von Massachusetts und nahm regelmäßig Änderungen des Wahlkreiszuschnitts vor. Solche Änderungen funktionieren auf zweierlei Weisen: (1) Es werden Wahlkreise gebildet, in denen starke Wähleranteile des politischen Gegners

---

76 Vgl.
   http://www.dw-world.de/german/0,3367,1454-184676-299409_A_1016253,00.html
77 Vgl. http://www.histomat.ch/links/uspraes.htm

durch eigene Mehrheiten kompensiert werden. Ist dies nicht möglich können kontrolliert gegnerische Hochburgen gebildet werden, die durch andere Wahlkreise katalysiert werden. (2) Eigene Wählerpotentiale werden in Hochburgen zusammengefasst.[78] Das Problem besteht darin, dass die Wahlkreise nicht starr gebildet werden können, denn Wahlkreiseinteilungen müssen schon allein aufgrund der Änderungen in der Bevölkerungsstatistik wandelbar bleiben. Es haben sich daher verschiedene Kontrolllösungen herausgebildet: In den USA wurde seit den 1960-er Jahren von Seiten der Gerichte die Einhaltung des Grundsatzes *one man, one vote* und in derem Umfeld auch die Veränderung von Wahlkreiseinteilungen erzwungen.[79]

Doch zeigt sich im Mehrheitswahlsystem auch ohne steuernde Einflussnahme häufig eine Tendenz zur Bildung von Hochburgen, also von Gebieten mit starken, eindeutigen Parteipräferenzen. In Großbritannien gelten etwa 85 Prozent der Wahlkreise als sicher, das bedeutet, dass sie mit äußerst hoher Wahrscheinlichkeit an eine bestimmte Partei fallen.

Die *absolute Mehrheitswahl* vollzieht sich ähnlich. Gewählt wird ebenfalls in Einerwahlkreisen, allerdings muss der Bewerber für den Einzug ins Parlament eine absolute Mehrheit, d.h. mindestens über 50 Prozent der Stimmen in sich vereinen. Ein solches Modell ist unter anderem in Frankreich für Präsidentschafts- und Parlamentswahlen eingeführt worden. Ähnlich wie das relative Mehrheitswahlsystem bildet es im Ergebnis klare Mehrheitsverhältnisse, weist einen unterschiedlichen Erfolgswert der Stimmen auf, führt zu Disparitäten bei der Stimmen/Mandats-Verrechnung und zur Benachteiligung kleinerer Parteien. Insgesamt sind die Auswirkungen allerdings abgeschwächt. Die grundsätzliche Konzentrationswirkung hat in Frankreich nicht zur Entstehung eines Zweiparteien-, sondern vielmehr eines Zweiblocksystems geführt. Diese Parteibündnisse haben eine vitale politische Bedeutung: Da bei der absoluten Mehrheitswahl im ersten Wahlgang meist keiner der Kandidaten über die 50-Prozent-Hürde springt, geben unterlegene Kandidaten ihren Wählern in der Regel Empfehlungen für den zweiten Wahlgang, um die Mehrheit eines Kandidaten zu sichern, mit dem eventuell eine Koalition möglich ist.[80]

---

78 Vgl. Karl-Rudolf Korte: *Wahlen in der Bundesrepublik Deutschland*, Bonn: bpb, 2003, S. 25.
79 Vgl. Hartmut Wasser: Politische Parteien und Wahlen, in: Willi Paul Adams/Peter Lösche (Hrsg.): *Länderbericht USA*, Bonn: BpB, 1998, S. 305-339 [329].
80 Vgl. Karl-Rudolf Korte: *Wahlen in der Bundesrepublik Deutschland*, Bonn: bpb, 2003, S. 27f.

Spektakuläre Wahlempfehlungen wie die des sozialistischen Präsident-schaftskandidaten Lionel Jospin sind eher singuläre Erscheinungen: Jospin hatte bei der jüngsten Präsidentschaftswahl in Frankreich seine Wähler im zweiten Wahlgang aufgerufen, für den konservativen Bewerber Jacques Chirac zu stimmen, weil an seiner Stelle Jean-Marie Le Pen, der Kandidat des rechten Randes, als zweiter Kandidat in die Endwahl gekommen war.

Zusammenfassend lässt sich für die relative und die absolute Mehrheits-wahl feststellen, dass die Vergabe der Parlamentsmandate nach der Mehr-heitsregel häufig zu Disparitäten bei der Stimmen/Mandats-Verrechnung führt. Aus diesem Grund gewährleistet die Mehrheitswahl keine gerechte Repräsentation der Wähler. Mit Blick auf das Parteiensystem besitzt sie eine konzentrierende Wirkung, die in der Tendenz zu einem offenen Zwei-parteiensystem bzw. einem Zwei-Blöcke-System führt. Kleinere Parteien werden marginalisiert und die Bildung neuer Parteien gehemmt. Hinsicht-lich der parlamentarischen Mehrheit und der Regierung zeichnet sich das Mehrheitswahlsystem durch klare Mehrheitsverhältnisse und eine hohe Stabilität der Regierung aus.[81]

6.1.2. Verhältniswahlsystem

Das Ziel des Verhältniswahlsystems ist die gerechte Repräsentation der Wähler in der gewählten Körperschaft. Das bedeutet, dass die Sitzvertei-lung in einem unmittelbaren Verhältnis zu den abgegebenen Stimmen ste-hen muss. Jede Stimme soll also nicht nur den gleichen Stimmwert, son-dern auch den gleichen Erfolgswert haben.

Um dies zu gewährleisten, wurden verschiedene mathematische Modelle für die Verrechnung der Stimmen in Mandate entwickelt: Zwei weit ver-breitete Modelle liegen mit dem Höchstzahlverfahren nach d'Hondt[82] und dem Hare/Niemeyer-Verfahren[83] vor. Das Verfahren nach d'Hondt bevor-zugt eher große Parteien und wurde aus diesem Grund in der Bundesrepub-lik 1985 durch das Hare/Niemeyer-Verfahren abgelöst, das eher kleineren Parteien einen geringen Vorteil einräumt *(InfoBox: d'Hondt – Hare/Nie-meyer)*.

---

81 Vgl. Roy C. Macridis: *Modern Political Regimes. Patterns and Institutions*, Boston, Toronto: Little, Brown and Co., 1986, S. 84.

82 Victor d'Hondt war ein belgischer Mathematiker.

83 Thomas Hare, ein englischer, und Horst Niemeyer, ein deutscher Mathematiker leg-ten zwei unterschiedliche Lösungswege vor, die jedoch zum selben Ergebnis gelan-gen.

395

Bei der Verhältniswahl wird nach dem Proporzprinzip entschieden, d.h. die Stimmen werden proportional in Mandate umgerechnet und entsprechend auf die Parteien verteilt. Aufgrund dieses direkten Zusammenhangs zwischen der Entscheidung des Wählers und der Berücksichtigung dieser Entscheidung bei der Vergabe der Mandate gewährleistet die Verhältniswahl eine gerechte Repräsentation des Wählerwillens. Da keine systemlogische Parteienkonzentration besteht, tendiert die Verhältniswahl zum Mehrparteiensystem und vereinfacht die Bildung neuer Parteien. Auf parlamentarischer Ebene kommt es wegen dieser zentrifugalen Wirkung meist nicht zu einer absoluten Mehrheit für eine Partei, sondern zu Koalitionsregierungen, so dass die Stabilität in Verhältniswahlsystemen niedrig ist.

Tab. 19: Idealtypische Tendenzen der Wirkung von Wahlsystemen.

Wirkungs-tendenz	*Mehrheits-wahlsystem*	*Verhältnis-wahlsystem*
Parteiensystem	Zweiparteiensystem	Mehrparteiensystem
Parlamentsmehrheit bei einer Partei	Ja	Nein
Stabile Regierung	Ja	Nein
Disparität von Stimmen und Mandaten	Ja	Nein
Gerechte Repräsentation	Nein	Ja
Koalitionsregierung	Nein	Ja
Chance auf Regierungswechsel	Hoch	Niedrig
Zuweisbarkeit polit. Verantwortung	Hoch	Niedrig
Chance für neue Parteien	Niedrig	Hoch

Quelle: D. Nohlen 2000, S. 146.

Die parlamentarische Entwicklung in der Weimarer Republik, aber auch die wechselnden Regierung im Nachkriegsitalien, zeigen sehr deutlich die Nachteile eine reinen Verhältniswahlsystems. Das Wahlsystem ist zwar nicht die erste Ursache dieser starken Zersplitterung des Parteiensystems – diese liegt vielmehr in der heterogenen, in ideologische Lager gespaltenen Gesellschaft – dennoch trug es zu einer solchen Entwicklung bei, weil von ihm kein steuernder, zentripetaler Impuls ausging.

Um dieses Manko zu beheben, wurden in der Bundesrepublik Deutschland, aber auch in anderen Ländern, Sperrklauseln eingeführt. In Deutschland liegt sie bei Bundestagswahlen bei fünf Prozent. Parteien, die weniger Stimmen erhalten, werden bei der Sitzverteilung nicht berücksichtigt. In anderen Ländern und bei einigen deutschen Kommunal- und Regionalwahlen liegen die Grenzwerte zum Teil anders.[84] Das Bundesverfassungsgericht erläuterte zur Möglichkeit der Beschränkung des Erfolgswertes der Stimmen bereits in einer Entscheidung aus dem Jahr 1952, dass der Gesetzgeber, der sich für das Verhältniswahlrecht entscheidet, dem Wähler bessere Partizipationschancen einräumt, als bei der Entscheidung für ein Mehrheitswahlrecht. Beide Typen sind, so das BVerfG, demokratische Modelle der Ämtervergabe. Wenn aber die Entscheidung für das Verhältniswahlsystem gefallen ist, so ist damit eine bessere Repräsentationschance des Wählers gegeben, die unter bestimmten Vorraussetzungen wieder beschnitten werden darf.[85] In einer späteren Entscheidung griff das Gericht diesen Gedanken erneut auf und erklärte:

> „Wie schon im Urteil vom 5. April 1952 ausgeführt wurde, ist der Satz von der Wahlrechtsgleichheit (Art. 3 Abs. 1 LS) ein Anwendungsfall des allgemeinen Gleichheitsprinzips (BVerfGE 1, 242). Während Differenzierungen beim Zählwert der Stimmen immer ausgeschlossen sind, können in der Verhältniswahl beim *Erfolgs*wert der Stimmen im Rahmen des allgemeinen Gleichheitssatzes aus vernünftigem Grund begrenzte Differenzierungen gerechtfertigt sein. Dabei handelt es sich um Ausnahmen von der absoluten formalen Gleichheit des Erfolgswertes, die durch den allgemeinen Gleichheitssatz gedeckt sind. Die Gefahr einer die Bildung arbeitsfähiger Parlamente und Regierungen erschwerenden Parteizersplitterung ist ein zureichender Grund dafür, daß in der Verhältniswahl die Zuteilung von Mandaten an die Erzielung eines *angemessenen* Mindesthundertsatzes der Stimmen im ganzen Land (Quorum) gebunden wird. Ob und wie differenziert werden soll, was also grundsätzlich als eine wegen geringer Stimmenzahl auszuschaltende Partei angesehen wird, das unterliegt der Entscheidung des Gesetzgebers. Aufgabe des Verfassungsgerichts ist es lediglich, unter Berücksichtigung aller tatsächlichen Gegebenheiten zu prüfen, ob die Grenzen des gesetzgeberi-

---

84 Vgl. Roy C. Macridis: *Modern Political Regimes. Patterns and Institutions*, Boston, Toronto: Little, Brown and Co., 1986, S. 86.

85 Vgl. BVerfGE 1, 208 [247].

schen Ermessens überschritten worden sind. Der Senat hat im Urteil vom 5. April 1952 ausgeführt, daß nach der aus den Wahlgesetzen abzulesenden allgemeinen Rechtsüberzeugung Wahlgesetze mit einem Quorum bis zu 5% in der Regel nicht verworfen werden können."[86]

Sperrklauseln modifizieren also das Verhältniswahlsystem durch eine Reduktion der Auswahlmöglichkeit, indem sie bestimmte Parteien zugunsten der Arbeitsfähigkeit von Parlament und Regierung von der Mandatsvergabe ausschließen.

Eine weitere Modifikationsmöglichkeit, die die Einflussmöglichkeit des Wählers indes erhöht, wurde bereits oben im Zusammenhang mit der innerparteilichen Elitenrekrutierung erwähnt. In der Regel ist die Verhältniswahl als Listenwahl konzipiert. Das bedeutet, der Wähler erhält als Wahlvorschlag der Parteien Listen vorgelegt, die er annehmen oder ablehnen kann. Die Mandate werden dann gemäß der Reihenfolge auf der Liste besetzt (starre Listenwahl). In der Praxis zeigen sich sehr unterschiedliche Möglichkeiten der Variation: Manche Wahlsysteme ermöglichen es dem Wähler, seine Stimmen innerhalb einer oder auch über verschiedene Listen zu verteilen, so dass er die Reihenfolge der Liste verändern kann. Auch durch das Kumulieren kann die Kandidatenreihenfolge innerhalb einer Liste verändert werden. Der Wähler kann dabei einem Kandidaten mehr als eine Stimme zuteilen. Die größte Einflussmöglichkeit auf die Personalrekrutierung hat der Wähler in Wahlsystemen mit offener Liste, bei der er den oder die Kandidaten, auf den seine Stimme(n) entfallen, frei bestimmen kann.

In der Bundesrepublik Deutschland liegt, wie in vielen vergleichbaren Ländern keine Reinform des Verhältniswahlrechts vor. Die Hälfte der Abgeordneten wird in 328 Einerwahlkreisen nach dem relativen Mehrheitswahlrecht gewählt (Erststimme). Die zweite Hälfte rückt über starre Landeslisten der Parteien in den Bundestag nach (Zweitstimme). Die Zweitstimme entscheidet über die Gesamtzahl der Mandate einer Partei. Von dieser Zahl wird die Anzahl der direkt gewonnen Mandate in den Wahlkreisen eines Bundeslandes abgezogen. Die verbleibenden Plätze werden mit Kandidaten der Liste nach dem Hare/Niemeyer-Verfahren besetzt. Hat eine Partei mehr Direktmandate gewonnen als ihr nach ihrem Stimmergebnis in einem Bundesland zustehen, so bleiben diese als Über-

---

86   BVerfGE 4,31 [39].

hangmandate bestehen. Parteien, die weniger als fünf Prozent der Stimmen erhalten haben, werden bei der Sitzverteilung nicht berücksichtigt.

D'Hondt – Hare/Niemeyer. Verrechnungsverfahren im Vergleich

In der Bundesrepublik Deutschland wurde 1985 das Verrechnungsverfahren bei den Zweitstimmen von d'Hondt auf Hare/Niemeyer umgestellt. Einer der Gründe war die Benachteiligung kleinerer Parteien durch die bisherige Methode. Wie sich die beiden Verfahren auf die Verteilung von Sitzen auswirken zeigt das folgende Beispiel:

Zu vergeben sind jeweils 21 Sitze.

Die Parteien erzielten folgende Ergebnisse: Partei A: 10.000 Stimmen, Partei B: 8.000 Stimmen, Partei C: 4.000 Stimmen, Partei D: 3.000 Stimmen.

Nach *d'Hondt* werden die Stimmen nach dem Höchstzahlprinzip verteilt. Dazu wird die Stimmenzahl solange durch die Divisorenreihe (1, 2, 3, 4, 5, 6, ...) geteilt bis alle Sitze vergeben sind.

Teiler	Partei A		Partei B		Partei C		Partei D	
	Höchstzahl	Sitz-Nr.	Höchstzahl	Sitz-Nr.	Höchstzahl	Sitz-Nr.	Höchstzahl	Sitz-Nr.
1	10.000	1	8.000	2	4.000	5	3.000	7
2	5.000	3	4.000	4	2.000	10	1.500	15
3	3.333,33	6	2.666,66	8	1.333,33	17	1.000	
4	2.500	9	2.000	11	1.000			
5	2.000	12	1.600	14				
6	1.666,66	13	1.333,33	18				
7	1.428,57	16	1.142,85	20				
8	1.250	19	1.000					
9	1.111,11	21						
10	1.000							
Summe		9		7		3		2

Nach *Hare/Niemeyer* wird die Gesamtzahl der gültigen Stimmen durch die Zahl der zu vergebenden Sitze geteilt. Die Wahlergebnisse der einzelnen Parteien werden durch diesen Quotienten geteilt. Die Zahlen vor dem Komma sind unmittelbar gewonnene Parlamentsmandate, eventuell noch übrige Sitze werden an die Parteien mit den höchsten Nachkommastellen vergeben.

			Sitze	Endergebnis	
Partei A	10.000 : 1.190,47 =	8,40	8		8
Partei B	8.000 : 1.190,47 =	6,72	6	+1	7
Partei C	4.000 : 1,190,47 =	3,36	3		3
Partei D	3.000 : 1,190,47 =	2,52	2	+1	3
			19		21

399

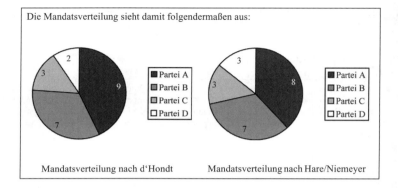

6.2. Wahlsysteme und Parteiensysteme

Im Zusammenhang mit den Auswirkungen von Wahlsystemen wird häufig der Zusammenhang diskutiert, dass Mehrheitswahlsysteme in der Regel zur Entstehung relativ stabiler, offener Zweiparteiensysteme führen. Giovanni Sartori definierte in seiner Studie über Parteien und Parteiensysteme den Begriff des Zweiparteiensystems anhand von vier Merkmalen: (1) Jede der beiden Parteien muss eine reelle Chance haben, die absolute Mehrheit der Sitze zu erkämpfen. (2) Bei Wahlen muss eine der beiden Parteien eine Mehrheit erreichen, die ihr kontinuierliches, unabhängiges Arbeiten ermöglicht. (3) Diese Partei muss den Willen haben, ihre Sitzmehrheit ohne Koalitionspartner in der Regierung zu verwirklichen. (4) Zwischen den beiden Parteien muss ein regelmäßiger Wechsel in der Regierungsverantwortung stattfinden.[87]

Betrachtet man die beiden Beispiele Großbritannien und die USA, so kann man zu dem Ergebnis kommen, dass dort diese Kriterien eines Zweiparteiensystems nur teilweise erfüllt sind. Dieses Ergebnis hängt davon ab, wie eng man das Kriterium der wechselnden Regierungsverantwortung auslegt, d.h. ob tatsächlich über einen Beobachtungszeitraum beide Parteien etwa gleichlang die Regierung stellen konnten. In diesem Fall stellt sich Großbritannien in der Nachkriegszeit nicht als Zweiparteiensystem dar. Grund dafür ist die 18 Jahre andauernde konservative Regierung, die 1979 unter der Herrschaft Margaret Thatchers begann, 1992 an John Major

---

[87] Vgl. Giovanni Sartori: *Parties and Party Systems. A Framework for Analysis*, Cambridge, Cambridge University Press, 1976, S. 188.

überging und erst durch die Wahl 1997 beendet wurde.[88] Für die Vereinigten Staaten kommt hinzu, dass die Partei, die über eine Mehrheit der Stimmen im Parlament verfügt, diese nicht unbedingt auch in Regierungsverantwortung umwandeln kann, weil Regierung und Parlament aus getrennten Wahlen hervorgehen. Frankreich schließlich, als weiterer Fall eines Mehrheitswahlsystems, zeigt eine recht vielfältige Parteienlandschaft, die sich allerdings in zwei Blöcken gegenübersteht.

Es ist daher fraglich, ob die vereinfachende Formel *Mehrheitswahl* → *Zweiparteiensystem* uneingeschränkt aufrechterhalten werden kann. Häufig wird der Einwand vorgebracht, dass der Wähler seine Stimme nicht verschenken möchte und daher für eine der beiden großen Parteien stimmen wird.[89] Dem steht das relativ konstante Wahlergebnis der englischen Liberaldemokraten entgegen, die sich nach einem etwas größeren Einbruch zu Beginn der 1980er-Jahre nun auf einem Niveau knapp unterhalb der 20 Prozent Marke eingependelt haben.[90] Auch bei der amerikanischen Präsidentschaftswahl lässt sich ein ähnliches Phänomen beobachten: H. Ross Perot, der 1992 und 1997 als unabhängiger Kandidat angetreten war, erhielt bei seiner ersten Kandidatur 19.741.048 Stimmen und bei seiner zweiten immerhin noch 7.837.703 Stimmen als bestplatzierter Drittbewerber. Obwohl diese hohen Resultate eher eine Ausnahme darstellen[91], kann somit dennoch ausgeschlossen werden, dass für den Wähler allein der *rational-choice*-Ansatz wirksam ist, wenn er sich bei der Wahl entscheiden muss.

Berücksichtigt man, dass in Deutschland vor dem Hintergrund der Großen Koalition über die Einführung eines „'mehrheitsbildenden' Wahlrechts" diskutiert wurde[92], stellt sich die Frage, ob der Umkehrschluss: Das Parteiensystem bestimmt das Wahlrecht, nicht ebenso zulässig ist. Man könnte dann ähnlich wie für den Wähler argumentieren und behaupten, dass die Parteien aus Gründen der Stimmenmaximierung bestrebt sind, den parteipolitischen Wettbewerb zu beschränken, wenn sie die politischen

---

88 Für den Zeitraum bis 1988 vgl. Roy C. Macridis: *Modern Political Regimes. Patterns and Institutions*, Boston, Toronto: Little, Brown and Co., 1986, S. 94.

89 Vgl. stellvertretend: Karl-Rudolf Korte: *Wahlen in der Bundesrepublik Deutschland*, Bonn: bpb, 2003, S. 33.

90 Vgl. Bernd Becker: *Politik in Großbritannien*, Paderborn: Schöningh, 2002, S. 225.

91 Für nähere Details s. den tabellarischen Überblick bei Hartmut Wasser: Politische Parteien und Wahlen, in: Willi Paul Adams/Peter Lösche (Hrsg.): *Länderbericht USA*, Bonn: BpB, 1998, S. 305-339 [311].

92 Vgl. Wolfgang Rudzio: *Das politische System der Bundesrepublik Deutschland*, Opladen: Leske + Budrich, 2000, S. 195.

Mittel dazu besitzen. So lautete denn auch der zentrale Vorwurf gegen die Einführung der 5-Prozent-Hürde.[93]

Die Regelung wurde eingeführt, um eine allzu große Parteienzersplitterung zu verhindern. Betrachten wir dazu die Eckdaten der Entwicklung des bundesdeutschen Parteiensystems: Mit dem Verbot der Sozialdemokratischen Partei Deutschlands vom 22. Juni 1933 und dem darauffolgenden Gesetz gegen die Neubildung von Parteien vom 14. Juli 1933 war das Ende des Parteiensystems der Weimarer Republik besiegelt. Als sich nach dem Krieg, zunächst unter der Lizenzierungspraxis der Besatzungsmächte, bis 1951 das Parteiensystem der Bundesrepublik formierte, entstand ein vielfältiges Parteienspektrum. Dieses knüpfte in vielen Aspekten an die Weimarer Zeit an, doch gab es auch Neuerungen. Auf überregionaler Ebene formierten sich die Sozialdemokratische Partei Deutschlands (SPD), die Kommunistische Partei Deutschlands (KPD) und die Freie Demokratische Partei (FDP), die alle unmittelbar an ihre historischen Wurzeln anknüpfen konnten. Als Neugründungen traten die Christlich Demokratische Union (CDU) und in Bayern die Christlich Soziale Union (CSU) auf den Plan, die sich, anders als das katholische Zentrum, als interkonfessionelle Parteien verstanden.[94]

Im rechten Lager formierte sich zunächst die Deutsch Konservative Partei, die in die Deutsche Rechtspartei überging. 1949 kam es mit der Gründung der Sozialistischen Reichspartei (SRP) zur Spaltung, 1950 zur Umbenennung der Deutschen Rechtspartei in Deutsche Reichspartei (DRP). Aus dieser ging 1964, unter Beteiligung ehemaliger Mitglieder, der 1952 vom BVerfG verbotenen SRP, die Nationaldemokratische Partei Deutschlands (NPD) hervor. 1983 erfolgte die Neugründung der Republikaner (REP). Die Gründung der Deutschen Volksunion (DVU) schloss die Entwicklung in diesem Segment vorläufig ab.

Auch am linken Rand vollzog sich die Entwicklung recht isoliert: Nach dem Verbot der KPD durch das BVerfG im Jahr 1956 bildete sich 1960 aus ehemaligen KPD- und ausgetretenen SPD-Mitgliedern die Deutsche Friedensunion (DFU), die sich bereits 1968 wieder auflöste. Im selben Jahr entstand die Deutsche Kommunistische Partei (DKP).

Mit der Bayern Partei (BP), der Deutschen Partei (DP später GDP), dem Block der Heimatvertriebenen und Entrechteten (BHE), der Deutschen

---

93 Vgl. BVerfGE 1, 208.
94 Vgl. Wolfgang Rudzio: *Das politische System der Bundesrepublik Deutschland*, Opladen: Leske + Budrich, 2000, S. 136f.

Zentrumspartei und der Gesamtdeutschen Volkspartei bestanden weitere Gruppen, die um die Wählergunst konkurrierten.

In den Jahren 1952 bis 1961 fand eine Konzentration des Parteiensystems statt: Im bürgerlich-konservativen Lager wurden die Unionsparteien zum Auffangbecken für Mitglieder u.a. des BHE, der Deutschen Partei und der GDP. Diese befürchteten nicht nur den eigenen Niedergang, sondern erkannten in der aufstrebenden Union, die sich von 31 Prozent (1949) auf 45,2 Prozent (1953) und 50,2 Prozent (1957) verbessert hatte, eine Zukunftsoption. Die SPD profitierte kaum von dieser Konzentrationswirkung, konnte sich aber aufgrund des einsetzenden sozialen Wandels und nicht zuletzt durch den Kurswechsel des Godesberger Programms von 28,8 Prozent (1953) auf 42,7 Prozent (1969) verbessern. Damit war ein Großteil der Wähler an eine der beiden Parteien gebunden und die FDP soweit gefestigt, dass sie sich als Kanzlermacher am politischen Spiel beteiligen konnte.[95]

In der Zeit zwischen 1961 und 1983 agiert in der Bundesrepublik Deutschland ein „eingespieltes Zweieinhalb-Parteiensystem".[96] Von 1961 bis 1965 ist die FDP als Koalitionspartner ununterbrochen an den Unionsgeführten Regierungen unter Adenauer und Erhard beteiligt. Dann, in der Oppositionsrolle, wandelt sich die FDP, findet mit den Freiburger Thesen ein neues sozial-liberales Verständnis und wird in den Jahren 1969-1982 unter Willy Brandt und Helmut Schmidt zum Koalitionspartner der SPD.[97]

Mit dem Einzug der Grünen in den Bundestag 1983 beginnt der Wandel des deutschen Parteiensystems zum zwei Parteigruppen-System, in dem sich Union und Liberale auf der einen Seite und SPD und Bündnis 90/Die Grünen auf der anderen Seite gegenüberstehen. Bedingt durch die Wiedervereinigung wurde das Parteisystem mit der PDS um eine regionale Links-Partei ergänzt. Die anderen Ost-Parteien, wie die CDU-Ost, der Demokratische Aufbruch, die Deutsche Forumspartei oder die SPD (Ost) wurden erfolgreich von den bestehenden West-Parteien absorbiert, so dass sich die Konzentrationswirkung der 5-Prozent-Hürde im Bereich der gemäßigten Parteien zum erstenmal kurz nach ihrer Einführung im Jahr 1953 und zum zweiten Mal nach der Deutschen Wiedervereinigung zeigte.

---

95 Ebd., S.142ff.
96 Ebd., S. 148.
97 Vgl. hierzu den tabellarischen Überblick bei Ulrich von Alemann: *Das Parteiensystem der Bundesrepublik Deutschland*, Bonn: bpb, 2003, S. 42.

6.3. Wähler und Wahlverhalten

An verschiedener Stelle wurde bereits auf die Rolle des Wählers hingewiesen. Wahlprognosen und Wahlanalysen gehören seit langem zum politikwissenschaftlichen Alltag. Das Interesse am Wahlverhalten zeigt die Politikwissenschaft als anwendungsorientierte Wissenschaft in einem Bereich, der neben der Soziologie auch die Psychologie stark beschäftigt. Zur Erklärung des Wahlverhaltens wurden daher verschieden Ansätze vorgetragen, die unterschiedliche Kriterien für die Wahlentscheidung nennen und zum Teil aufeinander aufbauen.

Der *mikrosoziologische Ansatz* der Gruppe um Paul F. Lazarsfeld[98] stellt vor allem auf die Zugehörigkeit des Wählers zu sozialen Kreisen ab, da diese einen wesentlichen Einfluss auf Parteibindung und Wahlentscheidung des Individuums ausüben.

Der Index der parteipolitischen Prädisposition resultiert im Wesentlichen aus drei sozioökonomischen Merkmalen: dem ökonomischen Status (Einkommen, Beruf, Bildung), der Einstellung zur Religion und der regionalen Zugehörigkeit, also dem individuellen sozialen Kontext im weiteren Sinne. Parteibindungen werden nach diesem Modell weitgehend durch politische Sozialisationsprozesse in sozialen Kreisen vermittelt[99], wobei der Kommunikation mit Meinungsführern[100] – in diesem Zusammenhang auch dem *bandwagon*-Effekt[101] – sowie dem vermuteten Wahlausgang[102] eine besondere Bedeutung zukommt. Der *bandwagon*-Effekt besagt, dass sich das Individuum bei seiner Entscheidung an der Mehrheitsmeinung orientiert und von daher eher nicht für einen Außenseiter stimmen wird. Ebenso wenig möchte es – und hier kommt der vermutete Wahlausgang zum Zug – auf den Verlierer einer Wahl setzen und seine Stimme 'vergeuden'.

Da jedes Individuum mehreren verschiedenen, homogenen als auch heterogenen sozialen Kreisen angehört, wird es mit z.T. kontroversen Ansichten konfrontiert und befindet sich damit in einer mehr oder weniger stark ausgeprägten *Cross-Pressure*-Situation.

---

98 Paul F. Lazarsfeld/Bernard Berelson/Hazel Gaudet: *The People's Choice. How The Voter Makes Up His Mind in a Presidental Campaign*, New York: Columbia University Press, 1948.
99 Ebd., S. 137ff.
100 Ebd., S. 150ff.
101 Ebd., S. 107.
102 Ebd., S. 103ff.

Bei weitgehend homogenen sozialen Kreisen entwickelt sich eine starke, stabile Parteiorientierung, die das Wahlverhalten nachhaltig bestimmt. Mit wachsendem Druck der *Cross-Pressure*-Konstellation verliert die Parteibindung an Bedeutung für die Wahlentscheidung: Der Stammwähler (*crystallizer*) kann zum schwankenden Randwähler (*waver*) werden, dieser zum grundsätzlich pendelnden Wechselwähler (*party-changer*), unter dem Druck allzu großer, divergierender äußerer Einflüsse wird er sich schließlich der Wahl enthalten (Abb. 33 und 34).

Abb. 33/34: Die Wahlentscheidung im mikrosoziologischen Modell.

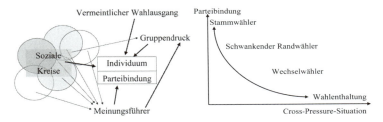

Quelle: Lazarsfeld et al./Strohmeier 2002.

Der Fokus dieses Ansatzes liegt besonders auf den exogenen Faktoren der Wahlentscheidung. Trotzdem besitzt er nach wie vor einen hohen Erklärungswert, sowohl hinsichtlich der Entstehung langfristiger Parteibindungen, als auch im Hinblick auf das Phänomen der Wahlenthaltung.[103] Die Autoren stellen jedoch lediglich einen schwachen Einfluss der medialen Vermittlung der Wahlkampfkampagne fest, ein Ergebnis, das vor allem an der geringen Reichweite liegen dürfte, die die Medien im Untersuchungszeitraum noch besaßen. Aus diesem Grund bedarf das Modell von Lazarsfeld aus heutiger Sicht der Ergänzung.

Das makrosoziologische Modell von Lipset und Rokkan[104] bezieht sich in der Substanz auf den Ansatz von Lazarsfeld et al. und nimmt ebenfalls die Bedeutung sozialer Faktoren als maßgeblich für die Wahlentscheidung an. Sein Ansatz liegt jedoch auf einer übergeordneten Ebene, denn es sind

---

103 Gerd Strohmeier: *Moderne Wahlkämpfe. Wie sie geplant, geführt und gewonnen werden*, Baden-Baden: Nomos, 2002, S. 63.
104 Seymour M. Lipset/Stein Rokkan: *Party Systems and Voter Alignments: Cross-National Perspectives*, New York: Free Press, 1967.

nicht die sozialen Kreise, unter deren Einfluss der Einzelne steht, sondern grundlegende soziale Konfliktlinien (*cleavages*), die zur Entwicklung politischer Parteien und korrespondierender Parteibindungen führen (s.o. C.2.2.6.).[105]

Als zentrales *cleavages* benannten Lipset und Rokkan den Konflikt zwischen herrschender Kultur und abhängiger Kultur – und genauer zwischen herrschender, zentraler Elite und abhängigen ethnischen, sprachlichen und religiösen Bevölkerungsgruppen in den Regionen – den Konflikt zwischen säkularisiertem Machtanspruch des Staates und den historisch erworbenen Privilegien der Kirche. Des weiteren werden der Konflikt zwischen Landbesitzern und Industrieunternehmern sowie zwischen Arbeit und Kapital angeführt.[106] In der neueren Wahlforschung wurde das Modell um die Konfliktlinie zwischen 'alter', materialistischer und 'neuer', post-materialistischer Politik ergänzt (s. Abb. 35).[107]

Der Erklärungswert diese Modells beschränkt sich bei zunehmender Individualisierung und Entideologisierung der Wählerschaft (*dealignment*) jedoch immer mehr auf die Entstehung der Parteien und kann bei wahltaktischen Überlegungen nahezu vernachlässigt werden, da er im besonderen das ohnehin festgelegte traditionelle Stammwählerklientel umreißt.

Ergiebiger erweist sich der individual-psychologische Ansatz des Ann-Arbor-Modells.[108] Dieses erkennt als zentralen Faktor der Wahlentscheidung zwar auch die *Parteibindung* an, in der die sozialstrukturelle und politische Erfahrung des Individuums, verdichtet zu spezifischen Einstellungen, letztlich kulminiert.[109] Dabei ist die Parteiidentifikation als langfristiger Einfluss auf das Wahlverhalten wirksam. Für die Wahlentscheidung signifikant sind jedoch auch die kurzfristigen *Sachthemen- und Kandidatenfaktoren*, die situativ bewirken können, dass sich der Wähler gegen seine eigentliche, langfristige Disposition für die Wahl einer anderen Partei entscheidet.[110] Zentral ist also auch in diesem Modell der Stellenwert der

---

105 Ebd., S. 33ff.

106 Andreas M. Wüst: Wahlverhalten in Theorie und Praxis: die Bundestagswahlen 1998 und 2002, 2002, auf: http://andreas.uni-hd.de/oberr2002.pdf, abgerufen am 12.06.2003, S. 4ff.

107 Karl-Rudolf Korte: *Wahlen in der Bundesrepublik Deutschland*, Bonn: bpb, 2003, S. 91.

108 Angus Campbell/Philip E. Converse/Warren E. Miller/Donald E. Stokes: *The American Voter*, Chicago, London: University of Chicago Press, 1960.

109 Gerd Strohmeier: *Moderne Wahlkämpfe. Wie sie geplant, geführt und gewonnen werden*, Baden-Baden: Nomos, 2002, S. 65.

110 Karl-Rudolf Korte: *Wahlen in der Bundesrepublik Deutschland*, Bonn: bpb, 2003, S. 91.

Abb. 35: Entstehung der bundesrepublikanischen Parteien entlang innergesellschaftlicher Konfliktlinien. Darstellung nach Korte 2003, S. 91.

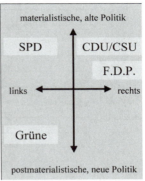

langfristigen Parteiidentifikation, die die unmittelbare Grundlage der Wahlentscheidung bildet. Erst auf nachgelagerter Ebene setzen die kurzfristigen Elemente modifizierend oder verstärkend an.

Angesichts einer zunehmenden kritischen Haltung der Bevölkerung gegenüber den politischen Parteien[111] und des anhaltenden Mitgliederschwundes der Parteien und ihrer Jugendorganisationen (s. Abb. 36 u. Abb. 37), kann – für Deutschland – ein deutliches *dealignment* festgestellt werden, so dass sich das Hauptgewicht bei der Wahlentscheidung von der Parteibindung wegverlagert.

---

111 McKinsey: *Projektbericht Perspektive Deutschland 2002. Die größte gesellschaftspolitische Online-Umfrage*, Berlin: McKinsey, 2003, S. 33. Der Studie nach sehen 80 Prozent der Deutschen einen dringenden Verbesserungsbedarf bei den politischen Parteien.

Abb. 36: Mitgliederentwicklung der Bundesparteien 1990-2001.

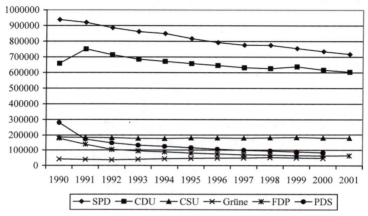

Quelle: Niedermayer.

Abb. 37: Mitgliederentwicklung in den Jugendorganisationen Junge Union (JU) und Jungsozialisten (JUSOS). Eigene Darstellung nach Angaben der Bundesvorstände.

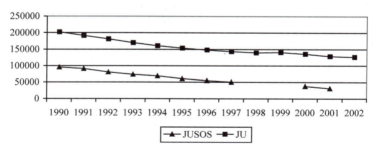

Auch das individuelle, eigennützige Kalkül des Wählers wurde verschiedentlich als ausschlaggebend für das Wahlverhalten beschrieben. Anthony Downs definierte zwei grundlegende Axiome für den politischen Wettbewerb – Rationalität und Eigennutz – die auch das Wahlverhalten bestimmen.[112] Der rationale Wähler legt seiner Wahlentscheidung eine Kosten-

Nutzen-Analyse zu Grunde und wählt entsprechend die Partei, von der er für sich persönlich den größten Nutzen erwartet.[113]

Bereits Downs selbst weist auf zwei grundlegende Probleme seiner Theorie hin: Zum einen müsste der rationale Wähler es als rational erachten, nicht zu wählen, denn eine einzige Stimme hat nur einen sehr geringen, wenn nicht verschwindenden Einfluss auf den Wahlausgang.[114] Zum anderen müsste der rationale Wähler, um eine rationale Wahlentscheidung zu treffen, umfassend über die Parteiprogramme informiert sein und einen hohen, d.h. unökonomischen, Informationsaufwand betreiben.[115] Dass solche zweck-rationalen Überlegungen Einfluss auf die Wahlentscheidung des Einzelnen nehmen können, sei hier unbestritten. Allerdings ist es mehr als fraglich, ob diese allein greifen: Denn gäbe es nur den Downs'schen Wählertypus, dann würde niemand nach den Sympathiewerten der Kandidaten fragen. Weniger polemisch gefasst: Im Ansatz von Anthony Downs sind irrationale oder affektuelle Entscheidungsmuster weitgehend ausgeblendet.[116]

In der Gesamtschau zeigen all diese Erklärungsansätze zum Wahlverhalten verschiedene Schwächen und Erklärungsdefizite. Dies liegt nicht zuletzt an der Komplexität des Themas, den individuell unterschiedlichen Methoden, die zur Wahlentscheidung führen, und der zunehmenden Flexibilisierung des Wahlverhaltens, das mit der Aufweichung langfristiger Parteibindungen einhergeht.

Bürklin und Roth haben in einem Ansatz aus dem Jahr 1994 die Wahlentscheidung als Produkt verschiedener Faktoren dargestellt, der starke Bezüge zu den eben vorgestellten Modellen aufweist. Als zentrale Aspekte lassen sich sozialer Kontext, Parteibindung, Kandidatenorientierung, Themenorientierung sowie affektuell und rational fundierte Einstellungen festhalten.[117]

---

112 Anthony Downs: *Ökonomische Theorie der Demokratie*, Tübingen: J.C.B. Mohr (Paul Siebeck), 1968, S. 35ff.

113 Karl-Rudolf Korte: *Wahlen in der Bundesrepublik Deutschland*, Bonn: bpb, 2003, S. 93; Gerd Strohmeier: *Moderne Wahlkämpfe. Wie sie geplant, geführt und gewonnen werden*, Baden-Baden: Nomos, 2002, S. 66.

114 Anthony Downs: *Ökonomische Theorie der Demokratie*, Tübingen: J.C.B. Mohr (Paul Siebeck), 1968, S. 238.

115 Ebd., S. 264ff.

116 Ebd., S. 269ff.

117 Wilhelm Bürklin/Dieter Roth: Das Superwahljahr 1994. Deutschland am Ende einer Ära stabilen Wahlverhaltens?, in: Wilhelm Bürklin/Dieter Roth (Hrsg.): *Das Superwahljahr. Deutschland vor unkalkulierbaren Regierungsmehrheiten*, Köln: Bund-Verlag, 1994, S. 15.

In diesem Ansatz zeichnet sich bereits eine neue Sichtweise des Wahlverhaltens ab. Während die klassischen Theorien darauf abstellten, ein generelles Wahlverhalten zu erklären, fokussieren die neueren Erklärungsversuche das Wahlverhalten als individuelle Entscheidung.

Russell Dalton formulierte einen solchen Ansatz, in den sich die bereits beschrieben Kriterien integrieren lassen. Er beschreibt vier Idealtypen von Wählern anhand der Variablen Parteibindung und kognitiver Mobilisierbarkeit.[118] Dabei unterscheidet er zwei Typen von Stammwählern, die beide eine starke Parteibindung aufweisen: Den parteitreuen Überzeugungswähler, mit hohem kognitiven Mobilisierungsgrad, und den parteitreuen Gewohnheitswähler, mit niedrigem kognitiven Mobilisierungsgrad. Daneben weist Dalton zwei Typen von Wechselwählern, beide mit schwacher Parteibindung, aus, die er, wiederum abhängig von ihrem kognitiven Mobilisierungsgrad, in unabhängige und unpolitische Wechselwähler einteilt.[119] Es ergibt sich damit folgender Zusammenhang:

Tab. 20: Wählertypologie nach Dalton 1984.

		Parteibindung	
		ohne/schwach	stark/sehr stark
Kognitive Mobilisierung	hoch	unabhängiger Wechselwähler	parteitreuer Überzeugungswähler
	niedrig	unpolitischer Wechselwähler	parteitreuer Gewohnheitswähler

Das Wahlverhalten stellt sich somit als höchst komplexes Phänomen dar, das von sehr unterschiedlichen Faktoren bestimmt sein kann. Für moderne Gesellschaften, in denen die traditionellen Konfliktlinien zunehmend an Bedeutung verlieren, müssen bei der Untersuchung der Wahlmotivationen heute in jedem Fall andere Faktoren als allein die Parteibindung miteinbezogen werden. Interessant ist in diesem Zusammenhang auch die Frage nach der Zielgruppenkommunikation von Wahlkampagnen, bei der gerade

---

118 Russel Dalton: Cognitive Mobilization and Partisan Dealignment in Advanced Industrial Democracies, in: JoP 46/1984, pp. 264-284 [270].
119 Gerd Strohmeier: *Moderne Wahlkämpfe. Wie sie geplant, geführt und gewonnen werden*, Baden-Baden: Nomos, 2002, S. 71.

die Kandidateneigenschaften und die Sachthemen im Mittelpunkt stehen – Aspekte also, die affektuelle oder aber rationale Wechselwähler zur Stimmabgabe bewegen sollen.

7. Politische Kultur

Wie innerhalb einer Gesellschaft entschieden wird, welche Rolle die Bürger einnehmen, welche gesellschaftlichen Grundvorstellungen als politische Ziele propagiert werden und in welchem Rahmen dies erfolgt, all dies sind Beispiele für Fragen, die ganz wesentlich mit der spezifischen Politischen Kultur eines Landes zusammenhängen. Die Politische Kultur bezeichnet kurzgefasst die Art und Weise, wie die Bevölkerung den Staat und ihre eigene Rolle im Staat wahrnimmt.[120] Politische Kultur als empirisches Forschungskonzept geht auf eine Studie von Gabriel Almond und Sidney Verba aus dem Jahr 1963 zurück, die von den beiden Autoren 1980 in einer überarbeiteten Fassung neu aufgelegt wurde.[121]

7.1. Politische Kultur nach Gabriel Almond und Sidney Verba

Politische Kultur bezeichnet im Konzept von Almond und Verba „Einstellungen gegenüber politischen Systemen bzw. die subjektiven Orientierungen der Systemmitglieder gegenüber politischen Erscheinungen.[122] „Sie besteht aus Attitüden, aus Glaubensrichtungen, Wertbegriffen und Talenten, die in der gesamten Bevölkerung vorkommen; aber auch aus solchen besonderen Haltungen und Mustern, die innerhalb einzelner Teile dieser Bevölkerung angetroffen werden können" – den sogenannten Subkulturen.[123]

In diesem Zusammenhang müssen drei Begriffe unterschieden werden. Politische Kultur umfasst Meinungen (*beliefs; opinions*), Einstellungen

---

120 Vgl. Roy C. Macridis: *Modern Political Regimes. Patterns and Institutions*, Boston, Toronto: Little, Brown and Co., 1986, S. 214.

121 Gabriel A. Almond/Sidney Verba: *The Civic Culture. Political Attitudes and Democracy in Five Nations*, Princeton New Jersey, 1963; Gabriel A. Almond/Sidney Verba (eds.): *The Civic Culture Revisited. An Analytical Study*, Boston, 1980.

122 Vgl. Gabriel A. Almond/Sidney Verba (eds.): *The Civic Culture Revisited. An Analytical Study*, Boston, 1980, S. 26.

123 Vgl. Gabriel A. Almond/G. Bingham Powell, jr.: Vergleichende Politikwissenschaft – Ein Überblick (1966), in: Theo Stammen (Hrsg.): *Vergleichende Regierungslehre. Beiträge zur theoretischen Grundlegung und exemplarische Einzelstudien*, Darmstadt: Wissenschaftliche Buchgesellschaft, 1976, S. 132-161 [140].

(*attitudes*) und Werte (*values*). Der Begriff der Meinung wird in der politischen Psychologie überwiegend verwandt, „um Erlebens- oder Verhaltensweisen, in denen sich die kognitive Komponente einer Einstellung konkretisiert, zu benennen".[124] Einstellungen sind durch drei Komponenten gekennzeichnet:

- Eine kognitive Komponente, d.h. das Objekt der Einstellung ist mit einer bestimmten Denkweise verbunden.
- Eine affektive Komponente, d.h. das Objekt der Einstellung ist mit bestimmten Emotionen verbunden.
- Eine behaviorale Komponente, d.h. das Objekt der Einstellung ist mit einer bestimmten Handlungsbereitschaft verbunden.[125]

In Meinungen und Einstellung realisiert sich das tieferliegende Wertverständnis, an dem sich der Einzelne orientiert. Insofern kommt diesen beiden Konzepten auch eine wertende (evaluative) Komponente zu.[126] Aufgrund dieses inneren Zusammenhangs werden Meinungen, Einstellungen und Werte häufig „auf einer zentral-peripheren Achse liegend"[127] beschrieben: Das bedeutet, dass Werte, als Grundüberzeugungen, besonders fest verankert und demgemäss nur schwer veränderbar sind, während Einstellungen als relativ beständig und Meinungen als eher flüchtig gelten.

Politische Kulturforschung im Sinne Almonds und Verbas befasst sich mit denjenigen Meinungen, Einstellungen und Wertvorstellungen, die dem politischen Prozess Ordnung und Sinn geben. Die Autoren gehen davon aus, dass diese unmittelbar empirisch gemessen werden können. Gabriel Almond definiert den Begriff der Politischen Kultur in einem Aufsatz aus den späten 1980er-Jahren durch vier Kategorien:

- „Politische Kultur bezieht sich auf das Muster subjektiver Orientierungen gegenüber Politik einer ganzen Nation oder ihrer Teilgruppen."[128]

---

124 Vgl. Peter Steck: *Grundzüge der politischen Psychologie*, Bern, Stuttgart, Wien,: Hans Huber, 1980, S. 41.
125 Ebd., S. 38f.
126 Vgl. Dirk Berg-Schlosser/Theo Stammen: *Einführung in die Politikwissenschaft*, München: C.H. Beck, 2003, S. 182.
127 Vgl. Dirk Berg-Schlosser: Politische Kultur/Kulturforschung, in: Dieter Nohlen/Rainer-Olaf Schultze (Hrsg.): *Lexikon der Politikwissenschaft. Theorien, Methoden, Begriffe, Band 2, N-Z*, München: C.H. Beck, 2002, S. 699-704 [699].
128 Vgl. Gabriel A. Almond: Politische Kultur-Forschung – Rückblick und Ausblick, in: Dirk Berg-Schlosser/Jakob Schissler (Hrsg.): *Politische Kultur in Deutschland. Bilanz und Perspektiven der Forschung*, Opladen: Leske + Budrich, 1987, S. 27-38 [29].

- „Politische Kultur hat kognitive, affektive und evaluative Bestandteile. Sie schließt Kenntnis und Meinungen über politische Realität, Gefühle über Politik und politische Werthaltung ein."[129]
- „Der Inhalt von Politischer Kultur ist das Ergebnis von Kindheitssozialisation, Erziehung, Medieneinfluss und Erfahrung im Erwachsenenleben mit den Leistungen von Regierung, Gesellschaft und Wirtschaft."[130]
- „Politische Kultur beeinflusst die Struktur von Regierung und Politik und ihre Leistungen, schränkt sie ein, aber determiniert sie sicherlich nicht völlig. Die Kausalpfeile zwischen Kultur, Struktur und Regierungsleistung weisen in beide Richtungen."[131]

Das bedeutet zum einen, dass Politische Kultur individuell verankert und als aktueller Zustand von Individuen und Gruppen abfragbar ist. Gleichzeitig weist diese Definition auf den engen Zusammenhang zwischen politischer Sozialisation und Politischer Kultur hin, der damit auch in Verbindung mit der Output-Seite des politischen Systems steht, das unter anderem auch politische Sozialisation leistet. Darüber hinaus wird deutlich, dass eine enge Beziehung zwischen der Politischen Kultur und der Systemleistung besteht. Bezogen auf die Input-Seite heißt das, dass die Gesellschaft durch Forderungen (*demands*) und Unterstützungsleistungen (*supports*) mehr oder weniger stark auf die Prozesse innerhalb des politischen Systems einwirken kann. Es besteht also ein interaktiver Wirkungszusammenhang zwischen der Politischen Kultur sowie der Struktur und der Leistung des politischen Systems. Bei ihrem Vergleich stellten Almond und Verba drei Typen Politischer Kultur fest:

(1) Die parochiale (*parochial*) Kultur beschreibt das Verhalten von Gruppen und Individuen, die sich unmittelbar auf ihr nahes Umfeld beschränken, d.h. keine kognitive, affektive und evaluative Beziehung zum zentralen politischen System aufweisen.

(2) Bei der Untertanen (*subject*) Kultur steht die kognitive Komponente im Mittelpunkt. Der 'Untertan' ist sich des Systems bewusst, affektive bzw. evaluative Aspekte können fakultativ hinzutreten, spielen jedoch eine nur untergeordnete Rolle. Die Orientierung richtet sich auf die Output-Seite des zentralen politischen Systems, also die Normen und Regeln sowie die Dienstleistungen die es produziert. Allerdings besteht von Seiten der Vertreter dieses Typs nicht der

129 Ebd.
130 Ebd.
131 Ebd.

(kein) Wunsch nach politische Beteiligung und Einflussnahme auf die Systemleistungen.

(3) Die teilnehmende (*participant*) Kultur vereint kognitive, affektuelle und evaluative Aspekte. Vertreter einer teilnehmenden Kultur sind sowohl auf die Output- als auch auf die Input-Strukturen des zentralen politischen Systems gerichtet. Das heißt sie tragen durch *supports* und *demands* dazu bei, das System mit Unterstützungsleistungen und Forderungen zu versorgen: Dazu gehört die Artikulation alternativer Handlungsmuster, die Bereitschaft zur Übernahme von politischen Ämtern etc. Auf diese Weise erhalten sie Einfluss auf die Gestaltung des System Outputs.

Diese Typen liegen in der Realität meist nicht in Reinform, sondern als Mischtypen vor. Als besonders bedeutsam für demokratische Ordnungen beschreiben Almond und Verba den Typ der *civic culture* der (Staats)Bürgerkultur, in dem politische Aktivität, Engagement und Rationalität durch Passivität, Traditionalität und Bindung an parochiale Werte ausgeglichen werden".[132]

Dieser Ausgleich zwischen den unterschiedlichen Reintypen ist deshalb notwendig, weil

- das politische System auf Partizipation angewiesen ist, um flexibel und steuerungsfähig zu bleiben,
- aber gleichzeitig die getroffenen Entscheidungen Akzeptanz finden müssen.

7.2. Politische Kultur nach Karl Rohe (s.o. F.5.)

Karl Rohe greift den Ansatz von Gabriel A. Almond und Sidney Verba auf und entwickelt durch Kritik und Ergänzung einen weitergefassten Begriff der Politischen Kultur. Rohe geht es nicht darum, „nach Einstellungen gegenüber konkreten politischen Regimen zu fragen [. . .], sondern nach den Wahrnehmungsmustern und Beurteilungsmaßstäben, die solchen Einstellungen zugrunde liegen".[133] Die Kritik richtet sich darauf, dass das Konzept von Almond und Verba nur einen Bruchteil der Politischen Kultur erfassen und beschreiben kann.

---

132 Gabriel A. Almond/Sidney Verba: *The Civic Culture. Political Attitudes and Democracy in Five Nations*, Princeton New Jersey, 1963, S. 30.
133 Vgl. Karl Rohe: Politische Kultur und ihre Analyse, in: Andreas Dornheim/Sylvia Greiffenhagen (Hrsg.): *Identität und Politische Kultur*, Stuttgart: Kohlhammer, 2003, S. 110-126 [112].

Für Rohe stehen daher nicht „Einstellungen gegenüber politischen Systemen oder subjektive[...] Orientierungen der Systemmitglieder gegenüber politischen Phänomenen", sondern „Grundannahmen über die politische Welt" im Mittelpunkt der Politischen Kulturforschung.[134] Diese Grundannahmen sind mit „operativen Ideen", d.h. Handlungsmustern, verknüpft. Diese beiden Komponenten – Grundannahmen über die politische Welt und die jeweils zugeordneten operativen Ideen – machen die Politische Kultur eines Gemeinwesens aus.[135] Rohe vergleicht sie mit gesellschaftlichen Ordnungsentwürfen, wie sie etwa in der politischen Theorie und Ideengeschichte oder in Verfassungen zu finden sind.

Das Gesamtbild einer spezifischen Politischen Kultur ergibt sich daher erst „über die Beobachtung von politischem Verhalten, über die Analyse von politischer Sprache und politischen Symbolen und über die Auswertung von Umfragedaten" als indirekte Rekonstruktion.[136] Diese Rekonstruktion ist gerade auch deshalb notwendig, weil die Politische Kultur in ihrer Kernsubstanz „aus Selbstverständlichkeiten besteht, die dem Einzelnen oft gar nicht bewusst sind, bestenfalls halb bewusst sind und deshalb nicht einfach abgefragt werden können".[137] Daher sind weitere Anhaltspunkte wie „Verhaltensanalysen, Parteisystemanalysen sowie Sprach- und Symbolanalysen" zusätzlich zu den Umfrageanalysen unerlässlich.[138] Wesentlich ist auch, dass Politische Kultur in diesem Ansatz nicht als ad hoc Zustandsbestimmung von Gesellschaften, sondern als historischer Prozess verstanden wird, so dass die „historische Dimension als eine kontrollierende systematische Variable in [die] sozialwissenschaftliche Analyse" eingebracht werden kann.[139] Diese zusätzliche diachronische Dimension sichert, dass der erhobenen Befund nicht nur „situationsgebundene Auffassungen" wiedergibt, sondern tatsächlich Aussagen über die Politische Kultur zulässt.[140]

Für Karl Rohe hat Politische Kultur daher eine latente und eine manifeste Seite, die in einem variablen Verhältnis zueinander stehen. Er differenziert zwischen *politischer Soziokultur* und *politischer Deutungskultur*.

Politische Soziokultur beschreibt den latenten, ruhenden Teil undiskutierter Selbstverständlichkeiten, die den gemeinsamen Gesellschaftlichen

---

134 Ebd., S. 111.
135 Ebd., S. 112.
136 Ebd., S. 113.
137 Ebd., S. 114f.
138 Ebd., S. 115.
139 Ebd., S. 113.
140 Ebd., S. 115.

Konsens, die gemeinsame Basis ausmachen. Sie ist „das kollektive Ergebnis von Prozessen an denen viele mitgewirkt haben".[141]

Politische Deutungskultur stellt als Metakultur diese Selbstverständlichkeiten in Frage und thematisiert „die auf der Ebene der Soziokultur gespeicherten, mehr oder minder unbewussten Denk-, Rede- und Handlungsgewohnheiten".[142]

Es ergibt sich damit folgender Zusammenhang zwischen politischer Deutungskultur und politischer Soziokultur:

> „Auch politische Deutungskulturen müssen mithin auf ihre immanenten Beschränkungen und Tabus, also auf ihre spezifische Selektivität hin untersucht werden. Politisch-kulturelle Diskurse stellen zwar stets, ob sie wollen oder nicht, bisherige Selbstverständlichkeiten in Frage; aber Ziel eines politisch-kulturellen Diskurses und einer kulturellen Strategie in der Politik ist letztlich, neue kulturelle Selbstverständlichkeiten zu schaffen. Wenn die Strategie erfolgreich ist, dann wandern ursprünglich kontroverse Themen gleichsam aus dem Bereich der konkurrierenden Deutungskultur in den Bereich der Soziokultur, um dort zumindest für eine Zeit lang fraglos hingenommen zu werden, ohne dass freilich eine Gewähr besteht, dass sie dort dauerhaft verbleiben."[143]

7.3. Das Konzept der Politischen Kultur in der Anwendung

Obwohl im Bereich der Politischen Kulturforschung viele Forschungsprojekte zum Gegenstand durchgeführt wurden, fehlt eine weitgehende Vereinheitlichung des Umgangs mit und des Zugangs zu diesem Gebiet bis heute: Dirk Berg-Schlosser und Theo Stammen nennen in ihrem Einführungswerk zur Politikwissenschaft vier „Hauptgruppen von Variablen", denen im Zusammenhang mit der Frage nach der Politischen Kultur „die größte Bedeutung" zukommt:[144]

- „Variablen sozialer Identifikation, die den Rahmen der jeweilig untersuchten '*polis*', aber auch ihrer wichtigsten politisch relevanten Untergruppen, bestimmen;

---

141 Ebd., S. 119.
142 Ebd., S. 118f.
143 Ebd., S. 120.
144 Vgl. Dirk Berg-Schlosser/Theo Stammen: *Einführung in die Politikwissenschaft*, München: C.H. Beck, 2003, S. 184.

- politisch relevante Persönlichkeitscharakteristika, die gewisse psychische Prädispositionen in bezug auf politisches Handeln in einer Gesellschaft kennzeichnen;
- einige ökonomische, allgemein soziale und religiöse Orientierungen, die für die Entscheidungsfindung in einer Gesellschaft von Bedeutung zu sein scheinen;
- 'eigentlich' politische Einstellungen, die sich auf das Handeln im politischen System selbst beziehen, wie z.B. Art und Ausmaß der Teilnahme am politischen Leben, Art und Ausmaß der Legitimität des politischen Systems usw."[145]

Wolfgang Rudzio schlägt vor, den „schwer fassbaren Begriff der Politischen Kultur [. . .] in fünf verschiedene Dimensionen" zu zerlegen, um ihn handhabbar zu machen.[146] Er nennt (1) die Einstellung zur politischen Gemeinschaft, (2) die Einstellung zum politischen System, (3) Umfang und Formen der politischen Beteiligung, (4) die politischen Entscheidungsmuster und (5) den Homogenitätsgrad der Politischen Kultur (hier als Ost-West-Vergleich). Diese Kategorien lassen sich weitgehend bei den vorgenannten Variablen einordnen, so dass Hinsichtlich der Operationalisierung Politischer Kultur nach wie vor eher der Ansatz von Almond und Verba zur Anwendung kommt, d.h. Einstellungen abgefragt werden; dieser Ansatz wird aber häufig durch Langzeiterhebungen und Querverweise auf Korrelationen und andere Wechselbeziehungen ergänzt.

Am Beispiel der Bundesrepublik soll im Folgenden an einigen wenigen Eckpunkten exemplarisch veranschaulicht werden, wie sich Politische Kultur konzeptionalisieren lässt:

(1) Einstellung zur politischen Gemeinschaft

Um die Einstellung zur politischen Gemeinschaft zu erfassen, kann zunächst der Nationalstolz als Indikator herangezogen werden. In der Bundesrepublik Deutschland ist dieser im Vergleich zu anderen europäischen Staaten relativ schwach ausgeprägt, was vor allem mit dem politischen Erbe des Dritten Reichs zusammenhängt.[147] Erhebungen des Eurobarometer belegen, dass der Nationalstolz innerhalb der EU-Staaten in Deutschland mit Abstand am schwächsten ausgeprägt ist.

---

145 Ebd.
146 Vgl. Wolfgang Rudzio: *Das politische System der Bundesrepublik Deutschland*, Opladen: Leske + Budrich, 2000, S. 547.
147 Ebd.

Abb. 38: Nationalstolz der Deutschen in Prozent. Eigene Darstellung nach Erhebungen des Eurobarometer Nr. 52, Nr. 53, Nr. 54, Nr. 56.

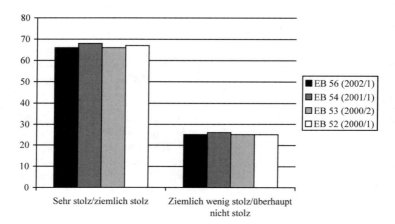

Zum Vergleich: Der Durchschnittswert der sehr oder ziemlich Stolzen lag beim Eurobarometer Nr. 56 bei 84 Prozent. Signifikant ist aber vor allem der Anteil der nicht oder wenig Stolzen, der im europäischen Durchschnitt bei 12 Prozent lag. Auch der Abstand zu Belgien, das an vorletzter Stelle geführt wurde ist mit 80 Prozent (stolz) zu 18 Prozent (nicht stolz) doch recht deutlich.

Daneben ergeben sich Erkenntnisse über die Einstellung zur eigenen Gruppe aus Daten zum inneren Zusammenhalt, die sich u.a. in der Einschätzung der Wichtigkeit bestimmter Lebensbereiche, aber auch in der Gerechtigkeitsbewertung des 'eigenen Anteils' niederschlagen.

Hinsichtlich der Wertepräferenzen zeigt sich für die Bundesrepublik Deutschland im Ost-West-Vergleich, aber auch für die hier lebenden Ausländer, ein recht homogenes Bild. Signifikante Abweichungen zeigen vor allem:

(1) Die abweichende Einstellung der Ostdeutschen hinsichtlich ihrer höheren Einschätzung von Fleiß und Leistungsbereitschaft als gesellschaftlich wünschenswerte Zielvorstellung.

(2) Die signifikant niedrigere Einschätzung religiöser Werte durch die ostdeutsche Bevölkerung.

Abb. 39: Vorstellung von einer lebenswerten Gesellschaft.

»Ich würde gern in einer Gesellschaft leben, die Wert darauf legt, dass die Menschen . . .«								
Fleiß und Leistung zeigen	füreinander Verantwortung tragen	sich an die Regeln halten	selbstbewusst und kritisch sind	tun und lassen können, was sie wollen	in wirtschaftlicher Sicherheit und Wohlstand leben	sich politisch beteiligen	sich selbst verwirklichen	religiös sind
Mittelwert[1]								
Gesamt								
7,6	8,5	8,3	8,1	3,7	8,1	6,3	7,3	4,9
Westdeutsche								
7,4	8,5	8,3	8,1	3,7	8,0	6,4	7,2	5,1
Ostdeutsche								
8,3	8,8	8,5	8,4	3,4	8,6	6,2	7,8	3,6
Ausländer								
7,7	8,0	8,1	7,3	3,8	8,1	5,9	7,1	5,8

1 Mittelwert einer Skala von 1 = überhaupt nicht gerne bis 10 = sehr gerne.
Datenbasis: ALLBUS 2002.

Quelle: Destatis Datenreport 2004.

(3) Die geringfügig höheren Einschätzungen von wirtschaftlicher Sicherheit, Wohlstand und Selbstverwirklichung im Osten Deutschlands.

(4) Die deutlich niedrigere Wertschätzung von Selbstbewusstsein und Kritik seitens der hier ansässigen Ausländer.

(5) Die geringere Bewertung der gegenseitigen Verantwortung und der politischen Partizipation durch die ausländische Population.

(6) Die erheblich stärkere religiöse Verankerung der in Deutschland lebenden Ausländer.

Insgesamt liegen aber alle gefragten Wertvorstellungen – mit Ausnahme des libertären Freiheitsbegriffs – über dem mittleren Skalenniveau und zeigen gerade im Bereich der gegenseitigen Solidarität und der Befolgung von Regeln eine deutliche Zustimmung.

Etwas differenzierter zeigt sich das Bild, wenn man die allgemeine Einschätzung des 'eigenen Anteils' am Lebensstandard mit berücksichtigt: Hier besteht trotz einer sichtlichen Verbesserung in der letzten Dekade noch eine große Unzufriedenheit im Osten, vor allem in der Alterskohorte der 50-65-jährigen. Die Zufriedenheit mit dem Lebensstandard bei den Ausländern ist hingegen auf recht hohem Niveau, hat sich aber in der Alterskohorte der 18-34-jährigen verschlechtert und liegt in diesem Segment nun recht deutlich unter dem Durchschnitt (Abb. 40).

Abb. 40: Einschätzung des „eigenen Anteils" am Lebensstandard in Deutschland.

	Sehr viel/etwas weniger						Gerechten/mehr als gerechten Anteil					
	West		Ost		Ausländer		West		Ost		Ausländer	
	1992	2002	1992	2002	1992	2002	1992	2002	1992	2002	1992	2002
	in %											
Gesamt	35	32	81	60	45	40	65	68	19	40	55	60
Geschlecht												
Männer	32	31	81	60	57	41	68	69	19	40	/	59
Frauen	38	32	82	59	31	39	62	68	18	41	69	61
Alter												
18–34 Jahre	35	27	81	51	/	51	65	73	19	49	51	49
35–49 Jahre	35	36	84	61	/	/	65	64	16	39	74	79
50–65 Jahre	34	32	82	67	/	/	66	68	18	33	/	/
66 Jahre u. älter	36	30	76	57	/	/	64	70	/	43	/	/
Erwerbsstatus												
Erwerbstätig	32	33	80	56	43	34	68	67	20	44	57	66
Schüler/ Student	19	/	/	/	/	/	81	91	/	/	/	/
Rentner	37	30	78	63	/	/	63	70	22	37	/	/
Arbeitslos	54	65	90	76	/	/	46	35	/	/	/	/
Hausfrau/-mann	40	30	/	/	/	/	60	70	/	/	/	/
Familienstand												
Ledig	34	31	80	51	/	/	66	69	20	49	/	/
Verheiratet	32	29	82	62	47	38	68	71	18	38	53	62
Verwitwet	42	40	78	58	/	/	58	60	/	/	/	/
Geschieden	47	46	85	70	/	/	53	54	/	/	/	/

1 Frage: »Im Vergleich dazu, wie andere hier in Deutschland leben: Glauben Sie, dass Sie Ihren gerechten Anteil erhalten, mehr als Ihren gerechten Anteil, etwas weniger oder sehr viel weniger?«
/ Fallzahl zu gering.
Datenbasis: ALLBUS 1992, 2002.

Quelle: Destatis Datenreport 2004.

Hinsichtlich der Einstellung zur politischen Gemeinschaft zeigt sich ein zwiespältiges Bild. Während Werte wie Regelbefolgung und Solidarität als wünschenswerte Gesellschaftsziele gelten – auch unter der ausländischen Bevölkerung – gibt es hinsichtlich der Vorstellungen über den eigenen Lebensstandard im Osten ein deutliches Gefühl der Benachteiligung und auch unter den jugendlichen Ausländern ist eine wachsende Unzufriedenheit erkennbar. Von einer homogenen Kohärenz der Gruppe kann also nicht die Rede sein.

Im Zusammenhang mit der relativ niedrigen Wertschätzung der politischen Beteiligung deutet sich mit Blick auf die Einstellung gegenüber dem politischen System hier bereits in der Tendenz eher eine Orientierung an der Output-Seite (Regeln, Wohlfahrtsstaatlichkeit) als an der Input-Seite (Partizipation) an.

(2) Die Einstellung zum politischen System

Die Einstellung zum politischen System wird häufig direkt in der Frage nach der Zufriedenheit mit der Demokratie abgefragt. Der aktuelle Datenreport des Statistischen Bundesamtes (DESTATIS) zeigt bei dieser Frage einen deutlichen Unterschied zwischen dem Westen und dem Osten der Bundesrepublik: Während 80 Prozent der Bürger im Westen mit der bundesrepublikanischen Demokratie sehr zufrieden sind und 92 Prozent die Demokratie als die beste Staatsform einschätzen, sind im Osten gerade 49 Prozent mit der deutschen Demokratie zufrieden. Und auch das Zustimmungsniveau zur Demokratie überhaupt liegt mit 78 Prozent deutlich unter dem Wert im Westen (Abb. 41).

Abb. 41:   Demokratie als Staatsform 2000.

	West	Ost
	in %	
»Die Demokratie in Deutschland ist die beste Staatsform.«	80	49
»Es gibt eine andere Staatsform, die besser ist.«	9	27
»Die Demokratie ist die beste Staatsform.«	92	78
»Es gibt eine andere Staatsform, die besser ist.«	3	8

Quelle: Destatis Datenreport 2004.

In beiden Teilen Deutschlands zeigt sich demnach eine Unzufriedenheit mit der Umsetzung der Demokratie in Deutschland. Der Längsschnitt (Abb. 42) zeigt zudem, dass die Zufriedenheit mit dem Funktionieren der Demokratie im Osten noch nachhaltig von Skepsis gekennzeichnet ist bzw., dass also die deutsche Demokratie den Demokratievorstellungen der Ostdeutschen nur unzureichend entspricht.

Dieses Bild wird ergänzt, wenn man die Einstellung zu alternativen Gesellschaftsmodellen mit berücksichtigt. In diesem Bereich wurde die Frage nach dem Sozialismus als Staatsform für beide Teile Deutschlands gestellt (Abb. 43).

Hier zeigt sich dann noch einmal ein deutlicher Unterschied zwischen den Ost- und den Westdeutschen. Während eine deutliche Mehrheit im Osten der Ansicht ist, dass der Sozialismus eine gute Idee ist, die nur schlecht umgesetzt wurde, stimmt dieser Aussage im Westen nur eine knappe Mehrheit zu. Allerdings hat sich das Meinungsklima gegenüber dem Sozialismus im Westen deutlich verbessert. Mit dieser Einschätzung des Sozia-

Abb. 42: Zufriedenheit mit dem Funktionieren der Demokratie 1991-2003.

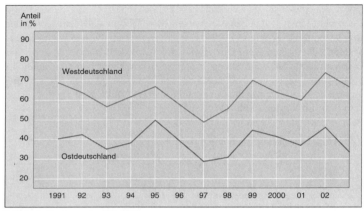

Datenbasis: Eurobarometer 1991–2003.

Quelle: Destatis Datenreport 2004.

Abb. 43: Sozialismus als Alternative?

	»Der Sozialismus ist im Grunde eine gute Idee, die nur schlecht ausgeführt wurde.«				
	1991	1992	1994	1998	2000
	in %				
West	40	43	44	43	51
Ost	76	73	81	76	76

Datenbasis: ALLBUS 1991, 1992, 1994, 1998, 2000.

Quelle: Destatis Datenreport 2004.

lismus korrespondieren die im Osten noch deutlich verbreiteten Forderungen nach mehr Sozialstaatlichkeit.[148]

Hinsichtlich der Einstellung gegenüber dem politischen System deutete sich bereits vorhin eine Tendenz zu einer eher Output-orientierten Haltung an. Insgesamt ist das Verhältnis der Deutschen zu ihrer Demokratie im Osten von deutlicher Skepsis geprägt, die im Wesentlichen darauf zurück-

---

148 Vgl. Destatis. *Datenreport 2004*, S. 653-656.

geführt werden kann, dass die deutsche Demokratie als wenig funktionsfähig eingeschätzt wird. Die Output-Orientierung zeigt sich bei detaillierterer Betrachtung im Osten ausgeprägter als im Westen und äußert sich besonders deutlich in Erwartungen an den Sozialstaat.

Ein genaueres Bild der Einstellung zum polititschen System ergibt sich unter Berücksichtigung des Institutionenvertrauens, wie sie z.T. auch im Standard Eurobarometer (EB) erhoben werden (Abb. 44). Bei der Befragung zum EB Nr. 56 ergab sich folgendes Bild, das insofern auch für Deutschland valent ist, weil die deutschen Werte sehr eng an den EU-Mittelwerten lagen. Zieht man diese Daten hinzu zeigt sich ein doch deutlich skeptisches Bild gegenüber der Demokratie in Deutschland.

Abb. 44: Institutionenvertrauen.

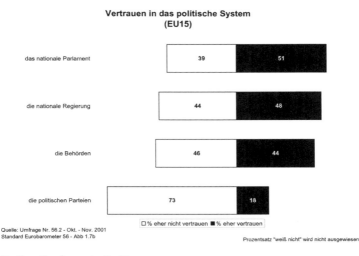

Quelle: Eurobarometer Nr. 56.

(3) Politische Beteiligung

Nachdem bereits festgestellt werden konnte, dass der Wunsch nach politischer Beteiligung gegenüber den anderen Wertpräferenzen eher schwach ausgeprägt war, sollen hier abschließend nur einige kurze Ergänzungen hinzugefügt werden. Betrachtet man die Mitgliederentwicklung der politischen Parteien (s.o.) und der Gewerkschaften so wird deutlich, dass die organisierten Formen politischer Beteiligung an Stellenwert verlieren (Abb. 45).

Abb. 45: Entwicklung der Gewerkschaftsmitgliedschaft in Ost und West.

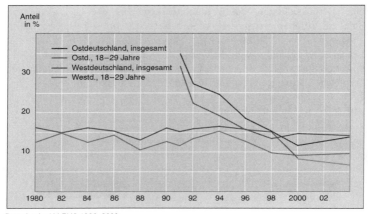

Datenbasis: ALLBUS 1980–2002.

Quelle: Destatis 2004.

Dagegen gewinnen nicht-institutionalisierte Beteiligungsformen an Bedeutung. Dies hatte bereits die Shell-Jugendstudie 2002 angedeutet, die u.a. zu dem Ergebnis kam:

> „Obwohl [unter den Jugendlichen] eine Verdrossenheit gegenüber den traditionellen Formen von Parteipolitik festzustellen ist, so bleibt festzuhalten, dass Jugendliche sehr wohl für soziale und politische Ziele aktiv sind."[149]

Es liegt damit die These nahe, dass politische Beteiligung in der Bundesrepublik Deutschland sich neue Wege sucht, die ihren Ausdruck vor allem in situativen, themenorientierten Kontexten findet und nicht mehr durch langfristige parteipolitische Grundorientierungen bestimmt ist. Für das Wahlverhalten, das in der Rubrik Partizipation unerlässlich ist, bleibt festzuhalten, dass die Deutschen an den Bundestagswahlen traditionell mit

---

149 Mathias Albert/Klaus Hurrelmann/Ruth Linssen/Holger Quellenberg: Entgrenzung von Politik? Ein Resümee, in: Jugend 2002. 14. Shell Jugendstudie, Franfurt/Main: Fischer, 2003, S. 213-220 [216].

einer im internationalen Vergleich hohen Wahlbeteiligung teilnehmen (Abb. 47).

Abb. 46: Nicht-institutionalisierte Beteiligungsformen.

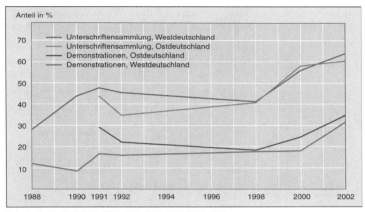

Datenbasis: ALLBUS 1988, 1990, 1991, 1992, 1998, 2000, 2002.

Quelle: Destatis 2004.

Abb. 47: Wahlbeteiligung in der Bundesrepublik Deutschland. Eigene Darstellung.

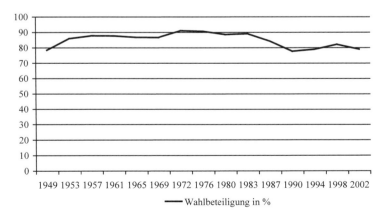

Stellt sich die Frage nach den Gründen des Rückgangs der traditionellen Partizipationsformen in Parteien und Interessengruppen. Ursachen hierfür zeichneten sich bereits mit dem recht negativen Bild ab, das die Deutschen von ihren institutionalisierten Körperschaften haben. Hinzukommen könnte aber auch ein allgemeines Desinteresse an politischen Dingen oder aber ein Ohnmachtsgefühl gegenüber der Politik. Wie der Längsschnitt des politischen Interesses zeigt, befindet sich dieses in einem Aufwärtstrend (Abb. 48).

Abb. 48: Politisches Interesse in Deutschland.

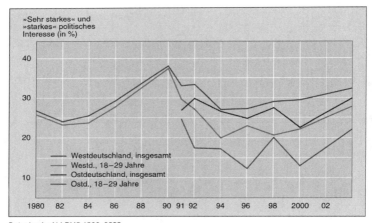

Datenbasis: ALLBUS 1980–2002.

Quelle: Destatis 2004.

Doch trotz oder gerade wegen dem wachsenden politischen Interesse fühlen sich die Bürger in der Bundesrepublik gegenüber den politischen Eliten ohnmächtig, wie unter anderem Ergebnisse von emnid aus dem Jahr 2002 verdeutlichen: 77 Prozent der Befragten gaben an, dass „die führenden Personen in unserem Land sich nicht darum kümmern, wie es Leuten wie ihnen geht".[150]

---

150 http://www.tns-emnid.com/2004/pdf/presse-kooperationen/
Kluftuntenoben_RiQUESTA_TNS%20EMNID.PDF

Insgesamt zeigt die Politische Kultur in Deutschland im untersuchten Bereich ein recht heterogenes Bild, das gekennzeichnet ist durch eine anhaltende Spaltung zwischen dem Westen und dem Osten. Gleichzeitig kann ein Bedeutungsverlust traditioneller Partizipationsformen festgestellt werden, der durch eine Zunahme nicht-institutionalisierter Beteiligungsmöglichkeiten etwas aufgefangen wird, mit der Tendenz zum situationsbezogenen, punktuellem Engagement. Die Ursachen hierfür liegen in dem geringen Vertrauen, das die Bürger gegenüber den Institutionen haben sowie einem Gefühl der Ohnmacht gegenüber dem Politischen.

Das Beispiel erhebt keinen Anspruch auf Vollständigkeit, es verdeutlicht aber, dass die komplexen Zusammenhänge im Bereich der Politischen Kulturforschung, wie die Frage nach der Einstellung zum politischen System zunächst operationalisiert werden müssen, dass also geeignete Indikatoren gefunden werden müssen, die den fraglichen Zusammenhang erklären können.

 Fragen

- Beschreiben Sie die beiden Modelle der Konkurrenz- und der Konkordanzdemokratie anhand konkreter Beispiele.
- Diskutieren Sie die beiden Modelle der Konkurrenz- und der Konkordanzdemokratie vor dem Ansatz von Arend Lijphart.
- Erläutern Sie die Begriffe Machtelite, Funktionselite und Wertelite.
- Beschreiben Sie das Spannungsverhältnis zwischen Demokratiegebot und der Dominanz von Eliten.
- Welche Arten von Wahlen können grundsätzlich unterschieden werden? Erläutern Sie deren Funktionen anhand konkreter Beispiele.
- Welche demokratischen Wahlsysteme gibt es und durch welche Eigenschaften sind sie charakterisiert?
- Erläutern Sie den Begriff des Zweiparteiensystems nach Giovanni Sartori.
- Stellen Sie kurz das *Cleavages*-Modell nach Rokkan/Stein dar.
- Erläutern Sie das mikrosoziologische Wahlverhaltensmodell der Columbia-School.
- Beschreiben und erläutern Sie die Wählertypologie nach Dalton.
- Beschreiben Sie das Modell der Politischen Kultur nach Almond/Verba.
- Beschreiben Sie das Modell der Politischen Kultur nach Karl Rohe.

Bibliographie

Angela Adams/Willi Paul Adams (Hrsg.): *Hamilton/Madison/Jay. Die Federalist-Artikel*, Paderborn: Schöningh, 1994.

Mathias Albert/Klaus Hurrelmann/Ruth Linssen/Holger Quellenberg: Entgrenzung von Politik? Ein Resümee, in: Jugend 2002. 14. Shell Jugendstudie, Franfurt/Main: Fischer, 2003, S. 213-220.

Ulrich von Alemann: *Das Parteiensystem der Bundesrepublik Deutschland*, Bonn: bpb, 2003.

Gabriel A. Almond: Politische Kultur-Forschung – Rückblick und Ausblick, in: Dirk Berg-Schlosser/Jakob Schissler (Hrsg.): *Politische Kultur in Deutschland. Bilanz und Perspektiven der Forschung*, Opladen: Leske + Budrich, 1987, S. 27-38.

Gabriel A. Almond/G. Bingham Powell, jr.: Vergleichende Politikwissenschaft – Ein Überblick (1966), in: Theo Stammen (Hrsg.): *Vergleichende Regierungslehre. Beiträge zur theoretischen Grundlegung und exemplarische Einzelstudien*, Darmstadt: Wissenschaftliche Buchgesellschaft, 1976, S. 132-161.

Gabriel A. Almond/Sidney Verba: *The Civic Culture. Political Attitudes and Democracy in Five Nations*, Princeton New Jersey, 1963.

Gabriel A. Almond/Sidney Verba (eds.): *The Civic Culture Revisited. An Analytical Study*, Boston, 1980.

Bernd Becker: *Politik in Großbritannien*, Paderborn: Schöningh, 2002.

Dirk Berg-Schlosser: Politische Kultur/Kulturforschung, in: Dieter Nohlen/Rainer-Olaf Schultze (Hrsg.): *Lexikon der Politikwissenschaft. Theorien, Methoden, Begriffe, Band 2, N-Z*, München: C.H. Beck, 2002, S. 699-704.

Dirk Berg-Schlosser/Theo Stammen: *Einführung in die Politikwissenschaft*, München: C.H. Beck, 2003.

Wilhelm Bürklin/Dieter Roth: Das Superwahljahr 1994. Deutschland am Ende einer Ära stabilen Wahlverhaltens?, in: Wilhelm Bürklin/Dieter Roth (Hrsg.): *Das Superwahljahr. Deutschland vor unkalkulierbaren Regierungsmehrheiten*, Köln: Bund-Verlag, 1994.

Angus Campbell/Philip E. Converse/Warren E. Miller/Donald E. Stokes: *The American Voter*, Chicago, London: University of Chicago Press, 1960.

Noam Chomsky: *Sprache und Politik*, Berlin: Philo, 1999.

Russel Dalton: Cognitive Mobilization and Partisan Dealignment in Advanced Industrial Democracies, in: JoP 46/1984, S. 264-284.

Anthony Downs: *Ökonomische Theorie der Demokratie*, Tübingen: J.C.B. Mohr (Paul Siebeck), 1968.

Rainer Eisfeld: Pluralismus/Pluralismustheorien, in: Dieter Nohlen/Rainer-Olaf Schultze (Hrsg.): *Lexikon der Politikwissenschaft. Theorien, Methoden, Begriffe, Band 2, N-Z*, München: C.H. Beck, 2002, S. 649-653.

Destatis. *Datenreport 2004*, auf: http://www.destatis.de/download/d/datenreport/datrep04gesch.pdf

Günter Endruweit: Elitenbegriffe in den Sozialwissenschaften, in: Zeitschrift für Politik, Jg. 26, Heft 1, 1979, S. 30-40.

Ernst Fraenkel: *Deutschland und die westlichen Demokratien*, Frankfurt/Main: Suhrkamp, 1991.

Michael Hartmann: Eliten in Deutschland. Rekrutierungswege und Karrierepfade, in: APuZ B 10/2004, S. 17-24.

Dietrich Herzog: Elite/Eliten, in: Dieter Nohlen/Rainer-Olaf Schultze (Hrsg.): *Lexikon der Politikwissenschaft. Theorien, Methoden, Begriffe, Band 1,A-M*, München: C.H. Beck, 2002, S. 169f.

Adolf Hitler: *Mein Kampf*, München: Franz Eher, 825.-829. Auflage, 1943.

Stefan Hradil: *Soziale Ungleichheit in Deutschland*, Opladen: Leske + Budrich, 2001.

Karl-Rudolf Korte: *Wahlen in der Bundesrepublik Deutschland*, Bonn: bpb, 2003.

Paul F. Lazarsfeld/Bernard Berelson/Hazel Gaudet: *The People's Choice. How The Voter Makes Up His Mind in a Presidental Campaign*, New York: Columbia University Press, 1948.

Kurt Lenk: 'Elite' – Begriff oder Phänomen?, in: APuZ B 43/1982, S. 27-37.

Seymour M. Lipset/Stein Rokkan: *Party Systems and Voter Alignments: Cross-National Perspectives*, New York: Free Press, 1967.

Roy C. Macridis: *Modern Political Regimes. Patterns and Institutions*, Boston, Toronto: Little, Brown and Co., 1986.

Karl Marx/Friedrich Engels: Manifest der Kommunistischen Partei, in Karl Marx/ Friedrich Engels: *Ausgewählte Schriften in zwei Bänden. Band I*, Berlin: Dietz, 1984.

Karl Marx: Zur Kritik der Politischen Ökonomie. Vorwort, in Karl Marx/Friedrich Engels: *Ausgewählte Schriften in zwei Bänden. Band I*, Berlin: Dietz, 1984.

McKinsey: *Projektbericht Perspektive Deutschland 2002. Die größte gesellschaftspolitische Online-Umfrage*, Berlin: McKinsey, 2003.

Hiltrud Naßmacher: *Politikwissenschaft*, München: Oldenbourg, 1998.

Karlheinz Niclauß: Vier Wege zur unmittelbaren Bürgerbeteiligung, in APuZ B 14/ 1997, S. 3-11.

Dieter Nohlen: *Wahlrecht und Parteiensystem*, Opladen: Leske + Budrich, 2000.

Volker von Prittwitz: Vollständig personalisiertes Verhältniswahlrecht. Reformüberlegungen auf der Grundlage eines Leistungsvergleichs der Wahlsysteme Deutschlands und Finnlands, in: APuZ B 52/2003, S. 12-20.

John Rawls: *Eine Theorie der Gerechtigkeit*, Frankfurt/Main: Suhrkamp, 1979.

Karl Rohe: Politische Kultur und ihre Analyse, in: Andreas Dornheim/Sylvia Greiffenhagen (Hrsg.): *Identität und Politische Kultur*, Stuttgart: Kohlhammer, 2003, S. 110-126.

Wolfgang Rudzio: *Das politische System der Bundesrepublik Deutschland*, Opladen: Leske + Budrich, 2000.

Giovanni Sartori: *Parties and Party Systems. A Framework for Analysis*, Cambridge, Cambridge University Press, 1976

Manfred G. Schmidt: *Demokratietheorien*, Opladen: UTB, 2000.

Bernhard Schäfers: Elite, in APuZ B 10/2004, S. 3-6.

Carl Schmitt: *Der Hüter der Verfassung*, Tübingen: Mohr (Siebeck), 1931.

Carl Schmitt: *Staat, Bewegung, Volk. Die Dreigliederung der politischen Einheit*, Hamburg: Hanseatische Verlagsanstalt Hamburg, 1933.

Klaus Schubert: Korporatismus/Korporatismustheorien, in: Dieter Nohlen/Rainer-Olaf Schultze (Hrsg.): *Lexikon der Politikwissenschaft. Theorien, Methoden, Begriffe, Band 1, A-M*, München: C.H. Beck, 2002, S. 449-453.

Oswald Spengler: *Der Untergang des Abendlandes. Zweiter Band. Welthistorische Perspektiven*, München: C.H. Beck, 1922.

Peter Steck: *Grundzüge der politischen Psychologie*, Bern, Stuttgart, Wien: Hans Huber, 1980.

Gerd Strohmeier: *Moderne Wahlkämpfe. Wie sie geplant, geführt und gewonnen werden*, Baden-Baden: Nomos, 2002.

Hartmut Wasser: Politische Parteien und Wahlen, in: Willi Paul Adams/Peter Lösche (Hrsg.): *Länderbericht USA*, Bonn: BpB, 1998, S. 305-339.

Ulrich Weiß: Machtelite, in: Dieter Nohlen/Rainer-Olaf Schultze (Hrsg.): *Lexikon der Politikwissenschaft. Theorien, Methoden, Begriffe, Band 1, A-M*, München: C.H. Beck, 2002, S. 487f.

Andreas M. Wüst: Wahlverhalten in Theorie und Praxis: die Bundestagswahlen 1998 und 2002, 2002, auf: http://andreas.uni-hd.de/oberr2002.pdf, abgerufen am 12.06.2003.

http://www.dw-world.de/german/0,3367,1454-184676-299409_A_1016253,00.html

http://www.histomat.ch/links/uspraes.htm

http://www.tns-emnid.com/2004/pdf/presse-kooperationen/
Kluftuntenoben_RiQUESTA_TNS%20EMNID.PDF

Zum Studium empfohlen

Das Buch liefert eine systematische Einführung in das Themenfeld »Politik und Massenmedien«. Dabei werden u.a. folgende Themen behandelt:

- Analyse der politischen Funktionen von Massenmedien und deren Ausprägungen in Demokratien und Diktaturen,

- die Problematik der Verzerrungen von Realität durch Medien und die Auswirkung auf die politische Agenda,

- die Wirkungen von Medien in Theorie und Empirie,

- Praxis des Journalismus,

- das deutsche Mediensystem und

- die Entwicklung der Dualen Rundfunkordnung und des deutschen Medienrechts.

Politik und Massenmedien

Eine Einführung

Von Dr. Gerd Strohmeier, Universität Passau

2004, 364 S., brosch., 21,90 €,
ISBN 3-8329-0965-6

Nomos Verlagsgesellschaft
76520 Baden-Baden
www.nomos.de
Telefon 0 72 21/21 04-37/-38
Telefax 0 72 21/21 04-43
sabine.horn@nomos.de

Zeitschrift für Politik

Die »Zeitschrift für Politik« ist das Forum
für die wissenschaftliche Analyse der
Politik seit 1907.

Sie bietet:

- hochqualitative Aufsätze und Berichte
  namhafter Autoren
- spannende Diskussionen
- und einen ausführlichen Rezensionsteil
  für politikwissenschaftliche Literatur.

Die Zeitschrift für Politik ist die umfassende
Informationsquelle für Politik und Politikwissenschaft.

*Die Zeitschrift erscheint 4 x jährlich.
Jahresabonnement 64,– €, Preis für
Studenten und Referendare (unter Ein-
sendung eines Studiennachweises) jährlich
49,– €, Einzelheft 17,– €, Abbestellungen
vierteljährlich zum Kalenderjahresende.
Preise zzgl. Versandkosten.*

Zeitschrift für Politik
2004 – 51. Jahrgang
ISSN 0044–3360

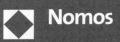

Nomos Verlagsgesellschaft
76520 Baden-Baden
www.nomos.de

Telefon 0 72 21/21 04-39
Telefax 0 72 21/21 04-43
hohmann@nomos.de